KRÖNERS TASCHENAUSGABE BAND 480

PETER NUSSER

DEUTSCHE LITERATUR IM MITTELALTER

Lebensformen, Wertvorstellungen
und literarische Entwicklungen

ALFRED KRÖNER VERLAG STUTTGART

Peter Nusser

Deutsche Literatur im Mittelalter
Lebensformen, Wertvorstellungen
und literarische Entwicklungen

Stuttgart: Kröner 1992
(Kröners Taschenausgabe Band 480)
ISBN 3-520-48001-8

Gesamtherstellung: Wilhelm Röck, Weinsberg

INHALT

I. KAPITEL: DIE LEBENSFORMEN DER GEISTLICHEN UND DER MÖNCHE UND DIE LITERATUR DER KIRCHE VOM 8. BIS ZUM 16. JAHRHUNDERT

II. KAPITEL: DIE LEBENSFORMEN DER REGENTEN UND DIE HELDEN- UND GESCHICHTSDICHTUNG DES MITTELALTERS

III. KAPITEL: DIE LEBENSFORM DER RITTER UND DIE HÖFISCHE LITERATUR DES MITTELALTERS

IV. KAPITEL: LEBENSFORMEN DES BÜRGERS UND DIE STÄDTISCHE LITERATUR IM SPÄTEN MITTELALTER

EINLEITUNG

Die seit längerem geführte literaturwissenschaftliche Auseinandersetzung über neue Aufgaben und Möglichkeiten der Literaturgeschichtsschreibung hat ihre Wirkung nicht verfehlt. Immer mehr epochenübergreifende literaturgeschichtliche Darstellungen sind in den letzten Jahren entstanden,[1] und fast alle orientieren sich – mehr oder weniger – an der Theoriediskussion, bei der sich unter der Wortführung von Mentalitätshistorikern,[2] Rezeptionsästhetikern[3] und Vertretern einer ›materialistischen‹ Literaturtheorie[4] immerhin der Konsens gebildet hat, daß Literaturgeschichten sich bemühen sollten, historische und literarische Prozesse in ihren Wechselbeziehungen darzustellen und dabei literarische Produktions- und Rezeptionsbedingungen einzubeziehen. Nur dann stünde die Literaturgeschichte nicht mehr unvermittelt neben der politischen, der Sozial- und Wirtschaftsgeschichte, sondern ließe sich als Teil und Ausdruck einer durch diese allgemeinen historischen Bedingungen sich bildenden Bewußtseinsgeschichte verstehen.

Auch der hier vorliegende erste Teil einer geplanten Gesamtdarstellung der deutschen Literaturgeschichte versucht die genannten wechselseitigen Beziehungen von Geschichte und Literatur vor Augen zu führen. Was ihn von den meisten anderen der kürzlich erschienenen Literaturgeschichten unterscheidet, ist ein deutlich bestimmbares und durchgängig in ihm wirksames Erkenntnisinteresse. Es weist einen Weg durch die Stoffmassen, und es erinnert zugleich daran, daß Literaturgeschichtsschreibung eine Arbeit ist, bei der es nicht vorrangig um Bestandsaufnahmen, sondern um Gestaltung, nicht um Ausbreitung von Details, sondern um Konzentration auf das unter einer Fragestellung Wesentliche geht.

Das Erkenntnisinteresse richtet sich darauf, inwieweit Literatur durch ihre Möglichkeiten des gedanklichen und künstlerischen Ausdrucks im Verlauf der Geschichte an der Weitergabe und Veränderung bestehender und am Aufbau neuer Wertvorstellungen beteiligt gewesen ist; es fragt, inwieweit Literaturgeschichte also immer auch den geschichtlichen Charakter unserer Weltsicht und Verhaltensweisen, die durch Wertvorstellungen entscheidend bestimmt werden, aufzuklären hilft; und es versucht zu bestimmen, wo der historische Ort der Orientierungsmaßstäbe liegt, die heute gelten oder umstritten sind.

So entschieden diese Fragen verfolgt werden,[5] so aufwendig und schwierig ist es, mit ihnen umzugehen. Denn Wertvorstellungen im Sinn von Zielsetzungen, an denen Orientierung möglich und Handeln abgewogen wird,[6] haben sich in unterschiedlichen Lebensformen konkretisiert, die es in ihren historischen Wurzeln zu verdeutlichen gilt. Und Literatur, die sich sowohl mit diesen Lebensformen, innerhalb deren sie selbst entstand, als auch mit den in ihnen geltenden Maßstäben des Denkens und Handelns auseinandersetzte, darf nicht nur in dieser Hinsicht, sondern muß immer auch um ihrer selbst willen in ihrem Kunst- oder Zweckcharakter und in ihren literarischen Kontexten betrachtet werden. Dies erfordert nicht nur Umsicht, sondern auch den Mut zur Auswahl, die sich daran orientiert, welche Texte sich für den Aufbau, die Entfaltung, die Veränderung und die Überwindung der einzelnen Lebensformen und der in ihnen wirksamen Wertvorstellungen und Verhaltensnormen als besonders bedeutsam erwiesen haben.

Wenn von Lebensformen die Rede ist, so verstehen Historiker und Soziologen heute darunter Formen selbstverständlichen, ständig wiederholten Handelns, in denen soziale Gruppen ihre Wertvorstellungen verwirklichten und dabei auch zu Verhaltensnormen verfestigten.[7] Voraussetzung dafür war, daß die realen Lebensbedingungen solchen Konkretisierungen von Wertvorstellungen entgegenkamen und sie begünstigten. Insofern waren Lebensformen sowohl durch politische, wirtschaftliche und soziale Faktoren als auch durch Wertvorstellungen ermöglicht; und ebenso wie sie auf die Lebensbedingungen zurückwirkten, griffen sie immer auch modifizierend in die Wertvorstellungen ein.

Schon dem Mittelalter, einem Zeitraum, in dem Lebensformen sich besonders deutlich ausprägten, war der Begriff der Lebensform als ›forma vivendi‹, ›vivendi ordo‹ oder ›mos vivendi‹ ganz geläufig.[8] Bezeichnet wurden damit sowohl die Art, in der Menschen ihre Lebensbedürfnisse befriedigten, als auch die Konventionen des Zusammenlebens und die Rechtsordnungen – insgesamt also die ethischen Werte, die eine Gemeinschaft für verbindlich hielt und die ein für alle geltendes sittliches Verhalten sichern sollten. Die in den folgenden Kapiteln beschriebenen Lebensformen der Geistlichen und der Mönche, aber auch die der Regenten, gingen auf antike Ursprünge zurück, während die Lebensformen der Ritter und der städtischen Zunftbürger sich aus den geschichtlichen Bedingungen des Mittelalters selbst entwickelten. – In der frühen Neuzeit bezogen sich bei der Ausbildung weiterer Lebensformen die Humanisten auf monastische Traditionen und die höfische Gesellschaft des absolutistischen Staates auf die des mittelalterlichen Rittertums. Erst mit der Entstehung der staatsbürgerlichen, danach der industriellen Gesellschaft im 18. bzw. 19. Jahrhundert verliert der Begriff der Lebensform seine Angemessenheit, und es ist weithin üblich geworden, mit dem Blick auf diese und die noch offeneren Gesellschaftsformen des 20. Jahrhunderts nur noch von Orientierung gewährenden Normgefügen zu sprechen.

Literatur spielt in den wechselseitigen Beziehungen zwischen den realen Lebensbedingungen, den Wertvorstellungen und Lebensformen der Menschen eine bedeutsame Rolle. Sie ist ein Mittel, um Maßstäbe des Handelns überhaupt benennen, über sie kommunizieren und sie tradieren zu können. Sie vermag vor allem, den mit wertorientiertem Handeln verbundenen Sinn und die aus solchem Handeln erworbenen Erfahrungen ins Bild zu setzen, also mit den ihr eigenen ästhetischen Mitteln sinnlich nachvollziehbar werden zu lassen. Dabei vergegenwärtigt sie Haltungen gegenüber Werten in ihrem Zustandekommen, ihren Schwankungen, in ihrer Unterschiedlichkeit und in ihren Wirkungen. Außerdem ist sie daran beteiligt, daß Wertvorstellungen und Verhaltensnormen in konkretes Handeln umgesetzt werden. Denn häufig führt sie vorbildliche Haltungen und Handlungen vor, die im Rezeptionsprozeß dem Hörer oder Leser zum Maßstab seines eigenen Handelns werden können (wie sie umgekehrt Haltungen und Handlungen negativ bewertet und als nicht nachahmenswert hinstellt). Insofern wirkt Literatur grundsätzlich an der Gestaltung wie Durchsetzung bestimmter Lebensformen oder Normgefüge mit. Andererseits kann sie bestehende politische und gesellschaftliche Verhältnisse unterlaufen, indem sie Widersprüche zwischen Wertvorstellungen und der Realität aufdeckt oder bestimmten noch nicht verwirklichten Wertvorstellungen direkt das Wort redet.

So wird deutlich, daß literarische Texte, wenn sie unter dem gewählten Gesichtspunkt ihrer Funktion für die Vermittlung von Wertvorstellungen und Verhaltensnormen in Lebensformen und ihrer Bedeutung für die Auseinandersetzung der Rezipienten mit diesen Wertvorstellungen und Verhaltensnormen gesehen werden, keinesfalls nur in ihrem Abbildungscharakter – als Dokumentation mentaler Ordnungen – verstanden werden, sondern immer auch in ihren Möglichkeiten, durch neue Sinngebungen gestaltend in die Verständigungsprozesse der in Lebensformen Handelnden einzugreifen.

Wie kann eine literaturgeschichtliche Darstellung unter diesen Vorgaben verfahren? Es liegt nahe, von den Lebensformen auszugehen, in denen Literatur ihre Wirksamkeit entfaltet. Da Lebensformen sich jedoch im Laufe der Geschichte nicht einfach ablösen, sondern (bis ins 19. Jahrhundert hinein) innerhalb größerer Zeiträume nebeneinander bestehen und auch miteinander konkurrieren, ergibt sich das Problem, wie das Nebeneinander im Nacheinander der Darstellung zu vermitteln ist. Im Gegensatz zu dem üblichen Prinzip, die Literatur chronologisch im Bemühen um Vollständigkeit aufzuarbeiten, wird hier ein anderes Konzept zugrunde gelegt, das es erlaubt, den gewählten Gesichtspunkt konzentrierter zu verfolgen. Die Lebensformen und die Literatur der Geistlichen und Mönche, der Regenten, Ritter und Bürger werden in Längsschnitten beschrieben, wobei der Akzent der Beschreibung jeweils auf solche Zeiträume gerichtet ist, in denen die Lebensformen und die Literatur dieser Gruppen jeweils in ihrer wachsenden oder auch sich verlierenden Bedeutung besonders hervorgetreten sind. Daß die im Nebeneinander sich entwickelnden Lebensformen und literarischen Reihen dabei nicht voneinander isoliert sind, sondern stets auch aufeinander einwirken, versteht sich von selbst und ist besonders im Raum der spätmittelalterlichen Stadt, in dem verschiedene Lebensformen aufeinanderstoßen, ganz offensichtlich (vgl. Kap. IV).

Die Strukturierung der vorliegenden Literaturgeschichte, die dem Leser Entwicklungslinien zu verdeutlichen sucht und damit das bei aller Veränderung über geschichtliche Zeiträume hinweg Zusammengehörende betont, orientiert sich an dem von Wilhelm Flitner für seine Geschichte der ›europäischen Gesittung‹[9] gewählten Darstellungmodell. Flitner beabsichtigte, indem er einzelne Lebensformen in ihrer Geschichte jeweils für sich verfolgte, die Aufmerksamkeit gezielt auf die in ihnen sich ausbildenden ethischen ›Potenzen‹ zu lenken, die im Verlauf der europäischen Geschichte während langer Auseinandersetzungen zu einem Bewußtsein geführt haben, das dem einzelnen, in welcher Art kollektiver Verflechtung auch immer er sich befindet, erlaubt, seine Mündigkeit und Verantwortung als Person öffentlich zu behaupten. Mit diesem aufklärerischen Anliegen[10] war zugleich die Frage nach der gegenwärtigen Gültigkeit der geschichtlich ›gewordenen‹ Wertvorstellungen und Verhaltensnormen gestellt, was Flitner bei der historischen Aufarbeitung der europäischen Gesittung immer auch zu Brückenschlägen in die Gegenwart veranlaßte. Derartige Brückenschläge sind auch in dieser Literaturgeschichte zu finden – jedenfalls in Ansätzen und in der Form von Ausblicken. Sie beziehen sich auf die Rezeptionsgeschichte einzelner Texte, viel mehr aber noch auf literarisch vermittelte, bis in die Gegenwart wirkende Vorstellungen und Denkformen. Daß hier auch von der Erziehungswissenschaft getragene Intentionen zur Geltung kommen, muß nicht eigens ausgeführt werden, wie überhaupt die didaktische Relevanz der vorliegenden Literaturgeschichte unverkennbar sein dürfte.[11]

Die Darstellung ist strukturell nicht nur durch die Mehrsträngigkeit sowie durch reflektierende Vorausdeutungen und Rückwendungen gekennzeichnet, sondern, um in der Sprache der Erzähltheorie zu bleiben, auch durch Dehnungen und Raffungen. Bewußt werden die für das erläuterte Erkenntnisinteresse ergiebigen Texte möglichst ausführlich behandelt, während andere Texte nur in Überblicken genannt oder auch gar nicht erwähnt werden. Insofern ist diese Literaturgeschichte nicht nur eine entschiedene Absage an das unkritische Sammeln des Vorhandenen und an die bloße Deskription; sie mischt sich mit ihrem thetischen Charakter ebenso entschieden in die Diskussion um die Kanonfrage ein[12] und versteht sich dabei als Plädoyer, der Literatur des Mittelalters einen ungleich größeren Stellenwert zu geben, als dies gegenwärtig im Bewußtsein und in der Praxis der literarischen und pädagogischen Öffentlichkeit geschieht. Die Beschäftigung gerade mit mittelalterlicher Literatur gibt Anlaß genug, sowohl über ›schlechten Traditionalismus‹ als auch über ›schlechte Traditionsfeindlichkeit‹ nachzudenken und beide in einem kritischen Traditionsverständnis zu überwinden.

I. KAPITEL: DIE LEBENSFORMEN DER GEISTLICHEN UND DER MÖNCHE UND DIE LITERATUR DER KIRCHE

Die Lebensformen der Geistlichen und der Mönche seit der Spätantike

In einem zwischen 1150 und 1160 entstandenen Gedicht mit dem Titel *Von dem gemeinen lebene* übt sein Verfasser, der sich Heinrich nennt und vermutlich ein adliger Laienbruder des Klosters Melk war,[1] harte Kritik an der Lebensführung der Geistlichen. Das Gedicht steht ziemlich am Anfang der Reihe unzähliger gegen Priester, Mönche und Nonnen gerichteter Äußerungen, die besonders das späte Mittelalter durchziehen und sich in allen literarischen Formen finden, in der Spruchdichtung, in Reimreden, in Meistersingerversen, Fastnachtsspielen und Schwänken, und nicht nur in der deutschen Literatur, sondern ebenso in der englischen, italienischen, spanischen.

Heinrichs Text gehört in die Gruppe der uns seit dem 11. Jahrhundert bekannten Memento-mori-Dichtungen, die als Bußpredigten eindringlich mahnen, im Angesicht des Todes seien alle weltlichen Rangunterschiede nichtig, stehe der Mensch, der eine wie der andere, nackt vor Gottes Richterstuhl und könne dort nur bestehen, wenn er sich zuvor im irdischen Leben als Christ bewährt habe. Wenn bei Heinrich neben dem Adel auch die Geistlichkeit so bitter angegriffen wird, dann kommt diese Kritik mit dem Eifer des Bekehrten aus den eigenen Reihen und steht noch im Zusammenhang mit den von den Klöstern Cluny und Gorze ausgegangenen Reformbewegungen (vgl. S. 13 f.), die den Verfall des klösterlichen Lebens und die Verweltlichung der Kirche aufhalten wollten. Auffällig ist an Heinrichs Gedicht dabei, daß es nicht nur allgemein an die Sündhaftigkeit des Menschen erinnert und zur Weltentsagung auffordert (wie kaum hundert Jahre zuvor die Memento-mori-Predigt Nokers von Zwiefalten), sondern daß es konkret auf die Lasterhaftigkeit des geistlichen Standes hinweist: auf die Habsucht der Bischöfe, das korrupte Geschäft der Priester mit Bußgeldern, auf die von ihnen betriebene Hurerei und Unzucht. Direkt geäußerte, unverhüllte Vorwürfe, denen durch Ausrufe, rhetorische Fragen, Reihungen, Gegenüberstellungen Nachdruck verliehen wird, weisen auf den Grad der Empörung Heinrichs hin. In eindringlichen Bildern des Todes und der Verwesung und Ankündigungen der ewigen Verdammnis wird dem Leser schließlich vor Augen geführt, worin der Lohn der Lasterhaftigkeit besteht.

Die Werte und Normen, die der Priesterstand in den Augen dieses Laienbruders verletzt, sind – z. T. durch Umkehrung des Kritisierten ins Positive – deutlich ablesbar: die Übereinstimmung von Lebensführung und geistlichem Amt (das dem Priester auferlegt, den Erlöser zu vertreten); die Aufsichtspflicht und das Vorbild der Bischöfe; das Verbot, Handel zu treiben; das Gebot der Mäßigkeit; das Gebot des Gehorsams; das Gebot der Keuschheit.

Diese Gebote sind feste Bestandteile der von Geistlichen und Mönchen durch Jahrhunderte hindurch entwickelten Wertgefüge und sittlichen Lebensformen. Sich ihrer zu vergegenwärtigen, ist die Voraussetzung für das Verständnis wesentlicher Funktionen der aus ihnen erwachsenden und sie ständig reflektierenden Literatur. Dabei sollen aus Gründen der Übersichtlichkeit die Lebensformen der Geistlichen und der Mönche zunächst getrennt verfolgt werden,[2] obwohl viele der für sie gültigen Wertvorstellungen und Verhaltensnormen sich überschneiden.

Vorbild für die Lebensweise der Geistlichen in den frühchristlichen Gemeinden ist das Leben der Apostel, der Jünger Christi. Christus hatte ihnen klare Weisungen gegeben, die im Neuen Testament festgehalten sind, z. B. in Mt 10, in Mk 6, in Lk 9: alles an Besitz zurückzulassen, sich um die Kranken zu kümmern, sich den anderen zu überlassen, den Frieden Gottes in den Alltag der Menschen hinein zu verkünden. Aus ihrem Mund, hatte es geheißen (vgl. Mt 10), werde Gott zu den Menschen reden. Die frühchristliche Gemeinde bezieht diese Weisungen auf alle ihre Glieder. Alle nehmen teil an der Nachfolge Christi, alle sind beteiligt an der Deutung der Schrift. Dennoch werden Ämter vergeben, Lehrämter, Botenämter, das Amt des Aufsehers über den Gottesdienst. Der Vorsteher der Gemeinde ist der Presbyter, der Priester. Wer ein derartiges Amt bekleidet, unterscheidet sich grundsätzlich vom Schamanen, Wahrsager, Opferbeschauer der alten Hochkulturen, der durch rituelle Handlungen und Tabuvorschriften die Götter und Dämonen günstig zu stimmen sucht und den als einem Mittler zwischen Göttern und Menschen selbst ein numinoser Schauder umgibt. Das christliche Amt des Priesters ist zunächst frei von Magie, es ist allgemein zugänglich, wenn auch, jüdischer Tradition folgend, den Männern vorbehalten.

Erst im Lauf der ersten Jahrhunderte nach Christus und mit der Ausdehnung des Christentums verfestigen sich bestimmte Funktionen, bilden sich Ordnungen, Institutionen, schließlich ein Kirchenrecht. Die Leitung einer Gemeinde hat ein Aufseher (der Episkopus, der Bischof), ihm unterstellt sind Älteste (Presbyter, Priester), ferner Gehilfen (Diakone, Diener), Vorleser, Türhüter usw. Unter den Gemeindebischöfen erringen einige besondere Bedeutung (Patriarchen, Primaten, Metropoliten), und immer stärker festigt sich allmählich der Primat des römischen Bischofs, der im Westreich zum heiligen Vater aller Gemeinden erklärt wird.

Die Institutionalisierung einer derartigen Hierarchie erinnert an die staatliche Beamtenordnung unter den römischen Kaisern und ist auch keinesfalls losgelöst von politischen Entwicklungen zu sehen. Wichtiger ist die Trennung, die sich zwischen Laien und Amtsinhabern entwickelt. Sie ist einerseits durch den Institutionalisierungsprozeß der sich vergrößernden Kirche, andererseits durch die theologische Kompetenz erfordernden Auseinandersetzungen mit gnostischen Lehren begründet. Der Amtsinhaber in der christlichen Gemeinde wird nun von den Laien durch eine ›Weihe‹ abgehoben, die zu geben sich der Bischof vorbehält, der wiederum nur durch andere Bischöfe ordiniert werden kann. Durch das Sakrament der Priesterweihe erhält der Geistliche die spirituelle Gabe, die den Aposteln versprochen worden war: »Es soll euch zur Stunde gegeben werden, was ihr reden sollt, denn ihr seid es nicht, die da reden, sondern eures Vaters Geist ist es, der durch euch redet« (Mt 10,19f.). Der Priester wird durch die Weihe zum göttlichen Werkzeug, das die Botschaft der Apostel weitergibt und im Kultus gemäß der kirchlichen Ordnung das Opfer Christi sakramental nachvollzieht. Die durch ihn vollzogenen heiligen Handlungen wirken auch da – hierin liegt die Amtsgnade des Priesters, die er ›für andere empfangen‹ hat –, wo sein sittliches Verhalten dem Anspruch, menschlicher Stellvertreter Christi zu sein, nicht gerecht wird.

Durch diese Abgehobenheit der Amtsträger von den Laien und durch die priesterlich-rituellen Verfahren wird nun wieder für alte magische Vorstellungen, die in den urchristlichen Gemeinden schon zurückgedrängt worden waren, Raum geschaffen.

Der Kirche als Institution hat die Trennung von Amtsträgern und Laien zweifellos genützt. Dies zeigt allein die Missionsgeschichte. Den heidnischen Germanen erschienen die christlichen

Geistlichen, so sie Dämonen vertrieben, Donareichen umschlugen, Weihwasser sprengten, zwar nicht immer, aber eben ausreichend häufig als Hilfe und Sieg magisch herbeizaubernde Abgesandte eines Gottes, der stärker war als ihre Götter. Natürlich liegen hierin auch Mißverständnisse derer, die bekehrt wurden und die den christlichen Kultus lediglich als magische Praxis auffaßten. Aber der Gefahr eines solchen Mißverständnisses ist die Kirche auch in späteren Jahrhunderten und auch unter ›Christen‹ nie wirklich Herr geworden (vgl. S. 22ff.). Die von Priestern oder Pfarrern vorgenommenen kultischen Handlungen wie Taufe, Firmung, Trauung, Begräbnis, die begleitet werden vom Handauflegen, von Waschungen, von Segenswort und Mahlzeit, werden von vielen ›Christen‹ nach wie vor als magische Handlungen mißverstanden. Offenbar haben auch die Geistlichen von jeher zu wenig unternommen, die durch ihre Amtsgnade eher noch provozierten Mißverständnisse auszuräumen.

Die Trennung zwischen Amtsträgern und Laien in der Kirche hat noch eine andere Wirkung gehabt, die bis in die Gegenwart hinein die Verhaltensnormen vieler Christen prägt. Diese Trennung hat die Gemeinde geteilt in solche, die sprechen, und solche, die zuhören und gelegentlich ›zustimmen‹. Daß die Laien in geistlich-seelsorgerischer Hinsicht kein ›Mitspracherecht‹ haben, gilt in der katholischen Kirche auch heute. Die gegenwärtig vorhandenen Tendenzen, für eine stärkere liturgische Beteiligung der Laien zu sorgen, ändern jedenfalls nichts an der grundlegenden Bedeutung des Priestertums der Kleriker. Die neutestamentliche Auffassung vom Priestertum aller Getauften, für die Luther so leidenschaftlich eingetreten ist (in seiner Schrift *An den christlichen Adel,* 1520), hat sich auch im Protestantismus nie richtig durchsetzen können. Die Rechte, die nach Luther der Gemeinde zufallen, wurden meist von Fürsten, Konsistorien, Synoden wahrgenommen, und der Amtsgedanke ist im Laufe der neueren Geschichte gerade von Lutheranern immer wieder stark herausgestellt worden. Im Bewußtsein der Gläubigen jedenfalls ist er nach wie vor tief verankert. Die Ehrfurcht vor dem Amtsträger, die Unterwerfung unter die Autorität des ›Sachverständigen‹, die Ungeübtheit in der Artikulation eigener Vorstellungen, die geistige Passivität als Haltung – um es bei dieser Aufzählung zu belassen – hat eine lange Tradition, die bis ins 4. Jahrhundert zurückreicht.

Zu diesen problematischen Aspekten der Trennung zwischen Priestern und Laien kommen nun aber auch ganz andere, die sich unmittelbar auf das Leben der Priester beziehen. Für sie, die durch die Weihe in den Besitz der ›Amtsgnade‹ kamen, entstanden Pflichten, die sich schon schnell zu einer Lebensform mit ausgeprägten Wertvorstellungen und Verhaltensnormen verdichteten. Die bis heute als entscheidend anzusehende Pflicht des Priesters liegt darin, als Mensch ein Beispiel dafür zu geben, welche Wirkung die als Wahrheit verkündete christliche Botschaft ausübt. Der Priester steht unter dem Anspruch, mit seinem Leben den Erlöser zu vertreten. Amt und Leben sind untrennbar miteinander verbunden. Die Botschaft soll vom Priester nicht nur verkündet, sondern gelebt werden. Wie Christus selbst soll er den Menschen gegenüberstehen und sie mitnehmen.

Aus dieser idealen, nie voll einzulösenden Forderung, die ihr durch die Geschichte immer wieder bestätigtes Scheitern in sich trägt, erwachsen weitere Konsequenzen.

Wer in der Nachfolge Christi lebt, erfüllt dessen ›neues Gebot‹ der Nächstenliebe (Joh 13) und erkennt Pflichten als verbindlich für sich an, von denen besonders das Johannesevangelium und die paulinischen und johanneischen Briefe sprechen: die Mildtätigkeit gegen jedermann, die Mäßigkeit der eigenen Lebensführung, den Verzicht, Handel zu treiben und mit Zinsen zu wuchern. Er unterwirft sich auch dem Keuschheitsgebot. Dies ist, folgt man dem Neuen Testament (vgl. 1. Kor 7), keineswegs der Ehelosigkeit gleichzusetzen. Die Ehe gilt Paulus, weil in ihr die menschliche Verpflichtung der Ehepartner füreinander eingegangen wird, gerade als Hilfe, nicht der Unzucht zu verfallen. Gleichwohl gibt er deutlich zu erkennen (1. Kor 7,29 ff.), daß die größte Freiheit für den kirchlichen Dienst diejenigen haben, die auch auf die Ehe verzichten. Zu dieser neutestamentlichen Begründung treten in der Kirchengeschichte mit dem Einfluß gnostischer Sekten orientalische, besonders iranische Anschauungen eines metaphysischen Dualismus, dem der Leib und die Sinne als Sitz des Bösen gilt und der Bereich des Geschlechtlichen als Sitz verunreinigender Dämonen. Die Kirche hat sich diesen Denkweisen nicht entziehen können. Obwohl sie die Ehelosigkeit der Priester, den Zölibat (von lat. ›caelebs‹ = der Junggeselle), bis zum Laterankonzil im Jahre 1139 (im Katholizismus 1563 durch das Tridentinum anerkannt) nicht allgemein für verbindlich erklärt hat, bildete sich doch die Norm, nach der geweihte Geistliche nicht heiraten sollten.

Die Schwierigkeit, die Keuschheitsforderung, aber auch die anderen Christenpflichten zu verwirklichen, hat einerseits zu all jenen Fehlleistungen und Verirrungen geführt, die Heinrich von Melk und andere beklagen; andererseits hat eben diese Schwierigkeit den Wert der christlichen Gebote der Lebensführung im allgemeinen Bewußtsein gestärkt. Je schwerer sie zu erfüllen waren, desto größer wurde ihre Vorbildhaftigkeit, desto mehr wurden sie zu Zielsetzungen, an denen Handlungen strukturiert und gemessen werden konnten. Die Literatur liefert hierfür zahllose Zeugnisse. Zu den Pflichten der Priester gehörte auch eine gewisse literarische Bildung, die mit der jüdischer Rabbiner allerdings nicht zu vergleichen war. Für den praktischen Dienst in der Gemeinde, in der die Unkenntnis des Lesens und Schreibens verbreitet war, kam es in erster Linie auf die Kenntnis des Vaterunsers, des Glaubensbekenntnisses, der Gebote, bestimmter Beichtformeln, Weisungen, Spruchweisheiten an, die vor- und nachgesprochen bzw. gemeinsam gesprochen wurden. Ausschließliche Bedeutung erlangte diese Form der Erwachsenenunterweisung dann in den germanischen Missionsgebieten, wo die Unfähigkeit der Laien, zu lesen und zu schreiben, allgemein war. Noch Luther steht in dieser Tradition des ›mündlichen Unterrichts‹, der aus Memorieren und Abfragen besteht. Für diesen Unterricht benötigen die Geistlichen keine ausgesprochen theologische Ausbildung. Die Mehrzahl vor allem der niederen Geistlichen in den Landkirchen hatte kaum Anteil an der Gelehrtenbildung.[3] Dennoch hat es diese an Dom- und Stiftschulen, vor allem auch an Klosterschulen gegeben. In ihnen wurden Geistliche ausgebildet, die für höhere Ämter bestimmt waren, zugleich aber auch die Kinder des Adels. Aber nur wenige durchliefen den ganzen in lateinischer Sprache vermittelten Kanon der Bildungsinhalte der ›septem artes liberales‹ (Grammatik, Rhetorik, Dialektik; Arithmetik, Geometrie, Musik, Astronomie), deren geistlich-theologischer Anteil den weltlichen, insbesondere juristischen, bei weitem überwog. Die tiefe Kluft zwischen Gebildeten (›litterati‹) und Ungebildeten (›illitterati‹) ist – wenigstens in den germanischen Bereichen – angelegt mit der Einführung des Christentums und der lateinischen Kult- und Amtssprache.

Zu den Pflichten der Geistlichen treten bestimmte Rechte: die Befreiung von politischen Ämtern und öffentlichen Lasten, vom Militärdienst und von der weltlichen Gerichtsbarkeit. Diese Rechte haben ebenfalls dazu beigetragen, ihren Stand von dem der Laien weiter abzusondern.

Was der Stand der Mönche in den Jahrhunderten der Spätantike und des frühen Mittelalters an Wertvorstellungen und Verhaltensnormen hervorgebracht hat, ist mit den Wertvorstellungen und Verhaltensnormen der Geistlichen teilweise identisch, teilweise vergleichbar; es ist teilweise auch ganz andersartig, aber für das literarische Leben der Kirche und sein Verständnis ebenso bedeutsam. Der tiefgreifendste Unterschied, den das Mönchtum vom Stand der Geistlichen trennt, ist die von ihm entwickelte Art des Zusammenlebens, die in der mittelalterlichen Welt von prägender Kraft war, später wesentlich auf den Protestantismus eingewirkt hat und noch heute ihre Bedeutung besitzt.

Auch für die auf die neutestamentliche Zeit zurückgehende Lebensform der Mönche ist der Gedanke der Nachfolge Christi entscheidend. Dies verbindet das Mönchtum mit dem Priesterstand und mit den entschieden christlichen Laien. Was das Mönchtum von diesen trennt, ist die Verbindung des Nachfolgewunsches mit der Askese (gr. ›askesis‹ = Übung), die sich auf die Unterdrückung jener Triebkräfte des Menschen richtet, die ihn nach Auffassung der Mönche am stärksten an die Welt binden: die Gier nach Reichtum, die Sexualität, der Eigenwille.

Die Einschränkung des Lebens, die mit der Abtötung dieser Triebe verbunden ist, wird durch eine Intensität des Empfindens und Denkens auf anderen Gebieten kompensiert. In den archaischen Hochkulturen, in denen die Askese der Schamanen und Opferpriester bekannt war, galt Askese als Mittel, um ekstatische Zustände zu bewirken, in denen sich Visionen von sonst unsichtbaren Dämonen und Göttern einstellten. Auf diese Weise wurde zugleich Macht über die eigene soziale Gruppe gewonnen. In Israel galten askeseähnliche Erscheinungen wie das zeitweilige Fasten oder die zeitweilige geschlechtliche Enthaltsamkeit vor religiösen Festen als Ausdruck des allgemeinen Sündenbewußtseins und als Bußhandlung. Aber das Judentum ist, insgesamt gesehen und unbeschadet solcher Frömmigkeitsübungen, unasketisch.

Auch Jesus ist kein Asket. Seiner Freudenbotschaft von der hereinbrechenden Gottesherrschaft entspricht die freie und offene Lebenshaltung, die sich in der Unbefangenheit seines Umgangs mit Frauen, Zöllnern, Sündern zeigt. Allerdings ist diese Unbefangenheit vom Bewußtsein des Handelns Gottes durch ihn und von der Radikalität seiner Forderung zur unbedingten Nachfolge getragen (Lk 14,33). Aber die Bejahung Gottes als Schöpfer allen Lebens und damit die Bejahung auch des Menschen und seiner Leiblichkeit ist so stark, daß asketische Motive weder in seinem Leben (seine Gegner nennen ihn »Fresser und Weinsäufer«, Mt 11,19) noch in seiner Verkündigung wirksam sind.[4] Dennoch lebte Jesus in völliger Armut (vgl. Lk 9,58) und verlangte Armut auch von seinen Jüngern. Die lebensfrohe Haltung wird in der palästinischen Gemeinde auch nach seinem Tode beibehalten, freilich auch das Armutsideal und die Gütergemeinschaft innerhalb der Gemeinde. Beim Übergang des Christentums in die hellenistische Bevölkerung wurden dann Kräfte wirksam, die deutlich von der Tradition griechischer Philosophie und vom Gedankengut gnostischer Sekten getragen wurden. Bestimmend ist die Abwertung des Leiblichen, das als Fessel angesehen wird, die eine Begegnung der Seele mit Gott verhindert. Hieraus ergeben sich asketische Forderungen – bei den Korinthern z. B. die des Verzichts auf eheliches Leben, mit der sich Paulus in 1. Kor 7 auseinandersetzt, in gnostischen Sekten die der Nahrungs-Askese. Von diesen Tendenzen ist das christliche Mönchtum stark beeinflußt worden. Die Abtötung des Leiblichen spielt in seinen ältesten Formen eine bedeutende Rolle. Die Eremitenmönche, die sich in die Wüste zurückzogen, führten nicht nur ein einsames, sondern auf unfruchtbarem Boden auch ein entsagungsvolles Leben. Im Wandermönchtum verbanden sich die asketische Heimatlosigkeit und Armut mit dem sich auf Mk 6,7 berufenden Gedanken an die Nachfolge Christi und die Mission. In den ersten Klöstern, die sich nach dem Vorbild der Eremitenkolonie des heiligen Antonius entwickelten, wurden nicht nur Enthaltsamkeit und Nahrungsverzicht geübt, sondern auch die Unterbrechung des Schlafes und der Verzicht auf den Eigenwillen durch die Unterwerfung unter den schematischen Wechsel von Gebet- und Arbeitsstunden.

Der Sinn all dieser von christlichen Mönchen auf sich genommenen Entbehrungen liegt in dem Wunsch, die durch die Abtötung des Fleisches befreite Seele zum Gespräch mit Gott zu führen. Dies geschieht durch innere Sammlung, durch Vertiefung ins Gebet. Die Meditation christlicher Mönche unterscheidet sich dadurch grundsätzlich nicht nur von den ekstatischen Rauschzuständen der Opferpriester archaischer Hochkulturen, sondern beispielsweise auch von der in der altindischen Meditation üblichen Selbstversenkung. Während dort schon die Meditation selbst als ein Weg der Erlösung aus der vergänglichen Welt begriffen wird, auf dem der Meditierende in die »Leidenslosigkeit des Weltgrundes«[5] einzugehen und einen Zustand der Gottähnlichkeit zu erreichen vermag, weil sie eine substantielle Verwandlung des Menschen anstrebt (Yoga, autogenes Training sind psychotechnische Auswertungen dieses Vorgangs), setzt die Meditation auf der Stufe personalen jüdisch-christlichen Denkens den Meditierenden zu Gott in das Verhältnis, das ihm als Menschen, als der von Gott angesprochenen Person, die dem als Person erfahrenen Gott antwortet, allein zukommt.

Meditation ist für den Christen die Betrachtung der Gegenwart Gottes, seines Eingreifens in die Geschichte, das zugleich verborgen und offenbar ist; sie ist Ausdruck des Respekts (lat. ›respicere‹ = zurückschauen), der ›Ehrfurcht‹, die der Distanz zwischen Gott und Mensch stets gewahr ist.

Die Askese hat ihre im Abendland gültige Form in der Lebensgemeinschaft des Klosters gefunden, obwohl es bis heute auch außerhalb des Klosters eine zeitlich begrenzte Asketik gibt, Fastenzeiten, Wallfahrten, Exerzitien, die der meditativen Sammlung der Gläubigen dienen. Das Eremitentum und Wandermönchtum blieben im großen und ganzen auf den südlichen Mittelmeerraum beschränkt (die irischen Mönche, die frühen Missionare der Germanen, Gallus, Columban, Emeram, Kilian, gingen von Klöstern aus und gründeten während ihrer Wanderschaft [›peregrinatio‹] auch neue Klöster).

Dies heißt jedoch nicht, daß das Kloster eine auf das Abendland beschränkte Form der Lebensgemeinschaft ist. Klöster (von lat. ›claustrum‹ = Mauer, Gewahrsam), von der Außenwelt abgeschlossene Behausungen von Mönchsgemeinschaften, gibt es nicht nur im Christentum, sondern etwa auch im Buddhismus und Taoismus; und christliche Klöster haben ihren Ausgangspunkt in Ägypten und Syrien. Ihre Entwicklungsgeschichte ist hier nicht zu verfolgen. Einzugehen ist jedoch auf die Klostergründung Benedikts von Nursia, dessen Klosterregel für die weitere Ausbildung von Wertvorstellungen und Verhaltensnormen grundlegende Bedeutung erlangt hat.

Benedikt gründete sein Kloster im Jahr 529 auf dem Monte Cassino südlich von Rom. Die Regel, die er dem Kloster gab, war schon im 8. Jahrhundert für nahezu das gesamte Mönchtum des Abendlandes verbindlich. Sie gilt bis heute nicht nur bei den Benediktinern, sondern auch bei zahlreichen anderen Orden. Eine ähnliche Wirkung hat nur die schon 370 erlassene Regel des Bischofs Basilius von Cäsarea (Kappadozien) gehabt, die bis in die Gegenwart das monastische Leben in der östlichen Kirche bestimmt und die neben anderen Überlieferungen auf Benedikts Ordnung Einfluß hatte.

Das Motiv klösterlichen Zusammenlebens ist einerseits der Wunsch nach Meditation, nach Sammlung der Seele im Hinblick auf Gott. Hierzu gehört die Askese. Benedikts Regel verpflichtet den Mönch zum Verharren im Kloster (›stabilitas‹); zum Gehorsam dem Abt gegenüber, der zwar vor wichtigen Entscheidungen den Rat der Mönche einzuholen, aber die oberste Gewalt im Kloster hat; zur Armut, die allen Eigenbesitz verbietet, maßvolles

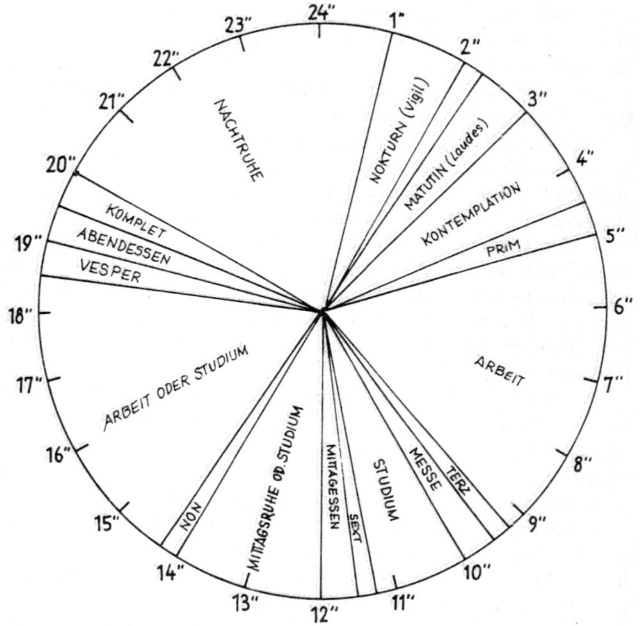

Tagesablauf eines Benediktinermönches
um den 24. Juni

Essen verlangt sowie die uniforme Kleidung; zur Keuschheit; zur größtmöglichen Schweigsamkeit. In diesen Forderungen steht die Benediktinerregel der basilianischen sehr nahe, wenn ihre Strenge auch milder ist und beispielsweise nicht die völlige Weltabgeschiedenheit verlangt.

Das Motiv klösterlichen Zusammenlebens ist andererseits der Wunsch nach der Gemeinschaft Gleichgesinnter, die in geistigem Austausch stehen, vor allem aber aneinander praktische Nächstenliebe üben. Unter diesem Aspekt gewinnt die Benediktinerregel Originalität. Sie enthält eine Ordnung des Tagesablaufs, die Dauer und Folge von gemeinsamen Gebetszeiten, Mahlzeiten, Arbeitszeiten und Lesungen festlegt, die Mönche also einer festen zeitlichen Disziplin unterwirft, die für sich schon als Askese anzusehen ist (vgl. Abbildung).[6]

Der Sinn des Arbeitens ist vordergründig die Selbstversorgung der Klostergemeinschaft. Aber die Arbeit ist zugleich auch Teil der Askese, dient der Disziplinierung des Körpers und der Seele, stellt sich der Sünde in den Weg. In der Konsequenz dieser Auffassung liegt die Betonung auch der Arbeitsdisziplin, der Exaktheit der Ausführung dessen, was man tut, der werkgerechten Organisation. Welche Bedeutung überhaupt die Organisation im Klosterleben besitzt, zeigen allein die Baupläne der Klosteranlagen, in denen jedes Gebäude sich funktional zum anderen verhält (vgl. Abbildung S. 12).[7]

Das Abendland hat von den Mönchen methodisch arbeiten gelernt.[8] Hierzu gehört auch die geplante und vernünftige Ausnutzung der Tageszeiten, gehört vor allem das Prinzip der Arbeitsteilung. Auch die Entstehung des Leistungsprinzips hängt mit dem asketischen Sinn der Arbeit zusammen, läßt sich doch jede Steigerung der Arbeitsleistung als Spiegelung gesteigerter Askese begreifen. Im Verständnis des Arbeitens als Askese liegt aber noch keine Überhöhung der Arbeit als Wert, der dem Leben erst seinen Sinn zu geben vermöchte. Diese Auffassung bleibt einer späteren Zeit vorbehalten, wird im Kloster allenfalls insofern vorbereitet, als dort die Arbeit noch die dritte Sinngebung erhält, den Notleidenden helfen zu können. Hierdurch entsteht die Möglichkeit, den Arbeitsgedanken zur christlichen Tugend zu erheben und ihn aus dem Zwang der Disziplinierung und Bußleistung zu befreien.

In der Sinngebung der Arbeit unterscheidet sich die benediktinische Klostergemeinschaft von der basilianischen kaum, viel eher in der Perfektion der Planung von Arbeit. Etwas ganz Neues entsteht aber erst dadurch, daß die Benediktiner zu Gebet und Arbeit die ›Lesung göttlicher Dinge‹ hinzufügen. Hierdurch wird die Voraussetzung für das ›regelmäßige‹ Lernen und Lehren geschaffen. Die Benediktinerregel sieht zudem vor, auch Knaben aufzunehmen, die unterrichtet werden müssen. Es entstehen die Klosterschulen und mit ihnen wissenschaftliche Tätigkeiten. Diese führen dazu, daß viele Mönche die Priesterweihe erhalten und damit auch seelsorgerliche Verpflichtungen übernehmen. Und dies hat weitere Folgen: Zunächst trennen sich die Mönchspriester von den Laienbrüdern insofern, als sie sich die Arbeit aufteilen. Die Mönchspriester übernehmen an Stelle von Handarbeit die wissenschaftliche Arbeit und den Unterricht, die Laienbrüder betreiben Land- und Gartenbau und verrichten handwerkliche Arbeiten. Damit legt sich über die Klostergemeinschaft brüderlicher Christen der Schatten sozialen Auseinanderlebens. Die ande-

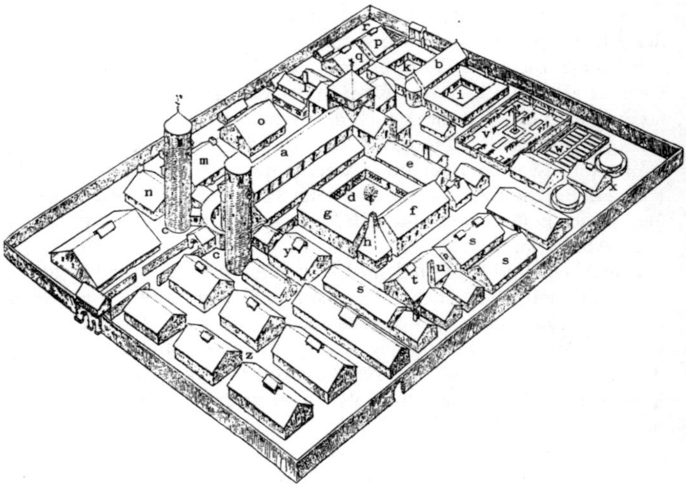

Der Klosterplan von St. Gallen um 820, überliefert als Grundriß, als Vogelschau von Karl Gruber rekonstruiert

a Klosterkirche mit dem Hauptchor im Osten (nach dem oberen Rand zu; der Vierungsturm ist in dieser Form nicht zu beweisen) – b Kapelle der Novizen und der kranken Mönche – c freistehende Türme mit den hochgelegenen Altären der Erzengel Michael und Gabriel seitlich der Westapsis der Klosterkirche – d Kreuzgang mit umgebenden Klausurbauten auf der Südseite der Kirche – e Dormitorium – f Refektorium – g Keller, Vorratshaus, Klosterpforte und Sprechraum – h Küche – i Noviziatskloster mit Kreuzgang – k Hospital mit Kreuzgang (i und k zur Kapelle b gehörig) – l Haus des Abtes – m Gästehaus – n Bäckerei und Brauerei für die Gäste – o Klosterschule – p Arzthaus – q Aderlaßhaus – r Garten für Arzneikräuter – s Werkstätten der Goldschmiede, Schuster, Schneider, Schwertfeger und Sattler – t, u Brauerei und Bäckerei für die Mönche – v Friedhof – w Obstgarten – x Gänse- und Hühnerställe mit Wärterhaus – y Pilgerherberge mit Brauerei und Bäckerei – z Stallungen für Stiere, Pferde, Schafe, Ziegen, Kühe, Stuten und Schweine re Folge ist die mit der wissenschaftlichen und seelsorgerlichen Tätigkeit einhergehende Weltbezogenheit, die im Gegensatz zur Weltabgeschiedenheit der Mönche der Ostkirche zum Charakteristikum westkirchlichen Mönchtums wird.

Wissenschaftliche und seelsorgerliche Tätigkeit schafft die Grundlage der Einflußnahme auf die Welt und ist andererseits zugleich auch eine Ursache für die Anfälligkeiten gegenüber weltlichen Einflüssen. Die mannigfachen Verstrickungen des westlichen Mönchtums in die politische Geschichte der Staaten liegt in der Konsequenz dieser Weltbezogenheit, können aber nicht allein aus ihr erklärt werden. Es kommen andere Entwicklungen hinzu.

Entscheidend wird die Politik der Karolinger, selbst Klöster zu gründen, sie mit noch nicht urbar gemachten und reichlich zur Verfügung stehendem Grundbesitz auszustatten, in das lehnsrechtliche Gefüge des Frankenreichs einzubeziehen, d. h. sie zu zwingen, Abgaben zu leisten, sogar gepanzerte Reiter zu stellen, ihnen andererseits die Abgaben von Hintersassen zu überlassen, die sie der Sorge für den Lebensunterhalt weitgehend entheben. So gerät der Abt in die Rolle eines weltlichen Großen, wie umgekehrt häufig genug weltliche Herren als Äbte eingesetzt werden. Trotz dieser Korruption der Idee der christlichen Klostergemeinschaft sind viele der auf die Benediktiner-Regel eingeschworenen karolingischen Klöster Stätten monastischen Lebens, in denen sich Meditation und Arbeit verbinden, wobei die bäuerlich-handwerklichen Arbeiten zunehmend von Laienpriestern übernommen werden.

Der Sinn der Arbeit wird nach wie vor asketisch verstanden, dem Inhalt nach dient die Arbeit Gemeinschaftsaufgaben, dem Gottesdienst, dem Kirchenbau und Kirchenschmuck, der ärztlichen Hilfe, der Führung einer Apotheke, dem Unterricht, dem Aufbau von Bibliotheken mit dem dazugehörigen Abschreiben und Ausmalen von Büchern. Manche Klöster übernehmen zugleich die Funktion des Gelehrtenschulwesens und werden Mittelpunkte auch literarischer Produktion.

Dennoch ist die Verweltlichung, zumal unter den Ottonen und Saliern, die Bischöfe und Äbte für Verwaltungsaufgaben im Reich einsetzen und dadurch von sich abhängig machen, unaufhaltsam. Bereits im 10. Jahrhundert ist der Zustand erreicht, den die viel späteren Texte Heinrichs von Melk beklagen. Sie sind getragen von dem Eifer für die Reform des Klosterwesens, die bereits im 10./11. Jahrhundert beginnt. Während die lothringische Klosterreform, ausgehend von den Klöstern Gorze bei Metz und St. Martin bei Trier, an der politischen Stellung der Klöster nichts ändert und sich auf das Ernstnehmen der Regel im Innern konzentriert, um das kontemplative Leben zu stärken, ist die burgundische Klosterreform unter der Führung des Klosters Cluny bei Macon von vornherein stärker politisch orientiert. Hier wird die Befreiung von lokalen, weltlichen Gewalten und die unmittelbare Zuordnung des Klosters zum päpstlichen Stuhl angestrebt. Da die Mönche dieser burgundischen Klöster hauptsächlich adliger Herkunft sind, kann die wirtschaftliche Unabhängigkeit gesichert werden. Handarbeit gilt nicht mehr als angemessene Beschäftigung; Gebet und Gottesdienst mit einem Übermaß an Zeremoniell stehen ganz im Vordergrund und führen zu einem Fanatismus der asketischen Weltabkehr, paradoxerweise gleichzeitig aber zu größtem politischem Einfluß. Unter den cluniazensischen Klöstern, die sich in zwei Jahrhunderten in Frankreich, Deutschland, England, Italien und Spanien ausbreiten und zu einer Klosterkongregation zusammenschließen, bildet sich eine strenge zentralistische Hierarchie, mit dem Abt von Cluny als Oberhaupt, mit von ihm abhängigen Prioren als Leitern der Töchterklöster. Diese Kongregation kämpft für die Unabhängigkeit der Kirche vom Staat und unterstützt das Papsttum in seiner Auseinandersetzung mit dem Kaisertum. Diese Auseinandersetzung, die ihren Höhepunkt im Streit zwischen Kaiser Heinrich IV. und Papst Gregor VII. um das Recht der Einsetzung (die Investitur) der Bischöfe erreicht, ist entscheidend durch den Geist von Cluny geprägt. Gregor VII., der sich im Investiturstreit – nicht zuletzt mit Hilfe des deutschen Hochadels – durchsetzt und damit das Kaisertum seiner geistlichen Würde und Macht weitgehend entkleidet (auch wenn er sein Ziel, die Begründung der Herrschaft der Kirche über den Staat schließlich verfehlt), ist zeitweilig – 1048 unter Abt Hugo – selbst Mönch in Cluny gewesen.

Es kann nicht verwundern, daß gegen diese groß organisierte Verquickung von christlicher Askese mit unbedingtem Machtwillen neue reformerische Bewegungen innerhalb des Mönchtums aufkommen, die zu neuen Klosterkongregationen oder Ordensgründungen führen. Die Zisterzienser (genannt nach ihrem Gründungskloster Citeaux [lat. ›cistertium‹] bei Dijon) bemühen sich, die klösterliche Einfachheit wiederherzustellen, den Armutsgedanken neu zu beleben, sich von Machtgedanken zu distanzieren, verkürzen und vereinfachen ihre Liturgie, um mehr Zeit für landwirtschaftliche und handwerkliche Arbeit zu haben; die Franziskaner (genannt nach ihrem Gründer Franz von Assisi) radikalisieren den Gedanken der Armut und der sozialen Gleichheit und bemühen sich, die Nachfolge Christi durch ihr Verhalten zu verwirklichen. Das Ethos dieser Ordensbewegung des 13. Jahrhunderts ist schon vor dem Hintergrund der aufblühenden oberitalienischen Städte zu sehen und wird uns später im Zusammenhang mit einer überall aufbrechenden Laienreligiosität beschäftigen.

Überblickt man an dieser Stelle die Lebensformen der Geistlichen und der Mönche, um sie mit der in ihrem Zusammenhang und in ihrem Umkreis entstandenen deutschen Literatur in Beziehung zu setzen, und zwar zunächst bis ungefähr zu dem Zeitpunkt, zu dem Heinrich von Melk die unsere Betrachtung einleitenden Anklagen schrieb, so zeigt sich bei allen Unterschieden in der praktischen Lebensführung doch eine Reihe gemeinsamer Wertvorstellungen; die Nachfolge Christi anzutreten, d. h. den Weg des Opfers zu gehen, beherrscht sowohl die Gedanken der Geistlichen wie der Mönche, gerade auch da, wo Irrwege eingeschlagen werden, die als seelische Qual erlebt werden. Mit dem Nachfolgegedanken verbinden sich die Tugenden der Bescheidenheit, der Mäßigung, der Milde (Nächstenliebe), die bei den Mönchen gleichsam radikalisiert werden zu Demut und Gehorsam, zu Besitzlosigkeit und Keuschheit, zu Freigiebigkeit. Gemeinsam ist beiden Lebensformen auch der kontemplative Blick nach innen, bei den Mönchen durch Askese vertieft zur Meditation und zur Verquickung von Meditation und Arbeit, die auf diese Weise eine äußerst disziplinierte Form erhält. Aus dieser Einstellung kann auch ein theologisch-spekulatives Denken entstehen, das sich in literarischer Bildung und in literarischer Produktion verwirklicht.

Bekehrungsliteratur des 8.–10. Jahrhunderts

Die in der Kirche lebendigen Wertvorstellungen und Verhaltensnormen sind mit den Anfängen der deutschen Literatur aufs engste verbunden. Die ältesten schriftlichen Zeugnisse deutschsprachiger Literatur sind seit der 2. Hälfte des 8. Jahrhunderts in bayrischen, alemannischen, fränkischen Klöstern bzw. in Schulstuben der Kirchen entstanden. Klosterbibliotheken und Schulstuben enthielten lateinische Texte, hauptsächlich gottesdienstliches Handwerkszeug, Bibeltexte und Kommentare, Predigtsammlungen. Wollte man, dem Missionsauftrag der Kirche folgend, die germanischen Stämme zum Christentum bekehren, war es notwendig, die kirchlichen Gebrauchstexte in die Volkssprachen, die deutschen Dialekte, zu übertragen. Der Versuch lag nahe und entsprach der karolingischen Bildungsarbeit, diese Übersetzungen auch schriftlich festzuhalten. Dies war mit der großen Schwierigkeit verbunden, die schriftlosen deutschen Dialekte in einem Alphabet, dem lateinischen, aufzuschreiben, dessen Zeichen nicht für diese Sprachen erdacht waren. So erklären sich die vielen unterschiedlichen Schreibweisen beispielsweise für die Umlaute oder für die ch-Laute (ç/x), für die entsprechende Grapheme nicht zur Verfügung standen. Der Austausch von Schreiberfahrungen, der zwischen den Schreibstuben der Klöster und Kirchen stattfand, wurde dadurch erschwert, daß jeweils ganz unterschiedliche Mundarten bzw. Einfärbungen von Mundarten aufzuzeichnen waren. So war das Schreiben deutscher Dialekte lange ein mühsames Experimentieren.

Noch schwieriger war die Anpassung der deutschen Sprache an die theologischen Inhalte, die es zu vermitteln galt. Der Wortschatz der germanischen Bauern und Krieger war nicht geeignet, um die vielen abstrakten Vorstellungen wiederzugeben, die sich mit dem Christentum verbanden, so daß eine Fülle sprachschöpferischer Lehnübersetzungen entstand: Das lateinische ›misericors‹ beispielsweise erscheint im Althochdeutschen als ›armaherz‹ (barmherzig), lat. ›conscientia‹ als ahd. ›giwizzani‹ (Gewissen), lat. ›beneficium‹ als ahd. ›wolatāt‹ (Wohltat) usw.: Aber umgekehrt erhielten auch bereits vorhandene deutsche Wörter vom Lateinischen her (freilich erst sehr allmählich) einen neuen Sinn: ahd. ›bîjiht‹ (verstanden als Geständnis) beispielsweise erhielt den Sinn von lat. ›confessio‹ (nhd. Beichte), ahd. ›buoza‹ (verstanden als Besserung) den Sinn von lat. ›satisfactio‹ (nhd. Buße), ahd. ›suntea‹ (verstanden als ein Verhalten, dessen man sich schämt) den Sinn von lat. ›peccatum‹ (nhd. Sünde), usw.[9] Auch im Bereich der Syntax entwickelten sich nach dem Vorbild des Lateinischen neue Konventionen, durch die logische Verknüpfungen präziser wiedergegeben werden konnten.

Die deutsche Sprache nicht nur schreibfähig, sondern aus ihr zugleich ein ›Werkzeug‹ (de Boor) gemacht zu haben, mit dem das für die Germanen neue christlich-abendländische Gedankengut ausgedrückt werden konnte, ist die Leistung der Mönche und der Geistlichen der karolingischen Zeit, die dabei durch die Bildungspolitik Karls, durch sein Interesse an der Volkssprache Rückhalt fanden. Christliche Bekehrungs- und höfische Repräsentationswünsche gingen eine zielstrebige Verbindung ein.

Die schriftlich aufgezeichnete deutsche Literatur, die sich neben der durch Erzähler und Sänger zumal an Adelshöfen vermittelten ›mündlichen Literatur‹ (vgl. S. 118f.) aufbaute, beginnt mit lateinisch-deutschen Vokabularien (Glossen), mit Wort für Wort dem lateinischen Original folgenden Übersetzungen (Interlinearversionen) zusammenhängender Texte (der Benediktiner-Regel, einzelnen Psalmen und Hymnen), mit Übersetzungen verschiedener Taufgelöbnisse, des Vaterunsers und des Glaubensbekenntnisses, einfacher Gebetsformeln, Beichtformulare, Predigten. Zum großen Teil ist dies kirchliche Gebrauchsprosa, den Bedürfnissen der Mission zugeordnet, der Eingewöhnung der Ungläubigen in die Sprache, in die Formeln, in die Vorstellungswelt der christlichen Religion dienend. Eines der drei uns bekannten alten deutschen Taufgelöbnisse, das sog. fränkische, ist in einer Handschrift überliefert (einem Fuldaer Meßbuch), in die etwas später (erst im 10. Jahrhundert) auch die beiden berühmten, dem vorchristlich-germanischen Denken verhafteten Merseburger Zaubersprüche eingetragen wurden von einem Geistlichen, der ein sicheres Gefühl für magische Formen besaß. Dieses äußere Nebeneinander von Texten, die unterschiedlichen Welten angehören, führt in die ganze Schwierigkeit der Missionierung der Germanen hinein.

Der Text des *Fränkischen Taufgelöbnisses* lautet:[10]

Forsahhistû unholdûn? Ih fursahu.
Forsahhistû unholdûn uuerc indi uuillon? Ih fursahhu.
Forsahhistû allêm thêm bluostrum indi dên gelton indi dên gotum thie im heidene man zi bluostrum indi zi geldom enti zi gotum habênt? Ih fursahhu.
Gilaubistû in got fater almahtîgan? Ih gilaubu.
Gilaubistû in Christ gotes sun nerienton? Ih gilaubu.
Gilaubistû in heilagan geist? Ih gilaubu.
Gilaubistû einan got almahtîgan in thrînisse inti in einisse? Ih gilaubu.
Gilaubistû heilaga gotes chirichûn? Ih gilaubu.
Gilaubistû thuruh taufunga sunteôno forlâznessi? Ih gilaubu.
Gilaubistû lîb after tôde? Ih gilaubu.

Ü: Entsagst Du dem Unhold? Ich entsage.
Entsagst Du des Unholden Werk und Willen? Ich entsage.
Entsagst Du allen den Spenden und den Opfern und Göttern, welche sich heidnische Männer »zi bluostrum indi« zu Opfern und zu Göttern haben? Ich entsage.
Glaubst Du an Gott den allmächtigen Vater? Ich glaube.
Glaubst Du an Christus Gottes Sohn den Rettenden? Ich glaube.
Glaubst Du an den Heiligen Geist? Ich glaube.
Glaubst Du einen allmächtigen Gott in Dreiheit und in Einheit? Ich glaube.

Glaubst Du eine heilige Kirche Gottes? Ich glaube.
Glaubst Du durch die Taufe eine Erlassung der Sünden? Ich glaube.
Glaubst Du ein Leben nach dem Tode? Ich glaube.

Der ersten Gruppe von Fragen, die dem Täufling den Verzicht auf seinen heidnischen Dämonen- und Götterglauben abverlangt, folgt die Gruppe der Glaubensfragen, die in sich zweigeteilt ist: Zuerst werden die drei Fragen der Confessio aus dem Glaubensbekenntnis gestellt, mit denen sich das ältere altsächsische Taufgelöbnis begnügte, danach, vielleicht weil eine entsprechende Belehrung vorangegangen war, vier Zusatzfragen. Die Bindung der Struktur des Gelöbnisses an die theologische Zahlenmystik ist auffällig. Die auf die Trinität hinweisende Dreizahl wird mit der ebenfalls vollkommenen, auf die zeitlichen Dinge, auch auf die zeitliche Kirche hinweisende Vierzahl in den Glaubensfragen und -antworten zur Siebenzahl zusammengezogen, zur Zahl der Schöpfung und des Hl. Geistes. Mit den drei Abschwörungsfragen und -antworten wird insgesamt die Zehnerzahl erreicht, die Zahl der Belohnung, der ›plenitudo sapientiae‹.[11]

Wie die dem Taufgelöbnis vorangegangene Belehrung in fränkischem Dialekt (mit den erwähnten sprachlichen Einschränkungen) vor sich gegangen sein mag, ist schwer vorstellbar. Es ist kaum zu vermuten, daß theologische Zusammenhänge erklärt werden konnten. So darf sich der Täufling auch mit den bloßen – stereotyp wiederholten – Bestätigungsfloskeln ›Ich entsage‹ bzw. ›Ich glaube‹ begnügen, die auf das Vorgesprochene keinen ausdrücklichen Bezug nehmen und die weder erkennen lassen, ob es verstanden wurde noch wie ernst das Gelöbnis gemeint war. Zwar wird die Taufe dogmatisch als das durch den Heiligen Geist verliehene Siegel dafür verstanden, daß Gott anstelle der Dämonen von dem Täufling Besitz ergreift, sowie als Zusage der Kirche, für den Getauften Verantwortung zu übernehmen, doch ist sie andererseits nicht ohne persönliche Umkehr, nicht ohne rechtgläubigen Empfang des Täuflings (bzw. stellvertretender Paten) möglich.[12] Genau hier wird die Problematik der Missionierung der heidnischen Germanen deutlich. Wenn das mit der Taufe Gemeinte und anschließende Belehrungen trotz der Bemühungen um die Volkssprache unverstanden oder halbverstanden bleiben mußten, konnte sich auch christliches Leben nur schwer entfalten. Die christliche Taufe war für die breite Masse des Volkes nur ein äußerlicher Vorgang, der auf Grund seiner in den verschiedenen Taufliturgien vorhandenen sinnlichen Elemente (Untertauchen im Wasser bzw. Waschungen, Salbung, Handauflegen, Kreuzzeichen, Friedenskuß u. ä.) und auf Grund des formelhaften Sprechens (Wiederholung feststehender Wendungen, Reihungen) zwar akzeptiert werden konnte – wenn auch teilweise nur unter Zwang – aber in den seltensten Fällen Ausdruck für ›Sinneswandlung‹ war.

Wenn sich das Christentum schließlich durchsetzte, so war dies eher dem Vorbild der Mönche zu verdanken, die in unverdrossener Arbeit u. a. Wälder rodeten und Ackerland schufen, Obstplantagen anbauten, Gärten mit medizinisch zu nutzenden Kräutern anlegten, handwerklich tätig waren – und mit ihrem Wissen zugleich ihre Frömmigkeit weitergaben.

Mit welcher Denkweise sich die christliche Mission bei den Germanen auseinanderzusetzen hatte, läßt sich nicht zuletzt auch aus den uns überlieferten Zaubersprüchen ablesen. Sie erinnern an die in allen Hochkulturen üblichen magischen Praktiken des Analogiezaubers, bei dem in Kultspielen das als Handlung dargestellt und mit Worten besprochen wurde, von dem man wollte, daß es – mit Tieren, mit Menschen, mit dem Wetter usw. – in Wirklichkeit geschah. Auch die Germanen haben, wie der Mensch der Archaik generell, kaum eine für sie bedeutsame Angelegenheit ohne magische Rituale und magische Rede in Angriff genommen, ob es sich um die Heilung einer Krankheit, das Gelingen eines Handwerks, die Erfüllung sozialer Aufgaben, die Bewältigung psychischer Regungen handelte. Der Glaube, durch das ›starke Wort‹, das Sprechen von Formeln, durch den Ritus direkt auf die Wirklichkeit einwirken, Schaden abwenden, Nutzen erzwingen zu können, ist, wenn wir ethnologischen Erklärungen folgen, der Versuch, die als Mangel erfahrene Zufallsstruktur der Wirklichkeit aufzuheben und ihre verborgene Ordnung zu beschwören. Magische Rede und magische Handlung, heißt das, rufen den geglaubten Zusammenhang der Dinge und Ereignisse herbei – ähnlich wie etwa der germanische Zeichendeuter in der zufälligen Anordnung der geworfenen Runenstäbe versteckte Götterhinweise erkennt, indem er das ›Zugefallene‹, dem die sichtbare, allen offenkundige Ordnung fehlt, so deutet, daß sich, gleichsam durch eine ›poetische Bastelei‹,[13] Zusammenhänge ergeben. In den beiden im 10. Jahrhundert aufgezeichneten, aber sicher viel älteren *Merseburger Zaubersprüchen,* in denen sich die germanisch-heidnische Denkweise noch am deutlichsten präsentiert, wird die im echten Analogiezauber aufgeführte und mit Worten begleitete Handlung durch den epischen Bericht über sie ersetzt, wird der Präzedenzfall vergegenwärtigt, bei dem der Befehl, das magische Wort des Zaubers, seine Wirkung erwiesen hat. Der zweite dieser Zaubersprüche lautet:[14]

Phol ende uuodan uuorun zu holza.
du uuart demo balderes uolon sin uuoz birenkit.
thu biguol en sinthgunt, sunna era suister;
thu biguol en friia, uolla era suister;
thu biguol en uuodan, so he uuola conda:
sose benrenki, sose bluotrenki,
sose lidirenki:
ben zi bena, bluot zu bluoda,
lid zi geliden, sose gelimida sin.

Ü: Phol und Wodan ritten in den Wald.
Da verrenkte sich Balders Fohlen den Fuß.
Da beschrie ihn Sindgund (und) Sunna, ihre Schwester;
Da beschrie ihn Frija (und) Volla, ihre Schwester;
Da beschrie ihn Wodan, wie er es wohl verstand:
Wie die Verrenkung des Beines, so die Verrenkung des Blutes,
So die Verrenkung des Gliedes:
Knochen zu Knochen, Blut zu Blut,
Glied an Glied, als seien sie geleimt.

Den direkt gesprochenen Worten dieses zweistöckigen Spruches geht der Bericht über eine mythische Begebenheit voraus, bei der die magische Form des Redens angewendet worden ist. Auf die Überlieferung dieser Rede, den 2. Teil also, auf das Rezept, wie ein verrenkter Pferdefuß zu heilen sei, kommt es dem Sprecher wie dem Hörer eigentlich an. Der einleitende epische Bericht verleiht dem Spruch eine besondere Qualität. Wodan, der Herr allen Zaubers,[15] hat ihn erfolgreich gebraucht, nachdem vergebliche Versuche durch die ihn begleitenden Göttinnen vorausgegangen waren. Sowohl der epische Bericht als auch die direkte Rede sind in sich jeweils wieder zweigeteilt. In den ersten Zeilen des Berichts wird die Situation vorgestellt; danach beginnt die Vorbildhandlung, die Heilung durch Besprechen. Wodans Worte beginnen mit der Krankheitsrede, dann erst folgt der entscheidende Heilungsbefehl. Neben der Zweizahl wird der Spruch durch die magische Dreizahl strukturiert: In drei anaphorisch gebauten Sätzen wird über drei Heilungsversuche berichtet; die beiden parallel gefügten Teile der magischen Rede sind in sich jeweils dreiteilig, wobei die letzte Zeile durch einen angefügten Abvers noch erweitert wird. Wir erkennen die phonologischen Gleichklänge, die morphologischen Parallelismen und rhythmischen Gleichläufe, die durch Reihungen bewirkten Synonymien als formale Prinzipien des Zauberspruchs, die er freilich mit aller mündlich tradierten Dichtung (dem Volkslied z. B. oder dem Märchen) teilt und die auch, wie wir gesehen haben, das formelhafte Sprechen innerhalb der christlichen (von den Geistlichen auswendig zu beherrschenden) Liturgie bestimmen. Von diesen Prinzipien geht eine eindringliche und gedächtnisstützende Wirkung aus, wobei im *Merseburger Zauberspruch* der Akzente setzende Stabreim hervorzuheben ist. – Die mythologischen Elemente dieses Zauberspruchs sind nicht restlos geklärt und sollen uns hier nicht beschäftigen. Es genügt zu zeigen, daß die christliche Mission Menschen traf, die in festen (und hauptsächlich aus der *Edda* bekannten) mythischen Vorstellungen und magischen Denkweisen lebten.

In vielen der aufgezeichneten Zaubersprüche werden die alten magischen Beschwörungsformeln von christlichen Vorstellungen überlagert bzw. mit ihnen vermischt – besonders deutlich zu erkennen im Lorscher Spruch aus dem 10. Jahrhundert, dem sogenannten *Lorscher Bienensegen:*[16]

Kirst, imbi ist hucze! nu fluic du, uihu minaz, hera
fridu frono in godes munt heim zu comonne gisunt.
sizi, sizi, bina: inbot dur sancte maria.
hurolob ni habe du: zi holce ni fluc du,
noh du mir nindrinnes, noh du mir nintuuinnest.
sizi uilu stillo, vuirki godes uuillon.

Ü: Christus, die Immen sind geschwärmt! Nun fliegt wieder her, meine Tiere,
damit ihr im göttlichen Frieden, in Gottes Schutz gesund heimkommt.
Sitze, sitze, Biene: Das gebot dir die heilige Maria.
Urlaub habe nicht: zum Walde flieh nicht,
du sollst mir nicht entrinnen, noch dich losgewinnen.
Sitz ganz stille, wirk Gottes Willen.

In diesem Spruch, der in Verbindung mit der klösterlichen, für die Herstellung von Honig und Wachs (d. h. von Kerzen) wichtigen Bienenzucht steht und der Gefahr des Ausschwärmens der Tiere in den Wald sowohl durch das magische Wort als auch durch den Anruf Christi begegnen will, wird versucht, verschiedene Orientierungszusammenhänge zu vereinbaren, wodurch von der ursprünglichen Überredungskraft magischen Sprechens sicherlich viel verlorengeht.[17]

Texte wie der *Lorscher Bienensegen* zeigen die Anstrengung der schreibenden Geistlichen und Mönche, magische Vorstellungen, von denen sie selbst fasziniert waren (sonst hätten sie sie nicht aufgezeichnet), dem christlichen Wertsystem zu unterwerfen. Denn jeglicher Glaube an Zauberei, an Kräfte, die der Mensch ohne Vermittlung durch Gott für sich wirken lassen wollte, galt im Christentum seit den Kirchenvätern der Spätantike als Sünde und wurde auch immer wieder in Bußbüchern und Pastoralgesetzen als Blendwerk des Teufels verboten.[18] Gerade die vielen Verbote belegen freilich, wie lebendig magische Denkweisen und Praktiken unter den christlichen Priestern und Mönchen gewesen sein müssen. Dies verwundert schon deswegen nicht, weil auch im christlichen Segen die Wahrung der rituellen Form innerhalb der Liturgie von großer Bedeutung war. Vor allem aber gehörten das Sprechen von Benediktionen, von Schutzformeln gegen Dämonen und der Exorzismus, das Austreiben unreiner Geister, zur Praxis der Geistlichen. Zwischen Magie und christlichen Beschwörungen ließen sich klare Grenzen nicht ziehen; sowohl die Bekehrenden wie die Bekehrten fühlten sich von dämonischen Mächten umgeben, die es abzuweisen bzw. zu bezwingen galt. Insofern standen die Priester und Mönche, die zudem Reliquien und andere Wunder wirkende ›Heiltümer‹ verwalteten, immer in der Gefahr, als Mittler der Heilung statt als Mittler des Heils verstanden zu werden.[19]

Inwieweit es der christlichen Kirche in der Folgezeit gelungen ist, magische Vorstellungen in ihrer eigenen liturgischen Praxis zurückzudrängen und inwieweit dies im Sinne der Bekehrung der Heiden überhaupt als dienlich angesehen wurde, ist eine Frage, die hier nicht näher zu erörtern ist. Der von der Kirche geförderte Glaube an Wunder und an Schutzheilige, deren Anrufung aus Bedrängnissen befreien sollte, spricht freilich eine deutliche Sprache.[20] Im allgemeinen Bewußtsein der zum Christentum Bekehrten hat sich der Glaube an Dämonen und an die mit magischen Kräften in Verbindung gebrachten Mittel ihrer Abwehr (vom Zeichen des geschlagenen Kreuzes über das formelhaft wiederholte Sprechen von Gebeten bis zur Anrufung von ›Nothelfern‹) jedenfalls über Jahrhunderte hinweg erhalten (vgl. auch Kap. IV, S. 377ff.).

Daß wir als ›Christen‹ auch heute in unserem Alltagsleben magische Zwangsvorstellungen nicht vollständig abgestreift haben und alle auch Relikte magischer Praxis kennen, dürfte ganz evident sein. Die bedeutsamste Dimension dieser Gewohnheit eröffnet sich, wenn wir uns vergegenwärtigen, daß auch zwischen den unser heutiges Leben beherrschenden exakten Wissenschaften bzw. der Technik als angewandter Wissenschaft und den Denkgewohnheiten der Magie durchaus Berührungen bestehen. Auch die Naturwissenschaften und die Technik, so läßt sich argumentieren, versuchen die wirkenden Kräfte der natürlichen Umwelt des Menschen zu erkennen und sie ihm dienstbar zu machen. Sie gehen wie die Magie zurück auf das Grundbedürfnis des menschlichen Geistes nach Ordnung, nach Regeln, nach Bedeutung.[21] Andererseits läßt sich der ›methodische‹ Gegensatz zwischen Magie und Wissenschaft nicht verleugnen. Während Magie bestrebt ist, auf dem kürzesten Weg zu einem allgemeinen und totalen Verständnis und zur Beherrschbarkeit der Wirklichkeit zu gelangen, geht naturwissenschaftlich-technisches Denken – so jedenfalls in den klassischen Naturwissenschaften und in der allgemeinen naturwissenschaftlichen Praxis[22] – Schritt für Schritt vor, liefert Erklärungen für begrenzte Phänomene, wendet sich danach anderen Phänomenen zu usw. Wissenschaftliches Denken ist im Gegensatz zu magischem Denken bestrebt, ein Problem in Teile zu zerlegen, und zwar in so viele, wie für seine Bewältigung erforderlich sind.[23] Dennoch ist trotz dieser Differenz nicht zu übersehen, daß beide Denkformen, indem sie den Determinationen der Ereignisse nachgehen, den Determinismus also gleichsam als Wahrheit betrachten, eine vergleichbare Haltung gegenüber der Wirklichkeit einnehmen. Vergleichbar sind beide Denkformen auch deshalb, weil sie beide die Wirklichkeit durch ›Basteleien‹, durch die Herstellung strukturierter Gesamtheiten, zu manipulieren suchen – die Magie, um es verkürzt zu sagen, durch ›poetisches‹ Spiel (s. o.), die Wissenschaft durch immer neue Arrangements von Versuchen, die nicht nur auf Erkenntnis, sondern auch auf Eingriff zielen. Keineswegs ist die Magie nur die Vorform der Wissenschaft – dies hat Lévi-Strauss eindrücklich zurückgewiesen: sie sei eher ein Schatten, schreibt er,[24] der den Körper ankündige, in gewissem Sinn ebenso vollständig wie er, in all seiner Stofflosigkeit ebenso fertig und kohärent. Magie und Wissenschaft seien parallel zu setzen als zwei Arten der Erkenntnis, die zwar hinsichtlich ihrer theoretischen und praktischen Ergebnisse ungleich seien, nicht aber bezüglich der Art der geistigen Prozesse, die beider Voraussetzungen seien. Was Magie und Wissenschaft verbindet, ist beider Verhaftetsein an die Vorstellung der Erklärbarkeit und Beherrschbarkeit der Welt. Magie versucht die Energien der Wirklichkeit zu beschwören, Wissenschaft sie mit Hilfe rationaler Versuchsanordnungen zu erklären und zu verwerten. Als Wissenschaft, hieße das, ist Magie als eine Haltung zur Welt nach wie vor eine Grundlage unserer Zivilisation,[25] ein Gedanke, der besonders von Horkheimer/Adorno in der *Dia-*

lektik der Aufklärung weitergeführt worden ist.[26] Doch hat Wissenschaft immerhin die Möglichkeit, sich selbst zu reflektieren und auf diese Weise eine neue, höhere Qualität zu gewinnen. Ob diese Möglichkeit ergriffen wird, hängt freilich von Wertvorstellungen ab, die nicht genuin wissenschaftlichem Denken als einer Weise der Wirklichkeitsbewältigung entspringen, sondern ganz anderen Quellen, philosophischen z. B. oder religiösen.

Sofern das Christentum die Herrschaft des einen einzigen Gottes predigt, der die Welt transzendiert, richtet es den Blick der Gläubigen auf die Endlichkeit der Welt und des Menschen, ruft ihn damit aus aller eingebildeten Sicherheit heraus und ermöglicht so zugleich seine Freiheit von innerweltlichen Zwängen. Maßstab des Handelns ist dann die Verkündigung Jesu Christi durch die Predigt des Neuen Testaments, die Begegnung mit Gottes Wort, das in Jesus Christus geschichtliches Ereignis geworden ist. Die christliche Haltung zur Welt und die Haltung der Magie gegenüber der Wirklichkeit sind grundsätzlich verschieden. Wo Magie Herrschaft zu erzwingen sucht, lehrt das Christentum, daß diese Herrschaft als Trug zu durchschauen ist. Die Mißverständnisse, die mit dem Bekenntnis zum Christentum zur Zeit der Missionierung der Germanen einhergingen, halten (trotz der Reformation) bis in die Gegenwart an. So wenig die Befreiung von magischen Zwangsvorstellungen vollständig gelungen ist, so wenig wird bis heute im allgemeinen verstanden, daß auch die biblische Mythologie ein zeitgebundener Aussagemodus ist. Die Aufklärung hat nur im Bewußtsein weniger stattgefunden, und die neutestamentliche Theologie nach der Entmythologisierungsdebatte[27] ist weitgehend akademisch geblieben. Nur aber wenn es gelingt, den Kern des christlichen Glaubens aus dem ›Sitz‹ eines überlebten (nämlich mythischen Vorstellungen verhafteten) Lebens zu befreien, könnte auch einer angemessenen Auseinandersetzung der Christen mit den exakten Wissenschaften der Weg geebnet werden, in der die Wissenschaftler die Zwänge ihres Denkens und Handelns reflektieren lernten und die Christen ihre Aufgabe, christlichen Glauben an eine veränderte Welt zu vermitteln.

Der Vermittlungsgedanke führt uns aus diesem Exkurs wieder in den literarhistorischen Zusammenhang des 9. Jahrhunderts zurück. Der christlichen Missionierung der Germanen dienten nicht nur die kleinen deutschsprachigen Gebrauchstexte, von denen wir das *Fränkische Taufgelöbnis* herausgegriffen haben, sondern bald auch umfangreichere Erzähltexte, die zugleich die Funktion theologischer Selbstvergewisserung der Schreibenden übernahmen. Es sind sogenannte ›Evangelienharmonien‹, in gleicher Weise naive wie praktische und wirksame Versuche, aus den vier Evangelien der Bibel eine in sich widerspruchslose Darstellung des Lebensweges Jesu abzuleiten. Wir kennen nur drei solcher Evangelienharmonien aus dieser Zeit, den althochdeutschen *Tatian,* eine um 830 in Fulda unter Anleitung des bedeutenden Abtes Hrabanus Maurus entstandene Gemeinschaftsübersetzung des im 2. Jahrhundert von dem syrischen Christen Tatian geschriebenen *Diatessarons* (Querschnitts durch die Vier), den vor 840 wohl ebenfalls in Fulda entstandenen, auf den Tatian aufbauenden, in altsächsischer Sprache abgefaßten *Heliand* und das im unterelsässischen Kloster Weißenburg um 870 vollendete *Evangelienbuch* des Mönches Otfrid, der seine Studienjahre in Fulda unter Hrabanus verbracht hatte. Daß alle drei Evangelienbücher mit Fulda in Beziehung stehen, ist kein Zufall, denn Fulda ist durch seine Nähe zu den östlichen Grenzgebieten des fränkischen Reiches, insbesondere zu den nordöstlich lebenden Sachsen, auch in der Mitte des 9. Jahrhunderts mit Missionsaufgaben beschäftigt, wenn auch nicht als Vorposten, so doch als ein vorgelagerter Sammlungspunkt.

Mit Missionsaufgaben in Verbindung zu bringen ist von den drei Evangelienharmonien am ehesten der *Heliand.* Der Verfasser muß ein theologisch gebildeter Sachse gewesen sein, der – dem kirchlichen Kulturprogramm Karls d. Gr. und seiner Nachfolger verpflichtet – versucht hat, das Evangelium sächsisch sprechenden Germanen begreiflich zu machen. Dabei griff er nicht nur auf den Tatian und auf den Kommentar des Hrabanus zum Matthäus-Evangelium zurück, sondern auch auf das Vorbild der angelsächsischen christlichen Stabreimepik, mit der man sich in Fulda beschäftigte. Die Angelsachsen hatten als erste versucht, biblische Stoffe episch darzustellen, und sich dabei des in der germanischen Preis- und Heldenlieddichtung üblichen Stabreimverses sowie der dort wichtigen stilistischen Mittel des schmückenden Beiworts und der Variation bedient. Auch der *Heliand* ist Stabreimdichtung, geprägt vom Formen- und Formelschatz des heroischen Gedichts[28] (vgl. S. 119), in dem eine aristokratisch-kriegerische Schicht Herrschertum und Gefolgschaftstreue, Kampf und Ruhm besang. Diese Tradition wird im *Heliand* aufgegriffen, um die neuen christlichen Inhalte an die Sachsen zu vermitteln.

Christus ist nicht nur Sohn Gottes, Wundertäter, Lehrer, sondern auch Gefolgsherr; seine Jünger sind seine Gefolgsmannen, Helden und Degen – Petrus, in der Malchus-Szene, gar ein

›schneller Schwertdegen‹; Nazareth heißt ›Nazarethburg‹, auf dem See Genezareth fahren ›hochgekrönte Schiffe‹; die Hochzeit von Kana wird in der Schilderung unversehens zu einem Zechgelage (»das Treiben der Mannen war heiter in der Halle«) usw. Dennoch wird mit dieser Anpassung an die Vorstellungswelt der Hörer die christliche Botschaft nicht verfälscht. Der Dichter betont gerade die Tugenden der Friedfertigkeit, der Demut, der Liebe, und die Bergpredigt, aus der im folgenden ein Auszug in neuhochdeutscher Übertragung wiedergegeben wird,[29] nimmt die zentrale Stellung in der Struktur der ganzen Dichtung ein:[30]

Ü: 1. Da gingen als Begleiter mit dem gütigen Krist / solche Gesellen, wie er selber sich erkor, / der Mächtige, aus der Menge. Da standen die weisen Männer / gern um den Gottessohn, die guten Helden, / williglich, die wackern, trugen nach seinen Worten Begehr, / schwiegen und bedachten, was ihnen dieser Scharen Königs, / der Waltende, wollte mit Worten künden, / diesen Leuten zu Liebe. Da saß der Landeshirte / vor der Menge der Männer. Des Mächtigen Kind / wollte mit seinen Worten Weisheitsprüche viel / lehren die Leute, wie sie das Lob Gottes / ausbreiten sollten in diesem Erdenreich. / Da saß er und schwieg, schaute auf sie lange, / war ihnen hold im Herzen, der heilige König, / milde in seinem Gemüt; und seinen Mund tat er auf, / wies mit seinen Worten, des Waltenden Sohn, / manche Mären, und den Männern sagte er / mit wahren Worten, die er zur Unterweisung dorthin, / der allwaltende Krist, erkoren hatte, / welche von den Leuten die liebsten wären, / von der Erdenkinder Stamm, dem allmächtigen Gott. / Er sagte den Gesellen, daß sie selig wären, / die Männer hier in Mittelgart [die von den Menschen bewohnte Erde], die in ihrem Gemüt wären / arm in Demut: »denen ist das ewige Reich / heilig verheißen auf dem Himmelsanger, / den Gesellen gegeben«. Er sprach, daß auch selig wären / mutsanfte Männer: sie sollten Macht und Herrschaft / besitzen in dieser Welt. Er sprach, daß auch selig wären, / die hier beklagten ihre Freveltaten: sie sollten bekommen nach Wunsch / Trost in dieser Welt. »Selig sind auch, die getreu danach streben, / daß sie gerecht urteilen: solches wird auch ihnen in dem Reiche Gottes / vergolten für ihre Guttaten: sie sollen solche Gunst erlangen, / die Recken, die Gerechtigkeit üben, die nicht wollen durch ihre Reden täuschen / die Männer, wenn sie an der Malstatt sitzen. Selig sind auch, die hier Milde hegen, / die Helden in ihrem Herzen: ihnen wird der heilige König / milde, der mächtige. Selig sind auch unter dieser Menge des Volkes, / die rein ihr Herz halten: sie sollen den reichen Himmelskönig / sehn in seiner Herrschaft.« Er sprach, daß auch selig wären, / die hier friedsam in ihrem Volke leben und keine Fehde stiften wollen, / keinen Kampf durch ihre Taten: »sie werden die Kinder des Herrn genannt; / denn er will ihnen Gnade schenken; so werden sie glücklich sein Reich / selber genießen.« Er sprach, daß auch selig wären / die Recken, die recht handeln und darum erdulden reicherer Herren / Haß und Harmworte: »ihnen ist im Himmel dafür / die Gottesau gegeben, und im Geist zu leben / die ewigen Tage, deren Ende nicht kommt, / der wundersamen Wonnen.« So hatte da der waltende Krist / vor den Edeln dort acht an der Zahl / Seligkeiten gesagt; mit ihnen soll sicher jeder / das Himmelreich erhalten, der es haben will.

Vor der neutestamentlichen Person und dem Lehrer, dessen Tugenden auch von den schreibenden und predigenden Mönchen als Bekräftigung ihrer Lebensweise empfunden werden konnten, tritt der dogmatische Christus im *Heliand* zurück. Geburt, Passion, Auferstehung werden keineswegs herausgehoben, wie es ihrer dogmatischen Bedeutung eigentlich entspräche. Von der heilsgeschichtlichen Verflechtung Christi wird kaum gesprochen, von der Trinität Gottes überhaupt nicht. Von Interesse ist allein der irdische Christus, der als menschliches Vorbild verehrt werden kann. Die unbewußt oder aus missionarischem Kalkül eingehaltene Distanz des Dichters zur biblischen Mythologie erweist sich auch darin, daß neben den christlichen Gottesbegriff gelegentlich noch der germanische Schicksalsbegriff tritt: »wurd ist an handon« (das Schicksal ist zur Hand), heißt es mehrfach selbst aus dem Munde des Gottessohnes.

Das später geschriebene *Evangelienbuch* Otfrieds von Weißenburg zeigt bereits eine deutliche Akzentverschiebung. Kaum noch der praktischen Missionstätigkeit zugeordnet, vielmehr – die meditative Seite des Mönchtums repräsentierend – zur Erbauung und theologischen Belehrung weltlicher, längst missionierter Vornehmer verfaßt, aber auch zur Ehre des eigenen Standes, hebt Otfried die dogmatische Bedeutung des Lebens Christi als Heilstat hervor, stellt die Gottheit Christi heraus, seine Präexistenz und Beteiligung an der Schöpfung ebenso wie seine Funktion als Richter der Welt nach Auferstehung und Himmelfahrt; die Erzählung des irdischen Lebens Christi, von dem die Evangelien berichten, tritt zurück und bildet auch nur eine Ebene neben Kommentaren und Auslegungen. Auch die künstlerische Form dieses Evangelienbuches zeigt, daß Otfried weniger an Mission als an fromme und gelehrte Arbeit dachte. Er wählt nicht den ›einheimischen‹ germanischen Stabreimvers, obwohl ihm der Stabreimrhythmus noch im Ohr liegt (de Boor)[31] und ihm auch einzelne stabende Zeilen unterlaufen, sondern er entwickelt in Anlehnung an den lateinischen Hymnenvers, der den regelmäßigen Wechsel von Hebung und Senkung verlangt und den Reim als gelegentlichen Schmuck kennt, den viertaktigen, stablosen Endreimvers (in binnengereimter Langzeile), den Vers also, der fortan die geistliche und auch die höfische Erzähldichtung bestimmen wird und der als Vierheberpaar »so etwas wie der deutsche Elementarvers geblieben« ist (Wehrli).[32] Die neuen (christlichen) Inhalte haben mit Otfried ihre neue Form gefunden: Wie die christliche Geschichte ihr Ziel am Ende hat, so hat Otfrieds Vers sein Ziel am Ende – im Reim.[33] Er selbst hat seine Bemühungen um die neue Form als Lob Gottes, Dichtung als Gottesdienst verstanden:

> Thaz láz thir uuesan súazi: so mézent iz thie fúazi, zît ioh thiu régula, so ist gôtes selbes brédiga.

> Ü: Dieses Verständnis sollst du dir (vor allem) schmecken lassen: so geben ihm Versfüße,/metrische Zeit und die Ordnung der Teile (dann) das Maß, so wird es zu Gottes eigener Predigt.[34]

Auch das Recht, Gott in der fränkischen Muttersprache loben zu dürfen, ist von Otfried ausdrücklich begründet worden. Gerade die dichterische Bemühung um sie mache sie dazu würdig; wie überhaupt eine fromme Lebensführung in seinen Augen alle Völker und alle Sprachen vor Gott gleichberechtigt sein läßt – ein Gedanke, der in der lateinisch sprechenden Christenheit jener Zeit trotz der karolingischen Kulturpolitik durchaus ungewohnt war und schließlich erst bei den Mystikern und Luther seine volle Wirksamkeit entfaltete. Wir dürfen nicht übersehen, daß die Literatur der Kirche im wesentlichen eine in lateinischer Sprache geschriebene Literatur gewesen ist und wir vergleichsweise wenig deutschsprachige Zeugnisse besitzen (die allein uns hier beschäftigen), zumal aus der Anfangszeit, in der die Volkssprachen ein Schrifttum erst mühsam entwickelten. Otfrieds volkssprachige Dichtung, die sich keineswegs an das Volk wendet, sondern – von theologischem Ehrgeiz und Repräsentationswillen erfüllt – an eine soziale Sondergruppe, weist schon auf eine andere, neue Phase der deutschsprachigen religiösen Literatur hin.

Belehrungsliteratur des 10.–12. Jahrhunderts

Diese Phase beginnt in großem Umfang da, wo die äußere Mission sich ihrem Abschluß zuneigt. Die auf die Mission ausgerichtete Bekehrungsliteratur weicht einer Belehrungsliteratur, die sich um Selbstbesinnung des Glaubens, um reflektierende Aneignung der biblischen Schriften und deren Deutung bemüht. Die theologischen Schriften und poetischen Werke dieser literarischen Phase kreisen immer wieder um die Themen der Heilsgeschichte, um die Problematik der Trinität Gottes, um das Verhältnis der Kirche bzw. der Gläubigen zu den Gliedern der Trinität, aber auch zur Welt und zur Geschichte.

Im Mittelpunkt steht der Begiff der Heilsgeschichte. Dieser Begriff weist auf eine besondere Geschichtserfahrung und auf eine besondere Geschichtsdeutung. Für die biblische Auffassung ist entscheidend, daß Gott sich in der Geschichte (also nicht in erster Linie in der Natur) offenbart. Aber die Geschichte ist vieldeutig, in ihr sind menschliche Schuld und Gottes Wille ineinander verschlungen, Gott offenbart sich nicht nur in ihr, er verbirgt sich auch in ihr. Dennoch gilt seine Zusage, den Menschen immer wieder zu suchen, ihn zu rufen, ihm das ›Heil‹ zu schenken (vgl. 1. Mose 8,22; Mt 28,20; Offb 21,5). Deswegen reden Christen von einer Heilsgeschichte. Sie beginnt bereits mit der Erschaffung der Welt, führt über die Verheißung an Abraham, zum Bund mit Israel, zur Verkündigung der Propheten. Das von ihnen angekündigte Heil sehen die Christen in Jesus Christus, in seinem Leben, Sterben, seiner Auferstehung, verwirklicht. Er ist in seiner Person Gottes Zuwendung zu den Menschen, die Erfüllung dessen, was angekündigt worden ist. In ihm findet die Heilsgeschichte ihren Mittelpunkt. Insofern ist Gottes Heil, Gottes Reich auf Erden bereits angebrochen; aber es ist noch nicht vollendet, denn zum Herrschen Gottes über die ganze Welt gehört die Annahme Gottes durch die Menschen. Hierauf richtet sich die Predigt Jesu. Er verspricht die Teilhabe an der Gottesherrschaft denen, die zur Umkehr, zur Buße bereit sind, die die Herrschaft des Bösen, der Dämonen abschütteln und sich dem Liebesgebot Gottes fügen. Damit ist Gottesherrschaft zwar jetzt möglich, liegt aber zugleich in der Zukunft. Die Kirche als die Gemeinschaft der Gläubigen ist die Vorhut des Reiches Gottes auf Erden. Sie ist die Jüngerschaft, die das nahende Reich verkündet. Die Geschichte läuft nach christlicher Auffassung auf ein Ziel zu, auf das Ziel der endgültigen Vollendung der von Christus gewirkten Gemeinschaft der Menschen mit Gott. Aber die Weltvollendung des Endes und die Herrschaft Gottes kann es sichtbar erst geben, wenn die alte Welt untergegangen ist, wenn Christus als Weltrichter wiedergekommen ist. Der verkündigende Jesus des Evangeliums wird zum verkündigten Christus, zum Sohn Gottes, an den geglaubt wird. Die Zeit zwischen der Auferstehung Jesu und seiner Wiederkunft (Parousie) im Jüngsten Gericht ist eine in den Bildern der zeitgenössischen Apokalyptik vorgestellte Zwischenzeit des Krieges, der Katastrophen, der Kämpfe mit dem Antichrist.

Heilsgeschichte läuft nicht neben der übrigen Weltgeschichte her, schwebt auch nicht über ihr, sondern findet in ihr statt, wenn auch abgehoben von ihr. Das ›Eschaton‹ (Weltende) als Heil kommt nicht als geschichtlicher Prozeß, sondern wird Geschenk Gottes sein, das zugleich das Ende der übrigen Geschichte bedeutet. Weil Heilsgeschichte sich in der Weltgeschichte abspielt und ihr zugleich gegenübersteht, kann sie auch Maßstab der Beurteilung der Weltgeschichte sein. Hierauf basiert die Zweireichelehre Augustins *(De civitate Dei)*, die für die politische und die Geistesgeschichte des Mittelalters entscheidend geworden ist. Christen sind für Augustin Bürger des himmlischen Reiches und Fremdlinge im irdischen. Die beiden Reiche sind durch zwei verschiedene Arten der Liebe bestimmt, das Weltreich durch die bis zur Verachtung Gottes gesteigerte Selbstliebe, das himmlische Reich durch die bis zur Verachtung seiner selbst gehende Gottesliebe. Der Gegensatz zwischen dem Reich Gottes und dem Reich der Welt spiegelt sich als Gegensatz zwischen Kirche und Staat. Damit aber tritt die Kirche dem Staat als eine eigene Größe gegenüber. Die Gleichsetzung der Kirche mit dem Gottesstaat ist bei Augustin noch vermieden. Die Kirche ist ihm lediglich Hinweis auf den Gottesstaat. In den späteren politischen Auseinandersetzungen zwischen Kaisertum und Papsttum, die vor diesem geistigen Hintergrund stattfinden, wird dieser Vorbehalt schwinden. Papst Innozenz III. wird sogar das Weltreich für die Kirche beanspruchen und die Throne der Fürsten als Lehen der Kirche betrachten, und die Zweischwertertheorie der Bulle »Unam sanctam« (1302) wird erklären, daß das eine Schwert (bildlich für Macht gebraucht) von der Kirche, das andere für die Kirche zu führen sei.

Mit dem Thema der Heilsgeschichte eng verknüpft ist das der Trinität, der Dreieinigkeit Gottes. In den theologischen Schriften des frühen Mittelalters spielte es eine übergeordnete Rolle. Es bildete sich aus der Frage, wie das Bekenntnis zu Jesus Christus mit dem Glauben an den einen und alleinigen Gott vereinbar sei. Denn verstand man Christus als göttliches Wesen, gab es zwei Götter. Das theologisch kontrovers geführte Gespräch des frühen Mittelalters kreiste um die Frage, inwiefern Sohn und Vater ›wesensgleich‹ seien, inwiefern Jesus von Nazareth wahrer Mensch und wahrer Gott, inwiefern sich Gott in Jesus Christus zu erkennen gebe, dem Menschen zeige, was sein wahres Wesen sei. Zur Trinität gehört zugleich der Heilige Geist. Dem Urchristentum war klar, daß der Geist Gottes, der im Alten Bund mit Israel nur zu einzelnen Herausgehobenen sprach, im Neuen Bund auf das ganze Gottesvolk der Christen ausgegossen war, daß er die Annahme der Heilstat Gottes unter den Menschen bewirkte. Welche Stellung der Heilige Geist auf der Seite Gottes habe, inwiefern er Gottes Gabe sei, inwiefern er die Gegenwartswirkung sowohl des Vaters als des Sohnes sei, sind Fragen, die seit dem frühen Mittelalter die Theologie und Philosophie beschäftigen.

Die Trinitätslehre ist im Kern eine Interpretation des Heilsgeschehens.[35] Gott hat sich im Heilsgeschehen in Jesus Christus durch den Heiligen Geist erschlossen; was Jesus durch Kreuz und Auferstehung getan hat, vermittelt Gottes Heiliger Geist den Menschen aller Zeiten. Die Lehre von der Dreieinigkeit ist Antwort auf das dreifache Handeln Gottes, darauf, daß er als Schöpfer die Welt geschaffen hat und erhält, daß er die Menschen in Christus versöhnt und befreit, daß er durch den Heiligen Geist sein Volk sammelt und heiligt. In jeder dieser Handlungen offenbart sich der eine Gott auf je verschiedene Weise, in jeder dieser Handlungen zeigt er, daß er nicht über der Geschichte schwebt, sondern in sie eingeht und dem Menschen begegnet.

In die zweite Phase geistlicher Literatur, die sich mit der skizzierten Thematik auseinandersetzt, fallen nicht nur theologische Übersetzungsleistungen, sondern auch viele poetische Texte, meist zu Belehrung der vornehmen Laien konzipiert.

Das deutschsprachige theologische Schrifttum setzt bereits zur Zeit Karls ein, besonders eindrücklich mit der deutschen Übersetzung des Traktats *De fide catholica ex veteri et novo testamento contra Judaeos* des Bischofs Isidor von Sevilla, in dem die völlige Wesensgleichheit der göttlichen Personen – des Vaters, des Sohnes, des Heiligen Geistes – verteidigt, also die Trinitätsproblematik angesprochen wird, die das gesamte frühe Mittelalter beschäftigte und schließlich im Zentrum des Universalienstreits (vgl. S. 43 f.) der Frühscholastik stand. Die Höhe dieser Übersetzungsleistung zu einem so frühen Zeitpunkt (790–800) hat dazu geführt, daß man diesen Text in unmittelbare Verbindung zur Hofakademie Karls d. Gr. oder zu Alcuins Hochschule in Tours brachte und ihm programmatische Bedeutung für den Plan der ›Erziehung‹ der deutschen Sprache zusprach.[36]

Erst lange Zeit danach (fast 200 Jahre später) kennen wir ähnlich bemerkenswerte Übersetzungsarbeiten, nämlich die Notkers von St. Gallen (950–1022). Notker, ganz von den Aufgaben seiner Klosterschule geprägt, bemühte sich besonders um das Alte Testament und hier vor allem um den Psalter. Zugleich beginnt bei ihm diejenige Tradition in der Kirche, die sich der deutschsprachigen Übermittlung der antiken Bildungsstoffe widmet. Damit wurden nun auch profane Schriften ins Deutsche gebracht, u. a. zwei Schriften des Aristoteles (in der von Boethius übersetzten Fassung) und der *Trost der Philosophie* von Boethius, eines der wichtigsten Lehrbücher des Mittelalters.

Zwei weitere theologische Übersetzungsarbeiten sollen wegen ihrer exemplarischen Bedeutung besonders hervorgehoben werden. Es sind zwei kommentierende Übertragungen des Hohen Liedes aus dem Alten Testament. Die eine stammt aus der Mitte des 11. Jahrhunderts von dem Abt des bayrischen Klosters Ebersberg, Williram; die andere ist fast ein Jahrhundert später im Kloster St. Trudbert, südlich von Freiburg, entstanden.

Das Hohe Lied des Alten Testaments ist eine Sammlung profaner Liebes- und Hochzeitslieder, die in Israel von den Liebenden und den Gästen während der Hochzeitsfeier gesungen wurden. Der Austausch von Liebeserklärungen zwischen Braut und Bräutigäm, die Freude über Liebesspiel und Liebesgenuß sind das die Lieder verbindende Thema. Da die Liebe der Geschlechter und die Ehe zur gottgewollten Schöpfungsordnung gehören, kann in Israel auch die Sinnesfreude unter Gottes Segen stehen und unbefangen besungen werden. Der Grund dafür, daß diese Lieder in den Kanon des Alten Testaments aufgenommen wurden, liegt in der Annahme, sie seien salomonischer Herkunft, was längst widerlegt ist.[37] Die christliche Kirche hat das Hohe Lied allegorisch interpretiert. Schon die Synagoge hatte mit Umdeutungen begonnen und in den Liedern die Liebe Gottes zu seinem Volk Israel ausgedrückt gefunden oder aber das Verhältnis des einzelnen Gläubigen zu Gott. Die Kirche hat diese letztere Bedeutung aufgegriffen und die Lieder als Gesang auf die Beziehung Gottes zu der ihm liebend zugewandten Seele verstanden, daneben aber auch ein Verständnis begünstigt, nach dem in den Liedern das Verhältnis zwischen Christus und der Kirche besungen wird.

Diesem Verständnis folgt Willirams *Paraphrase des Hohen Liedes*. Er hebt Christus als Bräutigam, die Kirche als Braut hervor. Die Kirche wird dabei nicht im umfassenden Sinn als christliche Gemeinde, sondern im engeren Sinn als Ecclesia, als klerikale hierarchisch organisierte Heilsinstitution gesehen, die dem Bräutigam in der Schönheit und Reinheit aller ihrer Glieder gegenübertritt; Christus erscheint als Himmelskönig und Erlöser, als Handelnder im Weltheilsplan. H. de Boor hat darauf hingewiesen, daß hier der Wandel des Christusbildes endgültig vollzogen wird.[38] Erschien Christus in den Werken der Karolingerzeit, im *Tatian*, im *Heliand* (kaum noch in Otfrieds *Evangelienbuch*), als ›evangelischer Christus‹, als Person, Prediger, Lehrer, Wundertäter, so erscheint er bei Williram als ›dogmatischer Christus‹, als Heilsbringer und Weltrichter. Von dem neutestamentlichen Verständnis der frühen Christenheit sind wir weit entfernt. Institution und Dogma sind im 11. Jahrhundert auch in den missionierten Gebieten ihr festes Bündnis eingegangen.

Die Übersetzung des Hohen Liedes, die in St. Trudbert angefertigt wurde, hat Willirams Übersetzung als Vorlage benutzt, unterscheidet sich von dieser aber in ihrer Zweckbestimmung als Auslegung. Das *St. Trudberter Hohe Lied* richtet sich an eine Gemeinde benediktinischer Nonnen, ist geschrieben zu deren Freude und Besinnung. Das Brautmotiv, bei Williram an die Kirche gebunden, wird hier auf die Jungfrau Maria übertragen und von ihr auf alle reinen Seelen. Die reinen Seelen aber sind zuallererst die ›Gottesbräute‹, die Nonnen selbst, die sich in der Nachfolge Marias sehen. Das Liebeserlebnis des Hohen Liedes wird als das Liebeserlebnis der ›bräutlichen Seele‹ gedeutet, die sich Gott, ihrem Bräutigam, zuwendet. Aus der Trinität Gottes wird nicht, wie bei Williram, Christus herausgehoben, sondern der Heilige Geist, der den einzelnen Menschen durchdringt und mit Tugenden erfüllt, die ihrerseits Bedingung für die göttliche Empfängnis sind: die Reinheit des Leibes und der Seele, die Demut, der Gehorsam. Wir kennen diese Tugenden als die eines klösterlichen Lebens. Insofern dient der Text einerseits erzieherischen und disziplinierenden Zwecken, die aber durch die erotische Sprache des biblischen Textes auf reizvolle Weise zugleich unterlaufen werden; andererseits steht er bereits, indem er den Blick auf den inneren Menschen, die »inren sinne« richtet, an der Schwelle der Mystik (vgl. S. 72ff.).

Neben diese bedeutenden theologischen Arbeiten treten in dieser zweiten Phase deutscher religiöser Literatur zahlreiche poetische Texte, deren Gemeinsamkeit in ihrer heilsgeschichtlichen Thematik liegt. Die meisten dieser Texte gehen dabei nur auf einzelne heilsgeschichtliche Stationen ein – auf die Erschaffung der Welt, den Sündenfall, die Fleischwerdung des Wortes in Jesus Christus, das Kreuz, die Auferstehung und Himmelfahrt, das Jüngste Gericht, die Weltvollendung; einige wenige versuchen den ganzen heilsgeschichtlichen Ablauf zu vergegenwärtigen. Das Denken auf den göttlichen Heilsplan zu richten, christliches

Geschichtsverständnis einzuüben und zu sichern, ist die Bewegkraft dieser Literatur.

Sie beginnt in unserer Überlieferung mit dem von angelsächsischer Stabreimdichtung beeinflußten, aus dem frühen 9. Jahrhundert stammenden sogenannten *Wessobrunner Gebet,* dessen Anfang die Erschaffung der Welt aus dem Nichts durch Gott beschreibt, wobei Gott ganz »in der Herrscherglorie der kirchlich-dogmatischen Auffassung«[39] erscheint:

enti do uuas der eino almahtico cot,
manno miltisto, enti dar uuarun auh manake mit inan
cootlihhe geista ...

Ü: Da war der eine allmächtige Gott, der Männer mildester, und da waren auch manche bei ihm, göttliche Geister ...[40]

Als Gegenstück zu diesem Schöpfungsgedicht läßt sich das ebenfalls in (korrumpierten) Stabreimen verfaßte, um 900 aufgezeichnete *Muspilli* ansehen – so bezeichnet nach diesem schwer zu enträtselnden Wort, das wohl so viel wie ›Weltzertrümmerung‹ heißt. Es stellt vor Augen, wie sich nach dem Tode des Menschen Engel und Teufel um die Seele streiten werden, malt dann den bevorstehenden Kampf zwischen Elias und dem Antichrist aus, aus dem letzterer nach Auffassung vieler ›Diener Gottes‹ siegreich hervorgehen wird, schildert danach den bevorstehenden Weltbrand und -untergang und schließlich, nach einer Ermahnung, sich zu Lebzeiten gerecht zu verhalten, das bevorstehende Erscheinen Christi zum Jüngsten Gericht. – Die Parallelität zwischen dem Schicksal der einzelnen Seele und dem der Welt ist Ausdruck christlicher Dogmatik. Das Leben des Menschen wird vom Jüngsten Gericht her verstanden, die gegenwärtige Selbstgewißheit des Menschen ist durch die nach dem Heilsplan Gottes eintretende Zukunft in Frage gestellt. Wer sich auf Erden, trotz aller Anfechtung, für das Gute entscheidet, wird in der Endzeit seinen Lohn haben. Daß die Verse des *Muspilli* in einen Prachtkodex hineingekritzelt sind, der einst dem König gehörte, mag auf die Absicht des Schreibers deuten, »das Mißverhältnis von weltlicher Repräsentativität und eschatologischer Perspektive«[41] bloßzustellen. Auch weltliche Größe, heißt das, ist nur relativ. Diese so respektlos vertretene Auffassung spiegelt zugleich das Erstarken des kirchlichen Selbstbewußtseins in der Auseinandersetzung mit dem Königtum (hier, um 900, gegenüber dem zerbröckelnden Imperium der Franken).

Ihre Blüte erlebt die Bibeldichtung erst seit der Mitte des 11. Jahrhunderts. Nun werden insbesondere die Bücher des Alten Testaments nacherzählt, wahrscheinlich einem frommen, adligen Publikum, worauf ritterliche Elemente in Wortschatz und Szenerie als Aktualisierungen insbesondere in der sogenannten *Altdeutschen Genesis* schließen lassen.[42] Von den vielen Anstrengungen auf dem Gebiet der Bibelepik sei diese *Altdeutsche Genesis* hervorgehoben, die aus verschiedenen Überlieferungsteilen besteht, der um 1060 entstandenen *Wiener Genesis*, der 50 Jahre später geschriebenen Fortsetzung *(Wiener Exodus)* und einer Bearbeitung beider Teile (*Millstätter Genesis* und *Exodus*). Obwohl es in erster Linie darum geht, den Stoff der biblischen Erzählungen anschaulich zu vermitteln (insbesondere in der *Wiener Genesis* reicht dies bis an die Grenze des Komischen, wenn beispielsweise Gott im Paradies als Gärtner zwischen reihenweise aufgezählten Gewürz- und Duftpflanzen einherwandelt), wird doch auch versucht, geistlichen Sinn zu erschließen. Die Zusammenhänge zwischen Altem und Neuem Testament werden erarbeitet, die Bücher des Alten Testaments als Voraussetzung des Neuen Testaments verstanden, einzelne Gestalten des Alten Testaments (Moses, Joseph z. B.) als Präfigurationen Christi gesehen. Aber auch zwischen Altem Testament und der eigenen weltgeschichtlichen Gegenwart ergeben sich Parallelen (z. B. zwischen dem Auszug aus Ägypten und dem ersten Kreuzzug). Hierin läßt sich das typologisch-analogische Denken erkennen, das für das Geschichtsverständnis im Mittelalter charakteristisch ist (und das uns gleich näher beschäftigen wird).

Zwischen *Genesis* und *Exodus* finden wir (in der Wiener Handschrift in Prosa, in der Millstädter Handschrift an gleicher Stelle in Versform) die mit dem Titel *Physiologus* (also ›Naturforscher‹) bezeichnete Übersetzung eines in langer Tradition stehenden lateinischen Textes, der auch zuvor schon (in der 2. Hälfte des 11. Jahrhunderts) ins Deutsche übersetzt worden, allerdings Bruchstück geblieben war *(Älterer Physiologus)*. Der *Physiologus* fällt durch die Wahl seines Gegenstands aus der Reihe der Bibeldichtungen scheinbar heraus, ist aber doch insofern mit ihnen verbunden, als es auch in ihm letztlich um Heilsvermittlung geht. Nur nimmt er nicht die Geschichte, sondern die Natur zum Anlaß deutender Reflexion. Natur interessiert dabei nur, sofern sie auf den göttlichen Heilsplan verweist, nicht etwa um ihrer selbst willen als Schöpfungswunder. Das Verfahren ist denkbar einfach: Der *Physiologus* stellt Tiere – der traditionellen Naturkunde entsprechend – in ihren wesentlichen Eigenschaften vor und setzt das

Beschriebene danach jeweils zu heilsgeschichtlichen Vorstellungen in Beziehung. Die Eigenschaft des Löwen, mit offenen Augen zu schlafen, kann beispielsweise auf Christus verweisen, dessen Herz auch dann noch wacht, wenn er ruht. Oder der Igel, der an den Weinstöcken hochklettert und die Beeren herunterschüttelt, kann den Teufel bezeichnen, vor dem der Mensch die Früchte seiner guten Werke schützen soll. Derartige Deutungen, die Gottes sich in der Natur vermittelnde Sprache entschlüsseln wollen, zielen dabei zumeist auf Glaubenswahrheiten, wie die Heilige Schrift sie offenbart, zum Teil aber auch auf die moralische Sinnebene, indem sie Folgerungen für rechtes menschliches Handeln ziehen.

Als bedeutendste Bibeldichtung bzw. dogmatische Dichtung der frühmittelhochdeutschen Literatur gilt das *Ezzolied,* das den gesamten heilsgeschichtlichen Verlauf hymnisch einzufangen versucht. In ihm hat Ehrismann[43] das eigentliche Gründerwerk der mittelhochdeutschen Dichtung sehen wollen, und diese Hochschätzung teilt sich in literaturgeschichtlichen Darstellungen bis heute mit. Die Überlieferung des Textes ist problematisch. Von einer alten Fassung (S) sind nur die ersten sieben Strophen erhalten, eine jüngere Fassung (V) hat das Lied umgearbeitet und erweitert. Wie die Originalfassung des 1063 aus Anlaß einer Einweihungsfeierlichkeit entstandenen Liedes insgesamt ausgesehen hat, läßt sich aufgrund von Stilmerkmalen rekonstruieren, ohne daß sich Sicherheit gewinnen ließe. Die Eingangsstrophe der zweiten Fassung (V) nennt als Auftraggeber des Gedichts den Bischof Gunther von Bamberg, den Scholastikus Ezzo als Verfasser und Wille als Komponisten. Verbindet man beide Fassungen des Gedichts, so überblickt es die gesamte Heilsgeschichte von der Schöpfung (Anegenge) bis zum Jüngsten Gericht, auf das vorausgedeutet wird.

In dem Rekonstruktionsversuch der Originalfassung[44] lauten die letzten beiden Strophen (nicht zu verwechseln mit den letzten Strophen der Fassung V):

21

Trehtîn, du uns gehieze
daz du wâr verlîzze.
du gewerdotest uns vore sagen:
swen du hêrre wurdest irhaben
von der erde an daz crûce,
du unsich zugest zuoze dir.
dîn martere ist irvollet:
nu lêste hêrre dîniu wort,

nu ziuch du, chunich himelisc,
unser herce dar, dâ du bist,
daz wir, di dîne dînestman,
von dir ne sîn gesceiden.

22

Unser urlôse ist getân:
des lobe wir got vater al
unt loben es ouch den sînen sun
pro nobis crucifixum,
der dir mennisce wolte sîn:
unser urteile diu ist sîn.
daz dritte ist der heilige âtem,
der scol uns ouch genâden.
wir gelouben, daz di namen drî
ein wâriu gotheit sî.
alsô unsich vindet der tôt,
sô wirt uns gelônet.
dâ wir den lîp nâmen,
dar widere scul wir. Amen.

Ü: Herr, Du hast uns verheißen, was Du wahr gemacht hast. Du geruhtest, uns vorauszusagen: Wenn Du, Herr, von der Erde an das Kreuz erhoben würdest, wolltest Du uns zu Dir (hinan)ziehen. Deine Marter ist vollendet: Nun erfülle, Herr, Deine Worte. Nun ziehe Du, himmlischer König, unser Herz dorthin, wo Du bist, auf daß wir, Deine Dienstmannen, von Dir nicht geschieden seien.
Unsere Erlösung ist geschehen. Dafür loben wir alle Gott Vater und loben auch seinen Sohn pro nobis crucifixum, der da Mensch sein wollte: Das Urteil über uns ist sein. Das dritte ist der Heilige Geist, der soll uns auch gnädig sein. Wir glauben, daß die drei Namen eine wahre Gottheit seien. Wie uns der Tod findet, so wird uns gelohnt. Von wo wir das Leben nahmen, dorthin sollen wir wieder (kommen). Amen.

Was sich hier ausdrückt, ist Anruf und Glaubensgewißheit zugleich. Das Fehlen erzählender Stoffvermittlung ist auch ein Hinweis auf die theologisch vorgebildeten Adressaten. Das Heilswerk wird als überschaubares und überschautes vorausgesetzt und lediglich benannt. Der Erlebnisgehalt ist gleichsam objektiviert, die individuelle Gotteserfahrung geht ganz in der Lehre des Dogmas auf. Dem entsprechen, wie de Boor gezeigt hat, die formalen Qualitäten des Textes. Das Gedicht besteht aus Strophen mit paarweise reimenden bzw. assonierenden Zeilen, in denen Heilstatsache an Heilstatsache gereiht wird. Die metrische Gliederung ist einheitlich, die Syntax einfach, parallel angeordnete

Hauptsätze beherrschen das Gedicht. Ein »stolzer, hierarchischer Stil«[45] ist entstanden, der in der mittelalterlichen Literatur lange nachwirkt.

Die oben zitierten Strophen weisen ausdrücklich darauf hin, daß der Text auch noch durch andere – inhaltliche – Beziehungen in sich verwoben ist. Das Leben Christi (Strophe 11 f.) ist die Erfüllung seiner Ankündigung (Strophe 3), die erhoffte Erlösung des Menschen (Strophe 21 u. 22) schon vorweggenommen im Kreuz Christi (Strophe 15).

15
Er was mennisch unt got.
alsô suoze ist sîn gebot:
er lêrt uns diemôt unte site,
triwe unte wârheit dirmite,
daz wir uns mit triwen trageten,
unser nôt ime chlageten.
daz lêrt uns der gotes sun
mit worten jouch mit werchen.
mit uns er wantelôte
driu unte drîzzich jâr
durch unser nôt daz vierde halp.
vil michel ist der sîn gewalt:
diu sîniu wort wâren uns der lîp.
durch unsih alle erstarb er sît:
er wart mit sînen willen
an daz crûce irhangen.

Ü: Er war Mensch und Gott. Sehr süß ist sein Gebot: Er lehrte uns Demut und Sitte, Treue und Wahrheit dazu. Daß wir uns treu verhielten, ihm unsere Not klagten, das lehrte uns der Gottessohn mit Worten und mit Werken. Mit uns wandelte er dreiunddreißig Jahre wegen unserer Not und das vierte halb. Sehr groß ist seine Gewalt. Seine Worte waren uns das Leben. Um unsertwillen starb er zuletzt: Er wurde mit seinem Willen an das Kreuz gehängt.

Auf die wechselseitigen Beziehungen innerhalb des Heilsgeschehens hinzuweisen, ist das Anliegen aller biblischen und dogmatischen Dichtung dieser Zeit. Es begegnet uns in der schon erwähnten *Altdeutschen Genesis* ebenso wie in den heilsgeschichtlichen Gesamtdarstellungen, die dem *Ezzolied* folgen, ganz besonders ausgeprägt in zwei scholastisch durchtränkten Werken, in der zu Beginn des 12. Jahrhunderts verfaßten *Summa Theologiae,* in der u. a. Christus als zweiter Adam den Sündenfall des Menschen wiedergutmacht, oder in dem im letzten Drittel des

12. Jahrhunderts entstandenen theologischen Lehrgedicht *Anegenge*.

Die Gewohnheit, geschichtliche Vorgänge, von denen das Alte Testament erzählt, als Vorausverkündigungen von Ereignissen zu verstehen, die das Neue Testament behandelt, geht auf die Kirchenväter zurück.[46] So wie Josua und nicht Moses das Volk Israel ins gelobte Land Palästina führte, heißt es bei Tertullian (*Adversus Marcionem* 3,16), so führt Jesu Gnade, und nicht das jüdische Gesetz, das zweite Volk in das gelobte Land der ewigen Seligkeit. Die geschichtlich-wirklichen Figuren des Alten Testaments werden geistig auf eine geschichtliche Erfüllung gedeutet, sie sind Vorausdeutungen, Gestalt des Zukünftigen, Realprophetien. Dem lateinischen Sprachgebrauch der Kirchenväter folgend, kann man mit Auerbach die beiden geschichtlichen Ereignisse als ›Figur‹ und ›Erfüllung‹ bezeichnen oder aber – in der heute üblichen (auf Paulus zurückgehenden) Terminologie – die Personen und Ereignisse des Alten Testaments als ›Typen‹, die ihre Entsprechungen und Erfüllungen im Neuen Testament finden. Die Arche Noah und die Kirche, Eden und Golgatha, Eva und Maria, der Zug durch das Rote Meer und die Erlösung im Blut Christi stehen dann in diesem typologischen Verhältnis von Verheißung und Erfüllung.[47] Die typologische Deutung (Figuraldeutung) »stellt einen Zusammenhang zwischen zwei Geschehnissen oder Personen her, in dem eines von ihnen nicht nur sich selbst, sondern auch das andere bedeutet, das andere hingegen das eine einschließt oder erfüllt«.[48] Beide Geschehnisse sind zeitlich getrennt, liegen aber innerhalb der Zeit, innerhalb des geschichtlichen Lebens. Damit unterscheidet sich die Figuraldeutung von der allegorischen Deutung, die in den Figuren und Dingen Abstrakta (z. B. die Weisheit, das Recht) verkörpert sieht.

Gegen die allegorische Deutung der biblischen Texte und die Auffassung, das Alte Testament sei eine hermetische Schrift, die nur zu deuten sei, wenn man den wörtlich-historischen Sinn ausschließe und gleichsam stufenweise zu ihren erhabenen Inhalten vordringe, hat sich schon Augustin eindringlich gewehrt. Dennoch hat sich die allegorische Deutung in der theologischen Hermeneutik und auch in der geistlichen Dichtung breit entfaltet, wie es im Mittelalter überhaupt üblich war, den ›mehrfachen Schriftsinn‹ zu suchen, also nicht auf der historischen oder buchstäblichen Sinnebene zu verharren (auf der z. B. Jerusalem nichts als die Stadt in Palästina ist), sondern auch zur allegorischen, zur tropologischen oder moralischen und zur anagogischen, auf die letzten Dingen zielenden vorzudringen (auf denen Jerusalem dann als christliche Kirche bzw. als Seele des Gläubigen bzw. als himmlisches Jerusalem verstanden wird). Wenn man den mehrfachen Schriftsinn suchte, hieß dies freilich nicht, daß er immer erschlossen wurde oder daß man sich überhaupt immer um alle diese vier Ebenen bemühte. Zumal in der deutschsprachigen Dichtung war dies viel weniger der Fall als in der lateinischen.[49] Betrachtet man z. B. die in ihrer Echtheit umstrittene letzte Strophe des eben besprochenen *Ezzoliedes* in der Fassung V, so findet man ein Musterbeispiel allegorischer Deutung:

O crux salvatoris, tu unser segelgerte bist.
tisiu werlt elliu ist taz mere, min trehtin segel unte vere,
diu rehten werh unser segelseil, diu rihtent uns ti vart heim.
der segel ist ter ware geloubo, der hilfet uns ter wole zuo.
der heilige atem ist ter wint, ter vuoret unsih an den rehten sint.
himelriche ist unser heimuot, ta sulen wir lenden, gote lop.
(Str. 33, Echtheit umstritten)

Ü: O Kreuz des Erlösers, du bist unsere Segelstange. / Diese ganze Welt ist das Meer, mein Herr Segel und Boot, / die guten Werke unser Segelseil, die richten unsere Fahrt nach Hause. / Das Segel ist der wahre Glaube, der hilft uns wohl dabei. / Der Heilige Geist ist der Wind, der führt uns auf den rechten Weg. / Das Himmelreich ist unsere Heimat, da werden wir landen, Gott sei gelobt.[50]

Typologische und allegorische Deutung des Alten Testaments sind insofern miteinander verwandt, als sie beide über das Alte Testament verfügen, indem sie es auf das Neue beziehen. Während in der typologischen Deutung die geschichtlichen Ereignisse des Alten Testaments aber ihre Eigenständigkeit bewahren und lediglich auf die geschichtlichen Ereignisse, von denen das Neue Testament spricht, bezogen werden, verlieren sie in der allegorischen Deutung ihre geschichtliche Bedeutung, weil sie nur als Bilder gedanklicher Vorgänge begriffen werden. Aber auch die typologische Deutung trägt dazu bei, das Alte Testament als Gesetzbuch und Volksgeschichte Israels vergessen zu lassen (was dem christlichen Antisemitismus leider eher Vorschub geleistet hat), indem sie es als Vorgeschichte Christi versteht. Für Auerbach ist dies die Bedingung, unter der die keltischen und germanischen Völker das Alte Testament überhaupt aufnehmen konnten. Als Geschichte eines fremden, fernen Volkes wäre es ihnen gänzlich unzugänglich geblieben. Als Bestandteil der Heilsgeschichte, einer einheitlichen Vision der Weltgeschichte, konnten sie es akzeptieren.

Von der Deutung der Bibel her, in der die Geschichte des Alten Testaments und die des Neuen Testaments auf eine noch ausstehende Endzeit verweisen, entwickelt sich im Mittelalter ein Geschichts- und Wirklichkeitsverständnis, für das alles Geschehen zeichenhaft und deutungsbedürftig ist, bezogen auf eine geglaubte göttliche Ordnung, die in der Zukunft geistig und sinnlich Wirklichkeit werden wird. Während unser modernes Geschichtsverständnis dazu neigt, die einzelnen geschichtlichen Tatsachen in die horizontal verlaufende Linie des weiteren Geschehens einzuordnen, steht die geschichtliche Tatsache in mittelalterlicher Betrachtung für sich, ist Gleichnis, dessen Deutung »vertikal von oben zu erfragen« ist[51] – im Hinblick auf ein verheißenes göttliches Geschehen, das als Geschehen noch unvollendet, aber in Gottes Vorsehung bereits erfüllt ist. Die ›Figuren‹ der Wirklichkeit sind immer schon eine vorläufige Gestalt eines Ewigen und in Gottes Augen jederzeit Gegenwärtigen. Insofern verweist alles Geschehen auf ein geglaubtes Drittes, und die Stellung des Menschen gewinnt Sicherheit nur im Glauben an das Heilsgeschehen.

Wie sehr das Mittelalter »der Gewohnheit des Deutens hingegeben war«,[52] belegt nicht nur die religiöse Literatur, sondern auch die profane, von der später zu reden sein wird, belegt vor allem aber auch die bildende Kunst und Architektur. Die romanischen Kirchen sind monumentale ›Gottesburgen‹, zu Gottes Ehre errichtet, der Repräsentation dienend, Ausdruck eines Weltverständnisses, dem alles ›typisch‹ ist, alles auf Gottes Heilsplan verweist und in ihn eingeordnet ist; die Plastik hebt die Typik und transzendente Bezogenheit in ihren Figuren so stark hervor, daß deren natürlicher Eigenwert verloren geht, sie gänzlich disproportioniert erscheinen zugunsten zeigender Gebärden und herausgehobener Gliedmaßen, die gedeutet werden wollen und sollen.

Huizinga hat in seinem *Herbst des Mittelalters*[53] an vielen Beispielen gezeigt, wie die Gewohnheit des Deutens auch das praktische Leben der Menschen im Alltag beherrscht, wie bis zur Zwangsvorstellung jedes Ding in seinen Erscheinungsformen und Funktionen auf ein anderes bezogen ist und über sich hinaus in die jenseitige Welt weist, nichts bedeutungslos ist, alles – auch jedes menschliche Handeln – in strengen hierarchischen Zusammenhängen steht und einen auf Gott gerichteten Sinn erhält. Ein extremes, bei Huizinga angeführtes Beispiel mag dies verdeutlichen:

> Bei Tisch pflegte Seuse, wenn er einen Apfel aß, diesen in vier Teile zu zerschneiden: drei Teile verzehrte er im Namen der Dreieinigkeit, und den vierten aß er »in der Minne, als diu himelsch muter ire, zarten kindlein Jesus ein epfelli gab zu essen«, und er aß dieses letzte Stück mit der Schale, weil kleine Knaben Äpfel ungeschält essen. In den Tagen nach Weihnachten – zur Zeit also, da das Jesuskind noch zu klein war, um Äpfel zu essen – aß er das vierte Stück nicht, sondern opferte es Maria, damit sie es ihrem Sohn gäbe. Jeglichen Trunk nahm er in fünf Zügen zu sich, um der fünf Wunden des Herrn willen; da aber aus Christi Seite Blut und Wasser floß, tat er den fünften Zug zweimal. – Das ist das »Heiligen aller Lebensbeziehungen« in seiner konsequentesten Durchführung.[54]

Dabei greifen derartige Zeremonien sicherlich weniger die typolische als die allegorische Denkbewegung der Theologie auf. Das Phänomen der Breitenwirkung dieses ›Symbolismus‹ läßt sich wohl nur dann erklären, wenn man sich bewußtmacht, daß die Rezeption der allegorischen Denkbewegung durch viel ältere, auf magische Gewohnheiten zurückgehende Anschauungen erleichtert wird, in denen die Identitätsgrenzen der Dinge verfließen, Bild und Wesen ineins gesetzt werden. Theologisches Denken, heißt das, stößt auf Rezeptionsbedingungen, die es ausgesprochen begünstigen, wobei hier nicht erörtert werden kann, inwiefern (wie Huizinga meint)[55] die allegorischen Deutungen der Theologie selbst einen primitiven Status des Denkens belegen.

In jedem Fall wird die deutende Geistesbewegung, die sich überall in der Literatur, in der bildenden Kunst und im Alltag der Menschen niederschlägt, von der Kirche gelenkt. Die Kirche, die sich in Gottes Heilsplan eingefügt weiß, leitet von dieser Vorstellung auch ihre eigenen Geltungsansprüche als Institution, als Ecclesia, ab. Die cluniazensische Reform des 10./11. Jahrhunderts, die den Einfluß der Kirche gegenüber dem Staat zu erweitern trachtet (vgl. S. 13f.), nimmt die Rechtfertigung für ihr politisches Handeln nicht zuletzt aus diesem, ihrem besonderen Geschichtsverständnis. Die Kritik an dem militanten Geist und der Intransigenz dieser Reform, an den in ihr geltenden Prinzipien der Autorität und Hierarchie,[56] muß von diesem Geschichtsverständnis her immerhin relativiert werden, auch wenn nicht zu bestreiten ist, daß die kirchliche Praxis der Idee ihrer Funktion im Heilsgeschehen nicht entspricht.

Dem typologischen wie allegorischen Denken ist der Konservatismus immanent. Die höchsten Werte stehen fest und sind in gültige Formen gefaßt. Man fühlt sich im Besitz der Werte und ist an der Produktivität des Geistes nur bedingt interessiert. »Es ist dies« – wie Hauser sagt – »eine ruhige, in sich gefestigte, in ihrem Glauben robuste Zeit, die an der Gültigkeit ihrer Wahrheitsbegriffe und Sittengesetze nicht irre wird ...«[57] Insofern ist es ganz konsequent, daß sich in diesem Zeitraum an den Hochschulen Europas die Scholastik zu entwickeln beginnt, eine wissenschaftliche Theologie, die versucht, mit Hilfe der Philosophie, mit Hilfe der Vernunft die offenbarte Heilswahrheit zu begründen und auszulegen. Nicht um Wahrheitsfindung also bemüht sich die Scholastik (die Schullehre), denn die Wahrheit steht als geglaubte fest, sondern um erhöhte Einsicht in diese Glaubenswahrheit, um ihre systematische Ordnung und um die Widerlegung der Einwände, die gegen das Dogma vorgebracht werden können. Von dem letztgenannten Ziel her läßt sich auch ihre wichtigste Methode erklären, die dialektische Gegenüberstellung von Argumenten für und gegen eine Auffasung.

Der innerhalb der Scholastik geführte Universalienstreit, in dem Philosophie und Theologie, logische und ontologische Probleme sich berühren und überschneiden, und die einzelnen philosophischen Richtungskämpfe in diesem Streit können hier nicht entfaltet werden; aber es ist nach dem Gesagten auch gar nicht mehr zu erläutern, daß die Kirche die Position der sogenannten ›Realisten‹ unterstützt, die, indem sie die neuplatonische Denktradition aufgreifen, alles Sein von der Transzendenz, dem Ur-Einen, dem Universalen her begründen und in ihr das eigentlich ›Reale‹ sehen. Dieses Denkmodell hat für das christliche Kategoriensystem zur Darstellung des Verhältnisses von Gott und Welt paradigmatische Funktion.[58] In allem konkret Seienden läßt sich so das Abbild Gottes aufspüren, alles Seiende ist ursprünglich Gott. Die Gegenposition der ›Nominalisten‹, nach der – an aristotelische Tradition anknüpfend – die Universalien bloße Vorstellungen sind, die aus der Zusammenfassung der konkret vorgefundenen Einzeldinge der Wirklichkeit entstehen, was, auf das christliche Dogma angewandt, etwa heißt, daß die Dreieinigkeit Gottes eine bloße, im Menschengeist vorgenommene Zusammenfassung dreier einzelner göttlicher Personen ist, mußte der Kirche unerträglich erscheinen. Roscellinus (gest. 1120), der erste bedeutende Nominalist, wurde der Ketzerei beschuldigt und zum Widerruf gezwungen. Dies führte zunächst zu zahlreichen Kompromißlösungen, deren bedeutendste mit dem Namen Thomas von Aquin verbunden ist. Diese Lösungen eines gemäßigten Realismus konnten indessen nicht verhindern, daß die Dynamik des philosophischen Denkens mit innerer Notwendigkeit über gesetzte Sperren hinwegschritt und das dogmatische Lehrgefüge der Kirche ins Wanken brachte.

Mehr als uns normalerweise bewußt ist, sind wir den Denkgewohnheiten, die christliche Theologie und die religiöse Literatur und Kunst des frühen Mittelalters ausgebildet haben, bis in die Gegenwart hinein verhaftet. Dies bezieht sich vor allem auf unser Geschichtsbewußtsein.[59] Die christliche Endzeiterwartung verwandelt die Geschichte in eine Linie. Während Geschichte nach Auffassung der griechischen Antike kreisförmig verläuft, dem sich stets wiederholenden Wechsel der Jahreszeiten, der zyklischen Verlaufsform der Natur ähnlich, wird seit dem Christentum die Zeit als Zukunft gedacht, wird jedem Augenblick in der Zeit ein unverwechselbarer, einmaliger Sinn im Hinblick auf die Zukunft gegeben. Nicht nur der Fortschrittsglaube ist mit dieser Geschichtsauffassung verbunden, denn Fortschritt ist ohne Bezug auf einen idealen Endzustand nicht denkbar; auch und vor allem der Versuch, Geschichte als Ganzes zu deuten, in der Abfolge einzelner Epochen eine Zielstrebigkeit zu entdecken, einen Sinn zu finden, ist historisch im heilsgeschichtlichen Denken des Christentums, in seiner ›Zukunftsgespanntheit‹ begründet. Die großen geschichtsphilosophischen Entwürfe von Hegel und Marx können ihre Herkunft nicht verleugnen. Der Marxismus versteht sich als das objektive Bewußtsein der endlichen Wahrheit. Er faßt die Geschichte als einen Prozeß dialektischen Werdens, in dem der Widerspruch zwischen Produktivkräften und Produktionsverhältnissen zur Aufhebung der bürgerlichen Gesellschaft führen wird. Der ideale Endzustand enthält im Gegensatz zur christlichen Auffassung zwar kein transzendentes Moment, sondern wird im irdischen Sein gedacht, aber er trägt gleichwohl eine eschatologische Vorstellung in sich. Der Marxismus hat nur die Vorzeichen verändert und nennt seine endzeitbezogene Konfessionalität atheistisch. Und schließlich hat sich auch die Affinität heilsgeschichtlicher Entwürfe zur Scholastik (hier verstanden als Methode) – wie jedermann weiß – bis heute bewahrt.

Literatur religiösen Ergreifens und Ergriffenseins (12.–16. Jahrhundert)

In der ersten Hälfte des 12. Jahrhunderts (vereinzelt schon am Ende des 11. Jahrhunderts) setzt eine neue, dritte Phase geistlicher Dichtung ein, die sich von der das Heilsgeschehen dogmatisch auslegenden Bibeldichtung deutlich abhebt, neben ihr herläuft, sie später aber ganz überschattet. In dieser neuen Phase geistlicher Literatur, die bis zur Reformation und über sie hinaus anhält, geht es, um es verkürzt und bewußt mehrdeutig zu formulieren, um das religiöse Ergriffensein sowohl des einzelnen Laien wie der breiten Masse des Laienvolkes. Nicht nur werden von den redenden und dichtenden Geistlichen, Mönchen und Konvertiten immer nachdrücklichere Versuche unternommen, die Menschen indoktrinierend in den Bann christlicher Religiosität zu ziehen, sie zu ›ergreifen‹; zugleich entwickelt sich – hierauf antwortend – eine Literatur, die der ›Ergriffenheit‹ der einzelnen Seele, später dem Gefühl großer Bevölkerungsgruppen Ausdruck verleiht.

Die religiöse Ergreifung der Massen durch Literatur

Wir verfolgen zunächst die erste Strömung innerhalb dieser Phase. Sie ist charakterisiert durch die Hinwendung des Dichters zum Laien und trägt von Anfang an appellative Züge. Der Blick des Sprechenden wendet sich vom Text der Bibel – Gott gleichsam den Rücken kehrend, wie Wehrli sagt[60] – auf den Gläubigen und richtet sich mahnend, drohend, beschwichtigend auf ihn. Die im Namen der Gläubigen den Bibeltext reflektierende Funktion des Dichters verwandelt sich, indem dieser seinen Lesern und Hörern ins Gewissen redet, in eine sittliche und soziale. Dabei werden Ängste geschürt und Versprechungen abgegeben, die sich vor dem Hintergrund sozialer Not, verheerender Krankheitsepidemien und kriegerischer Auseinandersetzungen tief ins Bewußtsein der Menschen eingraben.

Die von mönchischem Reformeifer und asketischer Weltverachtung getragene Bußdichtung eines Heinrich von Melk, die wir schon zu Beginn dieses Kapitels kennengelernt haben, erreicht dabei zunächst nur einen relativ kleinen Kreis gebildeter Geistlicher und Weltlicher. Dies gilt auch für das *Memento mori*

Nokers, für die um 1150 entstandene *Rede vom heiligen Glauben* des ›Armen Heinrich‹ und für die zahlreichen kleinen Jenseitsschilderungen dieser Zeit, die visionär das Leben nach dem Tode als Wonne im Himmel oder als Qual in der Hölle ausmalen und auf diese Weise zum rechten Leben auf der Erde erziehen wollen.

Eine zunehmende Verbreitung finden diese die Todesangst der Menschen ansprechenden und ausnutzenden Motive durch die Predigt. Immer mehr wird sie über ihre traditionelle Aufgabe der Exegese hinaus zum ›Sermo‹, zum Mittel der Belehrung und Ermahnung. Dies ist die Folge davon, daß die Prediger die Kloster- und Kirchenmauern verlassen und jede Gelegenheit nutzen, das Volk direkt anzusprechen. Kreuzfahrten, Wallfahrten, Kreuzweg-Andachten, Prozessionen, Leichenfeiern usw., das enge und offene Zusammenleben der Menschen in den sich schnell entwickelnden Städten (vgl. Kap. IV) bieten dazu mannigfache Gelegenheiten.

Die Predigt wird vor allem zum Instrument der sich in den Städten ansiedelnden Bettelmönche. Ihr Auftreten geht zurück auf Franz von Assisi. Er und seine ersten Gefährten waren die Söhne von Kaufleuten, aufgewachsen in der luxuriösen Umgebung des reichen Bürgertums der norditalienischen Städte. Wenn sie nach ihrer Umkehr die radikale und praktische Nachfolge Christi in Armut vorlebten und predigten, so war die Stadt ihre Wirkungsstätte, waren es die Laster der Kaufleute, Geldgier, Eigennutz, Betrug, die sie anprangerten und denen sie Armut, Mitleid und brüderliche Hilfe gegenüberstellten. Es gelang Papst Innozenz III., diese freie Laienbewegung in einen 1209 bestätigten Mönchsorden überzuleiten, dem bald andere folgten, die Kapuziner, die Tertiarier u. a. Im Unterschied zu den an der Benediktinerregel orientierten Klöstern gaben die Bettelmönchsorden die ›stabilitas loci‹ auf. Sie siedelten und sandten ihre Mönche zur Predigt und zur praktischen Nächstenhilfe aus. Der monastische Zug dieser Bewegung liegt in der unbedingten Nachahmung des armen Lebens Christi, seines Vorbilds in Lehre und Caritas.

In Deutschland entfalten die Bettelmönche ihre Wirksamkeit zunächst in den aufblühenden Handelsstädten Süddeutschlands. Unter den Predigern dieser Bewegung ragt der Franziskanermönch Berthold von Regensburg (gest. 1272) heraus, der zahlreiche Predigtreisen unternimmt und nach Auskunft der Chronisten auf freiem Feld Zehntausende von Zuhörern um sich versammelt. Um so viele Menschen zu fesseln, muß mit z. T. groben Effekten gearbeitet worden sein, von denen wir freilich kaum noch einen richtigen Eindruck gewinnen können. Denn die unter Bertholds Namen überlieferten deutschen Predigten sind Übersetzungen und Bearbeitungen seiner lateinischen Schriftpredigten aus zweiter Hand,[61] so daß aus dem unmittelbar gesprochenen Wort Traktate in Predigtform geworden sind. Aber selbst in ihnen sind Merkmale eines affektiven Stils noch zu erkennen. Der folgende Auszug aus der Predigt »Von den fünf Pfunden« mag dies veranschaulichen:[62]

Unde swelherleie amt dû hâst, ez sî hôch oder nider, von dem muost dû gote reiten zwivalt.

Des êrsten, daz dû dîn amt üeben solt durch got. Daz ist alsô gesprochen: ob dû ein niderez amt hâst, daz dû niht solt murmeln in dînem herzen noch mit dînem munde: ›owê, herre got, war umbe hâst dû mir ein als arbeitsamez leben gegeben, unde manigem sô grôze êre unde guot geben hâst?‹ Des solt dû niht tuon. Dû solt sprechen: ›herre, wis gelobet aller dîner gnâden, die dû mir erzeiget hâst unde noch erzeigen solt.‹ Wan wolte er dir ein hoeher amt hân gegeben, daz haete er getân. Sît er dir nû ein niderez hât gegeben, sô soltû dich ouch nideren unde dêmüeten durch got mit dînem amte, sô wil er dir oben ûf dem himel ein vil hôhez amt geben. Dâ von soltû ez durch got üeben alsô daz dû ez mit triuwen unde mit gerehtikeit üebest. Dâ von sprichet der guote sant Johannes: ›wis getriuwe unz an dînen tôt, sô gît dir got die krône des lebens.‹

Dû solt dînem amte rehte tuon, oder dû solt dich sîn abe tuon: daz ist, daz dû ez mit triuwen üebest. Swer sîn amt mit triuwen niht üebet, der tuot im niht rehte. Unde dâ von spriche ich, ir sult iuwerm amte rehte tuon, oder tuot iuch sîn abe. Ob im alsô ist, daz dû im rehte maht getuon, sô soltû im rehte tuon, oder tuo dich sîn abe. Wan ez ist etelich amt, dem dû niemer rehte getuon maht; des solt dû dich abe tuon: als würfeler und schappeler unde die diu langen mezzer slahent, dâ manic mensche mit ermordet wirt. Wande die würfeler die mügent ir amte niemer rehte getuon, sie geben wênic oder vil umb einen pfenninc. Dû kanst im niemer rehte getuon, dâ von tuo dich sîn abe, oder dîner sêle wirt niemer rât: wan ez geschiht manic tûsent sünde von würfelspil, die sus niemer geschaehen: manic tûsent lîp unde sêle werdent verlorn, die sus niemer würden verlorn, der niht würfel machte. Dâ kumt von mort unde diepstâl, nît, zorn unde haz unde trâkheit an gotes dienste. Ich wil halt gotes dienstes geswîgen: sie werdent halt got schelten unde die hôchgelobten küniginne Marîam. Dû maht ir niht geschelten, dû verfluochest dích in den êwigen tôt, wan dar umbe sluoc ein engel ahtzic tûsent unde hundert tûsent menschen ze tôde in éiner naht durch éines menschen schulde der got schalt. Nû sich, würfeler, wie vil unsaelden von dînem verfluochten amte kümt! Dû muost dich sîn abe tuon, oder dû muost dich des himelrîches erwegen. Daz selbe spriche ich zuo den, die dâ langiu mezzer slahent, unde zuo den, die dâ geschütze machent.

Ü: Welchen Beruf du aber auch immer ausüben magst, sei er nun angesehen oder nicht, du mußt über ihn auf doppelte Weise Rechenschaft ablegen.

Erstens soll das dadurch geschehen, daß du deinen Beruf um Gottes willen ausübst. Damit ist gemeint, daß du, wenn du einen weniger angesehenen Beruf ausübt, nicht bei dir selbst oder sogar hörbar murren sollst: »Ach, Herr Gott, warum hast du mir einen so mühsamen Stand zugewiesen, vielen anderen aber hohes Ansehen und Besitz?« Das darfst du nicht tun! Statt dessen sprich: »Herr, sei gepriesen wegen all deiner Gnade, die du an mir offenbart hast und [auch weiterhin] offenbaren wirst.« Denn falls er dir einen angeseheneren Beruf hätte zuerkennen wollen, hätte er das auch getan. Da er dir aber einen weniger angesehenen zugewiesen hat, begnüge dich in Demut und um Gottes willen mit deinem Beruf; er wird dir dafür oben im Himmel einen sehr angesehenen Beruf zusprechen. Übe deshalb deinen Beruf um Gottes willen aus, d. h. rechtschaffen und ohne Übervorteilung, heißt es doch bei dem trefflichen heiligen Johannes: »Sei rechtschaffen bis zu deinem Tod, dann wird dir Gott die Krone des Lebens geben.«

Übe deinen Beruf so aus, wie es sich gehört, also rechtschaffen, oder aber gib ihn auf! Wer seinen Beruf nicht rechtschaffen betreibt, der vergeht sich an ihm. Deshalb sage ich: übt euren Beruf so aus, wie es sich gehört, oder aber gebt ihn auf! Wenn es ein solcher Beruf ist, den man durchaus rechtschaffen ausüben kann, dann tu das auch oder aber gib ihn auf! Denn es gibt einige Berufe, die man gar nicht rechtschaffen ausüben kann. Solche Berufe gib auf, wie etwa den des Würfelmachers, des Schappelnähers oder dessen, der die langen Messer schmiedet, mit denen so viele ermordet werden. Denn die Würfelmacher können ihren Beruf überhaupt nicht rechtschaffen ausüben, ob sie nun wenige oder viele Würfel für einen Pfennig hergeben. Man kann diesen Beruf eben nicht rechtschaffen ausüben; deshalb gib ihn auf, da sonst deine Seele nicht mehr gerettet wird. Denn aufgrund des Würfelspiels werden viele tausend Sünden begangen, die ohne es nicht begangen würden. Viele tausend Leiber und Seelen werden verworfen, die nicht verworfen würden, wenn keine Würfel hergestellt würden. Denn aus dem Würfelspiel erwachsen Mord und Diebstahl, Mißgunst, Wut und Feindseligkeit, dazu auch noch Verdrossenheit darüber, Gott zu dienen. Vom Dienst an Gott will ich aber gar nicht reden: Sie werden Gott und unsere gepriesene Königin Maria doch nur lästern. Beide aber kannst du nicht lästern, ohne dich mit deinem Fluchen zugleich auch in den ewigen Tod zu stürzen. Denn schon wegen des Vergehens eines einzigen Menschen, der Gott lästerte, erschlug ein Engel in einer einzigen Nacht hundertachtzigtausend Menschen. Bedenke doch, Würfelmacher, wieviel Unheil aus deinem verfluchten Beruf entsteht! Du mußt ihn aufgeben oder aber auf das Himmelreich verzichten. Dasselbe sage ich denen, die lange Messer schmieden oder Schußwaffen fertigen.

Dieser Text zeigt sehr deutlich wichtige Stilmittel der freien Rede. Am auffälligsten ist die persönliche Anrede der Zuhörer, die sich direkt angesprochen fühlen sollen. Sie wechselt mit Belehrungen, die in der Nähe der Sentenz stehen. Anrede und Sentenz wechseln einander ab, die Lehre wird ständig auf den Angeredeten bezogen. Zur Anrede des Zuhörers gehören der Imperativ der 2. Person und das Präsens. Mit dem Imperativ läßt sich mahnen, werben, warnen, drohen, befehlen; das Präsens stellt nicht nur die Gegenwärtigkeit der Sünde heraus, sondern bezieht auch die Zukunft (den ewigen Tod, das Himmelreich) schon als gegenwärtig ein. Die Syntax ist einfach; parataktische Fügungen überwiegen. Es entsteht ein Satzrhythmus, dessen Tempo die Hörer mitzureißen vermag und der durch die ständige Wiederholung der sinntragenden Wörter eine suggesstive Kraft entfaltet. Trotz der Übersetzung und Überarbeitung bleibt die Eindringlichkeit des Predigers deutlich spürbar, der immer von der Hoffnung getragen ist, seine Zuhörer mit einem Schlag religiös zu erleuchten.

Der Auszug ist Teil einer Predigt, die das Gleichnis von den anvertrauten Talenten (Pfunden) (Mt 25, 14–30) allegorisch deutet. Das zweite Talent (Pfund) ist für Berthold der Beruf, den Gott den Menschen anvertraut hat und über den sie Rechenschaft abgeben müssen. Berthold benutzt die Gelegenheit, um vor den Städtern, zu denen er spricht, eine lange Reihe handwerklicher und kaufmännischer Berufe vorüberziehen zu lassen und dabei die jedem Beruf spezifischen Formen des Betrugs sehr konkret zu nennen und anzuprangern. Außerdem werden einige Arbeiten – darauf bezieht sich unsere Textstelle – für gänzlich unstatthaft erklärt, weil die durch sie hergestellten Güter nur der Störung des friedlichen Zusammenlebens aller dienen können (Würfel, Waffen) bzw. Laster hervorrufen: die Eitelkeit (der Schapelnäher stellt Kopfschmuck für Frauen her), die Mißgunst, Wut und Feindseligkeit, die Verdrossenheit, Gott zu dienen. Immer wieder werden in Bertholds Predigten die sieben Kapitallaster der katholischen Sündenlehre: Hoffart, Geiz, Unkeuschheit, Neid, Maßlosigkeit, Zorn, Trägheit, zusammen mit den von ihnen ableitbaren Sünden angesprochen und umschrieben. Ihnen entgegenzuwirken, dienen die Ermahnungen der Predigt. Das Idealbild der Gesellschaft, das ihnen zu entnehmen ist, fußt dabei orthodox auf der scholastischen Soziallehre der Zeit und stellt die wechselseitige, nachbarschaftliche Hilfe aller Mitglieder der einzelnen Stände und genossenschaftlichen Verbände heraus, ohne die soziale Ungleichheit zu problematisieren. Die Hierarchie der Stände, der Gegensatz von Reichen und Armen, von Herrschaft und Knechtschaft erscheint als gegeben und ist nur durch brüderliche Hilfe, durch Mitleid und Nächstenliebe überbrückbar. Gerade diese Tugenden aber sieht Berthold gefährdet. Um sie zu aktivieren, verspricht er den Tugendhaften das Himmelreich. Wesentlich emphatischer wird seine Sprache, wenn er die Folgen des Lasters ausmalt. Die Lasterhaften sind für alle Ewigkeit verdammt, stürzen in den ewigen Tod, in den Grund der Hölle, brennen im Fegefeuer, rösten mit dem Teufel in ewiger Qual und schrecklicher Pein. Immer und immer wiederholt, wirken diese gleichlautenden Androhungen wie ein Ostinato, das sich tief in die Gemüter einprägt und Angst erzeugt. Den Menschen Angst einzujagen, dieses unchristlichste aller demagogischen Mittel wird von Berthold meisterhaft beherrscht. Es dient der Erpressung. Denn von der Angst kann nur der befreit werden, der sein Leben ändert und sich für die Tugend entscheidet. Angst erregen, Angst beschwichtigen, der Wechsel dieser Vorgänge bildet den Mechanismus der Volkspredigten Bertholds, und nicht nur der seinen.

Bis heute ist die demagogische Rede, der Werbetext, die Massenpresse, sogar die massenhaft verbreitete und wirksame Unterhaltungsliteratur von diesem Mechanismus bestimmt,[63] der in der Kirche von christlichen Predigern perfektioniert und eingeübt

---

Die Schriftrolle in der rechten Hand Christi lautet: »Kommet her, Ihr Erwählten meines Vaters, nehmt das Königreich als das Erbe in Besitz, das für Euch bereitet ist«, die in seiner Linken: »Weicht von mir, Ihr Verdammten!« Die weitere Aufschrift steht auf vier Hauptbändern. Über den Seligen ist zu lesen: »Die Gemeinschaft der Heiligen wird in Christus, dem Weltenrichter, gesegnet.« Über den Verdammten steht: »So werden die Bösen in die Hölle hinabgeworfen.« Christus zu Füßen: »So wird den Auserwählten, die in den Freuden des Himmels vereint sind, Herrlichkeit, Frieden, Ruhe und ein ewiges Leben verliehen. Die Bösen müssen die Qualen erdulden, werden im Feuer verbrannt und zittern und wehklagen immerfort in der Gewalt der Dämonen.« Auf dem schrägen Dach oberhalb der Seligen steht die Inschrift: »So stehen die Reinen, die Friedensstifter, die Freunde der Frömmigkeit ruhig da und frohlocken und haben nichts zu befürchten.« Über den Verdammten: »Diebe, Lügner, falsche, lüsterne und habgierige Menschen werden zusammen mit den Bösen verdammt.« Entlang dem unteren Rand steht: »O Ihr Sünder, wisset, daß Euch ein schweres Strafgericht erwartet, wenn Ihr nicht umkehrt und Euer Leben ändert.«

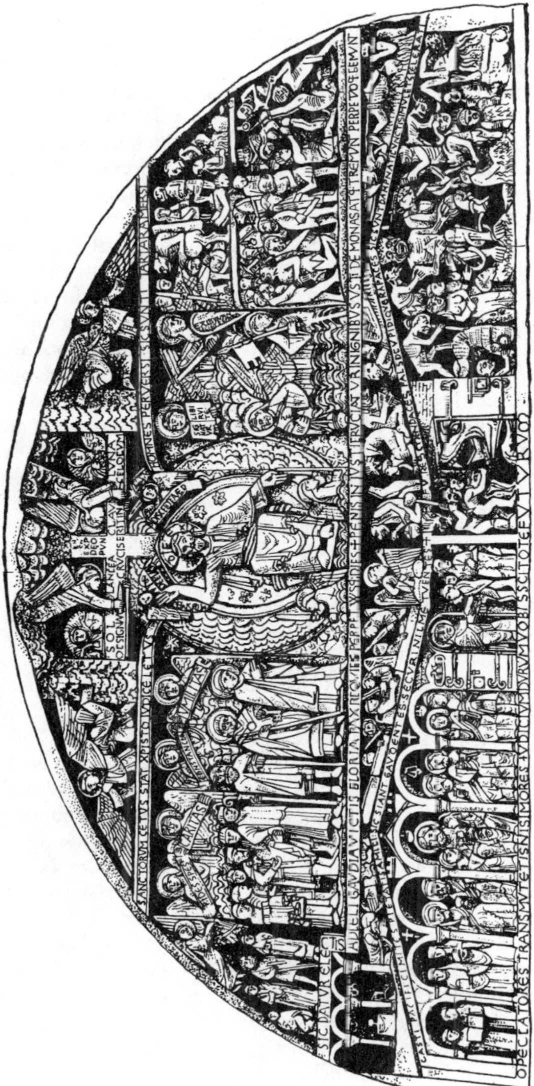

(Abbildungsnachweis s. S. 52)

worden ist. Es geht dabei in der Tat nur um diesen Mechanismus, nicht um die Vorstellungen von Himmel und Hölle, die variabel geworden sind und aktualisierbar.

Im Mittelalter sind die der mythischen Weltsicht angehörenden Vorstellungen von Himmel und Hölle freilich dominant, nicht nur in der Literatur, sondern auch in der bildenden Kunst – man denke nur an die Bogenfelder vieler Kirchenportale. Die Abbildung zeigt das Jüngste Gericht auf dem Tympanon des Westportals der Kirche Sainte-Foy in Conques (12. Jh.).[64]

Blickt man auf die deutsche Literatur, so ist auffällig, daß die Darstellungen des Himmelreichs relativ undeutlich bleiben, daß die Eindrücke des dort herrschenden Lichts offensichtlich wirklich ›unbeschreiblich‹ sind; beliebt ist der Rückgriff auf die Schilderung des himmlischen Jerusalem in der Johannesapokalypse, häufig der Notbehelf, die Abwesenheit aller irdischen Mängel zu konstatieren. Dagegen sind die Vorstellungen von der Hölle, die Bilder menschlicher Qualen äußerst konkret und breit ausgeführt, nicht nur in der Predigtliteratur, sondern auch in den schon erwähnten visionären Jenseitsschilderungen, etwa den Bearbeitungen der Paulusvision und des Tundalus-Stoffes oder in dem wohl von einem alemannischen Franziskanermönch verfaßten Gedicht *Vom jüngsten Tage* (ca. 1270/80). »Die Hitze des Feuers, die grausige Kälte, die Ekelhaftigkeit der Würmer, der Gestank, Hunger und Durst, das Gefesseltsein und die Finsternis, der unaussprechliche Schmutz der Hölle, der endlose Widerhall von Geheul und Geschrei in den Ohren, der Anblick der Teufel, alles wird wie das erstickende Leichentuch eines Angsttraums über Seele und Sinn des Lesers gebreitet.«[65]

Angesichts dieser Greuel wächst die Angst vor dem Tode ins Extreme. Denn dem Tod folgt das Gericht, das über den weiteren Weg des Menschen in den Himmel oder in die Hölle entscheidet. Wie Ariès gezeigt hat,[66] verfestigt sich im 12./13. Jahrhundert die Vorstellung, daß dieses Gericht bereits im Augenblick des Sterbens und nicht erst am Ende der Zeiten stattfindet. Ob diese Vorstellung eine Folge der Todesangst ist oder diese erst recht gestärkt hat, soll hier nicht problematisiert werden. Wir konstatieren lediglich, wie die relative Gelassenheit dem Tode gegenüber sich in dieser Zeit in helle Panik verwandelt. Gerade die Predigten der Bettelmönche haben geholfen, diese Panik zu schüren. Die schon uralte elegische Klage über das Ende aller irdischen Herrlichkeit verwandeln sie, indem sie, um die Umkehr von einem unchristlichen Lebenswandel zu erzwingen, das Motiv der Vergänglichkeit in den Vordergrund stellen, ständig auf die Verwesung des Fleisches hinweisen und den Vorgang der Verwesung in Einzelheiten ausmalen. Der »Abscheu vor der irdischen Seite des Todes«[67] überträgt sich im 13. Jahrhundert auf die ganze kirchliche Literatur und reicht weit in die weltliche hinein. Das Memento-mori-Motiv, das sich seit Noker und Heinrich von Melk auch in der bürgerlichen Literatur des Mittelalters ausbreitet, wird durch das ›Frau Welt‹-Motiv ergänzt, das die Bilder der Verwesung mit moralischen Ermahnungen verbindet. Die Welt erscheint in der Gestalt der schönen, prächtig gekleideten Frau, deren Rücken voller Aussatz ist:

»... diu Werlt bin geheizen ich,
der dû nu lange hâst gegert.
lônes solt du sîn gewert
von mir, als ich dir zeige nû.
hie kum ich dir, daz schouwe dû.«
  Sus kêrtes im den rucke dar.
der was in allen enden gar
bestecket und behangen
mit würmen und mit slangen,
mit kroten und mit nâtern.
ir lip was voller blâtern
und ungefüeger eizen,
fliegen unde âmeizen
ein wunder drinne sâzen.
ir fleisch die maden âzen
unz ûf daz gebeine.
si was sô gar unreine,
daz von ir blœden lîbe wac
ein alsô egeslîcher smac,
den niemen kunde erlîden.
ir rîchez cleit von sîden
vil übel wart gehandelt:
ez wart aldâ verwandelt
in ein vil swachez tüechelîn.
ir liehter, wünneclîcher schîn
wart vil jâmerlich gevar,
bleich alsam ein asche gar.

Ü: »Man nennt mich die Welt,
die du nun lange begehrt hast.
Nun soll Dir Lohn von mir gewährt sein,
wie ich ihn dir nun zeige.
Ich kam her, nun schau genau hin.«
Darauf kehrte sie ihm den Rücken zu.
  Der war überall vollständig
besetzt und behangen

mit Würmern und Schlangen,
mit Kröten und Nattern.
Ihr Körper war voller Blattern
und mächtiger Eiterbeulen
und unglaublich viele Fliegen
und Ameisen saßen darin.
Ihr Fleisch fraßen die Maden
bis auf die Knochen.
Sie war so vollständig unrein,
daß von ihrem zerbrechlichen Leib
ein so schrecklicher Geruch ausging,
der niemand ertragen konnte.
Ihr kostbares Seidenkleid
war übel zugerichtet:
es war dort verwandelt
in einen Fetzen.
Ihr heller, wunderschöner Glanz
hatte sich in einen höchst jammervollen
Zustand verändert,
ganz bleich wie Asche.

heißt es – um nur ein Beispiel zu geben – bei Konrad von Würzburg,[68] und es folgt die Aufforderung an den der Welt verhafteten Betrachter, angesichts des hinfälligen Lohns, den die Welt schenkt, ein Leben in ständiger Askese zu führen: Wer seine Seele retten will, muß der Welt entsagen. Der Text Konrads, dem sich viele andere an die Seite stellen ließen, bezeugt die Faszination, die von der Zersetzung des Körpers ausging. Auch die bildende Kunst hat sich, zunehmend im 14. Jahrhundert, dieses Motivs angenommen. Das Gemetzel der Schlacht und verstümmelte Körper, die von Aussatz oder Würmern und Kröten bedeckte und die verwesende Leiche, Figurationen des Todes als augenloses Gerippe oder apokalyptischer Reiter, todkranke Menschen, die unter den Messern der Chirurgen liegen, in der Hölle brennende und mit Dämonen ringende Leiber bedecken unzählige Buchseiten und Bilder oder werden als Plastiken ausgestellt.

Man muß mit Huizinga[69] bezweifeln, daß der Schrecken vor der irdischen Seite des Todes frommen Gedanken entsprang. Vielmehr sprach aus ihm die große Lebensangst jener Jahrhunderte. Sie wird verständlich, wenn man sich vergegenwärtigt, in welchem Maße Hungersnöte und vor allem Krankheitsepidemien die Menschen des ausgehenden Mittelalters gequält haben. Wegen der schlechten sanitären Verhältnisse in den Städten herrschte ständig Seuchengefahr. Die über Italien aus dem Orient eingeschleppte schwarze Pest war eine Katastrophe größten Ausmaßes. Allein an ihr starben im 14./15. Jahrhundert ungefähr 25 Millionen Menschen in Europa. Weltuntergangsstimmung und religiöse Exaltation, aber auch Lebensgier waren Begleiterscheinungen dieses Massensterbens. All diese Stimmungen finden ihren Ausdruck in den Totentänzen, den bildlichen Darstellungen entweder tanzender Skelette (anknüpfend an den Volksglauben vom nächtlichen Friedhofstanz der Toten) oder mit dem Tod tanzender Menschen, die aus allen Ständen kommen, so daß Bauern und Bischöfe, Könige und Bettler gemeinsam den Tod umkreisen. Vor dem Tod sind alle Menschen gleich – ein Gedanke, der von Vers-Unterschriften, die zugleich auch Warnungen und Mahnungen zur Buße aussprechen, untermauert wird. Allen spielt der Tod die Fiedel. Plastischer läßt sich die Art, wie die Menschen damals aufs Leben blickten, nicht zum Ausdruck bringen: Tod und Tanz verschwistert, die trunkenste Daseinsbejahung ein Taumel ins Grab.

Die Kirche hat versucht, diese Not des Massensterbens durch ihre Tröstungen aufzufangen, sie hat andererseits mit Tod und Hölle gedroht, um ihr Dogma durchzusetzen.[70] Die Nutzung der Angst für die Errichtung von Herrschaft ist keine Erfindung der Kirche, sondern ein uralter Mechanismus, auf den sie zurückgreift. An der engen Verbindung von Angst und Moral, in deren Hintergrund die Strafe lauert, als einer geistigen Herrschaftsform aber hat die Kirche ursächlich mitgewirkt. Seit Priester und Mönche in Wort und Schrift moralischen Verhaltensmaßregeln durch Angstvorstellungen Gewicht verschafften, verbindet sich immer auch Moral mit Unfreiheit, was – bis heute – zu den vielfältigsten Formen einerseits autoritären Gebarens, andererseits resignierter Unterwerfung oder verantwortungsloser Ersatzhandlungen (gerade auch im Bereich der Pädagogik) geführt hat.

Allerdings hat die Ausbeutung der Angst der Kirche immer auch starken Protest eingetragen, der sie – wie die Reformation zeigt – in ihren Grundfesten erschüttern konnte. Literarisch zeigt sich diese Protesthaltung im späten Mittelalter zunächst in der (uns in Kap. IV beschäftigenden) schwankhaften Literatur, in der die Figur des Priesters bzw. des Mönches, der den von seinem Stand erhobenen moralischen Anspruch nicht einhält, erbarmungslos verspottet wird; subliterarisch wiesen viele Metaphern (Seelenkühe, Prälatenessen), viele Redewendungen (Er hurt wie ein Karmeliter), viele Sprichwörter (Solange der Bauer Weiber hat, braucht der Pfaffe nicht zu heiraten) auf die Verachtung, die Vertretern eines Standes entgegenschlug, an dessen Ideale man sich zugleich innerlich gebunden fühlte. Die Verachtung insbesondere der Bettelmönche erklärt sich dabei auch durch die Wahrnehmung des Kontrasts zwischen der aus religiösen Gründen herbeigeführten Armut und dem realen, sich ausbreitenden sozialen Elend der schwer arbeitenden Massen, von dem in der Literaturgeschichte zuerst das in der zweiten Hälfte des 14. Jahrhunderts entstandene englische Gedicht William Langlands *The Vision of William concerning Piers the Plowman* spricht. Die geistliche Literatur der Reformation entwickelt dann andere Formen der Kritik, auf die unten noch einzugehen sein wird.

In die um die ›Ergreifung‹ der Massen bemühte Strömung der geistlichen Literatur des hohen und späten Mittelalters gehört neben die Bußpredigt und die Jenseitsvision mit ihren mahnenden Motiven der leiblichen Hinfälligkeit und des Todes und ihren funktional eingesetzten Himmels- und Höllendarstellungen auch das geistliche Spiel, das auf ganz andere Art und Weise Einfluß auf die Laien nimmt. Neben die Appelle der religiösen Eiferer, deren Gestus immer wieder auch in der didaktischen Literatur der städtischen Bürger nachgeahmt wird, ohne daß wir dies an dieser Stelle näher verfolgen können, tritt der von Geistlichen unternommene Versuch, die Bürger der Stadt durch lustbetontes Theaterspiel in Lernvorgänge zu verwickeln.

Das geistliche Spiel des Mittelalters hatte sich aus der Liturgie der Kirche entwickelt, aus Texten, Tropen, die dem dialogischen Wechselgesang zweier Halbchöre dienten. Der Oster-Tropus, der in Anlehnung an die Evangelien das Gespräch zwischen den das Grab Christi besuchenden Frauen und den Engeln wiedergab, war der Ausgangspunkt für eine Anzahl von Handlungen, die das Wort und die Gebärde verbanden und die in den folgenden Jahrhunderten ständig erweitert wurden: Zu den Worten am Grab kam der Grabesbesuch, zum Grabesbesuch die Begegnung mit den Aposteln; aus dieser Szene erwuchs der Wettlauf der Jünger, die sich von der Wahrheit des Berichteten überzeugen wollten. Danach wurden die Szenen beim Krämer, der den Frauen Salben verkauft, und die Wächterszene hinzugefügt, schließlich die Auferstehungsszene selbst, der Abstieg Christi zur Hölle, sein Anklopfen und Sprengen des Höllentores, der Dialog mit den Teufeln. Aus dem kurzen, in den Gottesdienst eingefügten Wechselgesang wurde so ein immer umfangreicheres Osterspiel – zunächst in lateinischer Sprache, dann auch in deutscher (das älteste ganz in deutscher Sprache überlieferte Spiel ist das *Osterspiel von Muri* aus der Mitte des 13. Jahrhunderts).

Die Erweiterung der Grabesszene zum Spiel führte auch zu einer Erweiterung des Schauplatzes. Der Kirchenraum wurde verlassen, die Handlung auf den Platz vor der Kirche bzw. auf den Marktplatz verlegt. Hier wurden Holzgerüste errichtet, die als Simultanbühnen dienten, auf denen die Handlungsorte (z. B. das Haus der Marien, das Haus des Krämers) ihren festen Platz hatten und auf der auch Himmel und Hölle über Leitern erreicht werden konnten. Das Spiel war Bewegung zwischen festgelegten Schauplätzen, die Bühne Abbild der Welt, das Wort nur Begleittext zum Schau-Spiel, das auch musikalisch untermalte Szenen ohne Worte (z. B. den Tanz der Teufel) enthielt.

Zu den Osterspielen traten Weihnachtsspiele, Passionsspiele, Leben-Jesu-Spiele, Paradiesspiele, Prophetenspiele u. a. m., schließlich Spiele, die das gesamte Heilsgeschehen umfaßten. Die Ausweitung des Stoffes wiederum führte zu einer Spieldauer, die sich auf mehrere Tage erstrecken konnte. Bei der stofflichen und damit räumlichen und zeitlichen Erweiterung mußten die spielenden Kleriker zunehmend auch durch spielende Bürger ersetzt bzw. ergänzt werden. Das Schauspiel wurde zum Volksschauspiel, das die Bürger der Stadt nicht nur als Zuschauer, sondern auch als Beteiligte, als Rollen Lernende einbezog.

Für die Kirche war jedes geistliche Spiel Teil eines einzigen, stets gleichen Zusammenhangs, des heilsgeschichtlichen, den sie den Bürgern einzuprägen versuchte. Je mehr das Spiel aus der Kirche hinaus in die Mitte der Stadt und ihrer Bevölkerung verlagert wurde, desto unabweisbarer wurde es, zu Mitteln der Anschauung zu greifen, die der Verstehensfähigkeit und Aufnahmebereitschaft der Massen entsprachen. Die Höllenfahrt Christi konnte so zu einem Einbruch in die Burg des Feindes werden, Christi Himmelfahrt »zur triumphalen Heimkehr des Siegers im blutgeronnenen Streitgewand«;[71] die Leiden Christi, die Qualen der Kreuzigung wurden mit naturalistischer Genauigkeit gespielt, um die Sinne der Zuschauer zu erregen, ihr Mit-Leiden zu provozieren. Man hat die Wirkung des geistlichen Spiels, sofern es Gelegenheiten zu gefühlshaften Übersteigerungen gibt – ob es sich nun um Zerknirschung, Reue oder Mitleid handelt –, deswegen mit der Wirkung der Predigt verglichen.[72] Dieser Vergleich liegt auch noch aus einem anderen Grunde nahe. Denn ebenso wie die Predigt vermitteln die geistlichen Spiele des späten Mittelalters handfeste Moral. In den Szenen beispielsweise, in denen die verdammten Seelen sich von Luzifer zu befreien suchen, formulieren sie selbst ihre Verfehlungen. Wieviel wirksamer mußte es sein, wenn sich die Bäcker, Schuster, Bierbrauer, Schneider usw., statt sich nur Vorwürfe anzuhören, selbst, indem sie ihre Rolle spielten, verurteilten und um Gnade baten. Aber die ›Betroffenheit‹ ist nur die eine Seite der Gefühlserregung. Je stärker die Bevölkerung an der Aufführung der Spiele beteiligt war, desto mehr verselbständigten sich Szenen, mit denen sich Effekte verbinden ließen, die dem Bedürfnis nach Belustigung entgegenkamen. Es ist durchaus nicht abwegig anzunehmen, daß damit auch dem Geschmack der niederen Geistlichkeit entsprochen wurde.[73] Der Wettlauf der Jünger, die Wächterszene, in der die Soldaten vom Schlaf übermannt oder verprügelt werden, die Krämerszene, in der um Preise gefeilscht wird, boten schon früh Anlaß zu derbster Komik.

Das folgende Textbeispiel aus dem im zweiten Drittel des 14. Jahrhunderts entstandenen *Innsbrucker Osterspiel* veranschaulicht den unvermittelten Wechsel zweier ganz verschiedener Stillagen, das Nebeneinander von handgreiflicher Komik und liturgischem Ernst. Am Ende der Krämerszene wird die Krämerin, die sich in den Salbenhandel einmischt, von ihrem Mann verprügelt. Dies erbost dessen Knecht Rubin, dessen Unmut aber von den Worten der Magd abgefangen wird. Darauf beschimpft Rubin die Magd:[74]

Rubin dicit:
Ach, du alde tempeltrete,
daz ist alles din gerete,
daz iz myner frawen mißget,
daz sy man herre czuschlet!
we, du alde tempelrynne,
daz dich der tufel füre von hynnen!
ich sach daz dich der phaffe furte hynder den alter
vnd larte dich den salter.
(V. 1035–1042)

Ü: *Rubin spricht:*
Ach, du alte Kirchenrennerin,
das kommt nur von deinem Geschwätz,
daß es meiner Herrin schlecht ergeht,
daß sie mein Herr zusammenschlägt!
Weh, du alte Betschwester,
der Teufel führe dich davon!
Ich sah, daß dich der Pfarrer führte hinter den Altar
und dich den Psalter lehrte.

Der Krämer verabschiedet inzwischen die Marien:

Mercator dicit ad personas:
Ir frawen, get mit heile,
vm daz gelt ist dy salbe wolveyle!

Mercator dicit:

Rubin, ez mag dem abend nehen,
ich wil mich schlafen legen:
ich laß dir den kram bevalen sin
vnd hůt mir der frawen myn!

Rubin dicit:

Lyber herre, daz schal syn,
daz sprech ich vff dy truwe myn.

Mercator ponit se dormitum.
Rubin dicit ad uxorem mercatoris:

Frawe, laz den alden man syn
vnd czuch mit mir an den Rin!

Uxor mercatoris dicit:

Rubin, lyber Rubin,
alz din wille ist, alz ist der můt myn!
Rubin, lyber bule,
fure mich nicht in dy schule:
kom ich in daz schulhus,
ich kome nymmer mait ervz!

Tunc Rubin et uxor [mercatoris] recedunt.
Post hæc Mercator surgit et dicit:

Awe, ich [waz] vbel gehut!
mir ist gestolen myn wib vnd myn gut!
dy fuße mich en nach tragen,
selde ich dar vm werden czuschlagen!

*

[Angeli cantant:]

Silete! [silete! silete! silete!]

Tunc personæ cantant:

Quis revolvet nobis ab ostio lapidem,
quem tegere sanctum cernimus sepulcrum?

Et dicunt:

Wer hebit vns hy abe
den steyn von dem grabe,
daz wir vnsern herren mugen gesehen?
wen vns gruz leyt ist geschen.

Angeli cantant:

Quem quæritis, o tremulæ mulieres,
in hoc tumulo plorantes?

Primus angelus dicit:

Wen sucht ir dry frawen desen morgen,
bevangen mit großen sorgen?

Personæ cantant:

Ihesum Nazarenum crucifixum quærimus.

Secunda persona dicit:

Daz thon [wir] vnsern herren Ihesum Christ,
der von den Juden gemartirt ist.
(V. 1055–1088)

Ü: *Der Krämer spricht zu den Marien:*

Ihr Frauen geht, Heil sei mit euch,
um das Geld ist die Salbe wohlfeil!

Der Krämer spricht:

Rubin, es geht dem Abend zu,
ich will mich schlafen legen:
den Kram vertraue ich dir an –
und behüte mir meine Frau!

Rubin spricht:

Lieber Herr, das soll geschehn,
das sage ich bei meiner Treu.

Der Krämer legt sich nieder, um zu schlafen.
Rubin spricht zur Frau des Krämers:

Frau, laß den alten Mann sein
und zieh mit mir an den Rhein!

Die Frau des Krämers spricht:

Rubin, lieber Rubin,
wie du willst, so will auch ich!
Rubin, lieber Buhle,
führe mich nicht in die Schule:
komme ich in das Schulhaus,
als Jungfrau komm ich nimmermehr heraus!

Rubin geht sodann mit der Frau (des Krämers) nach hinten.
Danach erhebt sich der Krämer und spricht:

O weh, ich war in übler Hut!
Gestohlen ist mir mein Weib und mein Gut!
Die Füße sollen mich ihnen nachtragen,
und würde ich deshalb zusammengeschlagen!

⋆

Die Engel singen:

Schweiget! Schweiget! Schweiget! Schweiget!

Sodann singen die Marien:

Wer wird uns den Stein vom Eingang wälzen,
der, wie wir sehen, vor dem heiligen Grab liegt?

Und sie sprechen:

Wer wälzt uns herab
den Stein von dem Grab,
damit wir sehen können unseren Herrn?
Denn großes Leid ist uns geschehn.

Die Engel singen:

Wen sucht ihr denn, ihr zitternden Frauen,
die ihr weint an diesem Grab?

Der erste Engel spricht:

Wen sucht ihr drei Frauen an diesem Morgen,
von großem Kummer ergriffen?

Die Marien singen:

Jesus von Nazareth, den Gekreuzigten, suchen wir

Die zweite Maria spricht:

Wir suchen unseren Herrn, Jesus Christ,
der von den Juden gekreuzigt worden ist.

Die Auseinandersetzung des Gesindes und die Ehebruchsszene stehen in keiner Verbindung mit der nachfolgenden Grabesszene. Lediglich um bestimmter Reize willen, zu denen auch die von der Kirche offensichtlich langmütig hingenommenen Seitenhiebe auf einzelne Geistliche gehören, wird die Krämerszene im Verhältnis zur folgenden Szene übermäßig ausgebaut. Aber das Lachen über die feilschende und verprügelte Krämerin, die Flüche des Knechts über den gehörnten Ehemann können nur oberflächlich verbergen, daß hier den spielenden und zuschauenden Bürgern die Rolle der Sünder mit all ihren moralischen Unzulänglichkeiten aufgezwungen wird. Die Schadenfreude über die anderen fällt auf den ganzen Stand der Laien zurück. Insofern passen auch die grobianischen Szenen vollkommen in die Strategie der Kirche.

Die Unvereinbarkeit von Stillagen, »von Passion und roher Posse«,[75] war für die Kirche insofern kein heikles Thema, als auch die Bibel das Alltägliche und ›Niedrige‹ mitenthält; in der Verschmelzung von ›sublimitas‹ und ›humilitas‹ hatten schon die Kirchenväter die eigentümliche Größe der Heiligen Schrift erkannt und sich dabei u. a. auf Mt 11,25, Lk 10,25 und 1. Kor 1,26 f. berufen. In diese Tradition, gerade die Einfachen und Ungebildeten einzuladen und zur Wahrheit zu führen, ist auch das geistliche Spiel des Mittelalters gestellt worden. Ästhetisch-stilistische bzw. dramaturgische Kriterien konnten angesichts dieses ethisch-theologischen Anspruchs kein Gewicht haben. Ebensowenig wie ein Grund »für eine Trennung des Erhabenen vom Niedrig-Alltäglichen besteht, welche ja in Christi Leben und Leiden selbst schon unlösbar verbunden vorliegen«, besteht auch ein Grund für die Bemühung um die Einheit des Ortes, der Zeit und der Handlung, »denn es gibt nur einen Ort: die Welt; nur eine Zeit: das Jetzt, welches von Anbeginn jederzeitlich ist; und eine einzige Handlung: Fall und Erlösung des Menschen.«[76] Darum kann man das geistliche Spiel auch nicht als ›Drama‹ im aristotelischen Sinn betrachten, das Konflikte austrägt; es war undramatisch, weil alles Handeln in ihm als Nachvollzug heilsgeschichtlichen Geschehens und Erfüllung menschlicher Rollen verstanden wurde.[77] Für die Kirche war das geistliche Spiel ein glänzendes Instrument der Einflußnahme. Indem sie die Bürger in das Spiel einbezog, sie vor Aufgaben stellte, sie – wie die Lernpsychologie heute formulieren würde – in handelnde Auseinandersetzung mit dem Gegenstand zog, schuf sie besonders günstige Bedingungen für Lernprozesse in ihrem Interesse.

Es ist nicht ohne Ironie, daß die Bürger über das Gelernte und Begriffene nachzudenken begannen, ihre Fragen stellten und in die Spiele einbrachten, den Anspruch der Kirche an deren Wirklichkeit maßen, daß Kritik erwuchs, die eine immer stärkere Emanzipation von den dogmatischen Setzungen der Kirche erkennen ließ. Dieser Vorgang ist sehr gut an den Teufelsszenen der mittelalterlichen Spiele nachzuweisen, die eine Hauptattraktion für das Publikum waren und an denen mitzuwirken sich nachweislich auch viele vornehme Bürger bemühten. In den Osterspielen schließt sich die Teufelsszene an die Höllenfahrt des auferstandenen Christus an, der die in der Hölle schmachtenden Seelen der Gerechten erlösen will. Im *Innsbrucker Osterspiel*, aus dem oben schon zitiert wurde, ist Luzifer noch so selbstbewußt, daß er sich drohend selbst gegen den Heiland wendet:

> waz hat her hy czu schaffen?
> balde heiz en enweg gen,
> anders en wert eyn boße weter besten!
> ly mir crewel vnd kelle,
> ich wil en sencken in dy helle!
> (V. 298–302)

Ü: Was hat er hier zu schaffen?
Heiß schnell ihn davongehn,

sonst wird ihn ein böses Gewitter anfallen!
Gib mir Gabel und Kelle,
versenken will ich ihn in die Hölle!

Auch wenn er sich gegen Christus nicht durchsetzen kann, Luzifer erhebt hier noch den Anspruch auf die Macht, die ihm vom Neuen Testament als dem Herrscher dieser Welt (Johannes 12,41) in der christlichen Weltordnung zugesprochen wird. Daß er von Christus im Osterkampf überwunden werden muß, zeigt seine Stärke geradezu an. Dieser Stärke wegen kann von ihm im *Innsbrucker Spiel* durchaus noch der Reiz der Angst ausgehen, wenn er sich den Menschen zuwendet, die sich zwischen Gott und Teufel entscheiden müssen und sich von der Versuchung des Teufels gefährdet fühlen. Wenn über ihn im gleichen Spiel schadenfroh gelacht werden kann, so deswegen, weil bei seinem Kampf gegen Christus das Mißverhältnis zwischen seinen Kraftanstrengungen und seinem im Heilsplan festgelegten Scheitern erkannt wird. Die in diesem Spiel auch enthaltenen Ausfälle Luzifers gegen den Papst, gegen Kardinäle, gegen Kaiser und Könige, sind zwar Ankündigungen der Kritik an den Sinnbildträgern der Heilsgeschichte, aber insofern noch relativ harmlos, als das Gefüge der heilsgeschichtlichen Ordnung als solcher noch nicht in Zweifel gezogen wird.

Ganz anders ist dies bereits in dem 1464 entstandenen *Redentiner Osterspiel,* in dem sich die Rolle des Teufels grundsätzlich gewandelt hat. Von den ca. 2000 Versen dieses Spiels widmen sich 1435 der Niederfahrtsszene bzw. dem Teufelsspiel – ein erster Hinweis auf die Verschiebung der Maßstäbe. Die Teufel dienen hier im wesentlichen den Unterhaltungsbedürfnissen der Zuschauer. Nicht nur wird die Geistlichkeit auf die Schippe genommen, die Teufel selbst, Namen wie »Crummnase« weisen darauf hin, sind nur mehr possenreißende, fluchende und prügelnde Figuren (wohl auch Vorurteilsträger); statt der gefürchteten Sündenrichter der Menschen sind sie Spaßmacher, die man belächeln kann. In diesen eigenen Kompetenzabbau ziehen sie auch Christus hinein, wenn sie über die Möglichkeit seiner göttlichen Existenz reflektieren. Es kann kein Zweifel sein, daß hierin eine neue Sicht auf die Welt zum Ausdruck kommt, die philosophisch im Nominalismus (vgl. S. 43) ihre Entsprechung hat. Der Teufel als Symbol des transzendental Bösen verblaßt im Bewußtsein der Menschen. Er verliert seinen eschatologischen Bezug, wird vermenschlicht, Träger von Lastern und damit zur Volksbelustigung.[78] Wer so belustigt auf den Teufel blickt, der wird nicht länger mit dem Blick auf das Jenseits von Sündenangst und Schuldbewußtsein getrieben; der drängt auch Gott an die Peripherie des Bewußtseins; der sieht in der Fehlbarkeit des Menschen nicht mehr die Kluft zwischen Himmel und Hölle aufreißen, sondern führt sie zurück auf die Entscheidung des auf sich selbst geworfenen und sich selbst bestimmenden Individuums. Das von der Skepsis des Nominalismus beeinflußte Persönlichkeitsbewußtsein der Renaissance kündigt sich an. Gott erscheint nicht mehr länger rational faßbar, substantiell ›gewußt‹, sondern nur in der subjektiven Glaubensgewißheit des einzelnen zugänglich; die Welt ist nicht mehr sicher aus einem für ›real‹ gehaltenen Heilsgeschehen deutbar. Daß aber Spiele, in denen der Teufel eine neue, abgewertete Funktion übernahm, im 15. und 16. Jahrhundert überhaupt weiter – und verstärkt – geschrieben, aufgeführt und angeschaut wurden, ist nicht aus Belustigungseffekten zu erklären, die von ihnen ausgingen; vielmehr spiegeln sich darin die Unsicherheit, die mit dem »subjektiven Zustand der eigenen Sündhaftigkeit«[79] verbunden ist, und die Gewissenskämpfe, die entstanden, weil der ›vergessene‹ Gott immer wieder erinnert wurde.

Literatur als Ausdruck religiöser Ergriffenheit

Derselbe, aus der Zunahme des Wissens von der Welt und ihrer Naturgesetzlichkeit, aus der Philosophie des Nominalismus, aus der durch Hunger und Krankheit hervorgerufenen Not der Bevölkerung, aus den politischen Wirren und der Korruption innerhalb der Institution der Kirche erklärbare Bruch des Bewußtseins wird uns begegnen, wenn wir nun, noch einmal zurückschauend, den anderen Weg innerhalb dieser dritten Phase der religiösen Literatur des Mittelalters verfolgen.

Die religiöse ›Ergriffenheit‹ des einzelnen Menschen, die uns hier begegnet, sucht ihren Ausdruck zuerst in den Sündenklagen, die als Antwort auf die Memento-mori-Predigten zu verstehen sind. Die Gattung der Sündenklage ist die erste Ich-Dichtung in deutscher Sprache. Aber das Individuum, das hier von seinen Sünden und seiner Todesangst spricht und für sich persönlich um Gottes Gnade bittet, bedient sich weitgehend noch des vorgegebenen Formelschatzes der offiziellen Beichtformulare – etwa in der *Milstätter Sündenklage* (Anfang des 12. Jahrhunderts), aber auch in der aus der Mitte des Jahrhunderts stammenden *Uppsalaer Beichte* oder der *Vorauer Sündenklage*.

Die *Vorauer Sündenklage* enthält ein langes Loblied auf Maria, die als Fürsprecherin des Sünders angefleht wird. Sündenbewußtsein und Marienverehrung stehen in einem ursächlichen Zusammenhang. In den unzähligen seit dem 12. Jahrhundert entstehenden Mariengebeten, Marienhymnen, Marienleben erscheint die Jungfrau Maria, die als die Mutter Gottes sowohl im Heilsplan mitwirkt als auch dem irdischen Menschen zugewandt ist, als Mittlerin, der alle persönlichen Ängste und Hoffnungen anvertraut werden dürfen. Eine solche Funktion erfüllt nicht nur Maria; aber unter allen Heiligen, die als Fürsprecher angerufen werden, hat niemand wie sie Gefühle der Menschen so binden können und die Phantasie so angeregt.

Die Ursache für den aufblühenden Marien- und Heiligenkult läßt sich u. a. sozialgeschichtlich erklären.[80] Die Ausbreitung von Handel und Geldwirtschaft in den Städten hat seit dem 12. Jahrhundert das Stadtbürgertum in eine Identitätskrise hineingeführt. Nach der Lehre der Kirche hatten diejenigen, die ihr Geld durch Handel, besonders aber durch Zinsgeschäfte verdienten, schon immer wenig Aussicht auf Erlösung. Die Aktualisierung des christlichen Armutsideals durch die Reformbewegung und die vielen gerade in den Städten entstehenden Sekten haben diese Ansicht verstärkt, wie die oben zitierte Predigt Bertholds von Regensburg belegt. Der innere Zwiespalt, der aus materiellen, als sündig deklarierten Interessen und dem Bedürfnis nach Heilsversicherung erwuchs, konnte durch Heilige und Madonnen, die Menschliches und Übermenschliches in sich vereinten, überspielt werden. In ihrer Menschlichkeit den Menschen nahe, waren sie in ihrer Überhöhung zugleich das Ziel der Projektionen der sie Anbetenden. Von allen Heiligen erschien Maria als diejenige, die Gott am nächsten war. Als Verkörperung der Jungfräulichkeit, als Gottesbraut, Gottesmutter, Himmelskönigin wirkte sie wie eine vierte Person im Gefüge der Trinität. Zugleich stand sie außerhalb des durch Strenge gekennzeichneten göttlichen Richteramtes, so daß in ihr die göttliche Barmherzigkeit vollkommen verwirklicht erschien.

Damit verkörperte sie, was an heimlichen Wunschvorstellungen die Gläubigen bestimmte: vollkommene Reinheit, Milde und Liebe, Eigenschaften also, die im rationalen und konkurrierenden Wirtschaften der Städter gerade verlorenzugehen drohten, und vollkommene Schönheit, die für die von Not gezeichneten und immer wieder von Seuchen heimgesuchten Menschen einen noch viel stärkeren Reiz besaß als für uns heute. So konnte Maria im späten Mittelalter die Frömmigkeit in einem Maße auf sich ziehen, daß sich das Gottesverhältnis der Gläubigen in ihrer Anbetung fast erschöpfte.[81] Ihr Abbild wurde allgegenwärtig, in den Kirchen, auf den Privataltären der Bürger, in der bildenden Kunst wie in der Literatur. Die Kirche hat diese Mariendevotion nach anfänglichem Zögern, weil sie in ihr einen Angriff auf die Autorität der Priesterschaft sehen mußte, bald vollständig assimiliert und dann immer weiter unterstützt.

In der Literatur wird die Haltung der Ergriffenheit gegenüber der Jungfrau Maria ungefähr seit der Mitte des 12. Jahrhunderts spürbar. Was es bis dahin an Marienliteratur gegeben hatte, trug eher einen lehrhaften Charakter, galt der Grundlegung des Mariendogmas, das unter dem Einfluß der Ostkirche bereits seit den Kirchenvätern ausgearbeitet worden war. Der lehrhaft-erbauliche Zug der Mariendichtung ist nie ganz verlorengegangen; er lebt in der deutschsprachigen Dichtung ganz besonders in den Genres des Marienlebens und der Marienlegende fort, von denen im späten Mittelalter immer neue Beispiele entstehen. In unserem Zusammenhang interessiert jedoch der neue Ton, der sich in den Mariengebeten und in den von der lateinischen Hymnik beeinflußten Mariensequenzen, Marienhymnen und dann in der Marienmystik ausbildet: der persönliche, preisende, zugleich das Ich preisgebende, flehende Ton derer, die sich von Maria Beistand erhoffen und die mit ihrer Rede die Sakralsprache zu durchbrechen beginnen.

Das älteste einer Gruppe von Marienliedern aus der Mitte des 12. Jahrhunderts ist das *Melker Marienlied,* ein 14strophiger Hymnus, der die Gottesmutter aus ihrer heilsgeschichtlichen Einordnung löst, lediglich ihre Schönheit und Weiblichkeit in immer neuen Ansätzen, aber mit altbekannten mariologischen Symbolen preist und jede Strophe mit einem Anruf enden läßt, in denen das Ich aber noch im Wir aufgeht:

dû wis uns allen wegente   ze jungist an dem ente,
Sancta Maria.

Ü: Steh' uns allen bei   wenn es ans Ende geht,
Heilige Maria.

Das jüngste Lied dieser Gruppe ist die *Mariensequenz von Muri,* wie die *Mariensequenz von Sankt Lambrecht* der Melodie des »Ave praeclara maris stella« unterlegt. Hier nun – nach allgemeiner Auffassung in einer der Kostbarkeiten religiöser Dichtung –

spricht der einzelne bei aller feierlichen Betrachtung von sich selbst in seiner Angst und bittet Maria um Beistand. Der Schluß, der zum Gebet wird, zeigt die Funktion, die Maria zugedacht wird, besonders deutlich:[82]

> Dînir bete mach dich dîn lieber sun niemir virzîhin
> Bite in des, daz er mir wâre rûwe virlîhin;
>
> Unde daz er dur den grimmen tôt,
> den er leit dur die menischeit,
> sehe an menisclîche nôt;
>
> Unde daz er dur die nami drîe
> sîner christenlîchier hantgitât
> gnâdich in den sundin sî.
>
> Hilf mir, frouwe! sô diu sêle von mir scheide,
> sô cum ir ze trôste:
> wan ich gelobe, daz du bist
> muotir und magit beide.

Ü: Deine Bitte wird dir dein lieber Sohn niemals abschlagen:
Deshalb bitte ihn, daß er mir wahre Reue zuteil werden lassen möge;

Und daß er um des schmerzlichen Todes willen,
den er um der Menschen willen erlitt,
seinen Blick auf die Not der Menschen richte.

Und daß er um der Dreifaltigkeit willen
in seinem christlichen Werk
gnadenvoll in der Vergebung der Sünden sei.

Hilf mir, Jungfrau! wenn die Seele von mir scheiden wird,
dann komm ihr zu Hilfe:
denn ich glaube, daß du
Mutter und gleichzeitig Jungfrau bist.

Das Neuartige dieses Gedichts liegt auch in der Art und Weise, wie Maria und ihr Kind gesehen werden:

> daz was got selbe
> der sînin munt zuo dînen brustin bôt
> und dîne bruste in sîne hende vie.
> ôwê, kuniginne,
> waz gnâden got an dir bigie!

Ü: das war Gott selbst
der seinen Mund zu deinen Brüsten hob
und deine Brüste in seine Hände nahm.
Ach, Königin,
welche Gnade hat Gott dir erwiesen!

Die Ergriffenheit des Sprechenden, seine eigene innere Bewegtheit, holt Maria und Jesus aus der Ferne ihrer dogmatischen Stellung in eine Nähe, in der sie selbst in menschlicher Bewegung und Zuwendung gesehen werden.

Dem entspricht der Wandel des Marienbilds in der bildenden Kunst. Der spiritualistische ›starre Stil‹ der romanischen und frühgotischen Kunst, der Maria und ihr Kind ausschließlich in ihrer heilsgeschichtlichen Funktion sieht (vgl. Abbildung S. 69)[83] wird allmählich abgelöst durch den ›naturalistischen Stil‹ der Hoch- und Spätgotik, der die Körper immer mehr in ihren natürlichen Bewegungen zeigt, die immer auch als Ausdruck ihres Gefühls zu verstehen sind (vgl. die Abbildungen S. 70 und 71).[84]

Die Ergriffenheit des einzelnen bei der Betrachtung Marias steigert sich zur Inbrunst in der Marienmystik. Das folgende Textbeispiel aus Seuses *Büchlein der Ewigen Weisheit* (1327/34) (Kap. XVII) ist der Beginn eines imaginierten Zwiegesprächs zwischen dem Betrachter und Maria:[85]

> Von ire unsaglichem herzleide
>
> Wer git minen ŏgen als mengen trehen, als mengen bůchstaben, daz ich mit liehten trehnen geschribe die ellenden trehen des grundlosen herzleides miner lieben vrŏwen? Reinú vrŏw und edlú kúngin himelriches und ertriches, ruͤre min ersteintes herz mit einem diner hitzigen trehen, die du vergusse von der bitteren not dines zarten kindes under dem ellenden krúze, daz es erweiche und dich gemerken kunne; wan herzleit ist der natur, daz es nieman reht erkennet, denne den es ruͤret. Ach, nu ruͤr min herze, uzerweltú vrŏw, mit dinen trurigen worten, und sag mir mit kurzen sinnerichen worten allein ze einer manunge, wie dir ze můt were und wie du dich gehůbist under dem krúze, do du din zartes kint, die schoͦnen Ewigen Wisheit, sehd als jemerlichen ersterben.

Ü: Vom unsagbaren Herzeleid der Gottesmutter

> Wer gibt meinen Augen so viel Tränen anstatt Buchstaben, daß ich, helle Tränen weinend, die jammervollen der unergründlich tiefen Betrübnis Unserer Lieben Frau schildern könne? Reine Frau, edle Königin Himmels und der Erde, rühre mein steinernes Herz mit einer heißen Träne, wie du sie unter dem jammervollen Kreuze vergossest angesichts der bitteren Drangsal deines zarten Kindes, daß dies Herz erweiche und dich verstehen kann; denn Herzeleid ist solcherart, daß niemand es recht erkennt als der, den es befällt. Ach, auserwählte Frau, rühre jetzt mein Herz mit deinen traurigen Worten und sage mir kurz und verständig, allein zu meiner Ermahnung, wie dir zumute war und wie du dich unter dem Kreuze verhieltest, als du dein liebes Kind, die schöne ewige Weisheit, so jämmerlich dahinsterben sahst.

um 1175
Zülpich-Hoven, ehem. Klosterkirche

um 1330
Köln, Schnütgenmuseum

um 1460
Köln, Schnütgenmuseum

Maria antwortet – in der Tradition der sogenannten Marienklage – mit der Schilderung ihrer Trauer, die sie beim Anblick ihres sterbenden Sohnes empfunden hat. Allein die Ausarbeitung eines Zwiegesprächs verweist auf den Wunsch des Betrachters, die Beziehung zur Gottesmutter zu vertiefen. Der Wunsch, gerührt zu werden, wird wiederholt formuliert. Die Rührung jedoch soll kein Selbstzweck sein, sondern der Ermahnung dienen. Sie wird förmlich beschworen durch Worte. Die Sprache dient der Gefühlserweckung. Die Erweichung des ›steinernen Herzens‹ ist die Voraussetzung für das Verstehen Marias, für das Erkennen ihres ›Herzeleids‹. Dieses Verstehen ist für den Mystiker Seuse deswegen so wichtig, weil Maria als das Urbild der reinen Seele gelten kann, die auf geistige Weise Gott empfängt und neu gebiert und damit den Vorgang symbolisiert, um den die Gedankenwelt der gesamten christlichen Mystik kreist.

Dies bedarf nun einiger Erklärungen, die uns zur Prosa der deutschen Mystik führen sollen, in der das Gefühl des Ergriffenseins, die inbrünstige Liebe zu Gott, an die Grenzen sprachlicher Gestaltungsmöglichkeiten gelangt. Der Begriff Mystik, herzuleiten aus dem griechischen ›μύω‹ ›die Augen schließen‹, bezeichnet das Bemühen, Gott sich subjektiv anzueignen, ihn im Akt der ›unio mystica‹ direkt anzuschauen, ihn ›erfahrungshaft‹ zu erkennen. Die Erfahrung eines unmittelbaren Kontakts mit Gott wird in der christlichen Mystik, deren Tradition eng mit der Geschichte des Mönchtums verbunden ist, durch Askese, durch Versenkung in die Heilige Schrift und durch Teilnahme an der Liturgie vorbereitet, auch wenn die Gotteserfahrung schließlich ein göttlicher Gnadenerweis bleibt. Sinn der Vorbereitung ist die Reinigung der Seele von allen Ablenkungen, die sich aus den irdischen Bindungen des Menschen ergeben, so daß das Bild Gottes in ihr klar erscheinen kann.

Die Texte, die wir von den christlichen Mystikern besitzen, sind insofern grundsätzlich paradox, als in ihnen ein transzendentes Urerlebnis mit den Mitteln irdischer Ausdrucksformen veranschaulicht werden soll, die sich immer als inadäquat erweisen. Die Übermacht des Erfahrenen impliziert eigentlich seine Unsagbarkeit. Dennoch kann gerade die christliche Mystik nicht sprachlos sein. Der Logos-Charakter der christlichen Religion, deren »entscheidendes Grund-Geschehen die historische Inkarnation des Wortes Gottes« ist,[86] ist nicht hintergehbar. Aus dem dialogischen Verhältnis des Menschen zu Gott und Christus ergibt sich, daß die Erfahrung des Christen immer von Sprache begleitet ist. Selbst das Schweigen ist gebethaft, auf Sprache hin entworfen.

Weil Sprache als Geburt des Wortes Gottes in der Seele zum Inhalt der mystischen Erfahrung gehört, diese jedoch eigentlich unaussprechlich ist, obwohl sie mitgeteilt werden möchte, kommt es in der Literatur der Mystik zu Ausdrucksformen, denen eine gewisse Ohnmacht anhaftet: zu Periphrasen, zur Häufung wechselnder Bezeichnungen, zur Verwendung mehrdeutiger Abstrakta, zum Gebrauch der Negation, des Paradoxons, des Oxymorons, der Contradictio in adjecto usw. In der Ohnmacht der Sprache liegen jedoch auch Möglichkeiten ihrer Innovation. Die Anstrengung, das Unsagbare zu sagen, führt nicht nur zur Erweiterung des Vokabulars und der sprachlichen Bilder, mit denen die letztlich nicht bezeichenbaren Erfahrungen eingefangen werden sollen, sondern auch zur Ausbildung eines Prosastils, der geschmeidig genug sein muß, die theologischen Erklärungen dieser Erfahrungen wiederzugeben, überdies geschmeidig genug, die Sprachnot mitzureflektieren. Die Sprache der christlichen Mystiker spiegelt die Verquickung höchster Gefühlsintensität und spekulativen Denkens, das immer auch die Sprache selbst zum Thema hat. (Auf sie wird sich nicht nur der Pietismus beziehen, sondern auch noch die religiöse und hermetische Lyrik des 20. Jahrhunderts.)

Die Sprache der Mystiker, die das Gewohnte menschlicher Rede durchbricht, spiegelt zugleich die Subversivität der ganzen mystischen Bewegung. Indem diese die direkte Erfahrung Gottes behauptete, die zwar nicht losgelöst von der Heiligen Schrift sein konnte, aber deren Sinn individuell überhöhte, richtete sie sich tendenziell gegen die vermittelnde Institution der Kirche, stand sie in der Nähe der Häresie. Obwohl die großen Mystiker der katholischen Kirche in der scholastischen Bildung verwurzelt waren, wurden sie doch vor allem da rezipiert, wo das größte Bedürfnis nach individueller Erfahrung und Introversion bestand: in den Bettelorden, die unmittelbar auch das Bürgertum ansprachen; eben dort im Bürgertum; in den vielen Frauenkonventen und Beginensammlungen, denen sich zunehmend die unversorgten Frauen aus den städtischen Mittel- und Unterschichten anschlossen; in den Sekten und Laienbewegungen, die zum großen Teil aus den Ärmsten der Bevölkerung, und damit den ›Ungebildeten‹, bestanden. Damit gehört die Mystik, was ihre Wirkung angeht, zu der breiten sozialreligiösen Emanzipationsbewegung des späten Mittelalters, die den Zusammenbruch der gedanklichen wie institutionellen Hierarchie der Kirche einleitet.

Die literarischen Zeugnisse der deutschsprachigen Mystik sind eng verbunden mit der Frömmigkeit der Nonnen. Da deren Ausbildung sich zwar auf das Lesen, Schreiben und Beten bezog, viel weniger aber auf den Erwerb von Lateinkenntnissen, wurden Nonnen nicht nur zum Medium, sondern auch zum Publikum einer volkssprachigen religiösen Literatur. Zugleich waren sie offener für unmittelbarere Ausdrucksformen geistlicher Erfahrung und Praxis als die gelehrten Mönche und Geistlichen und infolge des Mangels an theologischer Bildung auch in stärkerem Maße als diese den Einflüssen ausgesetzt, die von den Laienbewegungen auf sie zukamen.

Am Beginn der deutschsprachigen Mystik steht Mechthild von Magdeburg, deren niederdeutsch abgefaßtes Werk *Das fließende Licht der Gottheit* wir nur in einer oberdeutschen Übersetzung kennen. Es ist zwischen 1250 und 1281/82, ihrem Todesjahr, entstanden und besteht aus einer Sammlung von Kurzerzählungen, Dialogen, Gebeten, Hymnen, Visionen; es wechselt zwischen Prosa und Reimpaarversen und verwendet ganz unterschiedliche Stilebenen und rhetorische Mittel, die der inneren religiösen Bewegung angepaßt sind. Die Unbekümmertheit, mit der Mechthild jegliche literarische Konvention übergeht, erinnert an die *Confessiones* Augustins und die bei ihm beginnende »Enthemmung der religiösen Individualität«.[87] Das Ich übermittelt und verantwortet die Eröffnungen Gottes und gewinnt dadurch Autonomie (»Ich muos mich selber melden, sol ich gotz güete werlich moege verbringen«), auch wenn die Nichtswürdigkeit eben dieses Ichs vor Gott dieser Autonomie dialektisch zugeordnet ist.

Gedanklich kreist Mechthilds Werk um die Menschwerdung Gottes. Der Titel weist auf die neuplatonische Vorstellung, daß Gott Licht sei, und dies in einem unmetaphorischen Sinn. Gegen die Tradition, die den zum Licht emporstrebenden Menschen beschreibt (vgl. noch Goethes *Faust*), faßt Mechthild das Licht in der Qualität seines Verströmens. Im fließenden Licht verströmt sich Gott aus überfließender Liebe, vernichtet er sich selbst in der Menschwerdung. Die nun auch im Menschen überfließende Liebe führt zur Nachahmung jener Bewegung des Verströmens und damit zur christlichen Demut mit all ihren Implikationen: Einfachheit, Torheit, Einsamkeit usw.; sie führt ins »ellende«, in die soziale, geistige, religiöse, auch körperlich-existentielle Entfremdung.[88] Bis in die Barockdichtung hinein werden diese Merkmale christlichen Daseins relevant sein, ja noch bis in einzelne Werke religiöser Dichtung des 20. Jahrhunderts. Entfremdung ist eine religiöse Kategorie, lange vor ihrer sozialtypischen Definition durch Karl Marx.[89] Mechthild hat die Bewegung des Abstiegs, der göttlichen Selbstentfremdung, auf sich bezogen und um

Christi willen ihre sozialen Sicherungen aufgegeben: ihre Familie, ihre Heimat, hat als Begine in Armut und Kasteiung gelebt, geistlichen Trost abgewehrt. Auf diese Weise hat sie versucht, Christi Passion nachzuvollziehen und den Zustand der »gotzvroemdunge«, der Gottverlassenheit, zu erreichen. Denn über diesen Zustand der äußersten Entfremdung kann sich um so herrlicher Gottes Erbarmen ausgießen. Je tiefer der Abstieg ins »ellende« ist, desto mächtiger fällt Gott über den Demütigen her. Deswegen kann die Gottverlassenheit in paradoxen Ausrufen geradezu hymnisch gefeiert werden: »Eya, selige gotzvroemdunge, wie minnenklich bin ich mit dir gebunden ...«; sie ist die Voraussetzung für den höchsten Grad des mystischen Gotteserlebnisses: »... ie ich tieffer sinke, / ie ich suessor trinke.«[90]

Die religiöse Ergriffenheit der Seele erreicht hier ein kaum überbietbares Maß. Die Begegnung mit Gott bedarf keiner Mittlerfiguren mehr, sie wird durch die Anstrengungen des einzelnen vorbereitet und herbeigesehnt. Das Zwanghafte, das aller Inbrunst anhaftet, ist dabei nicht zu übersehen. Das dialektische Verhältnis von Zwang und Verinnerlichung wird besonders deutlich, wenn man auf die religiöse Praxis derjenigen Nonnenklöster, Sekten, Laiengruppierungen blickt, die sich von mystischen Gedanken beeinflussen ließen und die andererseits die Aufzeichnung mystischer Erfahrungen sicherlich auch motivieren. Das empfindsame Einander-Zugetansein der in enger Gemeinsamkeit Zusammenlebenden, das mit ständiger gegenseitiger Beobachtung einhergeht, mit der Suche nach Anzeichen der Gnade auf dem Gesicht des anderen, ist bereits eine, wenn auch sehr milde Äußerungsform der Verquickung von Liebe und Zwang. Der mit dieser Lebensweise verbundenen Sensibilität, Neugier und Wirkungsabsicht verdanken wir zahlreiche Lebensbeschreibungen. Verschiedene Sammlungen sogenannter ›Schwesternleben‹ aus dem 14. Jahrhundert zum Beispiel[91] vermitteln einen Eindruck, in welche Extreme religiöse, ihrer literarischen Sublimation entkleidete, Verinnerlichung führen konnte: Ekstasen, Visionen, Stigmatisationen werden nicht nur durch Schweigen und Fasten herbeigeführt, sondern durch Geißelungen, Einschnürungen, Fesselungen, Nagelungen, durch Kasteiungen also, die wir heute nur als Verirrungen anzusehen vermögen. Wenn liebende Hingabe zur Selbstpeinigung und die Gottesbegegnung zur Halluzination oder zum Rausch pervertierten, so ist darin im übrigen ein ähnlicher Vorgang der Veräußerlichung zu erblicken, wie ihn Huizinga im Zusammenhang mit der Heiligenverehrung festgestellt hat, die sich literarisch in zahllosen Heiligenviten niederschlug, dort aber, wo sie außerliterarisch praktiziert wurde, im Reliquienkult und in der Sammlung von Bildern und Andenken verkam. Auch hier wurde Gefühl über äußere Reize evoziert, war das Gefühl gleichsam ›aus zweiter Hand‹. Die oben zitierte Textstelle aus Seuses *Büchlein der ewigen Wahrheit,* in der die Funktion der Sprache als Gefühlserweckungskunst spürbar wird, gehört in die Nähe dieses Zusammenhangs.

Von der älteren Frauenmystik und besonders von der in Frauenklöstern und Sekten praktizierten Mystik der Ergriffenheit grenzt sich die Mystik der für die Seelsorge der Nonnen verantwortlichen, in Frauenklöstern predigenden Dominikaner Eckart und Tauler, in eingeschränktem Maße auch die Mystik Seuses, durch ihren eher spekulativen und belehrenden Charakter ab. Da sie langfristige Auswirkungen auf die deutsche Geistes- und Literaturgeschichte gehabt hat, soll hier kurz auf sie eingegangen werden, obwohl die Grenze zur Philosophischen Theologie damit überschritten wird.

Der um 1260 in Thüringen geborene Eckart hat nach Studien vornehmlich in Paris, wo er den Magistertitel erwarb (daher die Bezeichnung ›Meister‹ Eckart), hohe Ämter in der Verwaltung des Dominikanerordens bekleidet und in Thüringen, in Straßburg und Köln gepredigt und gelehrt. Das entscheidende Ereignis in seinem Leben ist der gegen ihn 1326 eröffnete Inquisitionsprozeß, der schließlich zur Verurteilung eines Teils seiner Äußerungen als häretisch bzw. häresieverdächtig führt. Aus seinen in deutscher Sprache verfaßten *Reden der unterscheidunge* (›Reden der Unterweisung‹), dem *Buch der göttlichen Tröstung* und aus seinen Predigten lassen sich folgende Gedankengänge abstrahieren: Ausgangspunkt der Eckartschen Mystik ist der seelsorgerlich zu verstehende Wunsch, die Menschen Gott nicht nur ›denken‹, sondern ›wesenhaft‹ erfahren zu lassen. Nach alter asketischer Tradition beginnt der Prozeß des Wesentlich-Werdens des Menschen und seine Annäherung an Gott auch bei Eckart als ein ›Entwerden‹, als Rückzug des Menschen aus der Verfallenheit an die Dinge und sich selbst in die Innerlichkeit, ins ›ledige Gemüt‹. Erst im Abschied von der Welt und dem Selbst kommt das Innerste des Menschen zum Vorschein, das Eckart in immer neuen Umschreibungen als ›Grund der Seele‹, ›Haupt der Seele‹, ›Licht des Geistes‹ oder als ›Fünklein der Seele‹ sprachlich einzufangen versucht. Dort, im Seelengrunde, findet der Mensch eine unmittelbare Beziehung zu Gott. Niemand rührt an den Grund der Seele als Gott allein. Hier ist der Punkt erreicht, wo Eckart der Kirche zum Ärgernis werden muß. Es geht um die theologische Frage, ob der Seelengrund von Gott – gleichsam als Akt der Gnade – geschaffen ist oder nicht. Ist er es nicht, enthält die Seele ein ›Bild göttlicher Natur‹, ist sie selbst von göttlicher Art, sofern Gott im Grund der Seele verborgen liegt, wird dem Menschen damit also ein göttlicher ›Teil‹ zugeschrieben, dann werden für die Kirche heilsgeschichtliche Grundsätze angerührt. In der Tat ist Eckart von einem Analogiebegriff ausgegangen, der das Verhältnis von Gott und Seelengrund zwar nicht als Gleichheit, wohl aber als Einheit sieht, allerdings nicht als blockhaft monistische Einheit,[92] sondern als Bewegungseinheit, in der Gott sich im Seelengrund des einzelnen Menschen gebiert. Wie dies geschieht, läßt sich mit den Mitteln des Denkens nicht begreifen. Die Seele »empfindet wohl, daß es ist, weiß aber nicht, wie und was es ist«.[93] Eckart faßt diesen unerklärlichen Vorgang auch als Geburt des Sohnes im Seelengrund, als Geburt des Wortes oder der Einsicht. Damit aber – und dies ist für unseren Zusammenhang entscheidend – wird die Seele jedes einzelnen gläubigen Menschen, sofern sie ganz leer von allem Seienden geworden ist, in den trinitarischen Prozeß hineingezogen. Der Gläubige wird in der mystischen Einswerdung selber als Sohn Gottes gezeugt. Alle Vermittlungen zwischen Mensch und Gott sind in dieser Einswerdung weggeräumt.

Den gleichen Grundgedanken wie Eckart verfolgt auch Johannes Tauler, allerdings mit einigen entscheidenden Abweichungen. Tauler, um 1300 geboren, dürfte Eckart gekannt haben und ist nicht zu Unrecht als dessen ›Schüler‹ bezeichnet worden. Nach seinen Studien wirkte er in Straßburg als Seelsorger der Dominikanerinnen. Was ihn in seinen ›Predigten‹ gedanklich von Eckart unterscheidet, bezieht sich auf die Lehre vom Seelengrund. Anders als Eckart legt Tauler großen Wert auf die Trennung zwischen dem ›ungeschaffenen Abgrund Gottes‹ und dem ›geschaffenen Abgrund‹ der menschlichen Seele. Die Einswerdung des Menschen mit Gott ist nicht ontologisch begründet, sondern geschieht aus einem Akt der Gnade Gottes. Tauler umgeht somit den Häresieverdacht, zumal in der gnadenhaft entgegengenommenen Einswerdung zugleich die absolute Ungleichheit zwischen Gott und Mensch erfahren wird. Taulers Beschreibung des Gnadenereignisses der Einswerdung als »weseliche ker«, als Durchbruch, als Wende, als ›Bekehrung‹, hat auch auf die spätere religiöse Praxis äußerst stimulierend gewirkt und sie – besonders in pietistischen Kreisen – folgenreich beeinflußt. Daß das Gnadenereignis auch bei Tauler den asketischen Weg der ›Entwerdung‹ voraussetzt, ist dabei schließlich immer mehr vergessen worden.

Interessant ist allerdings, daß bei Tauler dieser Weg von jedem Menschen auch im alltäglichen Leben gegangen werden kann, in der Ehe und Familie und bei der Arbeit, sofern er das, was er tut, auf den Grund seines Wesens bezieht. Dies erscheint »wie eine Vorahnung reformatorischer Arbeitsethik«,[94] und es ist sicher nicht von ungefähr, daß Luther von allen Mystikern gerade Tauler besonders geschätzt und immer wieder zustimmend zitiert hat.

Heinrich Seuse, 1295 in Konstanz geboren, 1366 in Ulm gestorben, wird mit seinen Ordensbrüdern Eckart und Tauler meist in einem Atemzug genannt. Was ihn deutlich von beiden unterscheidet, ist seine ausgebaute Christologie und sein Umgang mit der Sprache. Auch er betont, wie Tauler, die Grenze zwischen göttlichem und menschlichem Wesen. Während bei Tauler aber die Einswerdung mit Gott prinzipiell von jedem Menschen durch einen Gnadenakt Gottes empfangen werden kann, hat für Seuse die vollkommene ›unio mystica‹ nur ein einziges Mal exemplarisch stattgefunden, in der Menschwerdung Gottes in Christus. Dem Menschen bleibt, um in die Nähe Gottes zu gelangen, nur der Weg der Nachfolge Christi. Der im *Büchlein der Wahrheit* vorgeschriebene Weg der ›Entwerdung‹ ist der Weg des Mitleidens mit Christus, die Vergegenwärtigung seiner Passion. Gottesmystik äußert sich bei Seuse als Christusmystik. Er steht damit der Frauenmystik besondes nahe, zumal er nicht wie Eckart oder Tauler die Einsicht, sondern die Liebe als Medium des mystischen Erlebnisses hervorhebt. Gerade die Liebe zu Christus und die Bindung an ihn kann vor ausschweifender Frömmigkeit bewahren, wie Seuse sie bei einzelnen sektiererischen Gemeinschaften wahrnimmt und verwirft, hinter denen er den freigeistigen Einfluß Meister Eckarts vermutet. – Aber es muß auch gefragt werden, inwieweit Seuse mit der sprachlichen Verwirklichung seiner eigenen auf Christus bezogenen Mystik einer Libertinage der Empfindungen Vorschub geleistet hat. Denn Seuse arbeitet mit einer derartigen Anhäufung von Anrufen, von gefühlstimulierenden, z. T. die Sinnesbereiche vermischenden Adjektiven, von hyperbolischen Formen, daß der sprachliche Ausdruck häufig zum Selbstzweck zu werden scheint; zumal etwa dann, wenn auch Blut und Wunden des leidenden und sterbenden Christus schwelgerisch ausgemalt und mit raffinierten Mitteln des Wohllauts überzogen werden.

Hier entsteht zwischen der vom Mystiker geforderten Askese, die von der Bildlichkeit des Seienden ja gerade wegführen soll, und gefühligem, sprachlich sich manifestierendem Selbstgenuß des Betrachtenden ein Widerspruch, der schon von Tauler getadelt und von Seuse selbst auch gesehen worden ist. – Die artifiziell hervorgerufene Empfindung, die Bewußtheit des Redens, die Selbstbezogenheit des Betrachters findet ihren Höhepunkt in Seuses Autobiographie *Der Seuse* (um 1326), die als ›vita spiritualis‹ der Andacht und Unterweisung dienen soll und dafür verschiedene Stationen der Erfahrung des Mystikers wiedergibt. Die Stilisierung des geistlichen Lebens als Minnedienst an Christus gibt Anlaß für sprachliche Manierismen, die in der Spannung zwischen einer intendierten ›Jenseitsmusik‹ und dem ›Verrat am Geist echter Mystik‹ stehen.[95]

Auf die Frage, wodurch die sprachlichen Überhöhungen Seuses, die für die Entwicklung einer deutschen Gefühls-›Kultur‹ außerordentlich folgenreich geworden sind, eigentlich zu erklären sind, lassen sich verschiedene Antworten finden. Eine davon mag sein, daß der Glaube für Seuse – wie wohl auch für die anderen Mystiker – letztlich unproblematisch war, Glaube der Erfahrung nicht entgegengesetzt werden mußte, sondern vielmehr die Erfahrung bestimmte. Dann kam es nur darauf an, ihn aufs äußerste, mit unablässiger, auch mit sprachlicher Anstrengung zu erproben. Andererseits kann gerade diese Anstrengung als Ausdruck unerklärter innerster Anfechtung gesehen werden.

Die Wirkungen, die von der deutschen Mystik auf die deutsche Literatur- und Geistesgeschichte ausgingen, sind breit und vielschichtig und können hier nur in einigen Ausblicken verdeutlicht werden. Betrachtet man zunächst die literarischen Gattungen, so erscheint besonders das Kirchenlied gedanklich und sprachlich von der Mystik beeinflußt, freilich nicht das reformatorische, das im Zusammenhang der Bemühung Luthers um eine Neuordnung des Gottesdienstes das für alle Gläubigen Erfahrbare herausstellt und Aussagen subjektiver Frömmigkeit eher vermeidet. Auch die umittelbar nachreformatorische Zeit mit ihrer starken Hervorhebung der konfessionellen Gegensätze stand der Entwicklung neuer Ausdrucksformen der Innerlichkeit eher entgegen. Aber einzelne Lieder Philipp Nicolais (»Wie schön leuchtet der Morgenstern«; »Wachet auf, ruft uns die Stimme«) sind mit der Tradition der Mystik verbunden und weisen voraus auf das Kirchenlied des Barock. In diesem verbinden sich unter dem Einfluß humanistischer Bildung handwerkliches Bemühen um die Form und nach innen gerichtete Gefühlsintensität, die mit den schrecklichen Erfahrungen des Dreißigjährigen Krieges in Beziehung steht. Die Lieder Paul Gerhardts (1607–1676) sprechen zumeist von der Art und Weise, wie der Mensch Gottes Handeln an sich erfährt, wie er diese Erfahrungen verinnerlicht, wie er darauf antwortet. »O Haupt voll Blut und Wunden« ist das Beispiel einer mystischen Meditation des Passionsweges, in den sich das mitleidende Herz versenkt und den es zugleich als Heilswerk Gottes begreift. Der Einfluß der Mystik ist unüberhörbar auch in Liedern, die den Wunsch nach Stille (»Nun ruhen alle Wälder«; »Befiehl du deine Wege«) oder die Fülle der Freude (»Fröhlich soll mein Herze springen«; »Geh aus, mein Herz, und suche Freud«) zum Ausdruck bringen. – Im katholischen Raum sind es Friedrich von Spee (1591–1635) und Johannes Scheffler (Angelus Silesius, 1624–1677), die am deutlichsten Züge mystischer Frömmigkeit in ihre Kirchenlieder einarbeiten. – Erst im Pietismus aber findet die deutsche Mystik die Rezeptionsbedingungen, die ihr zu einer neuen Breitenwirkung verhelfen. Nachdem mit dem Barock die letzte Epoche zu Ende gegangen war, in der das christliche Welt- und Geschichtsbild noch weithin verbindlich war, blieb das Religiöse im 18. Jahrhundert, besonders bei den Gebildeten, nur noch ein Teilgebiet des Lebens, das auf den Gedankenaustausch im Kreis der Frommen oder auf die häusliche Andacht des einzelnen beschränkt wurde. Der Verzicht auf Welt und Wirkung entspricht in gewisser Weise der mystischen Intention der Zurücknahme des Ichs von den Ablenkungen der Wirklichkeit. Und in der Tat sprechen die Pietisten gerade auch in ihren in Hausgesangsbüchern vervielfältigten religiösen Liedern von den tiefen Erfahrungen der eigenen Seele, und zwar mit Betonung der eigenen, persönlichen Bekehrung. Es entstand die gefühlvoll-erbauliche Redeweise derer, die sich bekehrt wußten. Wo der Impuls vorhanden war, im Sinne pietistischer Bekehrung über den eigenen Kreis hinaus zu wirken, wie in der Herrenhuter Brüdergemeine, war mit Gemeinschaft nicht mehr die Kirche gemeint, sondern »der Bund frommer Herzen, die sich Jesus, dem ›holden Freund‹, gegeben haben«.[96] N. Zinzendorfs (1700–1760) populäres »Jesu geh' voran« gehört in diese Gruppe von Liedern. Die der Sprache der Mystik am nächsten stehenden Lieder des Pietismus aber stammen von Gerhard Tersteegen (1697–1769) (»Gott ist gegenwärtig«; »Lieber Heiland, nahe dich, meinen Grund berühre«). – Im 19. Jahrhundert und (bis auf wenige, an das Kirchenlied der Reformation anknüpfende Ausnahmen) im 20. Jahrhundert sind die mystischen und pietistischen Einflüsse dann nur noch in der Veräußerlichung einzelner sprachlicher Wendungen und Bilder spürbar, die, nachdem die Aufklärung den Gottesdienst in die Bahnen moralischer Volksbelehrung gelenkt hatte, den begleitenden Gemütsbewegungen dienen – so zum Beispiel Joseph Mohrs (1792–1848) »Stille Nacht, heilige Nacht« oder Julie von Hausmanns (1826–1901) »So nimm denn meine Hände«. Dem entspricht die weitgehende Passivität der Gemeinde.

Im Ersetzen mystischer Erfahrungen durch unverbindliche Gefühligkeiten wird die Endstufe eines Vorgangs erkennbar, den man als Ästhetisierung christlicher Moralität bezeichnen kann. Meditation, Mitleid (›compassio‹), Nachfolge (›imitatio‹) werden – seit Seuse – mehr und mehr ästhetisch vermittelt, bis das Poetische sich ganz verselbständigt hat. Hans Robert Jauß hat diesen Vorgang am Beispiel der ›Erbauung‹ skizziert,[97] Erbauung (›aedificatio‹) hat biblisch die Bedeutung der Zurüstung für die Nachfolge Christi; diese Zurüstung war durch ›Entpersönlichung‹ zu leisten, setzte auf einem Grund ein, den Gott in den Menschen gelegt hatte, und ließ den Christen am ›domus spiritualis‹ der Glaubensgemeinschaft bauen (vgl. 1. Petr 2,5). Erbauung setzte reflexive Distanz, meditative Haltung voraus. Paradoxerweise aber führte gerade diese Haltung zum andächtigen Verweilen des Betrachters bei Momenten des dargestellten Leidens Christi, d. h. zur Einfühlung, zum Innewerden des eigenen Gefühls, das aufgrund der Nutzung ästhetischer und rhetorischer Mittel zur Veranschaulichung der Glaubenswahrheiten schließlich zur ästhetischen Lust der Erbaulichkeit umschlug, zur Rückwendung des genießenden Subjekts auf seine eigene Innerlichkeit. Sentimentaler Selbstgenuß und Konsumverhalten sind die Verfallserscheinungen dieser Entwicklung.

Ein ähnlicher Vorgang läßt sich bei einer anderen von der deutschen Mystik wesentlich beeinflußten literarischen Gattung verfolgen, bei der Selbstbiographie, der genuinen literarischen Form für die Entstehung der Individualität. Diese Gattung existiert länger als ihre Bezeichnung, die erst am Ende des 18. Jahrhunderts auftaucht. Ihr normgebender Anfang liegt bei Augustin, ohne den auch die selbstbiographischen Aufzeichnungen der Mystik nicht zu denken sind. Mit seinen *Confessiones* (um 400) liegt das literarische Muster vor, das den über sich selbst reflektierenden Menschen zunächst in seiner Weltverfallenheit als Sünder zeigt, bis ihm durch eine Erfahrung, die vertikal in sein Leben einbricht und von ihm als jähes Eingreifen Gottes empfunden wird, sein wahres Selbst bewußt wird, das in der Abhängigkeit von seinem Schöpfer aufgehoben ist. Dieses Muster kann insofern variiert werden, als die Darstellung sich stärker auf die Zeit vor der ›Bekehrung‹ konzentrieren kann, wie bei Augustin selbst oder später den Pietisten, oder stärker auf die Zeit nach der Bekehrung, wie bei Seuse, der den nach der ›ker‹ einsetzenden Weg zur ›unio mystica‹ schildert.

Entscheidend ist die Zweiteilung der Geschichte des schreibenden Ichs in eine verlorene und eine erfüllte Zeit. Daß sich gerade im Pietismus (im Gefolge Philipp Jacob Speners [1663–1727]) die religiöse Selbstbeobachtung, die Rechenschaft über den Sündenstand, über Anfechtungen und Gnadenbeweise ablegte, breit entwickeln konnte, hat Ursachen, die schon im Zusammenhang mit dem Kirchenlied angedeutet worden sind.

Der eigentliche Antrieb der selbstbiographischen Literatur ist seit Augustin ein moralisch-didaktischer. Das dargestellte eigene Leben, in dem sich ein entscheidender Vorgang zur Anschauung verdichtet, wird als Exemplum verstanden, an dem andere sich orientieren sollen. Dabei geht man davon aus, daß dem Exemplum, hinter dem die Kraft des Faktischen steht, eine höhere Beweis- und Suggestionskraft zukommt als dem bloß Imaginierten. Für den Christen, der sich auf das Ereignishafte, das geschichtlich Bezeugte, auf Jesus Christus als das Exempel aller Exempel[98] beruft, ist dies eine grundlegende Überzeugung. Sie erklärt übrigens auch die immense Produktion der personenzentrierten Legendendichtungen (Heiligenviten) im Mittelalter, in denen normsetzende Vorbilder aufgebaut werden. Daß sich das Denken in Exempeln nicht nur in der Laienunterweisung der Kirche ausgewirkt hat, sondern seit Comenius auch in der Theorie und Praxis des Schulunterrichts, soll hier nur angemerkt werden. Insbesondere der Geschichtsunterricht hat dadurch, daß er die großen Persönlichkeiten in den Mittelpunkt rückte, das Geschichtsverständnis ganzer Epochen präformiert.

Die moralische Überzeugungskraft, die von den selbstbiographischen Schriften Augustins, der Mystiker und vieler Pietisten ausgeht, hängt mit der Sichtweise des Ichs auf sich selbst zusammen. Seit Augustin gilt, daß es sich ausschließlich auf seine Gebrochenheit als sündiges und auch wieder gottgeborgenes Ich konzentriert. Was sich auf dieses dichotome Schema nicht beziehen läßt, bleibt außerhalb des Interesses.[99] Je finsterer dabei der Hintergrund der Weltverfallenheit dargestellt wird, desto erhellender kann die christliche ›Bekehrung‹ auch im Sinne des Exemplarischen wirken.

Diese dichotome Sichtweise beginnt sich seit der Mitte des 18. Jahrhunderts zu wandeln. Vom Bann primär religiös gebundener Introspektion befreit,[100] beginnt das Ich, auch beiseitegedrängte Phasen des Lebens zu erinnern, erkennt seine Beziehungen zu historischen Bewegungen und zu seinem Umfeld. Dies beginnt in der deutschen Literatur mit den Selbstbiographien von Jung-Stilling, Karl Philipp Moritz und Ulrich Bräker, bis schließlich in Goethes *Dichtung und Wahrheit* das Gleichgewicht zwischen Ich und Welt ausbalanciert erscheint, Ich und Welt in ihren Wechselbeziehungen gesehen werden. Wenn bei Goethe die geschichtliche und gesellschaftliche Welt als »Stoff« oder »Vorrat« für die Bildung der einzigartigen Persönlichkeit gesehen werden (*Dichtung und Wahrheit,* Kap. XVI), so ist damit zwar die Selbstbiographie aus der moralischen Problematik entlassen, dem Individuum die vollkommene Autonomie gegeben, aus seinem Leben selbst ein Kunstwerk zu machen; aber allein dadurch, daß das pure Faktische des Lebens immer unter dem Kriterium des für die Person Bedeutsamen gesehen und ausgewählt, gleichsam ein ›privater Heilsweg‹[101] konstruiert wird, ist die christliche Wurzel dieses Konzepts sehr wohl noch erkennbar. Erst im 19. Jahrhundert kommt es bei zahlreichen Autoren (Justinus Kerner, Theodor Storm, Marie von Ebner-Eschenbach, Kurt Spitteler, Anton Wildgans und vielen anderen) zu einer Verselbständigung von Lebensszenen und Genrebildern, verdrängt das nur Reizvolle das ›Bedeutsame‹.

Der in der Erinnerung verklärte Lebensabschnitt in der Selbstbiographie und die zur Sentimentalität führenden Stilmittel im Kirchenlied zeigen in zwei von der Mystik wesentlich beeinflußten Gattungen die vergleichbaren, sinnentleerten Endstufen eines langen Ästhetisierungsprozesses an.

Die deutsche Mystik hat nicht nur einzelne Literaturzweige, sondern in einem viel breiteren Sinn auch die Entwicklung der deutschen Sprache beeinflußt. In welchem Maße der Pietismus nicht nur vom Gotteserlebnis, sondern eben auch von der Sprache der Mystik geprägt ist, geht aus Langens großer Untersuchung über den ›Wortschatz des deutschen Pietismus‹[102] hervor. Ihr läßt sich auch entnehmen, wie einzelne Begriffe durch die Masse der pietistischen Gebrauchsliteratur ihre ursprüngliche Bedeutungsintensität verlieren bzw. neue Bedeutungen erhalten. Wörter wie ›Einkehr‹, ›Eindruck‹, ›einprägen‹, ›einsehen‹ – im 14. Jahrhundert im Zusammenhang der religiösen Erfahrung der ›unio mystica‹ gebraucht – werden von den Pietisten aufgegriffen, bald aber auch in außerreligiösen Zusammenhängen verwendet. Ähnlich verhält es sich mit ›Innigkeit‹, das seine ursprüngliche Bedeutung der Annäherung an Gott auf dem Grund der Seele verliert und bald nur noch als Ausdruck für die Intensität selbstbezogenen Fühlens gewählt wird.

Besonders aufschlußreich ist die Geschichte des Bildungsbegriffs,[103] der seine Wurzeln ebenfalls in der Mystik hat. Bei Eckart sind die Wörter ›bilden‹, ›entbilden‹, ›einbilden‹, ›überbilden‹ geradezu Schlüsselbegriffe. Gott, der den Menschen ›bildet‹ und sich in ihm ›einbildet‹, kann in der ›unio mystica‹ erfahren werden, nachdem der Mensch sich von allen sinnlichen Vorstellungen ›entbildet‹ hat. Erst wenn dies geschehen ist, kann sich nun der Mensch auf dem Grund der Seele in Gott ›einbilden‹, um schließlich von ihm ganz ›überbildet‹ zu werden. Nicht nur Gott also bildet sich (in einem Emanationsprozeß) in die Seele ein, auch der Mensch bildet sich (in einem Reintegrationsprozeß) in Gott ein. Das Wort ›einbilden‹ erhält damit bei Eckart ganz verschiedene Bedeutungsnuancen; es bezeichnet nicht nur die Schöpfungstätigkeit Gottes, sondern auch die ›innere Schau‹ des Menschen, und es konnotiert zugleich auch dessen Anstrengung und den Prozeßcharakter des Geschehens. – Eine grundsätzlich neue Bedeutung erhält die um den Wortstamm ›bild‹ gewachsene Wortfamilie durch Paracelsus (1493–1541). Dieser hält zwar an dem Gedanken fest, daß Gott den Menschen gebildet hat, aber nicht Geist und Wort Gottes sind in den Menschen ›eingebildet‹, sondern Leitbilder, die stellvertretend im Namen Gottes auf eine äußere Bildwerdung, auf eine sinnlich-faßbare Äußerung und Gestaltwerdung ihrer selbst hinzielen. Das Wort ›bilden‹ wird im Sinne eines Bildungsprozesses entelechisch gerichteter schöpfungsgegebener natürlicher innerer Anlagen gebraucht.[104] Hinter dieser Vorstellung steht geistesgeschichtlich das neue Lebensgefühl der Renaissance, für die Gott nur der hinter seiner Schöpfung verborgene erste Beweger ist. – Der spiritualistische Bildungsbegriff Eckarts (und Seuses) und der organologische des Paracelsus haben sich in den folgenden Jahrhunderten bei Jakob Böhme (1575–1624), bei Jakob Spener (1635–1705) und anderen vielfältig überlagert. Die Verbindung des Begriffs ›einbilden‹ mit der mystischen Vorstellung der religiösen Erneuerung des Menschen ist dabei allmählich gelöst worden. Schon bei Spener ist der Urheber der ›Einbildung‹ stets nur der Mensch, wird Einbildung ganz auf die menschliche Vorstellungskraft bezogen. Mit dieser psychologischen Verwendung des Begriffs geht die ästhetische einher. Der menschlichen Einbildungskraft ist bei Christian Wolf die Möglichkeit gegeben, Geschöpfe hervorzubringen, in denen zwar keine Wirklichkeit, wohl aber Wahrheit liegt, und Bodmer und Breitinger verwenden das Wort ›bilden‹ dann für die schöpferische Tätigkeit des Menschen. Die in der zweiten Hälfte des 18. Jahrhunderts einsetzende Inflation des Bildungsbegriffs und seine Verwendung in den vielfältigsten Sinnbezügen, zunehmend auch pädagogischen, soll uns hier nicht beschäftigen. Darauf wird am Beispiel des ›Bildungsromans‹ zurückzukommen sein.

Überblickt man die hier an einigen Beispielen angedeuteten Auswirkungen der Mystik, dann wird bewußt, in welchem Maße die deutsche Geistesgeschichte von dieser Bewegung religiöser Ergriffenheit – auch durch die Auseinandersetzung mit ihr – bestimmt worden ist. Wenn man sie eine der wichtigsten Quellen des deutschen Innerlichkeitskultes genannt hat,[105] so ist dies immerhin zu relativieren. Es zeigt sich ja, daß Innerlichkeit, sofern wir in ihr das genießend auf das eigene Ich gerichtete Gefühl verstehen, gerade aus der Verdrängung der von den Mystikern gedachten und erfahrenen christlichen Bindungen entsteht. Zwar haben die Mystiker die Voraussetzungen und den Raum für den Blick nach innen erweitert, aber ihr Blick war auf ein das Ich transzendierendes Ziel gerichtet. Die Bindungen des Menschen ans Transzendente waren für sie in der ›Bildung‹ der Person mitgegeben. Daß diese Bindungen sich lösten, hat andere als nur in der Mystik angelegte Ursachen. Selbst wenn man den Verlust an Welt, der mit mystischer Versenkung verbunden war, als Abwendung von dem biblisch verkündeten Auftrag des Christen versteht, kann doch die Gottesbeziehung der Mystiker nicht in Zweifel gezogen werden. Die Ausschließlichkeit und Intensität jedoch, mit der sie die Abwendung von der Welt, die Konzentration auf das Innere, die ›Entwerdung‹ des Menschen als Voraussetzung eben seiner Gottesbeziehung postulierten, hat – und hierin liegt die Aporie der Mystik begründet – einerseits der Ästhetisierung Gottes (etwa schon in der Blut- und Wundenmystik Seuses), andererseits der Selbstbeobachtung, schließlich auch der Ästhetisierung des beobachteten Selbst Vorschub geleistet und jene Ableitungen mitverursacht, die wir als den die Geschichte des Bürgertums über lange Strecken hinweg bis in die Gegenwart begleitenden ›Innerlichkeitskult‹ bezeichnen.

Die Absage an die Äußerlichkeiten der Welt, die mystische Frömmigkeit als Voraussetzung der Gotteserfahrung ansah, provozierte – wie erwähnt – die verschiedensten Formen der Selbstkasteiung, die den Vorgang der ›Entwerdung‹ vorantreiben sollten. Wir kommen damit auf die Wechselbeziehungen zurück, die zwischen Zwangshandlungen und der Inbrunst von Gefühlen offensichtlich bestehen. Es gehört zu den bestürzenden Phänomenen des hohen und späten Mittelalters, daß neben die Strömungen frommer Ergriffenheit und inbrünstiger Gottessuche Pogromstimmungen schrecklichsten Ausmaßes gegen Minderheiten traten, daß – um die auffälligste Parallelität zu nennen – die allgegenwärtige Marienverehrung seit dem 15. Jahrhundert mit einem Hexenwahn einhergeht, dem Hunderttausende von Frauen auf dem Scheiterhaufen zum Opfer fielen. Nicht von ungefähr waren die beiden fanatischen Hexenverfolger, die den berüchtigten *Malleus maleficarum* (1486), den *Hexenhammer* (vgl. S. 87ff.), verfaßten, einen der ersten Bestseller in der Geschichte des gedruckten Buches, zugleich auch glühende Marienverehrer.[106]

Das psychologische, sehr erweiterungsbedürftige Deutungsmuster, das sich für die Erklärung dieser Parallelität anbietet, bezieht sich auf die asketische Sexualmoral der Kirche. Triebunterdrückung, so läßt sich danach argumentieren, kann einerseits ideologisch kompensiert werden durch die Überhöhung der Frau, durch die Ehrfurcht vor ihr, die dann mit entsprechenden Forderungen wie der nach ihrer Virginität einhergeht (die Jungfrau Maria wird angebetet). Da der Affekt, der zur Praxis der Unterdrükkung paßt, jedoch nicht Verehrung, sondern, wie Horkheimer/Adorno schreiben,[107] Verachtung ist, muß das erhöhte Weib andererseits zugleich bestraft werden, zumal es die vergebliche Anstrengung der Triebunterdrückung immer wieder in Erinnerung ruft. Für den Madonnenkult büßt es durch den Hexenwahn.

Hier nun sind einige sozialgeschichtliche Hinweise angebracht, denn der Hexenwahn war nicht nur eine Gesellschaftspsychose, sondern zugleich eine von der Kirche formalistisch durchgearbeitete Konzeption zur Abwehr von Ketzerbewegungen, die ihre unheilvolle Wirkung über Jahrhunderte hinaus beibehielt.[108]

Die Kirche war durch die sozialreligiösen Oppositionsbewegungen zunehmend in eine Legitimationskrise geraten. Sie selbst hatte für diese Opposition entscheidende Gründe geliefert: Sie war der größte Grundbesitzer des Mittelalters, erhöhte laufend die kirchlichen Abgaben, während der Klerus verweltlichte und korrupte Geschäfte betrieb, seine geistlichen Ansprüche aber gleichzeitig aufrechterhielt; und sie hielt die Laien konsequent von kirchlicher Verwaltung und Predigt fern. Mit dem wirtschaftlichen Aufschwung der Städte und dem zunehmenden Selbstbewußtsein der Bürger (vgl. Kap. IV) war dies nicht vereinbar. Gerade in den Städten bildeten sich überall in Europa Laienbewegungen, die Katharer, Waldenser, Joachimiten, die Geißler, die Flagellanten, Hussiten usw. Sie alle beriefen sich auf das Urchristentum, lehnten die heilsvermittelnde Institution der Kirche und ihre Sakramente ab, opponierten gegen die bestehenden Eigentumsverhältnisse. Sie alle neigten zur mystischen Religiosität der direkten, d. h. institutionell nicht vermittelten Versenkung in das Bibelwort.

Besonders bedeutsam innerhalb dieser Oppositionsbewegungen war die Beteiligung der Frauen. Viele der ›unversorgten‹, alleinstehenden Frauen aus den unteren Schichten, die entwurzelt und in äußerster Armut als Gauklerinnen, Sängerinnen, Prostituierte umherzogen, schlossen sich Wanderpredigern an; andere, aus bessergestellten Familien stammende Töchter kamen in Beginensammlungen und in den Nonnenklöstern der Bettelorden unter. Ohne die gesellschaftliche Unruhe der Frauen, ob man in ihr nun eine Empanzipationsbestrebung oder der Ausdruck der Versorgungskrise sieht, ist wohl weder der Marienkult noch der Hexenwahn richtig einzuschätzen.

Die Kirche hat gegen die Oppositionsbewegungen der Laien verschiedene Abwehrmaßnahmen ergriffen. Dazu gehörten die päpstliche Anerkennung von Bettelorden und die Gründung von Frauenklöstern und Rettungshäusern. Doch diese Integrationsmaßnahmen konnten weder der sozialen Not der Frauen – der seit dem 11. Jahrhundert nachweisbare Frauenüberschuß bildet eines der großen sozialen Probleme der mittelalterlichen Gesellschaft – noch der religiösen Proteststimmungen der Massen Herr werden. So wurde zunehmend die Repression zum Mittel der Selbstrechtfertigung. Im Jahr 1232 wurde durch Papst Gregor IX. die päpstliche Inquisition institutionalisiert. Sie begann ihre von Verhör, Folter und Mord begleitete ›Arbeit‹ in Deutschland mit der Verfolgung der sogenannten Teufelsanbeter und neigte bald dazu, alle Formen der Häresie und auch die traditionelle Zauberei als Teufelsnachfolge zu interpretieren. Entsprechend rückte die scholastische Dämonologie den Teufelspakt und die schädigende Zauberei, das Maleficium, ins Zentrum ihrer Überlegungen.

Erst relativ spät, in der zweiten Hälfte des 15. Jahrhunderts, wird dann, um von der Kirche abtrünnige Frauen anzugreifen, das Maleficium mit dem weiblichen Geschlecht in Verbindung gebracht. Im Rückgriff auf alte volksmythische Vorstellungen von nachtfahrenden weiblichen Dämonen, Tierverwandlungen, Buhlschaft mit übermenschlichen Wesen entsteht unter Hinzufügung von Elementen wie Maleficium, Teufelspakt, Apostasie (Abfall vom Glauben), Satanskult ein Verleumdungsmuster, das seine ›paradigmatische Formgebung‹[109] durch den von den Dominikanern und Inquisitoren Jakob Sprenger und Heinrich Institoris verfaßten *Malleus Maleficarum,* den *Hexenhammer,* erhält. Wie zuvor Zauberer und Hexer, Männer also, die das Maleficium ausüben, als Ketzer gelten, werden nun auch Frauen, die dies tun, als Hexen gebrandmarkt und als Ketzer verfolgt. Um den schädigenden Zauber ausüben zu können, müssen sie zunächst den Teufelspakt eingegangen sein, was wiederum ihren Abfall vom Glauben beweist. Um Hexe sein zu können, muß man zunächst also getaufte Christin gewesen sein. Mit solcher Argumentation wird zugleich dem heidnischen Dämonenglauben, den die Kirche nie ganz hat zurückdrängen können, entgegengewirkt. Das Dämonische wird gleichsam entzaubert, wird im Bild der Hexe ›vermenschlicht‹, das Böse wird mit Hilfe des Teufels verübt, der seinen festen – und kontrollierbaren – Stellenwert in der Dogmatik besitzt. – Bemerkenswert und die psychologischen Erklärungen des Hexenwahns stützend sind die Passagen, die den Hexen sexuelle Gier und Ausschweifungen zuweisen. Die beiden Autoren, die beide auch eifrige Verfechter der sexualhygienischen Reformbewegung innerhalb des Dominikanerordens waren,[110] schreiben als Zusammenfassung:[111]

> Schließen wir: Alles geschieht aus fleischlicher Begierde, die bei ihnen unersättlich ist. Sprüche am Vorletzten: ›Dreierlei ist unersättlich (usw.) und das vierte, das niemals spricht: Es ist genug, nämlich die Öffnung der Gebärmutter.‹ Darum haben sie auch mit den Dämonen zu schaffen, um ihre Begierden zu stillen. – Hier könnte noch mehr ausgeführt werden; aber den Verständigen ist hinreichende Klarheit geworden, daß es kein Wunder, wenn von der Ketzerei der Hexer mehr Weiber als Männer besudelt gefunden werden. Daher ist auch folgerichtig die Ketzerei nicht zu nennen die der Hexer, sondern der Hexen, damit sie den Namen bekomme a potiori; und gepriesen sei der Höchste, der das männliche Geschlecht vor solcher Schändlichkeit bis heute so wohl bewahrte: Da er in demselben für uns geboren werden und leiden wollte, hat er es deshalb auch so bevorzugt.

Die angestrengte Unterdrückung und Abwehr dessen, was insgeheim fasziniert, kann kaum deutlicher werden als in diesen Zeilen. Faszination und Abwehr in einem spricht beispielsweise auch aus dem Holzschnitt von Hans Baldung Grien aus dem Jahr 1510 (vgl. Abbildung).[112]

Die fleischigen weiblichen Körper, die in lasziver Breitbeinigkeit am Boden sitzen bzw. auf dem Ziegenbock reiten, sind zugleich mit Attributen des Abstoßenden und des Verfalls ausgestaltet und umgeben. (Daß der Teufelsqualm einem hebräisch beschrifteten Hexenkessel entweicht, weist auf den Antisemitismus hin, der ähnlich verbreitet war wie der Hexenwahn.)

Der Frauenhaß, wie er in den zitierten Zeilen des *Hexenhammers* zum Ausdruck kommt, entspringt nicht nur der überspannten Phantasie zweier einzelner Mönche. Er ist Teil der Kirchenpolitik zur Abwehr der Laienopposition, an der Frauen einen

Die Hexen
Holzschnitt von Hans Baldung Grien, 1510

wichtigen Anteil hatten. Der *Hexenhammer* formalisiert den Irrationalismus, den die Kirche schürte und dessen sie sich zu ihrer Verteidigung bediente.

Damit aber wird noch nicht verständlich, warum das irrationale Deutungsmuster der Kirche so wirksam wurde, daß es nicht nur die theologische oder auch künstlerische Phantasie beschäftigte, sondern auch das aggressive Triebpotential breiter Massen ansprach, sich schließlich im 16. Jahrhundert zum Massenwahn steigerte. Zwischen 1560 und 1630 kam es zu Massenverbrennungen von Hexen, der Gedanke der Sippenhaft machte sich breit, ganze Landstriche wurden in ihrer Infrastruktur zerstört; 1585 beispielsweise wurden in der Gegend um Trier zwei Dörfer mit nur einer einzigen unversehrten Frau zurückgelassen.[113] Zur Erklärung dieses Wahns lassen sich verschiedene Gesichtspunkte anführen: Hungersnöte, Seuchen, Kriminalität, Glaubenskriege, ökonomische Krisen schaffen einen Hintergrund von Gewalt, Grausamkeit und Tod. Er erleichtert das kompensatorische Ausleben von Begierden, die durch die Steigerung der Selbstdisziplin und die reglementierte Lebensführung, den Rationalisierungsschub in den Städten normalerweise unterdrückt werden mußten. Es kommt hinzu, daß eben in den Städten der als Herrschaftsanspruch der Vernunft über die Natur umgedeutete Patriarchalismus sich verstärkt, daß der Frauenüberschuß die ›Entbehrlichkeit‹ von Frauen suggeriert. Entscheidend aber dürfte sein, daß durch das Deutungsmuster der Kirche die »Personalisierung der Schuld an gesellschaftlichen Mißständen, an Naturkatastrophen und Epidemien«[114] möglich wird. Nachdem der Dämonenglaube durch den Glauben an die von der Kirche abgefallene, sich dem Teufel ergebende Frau ersetzt worden ist, ist der Verfolgung des einzelnen Menschen Tür und Tor geöffnet. Nun kann jedes Unglück, das über die Gesellschaft hereinbricht, durch eine persönliche Schuldzuweisung vergolten werden.

Im Hexenwahn zeigt sich, wohin dieses Deutungsmuster führen kann. Die unheilvolle Geschichte der Stilisierung von personifizierten Feindbildern, der Massendenunziation und des Massenmords, die im 20. Jahrhundert in den Genozid führte, hat im Hexenwahn, aber auch bereits im mittelalterlichen Antisemitismus, auf den wir später (S. 333f.) eingehen werden, erste schreckliche Zuspitzungen. Das remythologisierende, gegen Aufklärung gerichtete Deutungsmuster der um ihren weltlichen Herrschaftsanspruch besorgten Kirche hat diese Geschichte in die Wege leiten helfen, ganz abgesehen von den Priestern und Mönchen, die sich entgegen den Wertvorstellungen des Neuen Testaments als Gewalttäter mißbrauchen ließen oder sich als Gewalttäter auslebten. Daß die auf Personen bezogenen Schuldzuweisungen sich auf die sozial Schwachen bzw. Handlungsunfähigen oder die sozialen Minderheiten richtete, hat sich nicht mehr geändert. Am schlimmsten aber wirkte die Verengung des Blicks, die in der als Feind gesehenen Person nur noch den ›Unmenschen‹ zu sehen vermochte, den Teufel eben oder die Hexe, und in der das Handeln der eigenen Person und Gruppe nicht hinterfragt wurde. Mit der ›Verteufelung‹ des Gegners entsteht die Gesetzmäßigkeit der totalen Auseinandersetzung.

Blicken wir auf die dritte Phase der religiösen Literatur des Mittelalters zurück: Literatur wird einerseits in den Dienst der inneren und äußeren Herrschaftsansprüche der Kirche gestellt und soll die Masse der Laien diesen Ansprüchen unterwerfen; Literatur ist andererseits Vergegenwärtigung individueller Frömmigkeit, die sich entweder in den Bahnen des kirchlichen Dogmas bewegt oder aber dieses Dogma erschüttert. Die ›Ergreifung‹ der Massen und deren ›Ergriffenheit‹ stehen in mancherlei Wechselbeziehungen: Wie aus der Ergreifung Angst, Unterwerfung, Abwehr, aber auch echte religiöse Verinnerlichung hervorgehen können, kann umgekehrt die Ergriffenheit des einzelnen sich auf andere übertragen, aber auch in Herrschaftsansprüche über andere umschlagen – in welcher Form auch immer.

Die Literatur der Reformation

Die Reformatoren, denen der letzte Abschnitt dieses Kapitels gilt, allen voran Luther, haben mit ihren Schriften die Widersprüchlichkeiten dieser komplexen Beziehungen in christlichem Sinn aufzulösen versucht, sie schließlich aber wohl nur ganz bewußt gemacht. Zunächst muß man sehen, daß die neue Glaubenslehre der Reformatoren nur der theologische Aspekt einer schweren sozialen, politischen und moralischen Krise ist, die sich lange anbahnt und mit den Reformationsschriften Luthers im Jahre 1520 nur ihren revolutionärsten Ausdruck findet. Die Ursachen der Reformation sind vielfältig. Zu ihnen gehören u. a. die Forderungen der Bauern nach sozialen Reformen, die Spannungen zwischen Landesfürsten und kaiserlicher Zentralgewalt, die kirchlichen Mißstände, die Frömmigkeitsbewegungen, die Einflüsse der Renaissance und des Humanismus. Der heillose Zustand, in dem die Kirche sich im 15. Jahrhundert befand, ist bereits angedeutet worden. Die von der Scholastik ausgebaute Zweischwertertheorie, die besagt, daß der Papst von Christus über Petrus sowohl das geistliche wie das weltliche Schwert verliehen bekommen habe, das weltliche den Königen und Fürsten nur zu Lehen gebe, letztlich aber nicht nur über alle geistliche, sondern auch über alle weltlichen Angelegenheiten oberster Richter sei, hatte die Kirche immer weiter aus ihrer neutestamentlichen Verankerung gelöst und sie in weltliche Machtkämpfe verstrickt. Krieg führende, exkommunizierende Päpste, eine Ketzer ausrottende, Hexen verbrennende Kirche, Angst vor der Verdammnis predigende, Kirchenstrafen in Geldbußen umwandelnde Geistliche verzerrten den apostolischen Auftrag ins Groteske. Das Volk der Laien, von Krieg, Seuchen und sozialer Not gequält, von der predigenden Geistlichkeit verängstigt und mit religiösen Wahnvorstellungen erfüllt, veräußerlichte die Lehre des Neuen Testaments in Beichten und Geldabgaben, in Prozessionen und Pilgerfahrten, im Heiligenkult und Glockengeläut zur frommen Leistung. Vom Protest gegen diesen Spuk war schon die Rede, aber auch von den neuen Zwangsvorstellungen, die sich dabei entwickelten. Luther und die Schweizer Reformatoren sind von der breiten, aus unterschiedlichen Kräften zusammengesetzten Protestbewegung gegen die Kirche getragen, sie verschärfen, was vor ihnen Wiclef, Hus, Savonarola an Kritik hervorgebracht hatten, aber erst ihnen gelingt mit theologischen Argumenten die geistige Befreiung, die zur Spaltung der Kirche führt. Dabei ist die Kritik an der Kirche nicht der entscheidende Anstoß für Luthers neue Theologie, vielmehr wird ihm eher umgekehrt sein neuer theologischer Standpunkt zum Maßstab für die Kritik am Bestehenden.

Dieser neue Standpunkt, dessen verschiedene Aspekte in den frühen Vorlesungen und Traktaten, den 95 Thesen, dann vor allem in den Reformationsschriften des Jahres 1520 *(Von den guten Werken, An den christlichen Adel deutscher Nation von des christlichen Standes Besserung, De captivitate Babylonica ecclesiae, Von der Freiheit eines Christenmenschen)* entfaltet wurden, bildet sich in der Auseinandersetzung mit der Frage nach der Gerechtigkeit Gottes. Beim Lesen des Römerbriefes (1,17) versteht Luther ›Gottes Gerechtigkeit‹ nicht mehr als die den Menschen nach seinen Taten beurteilende, ihn strafende Gerechtigkeit, sondern als die Gerechtigkeit, die Gott in seiner Güte dem Menschen schenkt, indem er ihn annimmt.[115] Luther unterscheidet in diesem Zusammenhang zwischen Gesetz und Evangelium. Das Gesetz ist der Inbegriff des Willens Gottes, niedergelegt in den 10 Geboten. Vor diesem

Gesetz steht der Mensch als Sünder, der sich durch gute Werke zu rechtfertigen sucht. Eine solche Rechtfertigung aber verstrickt den Menschen noch tiefer in Sünde: Indem er sich auf seine guten Werke verläßt, bezeugt er, daß er Gott nicht vertraut, ihn nicht von ganzem Herzen liebt. Diese ausweglose Lage kann nur in Verzweiflung und Haß führen. Aber das Gesetz ist nicht Gottes einziges Wort. Es ist hingeordnet auf das Evangelium. In ihm ist verkündigt, daß alles, was das Gesetz fordert, in Christus schon getan ist. Das Evangelium schenkt die Vergebung der Sünden. Damit hebt Gott von seiner Seite die Trennung zwischen sich und dem Menschen auf und rechtfertigt den Sünder vor dem Gesetz. Diese Gerechtigkeit Gottes kann der Mensch nach Luthers Auffassung nur durch den Glauben (›sola fide‹) erlangen. Der Glaube ist das Gegenteil der eigenwilligen Selbstbehauptung des Menschen vor Gott, die in der Bibel als Sünde bezeichnet wird. Glaube ist Anerkennung des urteilenden Gottes in der Gewißheit, von Gott bejaht zu sein. Dieser Glaube ist keine Leistung, sondern ›Empfangsorgan‹ für die Gnade Gottes. Trotz seiner Kritik an den ›Werken‹ ist für Luther der Glaube nicht mit Passivität verbunden. Wer erfahren hat, daß Gott ihn angenommen hat, dessen Leben ändert sich. Durch den Glauben wird der Mensch frei, Gott und seinen Nächsten zu lieben. Die guten Werke folgen dem Glauben, »wie ein guter Baum ... gute Früchte ... freiwillig bringt«. Niemals aber sind die guten Werke die Bedingung dafür, daß Gott den Menschen annimmt.

Weil Gott in Christus sein Herz für uns erschließt, kommt für Luther alles darauf an, daß Christus uns wirklich begegnet. Dies geschieht in Wort und Sakrament. Wie Gott in Christus Mensch wurde, so ist Christus in Wort und Sakrament für uns gegenwärtig und wirkt durch sie. Das Heil wird dem Menschen damit ›von außen‹ zugesprochen. Es kommt nicht unmittelbar zu uns im Sinn einer eigenen Offenbarung, sondern vermittelt durch das Wort. Durch das Wort dringt Gott in den Menschen ein, wobei er sich vorbehält, wen er ergreift. Das Wort Gottes ist zunächst mündliche Verkündigung, mündlicher Zuspruch. Es ist, damit es unverfälscht durch die Zeiten hindurch weitergegeben werden kann, in der Heiligen Schrift aufgezeichnet. Deshalb ist sie der Maßstab aller kirchlichen Verkündigung. Predigt ist nur dann Wort Gottes, wenn sie sich auf die Bibel gründet. Die Bibel steht über allen menschlichen Einrichtungen der Kirche. Der Maßstab für die Lehre und Praxis in ihr ist allein die Schrift. Auch kirchliche Traditionen sind an der Autorität der Bibel zu messen. Es geht Luther keineswegs um den Bruch mit kirchlichen Traditionen, vielmehr um den Zusammenhang mit der wahren Kirche, die sich an die Heilige Schrift bindet. Weil die Bibel die maßgebliche Autorität der Kirche ist, kann Luther ohne Zögern die Fehlbarkeit des Papstes und der Konzile vertreten, die Unfehlbarkeit eines kirchlichen Lehramts überhaupt bestreiten. Der damit verbundene Zusammenbruch der kirchlichen Autoritäten ist für ihn nur die Auswirkung der Autorität der Heiligen Schrift. Um sie zu verstehen, ist es wichtig, sie von ihrer Mitte, von Christus her auszulegen. Wie alles in der Bibel auf ihn zielt, empfängt sie von ihm her ihre Einheit. Deswegen kann Luther Unterschiede bei der Gewichtung der einzelnen Bücher der Bibel machen. Entscheidend sind für ihn die Schriften, die ›Christum treiben‹.

Christus ist auch das einzige Sakrament, wenn man Sakrament im Sinne von ›mysterion‹ (Geheimnis) versteht, das im Neuen Testament alles bezeichnet, was Gott zum Heil der Menschen beschlossen und Christus für sie getan hat. Das Wort Sakrament kommt im Neuen Testament nicht vor. Es bezeichnet seit Tertullian (dem nach 220 n. Chr. gestorbenen Kirchenvater) nicht nur das ›mysterion‹ des einmaligen Heilsgeschehens in Christus, sondern auch die verschiedenen gottesdienstlichen Handlungen. Seit Augustin muß zu den gottesdienstlichen Handlungen und sakramentalen Zeichen das Wort der Verheißung kommen, wenn ein Sakrament das sichtbare Zeichen der unsichtbaren Gnade Gottes sein soll. In diesem Verständnis übernimmt Luther den Sakramentsbegriff. Das Wort der Verheißung aber ist für ihn nur mit der Taufe und dem Abendmahl gegeben und, pro tempore, um der Beichte und Absolution willen, auch mit der Buße. Damit reduziert er nicht nur die Zahl der Sakramente, er versucht auch, den Sakramenten ihren wahren Sinn wiederzugeben. Ihren wahren Sinn erhalten sie nur, wenn bei ihrem Empfang die mit ihnen angebotenen Verheißungen geglaubt werden. Nicht also der bloße Vollzug der Sakramente teilt den Empfängern die Gnade Gottes wirksam mit (›ex opere operato‹), zum Vollzug muß, wenn Christi Gegenwart im Sakrament wirken soll, der Glaube der Empfänger treten. Hierin lag eine so tiefgreifende Kritik an der Lehre und dem von der Kirche praktizierten, ihre Autorität dokumentierenden Einsatz der Gnadenmittel, daß der Konflikt unvermeidlich war. Zu einer solchen Grundentscheidung war die römische Kirche noch nicht herausgefordert worden. Luthers Theologie wies auf eine Reformation, die die Reformmöglichkeiten eben dieser römischen Kirche sprengte.[116] An die Stelle der Macht der Kirche setzt Luther die Macht des göttlichen Wortes. Damit wird auch die Trennung von Klerus und Laien verworfen.

Die Christenheit gilt Luther als geistliche Versammlung der Seelen in einem Glauben, sie ist nicht durch bestimmte leibliche und lokale Faktoren konstituiert und rechtlich ausweisbar, sondern Glaubenssache. Kirche existiert allein durch das Wort Gottes als ›creatura verbi‹ in der Weise, wie sich der Austausch zwischen Christus und den Seinen vollzieht. Mit der Taufe ist in dieser Kirche jedem Christen die ›potestas‹ des göttlichen Wortes als Priestertum verliehen, wobei dessen öffentliche Ausübung jedoch eine Berufung (›vocatio‹) durch eine Gemeinde erfordert. Priester, Pfarrer, Bischöfe usw. haben demnach keine besondere geistliche Qualität; sie erfüllen nur Funktionen, die jeder erfüllen kann, wenn er darauf vorbereitet bzw. dafür ausgebildet ist. Die Ordination ist bei Luther kein Sakrament mehr und enthält auch keine Zusage der Vergebung der Sünden. Die Rückbesinnung auf das Urchristentum ist nicht zu übersehen.

Mit Luthers neuer Theologie, die den sakramentalen Teil des Gottesdienstes stark zurückdrängt und die Predigt in den Mittelpunkt stellt, entstanden für den Geistlichen auch neue Anforderungen. Der evangelische (das Evangelium predigende) Pfarrer mußte als mit einer Amtsfunktion betrauter Laie zunächst die für das Amt nötigen – zumal philologischen – Kenntnisse erwerben. Die Folge war eine Akademisierung des Pfarrerstandes. An den Universitäten wuchs die Zahl der Theologiestudenten sprunghaft an. Viele evangelische Pfarrer erzogen ihre Kinder bis zum Eintritt in die oberen Klassen des Gymnasiums zu Hause. Die Ernsthaftigkeit, mit der – eine klösterliche Tradition aufgreifend – in den Pfarrhäusern gelernt wurde, führte dazu, daß aus ihnen jahrhundertelang im ganzen protestantischen Europa der größere Teil des wissenschaftlichen Nachwuchses hervorging – und auch viele bedeutende Schriftsteller.[117] In literarischen Zeugnissen wie Oliver Goldsmiths *Vicar of Wakefield,* Voss' *Luise,* Goethes *Dichtung und Wahrheit* – um nur einige zu nennen – ist die Atmosphäre und erzieherische Bedeutung des Pfarrhauses, das im übrigen die Frauen an der Geistesbildung der Männer teilnehmen ließ, festgehalten und verklärt worden.

Wenn das Wirken des Pfarrers so eng an das Wort und die Predigt gebunden war und er als Lehrender überzeugen wollte, mußte er leben, was er lehrte, mußte er den Glauben bezeugen, den er für wahr hielt. Im Hinblick auf diese Aufgabe hat Luther in seinen Schriften auch den Grund für ein reformiertes Ethos gelegt, das durch das Vorbild des Pfarrers maßgeblich für die Gemeinde sein sollte. Es verwirklicht sich zuallererst in der ehelichen Hausgemeinschaft. Die Vorbildlichkeit des Geistlichen bezieht sich für Luther nicht mehr nur auf sein Gebetsleben und seine asketische Haltung, sondern auch auf die Führung eines Hauses, auf die Erfüllung einer christlichen Ehe und Kindererziehung, auf das Verhältnis zu den Nachbarn, auf das Haushalten und Wirtschaften.[118] Während dem katholischen Geistlichen, damit seine Abgehobenheit sinnfällig wird, von der Kirche eine weitgehende gesellschaftliche Unabhängigkeit gewährt wird, die mit sozialer Isolation erkauft ist, steht der evangelische Geistliche vor der Aufgabe, eine Lebensform zu finden, die veranschaulicht, daß auch er Laie ist, den von der christlichen Gemeinde nichts trennt als das verliehene Amt. Den neuen theologischen Standpunkt im Alltag vorzuleben, ist für den ehemaligen Mönch Luther ein existentielles Problem. Die Familie, die er mit der ehemaligen Nonne Katharina von Bora gründet, ist getragen von klösterlichen Erinnerungen und Gewohnheiten, die auch die Zukunft des evangelischen Pfarrhauses bestimmen werden. Der Pfarrer hat nach Luthers Auffassung in einfachen Verhältnissen zu leben, mit seiner Familie das Morgen- und Abendgebet, das Tischgebet zu sprechen, Tischreden zu halten, aus Predigtsammlungen vorzulesen, die Kinder katechetisch zu unterweisen, theologisch zu arbeiten, aber auch seinen Garten zu pflegen, d. h. die ganze klösterliche Kultur ins Bürgerhaus zu übertragen. Die eigentlichen Konflikte ergeben sich für Luther aus dem sexuellen Zusammenleben der Ehepartner. Obwohl er mit der asketischen Tradition innerhalb der katholischen Kirche bricht, die Ehelosigkeit für ihn keine Bedingung des Priesterberufs ist, er im Gegenteil für die Eheschließung der Geistlichen eintritt, kann er sich von der mönchischen Abwertung der Sexualität nicht lösen. Er betrachtet die Unbezwingbarkeit des Geschlechtstriebs als naturhafte Schwäche des Menschen. Den Widerspruch zwischen Sündhaftigkeit und Gottgeschaffenheit des Geschlechtstriebs sucht er aufzulösen, indem er zwischen der Unbezwingbarkeit als Fortpflanzungstrieb und als sinnlicher Lust unterscheidet. Als Fortpflanzungstrieb ist die Unbezwingbarkeit ein Ausdruck der Geschaffenheit, als sinnliche Lust Ausdruck der Sündhaftigkeit des Geschlechtstriebs. Daß der Geschlechtstrieb sich auch, wo er Fortpflanzungstrieb ist, als sinnliche Lust äußert, bleibt außerhalb der Betrachtung. Da es nicht in Luthers Blickfeld liegt, daß der Mensch autonom mit seiner Sexualität umgeht, erteilt er der Ehe als Institution bestimmte Aufgaben: Sie dient der Erzeugung (und Erziehung) der Kinder, und sie dient dazu, die Unzucht (Selbstbefriedigung und Hurerei) zu verhindern, indem sie den Partnern erlaubt, in Keuschheit zu leben, d. h. ihnen erlaubt, ihre

Geschlechtlichkeit als Ausdruck der Liebe zu verstehen und den jeweils anderen nicht zum Objekt herabzuwürdigen. Dennoch handelt es sich hier für Luther um einen Kompromiß. Seine Äußerungen über die Ehe als Zufluchtsstätte und als ›Spital der Siechen‹ drücken die selbstquälerischen Empfindungen aus, die er dem Geschlechtstrieb gegenüber gehabt hat, der Gottes Nachsicht nur verdient, wenn er in der Ehe gemäßigt und beherrscht wird. Luthers skrupulöse Einstellung zur Sexualität ist nicht zuletzt auch vor dem Hintergrund der verwilderten Sitten der Geistlichkeit zu sehen. Das Konkubinat der Priester in der alten Kirche war sprichwörtlich, Anlaß derbsten Spottes in der Literatur der Zeit, einer der Gründe der Verachtung der Priester, und auch die neuen evangelischen Geistlichen schienen insbesondere auf dem Land mit dieser Sitte nicht brechen zu wollen. Da wegen der Vieh- und Hauswirtschaft Frauen im Pfarrhaus nötig waren, blieb es weiter üblich, die Mägde sexuell auszunutzen. Insofern ist Luthers Eintreten für die Ehe auch als Versuch zu werten, normierend in die Gewohnheiten auch der evangelischen Geistlichen einzugreifen. Darüber hinaus aber soll die eheliche Hausgemeinschaft des Pfarrers allen christlichen Familien als Vorbild dienen. – In einem weiteren Kontext betrachtet, wendet sich Luthers Eheauffassung dadurch, daß sie die Ehe als ein ›weltlich Ding‹ versteht, als einen Ort irdischer Bewährung des Kreuzes und der Liebe, gegen das von der Kirche seit dem 11. Jahrhundert vertretene, im 13. Jahrhundert aus Machtinteressen mühsam gegen die Auffassungen des Adels durchgesetzte sakramentale Modell, das die Vereinigung der Geschlechter als Mysterium ansieht und mit der ewigen Vereinigung Christi und seiner Kirche vergleicht.[119] Luther befreit die Ehe aus der Vormundschaft der Institution Kirche und macht sie, indem er sie unter das Wort des Evangeliums stellt (vgl. insbesondere den 1. Korintherbrief), zu einer Gewissensangelegenheit der Ehegatten selbst. Damit öffnet er zugleich das Tor für eine Gleichberechtigung der Partner, die das zuvor selbstverständliche Über- und Unterordnungsverhältnis von Mann und Frau überwinden können, obwohl überhaupt nicht zu übersehen ist, daß dieses Über- und Unterordnungsverhältnis in den meisten Fällen auch der protestantischen Ehen de facto weitererhalten bleibt und allenfalls in der Gegenwart langsam abgebaut wird.

Das neue Ethos des evangelischen Geistlichen verwirklicht sich nicht nur in der ehelichen Hausgemeinschaft, sondern auch in seiner Arbeitsauffassung. Auch hier soll erkennbar werden, daß Pfarrer und Laie voneinander nicht getrennt sind, und auch hier soll der Pfarrer vorbildlich wirken. Dies führt zu einer starken Aufwertung der weltlichen Arbeit. Herrschte in der katholischen Kirche des Mittelalters die Auffassung vor, daß der Mensch Gott näher sei, wenn er sich ihm betend und betrachtend nähere und sich von weltlichen Verstrickungen freihalte, und erhielt der Geistliche auch deswegen seinen gesellschaftlichen Sonderstatus, so versuchte Luther, die scharfe Abgrenzung des geistlichen Standes auch in dieser Hinsicht zu überwinden.

Der evangelische Pfarrer soll die geistlichen Aufgaben des Seelsorgers und Predigers mit den aktiven Aufgaben des Haushalters auf dem Land bzw. in der Stadt vereinbaren, wobei ›Haus‹ in dieser Zeit den ganzen Lebens- und Wirtschaftsbereich der Großfamilie einschließlich der Knechte, Mägde, Mitarbeiter usw. bezeichnet. Auch diese weltlichen Aufgaben des Pfarrers sind ›Gottesdienste‹, ebenso wie für den Laien (die windelwaschende Hausfrau, die stubenkehrende Magd, den verrußten Schmied) jede Arbeit, sofern sie aus dem Glauben an Gott heraus getan wird, ›Gottesdienst‹ ist. Luther will damit auf die biblische Auffassung des Arbeitens zurückführen, derzufolge Arbeit Dienen am Werk Gottes, an der Schöpfung ist. Den Auftrag zur Arbeit an der stets sich vollziehenden Schöpfung hat der in diese Schöpfung hineingestellte Mensch in der Gemeinschaft. Arbeit dient dem Selbsterhaltungsinteresse des Menschen, aber sie dient auch dem Mitmenschen, insbesondere dem Bedürftigen. Wenn Arbeit unter diesen Zweck gestellt ist, so kann sie nicht auf das Anhäufen von Reichtum gerichtet sein. Sobald Arbeit ihren Sinn als Dienen verliert, sich auf das Verdienen richtet und mit hektischer Betriebsamkeit einhergeht, ist sie Zeichen des Unglaubens und des Götzendienstes. Wer dem biblischen Sinn des Arbeitens folgt, folgt dem Ruf Gottes. Der von Luther in den allgemeinen Gebrauch gebrachte Ausdruck Beruf bezieht sich auf die Berufung eines jeden Christen, seine Arbeit in die Verantwortung vor Gott und in die Hingabe an den Mitmenschen zu stellen. ›Beruf‹ ist jeder verantwortliche Dienst für den Nächsten und die Gemeinschaft. Dies impliziert bei Luther zugleich, wie man seit Max Weber[120] immer wieder angemerkt hat, daß der Mensch sich mit der sozialen Situation, in die er gestellt ist, abfindet. Das Resignative, das wir darin sehen mögen, ist bei Luther aufgehoben in dem alles andere beherrschenden Wunsch, mit »ruhigem Gemüt durch den Wirbel des irdischen Lebens gehen zu können«[121] und den Blick auf das Reich Gottes zu richten.

Es ist offensichtlich, daß sich Luthers Arbeitsauffassung mit der Arbeitsauffassung christlicher Mönche berührt. Andererseits hat Luther es abgelehnt, der Arbeit ihren Wert als Mittel der Askese zuzubilligen. Die in der katholischen Kirche verbreitete Auffassung von der Arbeit als Gott versöhnende Buße widersprach Luthers Lehre von der Rechtfertigung durch Gnade. Arbeit als Buße diente als ›gutes Werk‹ lediglich der Selbstveredelung des Menschen; die Freiheit, den Dienstcharakter der Arbeit zu erkennen, konnte der Mensch für Luther nur durch Gottes Gnade erlangen. Mit dem Dienstcharakter der Arbeit ist zugleich die insbesondere von Thomas von Aquin (*Summa theologica* II,2) begründete unterschiedliche Bewertung von körperlicher und kontemplativer Arbeit aufgehoben. Im Dienst Gottes waren körperliche und kontemplative Arbeit für Luther gleichrangig. Insofern korrespondiert sein Verständnis von Arbeit mit seiner Lehre vom allgemeinen Priestertum, und insofern prädisponiert es auch den Umschwung zum allgemeinen Gleichheitsideal der neuzeitlichen Gesellschaft.[122]

In der biblischen Begründung der Arbeit als Gottesdienst und Dienst am Nächsten ist Luther weitgehend von Calvin unterstützt worden.[123] Auf die problematischen Seiten gerade des calvinistischen Arbeits- und Leistungsethos wird erst später einzugehen sein. Von brennender Aktualität sind heute die Anstöße, die vom christlichen Arbeitsethos im Sinne Luthers für die Veränderung der Arbeitsbedingungen, für die den Mitmenschen berücksichtigende Verteilung der Arbeit und für das Ziel des Arbeitens auszugehen vermögen, vor allem aber für die Verantwortlichkeit des Arbeitenden gegenüber der Schöpfung, d. h. gegenüber den anderen Menschen und gegenüber der außermenschlichen Natur. Wer den christlichen Sinn des Arbeitens begreift, muß zugleich die selbstzerstörerischen Kräfte der gegenwärtigen Leistungsgesellschaft wahrnehmen und sich um neue Lösungen bemühen.

Für die Entfaltung der gesellschaftlichen und geschichtlichen Kraft der neuen Theologie Luthers und des daraus erwachsenden reformatorischen Ethos ist das evangelische Pfarrhaus vielleicht kein entscheidender, aber ein beständiger Impuls geblieben. In jeder Stadt, in jedem Dorf der reformierten Gebiete standen Pfarrhäuser. In vielen wurde das neue Ethos vorgelebt, und es erfaßte nicht nur das gebildete Bürgertum, sondern auch die Handwerker, die Bauern und Landarbeiter. Seine eigentliche Breitenwirkung aber hat Luther durch die Verwendung der deutschen Sprache erzielt, die für jedermann verständlich war, und durch den sich ausbreitenden Buchdruck, der seine Schriften in alle Teile des Landes trug.

Die Verwendung der Volkssprache führt uns zu Luthers literarischer Leistung im engeren Sinn. Nicht nur waren die meisten seiner Traktate und Reformationsschriften in deutscher Sprache abgefaßt, entscheidend war, daß er das Alte und Neue Testament ins Deutsche übersetzte. Dem ›gemeinen‹ Mann die Bibel zu erschließen, war ein Anliegen, das sich aus Luthers Lehre vom allgemeinen Priestertum zwangsläufig ergab. Jedermann mußte direkten Zugang zum Wort Gottes haben, und jeder sollte auch das Mißverhältnis zwischen dem Evangelium und dem Zustand der Kirche selbst einschätzen. Luther hat die Bibel keineswegs als erster ins Deutsche übersetzt. Die sogenannte Mentel-Bibel (genannt nach dem Drucker Johann Mentel in Straßburg) entstand 1466 aus verschiedenen älteren Teilübersetzungen. Sie wurde verschiedentlich revidiert, u. a. von Günther Zainer in Augsburg und Anton Koberger in Nürnberg. Bis 1522 lagen 14 hochdeutsche und 4 niederdeutsche Bibeldrucke vor. Sie alle basierten auf der lateinischen Vorlage der Vulgata, deren Zuverlässigkeit durch die Kritik der Humanisten bezweifelt wurde. Der Rückgriff auf die hebräischen und griechischen Grundtexte war nicht nur für sie, sondern auch für Luther selbstverständlich. Inwieweit Luther deutsche Fassungen benutzt hat, ist umstritten. Seine eigentliche Leistung liegt in seiner Übersetzungstechnik und in seiner Sprachgebung. Luther hat die Ziele und Prinzipien seiner Übersetzungsarbeit in *Ein Sendbrief vom Dolmetschen und Fürbitte der Heiligen* (1530) dargestellt. Dieser Brief, der polemisch die Angriffe der Papisten, Luthers Übersetzung des Neuen Testaments sei fehlerhaft, zurückweist, formuliert die Überzeugung, daß eine Übersetzung nicht buchstabengetreu, d. h. Wort für Wort der Vorlage folgen, sondern die aus dem Kontext, aus dem Zwang der Sache zu erschließende Bedeutung der einzelnen Textstelle einfangen muß, und zwar mit den sprachlichen Mitteln, welche eben diese Bedeutung der Vorlage am vollständigsten und deutlichsten für »die Mutter im Hause, die Kinder auf den Gassen, den gemeinen Mann auf dem Markt« verdolmetschen. Sachbezogenheit und Wirkungsorientierung gehören für Luther untrennbar zusammen. Die Richtigkeit der Übersetzung erweist sich in der korrekten Wiedergabe des Gedankens, den zu erfassen theologisches »Vermögen« und christliches »Gewissen« voraussetzt. Die Form der Wiedergabe des Gedankens ist jedoch abhängig von der Verständnisfähigkeit und dem Sprachgebrauch der angesprochenen Empfängergruppe, für Luther also von den Leuten des Volkes: »man muß ... denselbigen auf das Maul sehen, wie sie reden, und danach dolmetschen; so verstehen sie es denn und merken, daß man deutsch mit ihnen redet.« Einen Eindruck von Luthers Übersetzung geben schon wenige Zeilen des 23. Psalms, die hier neben dem Text der Vulgata und neben dem der Vulgata buchstabengetreu folgenden Text der Zainer-Bibel stehen:

23. Psalm, Vulgata

Dominus regit me, et nihil mihi deerit.
In loco pascuae ibi me collocavit.
Super aquam refectionis educavit me, animam meam convertit.

23. Psalm, gedruckt 1518 bei Zainer in Augsburg

Der herr regieret mich und mir geprist nichts,
und an der stat der waide, da satzt er mich.
Er hat mich gefüret auf dem wasser der widerpringung,
er bekeret mein sel.

23. Psalm, Lutherbibel 1545

Der HERR ist mein Hirte, mir wird nichts mangeln.
Er weidet mich auf einer grünen Auen und führet
mich zum frischen Wasser.
Er erquicket meine Seele, ...

Luthers Sprache unterscheidet sich von der seines Vorgängers am stärksten durch ihre Aussagekraft und Bildlichkeit. Die den Vulgatatext nachahmenden Genitivkonstruktionen und Metaphern des Zainer-Textes löst Luther auf. Bei ihm steht in der ersten Bildeinheit nicht »stat der waide«, sondern »grüne Aue«, nicht »wasser der widerpringung«, sondern »frisches Wasser«. Die Adjektive bringen Leben und Farbe in das trockene Gedankengebilde. Die durch die Verwendung von Adjektiven entstandenen Bildelemente (grüne Aue, frisches Wasser) stehen miteinander in Beziehung, in die hinein auch der Hirte, das Erquicken, das Weiden gehören. Die Assoziationen, die sich an diese Wörter knüpfen, reichen weiter als jene, die der Satz »Der herr regieret mich«, die Metapher »wasser der widerpringung« und das Verb »bekeret« hervorzurufen vermögen. Denn der Hirte regiert nicht nur, sondern gibt zusätzlich Schutz und Geborgenheit; das Grün der Aue, die Frische des Wassers, an dem der Dürstende sich erquickt, verdeutlichen die Lebendigkeit der Nahrung und das Kraftspendende, das von ihr ausgeht. So wird bei Luther im Bilde anschaulich, was in der buchstabengetreuen Übersetzung der Vulgata gemeint ist. Luthers Übersetzung ist zwar frei, aber sie ist sinngemäß. Ein weiteres Merkmal des Lutherischen Stils ist der vereinfachte Satzbau. Luther bemüht sich um die Aneinanderreihung kurzer Hauptsätze und verzichtet nach Möglichkeit auf hypotaktische Satzkonstruktionen. Betrachtet man die wenigen Zeilen unseres Beispiels, so ist auch auffällig, daß er jeweils zwei Aussage-Einheiten in einer Aussage-Ganzheit nebeneinanderstellt. Diese konsequente Zweigliedrigkeit des Satzbaus wird an einigen Stellen durch den Parallelismus der Satzglieder verstärkt (er weidet mich – führet mich; später im Psalm: er erquikket – er führet; du bereitest – du salbest). Ansatzweise wird hier die strenge Form des hebräischen Psalms nachgeformt. Die einfachen Aussage-Einheiten sind zugleich immer auch Sinn-Einheiten. Dadurch wird das Sprechen des Textes erleichtert. Der Sprechende erwartet nach der ersten Aussage-Einheit mit Spannung jeweils die zweite. Der Wunsch, diese Spannung zu lösen, verursacht den vorwärtsdrängenden Rhythmus, dem jeder gehorcht, der den Psalm laut liest. Der treibende Rhythmus dieser Sprache wird gesteigert durch die einhämmernde Kraft der Alliterationen. In unserem Beispiel: Herr – Hirte, führet – frischen. Später im Text: finstern – fürchte, du – dein, Stecken – Stab, Feinde – voll – folgen, Leben – lang, Herrn – Hause. Diese Häufung in einem so kurzen Text ist kein Zufall, sondern verweist auf den ganz bewußten Einsatz dieses Stilmittels.

Die Eindringlichkeit des Luther-Textes wird schließlich noch durch die Vereinheitlichung der Zeitformen verstärkt. Während in der vorlutherischen Übersetzung Präsens und Perfekt wechseln, ersetzt Luther das Perfekt durchgängig durch das Präsens. Die theologische Absicht wird deutlich erkennbar: Die präsentische Zeitform ist Ausdruck der gegenwärtigen Gewißheit des Psalmodierenden. Bezeichnenderweise behält Luther das Futur bei. Gegenwärtige Gewißheit und Vertrauen in die Zukunft entsprechen sich. Auch hier macht sich der Einfluß des Hebräischen bemerkbar, in dem Präsens und Futur auf einer Zeitebene liegen.

Faßt man die an unserem kurzen Textbeispiel deutlich gewordenen Merkmale des Lutherischen Stils zusammen – seine Bildlichkeit und Aussagekraft, seine durch die Reihung kurzer Hauptsätze, durch Zweigliedrigkeit und Alliterationen hervorgerufene rhythmische Kraft, die einheitliche Verwendung des Präsens – so läßt sich sagen, daß sie alle der einen Intention entsprechen: nämlich Wirkung auszuüben, und zwar Wirkung auf den »gemeinen Mann«, der mit abstrakten Redewendungen und lateinischer Syntax nichts anzufangen weiß, wohl aber mit den an die Umgangssprache anknüpfenden Stilmitteln der freien Rede. Luthers freie, sinngemäße, die Bedeutung der Vorlage nicht verfälschende Übersetzung hat das Ziel, das Volk anzusprechen, ihm das Alte und Neue Testament lebendig nahezubringen. Soll die Bibel dem Volk zugänglich werden, so muß ihre Übersetzung anschaulich sein, sich vom Buchstaben lösen. Die Leistung Luthers als Bibelübersetzer ist damit sowohl eine theologisch-reformatorische, die darin besteht, die ängstliche Abhängigkeit vom autorisierten Text der Kirche zu überwinden, als auch eine rhetorische, die sich in dem bewußten Einsatz derjenigen sprachlichen Mittel erweist, die eine optimale Wirkung auf den Laien seiner Zeit verspricht.

Mit seiner auf Wirkung bedachten Sprache hat Luther der Stilbildung des Deutschen viele neue Impulse gegeben. Viele seiner Metaphern, Wortspiele, Wortneubildungen haben sich in unseren Sprachschatz eingegliedert, unzählige Formulierungen sind im Laufe der Zeit zu feststehenden Redewendungen geworden: Wenn wir einen auf Herz und Nieren prüfen (Ps 7,10) und er uns dann sein Herz ausschüttet (Ps 42,5), daß uns die Haare zu Berge stehen (Hiob 4,5), weil er mehr Schulden hat als Haare auf dem Kopf (Ps 40,13), und wir ihm sagen: »bis hierher und nicht weiter« (Hiob 38, 11), da er sonst auf keinen grünen Zweig kommt (Hiob 15,32), ihm die Sache über den Kopf wächst (Esr 9,6) und es ein Ende mit Schrecken nimmt (Ps 73,19), und wenn wir dann wirklich nicht tauben Ohren predigen (Jes 42,20), sondern aus einem Saulus einen Paulus machen (Apg 9) usw.,[124] dann sprechen wir in der Sprache Luthers.

Zudem hat Luther durch die Verbreitung seiner Schriften und insbesondere seiner Bibelübersetzung auch Anteil an der Vereinheitlichung der deutschen Schriftsprache, auf die das von ihm gewählte Ostmitteldeutsche starken Einfluß gewann.

Luthers Theologie und Sprache hätten ihre Breitenwirkung nicht ohne den Buchdruck erzielen können. Der von Johannes Gutenberg in Mainz um 1440 erfundene Buchdruck erlebte durch die Reformation seinen eigentlichen Aufschwung und hat seinerseits entscheidend zu ihrer Verbreitung beigetragen. In den sechs Jahren von 1517–1523 stieg die Buchproduktion deutscher Texte von 85 auf 1000 Titel im Jahr. Die größten Auflageziffern erreichte Luther; ein Drittel sämtlicher Ende 1524 in Deutschland umlaufender Schriften soll ihn zum Verfasser gehabt haben.[125] Der Buchdruck ermöglichte eine schnelle Kommunikation von noch nicht dagewesener Reichweite. An ihr nahmen auch die ungebildeten Angehörigen der unteren sozialen Schichten teil, denen fliegende Blätter vorgelesen, Lieder vorgesungen wurden. Umgekehrt konnte nun auch das Volk im neuen Medium der Flugschrift seine Interessen zum Ausdruck bringen, obwohl dies im wesentlichen nur vermittelt geschah, denn Bauern und Handwerker waren im 16. Jahrhundert fast ausschließlich noch Analphabeten. Als Verfasser von Flugschriften wurden sie zumeist nur rollenhaft vorgeschoben. Dennoch kann man davon ausgehen, daß sie auf die eigentlichen Schreiber, auf die der Schrift kundigen Pfarrer und Bürger Einfluß genommen haben. Wie jahrhundertelang die Kirche sich durch ihren Herrschaftsapparat, durch Bußpredigten und Ablaßhandel um die Ergreifung der Massen bemüht hatte, so begannen nun mit Hilfe des Buchdrucks die Massen sich gegen die Herrschaft der Kirche aufzulehnen. Luthers wortgewaltige Attacken gegen das Papsttum gaben dieser Auflehnung den entscheidenden Nachdruck, wobei er in Kauf nehmen mußte, daß die theologische Verankerung seiner Gedanken häufig genug mißverstanden und er gegen seinen Willen zur Integrationsfigur lang aufgestauter sozialer und politischer Nöte wurde. Daß Luther das Volk ansprach wie kein anderer, lag nicht zuletzt daran, daß alles, was er schrieb, von der Vorstellung der Rede getragen war. Er teilte mit, griff an, ermahnte, wehrte ab. Traktat, Sermo, Sendschreiben, Streitschrift waren dafür die entsprechenden Formen. Luther wirkte durch seine Sprache, die er wie eine Waffe handhabte,[126] und durch die klare Führung seiner Gedanken. Seine Kirchenlieder hat er nicht als Literatur verstanden, auch nicht primär als Ausdruck persönlichen Gefühls, sondern ganz pragmatisch als Mittel zur Einprägung des Wortes Gottes, vor allem als Mittel, die Gemeinde auch in die Liturgie des Gottesdienstes einzubeziehen. Daß diese Lieder (u. a. »Aus tiefer Not schrei ich zu dir«; »Ein feste Burg ist unser Gott«; »Verleih uns Frieden gnädiglich«; »Wir glauben all an einen Gott«; »Gelobet seist du, Jesus Christ«; »Vom Himmel hoch, da komm ich her«; »Erhalt uns Herr bei deinem Wort«) dennoch ›Literaturgeschichte gemacht haben‹, liegt sowohl an ihrer Ausdruckskraft als auch daran, daß sich in ihnen protestantische Glaubenshaltung streng verwirklicht.

Obwohl Luther an literarischen Formen um ihrer selbst willen wenig interessiert war und keinesfalls als Dichter angesehen werden wollte, hat er die Literatur des 16. Jahrhunderts in vielfacher Hinsicht beeinflußt, vor allem dadurch, daß er Nützlichkeit und Lehrhaftigkeit für die entscheidenden literarischen Wertkriterien hielt. Entsprechend populär wurden nicht nur die als Flugschriften verbreiteten Sendschreiben, Traktate, Streitbriefe, sondern auch die von den Humanisten neu belebten, didaktisch sehr wirksamen Formen des Dialogs und des Dramas. Wie noch nie verstand man Literatur als Medium gesellschaftlichen Handelns. Dabei wurden die monologischen Formen der Flugschriften-Literatur meist zur Kritik, zum Teil zur hemmungslosen Polemik genutzt, während die Formen des Dialogs und des Dramas nicht allein dem Angriff dienten, sondern durch Rede und Gegenrede sowie durch differenziertere Argumentation auch auf die Gewinnung des Gegners zielten und damit zugleich zur Unterweisung und zur inneren Aktivierung des Zuschauers beitrugen. Luther hat gerade diesen Aspekt besonders hervorgehoben. Er lehnte die vorreformatorischen Passionsspiele ab, weil der Zuschauer in ihnen Christus als leidende Figur sehen mußte und nur Mitleid empfinden konnte; dagegen kam es ihm darauf an, daß der Zuschauer zur Erkenntnis der eigenen Sündhaftigkeit und zur Hoffnung auf Erlösung durch die Gnade Gottes geführt wurde.[127] Er begrüßte deswegen das Bibeldrama, das dem Zuschauer die Lehren des göttlichen Wortes einprägte, ihm die daraus ableitbaren Konsequenzen zeigte und so der Stärkung evangelischer Tugenden diente. Das Bibeldrama war die wichtigste, aber nicht die einzige Ausprägung des Reformationsdramas. Daneben standen beispielsweise das allegorische Spiel, in dem sich Tugenden und Laster gegenübertreten, das Historienstück mit starken Bezügen zum Zeitgeschehen, das Fastnachtspiel. Mit den unterschiedlichen Gattungen waren unterschiedliche dramaturgische Strukturen verbunden, die von der lockeren Reihenform des mittelalterlichen Dramas bis zur Nachbildung des geschlossenen antiken Dramas reichten. Und theatergeschichtlich vollzog sich der Übergang von der mittelalterlichen Simultanbühne zur Sukzessionsbühne in geschlossenen Räumlichkeiten, in denen das Nebeneinander durch das Nacheinander der Schauplätze und Spielflächen ersetzt wurde. Das Reformationsdrama insgesamt war ein Experimentierfeld, auf dem Glaubenspolemik und lehrhaft-moralische Unterweisung nach optimalen Mitteln der Wirkung suchten.

Blickt man auf die Thematik der Reformationsliteratur, so stehen die drängenden Zeitfragen des Kirchenkampfes, die positive Darstellung der protestantischen Lehre und des protestantischen Ethos und zunehmend das soziale und politische Schicksal der Bauern im Vordergrund, wobei diese Themen sich häufig überschneiden.

Einer der sprachgewaltigsten Vertreter der Flugschriften-Literatur war Johann Eberlin von Günzburg, der 1521 in einer Serie von Heften mit dem Titel *Fünfzehn Bundesgenossen* den Kampf gegen das Papsttum, die römische Hierarchie und die von ihr ausgehende Unterdrückung unterstützte und in einigen seiner Hefte das utopische Bild einer christlichen Gesellschaft entwickelte, die

Verfassung eines Landes der Wohlfahrt (Wolfaria). In ihm sollten alle Menschen arbeiten, in Einfachheit und strenger Sittenordnung leben, sollten alle Eroberungskriege vermieden, alle Klöster in Schulen, Armen- und Krankenhäuser verwandelt und Knechte und Mägde sozial abgesichert werden. – Unter dem Einfluß Johann Eberlins entstand 1526 die vielleicht von Niklas Manuel verfaßte Flugschriftensammlung *Barbali*. Die Wirksamkeit der hier zusammengestellten Dialoge beruht auf der Konfrontation zwischen dem schwächsten Mitglied der Gesellschaft, dem Kind, einem armen 10jährigen Mädchen, das in ein Kloster gesteckt werden soll, mit den Mächtigen, Klerikern und Gelehrten. Mit der Bibel in der Hand vertritt das Barbali das ganze reformatorische Glaubens-, Familien- und Arbeitsethos und erweist sich gegenüber allen Argumenten und Repressalien ihrer Kontrahenten als überlegen.

Die Konfrontation der Herrschaftsträger des alten Systems mit den sozial Schwachen, aber kraft des neuen Glaubens Starken ist ein nicht nur in der Flugschriftenliteratur, sondern auch im Drama der Zeit allgegenwärtiges Motiv. Immer wieder wird der Bauer als der unterdrückte und aufbegehrende gläubige Mann des einfachen Volkes zum Gegenspieler der Herrschaftsansprüche der katholischen Geistlichkeit und fordert für die von ihm erlittenen Ungerechtigkeiten Erklärungen aus der Heiligen Schrift. Die Gestalt des Bauern ist besonders von den Schweizer Dramatikern Pamphilus Gengenbach und Niklas Manuel in ihre Stücke einbezogen worden. Bei diesen beiden Schweizern ist das Drama auch am deutlichsten ein Kampfspiel. Gengenbachs *Totenfresser* (1521/22) stellt den Papst (Entchristelo) und sein Gesinde (u. a. den Bischof Wolfsmagen und den Dechanten Schinddenbauern) mit satirischer Schärfe als Ausbeuter von Sterbefällen dar. Während ein Leichenzug auf der Bühne erscheint und einen Toten bringt, verfällt die ganze Klerisei in Verzückung über das gute »Wildbret« (Meßgebühren, Ablaßgelder usw.). Das Gegengewicht bilden Bauern, die mit dem niederen Klerus Dispute über Glaubensfragen beginnen und von diesem als Gefahr empfunden werden: »Der tüfel nem die truckergesellen/Die alle Ding in tütsch stellen« oder: »Sie hand das evangelium gefressen/Und sind jetzt mit dem Paulo besessen.« Mit der satirischen Technik der Selbstentlarvung brandmarkt Niklas Manuel die korrumpierte alte Kirche in seinem Spiel *Vom Papst und seiner Priesterschaft* (1523). In seinem zwei Jahre später erschienenen Meisterwerk *Der Ablaßkrämer* greifen die Bauern angesichts des Ablaßhandels zu aktiver Gegenwehr.

Neben diese ausgesprochenen Kampfspiele traten – besonders im mittel- und niederdeutschen Raum – all die Dramen, die den religiösen Laien durch exemplarische Darstellungen belehrend in Luthers neue Theologie und das neue protestantische Ethos einführen wollten. Das zentrale theologische Thema der Rechtfertigung durch den Glauben behandelten Burkhard Waldis in seiner *Parabell vam verlorn Szohn* (1527), der Niederländer Guilelmus Gnapheus in seiner über 50mal aufgelegten und mehrfach ins Deutsche übersetzten *Comoedia Acolastus* (1529) und Thomas Naogeorg in der zunächst lateinisch geschriebenen, dann ins Deutsche übersetzten *Tragoedia alia nova Mercator* (1540). – Um ethische Fragen im engeren Sinn bemühte sich z. B. ein Dramatiker wie Paul Rebhuhn, der in seinem *Hochzeitsspil auff die Hochzeit zu Cana Galileae gestellet* (1538) über einen ›gottgeordneten Ehestand‹ unterrichten wollte.

Die von der Reformationsliteratur weitergetragene neue Theologie Luthers ist in ihrer Tiefe und Bedeutung von katholischer Seite zunächst sicher nicht durchschaut worden. Dennoch entstand auf fachlich-theologischer Ebene ein Kontroversschrifttum, das aber unpopulär blieb. Eine Ausnahme bilden die Schriften Thomas Murners, der für die ›renovatio‹ der alten Kirche eintrat und ab 1520 mit Geschick deren Position verteidigte, ohne Luther dabei zu diffamieren. Gereizt durch scharfe protestantische Reaktionen, antwortete Murner 1522 mit seiner Satire *Von dem großen lutherischen Narren ...*, die in ihrem Erfindungsreichtum Höhepunkt, mit ihren Grobianismen und Invektiven zugleich Tiefpunkt der Auseinandersetzung ist. Der Autor stellt sich – nicht ohne Selbstironie – als Exorzist des lutherischen Narren dar, einer allegorischen Verkörperung des Reformationsgeistes: Zunächst treibt er die kleinen Narren aus, die 15 Bundesgenossen Eberlins (vgl. o.), dann den Karsthans, bis schließlich Luther auf dem Abort landet und dort ohne Sakramente stirbt.

Karsthans hieß eine 1521 in Straßburg erschienene Flugschrift eines unbekannten Verfassers, die gegen Murners frühe gegen Luther gerichtete Schriften polemisierte. Karsthans ist der ungebildete Bauer, der zum Anhänger Luthers und der evangelischen Freiheit wird. In der Flugschrift unterhält Karsthans sich mit seinem Sohn, einem Studenten, wird aber von dem Kater »Murnar« (Murr-Narr) durch Knurren unterbrochen, bis Luther erscheint und Murnar verschwindet. Das Gespräch thematisiert den Gegensatz der Bildungsschichten, wobei der Bauer mit Luther die Einfalt des »tütschen volks« vor dem Evangelium verteidigt.

Der Bauer Karsthans wie auch der Kater Murnar waren im

Flugschriftenkampf fortan populäre Figuren. Ein Mißverständnis ist hier schon angelegt. Der gelehrte, um das Wort Gottes auch philologisch ringende Luther wird – verständlicherweise – von sozialen und politischen Interessen her einseitig vereinnahmt, die Komplexität seiner theologischen Argumentation und seiner Skrupel angesichts politischer Entwicklungen werden nicht wahrgenommen, allenfalls noch in dem *Gesprech Buechlin Neuw Karsthans* von 1521 (verfaßt möglicherweise von Luthers Parteigänger Martin Butzer in Straßburg), das nicht nur die Repressionen der katholischen Kirche darstellt, sondern aus dem Munde Sickingens dem zum Aufruhr treibenden Bauern Karsthans zugleich diplomatisch zur Mäßigung rät.

Der Aufstand der Bauern begann nach etlichen vorangegangenen Unruhen 1524 in der Grafschaft Stühlingen bei Schaffhausen und verbreitete sich schnell über den Schwarzwald nach Hessen, Thüringen und Westfalen. Seine Ursachen waren im wesentlichen ökonomischer Art. Mit dem Übergang von der Natural- zur Geldwirtschaft waren die Ansprüche der Feudalherren immer mehr gewachsen, hatte sich die Ausbeutung der Bauern ständig weiter verschärft, bis ihre Abgaben ein nicht mehr erträgliches Maß erreichten. Luthers Lehre von der evangelischen Freiheit war begierig aufgenommen worden. Der Kampf der Reformatoren gegen die institutionelle Macht der Kirche kam den Interessen der Bauern entgegen, religiöse und soziale Anliegen flossen zusammen. Wie kein anderer geschichtlicher Vorgang zuvor wurde der Bauernaufstand von Literatur begleitet. Das Flugschriftenwesen erreichte seinen Höhepunkt. Das fast gleichzeitige Aufflammen des Aufstands in verschiedenen Teilen Deutschlands war nur möglich dank der raschen Verbreitung der *Zwölf Artikel* (gedruckt im März 1525), in denen die Forderungen der Aufständischen artikuliert wurden, u. a. freie Pfarrerwahl, Abschaffung des Viehzehnten, Aufhebung der Leibeigenschaft, freie Jagd und freier Fischfang, unentgeldliche Holznutzung für die gesamte Dorfgemeinde u. a. m.

In Mitteldeutschland wurde der Aufstand von dem thüringischen Pfarrer Thomas Müntzer angeführt, der für zunehmende Radikalität sorgte. Müntzer stand unter dem Einfluß der sog. Zwickauer Propheten, die gegen das lutherische Prinzip der Schriftauslegung ihre innere Erleuchtung setzten. Müntzer wollte als ein ›neuer Johannes‹ Christus die Herrschaft bereiten und in einem neuen Gottesstaat die Tyrannen erwürgen und das Volk befreien. In seinen mit Bibelzitaten gespickten Kampfschriften und Predigten trieb er die Bauern zur Gewalttat an, forderte, »das man die gotlosen regenten sunderlich pfaffen und mönche tödten sol«, griff den zunächst um Vermittlung bemühten Luther als »das Gaistlose Sanfft-lebende fleysch zu Wittenberg« an, als neuen Papst, der die Partei der Landesfürsten ergreife, bis er schließlich in seinem ›Manifest an die Allstedter‹ ins – wie Ernst Bloch sagt – »Rasende« verfiel: »... dran, dran, dran! Last euch nicht erbarmen ... dran, dran, dyeweyl das feuer hayß ist. Lasset euer schwert nit kalt werden ... gott gehet euch vor, volget volget!«

So berechtigt Müntzers politische Forderungen im einzelnen gewesen sein mögen, es war der Ruf nach Gewalt, dem Luther sich entgegengestellt hat. Luther hatte 1525 zunächst auf die *Zwölf Artikel* mit einer *Ermahnung zum Frieden auf die zwölf Artikel der Bauernschaft in Schwaben* geantwortet. Hierin hatte er nicht nur die Bauern zum Gewaltverzicht aufgerufen, sondern auch an die Fürsten appelliert, auf den Aufruhr mit Bußfertigkeit und Entgegenkommen zu reagieren. Erst als er den Eindruck gewann, daß die Bauern aus Müntzers sozialrevolutionären Ideen das Recht ableiteten, zu brandschatzen und zu morden, schrieb er, ebenfalls 1525, seine berüchtigte Schrift *Wider die räuberischen und mörderischen Rotten der Bauern*. In ihr forderte er die Obrigkeit zur Niederwerfung des Aufstands auf und sparte dabei nicht mit Ausfällen gegen die Aufrührer. »Rasende Hunde« seien sie, »Mordpropheten« und »ewig des Teufels«. Wichtiger aber als die Beschimpfungen waren die unterschiedlichen Begründungen und Zielsetzungen der Kontrahenten. Während Müntzer die Verbesserung der Lebensbedingungen der Bauern anstrebte und, seiner Zeit vorauseilend, sozialutopische Vorstellungen von der Gleichheit aller Bürger und einen Verteilungs-Kommunismus entwikkelte, suchte Luther den Kompromiß unter den gegebenen Verhältnissen, nicht weil er die Forderungen der Bauern nicht anerkannte, sondern weil er die mit jeglichem Aufruhr verbundene Gewalt als Gotteslästerung ansah: »... also bringt Aufruhr mit sich ein Land voll Mords, Blutvergießen und macht Witwen und Waisen und verstöret alles, wie das allergrößte Unglück«. Aufrührer werden so »die allergrößten Gotteslästerer und Schänder seines heiligen Namens ... und dienen also dem Teufel unter dem Schein des Evangelii«. Luthers Begründungszusammenhang ist ein theologischer. Christi Weg in der Welt ist nicht der des Blutvergießens. Durch Christus sind wir aufgefordert, gewaltlos zu leben, aber als Menschen und Sünder können wir der Gewalt nicht entbehren. So hat Luther immer betont, daß man das Evangelium und eine evangelische Lebensführung nicht mit Gewalt durchsetzen dürfe; zugleich aber kann er für die Gewalt der Gegenwehr in der Welt eintreten. Der Aufrührer müsse als Gefangener des Teufels niedergemetzelt werden: »... schlägst du nicht, so schlägt er dich, und ein ganz Land mit dir.« »Drum soll hie zuschmeißen, würgen und stechen, heimlich oder öffentlich, wer da kann, und gedenken, daß nichts Giftigeres, Schädlicheres, Teuflischeres sein kann, denn ein aufrührerischer Mensch.«

Den Widerspruch zwischen dem Gewaltverzicht Christi und der gewalttätigen Gegenwehr von Christen hat Luther durch seine Zwei-Reiche- oder Zwei-Regimenter-Lehre aufzulösen versucht. Im Anschluß an mittelalterliche Traditionen versteht Luther den Staat als eine Setzung Gottes, als Schutzmaßnahme, die verhindert, daß die Menschen an ihrer eigenen Boshaftigkeit zugrunde gehen, die ermöglicht, daß sie als Gottes Schöpfung erhalten bleiben. Insofern lenkt Gott die Geschichte der Menschen auf zweierlei Weise: durch sein Wort in dem vom Evangelium bestimmten geistlichen Regiment und durch die Rechtsordnung im weltlichen Regiment, das – notfalls mit dem Schwert – für die äußere Erhaltung des Lebens zu sorgen und den Rahmen zu schaffen hat, in dem das geistliche wirken kann. Beide Regimenter sind also aufeinander bezogen, dürfen aber nicht vermischt werden. Das Problem der Rechtmäßigkeit des Handelns der Obrigkeit lag eher außerhalb der Betrachtung Luthers. Für ihn galt, daß kein Unrecht der Obrigkeit das Recht zum Aufruhr gibt; es galt aber auch, daß der Christ sich am Unrecht der Obrigkeit nicht beteiligen darf. Widerstand gegen die Obrigkeit hielt Luther nur für geboten, wenn der Staat eine Abkehr von Gott, eine Übertretung des ersten Gebotes erzwingen will.

Die bis heute andauernden theologischen Auseinandersetzungen um Luthers Zwei-Regimenter-Lehre und insbesondere die Einwände von christologischen Voraussetzungen her, nach denen Christus Herr aller Welt und es daher falsch sei, irgendeinen Bereich des Lebens aus seiner allmächtigen Herrschaft auszugrenzen (vgl. z. B. die 2. These der Barmer Theologischen Erklärung), können uns an dieser Stelle nicht beschäftigen. Wie auch immer man zu der Zwei-Regimenter-Lehre steht – es ist in jedem Fall unangemessen, Luthers Haltung im Bauernkrieg lediglich als Opportunismus gegenüber den Landesfürsten zu bewerten, die seine neue evangelische Kirche schützen sollten. Dagegen spricht schon Luthers scharfe Ermahnung an die Fürsten, ihren Sieg über die Bauern nicht auszukosten *(Ein Sendbrief von dem harten Büchlein wider die Bauern)*. Dennoch ist nicht abzustreiten, daß Luther der Bauernbewegung durch seine Stellungnahme die religiöse und moralische Grundlage entzogen und damit zugleich auch den Machtanspruch der Fürsten gestärkt hat.

Für die Reformation hatte dies schwerwiegende Folgen: Sie entwickelte sich vom freien Gemeindechristentum, in dem so viele urchristliche Vorstellungen wiederbelebt worden waren, zur Landeskirche, in der ein absolutistisch regierender evangelischer Landesherr das letzte Wort hatte. Äußeres Zeichen dafür war die Einbettung der Pfarrer in die Ordnung des werdenden Beamtenstaats. Die evangelische Kirche wurde Teil der autoritär geführten Erziehungs- und Lehrgemeinschaft, als die das ganze Territorium verstanden wurde, Objekt staatlicher Volkspädagogik. Der befreiende revolutionäre Neuanfang der Reformation ging verloren, erstarrte und verflachte zur Orthodoxie. Auch die Abgrenzung Luthers und seiner Anhänger gegenüber den vielen Sektenbildungen hat zu dieser Entwicklung beigetragen. Luther hatte seine neue Theologie nicht als System dargestellt, sondern als ständige exegetische Bemühung verstanden. Entsprechend schwierig war ihre Rezeption. Insbesondere die dialektische Struktur seiner Aussagen über Gesetz und Evangelium, Gericht und Gnade, Drohung und Verheißung, Anfechtung und Gewißheit, Buchstabe und Geist der Schrift, die in einer rational nicht zu begründenden Einheit, sondern allein im Glauben aufgehoben sind, war von Anbeginn an Mißverständnissen und Widersprüchen ausgesetzt und förderte die Sektenbildung unter den Protestanten. Diese erhielt eine weitere Stärkung, als sich im Zug des Bauernkriegs viele Angehörige gerade des ›einfachen Volkes‹ aus Enttäuschung über Luthers Verweigerung derartigen Sekten anschlossen. In ihnen allen, ob sie sich nun Spiritualisten oder Täufer oder anders nannten, ging es letztlich stets um Formen der Unmittelbarkeit persönlicher geistlicher Erfahrungen, während der von Luther gemeinte Glauben sich auf das von außen zugesprochene Evangelium bezog, das nicht umgangen werden durfte.

Trotz aller durch politische Einbindung und konfessionelle Abgrenzung entstandenen dogmatischen Verkrustungen hat die von Luther gemeinte Reformation der Kirche aber auch späterhin immer Zeichen evangelischer Freiheit gesetzt, gerade wenn es die Freiheit des Amtes zu retten galt und Widerstand gegen politische Verfolgung verlangt war, wie im Bolschewismus oder Nationalsozialismus. Insofern ist die Reformation nicht nur geschichtliche Periode, sondern zugleich auch »geheime Triebkraft und Korrektiv«[128] bis in die Gegenwart. Als solche hat sie eine Reihe andauernder kulturgeschichtlicher Wirkungen hervorgerufen.[129] Sie hat sich bei dem Aufbau eines evangelischen Ethos – hierin am stärksten an die Geschichte des Mönchtums anknüpfend – an der ›Person‹ Jesu Christi orientiert, also nicht an Traditionen und Gesetzen. – Sie hat den römischen Katholizismus mit unerbittlicher Strenge zur Theologie gezwungen, ihn zu seiner christlichen Aufgabe zurückgeführt, damit zu seiner inneren Erneuerung beigetragen, die in der Gegenreformation einen ersten Ausdruck fand. – Sie hat sich bemüht, die Mündigkeit der Laien zu fördern. Wenn die Vorstellung vom Priestertum aller Gläubigen durch die Landeskirche später wieder verstellt worden ist, so wirkt sie bis in die Gegenwart doch weiter als Utopie und Motivation. Die autoritäre Inanspruchnahme der christlichen Wahrheit durch wenige Wissende und Privilegierte wird seit der Reformation kritisch unterlaufen, mindestens das. – Die Konzentration der Reformatoren auf das Wort hat nicht nur der Philologie Auftrieb gegeben, sondern ganz grundsätzlich den unbestechlichen Wahrheitssinn für wissenschaftliches Arbeiten als Verpflichtung und Wertvorstellung aufgebaut, den wissenschaftlichen Skeptizismus und problembezogenes Denken gefördert. Mit der Konsequenz, mit der die Reformatoren die Tradition in Frage stellten, haben sie auch den Sinn für Geschichte entwickeln helfen. – Vor allem aber hat Luther dem ›innengelenkten‹ Verhalten des Menschen einen entscheidenden Impuls gegeben. Der einzelne kann seit der Reformation leichter aus der Tradition ausbrechen und sein Leben in persönlicher Verantwortung leben. Das eigene, an Gottes Wort orientierte Gewissen ermöglicht die Freiheit von Normen und Zwängen, die weltliche Mächte aufrichten. Gerade die Unterwerfung des Menschen unter Gottes Wort führt so zu seiner Autonomie als Person.

II. KAPITEL: DIE LEBENSFORMEN DER REGENTEN UND DIE HELDEN- UND GESCHICHTSDICHTUNG DES MITTELALTERS

Ein großer Teil der überlieferten deutschen Literatur des Mittelalters entsteht an den Sitzen weltlicher und geistlicher Regenten und wird dort rezipiert. Diese Literatur entwirft Bilder und Idealvorstellungen der Herrschenden und beschreibt Formen des Herrschens. Die Regierten treten hinter den Regenten zurück, sind allenfalls durch die Art der Darstellung der Regenten zu erkennen. In Literatur und bildender Kunst gewinnt allmählich ein mit ganz bestimmten Wertvorstellungen versehenes Idealbild des christlichen Monarchen Kontur, das eine ausgeprägte politische Funktion erhält.

Das Ideal des christlichen Monarchen erwächst aus ganz verschiedenen Wurzeln, aus dem Gegen- und Miteinander verschiedenster Motive. Das aus dem oströmischen Reich stammende Bild des byzantinischen Herrschers, in dem orientalische und, seit Konstantin, christliche Züge ineinander übergehen, traf auf das Bild und die Wertvorstellungen der altgermanischen Heerkönige, und gleichzeitig waren auf dem Boden des alten weströmischen Reiches Erinnerungen an das antike Staatsethos lebendig und beeinflußten etwa das Regiment des Ostgotenkönigs Theoderich, der die antiken Ämter aufrechterhielt. Seit Karl dem Großen beginnt dann die produktive Auseinandersetzung mit all diesen »Vorbildern«, und seit den Ottonen und Staufern festigt sich eine neue Wertvorstellung des christlichen Regenten, die zu einer der Grundlagen politischer und rechtlicher Normierung in Europa werden wird.

Die Lebensformen von Sippe und Gefolgschaft und das Herrschaftsverständnis der Germanen

Im Zusammenhang der deutschen Literatur beschäftigt uns zunächst das Ethos des germanischen Regenten der Völkerwanderungszeit, das noch nicht in die christlich-antike Vorstellungswelt integriert ist. Man kann dieses Ethos nur verstehen, wenn man die germanischen Lebens- und Gemeinschaftsformen[1] kennt, an die es gebunden ist.

In ihrer Mehrzahl waren die Germanen Ackerbauern, die einzeln oder in kleinen Dörfern siedelten. Ihr Leben war harter Existenzkampf, Hungersnöte zerstörten immer wieder ganze Landstriche, Angst und Not beherrschten das Leben. Deswegen spielten soziale Einheiten, die gegenseitige Hilfeleistungen garantierten, eine wichtige Rolle.

Die kleinste soziale Einheit war das Haus, das aus Einzelhaus oder Gehöft bestehen konnte. Das Haupthaus eines Gehöfts hieß ›bûr‹ – sprachgeschichtlich eine Vorform des heutigen Wortes ›Bauer‹. Der Bauer war der Mann, der im Haupthaus des Gehöftes wohnte, der Herr des Hauses. In der sozialen Einheit des Hauses lebten Herr und Frau des Hauses, Kinder, Verwandte und das Gesinde. Die Hausgewalt des Herrn war weitreichend: Er konnte das unfreie Gesinde verkaufen oder töten, er konnte Kinder aussetzen. Hausgewalt war zugleich aber immer auch Schutzgewalt, der Hausherr haftete für alles, was in seinem Hause getan wurde. Beging etwa ein Mann aus seinem Gesinde ein Verbrechen, haftete der Herr für das Wergeld (Bußgeld). Das genossenschaftliche Element des Hauses ist trotz dessen herrschaftlicher Struktur deutlich erkennbar, am deutlichsten im Erbrecht. Die Söhne erbten gemeinsam, auch wenn der eine vor dem anderen bevorzugt werden konnte. Die Einzelnachfolge war ausgeschlossen, Herrschaft wurde geteilt. Dies galt auch für das Thronfolgerecht germanischer Könige, die ihr Reich als ihr Haus verstanden.

In der Gemeinschaft des Dorfes siedelte ein Bauer neben dem anderen, war der ›nâhgibûr‹ des anderen, der ›Nahbauer‹ (Nachbar, neighbour). Gemeinschaftlich wurde der Boden genutzt, jeder Bauer hatte Anteil an jeder Bodenart. Daneben gab es Land, das allen gemeinsam gehörte, die sogenannte Allmende. Das genossenschaftliche Element des Zusammenlebens war gerade im Dorf besonders ausgeprägt.

Dörfer konnten reine Sippensiedlungen sein, doch meist lebten verschiedene Sippen nebeneinander. Die Sippe war der Verband der Verwandten, in den der einzelne hineingeboren wurde und in dessen Schutz er Freiheit gewann (unser Wort ›frei‹ leitet sich her aus ›fridôn‹ = schützen, schonen). Die Sippe war ein Friedensverband, in dem Treu und Glauben herrschten und Streitigkeiten gütlich beigelegt wurden. Das ärgste Verbrechen war der Verwandtenmord; er war unsühnbar und niemals zu rechtfertigen. Die Sippe hielt auch nach außen hin zusammen. Wenn eines ihrer

Glieder von einem Angehörigen einer anderen Sippe verletzt oder beleidigt wurde, so verfeindeten sich nicht nur die beiden Sippen. Die Sippe sorgte dafür, daß die verletzte Ehre eines ihrer Mitglieder durch Rache wieder hergestellt wurde. Wurde der Gegner dabei getötet, so galt dies nicht als Verbrechen. Rache wurde geübt in der Fehde, einem formlosen Krieg zwischen zwei Sippen, der dadurch beendet wurde, daß eine Sippe Wergeld bezahlte und sich dadurch schuldig bekannte oder aber besiegt wurde. Die besiegte Sippe wurde versklavt oder abgabepflichtig, d. h. minderfrei. Auf diese Weise entstanden soziale Rangunterschiede. Diese Rangunterschiede entstanden vor allem aber daraus, daß es dem Bauern möglich war, sich von der Heerpflicht dadurch zu befreien, daß er sich unter den Schutz eines anderen Bauern stellte. Um diesen Schutz zu erhalten, d. h. um die Heerpflicht auf ihn abzuwälzen, schenkte er ihm sein Land, bewirtschaftete es aber gleichzeitig in seinem Auftrag als sein Vasall weiter. Der freie Bauer wurde durch die Vergabe seines Eigentums so zum Minderfreien. Durch dieses System bildete sich eine Schicht von Großbauern oder Gutsherren heraus, die eine Großzahl anderer Bauern an sich banden. Diese Schicht war zugleich auch die eigentliche Kriegerschicht, d. h. die Schicht, die auf dem Thing (d. h. der Versammlung der Freien eines Stammes) beschlossene Kriege führte.

Die verschiedenen Großbauern schlossen sich als Krieger in Gefolgschaften zusammen. Die Gefolgschaft war eine soziale Gruppierung, die in der Unterwerfung freier Männer unter einen Herren, einen besonders mächtigen Großbauern, bestand. Sie war auf Treue gegründet und verfolgte einen kriegerischen Zweck. Der Gefolgsmann verpflichtete sich zu Rat und Hilfe, der Gefolgsherr zu Milde. Milde hieß Freigiebigkeit und bedeutete zugleich Sorge für den Unterhalt. Wir wissen, daß derjenige, der in die Gefolgschaft eines Herren eintreten wollte, seine Eignung durch eine Waffentat nachweisen mußte. Der Herr verlieh ihm darauf Waffen und Ringe, mit denen das Heil des Herrn auf den Empfänger übertragen werden sollte. Die Relikte solch magischen Denkens haben sich in Ordensverleihungen bis in die Gegenwart erhalten. Als soziale Gruppierung ähnelte die Gefolgschaft der Sippe. Die Tötung eines ihrer Mitglieder bewirkte Rache. Es galt als unehrenhaft, den gefallenen Gefolgsherrn im Kampf zu überleben. Auf der Flucht lastete Schande. Dabei kannte die Gefolgschaft keinen unbedingten Gehorsam, sondern beruhte auf einem gegenseitigen Treueverhältnis, das auch das Widerstandsrecht einschloß. Folgte der Herr dem Rat seiner Gefolgsleute nicht, mußte er mit Widerstand rechnen, der sich nicht zuletzt von der ›privaten Souveränität‹[2] der Adelsbauern (von ›odal‹ = Besitz) her begründete. Vom Widerstand wurde meist dann Gebrauch gemacht, wenn der Gefolgsherr glücklos, wenn er ohne ›Heil‹ war. (Es ist bezeichnend, daß von den Nationalsozialisten, die das germanische Gefolgschaftsdenken immer wieder beschworen haben, das bei den Germanen fest verankerte Widerstandsrecht konsequent verschwiegen worden ist.)

Aus der Schicht der Gefolgsherren wurden die Herzöge (›duces‹) bzw. Heerkönige (›reges‹) gewählt. Sie wurden aufgrund ihrer Macht und ihrer Tüchtigkeit (›ex virtute‹) bestellt, zugleich aber auch aufgrund ihres Geblütsadels (›ex nobilitate‹). Beide Gedanken durchdringen sich: Demjenigen, der Macht besitzt, wird das Heil zugesprochen, andererseits kann nach magischen Vorstellungen nur derjenige überhaupt Macht gewinnen, der aufgrund seines Geblüts über besondere Kräfte verfügt. Demnach hielten die Großen bei der Königswahl an der Königssippe, der ›stirps regia‹, fest, wählten aus ihr jedoch nur den jeweils Erfolgreichsten. – Auch gegen die Königsgewalt war der Widerstand gerechtfertigt, immer dann, wenn die Regentschaft zum Unglück des Volkes ausschlug, wenn die Gunst der Götter sich von dem Gewählten abwendete, das Kriegsglück ihn verließ. Die Wahl eines Gegenkönigs galt dabei als Absetzung.

Neben der Rechtsprechung war es die oberste Aufgabe der germanischen Heerkönige, in Kriegszeiten das Heer zu führen. Das in Kriegen nach dem Recht des Stärkeren erworbene Land wurde unter der Schicht der Gefolgsherren aufgeteilt, so daß deren Macht sich ständig vergrößerte. In der geldlosen Zeit des frühen Mittelalters mit seiner agrarischen Wirtschaft war Grundbesitz die einzige Einnahmequelle und die wichtigste Form des Reichtums. Land war der begehrteste Lohn für erwiesene Dienste, Grundbesitz das Fundament der Herrschaft. Denn nur Grundbesitz erlaubte es den Großen, ihre Gefolgschaften zu unterhalten und zu erweitern. Grundbesitz aber war gleichzeitig auch die Grundlage eigener Freiheit und Unabhängigkeit gegenüber dem König, der nur ›primus inter pares‹ war. In dem Widerspiel zwischen König und Adel ist die spätere verfassungsgeschichtliche Entwicklung Deutschlands im Mittelalter und das Zerbrechen eines deutschen Gesamtstaats bereits angelegt.

Betrachtet man die Gemeinschaftsformen der Germanen in ihrer Gesamtheit, stößt man immer wieder auf das Mit- und Gegeneinander von Herrschaft und Genossenschaft, Gebundenheit und Freiheit. Die Gesellschaft ist herrschaftlich strukturiert; dies gilt sowohl für die Gemeinschaftsformen im einzelnen als auch für die gesellschaftliche Schichtung insgesamt. Die breite Basis der Bevölkerung bilden die Unfreien und Minderfreien, die den ärmeren, aber freien Bauern dienen; diese stehen ihrerseits in der Abhängigkeit mächtiger Bauern, die unter sich um die Macht ringen und aus ihrer Mitte den Heerführer wählen. Alle Gemeinschaftsformen sind zugleich von genossenschaftlichen Elementen durchdrungen, und auch die Gesellschaft in ihrer Gesamtheit ist von der gegenseitigen Treueverpflichtung stärker geprägt als von Befehl und Gehorsam. Die Gesellschaftsordnung ist weder demokratisch noch despotisch, sondern aristokratisch.

Die gesellschaftliche Ordnung der Germanen war während der Wanderungszeit noch ohne eigentliches staatliches Leben. Sie war vom Kult bestimmt, und die ältesten größeren ›Einungen‹ waren Kultverbände mit kollektiven Kultstätten.[3] Was wir heute als besondere Aufgaben eines Staates ansehen, den Rechtsschutz, die Garantie der persönlichen Rechte des einzelnen, war Sache der Sippe und des Brauches. Zu kleineren Staatsbildungen ohne Festigkeit und Dauer kam es lediglich, wenn die Existenzsicherung derartige Zusammenschlüsse notwendig machte. Diese ›Staaten‹ sind nicht von der Situation des Friedens her zu verstehen, wie der römische Staat, von dem sich die Begriffe des modernen Rechtsstaats herleiten, sondern von der des Krieges. Und dennoch haben die bei den Germanen angelegten Formen des Zusammenlebens auf die verfassungsgeschichtliche Entwicklung der europäischen Staaten des Mittelalters einen erheblichen Einfluß gehabt. Ohne sie ist das spätere, von den Franken ausgebildete Lehnswesen und Lehnsrecht des feudalistischen Staates nicht verständlich, das auf dem (auch aus spätantiken Voraussetzungen[4] hervorgehenden) Grundprinzip basiert, daß sich der König nicht mehr vornehmlich durch Schenkung, sondern vornehmlich durch Landleihe (Lehen) den Dienst (die Vasallität) der Beliehenen sichert. Nur aus der Tradition der Germanen ist es zu erklären, daß sich damit eine eidlich begründete Treueverpflichtung verband: Nicht nur hatte der Lehnsherr durch die Vergabe von Bodenrechten Anspruch auf den vollen Einsatz des Vasallen, auch der Vasall hatte Anspruch auf die Treue und den Schutz seines Herrn. Damit blieb der einflußreiche Gedanke gleichwertiger Partner (›pares‹) auch später, im ausgebildeten Königsstaat des Mittelalters erhalten. Er diente gleichzeitig zur Rechtfertigung der ständigen Auseinandersetzungen der mächtigen Großgrundbesitzer mit der königlichen Staatsgewalt.

In der Völkerwanderungszeit bildete sich im Zusammenhang der auf Beute und Landeroberung ausgehenden Gefolgschaften das Menschenbild des kriegerischen Helden heraus, von dem wir aus der Literatur wissen. Tacitus berichtet von der ›aemulatio‹, dem Wetteifer der Gefolgsleute um den ersten Platz in der Nähe des Gefolgsherrn. ›Aemulatio‹ ist die Anstrengung, den anderen innerhalb der Gefolgschaft zu übertreffen. Dieses agonale Prinzip wird gleichsam zum ideologischen Überbau der Gefolgschaften. Es manifestiert sich in erster Linie als Gewalt. Gewaltanwendung gilt als Heldentum, als Beweis von Mut, Gewaltanwendung begründet Ehrgefühl. Menschliches Mitgefühl mit den Geplünderten und Getöteten, Gerechtigkeitserwägungen kommen allem Anschein nach nicht ins Spiel. Maßgeblich für das ganze auf dem Recht des Stärkeren gegründete Ethos des Helden sind die Waffenleistung und der Erfolg über den Gegner, verbunden mit der personengebundenen Treue zum eigenen Anführer. Eine derartige Lebensauffassung führt notwendig zur Verachtung der alltäglichen bäuerlichen und handwerklichen Arbeit, zur Höherstellung von Kampf und Fest. Im Faustrecht die »Ausgangssubstanz« der Stellung des Adels in einer tausendjährigen Feudalgeschichte zu sehen, wie marxistische Literaturgeschichtsschreibung dies nahelegt,[5] ist allerdings vorschnell; gerade die seit den Karolingern einsetzende Überlagerung der germanischen Heldenideologie durch christliche Wertvorstellungen hat entscheidende Modifikationen des alten ›heldischen‹ Menschenbildes bewirkt. Andererseits wäre es ebenso unangebracht, den fatalen Einfluß germanischer Adelsheroik zu leugnen oder diese gar zu verklären.

In der überlieferten Literatur tritt uns das Normgefüge des germanischen Helden am reichsten in den Preis- und Erzählliedern des skandinavischen Nordens entgegen. Diese Lieder heben sich von der im ganzen Volk lebendigen kultischen oder an bestimmte gesellschaftliche Anlässe gebundenen sogenannten Kleindichtung, zu der Zaubersprüche, Tanz- und Arbeitslieder, Hochzeits- und Totenlieder, Merksprüche usw. gehören, insofern ab, als sie reine Standesdichtung sind, Dichtung der kriegerischen Gefolgschaft mächtiger Großbauern, Dichtung einer Herrenschicht. Obwohl sie, wie römische Schriftsteller bezeugen, auf dem ganzen Kontinent vorgetragen wurden,[6] kennen wir sie im wesentlichen doch nur aus den eddischen Sammlungen des 13. und 14. Jahrhunderts in altisländischer Sprache. Island war zwar früh von christlichen Missionaren erreicht worden, die die Schrift in das Land brachten, doch konnte sich das Christentum als Religion erst spät durchsetzen. So konnte dort noch im 13. Jahrhundert mündlich tradierte Literatur fast unberührt von der Kirche aufgezeichnet werden. In den Preisliedern wurden – im Norden von sogenannten Skalden, auf dem Kontinent von sogenannten Skops, Berufsdichtern, die alle auch Krieger waren und Gefolgschaften angehörten – die kriegerischen Taten und die Freigiebigkeit des Gefolgsherrn, an dessen Hof man sich befand, verherrlicht; in den Erzählliedern (Heldenliedern) wurde von heroischen Kriegstaten der Vergangenheit berichtet. Das Preislied ist hymnisch gestaltete Lobrede. Die Vorzüge des Fürsten werden gleichsam reihenweise nebeneinander gestellt und durch sprachlichen Prunk erhöht. Da die inhaltlichen Elemente des Preisliedes monoton immer wiederkehren (Seefahrt, Kampf, Eroberung, Beute und Spende), suchen sich die Skalden durch formale Leistungen zu übertreffen, suchen sie nach seltenen, preziösen sprachlichen Wendungen, sogenannten Kenningar (aus altnord. ›kenna‹ = Kennzeichen), die altbekannte Inhalte poetisch verhüllen. In ihrem um sich selbst kreisenden dekorativen Formalismus spiegeln die Preislieder auch die gesellschaftlich isolierte Stellung der sich selbst feiernden kriegerischen Aristokratie. – Während im Preislied die Ereignisse von der einen gefeierten Person gleichsam aufgesogen werden, tritt im Erzähllied (Heldenlied) das Epische, die Darstellung dramatisch sich zuspitzender Ereignisse in den Vordergrund. An Konfliktsituationen und den heroischen Entscheidungen, die einzelne Krieger in ihnen treffen, werden ethische Maßstäbe verdeutlicht, die der Selbstvergewisserung der Gefolgsleute dienen und die zugleich die Achtung, zumindest den Respekt vor den Gefolgschaften ins Volk tragen sollen. Insofern nützen gerade die Erzähllieder auch der Festigung der Herrschaft der Schwertadelsschicht, aus der die Regenten hervorgehen; sie untermauern die tatsächliche Macht der kriegerischen Großbauern, indem sie deren Fähigkeiten, deren Lebensgewohnheiten, deren Tugenden gezielt überhöhen. Diese Idealisierung beginnt bei der gigantischen Körperkraft der Protagonisten der Lieder, führt über ihre Meisterschaft im Waffengebrauch und endet bei ihrem rigorosen Ehrgefühl und ihrer Todesverachtung (die genährt wird aus religiösen Vorstellungen, nach denen Wodan/Odin – in der Wanderungszeit immer deutlicher vom naturmythischen Sturmgott zum Kriegsgott des Schwertadels umgebildet[7] – die getöteten Helden in seiner Königshalle [Walhall] aufnimmt, um mit ihrer Gefolgschaft einst den Entscheidungskampf gegen die von anderen Mächten geplante Weltzerstörung aufzunehmen). Das Heldenlied erzählt von der extremen Situation der Auseinandersetzung, in der all die idealisierten Eigenschaften der Helden gleichermaßen zur Geltung kommen können. Es ist dabei ebenso personengebunden wie das Preislied. Historische Ereignisse, etwa der Zusammenstoß zwischen Goten und Hunnen oder der Untergang der Burgunden im Hunnensturm, werden zu Ereignissen zwischen einzelnen Mächtigen umstilisiert und auch einzelmenschlich motiviert.

Das einzige Erzähllied, das wir aus dem südgermanischen Raum in althochdeutscher Sprache besitzen, ist das *Hildebrandslied*. Es gehört entfernt zum Kreis der Dietrichsagen und -dichtungen, die sich um den historischen Ostgotenkönig Theoderich (gest. 526) gebildet hatten, dürfte im 7., spätestens zu Beginn des 8. Jahrhunderts am langobardischen Königshof entstanden sein und – wie lange philologische Diskussionen über den verworrenen Lautbestand des Textes ergeben haben – über die Zwischenstufe einer verlorenen bayerischen Handschrift nach Fulda gekommen sein, wo es zwei Mönche zwischen 810 und 820 auf die Rückseite des ersten und die Vorderseite des letzten Blattes eines lateinischen Andachtsbuches schrieben – aus welchen Gründen auch immer (möglicherweise, um es an Höfen sächsischer Adliger aus missionstaktischen Gründen vortragen zu können).

Das *Hildebrandslied* ist uns nur unvollständig überliefert, es bricht kurz vor dem Ende des Geschehens ab. Hildebrand, der einst als Gefolgsmann Dietrichs von Bern das Land, Frau und Sohn verlassen hat, kehrt nach dreißig Jahren mit Hilfe des Hunnenkönigs in seine Heimat zurück. Seinem Heer voran, stößt er auf einen jungen Krieger der Gegenseite. In der Wechselrede enthüllt sich ihm, daß er vor seinem Sohn steht. Dessen Mißtrauen, Rückweisung der Gabe und Scheltwort führen zum Kampf. Um den kunstvollen Aufbau des Liedes verfolgen zu können, sei es hier so vollständig, wie wir es kennen (vgl. Abbildung), zitiert:[8]

Ik gihorta dat seggen,
dat sih urhettun ænon muotin,
Hiltibrant enti Hadubrant untar heriun tuem.
sunufatarungo iro saro rihtun.
garutun se iro gudhamun, gurtun sih iro suert ana,
helidos, ubar hringa, dô sie to dero hiltiu ritun,
Hiltibrant gimahalta [Heribrantes sunu]: her uuas heroro man,
ferahes frotoro; her fragen gistuont
fohem uuortum, hwer sin fater wari
fireo in folche, ...
. . . . . »eddo hwelihhes cnuosles du sis.
ibu du mi enan sages, ik mi de odre uuet,
chind, in chunincriche: chud ist mir al irmindeot.«
Hadubrant gimahalta, Hiltibrantes sunu:
»dat sagetun mi unsere liuti,

alte anti frote, dea erhina warun,
dat Hiltibrant hætti min fater: ih heittu Hadubrant.
forn her ostar giweit, floh her Otachres nid,
hina miti Theotrihhe enti sinero degano filu.
her furlaet in lante luttila sitten
prut in bure, barn unwahsan,
arbeo laosa: her raet ostar hina.
des sid Detrihhe darba gistuontun
fateres mines: dat uuas so friuntlaos man.
her was Otachre ummet tirri,
degano dechisto miti Deotrichhe.
her was eo folches at ente: imo was eo fehta ti leop:
chud was her ... chonnem mannum.
ni waniu ih iu lib habbe« ...
»wettu irmingot [quad Hiltibrant] obana ab hevane,
dat du neo dana halt mit sus sippan man
dinc ni gileitos« ...
want her do ar arme wuntane bauga,
cheisuringu gitan, so imo se der chuning gap,
Huneo truhtin: »dat ih dir it nu bi huldi gibu.«

Hadubrant gimahalta, Hiltibrantes sunu:
»mit geru scal man geba infahan,
ort widar orte. ....
du bist dir alter Hun, ummet spaher,
spenis mih mit dinem wortun, wili mih dinu speru werpan.
pist also gialtet man, so du ewin inwit fortos.
dat sagetun mi seolidante
westar ubar wentilseo, dat inan wic furnam:
tot ist Hiltibrant, Heribrantes suno.«
Hiltibrant gimahalta, Heribrantes suno:
»wela gisihu ih in dinem hrustim,
dat du habes heme herron goten,
dat du noh bi desemo riche reccheo ni wurti.«–
»welaga nu, waltant got [quad Hiltibrant], wewurt skihit.
ih wallota sumaro enti wintro sehstic ur lante,
dar man mih eo scerita in folc sceotantero:
so man mir at burc enigeru banun ni gifasta,
nu scal mih suasat chind suertu hauwan,
breton mit sinu billiu, eddo ih imo ti banin werdan.
doh maht du nu aodlihho, ibu dir din ellen taoc,
in sus heremo man hrusti giwinnan,
rauba birahanen, ibu du dar enic reht habes.«
»der si doh nu argosto [quad Hiltibrant] ostarliuto,
der dir nu wiges warne, nu dih es so wel lustit,
gudea gimeinun: niuse de motti,
hwerdar sih hiutu dero hregilo rumen muotti
erdo desero brunnono bedero uualtan.«

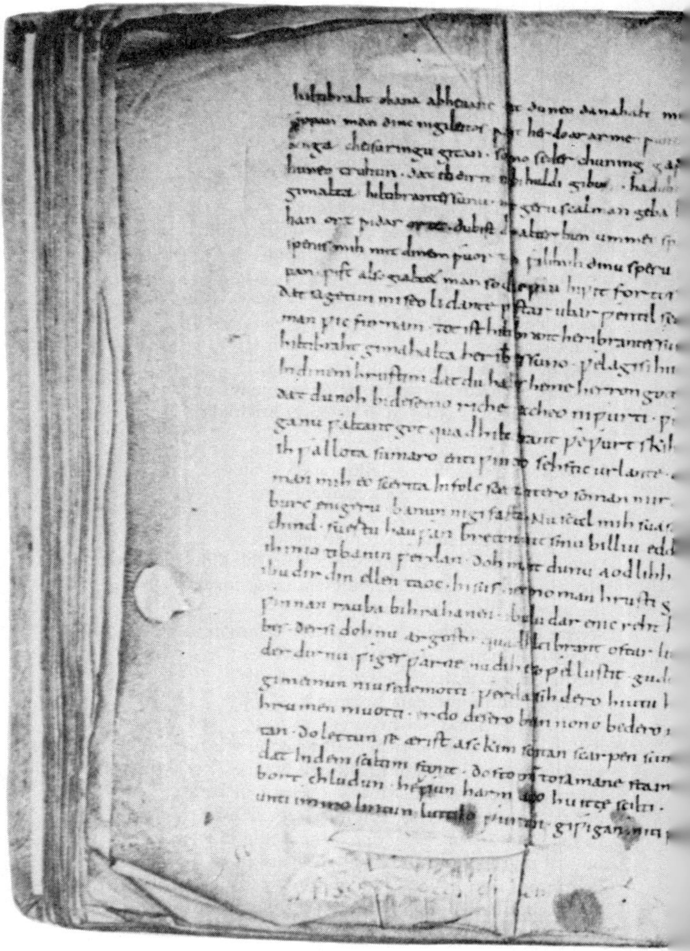

Das Hildebrandslied

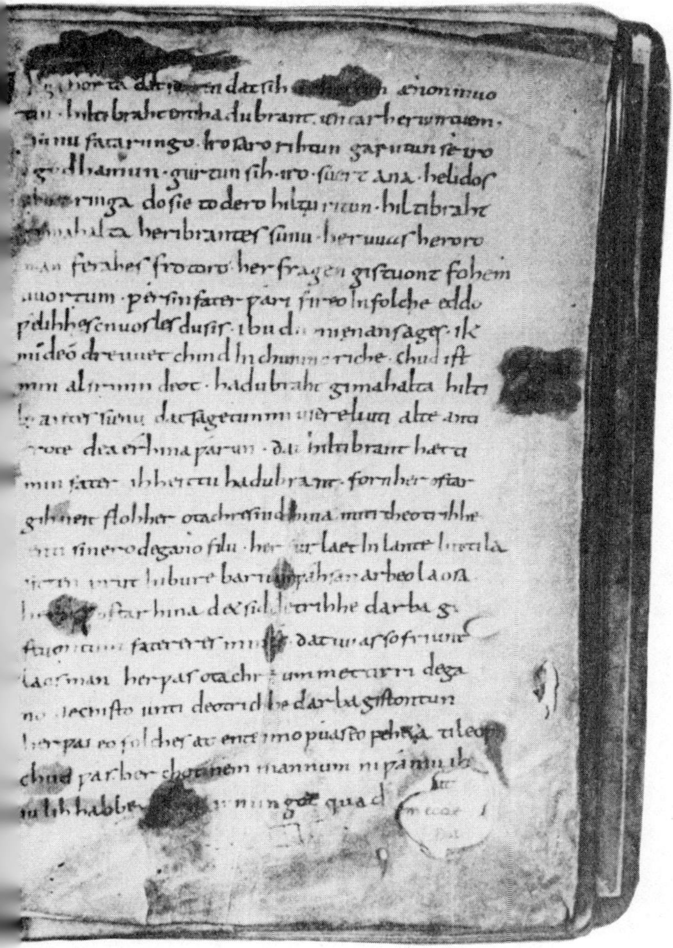

do lettun se ærist asckim scritan,
scarpen scurim: dat in dem sciltim stont.
do stoptun to samane staim bort chludun,
heuwun harmlicco huitte scilti,
unti im iro lintun luttilo wurtun,
giwigan miti wabnum ....

Ü: Ich hörte das sagen, / daß sich ausfordernd einzeln riefen / Hildebrand und Hadubrand zwischen den Heeren, / Sohn und Vater. Sie sahn nach dem Panzer, / schlossen ihr Streithemd, gürteten sich das Schwert um / über den Panzer, die Kühnen, da sie zum Kampfe ritten. / Anhub Hildebrand, er war höher an Jahren, / erfahrener und weiser. Zu fragen begann er / mit wenig Worten, wer sein Vater wäre / von denen im Volke ... / »... oder aus welchem Geschlechte du bist. / Wenn du mir Einen sagst, weiß ich die anderen. / Kind, im Königreiche kund ist mir all Menschenvolk.« / Anhub Hadubrand, Hildebrands Sohn: / »Das sagten zu mir unsere Leute, / alte und erfahrene, die ehdem schon lebten, / daß Hildebrand heiße mein Vater. Ich heiße Hadubrand. / Vordem nach Osten gewandt, floh er vor Otakers Grimm / hinweg mit Dietrich und seiner Degen Schar. / Er ließ im Lande leidvoll zurück / das Weib im Hause, in der Wiege das Kind / ohne Erbe. Er ritt gen Osten, / denn König Dietrich darbte so sehr / nach meinem Vater, der Mann ohne Freunde. / Er war dem Otaker unmäßig feind, / doch der teuerste Degen war er dem Dietrich. / Stets war er dem Volk an der Spitze, stets war ihm das Fechten so lieb. / Kund war er kühnen Männern. / Nicht glaube ich, daß er noch lebt.« / Anhub Hildebrand, Heribrands Sohn: / »Das weiß der Höchste oben im Himmel, / daß du noch nie dich mit näher Verwandtem / gemessen im Streite.« / Da wand er vom Arme gewundene Ringe / aus Kaisergoldwerk, das ihm der König gegeben, / der Hunnen Herrscher: »Das geb ich aus Huld dir nun.« / Anhub Hadubrand, Hildebrands Sohn: / »Mit dem Gere soll man Gaben empfangen, / Spitze an Spitze. / Du bist mir alter Hunn unmäßig schlau, / umspinnest mich mit deinen Worten, willst nach mir mit dem Speere werfen. / Bist nun so alt schon, doch immer voll Trug. / Das sagten zu mir, die die See befahren, / das Weltmeer im Westen: daß Krieg ihn wegriß. / Tot ist Hildebrand, Heribrands Sohn. – / Wohl aber seh ich an deiner Rüstung, / daß du hast daheim einen guten Herrn, / daß du nicht aus dem Reiche vor Rache entwichest.« / Anhub Hildebrand, Heribrands Sohn: / »Wehe nun, waltender Gott. Weh muß geschehen. / Ich weilte der Sommer und Winter sechzig im Ausland, / seit man einst mich scharte zum Volk der Schützen, / aber an keiner Statt kam ich je zu sterben. / Nun soll mich das eigene Kind mit der Klinge treffen, / mit dem Schwert erschlagen oder ich ihm Verderben schaffen. / Doch kannst du nun leicht, wenn die Kraft dir langt, / des Hochbejahrten Harnisch gewinnen, / Raub dir erraffen, wenn du irgendein Recht dazu hast. / Der wär doch der Feigste von den Völkern im Osten, / der dir weigerte nun den Kampf, da es so wohl dich gelüstet / gemeinsamer Gänge. Geprüft werden muß, / wer da noch heute seinen Harnisch muß räumen / oder unserer Brünnen beider soll Herr sein.« / Sie ließen zum ersten Eschen fliegen, / scharf gestoßen, daß im Schilde sie steckten. / Sie sprengten zusammen, den Zierat zerschlagend, / hieben hart auf die hellen Schilde, / bis ihnen das Lindenholz in den Fugen sich löste, / zerwirkt von den Waffen ..

Abgesehen von den ersten sechs Zeilen, die den Handlungsrahmen setzen, von der Zeile 33–35a, in denen Hildebrand seine Armringe löst, um sie Hadubrand zu schenken, und von den Schlußzeilen (ab Zeile 62), die den losbrechenden Kampf schildern, besteht dieses Lied nur aus Rede und Gegenrede, in die der Bericht, der den geschichtlichen Hintergrund eröffnet, eingelagert wird. Zielstrebig wird der Konflikt aufgebaut: Durch die übliche Frage nach dem Namen des Gegners erfährt Hildebrand, daß er vor seinem Sohn steht, der stolz und bitter zugleich von seinem totgeglaubten Vater spricht. Hildebrand gibt sich zu erkennen, bietet die Ringe als Geschenk an, wird aber von dem kampflüsternen Hadubrand mit dem Vorwurf der Hinterlist und Feigheit zurückgewiesen. Damit ist der Kampf nach dem Ehrbegriff des Kriegers unausweichlich; klagend nimmt Hildebrand ihn auf. Die Klage weist auf den Konflikt, in dem er steht. Die Wertordnung der Gefolgschaft richtet sich gegen die der Sippe. Nach den in der Sippe gültigen Normen ist der Verwandtenmord unsühnbar; Hildebrand, doppelt gebunden an die Sippe und an die Gefolgschaft, vollzieht sein eigenes Unheil, wenn er den Sohn tötet. Aber er stellt das Gefolgschaftsdenken und die Kriegerehre höher als die Vaterliebe. Genau dies wollten die Hörer des Liedes bestätigt wissen. Ein versöhnlicher Ausgang, wie wir ihn aus Nachdichtungen späterer Jahrhunderte kennen, in denen der heroische Ehrbegriff sich aufgelöst hatte (*Thidreksaga* des 13. Jahrhunderts, *Jüngeres Hildebrandslied* des 15. Jahrhunderts), wäre für den Hörerkreis der Gefolgschaft unerträglich gewesen. Es ging ihm um die Entscheidung zwischen zwei Wertordnungen, von denen die der Gefolgschaft triumphieren sollte. Insofern kann das Lied nur mit dem Tod des Sohnes geendet haben. (Dieser Ausgang wird im übrigen durch das altnordische *Sterbelied Hildebrands* aus dem 12. Jahrhundert, in dem Hildebrand sich sterbend erinnert, daß er einst seinen eigenen Sohn im Kampf getötet habe, bestätigt.)

Hinter dem Schicksal, das Hildebrand beklagt, verbirgt sich

die von den Gefolgschaften aufgebaute Vorstellung von Ehre. Der Vater erschlägt den Sohn um der Ehre willen. Die Brutalität, die hierin liegt, wird von der Literaturgeschichtsschreibung selten genug betont;[9] vielmehr wird der Vorgang meist lediglich als ›tragisch‹ bezeichnet, die Wertordnung der Gefolgschaft hingegen bleibt unreflektiert. Es ist ja immerhin bemerkenswert, daß das Motiv des Vater-Sohn-Kampfes in anderen Literaturen, in der persischen, griechischen, russischen, keltischen, anders behandelt wird; in ihnen tötet der Vater den Sohn aus Zufall, ohne zu wissen, wen er tötet. Allein im deutschen Lied handelt der ›Held‹ bewußt, und zwar im Sinne einer »barbarischen Ethik‹,[10] die den sittlichen Rang des Menschen mit seiner Waffenehre, mit dem Prinzip der Gewalttätigkeit gegenüber dem anderen Menschen identifiziert. Der zweimalige Gottesanruf (›waltant got‹, ›irmingot‹), der die Mönche bewogen haben mag, das Lied aufzuschreiben, oder den sie hinzugefügt haben, bleibt insofern rhetorisch, als Hildebrand Hilfe von Gott nicht erwartet (wenn es sich denn um den Gott der Christen gehandelt hat). Aber man mag darin einen ersten Ausdruck der Befremdung (des Dichters oder der Abschreiber) gegenüber der Verabsolutierung eines Ehrbegriffs sehen, dessen Gültigkeit das Lied im übrigen noch nicht antastet.

Die Pathetik, mit der das Hildebrandslied das Ethos des germanischen Kriegers vermittelt, wird nicht nur durch die Zielstrebigkeit seines Aufbaus gefördert, der die Entscheidung zum Kampf ohne Verzögerung aus dem kurzen, schon den Charakter des Duells tragenden Wortwechsel zwischen Vater und Sohn hervorgehen läßt; sie wird nicht nur gefördert durch die »wahre Orgie von altertümlichen Vokabeln«,[11] die nun gerade den Kampf aufleuchten lassen; sie basiert im wesentlichen auf dem Stabreimvers, der von den germanischen Dichtern der Preis- und Heldenlieder zu einem rhetorisch wirksamen Instrument ausgebaut worden war.

Das auffälligste Merkmal des Stabreims ist der Gleichklang des Worteinsatzes. Weil in den germanischen Sprachen vorwiegend die erste Silbe eines Wortes betont wurde, reimten die Germanen nicht im Wortende, sondern mit dem Anfangslaut. Alliterativ bindet der Stabreim Wörter mit gleichem konsonantischen Anlaut (*H*iltibrant enti *H*adubrant, untar *h*eriun tuem). Vokale staben unabhängig von ihrer Klangqualität. Der gleiche Anlaut trifft grundsätzlich nur die stark betonten Wörter, auf denen das Schwergewicht des Sinnes liegt. Ursprünglich bestand der Stabreimvers wohl aus einer vierhebigen Kurzzeile, deren erste und dritte Hebung stabten. Dabei alternierten Hebung und Senkung (im Zusammenspiel mit rhythmischen Körperbewegungen während kultischer Handlungen); in jüngerer Zeit, als die Dichtung sich vom Kult löste, mußte die Zahl der Senkungen denen der Hebungen nicht mehr entsprechen. Es entwickelte sich die aus zwei Kurzzeilen (An- und Abvers) gefügte Langzeile mit weitgehender Freiheit in der Zahl der Senkungen. In ihr müssen mindestens zwei Hebungen staben, immer die erste Hebung des Abverses, während im Anvers die erste oder die zweite bzw. die erste und die zweite Hebung den Stab tragen können.

Durch den Stabreim entsteht ein stampfender Rhythmus, der als das angemessene formale Mittel der pathetischen Preis- und Erzähllieder gelten kann. Er hat daneben auch eine mnemotechnische Funktion, die die mündliche Tradierung literarischer Gebilde unterstützte. Welch einprägende Wirkung vom Stabreim ausgegangen sein muß, zeigen die zahlreichen alliterierenden Wortgruppen, derer wir uns bis heute bedienen (Stock und Stein, Haus und Hof, Lust und Leid, Feuer und Flamme, frank und frei, los und ledig usw.)

Das *Hildebrandslied* steht nur in unserer Überlieferung einzig da. Ähnliche Lieder, die das Ethos des in die Gefolgschaft eingebundenen Helden verherrlichen, muß es in größerer Zahl gegeben haben, auch in deutscher Sprache. Dies wird vor allem durch die Mitteilung Einhards bezeugt (*Vita Karoli Magni,* cap. 29), Karl d. Gr. habe die Absicht gehabt, »die rohen und uralten Lieder, in welchen die Taten und Kämpfe der alten Könige besungen worden waren«, niederschreiben zu lassen. Nicht von ungefähr wehren sich im übrigen die geistlichen Dichter des frühen Mittelalters gegen »das singen von weltlichen dingen unt von der degenhaite«, gegen »scopheliche wort« usw.[12] Es ist wahrscheinlich, daß diese alten Lieder auch noch in der nachkarlischen Zeit an den Höfen weltlicher (auch geistlicher) Herren zur Unterhaltung vorgetragen wurden, aber es dürfte unter dem zunehmenden Einfluß der Kirche seit dem 9. Jahrhundert zu verschiedenen Veränderungen gekommen sein. Geht man davon aus, daß das germanische Kriegerethos sich den seit Karl verbreiteten neuen Vorstellungen von den Aufgaben des Herrschers und vom Sinn des Herrschens am längsten und hartnäckigsten widersetzt hat, so werden sich Auflösungerscheinungen zunächst in der äußeren Gestalt der Erzähllieder gezeigt haben. Man muß damit rechnen, daß der von der Kirche geförderte Übergang vom Stabreim zum Endreim (vgl. Kap. I, S. 27f.), wenn zunächst auch unter Beibehaltung der Langzeile, sich auch auf die Tradition des Heldenliedes erstreckt hat, womit bereits eine Art Stilbruch vollzogen ist.[13] Ob die Schriftkultur der Kirche zu einer ausgedehnten Form der nun prinzipiell schriftlich fixierbaren Erzähllieder geführt hat und ob man zwischen den mündlich tradierten, balladesk kurzen Erzählliedern vom Typus des *Hildebrandsliedes* einerseits und dem großen Epos vom Typus des *Nibelungenliedes* andererseits sogenannte Kleinepen als eine Übergangsstufe ansetzen darf, muß bei aller Wahrscheinlichkeit dahingestellt bleiben. Wir kennen solche Kleinepen heroischen Inhalts in deutscher Sprache nicht.

Mit der veränderten politischen Stellung des Königtums, dessen Festigung nicht ohne den Einfluß byzantinischer Vorstellungen vom Gottesgnadentum des Herrschers denkbar ist, haben die Heldendichtungen ganz zweifellos langfristig auch inhaltliche Umbildungen erfahren, ohne daß wir diese im einzelnen verfolgen können. Mit der Schwächung germanischer Traditionen in den sich festigenden mittelalterlichen Staatsbildungen erhält schließlich auch der Dichter oder Sänger der Heldenlieder eine neue Funktion und, damit zusammenhängend, auch eine neue soziale Stellung. Während der Scop der Wanderungszeit der eigenen Gruppe die Normen ihres Handelns vor Augen geführt und sie in ihrem Handeln bestärkt hatte, übernahm er seit dem einsetzenden Verfall des Gefolgschaftswesens mehr und mehr die Rolle des bloßen Unterhalters, der erinnernd wohl die alten Zeiten beschwor, dies aber bereits aus einer Distanz, die auch das Eindringen ganz anderer, aktueller Einflüsse erlaubte. Entsprechend änderte sich seine soziale Stellung.

Er sank herab zum ›Fahrenden‹, der von Herrensitz zu Herrensitz zog und dort sein Publikum gegen Entlohnung unterhielt. Dabei sind diese Wandersänger, deren Ansehen zunächst noch relativ hoch gewesen sein mag, allmählich jedoch so abnahm, daß sie sich um andere Publikumsschichten bemühen mußten, mit anderen Unterhaltungskünstlern in Berührung gekommen, mit den ›clerici vagantes‹, herumziehenden Geistlichen und Mönchen, mit Komödianten und Gauklern, den Erben der antiken Mimen, die von den Gebieten des alten weströmischen Reiches her im frühen Mittelalter die germanischen Länder überfluteten.[14] Aus dieser Berührung und der gegenseitigen Konkurrenz mag der Typus des sogenannten Spielmanns hervorgegangen sein, der in seinen Darbietungen Stoffe der germanischen Heldensage, christliche Legendenstoffe, Märchenstoffe u. a. vermischte, um den Geschmack möglichst vieler Hörer zu treffen. Was dabei entstanden ist, läßt sich kaum greifen. In der Gruppe der sogenannten Spielmannsepen, die uns noch später beschäftigen, werden Motive der germanischen Heldensage aufbewahrt, u. a. das zentrale Motiv der Brautwerbung, aber in neue Kontexte gestellt, die von dem germanisch-heroischen Denken der Wanderungszeit weit entfernt sind.

Um so überraschender ist es, daß mit dem Beginn des 13. Jahrhunderts ein Literaturzweig in Erscheinung tritt, der Stoffe der germanischen Heldensage in breiter Form ausgestaltet, das Heldenepos. Es setzt ältere epische Heldendichtungen voraus, die nicht überliefert, möglicherweise auch nie aufgezeichnet, sondern durch Fahrende oder Spielleute mündlich weitergetragen worden sind. Bemerkenswert ist, daß sich das Heldenepos vor allem im bayerisch-österreichischen Sprachgebiet entfaltete, in einem Gebiet, in dem sich die neue höfische Epik des Rittertums (vgl. Kap. III) nur sehr schwer durchsetzen konnte. Es ist daher wahrscheinlich, daß der Südosten Deutschlands der geographische Raum war, in dem sich alte Erzähltraditionen am längsten hielten.

Wahrscheinlich am Bischofshof in Passau entstand um das Jahr 1200 das wichtigste der uns erhaltenen Heldenepen, das *Nibelungenlied*. Sein Dichter ist uns nicht bekannt. Sicher ist, daß auch das *Nibelungenlied* ältere Vorstufen gehabt haben muß. In unserem Zusammenhang interessieren jedoch weder die Probleme der Stoffgeschichte noch die textkritische Frage, welche der drei verschiedenen Fassungen des *Nibelungenliedes* dem verlorenen Original am nächsten steht, zumal die Abweichungen der verschiedenen Fassungen voneinander nicht so groß sind, daß man nicht von einem klar umrissenen Werk sprechen könnte.

Das *Nibelungenlied* trägt Züge, die seinen Zusammenhang mit der Tradition des germanischen Heldenliedes und den in ihm zur Anschauung kommenden Wertvorstellungen durchaus verdecken können. Helmut de Boor ist so weit gegangen, es als ›ritterlich-höfischen Roman‹ zu bezeichnen,[15] weil »höfisch-ritterliches Verhalten, Zucht und Maße, adlige Schönheit und Pracht der Erscheinung« das ganze Gedicht »beherrschen«. Doch diese Einschätzung, die de Boor in seiner Darstellung auch selbst relativiert, fordert den Widerspruch heraus. Die breite Schilderung höfischen Lebens bleibt an der Oberfläche. Das Geschehen wird von den alten germanischen Denk- und Verhaltensweisen bestimmt – darüber kann selbst eine Figur wie Dietrich von Bern nicht hinwegtäuschen, der versucht, die barbarische Gesetzlichkeit des Handelns aufzubrechen. Auch christlich ist dieses Epos keineswegs. Kirchgang, Messe, religiöse Zeremonien, Anrufe Gottes usw. spiegeln ein aus den Entstehungsbedingungen des Liedes erklärliches formales Christentum, das keinesfalls als Ausdruck christlicher Gesittung zu bewerten ist. Die Protagonisten des Nibelungenliedes treffen ihre Entscheidungen, ohne daß von ihnen christliche Gebote reflektiert würden. Wie klar dies zur Zeit der Aufzeichnung des Liedes empfunden worden ist, zeigt der lange Anhang an die Dichtung, die sogenannte *Klage*. In ihr wird von einem mittelmäßigen Dichter der Versuch unternommen, das *Nibelungenlied* aus christlicher Sicht zu betrachten und es wenigstens äußerlich in das aktuelle kulturelle Umfeld des 13. Jahrhunderts einzugliedern. Der blutige Untergang der Burgunden, von dem der zweite Teil des Liedes berichtet, wird in der *Klage* als selbstverschuldete geschichtliche Katastrophe gesehen, als Folge von Haß und Übermut, als Folge menschlichen Versagens also nach christlicher Anschauung. Von der *Klage* her – dies war ihre Intention – ließ sich das Lied als abschreckende Demonstration heidnischer Gesinnungen verstehen. Es war das Bestreben kirchlicher Kreise, das *Nibelungenlied* auf diese Weise in die Distanz zu rücken, seinen Erzählstoff als ein Stück Vergangenheit begreifen zu lehren. Dies kann freilich nicht darüber hinwegtäuschen, daß es weder von seinem Dichter noch wahrscheinlich von den meisten seiner Hörer so verstanden worden ist noch verstanden werden konnte und wollte. Dagegen spricht schon die unübersehbare Faszination, mit der von Kampf und Tod die Rede ist, dagegen sprechen vor allem die Eindringlichkeit und Konsequenz, mit denen das Menschenbild und die Wertvorstellungen des germanischen Kriegers vermittelt werden.

Das *Nibelungenlied* ist aus zwei ursprünglich unverbundenen Stoffkreisen entstanden, aus den Brautwerbungsgeschichten um Siegfried, Kriemhild und Brunhild (Siegfried-Handlung) und aus der Geschichte um den Untergang der Burgunden am Hof der Hunnen (Nibelungen-Handlung, wobei Nibelunge als Name der burgundischen Königssippe gilt). Der zweite dieser Stoffkreise, der dem heroischen Denken spürbar näher steht, wirkt in sich konsistenter als der erste, in dem historische Ereignisse (die Erinnerung an den 575 ermordeten merowingischen König Sigibert) und mythisch-märchenhafte Motive (Tarnkappe, Unverwundbarkeit Siegfrieds) vermischt sind. Diese Eigenständigkeit der auch in weit voneinander entfernten geographischen Räumen spielenden Handlungsteile ist auch nach ihrer Zusammenfügung deutlich erkennbar geblieben.

Teil I (Aventiure 1–19) berichtet zunächst davon, wie Siegfried, Königssohn vom Niederrhein, nach Worms ins Reich der Burgunden kommt, um Kriemhild, die Schwester König Gunthers, zu gewinnen. Ganz unhöfisch fordert er Gunther zum Kampf auf. Mit Mühe überredet man ihn, seine Tüchtigkeit lieber im Kampf gegen die Sachsen unter Beweis zu stellen. Nach seinem Sieg hilft Siegfried König Gunther bei der Werbung um die riesenstarke Brünhild auf Isenstein. Brünhild glaubt, Siegfried sei der Bewerber. Doch Siegfried gibt sich als Lehnsmann Gunthers aus. Unsichtbar unter seiner Tarnkappe besteht Siegfried, Gunther unterstützend, drei Kämpfe gegen Brünhild. Diese spürt, daß sie nicht von Gunther bezwungen worden ist. In der Hochzeitsnacht knüpft sie Gunther an einen Nagel; Siegfried muß wiederum helfen und überwältigt sie. Etwas töricht nimmt er ihr als Beweis seines Sieges die Zeichen der Jungfräulichkeit, Ring und Gürtel, ab, schenkt sie Kriemhild und macht diese damit zur Mitwisserin. Nach Jahren kommt es zwischen Kriemhild und Brünhild anläßlich eines Besuches in Worms in der Öffentlichkeit des gemeinsamen Kirchgangs zum Eklat. Kriemhild prahlt mit der Überlegenheit ihres Mannes, den Brünhild ihrerseits herabwürdigt, weil er nur Lehnsmann Gunthers sei. Kriemhild fühlt sich daraufhin in ihrer Ehre verletzt. Sie gibt in aller Öffentlichkeit das Geheimnis der Hochzeitsnacht preis und zeigt zum Beweis Brünhilds Ring und Gürtel vor. Damit ist Brünhild, die Königin der Burgunden, desavouiert. Aus der privaten Affäre ist eine politische geworden. Mit der Ehre Brünhilds ist auch die Ehre der burgundischen Königsherrschaft verletzt. In dieser Zuspitzung liegt das eigentliche Ziel des ersten Teils des Liedes. Denn nun ist eine Entscheidung zu treffen, in der sich germanisches Gefolgschaftsethos zu beweisen hat. Siegfried, obwohl den Burgunden durch Freundschaft und seine Ehe mit Kriemhild eng verbunden, steht der Ehre und dem politischen Ansehen Gunthers im Weg. Er wird von dessen Gefolgsmann Hagen ermordet. Dieser Mord ist ein Treuebruch, aber für die Burgunden eine politische Notwendigkeit. Wie im *Hildebrandslied* steht die Ehre der Gefolgschaft über verwandtschaftlichen Rücksichten. Freilich sind die Umstände der Konfliktlösung im *Nibelungenlied* wenig rühmlich: Siegfried stirbt durch Verrat, wird hinterrücks an seiner verwundbaren Stelle getroffen. Dieses unheroische Arrangement ergibt sich aus dem Zwang der Kompilation unterschiedlicher Sagenstoffe. Hagen muß, um Kriemhilds Rache im zweiten Teil des Liedes zu rechtfertigen, als derjenige erscheinen, der zwar gerechtfertigte burgundische Interessen vertritt, dabei aber unehrenhaft handelt. Damit kann zugleich der strahlende Ruhm Siegfrieds unangetastet bleiben, der auch im Tod als Held unbezwungen ist. Weil Hagen nach seinem Mord an Siegfried Kriemhilds private Rache zu fürchten hat, muß er versuchen, ihr die Mittel dazu aus der Hand zu schlagen. Er überredet sie, ihre Mitgift, den Nibelungenhort, mit dem sie ihr ergebene Eigenmannen kaufen könnte, nach Worms kommen zu lassen, und versenkt ihn in den Rhein. Damit ist Kriemhild entmachtet.

Der zweite Teil des Liedes (20.–39. Aventiure) beginnt mit einer Aventiuren-Gruppe, die Kriemhilds Reise nach Etzelburc schildert, dem Sitz des Hunnenkönigs Etzel, der um Kriemhild geworben hat. Kriemhild hat die Werbung auf Zureden des Brautwerbers Rüedeger nur angenommen, nachdem sie erkannt hat, daß ihr die Macht des Hunnenkönigs helfen wird, Siegfried zu rächen. Nach 13 Jahren lädt sie die Burgunden zu sich ein. Trotz der Warnungen Hagens, der den Zweck der Einladung durchschaut, wird die Reise angetreten. Als Gefolgsmann Gunthers kann Hagen nicht zurückbleiben, will er seine Kriegerehre nicht verlieren. Auf Etzelburc werden die Absichten Kriemhilds sofort deutlich. Sie übersieht Hagen bei der Begrüßung und provoziert ihn noch vor dem eigentlichen Empfang der Burgunden durch Etzel. »Under krone«, als Königin der Hunnen also und in Gegenwart ihrer Gefolgsleute, bringt sie Hagen dazu, sich offen als Mörder Siegfrieds zu bekennen. Da Hagen weiß, daß der Konflikt unausweichlich ist, tut er ein übriges, Kriemhild zu beleidigen. Damit ist ihre Ehre als Königin verletzt, das Eingreifen der Hunnen gerechtfertigt. Die letzten Aventiuren zeigen eine Eskalation der Gewalt, die hier im einzelnen nicht nachzuzeichnen ist.

Noch vor diesen Gewalttätigkeiten kommt es zu der unvergleichlichen Szene der Schildbitte und -gabe zwischen Hagen und Rüedeger in der 37. Aventiure.[16] Kriemhild und Etzel haben Gefolgschaftstreue auch von ihrem Lehensmann Rüedeger verlangt, obwohl sie wissen, daß er mit den Burgunden befreundet ist und seine Tochter Giselher, einem der Nibelungenkönige, versprochen ist. Damit gerät Rüedeger in eine ausweglose Situation. Er muß als Lehensmann Etzels gegen seine Freunde kämpfen. Eine Lösung aus der rechtlichen und sittlichen Bindung der Treuepflicht gegenüber dem Lehensmann ist undenkbar. Zwar kündigt Rüedeger sein Lehen auf, aber er bleibt sittlich in dieser Situation an Etzel gebunden. Andernfalls verlöre er seine ›êre‹. Dennoch wünscht Rüedeger Freund der Burgunden zu bleiben, obwohl er formal die Freundschaft kündigen muß. Daß er Frau und Tochter ihrem Schutz unterstellt, dem Schutz derer also, gegen die er kurz darauf zu kämpfen hat auf Leben und Tod, ist der unüberbietbare Ausdruck seiner Freundestreue und Zuneigung. Gunther und Gernot verstehen die Paradoxie dieser Situation. Nur Giselher, »der junge«, »daz kint« (2108–2128), vermag sie nicht zu akzeptieren; er allein beschuldigt Rüedeger des Vertrauensbruchs. Damit ist der Versuch, im Gegner den Freund zu erhalten, zunächst gescheitert. Aber nun tritt Hagen hervor und bittet Rüedeger um dessen Schild. Mit der Bitte um die Gabe verbindet sich die Bitte um Freundschaft, denn die Gabe bindet den Gebenden wie den Nehmenden – noch heute spüren wir, bei aller Veräußerlichung, etwas von dieser magischen Wirkung. Indem Hagen diese Bitte äußert, stellt er zugleich die von Giselher verletzte Ehre Rüedegers wieder her, um so mehr, als er, der ›nobilitas‹ seiner Lehensherren vertrauend, Rüedeger verspricht, ihn im Kampf nicht persönlich anzugreifen. Nun kann der von Anfang an unvermeidliche Kampf losbrechen, aber er wird geführt im Gefühl innerer Versöhnung. – Die geltende Rechtsordnung des Lehenswesens, die Gefolgschaftstreue mit allen ihren gegenseitigen Verpflichtungen, wird in ihrer Gültigkeit auch von der 37. Aventiure nicht in Frage gestellt. Aber der in ihr ausführlich geschilderte Augenblick der Friedensstiftung zeigt, daß diese Rechtsordnung, zumindest zur Zeit der Aufzeichnung des Liedes, reflektiert zu werden beginnt.

Der Untergang der Nibelungen ist gleichwohl nicht aufzuhalten. Kriemhild nimmt, um das Prinzip der Blutrache zu erfüllen, zu der sie sich aus dem germanischen Sippendenken heraus verpflichtet fühlt (nach Rechtsauffassung der Germanen gehört sie nach ihrer Hochzeit mit Siegfried zu dessen Sippe), auch den Tod ihrer Brüder in Kauf. Sie weiß, daß ihre Brüder zu Hagens Schutz verpflichtet sind und mit ihm umkommen werden. Sie selbst schlägt, in der letzten Aventiure, Hagen mit Siegfrieds Schwert das Haupt ab, wird dafür von Hildebrand getötet, dem Gefolgsmann Dietrichs von Bern, der, unwillentlich hineingezogen in den Konflikt zwischen Hunnen und Burgunden, sich bemüht, der Raserei eine Grenze zu setzen.

So zeigt das *Nibelungenlied* das Aufeinanderprallen verschiedener germanischer Wertvorstellungen, die nicht miteinander vereinbart werden können, in allen schrecklichen Konsequenzen. Kriemhild folgt dem Gesetz der Blutrache, dem die Sippe verschworen ist, wenn einer ihrer Angehörigen getötet worden ist; Hagen dient den Interessen und dem für alle Krieger verbindlichen Ehrbegriff der auch den Tod auf sich nehmenden Gefolgschaft. Tief in ihre Vorstellungen von Ehre verfangen und durch den Brauch determiniert, handeln die Menschen gleichsam als Rollenträger, unterwerfen sich dem Fatum und den durch das Fatum bestimmten jeweiligen Situationen. Nur als mit sich selbst identische Personen, die sie nicht sind, hätten sie die Möglichkeit, die Situationen, in die sie geraten, aus eigenem Willen zu bestimmen.

Die Macht der Situation über die Menschen mag man übrigens in Anlehnung an Bertau[17] in der strophischen Gestaltung des *Nibelungenliedes* gespiegelt finden, auch wenn dieser Gedanke etwas gezwungen erscheint: über 2000mal reiht es kleine, je aus vier Langzeilen bestehende abgerundete rhythmische Einheiten aneinander, die ihrem Formbegriff nach auch eine je abgeschlossene inhaltliche Einheit enthalten, und ahmt damit formal auf ideale Weise die Situationskette nach, der die dargestellten Figuren nicht entrinnen können.

Da sich die Protagonisten des *Nibelungenliedes* in ihren auferlegten Rollen bewegen, sind unsere moralischen Urteile über einzelne ihrer Handlungsweisen (etwa über die Häufung der Morde Hagens, über Kriemhilds Maßlosigkeit) letztlich inadäquat, auch wenn wir uns – wie schon der christliche Verfasser der *Klage* – zu ihnen genötigt fühlen mögen. Unter den mit christlichen Wertvorstellungen verbundenen und für die abendländische Kultur, d. h. auch für uns schließlich maßgeblich gewordenen Vorstellungen von dem, was gut, was Recht oder Unrecht ist, sind die Figuren des *Nibelungenliedes* nicht zu bestimmen. Wir mäßen sie dann an Voraussetzungen, die nicht die ihren sind. Aber wir können das Lied als Relikt einer barbarischen Kulturstufe begreifen.

Lediglich einer der Helden, Dietrich von Bern, steht für Augenblicke außerhalb des Regelkreises von verletzter Ehre und Rache. Als einen an der Auseinandersetzung von Burgunden und Hunnen nicht direkt Beteiligten kann der Dichter ihn als eine Art Richter erscheinen lassen und mit ihm ein Regentenethos andeuten, das, der Entstehungszeit des Liedes entsprechend, humane und christliche Züge trägt. In dem Zusammenstoß zwischen Dietrich und Kriemhild (28. Aventiure) wird »die innere Überlegenheit der höfisch-humanen Persönlichkeit über die heroische spürbar; einen Augenblick ist es, als ducke sich das Dämonische in der menschlichen Natur vor dem Gesitteten – stumm und beschämt wendet sich Kriemhild ab.«[18] Und inmitten des tobenden Kampfes im Hunnensaal sinken die Schwerter, als Dietrich seine Stimme erhebt und freien Abzug für die Unschuldigen fordert. Schließlich aber wird auch er in die Gewalttat verstrickt, muß zurückfallen in den alten Zwang der Tradition. Als Gefolgsherr rächt er seine nach einem Streit von den Burgunden erschlagenen Gefolgsmannen, besiegt Hagen und Gunther, übergibt sie Kriemhild und läßt diese, nachdem sie ihr Mordwerk vollbracht hat, schließlich durch Hildebrand töten.

Neben dem Nibelungenepos kennen wir aus dem 13. und späteren Jahrhunderten auch andere Heldenepen. Auch sie greifen zurück auf geschichtliche Stoffe, vermischen sie jedoch zunehmend mit Märchenmotiven und Motiven des höfischen Romans, so daß das Bild von den Verhaltensnormen und Wertvorstellungen der germanischen Kriegerschicht immer mehr verschwimmt. In der Nähe des Nibelungenstoffes steht die Dichtung des *Hürnen Seyfried,* in der verschiedene Jung-Siegfried-Abenteuer erzählt werden. Viel lebendiger als der burgundische Stoffkreis war offenbar der sogenannte Dietrichkreis. Zu ihm gehört das schon erwähnte *Jüngere Hildebrandslied,* die *Rabenschlacht, Alpharts Tod* und sehr märchenhafte Züge tragende Dichtungen wie das *Eckenlied, Sigenot, Laurin, Virginal.* Eine Verbindung zwischen den Stoffkreisen um die Nibelungen und um Dietrich schaffen der *Große Rosengarten* und *Bitwolf und Dietleib,* in denen die Helden beider Sagenkreise gegeneinander antreten. In einen dritten Stoffkreis gehören schließlich die Epen über ›*Wolfdietrich*‹ und ›*Ortnit*‹. Ganz isoliert steht das ›*Kudrun*-Epos‹, eine Brautwerbungsgeschichte, die nicht zuletzt wegen ihrer Strophenform mit dem *Nibelungenlied* häufig in einem Atem genannt wird, ohne aber, trotz aller Kampfhandlungen, dessen Wertvorstellungen in vergleichbarer Weise zu entwickeln. Auf all diese Dichtungen, die im 13. und 14. Jahrhundert lebendig waren, uns aber teilweise erst aus späteren Überlieferungen bekannt sind, soll hier nur hingewiesen werden. Sie alle zeigen Merkmale des sog. ›Zersingens‹, Auflösungserscheinungen, die in der Vernachlässigung der Form, in der Vermischung von Stoffen und Motiven, in teilweise verworrener Handlungsführung und im Herausstellen einzelner Reizsituationen sichtbar werden. Natürlich steht diese Trivialisierung nicht nur mit der mündlichen Tradierung durch fahrende Dichter, sondern auch mit dem Wandel der Erwartungen der Zuhörer, mit dem Wandel des Publikums überhaupt in Zusammenhang.

Hatte schon der Adel der nachkarlischen Zeit das Heldenepos kaum noch als Bestätigung eigener Lebensauffassungen verstehen können, so diente es an den Höfen des späten Mittelalters vollends der bloßen Reminiszenz und Unterhaltung. Hinzu kam die Unterhaltungslust eines neuen bürgerlichen (meist patrizischen) Publikums, das sich der alten Stoffe bemächtigte, um auf diese Weise der vermeintlichen, längst schon nicht mehr gültigen Wertvorstellungen des Adels teilhaftig zu werden und die Effekte, die u. a. von der Herausgehobenheit des einzelnen Helden, von der Solidarität einer intakten Gruppe und den Situationen des Kampfes ausgingen, zu genießen.

Wie lange die verschiedenen Stoffe der germanischen Heldensage und das Heldenepos die Phantasie einzelner Rezipientenkreise noch beschäftigt haben und inwieweit es sich hierbei um einen kontinuierlichen Vorgang handelt, ist äußerst schwierig zu verfolgen und würde den hier gesetzten Rahmen sprengen.[19] Aber es sei an dieser Stelle doch die Rezeptionsgeschichte des *Nibelungenliedes* seit seiner Wiederentdeckung durch Jakob Hermann Obereit im Jahre 1755 und seit der vollständigen Erstausgabe von Heinrich Myller im Jahr 1782 nachgezeichnet, weil sich gerade an ihr erkennen läßt, wie stark Literatur, zumal Literatur, in der die Wertvorstellungen und Verhaltensnormen von Herrschergestalten anschaulich werden, an der politischen Ideologiebildung eines Volkes beteiligt sein kann, und weil wir an ihr mit Bestürzung wahrnehmen können, wie sehr das politische Denken und die politische Kultur der Deutschen bis ins 20. Jahrhundert hinein eine Affinität zu der – barbarischen – Kulturstufe besitzen, die das Heldenlied und das Heldenepos bezeugen.

Seit seiner Wiederentdeckung lassen sich drei Phasen der Rezeptionsgeschichte des *Nibelungenliedes* unterscheiden.[20] Die erste, die bis zur Reichsgründung im Jahre 1871 reicht, steht wesentlich im Zeichen der Ausbildung eines deutschen Nationalgefühls und der damit einhergehenden Aufwertung des Mittelalters. Die napoleonische Herrschaft über die deutschen Territorien hatte zur »Aufstauung gewaltiger patriotischer Affekte«[21] geführt und in der Folge unter den gebildeten Lesern auch zu Studien der mittelalterlichen Literatur, bei deren Lektüre man sich auf die nationale Vergangenheit besann und auf die im Mittelalter angeblich verwirklichte Einheit eines großen deutschen Reiches. Das *Nibelungenlied* wurde in den ersten Jahrzehnten des 19. Jahrhunderts mit Inbrunst gelesen und gedeutet. Germanisten und Literaturkritiker priesen es als »lebendige Urkunde des unvertilgbaren Deutschen Karakters« (v. d. Hagen, 1807), als »durch und durch deutsches, heimisches Gedicht« (August Wilhelm Schlegel, 1812) und unterwarfen es nationalpädagogischen Interessen. Wenn man das Werk – so August Wilhelm Schlegel – zum »Hauptbuch bey der Erziehung der deutschen Jugend« mache, werde es auch gelingen, kraftvolle Männer zu erziehen und die Einheit des Reiches wiederherzustellen. Die Gleichsetzung der im Text dargestellten Gestalten mit ›den Deutschen‹ kann heute nur verwundern; mehr noch der einseitige Blick auf die Tugenden der Helden, zumal auf solche wie die einer »vaterländischen, männlichen Gesinnung« (A. W. Schlegel). Die Blutrünstigkeit der Gestalten in einer von Verrat durchzogenen Geschichte blieb unerwähnt. Den Ausgang des Epos, das im Massenmord endet, schließlich als Anlaß zur

Hoffnung auf Wiederherstellung der deutschen Einheit zu nehmen, ist schon kaum noch naiv zu nennen. Es ist offensichtlich, daß der Text des *Nibelungenliedes* als ganzer im Grunde nicht zur Kenntnis genommen wurde; vielmehr wurden nur jene seiner Teile, die eigenen politischen Wunschvorstellungen entgegenkamen, zur Vermittlung patriotischer Affekte benutzt. Einige Leser freilich hielten Distanz zu dieser allgemeinen Begeisterung. Goethe sah im *Nibelungenlied* das Zeugnis einer »Bildungsstufe der Nation«, die in seinen Augen längst überschritten war; und über Hegel wird berichtet (von Clemens Brentano), daß er das *Nibelungenlied* beim Lesen ins Griechische übersetzte, um es »genießen« zu können. Aber der Spott einzelner vermochte den Siegeszug des *Nibelungenliedes* in die Schulbücher nicht aufzuhalten. Und auch die beiden herausragenden künstlerischen Neubearbeitungen, Hebbels *Nibelungen*-Trilogie aus dem Jahre 1862, in der die Handlung der Nibelungen als Kampf zwischen Heidentum und Christentum gesehen wird, und Wagners 1848 begonnene, 1876 uraufgeführte Tetralogie *Der Ring des Nibelungen*, eine psychologisch eindringliche Darstellung der Verstrickungen in Machtstreben und Besitzgier und eine frühe »Kapitalismuskritik«[22], haben gegen die unreflektierte Begeisterung in den breitenwirksamen pädagogischen Schriften wenig ausrichten können. Dort wurde es zum »mit Eisen geschwängerten Urquell«, zum »Evangelium deutscher Tapferkeit und Treue«.[23] Auch chauvinistische Klänge wurden nun lauter. 1859 schrieb Felix Dahn auf das Gerücht hin, Rußland, Frankreich und Italien hätten Deutschland den Krieg erklärt, ein Gedicht, das folgende Zeilen enthält:

> Auf! Schleudert Feuer in die Felder, von jedem Berg werft Glut ins Land,
> Entflammt die alten Eichenwälder zum ungeheuren Leichenbrand.
> Dann siegt der Feind: – doch mit Entsetzen, und triumphieren soll er nicht!
> Kämpft bis die letzte Fahn' in Fetzen, kämpft bis die letzte Klinge bricht,
> Kämpft bis der letzte Streich geschlagen ins letzte deutsche Herzblut rot,
> Und lachend, wie der grimme Hagen springt in die Schwerter und den Tod.
> Wir stiegen auf in Kampfgewittern, der Heldentod ist unser Recht:
> Die Erde soll im Kern erzittern, wann fällt ihr tapferstes Geschlecht:

Brach Etzels Haus in Glut zusammen, als er die Nibelungen zwang,
So soll Europa stehn in Flammen bei der Germanen Untergang!«

Die »fatalistische Bejahung heroischen Untergangs«,[24] die in diesen effekthaschenden, törichten Zeilen zum Ausdruck kommt, ist ein neuer Ton, der weit ins 20. Jahrhundert vorausweist. Zunächst freilich begann nach der Reichsgründung 1871 eine zweite Phase der Nibelungenrezeption. Nachdem die Einheit der Nation politisch hergestellt war, verlagerte sich das Interesse stärker auf die Siegfried-Figur, in die der Wunsch nach nationaler Größe und Kraft projiziert werden und die zugleich zur Legitimation deutscher Großmachtpolitik herhalten konnte. Nicht von ungefähr beginnt sich neben den Politikern nun auch das Militär des Nibelungenstoffes zu bemächtigen. Offiziere beschwören die Nibelungentugenden, vor allem die Treue; an der ›Siegfried-Linie‹ wird das Vaterland im ersten Weltkrieg verteidigt; und die Niederlage der Truppen wird mit der Dolchstoßlegende beantwortet, die General von Hindenburg mit seinem Ausspruch vom hinterrücks getroffenen deutschen Siegfried auslöst und noch in seinem späteren Amt als Reichspräsident bekräftigt. Hier konnte der Nationalsozialismus, mit dem die dritte Rezeptionsphase beginnt, bequem anknüpfen. Er hat die Dolchstoßlegende kräftig für propagandistische Zwecke ausgenutzt, gleichzeitig aber Hagen, den Mörder Siegfrieds, als Beispiel deutscher Gefolgschaftstreue herausgestellt. Daß ferner ausgerechnet der chaotische Untergang der Nibelungen die Aufbruchsstimmung des Dritten Reiches beflügeln sollte, ist ein weiterer Widerspruch. Wichtig war nicht der Zusammenhang des Liedes, wichtig war allein die Brauchbarkeit einzelner Klischees für das eigene Ideologiemodell. Da dies in den vorangegangenen Rezeptionsphasen nicht anders war, konnte der manipulative Charakter der Berufung auf das *Nibelungenlied* im Dritten Reich von der Öffentlichkeit nur schlecht durchschaut werden. Schon immer verkörperten Siegfried, Kriemhild, Hagen das ursprüngliche deutsche Wesen, galt der Kampf der Burgunden gegen Etzel als heroische Auflehnung gegen Fremdherrschaft und die Gefolgschaftstreue als Beleg für die den Deutschen eigene Bereitschaft des äußersten Einsatzes für den Herrscher. Nur die Akzente wurden jeweils anders verteilt. Die Nazis haben gegen Ende des zweiten Weltkriegs besonders die Schicksalsergebenheit und Opferbereitschaft der kämpfenden Burgunden beschworen. Göring verglich in seiner berüchtigten Rede vom 30. 1. 43 den Kampf um Stalingrad mit dem Kampf in

Etzels Halle. Den Untergang der 6. Armee vor Augen, begeisterte er seine Hörer – Offiziere und Soldaten der Wehrmacht – für einen blutigen Todeskampf und versprach »trotz allem Deutschlands Sieg«.[25]

Natürlich ist die Ideologisierung des *Nibelungenliedes* während des 19. und 20. Jahrhunderts nicht dem Text anzulasten. Sie beruhte auf der immer bewußteren, schließlich manipulativ eingesetzten Isolierung von Einzelzügen, die dadurch, daß man sie aus dem Kontext des Liedes, aber auch aus dem historischen Kontext seiner Entstehungszeit und seiner sozialgeschichtlichen Voraussetzungen herausriß, zu nicht mehr hinterfragbaren, d. h. entrückten, mythisierten Größen wurden.[26] Das historische *Nibelungenlied* als Mythos der Deutschen zu betrachten, ist abwegig. Es ist eine weitgehend politische Dichtung, in der sich – wie wir gezeigt haben – bestimmte verfassungsgeschichtliche Bedingungen einer historischen Epoche spiegeln. Zum nationalen Mythos ist es erst während des 19. und 20. Jahrhunderts vom Bildungsbürgertum und von Trägern politischer und militärischer Macht konstruiert worden. Immerhin ist diese Konstruktion von einer breiten Öffentlichkeit angenommen worden. Um so mehr lohnt es sich daher, sich intensiver mit einem anderen Ethos politischer Herrschaft und seinen Wirkungen zu befassen, das sich ebenfalls schon in der Literatur des frühen Mittelalters zu erkennen gibt.

Der christliche Herrscher als Friedensstifter in der Helden-, Geschichts- und Legendenepik des 9.–12. Jahrhunderts

Dieses andere Ethos politischer Herrschaft drang seit der Herrschaft Karls d. Gr. mit dem Einfluß der Kirche in den fränkischen Raum ein und überlagerte in einem langwierigen, Jahrhunderte währenden Assimilationsprozeß allmählich das germanische Herrschaftsverständnis. Die Kirche lebte im Rahmen der politischen Ordnungen der Germanen als eine selbständige ›civitas‹ nach Römischem Recht. Sie verstand daher alle Herrschaft als Amtsfunktion – ganz im Gegensatz zum Herrschaftsverständnis der Germanen, das jegliche Herrschaft unlöslich (magisch) an die Person des Herrschenden band, den Herrschenden freilich zugleich auf uralte, als heilig geltende Rechtsbräuche verpflichtete. Faßte man Herrschaft, wie die Kirche, als Amt auf, so konnte der Herrscher daran gemessen werden, wie weit er die mit dem Amt verbundenen Aufgaben erfüllte oder nicht. Seit den Zeiten Konstantins und seiner Nachfolger hatte die Kirche versucht, das Amt des Kaisers in ihrem Sinn zu bestimmen. Genau deshalb war sie so interessiert daran, dem fränkischen König Karl im Jahr 800 die Kaiserkrone aufzunötigen, unterwarf sie ihn sich damit doch insofern, als die Inhalte des Kaiseramts wesentlich ihren eigenen Vorstellungen entsprachen.

Diese Vorstellungen hatten sich in der nachkonstantinischen Zeit ausgebildet, z. T. in der nachträglich verklärenden Interpretation des Kaisertums Konstantins selbst, z. T. als Reaktion auf die Gewaltherrschaft späterer oströmischer Kaiser. Nach Konstantins Tod, also nach 337, schrieb der Bischof Eusebius von Cäsarea seine panegyrische Schrift *Eis ton bion tu makariu Kōnstantinu basileōs* (›Über das Leben des seligen Kaisers Konstantin‹). In ihr wird betont,[27] daß Reich und Kirche das gleiche Ziel haben, nämlich Frieden auf Erden zu stiften. Der Herrscher versteht sein Amt richtig, so Eusebius, wenn er seine Tätigkeit für den Frieden als Gottesdienst auffaßt. Ein christlicher Herrscher ist der Machthaber nur, wenn er Diener ist. Ihm obliegt es, im irdischen Reich das himmlische abzubilden. Als Stellvertreter Gottes auf Erden hat er wie ein Heiliger für Recht und Frieden zu sorgen und auch innerhalb der Kirche den Frieden bei Streitigkeiten herbeizuführen. Man kann hierin die Anfänge einer christlichen Staatsethik sehen. Ihre Grenze liegt darin, daß die Vollmacht dieser Dienstpflicht dem Herrscher direkt von Gott gegeben und durch die Menschen nicht beschränkt wird. Eusebius hat in dieser Vollmacht des Herrschers kein Problem sehen wollen.

Von anderen Bischöfen ist der absolutistische Cäsaropapismus freilich weniger naiv eingeschätzt worden. Sie gingen von der Erfahrung aus, daß politischer Machtbesitz immer die Gefahr enthält, von Gottes Gebot abzufallen. Die kirchliche Gemeinde, so folgerten sie, müsse daher wie ein Fremdling in der politischen Welt stehen. Deshalb vertraten sie, z. T. unter Berufung auf Schriften des Athanasius, des Metropoliten von Alexandrien, die innere Unabhängigkeit der Kirche und die These, daß der Kaiser in der Kirche, nicht über ihr stehe. Sie verwarfen damit das cäsaropapistische Prinzip. In geistlichen Dingen sollte die Kirche ihre eigene Disziplin und Hierarchie errichten. Bischof Ambrosius von Mailand gelang es, diese Auffassung gegen Kaiser Theodosius in den Jahren nach 379 durchzusetzen, und seither ist die ›libertas ecclesiae‹, allerdings vornehmlich nur in der westlichen Welt, zu einem das öffentliche Leben mitprägenden Faktor geworden. Einerseits führte die Selbständigkeit der sich institutionell immer weiter festigenden Kirche zu eigenen Machtansprüchen und schweren politischen Konflikten, andererseits aber erlaubte die Berufung auf die Freiheit der Kirche die Abgrenzung, ja sogar den Widerstand gegenüber politischer Macht, wenn diese begann, selbst sakral zu werden. Herrschern kann die christliche Gemeinde, dies ist seither fest mit dem Selbstverständnis der lateinischen Kirche verbunden, nur gehorchen, solange von ihr nicht der Verrat Christi verlangt wird.

Gerade ihre Unabhängigkeit und Eigenständigkeit hat die Kirche in die Lage versetzt, an die weltlichen Regenten Ansprüche zu stellen, wie das Regentenamt zu führen sei. Für die Sicherheit nach außen (›securitas‹), Friede und Recht im Inneren (›pax et iustitia‹) zu sorgen, waren Verpflichtungen des Herrschers schon im Römischen Reich. Gefordert wurde nun zusätzlich der Schutz der Kirche. Da die Kirche Missionsarbeit trieb, wurde auch vom Regenten eine gleichsam produktive Tätigkeit verlangt,[28] nämlich Verantwortung für Erziehung und Bildung zu übernehmen als den Voraussetzungen des Verständnisses der christlichen Botschaft. Diese Botschaft zu lehren und zu leben, sollte Sinn des Herrschens sein; der Sinn des Herrschens sollte im christlichen Lebenssinn, in der Fürsorgepflicht für den Nächsten, aufgehen. Die aus Augustins Unterscheidung der ›civitas caelestis‹ und ›civitas terrena‹ hervorgehende Zweigewaltenlehre, die das ganze Mittelalter bestimmte, beabsichtigte nicht etwa ein unverbundenes Nebeneinander der staatlichen und kirchlichen Gewalt, sondern gerade ihre wechselseitige Durchdringung. Die Kirche wurde zugleich als Staat gedacht, der Staat zugleich als Kirche. Das weltliche Schwert sollte nicht mehr um der egoistischen Interessen der einzelnen Machtträger, sondern um der Verwirklichung des Gottesreiches auf Erden willen geführt werden. Damit erwachte (trotz der andauernden Vergeblichkeit der Anstrengungen, diesen Gedanken zu verwirklichen) das sittliche Motiv, die öffentlichen Zustände im Sinn der Verantwortung für alle Mitchristen zu regeln. Denkt man an die magisch-sakralen Rechtsbindungen der Germanen und an ihren von Zwängen bestimmten Umgang mit der Macht, wird die große Kulturleistung der Kirche deutlich, Macht in die Zielsetzung des Friedens einzubinden und in den Regenten den Sinn dafür zu wecken, daß Macht nur ganz bewußt in der Verantwortung für den Frieden gebraucht werden darf.

Die Durchsetzung dieses Gedankens in den germanischen Missionsgebieten war freilich oft genug von Rückschlägen und Fehlentwicklungen begleitet. Das Bündnis der Kirche mit Karl d. Gr.

war für die Ausbildung dieses Regentenethos' auf germanischem Gebiet ein vielversprechender Beginn. Karl, der sich ganz als fränkischer König verstand und – von Byzanz beeinflußt – auch seine Machtstellung gegenüber der Kirche als Institution betonte, fühlte sich zugleich doch auch als einfacher frommer Laie in der Gemeinschaft der Christen. Verstand er seine christliche Aufgabe als Regent eher noch äußerlich, indem er Missionskriege führte, Kirchen und Klöster ausstattete, für Witwen und Waisen sorgte, Schulen und christliche Erziehung förderte und ein reges literarisches Leben in Gang setzte (vgl. Kap. I), so stärkte und verinnerlichte sich unter seinen Nachfolgern und unter den Ottonen und Saliern die Auffassung, daß der Herrscher als Christ demütig zu sein und seine Amtsführung vor Gott zu verantworten habe. Ihr politisches Handeln, durch das der Ausbau der Reichskirche so nachdrücklich betrieben wurde (vgl. Kap. I, S. 13) war von der Vorstellung geleitet, daß Gottesdienst, Schwertdienst und geordnetes Regiment eine unauflösliche Einheit bilden und daß der König und Kaiser an seiner Sorge um die Herbeiführung und Sicherung der Ordnung zu messen sei, die das christliche Leben jedes einzelnen Menschen ermöglicht. Der Bußgang, den Heinrich IV. 1077 nach Canossa antrat, um sich vom Fluch Papst Gregors VII. zu lösen, war bei allem politischem Kalkül nur möglich, weil Demut (nicht mehr nur Stolz) als hohe Tugend auch der Mächtigen verstanden werden konnte. Demut, Fürsorge für die Bedürftigen, Freigiebigkeit, christliche Tugenden, die sich mit den traditionellen römisch-augusteischen Tugenden des Herrschers verbanden, trugen entscheidend zu dessen Ansehen, zum ›splendor imperii‹, bei. Wenn die Kirche die bischöfliche Salbung des gewählten Herrschers mit geweihtem Öl, in der die biblische Salbung Sauls und Davids wiederholt wurde, als Krönungszeremonie durchsetzte, so sollte sinnfällig zum Ausdruck kommen, daß die Regentschaft ein halbgeistliches Amt sei. Wie stark die Kirche darüber hinaus Einfluß auf die Vorstellung des idealen Herrschers nahm, belegen die vielen seit dem 9. Jahrhundert entstehenden ›Fürstenspiegel‹, vor allem aber auch die bildende Kunst der Zeit.

In den ›Fürstenspiegeln‹,[29] durch die besonders die heranwachsenden Herrscher über ihre Pflichten belehrt werden sollten, wurden neben einzelnen antiken Kaisern (Augustus, Trajan, Konstantin) immer wieder die Könige des Alten Testaments, insbesondere David und Salomo, als Musterkönige zitiert, an denen sich der Regent orientieren sollte, David als König und Prophet und als Präfiguration Christi (›typus Christi‹), Salomo als Prototyp des Friedensfürsten und weisen Herrschers. Übersichtlich zählt die Pseudo-Cyprianische Schrift *De duodecim abusivis saeculi* (›Über die zwölf Mißstände der Welt‹) aus dem 7. Jahrhundert die christlichen Grundpflichten des Herrschers auf: »Die Gerechtigkeit des Königs besteht darin, niemanden durch Gewalt ungerecht zu bedrücken; ohne Ansehen der Person über die Menschen zu richten; ein Verteidiger der Fremden, der Waisen und der Witwen zu sein; Diebstahl zu unterbinden; Ehebruch zu bestrafen; die Ungerechten nicht zu erheben; die Schamlosen und Spielleute nicht zu versorgen; die Gottlosen zu vernichten; Mördern und Meineidigen nicht zu leben gestatten; die Kirchen zu schützen, die Armen mit Almosen zu speisen; die Gerechten mit den Reichsgeschäften zu betrauen; erfahrene, weise und besonnene Ratgeber zu haben; sich nicht nach den abergläubischen Bräuchen der Zauberer, Wahrsager und Wahrsagerinnen zu richten; Zornesausbrüche zu unterdrücken; das Vaterland tapfer und wirksam gegen Feinde zu verteidigen und in allem auf Gott zu vertrauen.«[30]

In der christlichen bildenden Kunst des frühen und hohen Mittelalters erscheint der Herrscher als Statthalter Christi auf Erden. Dies ist seine ihm von der Kirche zugewiesene Funktion im göttlichen Heilsplan; und nur weil er diese Funktion besitzt, ist sein Körper als Gefäß der Sünde und Gefängnis der Seele überhaupt abbildungswürdig.[31] So erscheint der Herrscher stets in der Wahrnehmung seines Amtes: im Ornat auf dem Thron sitzend, ausgestattet mit Krone, Zepter und Globus, den Insignien seiner Macht, das sakral stilisierte Antlitz frontal auf den Betrachter gerichtet (erst in der zweiten Hälfte des 12. Jahrhunderts wird der Kopf [Friedrichs I.] auch einmal seitwärts zu seinem ebenfalls abgebildeten Sohn [Heinrich VI.] gewendet, zeigt sich der Übergang vom Thron- zum Familienbild an, in dem sich ein neues Selbstbewußtsein des Herrschers spiegelt). Neben den Thronbildern sind die Bekehrungs- und Krönungsbilder besonders aufschlußreich. Die Krönung des Herrschers durch Gottes Hand (vgl. Abbildung S. 144)[32] oder das Herrscherpaar in anbetender Haltung zu Füßen Christi weisen den Betrachter darauf hin, daß kaiserliche Macht von Christus hergeleitet ist und der Macht Gottes untersteht.

Die deutsche Literatur ist an der Ausbildung des christlichen Selbstverständnisses des Regenten und an der Formulierung christlicher Inhalte des Regierens seit dem 9. Jahrhundert beteiligt gewesen. Das älteste hier zu nennende Zeugnis ist das 881 entstandene *Ludwigslied,* das den Assimilationsprozeß germanischer und christlicher Traditionen spiegelt. Das *Ludwigslied,* häufig als

Krönung Ottos II. und der Theophanu durch Christus,
zwischen 972 und 983
Paris, Musée Cluny

das christliche Gegenstück des *Hildebrandsliedes* bezeichnet, verherrlicht den Sieg des westfränkischen Königs Ludwig (des Ururenkels Karls des Großen) über die Normannen bei Saucourt (875). Der Normanneneinfall wird als Bestrafung des sündigen Volkes der Franken gedeutet. Aber Gott beruft Ludwig, seinen Zögling, der sich für die Franken im Kampf gegen die Heiden bewähren soll. Ein geistliches Lied singend, reitet Ludwig mit seinen Kriegern in die Schlacht. Die Schilderung des Kampfes konzentriert sich ganz auf seine Gestalt; die in ihm wirksame Gotteskraft führt zum Sieg der Franken:

> Thar vaht thegeno gelih,/ nichein soso Hluduig:// snel indi kuoni,/ thaz uuas imo gekunni.// Suman thuruhsluog her,/ suman thuruhstah her.// Her skancta chanton/ sinan fianton,/ bitteres lides./ So uue hin hio thes libes!// Gilobot si thiu godes kraft:/ Hluduig uuarth sigihaft;// ich allen heiligon thanc!/ sin uuarth ther sigikamf.

Ü: Da focht ein jeder Held, keiner wie Ludwig: tapfer und kühn, das war seine Art. Manchen durchschlug er, manchen durchstach er. Er schenkte eigenhändig seinen Feinden bitteren Wein: weh ihnen immer ihres Lebens! Gelobt sei die Gotteskraft: Ludwig ward sieghaft. Und allen Heiligen Dank! Sein ward der siegreiche Kampf.[33]

Gefolgschaftsdenken (Ludwig ist Gefolgsherr seiner Krieger, so wie er selbst Gefolgsmann Gottes ist) und Kampf sind in diesem Lied die Züge, die wir aus der germanischen Heldendichtung kennen. Möglicherweise steht hinter ihm die Erinnerung an das aus dem südgermanischen Raum nicht überlieferte Preislied. Allerdings wird im *Ludwigslied* nicht mehr der germanische Stabreimvers benutzt, der für das Preislied, wie die späteren Zeugnisse aus dem Norden erweisen, konstitutiv gewesen ist, sondern der Reimvers Otfrieds. Der Wechsel von Bericht, Rede und Antwort auf knappem Raum andererseits weist auf germanische Muster. Entscheidend aber ist bei allen Anklängen an germanische Traditionen der christliche Anspruch, der von diesem Lied ausgeht. Das germanische Kriegertum hat gleichsam eine christliche Legitimation bekommen.[34] Die geschichtliche Tat Ludwigs ist in ein christliches Sinngefüge eingebettet. Er kämpft gegen die Heiden, die sein Volk angegriffen und dessen Frieden zerstört haben. Damit entspricht er der Lehre Augustins (*De civitate Dei* 19, 7), der den Krieg für gerechtfertigt hält, wenn die den Frieden garantierende Rechtsordnung verletzt oder bedroht ist und wiederhergestellt werden muß. Sofern der Krieg dem Frieden dient, nicht etwa der Rache oder Kampfeslust, und sofern er die Einbeziehung des Gegners in die Rechtsordnung zum Ziel hat, und nicht etwa dessen Vernichtung, ist die Beteiligung des Christen an ihm nach Augustin legitim (dazu ausführlicher S. 159f.). Indem Ludwig den Frieden für sein Volk wiederherstellt, erfüllt er die Aufgabe eines christlichen Regenten, erweist er sich selbst als Gottesstreiter. Weltliche und geistliche Aufgabe durchdringen sich. Allerdings steht die Auffassung vom Amtscharakter der Regentschaft diesem Lied noch völlig fern. Viel eher wird im Gegensatz dazu der sakrale Charakter des Königtums herausgestellt, das Motiv der besonderen, gleichsam übernatürlichen Begnadung des Königs, eine Anschauung also, in der sich die byzantinische Lehre vom Gottesgnadentum des Herrschers mit germanischen Vorstellungen vom Heil der Könige berührt. Damit aber rückt das Lied auch in eine gewisse Nähe zur Heiligenvita, von der es die Schrittfolge von Sünde, Buße und Lohn übernimmt. Wie die Heiligenvita den Heiligen als Wundertäter, als ›instrumentum Dei‹ verherrlicht, in ihm Gott wirksam werden sieht, so sieht auch das *Ludwigslied* die Kraftleistung des jungen Königs durchaus im Zusammenhang mit der Kraft Gottes. Ist der Heilige in der Legendenliteratur eine Art Held, der sich als Teilnehmer des Gotteskampfes gegen das Böse vorbildlich bewährt, so ist der kriegerische Held eine Art Heiliger, wenn er sich als Kriegsmann Gottes versteht. Natürlich handelt es sich hierbei um eine Stilisierung der Herrscherfigur. Ludwig war – man lese die *Annales Vedastini* (Jahrbücher von St. Vaast) – alles andere als ein Heiliger. Es lag im Interesse der Kirche, die ein neues Herrscherbild formte, ihn dazu zu machen. Sie konnte dabei an die Gepflogenheit des alten germanischen Fürstenpreises anknüpfen, versah diesen aber mit völlig neuen Wertungen. Das Menschenbild der germanischen Heldendichtung verblaßte und wurde metaphysisch überbaut.

Nicht von ungefähr entstanden im Übergang vom 9. zum 10. Jahrhundert – also in zeitlicher Nähe zum *Ludwigslied* – die ersten deutschen Legendendichtungen, das *Georgslied* und der *Lobgesang auf den heiligen Gallus,* Preisgedichte auf Männer, die ganz im Dienste Gottes stehen und ihre Tugenden in die Tat umsetzen. Auch sie vollbringen Kraftakte, die ihnen durch das Wunder der göttlichen Zuwendung ermöglicht werden. Georg, der hier noch nicht als Drachentöter auftritt, wird dreimal, auf immer grausamere Weise, ums Leben gebracht, um immer wieder aufzuerstehen. Was daran heute befremdend wirken mag – die Vergegenständlichung des Glaubens und des Lohnes für ihn, das Mißverhältnis zu allen Erfahrungstatsachen – war für die naive Gläubigkeit der frühmittelalterlichen Rezipienten ganz unproblematisch. Deren Blick richtete sich durch die Vorbildfigur hindurch auf Gott, dem alles möglich war.

Der christliche Held wie der heldische Christ sind gleichermaßen überhöhte, aber abstrakte Figuren. Ihre Gestaltung folgt bloßer Antithetik, ihr Weg einem Schema. Seelische Zwischentöne oder Konflikte, mit denen der Hörer und der Leser sich auseinandersetzen könnte, werden nicht dargestellt. Heilige wie Helden sind nichts als Repräsentanten einzelner Tugenden sowie Empfänger und Vermittler von Wundern, die sich als Lohn der Tugend einstellen. So vorbildlich sie als Figuren wirken, ihre Handlungen sind nicht nachvollziehbar. Denn nicht Zusammenhänge menschlichen Lebens sind hier wichtig, sondern einzelne Augenblicke, in denen »das Gute sich vergegenständlicht«,[35] die Tugend gleichsam faßbar und meßbar wird. Deswegen werden diese Augenblicke als Reizsituationen effektvoll arrangiert und ausgearbeitet, werden im Lauf der nächsten Jahrhunderte immer aufdringlichere Mirakel in der Legendenliteratur erzählt. Ihre Wirkung verfehlen sie nicht: Die *Legenda aurea,* ein Sammelwerk des Dominikaners Jacobus de Voragine aus dem 13. Jahrhundert, das die zu jedem Tag des Kalenders gehörenden Legenden zusammenstellt, war das erfolgreichste Buch des gesamten Mittelalters – in über 1000 Handschriften und 97 Inkunabelauflagen verbreitet und in etliche Volkssprachen übersetzt.[36] – Man kann sich fragen, inwieweit die in der christlichen Helden- und Legendendichtung auffällige Überhöhung der einzelnen Figur eine Parallele in den populären Lesestoffen späterer Jahrhunderte, insbesondere des 19. und 20. Jahrhunderts findet.[37] Auch in manchen Genres der Trivialliteratur kämpfen Helden gegen Mächte des ›Bösen‹, zeigen dabei fast unüberwindbare Stärke und Ausdauer und stehen mit ›transzendenten‹ Gewalten im Bunde, die ihnen zum Sieg verhelfen. Doch bleiben diese Gewalten als ›Schicksal‹ oder ›Zufall‹ anonym und ersetzen die Vorstellung des persönlichen Gottes, demgegenüber der Mensch verantwortlich ist. Während die Gewaltanwendung des Herrschers im christlichen Heldenlied ihre Grenze im Postulat der Friedenssicherung nach innen und außen findet und die Heiligenvita zur Deutung des Lebens als eines sinnerfüllten und auf das Ziel der Gottesnähe gerichteten biographischen Zusammenhangs beiträgt (vgl. dazu auch Kap. I, S. 81 f.), folgen die Idole der modernen Massenliteratur allein den in der Konkurrenzgesellschaft gültigen Maximen technokratischer Effizienz, ohne sich Sinnfragen jemals ernstlich zu stellen.

Das *Ludwigslied,* das – ganz anders als die Preislieder der nordischen Skalden – präzise an ein historisches Ereignis gebunden ist und das dem in ihm dargestellten Geschehen einen Stellenwert auch in einer Lebensgeschichte anweist, deutet bereits auf das erwachende Interesse für Geschichte und Geschichtsschreibung hin. Das irdische Geschehen wird sinnvoll im Hinblick auf einen heilsgeschichtlichen Hintergrund und ein heilsgeschichtliches Ziel (vgl. Kap. I) und erhält die ihm deswegen gebührende Aufmerksamkeit. Dies bezeugen die seit dem Ende des 11. Jahrhunderts entstandenen Geschichtsdichtungen *(Annolied, Kaiserchronik),* die heroischen Versepen *(Alexanderlied, Rolandslied)* und die historisch-abenteuerlichen und legendarischen Versromane (*Herzog Ernst, König Rother, Oswald, Orendel, Salman und Morolf* u. a.), die man häufig als ›Spielmannsepen‹ zusammenfaßt. Allen diesen Texten, die hier nicht in gleicher Ausführlichkeit behandelt werden können, liegt die Auffassung zugrunde, daß Weltgeschichte Teil der Heilsgeschichte Gottes ist und deswegen trotz all ihrer Wirrnisse Sinn besitzt. Und alle diese Texte sind – mehr oder weniger – auch relevant für die Ausbildung und Durchsetzung des neuen christlichen Bildes vom Herrscher und christlicher Zielvorstellungen des Regierens. Wie keine andere Zeit hat gerade die der salischen Kaiser Macht und Glauben als Einheit gesehen und den Herrscher als Heiligen stilisiert. Die in geschichtlichen Entscheidungssituationen stehenden Regenten können, wenn sie sich von der Herrschaft Christi getragen wissen, auf Gottes Eingriff und Führung hoffen. Dies zu vermitteln, ist das Anliegen der geschichtlichen und legendarischen Erzähltexte dieses Zeitraums. Daß ihnen dabei die »Korrektheit des Faktischen«[38] weithin fehlt, weil historisch Beglaubigtes und Fiktion sich ständig vermischen, erklärt sich aus eben dieser alle historischen Ereignisse immer auch transzendierenden Sicht auf die Wirklichkeit.

Die früheste deutsche Geschichtsdichtung ist das *Annolied.* Es entstand um 1100 (die Datierung ist umstritten) und bezieht sich auf den herrschsüchtigen Kölner Erzbischof Anno, der 1062 durch Kindesraub den jungen Heinrich IV. und damit die Reichsregierung unter seinen Einfluß gebracht und 1074 den Kölner Bürgeraufstand gewaltsam niedergeschlagen hatte, sich aber stets auch bußfertig um Arme und Kranke kümmerte. Verfaßt wurde das Lied offenbar von einem Mönch des von Anno gegründeten Klosters Siegburg. Es arbeitet zielbewußt auf die Heiligsprechung Annos hin, die wesentlich später, 1183, auch erfolgte. Zeigte das *Ludwigslied* einen weltlichen Regenten in seiner Verantwortung für die Verteidigung des Christentums, so das *Annolied* den Kirchenfürsten in seiner Bedeutung für die Geschicke der Welt. Das *Annolied* ist nicht nur Heiligenvita, obwohl Annos christliche Tugenden betont werden und an seinem Grabe schließlich auch ein Wunder geschieht, es ist zugleich Zeugnis des Selbstbewußtseins einer Kirche, die den Dienst am Reich als Gottesdienst auffaßt und den einzelnen herausgehobenen Diener in welthistorische Zusammenhänge stellt. Daher erscheint es ganz folgerichtig, wenn die Darstellung des Lebens Annos nur etwa ein Drittel der ganzen (nur 439 Reimpaare zählenden) Versdichtung ausmacht. Der Text beginnt nach einer Absage an die alte Heldendichtung mit einer nur 6 Strophen umfassenden ›Historia divina‹, einem Abriß der Geschichte der Welt von der Schöpfung an bis zum heiligen Anno. Es folgt eine ausführliche, 25 Strophen einnehmende Darstellung der ›Historia terrena‹, die bei Nines, dem Gründer Ninives, einsetzt, über die Weltreiche bis zum Imperium Romanum führt, aber von Augustus aus nun nicht, wie es der Translatio Imperii entsprechen würde, zu den Frankenkaisern und ihren Nachfolgern führt, sondern zu Petrus lenkt, zu den christlichen Missionaren und der Reihe der 33 Kölner Bischöfe, an deren Ende Anno steht. Dieser ist nicht nur der 33. Kölner Bischof, sondern auch, rechnet man ihn schon dazu, der 7. Heilige unter ihnen; die Zahlensymbolik (33 ist eine Christus-Zahl, 7 weist unter anderem auf die Schöpfung und auf den Heiligen Geist) wird als ein unausgesprochenes Argument für die Kanonisierung Annos eingesetzt. Erst jetzt folgt in einem dritten Teil (bis Strophe 49) die als Heiligenvita angelegte Geschichte Annos, die durch frommen Lebenswandel, durch Prüfungen, Visionen und postumes Wunder gekennzeichnet ist, aber durchaus auch seine weltliche Macht andeutet: »in der phelinzin sîn tugint sulich was,/ daz un daz rîch al untersaz, / als ein lewo saz her vur din vuristin,/...« (Str. 34/35). (»Am königlichen Hof war seine Macht so groß, daß alle Reichsfürsten ihre Sitze unter ihm hatten; Wie ein Löwe präsidierte er den Fürsten, ...«.[39] Durch die ausführliche historische Einleitung erhält Anno nicht nur seinen Platz in der Heils- und Weltgeschichte, die Konstruktion des Gedichts legt auch nahe, daß in der Vita dieses Heiligen Heils- und Weltgeschichte gleichsam wie in einem Brennspiegel aufgefangen und miteinander vereinbart werden. Anno ist derjenige, der die dualistische Aufspaltung des Daseins in Himmel und Erde, Kirche und Staat in seiner Person überwindet. Hierin liegt zugleich die zeitgeschichtliche Aktualität des Liedes. Geschrieben während der Wirren des Investiturstreites, in dem Kaisertum und Papsttum sich gegenseitig die führende Rolle in der Weltregierung streitig machten, tritt es nicht etwa entschieden für den Radikalismus und Machtanspruch Papst Gregors VII. und der Reformer ein, sondern beschwört viel eher die Harmonie des zerbrechenden ottonisch-frühsalischen Staatskirchentums, das den Reichsbischöfen erlaubte, Gottesdienerschaft und weltliche Regentschaft zu verbinden. Aber weniger reichsbischöflich-partikularistische Interessen sind die Ursache hierfür, auch nicht ein fehlender Sinn für die Herrschaftsfunktionen der Kirche (das Verschweigen der Franken- und Sachsenkaiser zugunsten der langen Aufzählung der Kölner Kirchenfürsten spricht eine Sprache für sich), als vielmehr die Sorge um den Fortbestand des Römischen Imperiums, an dem nach mittelalterlicher Auffassung das Schicksal der Welt hing. Das *Annolied* zeichnet in seiner 40. Strophe das Schreckbild des Reiches, das sein Schwert gegen die eigenen Eingeweide kehrt und sich selbst besiegt. Dem politischen Chaos, das durch den Zwiespalt zwischen Staat und Kirche im Investiturstreit sich ausbreitet und das unter heilsgeschichtlichem Aspekt eben auch in das Ende der Welt, in das Jüngste Gericht münden könnte, steht in Anno der Heilige, der zugleich auch ein gerechter und friedenstiftender Herrscher ist, als Vorbild gegenüber.

Für die Durchsetzung und Verbreitung der christlichen Vorstellungen vom Verhalten eines Herrschers und dem rechten Gebrauch der Macht ist die zweite volkssprachige Geschichtsdichtung dieses Zeitraums, die *Kaiserchronik,* von eher noch größerer Bedeutung – nicht weil ihr künstlerischer Wert oder die Reflektiertheit ihres Geschichtsbildes das *Annolied* überträfe, das Gegenteil ist der Fall –, sondern weil von ihr, wie zahlreiche Neubearbeitungen, Erweiterungen und Erwähnungen (besonders in den Weltchroniken des 13. Jahrhunderts, aber etwa auch im führenden Rechtsbuch des späten Mittelalters, dem sog. *Schwabenspiegel*) belegen, eine beträchtliche Breitenwirkung ausging. Die Ursache hierfür dürfte in der Fülle der anekdotischen, novellistischen, vor allem aber legendarischen Erzählstoffe antiken und orientalischen Ursprungs liegen, die in der *Kaiserchronik* zur Befriedigung der Unterhaltungsbedürfnisse des Publikums und zu dessen gleichzeitiger Erbauung angesammelt worden sind. – Die bunte Stoffülle der über siebzehntausend Verse kann leicht dazu führen, daß das gedankliche Konzept der *Kaiserchronik* übersehen wird. Auch sie ist wie das *Annolied* von einer politischen Absicht getragen. Ihr Verfasser oder Kompilator, ein Regensburger Geistlicher, der während der mittleren Jahrzehnte des 12. Jahrhunderts wohl als Kanzlist am Regensburger Hof des Welfenherzogs tätig war und durch den Regensburger Bischof, der vormals Abt in Siegburg gewesen war, das *Annolied* kannte (Teile aus dem *Annolied* sind in der *Kaiserchronik* aufgegriffen), war bestrebt, ein Geschichts- und Herrscherbild zu vermitteln, das unmittelbar in die Zeitgeschichte hinein wirken sollte. Er erzählt einen Teil der ›Historia terrena‹, und zwar die Geschichte des Römischen Imperiums, einsetzend bei Cäsar (nur von der Gründung Roms ist zuvor noch die Rede), abbrechend bei der Darstellung des 2. Kreuzzuges. Der kompositionelle Grundgedanke besteht in der Aneinanderreihung von Kaiserbiographien, wobei durch Auslassungen und durch die Erfindung von Kaisern mehrfach gegen die historische Richtigkeit verstoßen wird. Viel wichtiger als diese ist die typologische Einteilung der Kaiser in heidnische und christliche, die entsprechende Schwarz-Weiß-Stilisierungen in ›böse‹ und ›gute‹ Herrscher erlaubt.

Die Kaiser werden gemessen an ihrem Verhalten gegenüber Christentum und Kirche als den Trägern der ›Historia divina‹, also daran, inwieweit sie es ermöglichen, daß sich bereits in der irdischen Geschichte das Gottesreich verwirklichen kann. Die Geschichte des kaiserlichen Imperiums gibt gleichsam den Rahmen ab, innerhalb dessen sich – wenn von den Kaisern dafür die Voraussetzungen geschaffen werden – die religiöse Sinngebung des Lebens, von der u. a. in den vielen Legendenerzählungen der Chronik die Rede ist, entfalten kann. Wo die Übereinstimmung der Vertreter der ›civitas Dei‹ auf Erden und der ›civitas terrena‹ im gemeinsamen Dienst an dem einen Gottesreich gestört ist, entsteht Unheil, am krassesten unter den heidnischen Herrschern zur Zeit der Christenverfolgungen. Mit dieser Geschichtsauffassung wendet sich die *Kaiserchronik* ebenso wie zuvor das *Annolied* sowohl gegen die Feudalanarchie in Deutschland als auch gegen die radikalen Ansprüche der Gregorianer und stärkt am Vorabend der Stauferzeit erneut den Reichsgedanken. Auch wenn das Geschichtskonzept der *Kaiserchronik* ganz unreflektiert erscheint – im Vergleich etwa zu der gleichzeitig entstehenden lateinischen *Historia de duabus civitatibus* Ottos von Freising[40] –, tritt es in all seiner anekdotenhaften Äußerlichkeit doch deutlich in Erscheinung und verfehlt keineswegs seine Wirkung. Diese verbindet sich in erster Linie mit der Herausstellung der großen Persönlichkeiten unter den Herrschern. Karl der Große, Ludwig der Fromme, Heinrich II. und Lothar von Supplinburg sind die Vorbildfiguren der *Kaiserchronik*. Sie erfüllen das schon erwähnte Ideal des christlichen ›rex iustus et pacificus‹, der als Hüter des Rechts, Beschützer der Schwachen und Verteidiger der Christenheit auftritt.

Bei der Wahrnehmung dieser Aufgaben werden die Kaiser von einer adligen Gesellschaft unterstützt, die in den Formen des Lehenswesens an sie gebunden ist. Aber anders als noch im *Ludwigslied* stellt die *Kaiserchronik* nicht die kriegerische Tat in den Vordergrund, auch wenn Schilderungen kriegerischer Auseinandersetzungen mit heidnischen Völkerstämmen nicht fehlen, sondern politisches Handeln. Entsprechend werden bei den Gefolgsleuten der Kaiser weniger die kämpferischen Qualitäten betont als vielmehr die des klugen Ratgebers. Disputationen beginnen in der *Kaiserchronik* die Kämpfe zu verdrängen.

Noch die etwa hundert Jahre später entstehende (früh abgebrochene) *Weltchronik* des Rudolf von Ems wird ein Geschichtsbild entwerfen, das dem der *Kaiserchronik* vergleichbar ist, und damit – ebenfalls wieder in einer politischen Krisenzeit – den staufischen Anspruch auf die Weltherrschaft unterstützen. Allmählich freilich wird gerade die im späten Mittelalter aufblühende Chronistik sich ganz bestimmten partikularen Rezeptionsgemeinschaften zuwenden, wird Landesgeschichte, Stadtgeschichte, Klostergeschichte, selbst Familiengeschichte schreiben[41] und dabei die Bindung der historischen ›Fakten‹ an die Heilsgeschichte immer weiter lockern. Die Attribute des idealen Herrschers jedoch werden weitgehend erhalten bleiben, nur eben, die tatsächliche Verschiebung der Machtverhältnisse spiegelnd, auf die Repräsentanten partikularer Gewalten übertragen werden – ein Vorgang, der die Vorstellungen über die Eigenschaften und Pflichten christlicher Regenten aber auch auszubreiten und zu festigen helfen wird.

In die Entstehungszeit der *Kaiserchronik* fällt das *Alexanderlied* des aus Trier stammenden ›Clericus‹ Lamprecht, das nur bedingt in unseren Zusammenhang gehört, aber wegen der von ihm ausgehenden Wirkung (der Alexanderstoff bleibt Jahrhunderte in vielen Nachdichtungen lebendig) doch zu erwähnen ist. Mit dem *Alexanderlied* – nach einer französischen Vorlage um 1140 in der Gegend von Köln geschrieben – tritt zum ersten Mal ein antiker Stoff in deutsche Literatur. Alexander ist schon der Antike Inbegriff herrscherlicher Größe und ihres jähen Verfalls. Lamprecht stellt den heidnischen Protagonisten des mazedonischen Weltreichs ohne christliche »Abscheugebärde«[42] dar. Aber in alle Bewunderung der kriegerischen Taten Alexanders, die breit ausgestaltet werden und in denen man stellenweise germanische Rachegedanken wiederzuerkennen meint (Lamprecht selbst zieht den Vergleich mit den germanischen Helden der Sage), mischt sich doch auch Befremden über dessen Überheblichkeit. Diese Kritik ist dann in der etwas späteren Straßburger Bearbeitung des

Alexanderliedes verdeutlicht worden. Sie läßt den Eroberer, dessen Geschichte bei Lamprecht nur bis zur Auseinandersetzung mit Darius geschildert wird, in einer Fortsetzung schließlich bis an die Pforten des Paradieses vordringen, wo er abgewiesen und aufgefordert wird, seine »giricheit«, seine Unersättlichkeit, zu zügeln, demütig zu werden und an seine Vergänglichkeit zu denken. So erscheint Alexander schließlich, trotz all seiner schon bei Lamprecht gepriesenen Erziehung und Freigiebigkeit, als das Negativbild des christlichen Herrschers, als derjenige, der die Grenzen herrscherlicher Machtausübung überschritten hat. Damit predigt das *Alexanderlied* nicht die Abkehr von der Welt (als Strafe gleichsam für das Aufbegehren gegen Gott, die ›superbia‹, von der hier wohl doch nur in sehr eingeschränktem Sinn die Rede sein kann), sondern setzt sich – hierin dem *Annolied* und der *Kaiserchronik* ganz vergleichbar – für ein maßvolles Herrschertum ein, das auf Eroberungs- und Beutezüge verzichtet.

Der christliche Herrscher und die Kreuzzugsthematik in der Literatur des 12. und 13. Jahrhunderts

Eine andere Tönung erhält das Bild des christlichen Regenten und des christlichen Regierens im *Rolandslied* des Pfaffen Konrad, das gemeinhin als das bedeutendste Werk mittelalterlicher deutscher Geschichtsepik gilt und hier ausführlicher behandelt werden soll. Es entstand um 1170 in Regensburg am Hof Heinrichs des Löwen und ist durchaus im Zusammenhang mit den imperialen Herrschaftsansprüchen dieses Welfenherzogs zu sehen. Die Quelle des Liedes ist die um 1100 in altfranzösischer Sprache verfaßte, als französisches Nationalepos geltende *Chanson de Roland*, ein Helden- bzw. Tatenlied (›chanson de geste‹), das in einer Zeit der Labilität des französischen Königtums die Gestalten Charlemagnes und seines Paladins Roland als Vorbildfiguren beschwor. Der französische Karlskult ließ sich mit guten Gründen auch in Deutschland aufgreifen, konnte mit der Berufung auf den karolingischen Kaiser doch etwas von dessen Glanz auf das Programm der ›Renovatio imperii‹, auf den alle anderen Könige europäischer Staaten zu ›reguli‹ degradierenden Anspruch der deutschen Krone auf universalistische Geltung fallen, den nicht nur die Staufer verfochten, sondern – mit anderer territorialer Ausrichtung – auch die mit den Staufern konkurrierenden Welfen.

Nicht umsonst ließ Barbarossa Karl den Großen im Jahre 1165 durch den ›kaiserlichen‹ Gegenpapst Paschalis heiligsprechen, und nicht umsonst auch ließ sich Heinrich der Löwe im Epilog eben des von ihm gestifteten deutschen Rolandsliedes nicht nur mit König David vergleichen, sondern als Heidenbekehrer auch mit Karl in typologische Beziehung setzen.[43]

Der historische Bezugspunkt des *Rolandsliedes* ist die Vernichtung der unter Führung des bretonischen Markgrafen Hruodlandus stehenden Nachhut des sich aus Spanien zurückziehenden fränkischen Heeres durch die Basken im Jahre 778, die abschließende Episode also des Krieges, den Karl ohne Erfolg gegen islamische Herrschaftsträger in Spanien führte.

Das französische *Rolandslied* weicht von den uns bekannten historischen Tatsachen vor allem insofern erheblich ab, als es das Ausmaß des Kampfgeschehens gewaltig übertreibt und Karl schließlich einen nie erzielten Sieg über die Mauren erringen läßt. Im Mittelpunkt des Liedes steht die Geschichte eines Verrats, den Rolands Stiefvater Ganelon begeht. Um sich an Roland zu rächen, der ihn für gefährliche Verhandlungen mit Marsilius, dem König von Saragossa, vorgeschlagen hatte, verbündet er sich mit diesem und überredet ihn, die Nachhut der Franken, in der sich sein Stiefsohn und die besten Kämpfer Karls befinden, zu überfallen. Zurückgekehrt in den Kreis der Barone um Karl, schlägt er Roland zum Führer der Nachhut vor, was Karl voll böser Ahnungen, aber ohne einzugreifen, akzeptiert. Der Anschlag gelingt: Im Engpaß von Ronceval werden die Christen trotz heldenhaften Kampfes von den maurischen Heiden geschlagen. Voll Stolz weigert sich Roland bis kurz vor seinem Tod, in sein Horn Olifant zu stoßen, um Karl zur Hilfe zurückzurufen. Als Karl zum Schlachtfeld zurückkehrt, sind seine Helden gefallen. An einem überlangen Tag – durch ein Wunder bleibt die Sonne stehen – kann Karl die Heiden zurückwerfen und schließlich vernichten. Der Verräter Ganelon wird nach der Rückkehr nach Aachen gevierteilt.

Dieses Gedicht, dessen Helden die Angehörigen der feudalen Oberschicht sind, ist einerseits bestimmt von der kriegerischen Adelsethik, die wir auch aus der germanischen Heldendichtung kennen, von Rachedenken, Kampfeswillen, Gefolgschaftsbindungen, vom rechten und unrechten Verhalten der Gefolgsleute untereinander (Ganelon z. B. macht gegen das Feudalrecht die Heiden zu seinen Fehdehelfern) und vom Verhältnis zwischen Gefolgsleuten und Gefolgsherrn (Karl bleibt an den Rat der Großen gebunden); andererseits steht es unter dem christlichen Heilskonzept, in dem der Herrscher die Aufgabe des Schirmherrn der Christenheit wahrnimmt und löst. Aber das Christentum des französischen *Rolandsliedes* ist ein rein gesetztes.[44] Es erschöpft sich – jedenfalls über die längsten Teile des Textes hinweg – im verbalen Bekenntnis, das die Kriegslust der Helden begleitet und rechtfertigt, aber nicht eigentlich motiviert. Karls Helden sterben im Kampf gegen die Heiden zwar den Märtyrertod, aber sie kämpfen in erster Linie als ritterliche Gefolgsleute, die ihrem Lehnsherrn verschworen sind, und sie kämpfen – hierin früheste Boten eines französischen Nationalgefühls – für das ›süße Frankreich‹, für ihr irdisches Vaterland, dem die letzten Worte des sterbenden Roland gelten.

In der deutschen Bearbeitung des *Rolandsliedes* durch Konrad (vgl. S. 153) werden die Akzente anders gesetzt. Die »modernen Begriffe Heimat und Nation«,[45] denen sich das französische Lied nähert, sind dem Verfasser des deutschen Liedes gänzlich fremd. Neben dem Stammesdenken lebt in Deutschland nur die Idee des heiligen, universalen Reiches, das alle Christen vereinigt. In ihr gehen Reich und Christenheit ineinander auf. Karl ist für den Pfaffen Konrad der vorbildliche Erneuerer dieser religiös begründeten Reichsidee und wird ganz entsprechend als »grundveste der christinheit« gesehen, als Verkörperung der Einheit von ›imperator‹ und ›sacerdos‹, als unmittelbar von Gott inspirierter Herrscher der Welt. Ebenso wie Heinrich der Löwe, der Auftraggeber des Werkes, wird Karl mit den alttestamentlichen Königen verglichen. Aber die Stilisierung geht noch weiter: Karl ist umgeben von 12 Paladinen, von denen einer, Genelun, zum Judas wird, weil ihm die Kraft des Glaubens fehlt. Um die Christusähnlichkeit Karls zu verdeutlichen, wird er nicht nur in seinem herrscherlichen Glanz, sondern auch in seiner Demut gezeigt, bis ihn ein Engel Gottes nach der Niederlage von Ronceval wieder aufrichtet. Neben diesem Herrscher hätte die Figur eines gleichberechtigten oder gar erhöhten Papstes keine Funktion. Der Papst wird deswegen auch überhaupt nicht erwähnt. Der frühmittelalterliche Theokratismus, der aus dem deutschen *Rolandslied* spricht, stellt den politischen Auseinandersetzungen seiner Entstehungszeit ein Ideal vor Augen, das – auch wenn die Staufer bzw. Welfen es erneut zu verwirklichen sich anschickten – angesichts der realen Macht des Papsttums und der italienischen Städte und angesichts des erwachenden Nationalismus der europäischen Staaten und der Ansprüche der deutschen Territorialfürsten politisch nicht mehr durchzusetzen war. Aber unter dem von uns gewählten Aspekt der Ausbildung und Durchsetzung eines christlichen Herrscherverständnisses liegt nicht so sehr hierin seine Problematik: Sie liegt darin, daß das *Rolandslied* als erste deutsche Dichtung ganz entschieden den Kreuzzugsgedanken vertritt.

Der Kreuzzugsgedanke beruhte zunächst auf der Überzeugung, das Grab Christi, die christlichen Pilger und die Ausübung des christlichen Kultus in Palästina gegen den sich mit Waffengewalt ausbreitenden Islam schützen zu müssen. Insofern erschien der in diesem Sinn geführte Krieg der Christenheit gegen den Dschihad, den heiligen Krieg der Mohammedaner zur Ausbreitung des islamischen Glaubens, im Sinne Augustins als ›bellum iustum‹, als gerechtfertigter Verteidigungskrieg. Sehr schnell aber schon diente diese Zielsetzung auch zur Tarnung des Offensivkriegs gegen die andersgläubigen Völker. Die Kreuzzüge wurden nicht nur aus religiösem Eifer, sondern auch aus handfesten materiellen Interessen an Landeroberungen und Beute unternommen. Die Päpste haben die offene Aggressivität gerade der späteren Züge und deren politische Unterwerfungsziele gedeckt, ja sogar angestiftet, obwohl nach christlicher Auffassung die Bekehrung der Heiden nur ein freiwilliger Akt sein darf. Dabei war diesem »Verrat an dem Maßstab der Botschaft Christi«[46] ein friedensstiftender Versuch der Kirche vorausgegangen. Denn der Gedanke des heiligen Krieges entstand aus der sich seit dem Ende des 10. Jahrhunderts von Südostfrankreich her ausbreitenden Gottesfriedensbewegung, einer Bemühung der Kirche, die Fehden des weltlichen Adels einzuschränken und die wehrlosen Kleriker, Mönche, Frauen, Kaufleute und Bauern vor ihren Übergriffen zu schützen. Mit Hilfe von Friedensmilizen wurde an bestimmten Tagen der Woche (Donnerstag bis Sonntag), an den christlichen Festtagen und während ganz bestimmter Zeiten des Jahres (Passions-, Fasten-, und Adventszeit) der sogenannte Gottesfrieden (›treuga Dei‹) verteidigt. Die diesen Milizen Angehörenden erhielten im 11. Jahrhundert die Bezeichnung ›milites Christi‹, ein Begriff, der zuvor nur auf die Apostel, auf Märtyrer und Mönche bezogen worden war. Die Kirche versuchte, den Adel in die Gottesfriedensbewegung einzubeziehen, nicht zuletzt um auf diese Weise das in ihm vorhandene Gewaltpotential kanalisieren zu können. Sie versprach dafür Ablaß der Sündenstrafen, ewigen himmlischen Lohn, segnete Schwerter, weihte Waffen. Unter dem Einfluß der Reformklöster bzw. in ihnen selbst entstanden Schriften, in denen dem Adel christliche Verhaltensmaßregeln vor Augen gestellt wurden (z. B. die *Vita sancti Geraldi* von Odo von Cluny (10. Jahrhundert); der in Deutschland geschriebene lateinische Versroman *Ruodlieb* (Mitte des 11. Jahrhunderts);

der *Liber de vita christiana* des Bonizo von Sutri [Ende des 11. Jahrhunderts]), Verhaltensmaßregeln, die bisher so nur für den Herrscher formuliert worden waren. Auch wenn die Wirkung derartiger Schriften nicht zu überschätzen ist, allein schon weil sie in lateinischer Sprache abgefaßt waren, muß man in ihnen doch den Versuch würdigen, eine Laienethik auszubilden, um den als vorbildlich angesehenen Pflichten des christlichen Regenten größere Allgemeingültigkeit zu verschaffen. Mit dem Umschlag der Gottesfriedensbewegung in die Kreuzzugsbewegung – die historischen Ereignisse sind hier im einzelnen nicht zu verfolgen – ist der Kirche die erwünschte Kontrolle über den Adel, wenn sie diese je besessen hat, entglitten. Dessen Egoismus wurde mit der Aussicht auf Landgewinn und Kriegsbeute nur belebt. Die kriegstreibende Rede Papst Urbans II. vor dem Konzil von Clermont im Jahre 1095 zeigt, wie sehr die Kirche selbst diesen Prozeß mitzuverantworten hat. Urban II., der in dieser Rede scharf gegen die üblichen willkürlichen Gewalttätigkeiten des Adels polemisierte (wie er sich auch sonst nachdrücklich für die Gottesfriedensbewegung einsetzte), forderte gleichwohl dazu auf, den gottlosen Heiden Land zu entreißen und es zu unterwerfen.[47] Gegen Andersgläubige wurde so die Gewalttat sanktioniert. Später hat Bernhard von Clairvaux in seinen aufhetzenden Predigten ganz unverblümt zur Tötung der Heiden aufgerufen,[48] wohl wissend, daß das Evangelium das Töten als Todsünde verdammt. Von der ›militia Christi‹ bzw. ›militia Dei‹ aber sprach man auch noch, als der Friedensgedanke sich längst in sein Gegenteil verkehrt hatte. Das Ideal des christlichen Ritters, der für Gott in den Kampf zieht, wurde genährt, schon um die Gewinnsucht rechtfertigen zu können, von der spätere Kreuzzüge immer mehr bestimmt wurden; aber nicht mehr die Friedensstiftung galt als ›Gottesdienst‹ des Ritters, sondern die Bekämpfung der Heiden.

Der Propagierung des militanten Kämpfertums gegen die Heiden dienten auch volkssprachige Texte. Im *Rolandslied* des Pfaffen Konrad werden sowohl Karl als auch seine Paladine als ›milites Dei‹ gesehen. Karl wird zu Beginn des Liedes durch einen Engel Gottes zum Kampf gegen die Heiden, die Kinder des Teufels (»tuvelis kint«), aufgerufen und gibt diesen Aufruf an seine Vasallen weiter. Diese beraten zunächst mit ihren Kleinvasallen, wobei Roland den Befürwortern dieser Heerfahrt das Reich Gottes in Aussicht stellt. Erst danach hält Karl vor dem versammelten Heervolk eine Rede, in der – dem Inhalt und Stil der Kreuzzugspredigten entsprechend – all denen, die ihr Leben im Kampf gegen die Heiden opfern, der himmlische Lohn zugesagt wird. Die

Einhaltung der durch das Feudalrecht vorgegebenen Stufenfolge der Vermittlung gibt zugleich Gelegenheit zur ständigen Wiederholung des gleichen Gedankens. So läßt sich auch dem Hörer des *Rolandsliedes* wirkungsvoll verdeutlichen, daß nicht nur die Lehnsherren, sondern auch die Lehnsmannen sich als Gottesstreiter fühlen dürfen, wenn sie zur Schlacht und zum Opfer (zum Schlachtopfer also) bereit sind. Eine Ergänzung von kirchlicher Seite gibt nach der Rede Karls die Rede des Erzbischofs Turpin vor dem Heervolk. Dieser schwerbewaffnete Gottesmann stellt den Geist der inneren Entsagung, der Weltverachtung und des leiblichen Opfers in die Nähe der Passion Christi und erhöht den Krieg gegen die Heiden zum Märtyrertum, den Tod im Kampf gegen sie zum Märtyrertod. Um diesen Krieg als ›gerechten Krieg‹ zu rechtfertigen – daß dieses Bedürfnis besteht, ist in der Geschichte der abendländischen Gesittung immerhin ein Fortschritt – und um den Kampfgeist des Heeres zu mobilisieren, greift er ebenso wie vor ihm schon Karl zu einem weiteren Mittel, zur Diffamierung des Feindes. Schon Karl bezeichnet (in Anlehnung an die Predigt Urbans II.) die Heiden als Räuber, Brandstifter und als Gefolgschaft des Teufels (V. 200 ff.), eine Einschätzung, die Turpin in seiner Rede noch verstärkt; aber es bleibt diesem Vertreter der Kirche vorbehalten, die Mordlust auch noch zu verbalisieren: »Swaz ir der haiden hiute muget erslan, / daz setze ich iu ce buoze.« (»Was ihr an Heiden heute erschlagen könnt, das rechne ich euch als Buße an.«) (Vers 3934 f.), ruft er dem Heer zu, und Gott segnet es nach diesen »süßen Worten« (»rede suze«) (Vers 3936).[49] Die Heiden gehören dem Reich des Satans an, der Feldzug wird zum Feldzug gegen den Teufel. Gottvertrauen, demütige Opferbereitschaft, Haß und aggressive Kampflust sind die widersprüchlichen Elemente, aus denen sich das Bild des ›miles Dei‹ zusammensetzt. Alle diese Elemente treten deutlich und gleichsam exemplarisch in der Sterbeszene Rolands hervor. Sie wird eingeleitet durch Rolands Weigerung, in sein Horn zu blasen und Hilfe herbeizurufen. Während er in der französischen Chanson die Rettung aus Stolz verschmäht, so im deutschen Text aus Gottvertrauen. Hilfe herbeizurufen hieße für Konrads Helden, das Martyrium zu verweigern und in den von Gott bestimmten Gang der Ereignisse einzugreifen. Zu Tode verwundet, beginnt Roland zu beten. Aber Konrad unterbricht diese Szene: Noch einmal muß ein sich nähernder Heide getötet werden. Roland schlägt sein Horn so stark auf den Kopf des Ungläubigen, daß diesem das Blut aus den Augen spritzt. Danach bespricht er sein Schwert und versucht es zu zerstören. Aber dies mißlingt, denn das Schwert ist Reliquienbehältnis. Sein Knauf enthält u. a. Blut des Heiligen Blasius (des Schutzpatrons Heinrichs des Löwen übrigens[50]). Roland bittet um Vergebung, überantwortet Christus die Waffen und streckt seinen Handschuh zum Zeichen der Rückgabe seines Lehens an den himmlischen Lehnsherrn zum Himmel; ein Engel nimmt ihm den Handschuh aus der Hand. Nach der Bitte um sein eigenes Seelenheil und nach der Fürbitte für seinen irdischen Lehnsherrn Karl stirbt er. Darauf erbebt, wie nach dem Tode Christi (Mt 27,50–52), die Erde, der Tag verfinstert sich. »Sie wollten alle wane / daz di wile ware / daz diu werlt verenden solte / und got sin gerichte haben wolte.« (Vers 6946–49) (»Alle meinten, daß die Stunde gekommen sei, daß die Welt sollte ihr Ende haben und Gott sein Gericht halten wolle.«)[51] Solche Vorausdeutung auf die Endzeit und die Parallelisierung der Ereignisse nach dem Tode Rolands mit den Ereignissen nach dem Tode Christi sollen darauf hinweisen, daß mit Roland ein vorbildlicher Mensch, ein vor Gott Gerechter gestorben ist. Dieser Held ist zugleich Heiliger, die Grenze zwischen Himmel und Erde verfließt, das Heldenlied wird Legende.

Die Überhöhung des Helden zum Heiligen weist zugleich noch einmal auf den ganz profanen Zweck des deutschen *Rolandsliedes* hin. Mit den in Literaturgeschichten häufig zu lesenden Feststellungen, daß in ihm die aus dem Heldenlied bekannte heroische Gesinnung in den Dienst Gottes gestellt werde und das Rittertum seinen Wert aus seiner Gottbezogenheit erhalte, ist es nicht getan. In seiner zeitgeschichtlichen Aktualität vertritt das *Rolandslied* des Pfaffen Konrad nicht nur den schon erwähnten universalen Reichsgedanken, es verklärt zugleich die Kriegerkaste des feudalen Staates, ist ein fanatischer Aufruf zur Bekämpfung der Andersgläubigen und unterstützt damit implizit auch die aggressive Ostexpansion seines Auftraggebers Heinrichs des Löwen.[52] Aber dies zum Anlaß und Gegenstand der Kritik zu erheben,[53] wäre relativ vordergründig. Viel entscheidender ist, daß das deutsche *Rolandslied* ein neues, gegen die christliche Tradition gerichtetes Ethos des Krieges unterstützt – und dies paradoxerweise mit der ständigen Berufung auf den Willen Gottes. Die Entscheidung, militärische Macht einzusetzen, steht für Christen seit Augustin (wie im Zusammenhang mit dem *Ludwigslied* schon angedeutet) unter folgenden Überlegungen:[54] Jeder Krieg ist ein Übel und macht die allgemeine Verstrickung der Menschen in das Böse offenbar. Wer den Krieg beginnt, der sündigt, denn er setzt mit neuer Untat, die auch wieder neue Bosheit im Gegner hervorruft, das Böse im Menschen frei. Zwar ist es besser, Unrecht zu dulden, aber der unschuldig Angegriffene darf sich verteidigen. Er führt einen gerechten Krieg (›bellum iustum‹), auch wenn die Notwehr ihn sittlich gefährdet. Aber auch der Gebrauch der Gewalt in Notwehr ist nur zu rechtfertigen, wenn dahinter der Wille steht, den Feind in den Frieden und Rechtszustand zurückzuführen. Der gerechte Krieg dient also nicht nur dem eigenen Schutz, er ist zugleich getragen von der Sorge für den Angreifer. Die Forderung der Großmut leitet sich hierher. Der böse Wille des Feindes muß zwar gebrochen, dem Feind muß aber auch vergeben werden. Die Rache des Siegers verbietet sich. Deswegen ist jeder Krieg durch einen Frieden zu beenden, der eine neue rechtliche Gemeinschaft mit dem Gegner ermöglicht.

Wie sehr wir der Verwirklichung dieses Ethos auch heute noch bedürfen, ist offenkundig. Die Kirche selbst hat dieses Ethos spätestens seit den Kreuzzügen unterlaufen. Gerade gegen das Prinzip der Fürsorge für den Feind haben Kreuzzugspäpste wie Urban II., Gregor VIII., Innozenz III. und Gregor IX. in ihren Predigten und in ihrer Politik in eklatanter Weise verstoßen. Nicht umsonst spricht man bis heute von Kreuzzugsgesinnung, wenn man die unbarmherzige, auf die Vernichtung des anderen zielende Durchsetzung der eigenen Interessen meint.

Das *Rolandslied* hat diese unheilvolle, unchristliche Ideologie vermitteln helfen und muß auch unter diesem Gesichtspunkt beurteilt werden. In den Reden seiner Gott ständig im Munde führenden Protagonisten und in den ausführlichen Schilderungen der Schlachten wird die Tötung der Andersgläubigen nirgendwo als Gewissensproblem behandelt; nach neutestamentlicher und augustinischer Tradition hätte die Frage der Friedensstiftung jedoch selbst da, wo die Heiden als Angreifer erscheinen, bedacht werden müssen. Aber die Helden des *Rolandsliedes* sind weder nachdenklich, noch versuchen sie miteinander ein Gespräch zu führen. Sie stehen nebeneinander und geben nacheinander Erklärungen ab, die ihre Handlungen rechtfertigen sollen. (Der parataktische Satzbau als auffälliges Stilprinzip, die Wiederholung als ein bestimmendes Strukturmerkmal des Textes entsprechen dieser Unbeweglichkeit des Denkens und andauernden Bestimmung von Positionen.) Allenfalls in diesem Erklärungs- und Rechtfertigungsbedürfnis, das den ganzen Text prägt, mag man ein Indiz dafür sehen, daß sein Verfasser insgeheim die Unvereinbarkeit spürte, die zwischen dem christlichen Herrscherbild, dem Bild des demütigen und friedensstiftenden ›rex iustus et pacificus‹, und der aggressiven Kreuzzugsideologie bestand.

Das *Rolandslied* steht mit diesem Widerspruch nicht allein. Er durchzieht auch die im 12. Jahrhundert populäre, zum Teil erst später aufgezeichnete, häufig als ›Spielmannsepik‹ bezeichneten Minne- und Abenteuerromane (zum Begriff Spielmann vgl. o. S. 128), die hier nur kurz und auch nur einseitig, nämlich unter der Problemstellung dieses Kapitels, betrachtet werden sollen. Angesichts der Fülle der in ihnen enthaltenen Themen und Motive und ihrer schwer festzulegenden Chronologie ist es kaum möglich, von einem einheitlichen Genre zu sprechen; man kann nur einige Dominanten dieser insgesamt stark nach Unterhaltungseffekten heischenden Romane zu bestimmen versuchen.[55] Dazu gehört die mit dem Motiv der Brautwerbung bzw. des Frauenraubes verbundene, häufig als Kreuzfahrt verstandene abenteuerliche Reise, deren Gefahren zu bestehen Gewalt und/oder List und Verstellung erfordert. Die thematischen Schwerpunkte Minne und Abenteuer werden dabei mit unterschiedlichen Erzähltraditionen verbunden, insbesondere mit den Stoffkreisen der heroischen Dichtung und der Legendendichtung. Mit der Schilderung von Reisen kommen geographisch unbekannte Räume in den Blick, vor allem die Welt des Orients, die mit ungezähmten Tieren, mit Fabel- und Wunderwesen bevölkert wird. Und schließlich haben die Helden dieser Romane die »Unschuld des Handelns« verloren;[56] sie wägen ständig ab, mit welchen Mitteln sie die auf sie zukommenden Prüfungen am besten bestehen können – wie überhaupt die Idee der Prüfung (hierin ist die Nähe zur Tradition der Legende unübersehbar) eine zentrale Bedeutung erhält.

Als ›heroisch-politische Romane‹ lassen sich der *König Rother* und der *Herzog Ernst* bezeichnen. *König Rother*, literarisch das herausragende Beispiel der ganzen überlieferten ›Spielmannsepik‹, wurde in der Mitte des 12. Jahrhunderts von einem Rheinländer für bayerisch-welfische Gönner geschrieben. Seine Handlung folgt dem Muster der Brautwerbungsgeschichten, das in der germanischen Heldendichtung (insbesondere Skandinaviens) beliebt war. Der erste Teil des Romans schildert Rothers Werbung um die Tochter des oströmischen Kaisers Konstantin, seine unerkannte Hilfeleistung für Konstantin im Kampf gegen die Heiden von Babylon, die Entführung der Prinzessin und deren Rückentführung; der zweite Teil erzählt von der erneuten Fahrt Rothers nach Konstantinopel und von seinem siegreichen Kampf gegen die von König Ymelot geführten Heiden, mit dessen Sohn der verräterische – weil die Schranke des Glaubens mißachtende – Konstantin seine Tochter vermählen wollte. Diese heiratet nun Rother und wird ihm – so der Ausblick des Romans – Pippin schenken, den Vater Karls des Großen. Mit dieser Wendung sucht das *Rother*-Epos den Anschluß an die Karlsepik und gibt so zu erkennen, daß es wie die *Kaiserchronik* und das *Rolandslied,* die ebenfalls unter welfischem Einfluß stehen, den Vertretern der Reichsidee dienstbar sein will.

Wie in anderen ›Spielmannsepen‹ auch, gehen in *König Rother* die Brautwerbungsthematik und die Kreuzzugsthematik eine enge Verbindung ein. Der Aufbruch zur Brautfahrt ist zugleich auch Aufbruch zur Auseinandersetzung mit den Heiden. Der *Rother*-Roman betont dabei den kämpferischen Aspekt besonders stark, hierin dem *Rolandslied* vergleichbar, auch wenn es dessen religiösen Fanatismus nicht teilt. König Rother entspricht ganz dem Idealbild des christlichen, abendländischen Herrschers, das hier deswegen besonders positiv zur Geltung kommt, weil ihm mit dem unehrlichen oströmischen Kaiser Konstantin das Zerrbild eines christlichen Herrschers kontrastiv entgegengesetzt wird. Unerhörter Reichtum umgibt König Rother; er erlaubt nicht nur dessen Freigiebigkeit, sondern stellt zugleich auch die Pracht des byzantinischen Kaiserhofs in den Schatten. Während Konstantin als launisch, verräterisch und feige erscheint, zeigt Rother seine Selbstbeherrschung und seine Verläßlichkeit gegenüber seinen Lehnsleuten und damit seine Führungsqualitäten. Vor allem hebt seine Klugheit ihn von der Unbedachtheit des Griechenkaisers ab. Rother ist nicht nur kriegerischer Held, obwohl er das auch ist und obwohl gerade die Riesen in seiner Umgebung die Effektivität seiner Macht unterstreichen, er ist zugleich der ›listige Mann‹, der auch mit den Mitteln der Verkleidung und Verstellung arbeitet, der Fallen stellt, um sein Ziel zu erreichen, – ein für das todernste *Rolandslied* unvorstellbarer Gedanke. In der intellektuellen und moralischen Beweglichkeit des Helden, die gleichwohl dessen Wertvorstellungen nicht antastet, liegt ein neuer Zug, den die ›Spielmannsepik‹ entwickelt. Beweglichkeit ist Voraussetzung für Situationskomik, für einen Unterhaltungseffekt also, auf den diese für ein breites Publikum bestimmte Dichtung angewiesen ist. Auch der in seiner Gesinnung als so vorbildlich hingestellte Rother ist aber alles andere als ein Friedensfürst. Den zweiten Teil des Romans füllt ein endloses Abschlachten der Heiden, ohne daß der Verfasser dies als Entwertung der zuvor herausgestellten Herrschertugenden versteht. Der verräterische Konstantin, der seine Tochter dem Heidenprinzen hat verkuppeln wollen, bleibt als Christ verschont – Rother beweist hier, daß er verzeihen kann –, die Ungläubigen dagegen sind Opfer blinder Gewalt. Die kriegerische Aggression ist im *König Rother* nicht mehr in dem Maße religiös begründet und idealisiert wie im

Rolandslied. Der Kampf gegen die Heiden wird zwar als Gottesdienst angesehen, aber die Kämpfer verstehen sich nicht so entschieden als Märtyrer wie im *Rolandslied.* Viel eher neigt die Darstellung blutiger Kampfszenen schon dazu, bloßes Unterhaltungsmittel zu werden, das seine spezifischen Reize bietet. Und dies belegt, wie sehr in der Mitte des 12. Jahrhunderts das gewaltsame Vorgehen gegen den Islam im allgemeinen Bewußtsein schon verinnerlicht ist, also nicht einmal mehr gerechtfertigt werden muß. Die Routine beginnt den Fanatismus abzulösen.

Gänzlich frei von religiösem Fanatismus ist der *Herzog Ernst* ein in mehrfacher Hinsicht beachtliches Werk. Seine Entstehungszeit und sein Enstehungsort rückt es in die Nähe des *König Rother.* Es muß vor 1186, wahrscheinlich in den 70er Jahren des 12. Jahrhunderts, aufgeschrieben worden sein, wie der *König Rother* ebenfalls von einem Rheinländer und ebenfalls im Auftrag eines bayerisch-welfischen Adligen (die außerordentlich komplizierte Textgeschichte ist hier nicht zu verfolgen). Der *Herzog Ernst* vertritt offen bayerische Interessen. Er thematisiert den Konflikt zwischen kaiserlicher Zentralgewalt und partikularistischen Machtanspruch des Großvasallen, also das Grundproblem des Feudalismus. Daß dieser Konflikt aus der Perspektive eines Landesherrn gesehen, der Kaiser somit zum Ziel der Kritik wird, ist neu und dürfte auch einer der Gründe für die Popularität dieses Romans sein, der bis ins späte Mittelalter hinein immer wieder abgeschrieben und bearbeitet worden ist. Der andere Grund für seine Beliebtheit liegt zweifellos in der Phantastik seiner Gestaltung des Orients, der die Neugier und Unterhaltungslust des zeitgenössischen Publikums erregte.

Die fiktive Gestalt des Herzogs Ernst von Bayern, durch die zweite Ehe seiner Mutter Stiefsohn Kaiser Ottos und dessen Vertrauter, gerät durch das Komplott eines Neiders in Mißgunst. Otto fällt, um seiner angeblich bevorstehenden Entmachtung vorzubeugen, in Bayern ein. Ernst entschließt sich zur Rache, verfällt daraufhin in Reichsacht und soll durch ein Reichsheer außer Landes vertrieben werden. Nach vielen Kämpfen muß er der Übermacht weichen und bricht zu einer Kreuzfahrt nach Palästina auf. Dieser erste Teil des Romans schildert einen Kreislauf von Ehrverletzungen und Rachehandlungen, der an die Gesetzmäßigkeiten erinnert, die in den von den Spielleuten weitergetragenen germanischen Heldenepen gestaltet wurden. (Das um 1200 in Passau entstandene *Nibelungenlied* ist weder zeitlich noch geographisch weit entfernt.) Die politischen Anspielungen, die der *Herzog Ernst* enthält, wurden von den Zeitgenossen wohl verstanden; sie erlebten zur Entstehungszeit des Romans den Höhepunkt der Auseinandersetzung zwischen dem Staufer Friedrich Barbarossa und dem Welfen Heinrich dem Löwen. Spätere Bearbeiter des Textes haben dann auch entsprechend dem allgemeinen Verständnis für den fiktiven Kaiser Otto den Namen Kaiser Friedrichs eingesetzt.

Trotz der Anklänge an germanische Verhaltensweisen sind die Herrscherfiguren des *Herzog Ernst* ihrem Anspruch nach christliche Herrscher. Dies gilt insbesondere für den Hauptakteur selbst. Herzog Ernst stellt sein Ansehen schließlich nicht durch einen erneuten Racheakt wieder her, sondern durch seinen Aufbruch zum heiligen Grab und durch Hilfeleistungen, die er Bedrängten im Orient gewährt. Nur dadurch kommt er schließlich auch zu seinem Recht gegenüber Otto; und nicht nur dies: Durch sein Vorbild bekehrt er Otto, der zuvor als unbesonnener Herrscher ohne ›triuwe‹ dargestellt worden war, sich als ›rex iustus‹ zu verhalten. Dies wird symbolhaft in der Aussöhnung der Kontrahenten angedeutet. Gesiegt hat in diesem Roman der Großvasall, der sich wie ein christlicher Herrscher benimmt. Und nur wenn der Kaiser als christlicher Herrscher handelt, dies ist die ideologische Botschaft des Romans, verdient er einen treu dem Reich ergebenen Großvasallen wie Herzog Ernst. Diesem Spielmannsepos geht es nicht mehr nur darum, das christliche Herrscherbild aufzubauen, es enthält die Mahnung, sich daran zu erinnern und es zu beherzigen. Und es zeigt zugleich (wie schon das *Rolandslied*), daß die Tugenden des christlichen Herrschers auch von den Vasallen gelebt werden, also das allgemeine politische Bewußtsein des Feudalstaates durchdringen sollen.

Der *Herzog Ernst* ist noch in anderer Weise bemerkenswert. Der Versöhnung mit dem Kaiser geht die Reise Herzog Ernsts in den Orient voran, deren Schilderung über drei Fünftel des Textes einnimmt. Der Protagonist besteht hier mit seinen Freunden die seltsamsten und unterhaltsamsten Abenteuer (für die u. a. auch Motive der Sindbad-Abenteuer aus *Tausendundeiner Nacht* herangezogen werden), begegnet Menschen mit Kranichköpfen, Einäugigen, Schattenfüßlern und anderen Monstern und greift überall in ihre Auseinandersetzungen ein. Dabei tritt der Kreuzzugsgedanke völlig zurück. Der Verfasser des *Herzog Ernst* zeigt seinem Publikum das Ende der Welt nicht im Märtyrertod für den christlichen Glauben (wie das *Rolandslied*), sondern als geographische Ferne und ethnologische Abstrusität. Das Augenmerk richtet sich – noch nicht im naturwissenschaftlichen Sinn, sondern im Sinn der Phantastik – auf das Unbekannte in der Welt. Es durchbricht den Rahmen der kirchlichen (theologisch freilich – wie gezeigt – nicht begründbaren) Sicht auf die Welt und nimmt auch eine viel gelassenere Einstellung den Heiden gegenüber ein. Herzog Ernst verbündet sich sogar zeitweilig, ohne daran seelischen Schaden zu nehmen, mit einem der Heidenkönige und riskiert für ihn sein Leben. Ein ähnliches ›Bündnis‹ geht im *König Rother* noch nicht der Held, sondern sein negativ gezeichneter christlicher Gegenspieler (König Konstantin) ein, im *Rolandslied* der Verräter Genelun. Mit der Abkehr von der rigorosen Verteufelung der Heiden schlägt der *Herzog Ernst* schon einen Weg ein, der erst Jahrzehnte später in Wolfram von Eschenbachs *Willehalm* entschieden weitergegangen wird.

Stehen die ›heroisch-politischen‹ Romane *König Rother* und *Herzog Ernst* dem *Rolandslied* noch insofern nahe, als sie, wie dies, offene, vom Publikum wohlverstandene Anspielungen auf die zeitgenössische politische Wirklichkeit enthalten – auch wenn sie sich auf historisch zurückliegende Ereignisse oder auf Sagenstoffe beziehen –, so gewinnt in den sogenannten ›Legendenromanen‹ *Oswald, Orendel* und *Salman und Morolf* (die alle nur in Fassungen des 15. Jahrhunderts überliefert sind, aber nach literarischen Erwägungen ins 12. Jahrhundert zurückdatiert werden können) das Legenden- und Märchenhafte ein solches Gewicht, daß ihre politische Thematik sehr viel schwerer zu erkennen ist. Auch diese Romane verbinden auf recht ähnliche Weise das Brautraubthema mit der Kreuzzugsthematik. Im *Oswald,* auf den allein hier eingegangen werden soll, löst ein Engel die Handlung aus: Oswald, König von England, soll die Fahrt in den Orient antreten, um die Heiden zu bekehren und sich eine Braut zu holen. Ein Pilger erzählt von Pamige, einer schönen Heidin, die dem christlichen Glauben heimlich schon anhänge. Auf sie nun richtet sich Oswalds Aufmerksamkeit. Ein Rabe fungiert als Bote, überbringt die Werbung, erhält Pamiges Zusage, kehrt heim: Oswald bricht auf. Durch eine List wird Pamige befreit. Die Fliehenden werden von den Heiden verfolgt, es kommt zum Kampf und zur Niederlage der Heiden und, dies ist wichtig, zu ihrer Bekehrung. Den Schluß bildet die Rückkehr in die Heimat, in der Oswald und Pamige auf Gottes Gebot ein sexuell enthaltsames Leben führen, bis sie nach kurzer Zeit ins Himmelreich aufgenommen werden.

König Oswald trägt von Beginn der Handlung an die Züge eines Heiligen, eines »heilant« (Vers 3051). Seine Regentschaft führt er in Verantwortung vor Gott; seine Freigiebigkeit gegenüber Armen ist ohne Beispiel; seine Orientreise erfolgt aufgrund göttlicher Eingebung; was er auch tut, wird von Gebeten begleitet und durch übernatürliche Eingriffe unterstützt; die Entführung Pamiges und die dabei angewandte List wird sogleich als Sünde begriffen und bereut; in der Schlacht mit den Heiden wird durch Gottes Wunder kein einziger Christ getötet. Auf Krone und Gattin verzichtet er um eines Gelübdes willen, erhält beides zurück, führt jedoch danach ein vorbildliches Leben in Keuschheit.

Diese Stilisierung des Herrschers zum Heiligen (hier möglicherweise im Rückgriff auf den im 7. Jahrhundert lebenden northumbrischen König Oswald, der als Bekehrerkönig zu den Heiligen der Kirche zählt) geht weit über das hinaus, was wir aus dem *Rolandslied* kennen, dessen religiös überhöhte Helden doch immer ihren Status als Krieger behalten. Dennoch schreckt auch dieser heilige König Oswald vor der Gewaltanwendung nicht zurück, wenn es darum geht, die Heiden auszulöschen. Tausende von ihnen werden in der Folge seines Brautraubs niedergemetzelt. Allerdings – hierin liegt die Variante des Romans – werden sie alle auf Oswalds Bitte hin von Gott wieder zum Leben erweckt, damit sie, nachdem sie die Hölle geschaut haben, noch bekehrt werden können. Nach einem dreitägigen Tauffest – 72 Heiden springen aus Angst, vergessen zu werden, gemeinsam ins Taufwasser – fallen sie alle wieder in die Verwesung zurück. Dieses für heutige Leser makabre Spiel zielt auf die im Mittelalter verbreitete naive Wundergläubigkeit des Publikums (vgl. Kap. I). Interessant ist, daß im *Oswald* nicht mehr nur – wie in *König Rother* und *Herzog Ernst* – die einzelne orientalische Frau zum Christentum erhoben werden soll (ganz abgesehen davon, daß sie als Heidin sehr wohl Gegenstand erotischen Begehrens sein kann), sondern daß die Heiden insgesamt für wert erachtet werden, die Taufe zu empfangen. Wie veräußerlicht das Christentum dennoch gerade in den ›Legendenromanen‹ erscheint, mag man an der Funktion der dargestellten Wunder erkennen, die in ihnen allen eine auffällige Rolle spielen. Gott wird von den Kreuzfahrern gleichsam zum Wunder verpflichtet. Immer wenn Gefahr für den Helden und seine Gefolgschaft besteht, muß Gott einen Engel senden und den Tod abwenden. Anders als im *Rolandslied* hat der Tod in der Märchenwelt der Spielmannsepen keinen Platz, es sei denn der Tod der Ungläubigen. Die Verpflichtung Gottes zur Hilfeleistung wird direkt eingeklagt, und Gott gehorcht. Noch immer wirkt das germanische Gefolgschaftsdenken für das Gottesverhältnis des einzelnen bestimmend: Wie der Gefolgsherr im gegenseitigen Treueverhältnis der Gefolgschaft seinen ihm getreuen Gefolgsleuten in der Bedrängnis Hilfe zu gewähren hat, wenn er seine Ehre nicht verlieren will, so erscheint Gottes Hilfe den Gottesrittern einklagbar, und sie wird durch das Wunder gewährt. Auch in der Intoleranz den Heiden gegenüber sind Erinnerungen an vergangene Jahrhunderte noch spürbar: Die Intoleranz ist nicht nur religiös bestimmt; in sie geht die Angst ein, die sich von jeher mit dem Kampf um die eigene Existenz verbunden hat.

Wird in den Spielmannsepen die vom *Rolandslied* rigoros vertretene Kreuzzugsideologie auf ganz unterschiedliche Weise schon unterlaufen, wenn auch immer nur ansatzweise, so wird sie im *Willehalm* Wolframs von Eschenbach Gegenstand kritischer Reflexion und geistig überwunden. Der *Willehalm* ist die eigentliche Antwort auf das *Rolandslied*. Daß Wolfram sein Werk als eine solche Antwort verstand, läßt sich allein schon daran erkennen, daß er auf die gleiche geschichtliche Situation zurückgriff wie das *Rolandslied,* auf die Zeit der Sarazeneneinfälle um 800 (der geschichtliche Wilhelm von Toulouse, auf den sich das Epos bezieht, sicherte Karl d. Gr. die spanische Mark), und wie der Pfaffe Konrad eine französische ›Chanson de geste‹ aus dem großen Stoffkreis der Karls-, Rolands- und Wilhelmsepik als Vorlage benutzte, der er aber eine völlig neue Deutung gab. Und auch im *Willehalm* geht es um die politisch-religiöse Thematik des Heidenkampfes, zugleich freilich um die auf die Auseinandersetzung mit den Heiden bezogene Thematik ritterlicher Minne und Ehe (die im Zusammenhang dieses Kapitels nur beiläufig behandelt werden kann).

Wolfram schrieb den *Willehalm* am Hof des Landgrafen Hermann I. von Thüringen in den Jahren nach 1212, noch über 1217 hinaus. Das Werk blieb unvollendet und ist ein Reflex der sich am Thüringer Hof lang hinziehenden Auseinandersetzung, ob Hermanns Sohn Ludwig an der Kreuzfahrt Friedrichs II. teilnehmen sollte oder nicht. Der *Willehalm* gibt darauf keine eindeutige Antwort, sondern stellt die tragische Situation des ritterlichen Kreuzfahrers heraus. Der Kampf zwischen Christen und Heiden erscheint um des christlichen Glaubens willen notwendig, aber in diese Überzeugung bricht die Erkenntnis, daß in diesem Kampf sich Gottes Kinder töten, zu denen die Heiden ebenso gehören wie die Christen.

Das große Textfragment von über 14000 Versen ist denkbar übersichtlich gegliedert. Im Mittelpunkt stehen zwei große Schlachten Willehalms gegen die in Südfrankreich eindringenden Sarazenen. Vorangeschickt sind ein höchst komplexer Gebetsprolog, der dem ritterlichen Publikum zu verstehen geben will, daß Wolfram sein Werk als eine Form des Gottesdienstes betrachtet, und die Vorgeschichte, die erklärt, wieso die Heiden den Krieg beginnen: Willehalm ist – eine Variante des alten Brautraubmotivs der Heldensage und der Spielmannsepik – aus der Gefangenschaft des Heidenkönigs Tybald durch dessen Frau Arabel befreit worden, ist mit ihr geflohen und hat sie nach ihrem Übertritt zum Christentum, von dem an sie sich Gyburc nennt, geheiratet. In der ersten Schlacht, die von den Heiden aus Rache begonnen wird, unterliegen die Christen. Willehalms Neffe Vivianz, der vollkommene höfische Ritter, findet den Tod und wird von Wolfram in die Rolle des Märtyrers erhoben. Willehalm kann fliehen, erhält schließlich die Hilfe seines Schwagers, des Königs Ludwig von Laon, und kann mit dem Reichsheer nun in einer zweiten Schlacht die Heiden besiegen. Im Zentrum dieser zweiten Schlacht steht der später vermißte Rennewart, ein sich durch seine Stärke und Wildheit auszeichnender heidnischer Gefangener König Ludwigs, unerkannter Bruder Gyburcs, der für die Christen kämpft, instinktiv sich für den ›richtigen‹ Weg entscheidend. Mit einem Geleit für die Führer der geschlagenen Heiden endet das Fragment.

Kein anderes mittelhochdeutsches Epos enthält eine dem *Willehalm* vergleichbare Darstellung des Krieges. Wolfram versucht nicht nur die Abläufe einer Massenschlacht einzufangen, indem er Hunderte von Einzelkämpfen schildert, unzählige kleine Kampfvorgänge aneinanderreiht,[57] er hebt die Grausamkeit der Kämpfe und des Sterbens so überdeutlich hervor, als ob er sein an die ›Freudewelt‹ der Artusromane (vgl. Kap. III) oder an die Märchenwelt der Spielmannsepen gewöhntes ritterliches Publikum aus dem Gleichgewicht bringen wollte. Konsterniert mußten adlige Zuhörer auch sein, wenn nicht nur von Vorbildfiguren, sondern von ihresgleichen oder von den von ihnen Abhängigen die Rede war:

> swâ man des vil von künegen sagt, dâ wirt armmannes tât verdagt. arme rîter solten strîten: ein künec wol möhte bîten, unz er vernaem diu maere, wie der furt versichert waere (IX, 428,3–8)

Ü: Immer, wenn man viel von Königstaten berichtet, wird verschwiegen, was die kleinen Leute geleistet haben. Lehenslose Ritter mußten schon immer kämpfen, Könige aber konnten schon immer abwarten, bis ihnen gemeldet wurde, der Flußübergang sei jetzt gesichert.[58]

Daß der Krieg nur Leiden bringe, heißt es im VIII. Kap. des *Willehalm;* diese abstrakte Aussage erhält durch die Häufung grauenvoller Bilder ihre Beglaubigung. An der schrecklichen Realität der Schlacht, dem allgemeinen Morden, haben für Wolfram beide Seiten den gleichen Anteil, Heiden wie Christen. Wolfram verdeutlicht dies seinen Zuhörern durch einen ›genialen Regiegriff‹.[59] Gewöhnt, den heidnischen Feind aus der Perspektive des christlichen Ritters als dessen Opfer vorgeführt zu bekommen, sehen sie zu Beginn der zweiten großen Schlacht die Christen plötzlich aus der Perspektive der Sarazenen – als Angreifer. Mit dieser veränderten Perspektive wird die übliche Rechtfertigung der christlichen Ritter, nur aus Notwehr heraus zu kämpfen, relativiert. Sie selbst müssen sich als Aggressoren sehen, gegen die andere sich verteidigen. Der Wechsel der Perspektive erscheint als poetisches Mittel, auch den Heiden Gerechtigkeit widerfahren zu lassen. Die Darstellung des Krieges, heißt dies zugleich, unterwirft sich nicht länger der religiös begründeten Überzeugung, daß die Heiden zu vernichten oder zu bekehren seien, sondern gewinnt eine Eigenmächtigkeit, angesichts derer sich die Frage nach dem Wert der den Krieg tragenden Überzeugung erhebt.

Es kann kein Zweifel darüber bestehen, daß Wolfram auf der Seite des christlichen Glaubens steht. Aber er problematisiert die Ideologie der Kreuzfahrer, die den Tod der Andersgläubigen fordert. Dabei hat er jedoch zu berücksichtigen, daß er zu einem Publikum spricht, das auf eben diese Ideologie eingeschworen, zumindest an sie gewöhnt ist. Wahrscheinlich hat er sich aus diesem Grunde nicht gescheut, die herkömmliche Kreuzrittermoral im *Willehalm* getreu abzubilden. Der Aufbruch der Christen in die Schlacht steht unter dem Zeichen des Gotteskampfes. Die Ritter, die ihn führen, erwarten die Erhöhung ihrer persönlichen ›werdekeit‹ im irdischen und himmlischen Lohn (›saelde‹) im jenseitigen Leben. Wer sich dem Schwertkampf für Taufe und Glauben entzieht, fällt der Verachtung, zumal auch der Frauen, anheim. Der Tod für den Glauben dagegen rückt den Kämpfer in die Nähe des Märtyrers, der den Opfertod Jesu Christi wiederholt. – Alle diese Gedanken, die den Helden und seine Freunde bewegen, sind aus der vorhöfischen Epik des 12. Jahrhunderts bestens bekannt. Aber Wolfram ist nicht Willehalm. Mitten im Erzählzusammenhang kann eine Betrachtung stehen, die alles auf den Kopf stellt:

> Die nie mit dem Glauben der Taufe Bekanntschaft machen, ist es Sünde, daß man sie erschlagen hat wie Vieh? Ich behaupte: große Sünde ists; sie alle sind von Gottes Hand gemacht, ... (IX, 450,15–20).[60]

Krieg und Heidenkampf sind Sünde! Und so meint es auch Gyburc in ihrer berühmten ›Toleranzrede‹ (die man so nennen kann, wenn man dabei nicht an Lessing denkt, dessen Toleranzbegriff viel weiter geht).

Bevor die christlichen Ritter in die zweite Schlacht ziehen, beschwört Gyburc sie, sich vom Prinzip der Rache (»râch widr râche«) zu lösen.

hœret eines tumben wibes rat,
schonet der gotes hantgetat.
ein heiden was der erste man
den got machen began.
[N]u geloubet daz Elias und Enoch
vür heiden sint behalten noch.
Noe ouch ein heiden was,
der in der arken genas.
Jop vür war ein heiden hiez,
den got dar umbe niht verstiez.
nu nemt ouch drier künege war,
der heizet einer Kaspar,
Melchior und Balthasan,
die müeze wir vür heiden han,
diene sint zer vlüste niht benant:
got selb enpfienc mit siner hant
die ersten gabe ane muoter brust
von in. die heiden hin zer vlust
sint alle niht benennet.
wir han vür war bekennet,
swaz müeter her sit Even zit
kint gebaren, ane strit
gar heidenschaft was ir geburt:
etslichez der touf het umbegurt.
getouft wip den heiden treit,
swie daz kint der touf hab umbeleit.
der juden touf hat sunder site:
den begent si mit einem snite.
wir waren doch alle heidnisch e.
dem sældehaften tuot vil we,
ob von dem vater siniu kint
hin zer vlust benennet sint:
er mac sich erbarmen über sie,
der rehte erbarmekeit truoc ie.

Ü: Hört den Rat einer schlichten Frau:
verschont Geschöpf aus Gottes Hand!
Ein Heide war der erste Mensch,
den Gott erschaffen hat. Elias

und der Enoch, glaubt es mir,
sie sind zwar Heiden, doch erlöst.
Auch Noah zählte zu den Heiden:
er überlebte in der Arche.
Hiob: ganz gewiß ein Heide,
doch hat Gott ihn nicht verstoßen.
Nun denkt an die drei Könige:
Balthasar und Melchior,
und der dritte namens Kaspar –
wir müssen sie als Heiden sehen,
dennoch sind sie nicht verdammt.
Gott selbst, noch an der Mutterbrust –
von ihnen wurde er zuerst
beschenkt. Nicht alle Heiden sind
bestimmt zur ewigen Verdammnis.
Wir sehen außerdem ganz klar:
die Mütter, die seit Evas Zeiten
Kinder kriegten, haben damit
Heiden in die Welt gesetzt,
auch wenn sie Christen-Gürtel trugen;
das Heidenkind der Christenfrau
umschloß damit bereits die Taufe.
Bei Juden ist die Taufe anders:
sie wird mit einem Schnitt vollzogen.
Wir alle waren einmal Heiden.
Wer selig wird, den schmerzt es sehr,
wenn ein Vater seine Kinder
der Verdammnis überläßt,
doch auch ihrer nimmt sich an,
Der schon stets Erbarmen zeigte.[61]

Diese Sätze, gesprochen von der getauften Heidin, die sich, weil sie Anlaß all des entstandenen Elends ist, schuldig fühlt, gelten als die moralische Botschaft des *Willehalm:* Die Heiden sind ebenso wie die Christen Geschöpfe Gottes; die Christen sind getaufte Heiden; die Ungetauften sind nicht von vornherein verdammt; der sich erbarmende Vater kann sie auch als Heiden vor der Verdammnis erlösen. – Dies aber heißt, die Feinde um Gottes willen zu schonen. Die Rede Gyburcs bleibt insofern wirkungslos, als die Christen in der folgenden Schlacht ein Massaker unter den Heiden anrichten (in der geschichtlichen Realität hatte zwanzig Jahre zuvor Richard Löwenherz dreitausend wehrlose Araber niedermetzeln lassen), aber sie trägt dazu bei, das »Unrechtsbewußtsein«[62] unter den christlichen Zuhörern zu wecken.

Verstärkt wird dieses Unrechtsbewußtsein durch die völlig unkonventionelle Darstellung der Heiden im *Willehalm*. Wolfram muß als der eigentliche Begründer der Vorstellung vom ›edlen Heiden‹ angesehen werden. Die heidnischen Ritter sind bei ihm den christlichen im Sinne höfisch-ritterlicher Tugenden (vgl. Kap. III) gleichwertig. Dies gilt sowohl für ihr Verhalten den Frauen und Freunden gegenüber als auch für ihren Kampfgeist. Der Wertunterschied zwischen heidnischen und christlichen Rittern liegt nicht in ihrer Menschlichkeit und Ritterlichkeit, sondern in ihrer Glaubensüberzeugung. Sie allein ist letztlich auch ausschlaggebend für den Sieg der Christen; Sieger der Gleichwertigen werden die, denen Gott am Ende sich zuwendet. So wird die christliche Position von Wolfram zwar behauptet, aber sie verbindet sich mit dem Gefühl der Schuld. Das Werk bricht ab mit einer Ehrung der toten Gegner.

Um die Denkgewohnheiten seines Publikums zu verändern, wagt Wolfram noch einen weiteren Schritt: Er läßt seinen Helden wiederholt in barbarische Verhaltensweisen abgleiten, um zu veranschaulichen, wie gefährdet das Ideal des christlichen Ritters in Wirklichkeit ist. Nach dem Tod seines Neffen in der ersten Schlacht nimmt Willehalm grausame Rache. Er ermordet den verwundeten Arofel, einen edlen Heidenkönig, den Oheim seiner Frau, obwohl dieser sich schon ergeben hatte, raubt ihm danach wie ein Leichenfledderer Rüstung und Pferd. Am Hof des Königs in Laon gerät er in haltlose Wut, packt die Königin an ihren Zöpfen, zieht das Schwert und versucht sie zu enthaupten, tötet, als dies durch das Eingreifen der Mutter mißlingt, einen danebenstehenden Wehrlosen. Trotz dieser brutalen Verstöße gegen die ritterliche Zucht erscheint Willehalm doch durch das ganze Epos hindurch als Träger des hohen Wertes der ›triuwe‹, der Treue gegenüber seinen Freunden und vor allem gegenüber Gott. Als Lehnsmann Gottes ist er auch in der Lage, im Rückblick seine Schuld anzuerkennen. Nicht die Gottverbundenheit Willehalms wird angetastet, im Gegenteil, sie wird hervorgehoben; aber sein Verhalten wirft die irritierende Frage auf, wie Gottverbundenheit auf christliche Weise gelebt werden kann, ob die besinnungslos feindselige Einstellung gegenüber den Andersgläubigen und die durch höfische Regeln nur mühsam – und oft eben auch vergeblich – niedergehaltene Aggressivität mit dem christlichen Glauben vereinbar sei.

Der *Willehalm,* heute außerhalb der Altgermanistik so gut wie nie erwähnt, war ein im Mittelalter äußerst erfolgreiches Buch, fast so erfolgreich wie der *Parzival.* Es gibt 70 Textzeugen für den *Willehalm* (90 für den *Parzival*), nur 25 z. B. für Gottfrieds *Tristan.* Wolframs Gestaltung der Kreuzzugsthematik wirkt durch das ganze 13. und 14. Jahrhundert bei hier nicht zu nennenden Autoren weiter, ohne daß aber seine gedankliche Tiefe und seine Gestaltungskraft je wieder erreicht worden wäre.

Nicht nur die Epik, auch die Lyrik bemächtigte sich der Kreuzzugsthematik, vornehmlich jedoch unter einem Aspekt, der erst im nächsten Kapitel behandelt werden soll, so daß die z. T. bedeutenden Kreuzzugsgedichte der Minnesänger Friedrich von Hausen, Heinrich von Rugge, Hartmann von Aue und Albrecht von Johansdorf hier unerwähnt bleiben. Einzugehen – wenn auch in gedrängter Form – aber ist auf die Kreuzzugslyrik und die politische Spruchdichtung Walthers von der Vogelweide (Näheres zu ihm und zu seiner Bedeutung als Minnesänger in Kap. III), durch die entschieden auch die Auffassung vom Sinn der Kreuzzüge und von den Aufgaben christlichen Regierens mitgeformt worden ist. Walther ist im Laufe seines Lebens immer wieder mit dem Kreuzzugsgeschehen konfrontiert gewesen,[63] da alle Fürsten, in deren Diensten er stand (Friedrich I. v. Österreich, Philipp von Schwaben, Otto IV., Friedrich II.) an der Organisation von Kreuzzügen beteiligt waren oder an ihnen teilnahmen. Seine religiösen Kreuzlieder 14,38 und 76,22 (hier und im folgenden immer nach der Zählung Lachmanns) fallen, was die Begründung der Kreuzzüge angeht, nicht aus dem seit der frühmittelalterlichen Literatur bekannten Argumentationsrahmen. Es fällt aber auf, daß Walther bei aller Bejahung des Kreuzzugsgedankens ganz darauf verzichtet, Aggressionen gegen die Heiden eigens zu schüren: sie haben einen anderen Glauben, werden deswegen aber nicht verteufelt. Vielmehr – so wünscht Walther in der letzten Strophe des Palästinaliedes 14,38 – möge Gott den Streit zwischen Christen, Juden und Heiden rechtlich schlichten.

Die sich auf die Kreuzzugsthematik beziehende Spruchdichtung greift direkt in die politische Wirklichkeit ein. Neben dem allgemeinen, für die höfische Welt Gemeingut bildenden Gedanken, daß ein Ritter Vollkommenheit erst erreiche, wenn er sich im Kreuzzug bewähre (in Walthers berühmter Alterselegie 124,1 wird diese Bewährung ganz unkonventionell auch dem Söldner, dem einfachen Soldaten, als Möglichkeit zugebilligt; bietet der Kreuzzug also die Chance, die Grenzen der ständischen Ordnung in der gemeinsamen Zielsetzung zu überwinden), wird hier wiederholt die Verpflichtung des Kaisers betont, das Heilige Land als oberste Bestätigung seines Herrscheramtes unter seinen Schutz zu nehmen. Man kann den politischen Gehalt solcher Aufforderungen nur vor dem zeitgeschichtlichen Hintergrund wahrnehmen: 1197 ist Kaiser Heinrich VI., der Sohn Barbarossas, überraschend gestorben, hat das riesige, sich bis Sizilien erstreckende römisch-deutsche Imperium keinen Regenten mehr (Heinrichs Sohn, der spätere Friedrich II., ist erst drei Jahre alt). Die Fürsten des Reiches, der Papst, ausländische Mächte versuchen sofort, sich in dieser Situation ihren politischen Vorteil zu sichern. Unruhen brechen aus; es kommt zur Doppelwahl von 1198. Die staufische Partei wählt Heinrichs Bruder Philipp von Schwaben zum König, die vom Papst favorisierte welfische Partei Otto von Braunschweig, den Sohn Heinrichs des Löwen. Walther steht zu dieser Zeit im Dienst Philipps von Schwaben und verklärt dessen Regentschaft (im Spruch 18,29).[64] Bitter ist deswegen seine Entttäuschung, als Philipp sein Ansehen, statt es als Schutzherr der Christenheit zu stärken, im Zusammenhang mit dem verhängnisvollen 4. Kreuzzug, der sich aus finanziellen Gründen gegen byzantinische Christen wendet, ramponiert. Der sog. Spießbratenspruch (17,11), eine beißende Kritik an den Ergebnissen dieses Kreuzzugs, sieht das Kreuzzugsgeschehen zum ersten Mal in der Geschichte der deutschen Kreuzzugslyrik unter seinem realistisch politischen Aspekt, nicht mehr unter einem idealisierend religiösen.[65] Dennoch gibt Walther die Idee des kaiserlichen Anspruchs auf die Schirmherrschaft über das Heilige Land nicht preis. Am deutlichsten wird sie in den wahrscheinlich 1212 entstandenen Sprüchen 12,6 und 12,18 formuliert, die Walther, der die Partei (nicht die Front) gewechselt hat, nun unter Otto IV. dichtet. In 12,6 sieht er den Kaiser als den einzigen irdischen Partner Gottes – der Papst wird nicht erwähnt – und verweist damit zugleich auf die über das Irdische hinausgehende Dimension kaiserlicher Herrschaft.[66] Der Kaiser ist Gottes Vogt auf Erden. Seine Kreuzzugsaufgabe besteht darin, Gott zu seinem Recht im Heiligen Land zu verhelfen. Entscheidend ist nun dabei, daß Walther, wie aus Spruch 12,18 hervorgeht, als Ziel des Kreuzzugs nicht die Vernichtung der Heiden ansieht, auch nicht allein die Befreiung des Heiligen Grabes, sondern die Friedensstiftung im Heiligen Land. So wie es Aufgabe des Kaisers ist, den Frieden im Reich zu sichern, soll seine Schutzherrschaft auch im Heiligen Land wirksam werden. Der Text appelliert in umschriebener Form an die Kraft und den Edelmut und ganz unmittelbar an die Milde des Herrschers. Dieser Appell, der die Sorge für den Feind impliziert, entspricht der augustinischen Auffassung des ›bellum iustum‹ (s. o.) und ist weit entfernt von den Hetzkampagnen kirchlicher Amtsträger. Walther erscheint so neben Wolfram als der nachdenklichste Betrachter der Kreuzzugspolitik.

Seinem Verständnis von den Aufgaben des Herrschers, die er

später auch Friedrich II. ans Herz legt, entsprechen seine Ausfälle gegen den Papst. Schutzherrschaft über das Heilige Land auszuüben, ist Aufgabe des Kaisers, nicht des Papstes. Den schärfsten Ton schlagen die Sprüche 34,4 und 34,14 an, in denen die Praxis des Papstes angeprangert wird, die Wirren des Reichs für finanzielle Vorteile der Kurie auszunutzen und die in den Opferstöcken der Kirchen gesammelten Gelder nicht für Hilfeleistungen in Palästina zu verwenden, sondern die Pfaffen davon gut leben zu lassen. Wichtiger als solche Polemik, hinter der man eine frühe, sich von der Kirche distanzierende Laienfrömmigkeit sehen mag (zumal auch aufgrund der Gestalt eines alten Klausners [9,16; 10,33], der sich um die Institution der Kirche sorgt),[67] ist in unserem thematischen Zusammenhang der späte Spruch 10,9:

Rich, hêrre, dich und dîne muoter, megde kint,
an den die iuwers erbelandes vînde sint.
lâ dir den kristen zuo den heiden sîn alsô den wint,
wan si meinent beide dich mit ganzen triuwen kleine.
an dîner râche gegen in, hêrre vater, niht erwint:
dû weist wol daz die heiden dich niht irrent eine.
die sint wider dich doch offenlîche unreine:
dise unreiner, diez mit in sô stille habent gemeine.

Ü: Herr, Kind einer Jungfrau, räche dich und deine Mutter an denen, die eures Erblandes Feinde sind. Laß weder den Christen noch den Heiden etwas vor dir gelten, denn beide sind dir nicht treu. Herr und Vater, laß in deiner Rache gegen sie nicht nach. Du weißt nur zu gut, daß dir nicht bloß die Heiden feind sind. Die sind wenigstens offen ungläubig; jene aber, die heimlich mit ihnen gemeinsame Sache machen, sind weit bösartiger.[68]

Auch hier ist die Nähe zu Wolfram zu spüren. Sind Heiden und Christen bei ihm vergleichbar in ihren ritterlichen Tugenden, so bei Walther in ihrer Sündhaftigkeit. Vor dieser Erkenntnis erledigen sich Idee und Praxis der Kreuzzüge eigentlich von selbst, auch wenn Walther in seiner Alterselegie von 1227 den Kreuzzug als Ausdruck des Strebens nach Seligkeit noch einmal resigniert beschwört.

Am bekanntesten ist Walther als politischer Spruchdichter durch seine drei frühen, unter Philipp von Schwaben 1198 und 1201 entstandenen ›Reichssprüche‹ 8,4; 8,28; 9,16 geworden. Literaturgeschichtlich sind sie schon deswegen bedeutsam, weil hier zum ersten Mal in Deutschland volkssprachliche Lyrik für politische Aussagen genutzt wurde (in lateinischer Sprache hatte der Archipoeta schon unter Barbarossa politische Gedichte geschrieben). Der politisch gehaltvollste und für unsere Thematik ergiebigste Reichsspruch ist 8,4 aus dem Jahr 1198, der den Sprechenden eingangs in der Haltung des Denkenden (eigentlich schon des zur Selbstreflexion neigenden Melancholikers späterer Jahrhunderte) zeigt; diese Haltung wurde in der Heidelberger Liederhandschrift abgebildet und ist seitdem zum Signum Walthers geworden.

Ich saz ûf eime steine
und dahte bein mit beine.
dar ûf satzt ich den ellenbogen.
ich hete in mîne hant gesmogen
daz kinne und ein mîn wange.
dô dâhte ich mir vil ange,
wie man zer welte solte leben.
deheinen rât kond ich gegeben,
wie man driu dinc erwurbe,
der keinez niht verdurbe.
diu zwei sint êre und varnde guot,
daz dicke ein ander schaden tuot:
daz dritte ist gotes hulde,
der zweier übergulde.
diu wolte ich gerne in einen schrîn:
jâ leider desn mac niht gesîn,
daz guot und weltlich êre
und gotes hulde mêre
zesamene in ein herze komen.
stîg unde wege sint in benomen:
untriuwe ist in der sâze,
gewalt vert ûf der strâze,
fride unde reht sint sêre wunt.
diu driu enhabent geleites niht, diu zwei enwerden ê gesunt.

Ü: Ich saß auf einem Stein,
und schlug ein Bein über das andere.
Darauf stützte ich den Ellenbogen.
Ich hatte in meine Hand geschmiegt
das Kinn und meine eine Wange.

So erwog ich in aller Eindringlichkeit,
wie man auf dieser Welt zu leben habe.
Keinen Rat wußte ich zu geben
wie man drei Dinge erwerben könne
ohne daß eines von ihnen verlorenginge.
Zwei von ihnen sind Ehre und Besitz,
die einander oft Abbruch tun;
das dritte ist die Gnade Gottes,

Walther von der Vogelweide
Heidelberger Handschrift

weit höher geltend als die beiden andern.
Die wünschte ich in *ein* Gefäß zu tun.
Aber zu unserm Leid kann das nicht sein,
daß Besitz und Ehre in der Welt
und dazu Gottes Gnade
zusammen in ein Herz kommen.
Weg und Steg ist ihnen verbaut,
Verrat lauert im Hinterhalt,
Gewalttat zieht auf der Straße,
Friede und Recht sind todwund:
bevor diese beiden nicht gesunden, haben die Drei keine Sicherheit.[70]

Der Diagnose der allgemeinen historischen Lage folgt in der letzten Zeile ein als Therapie gemeintes Dictum: Bevor Friede und Recht nicht wiederhergestellt sind, werden Besitz, Ehre in der Welt und Gnade Gottes im Herzen, d. h. im Leben des einzelnen Menschen, nicht zu vereinbaren sein. Ohne die Heilung der gesellschaftlichen Zustände, die durch Verrat und Gewalttat gekennzeichnet sind, ist ein ethisch vollkommenes Leben nicht möglich. Es ist daher naheliegend, will man den Spruch verstehen, sich eben diese Zustände, auf die Walther anspielt, zu vergegenwärtigen und die Begriffe ›êre‹ und ›guot‹ auf sie zu beziehen, anstatt sie – wie die ältere Forschung[71] – losgelöst von der konkreten historisch-politischen Situation in philosophischen und ideengeschichtlichen Zusammenhängen zu erörtern. Welche Anschaulichkeit diese immer wieder diskutierten Begriffe dann gewinnen können, wenn man sie im geschichtlichen Kontext sieht, hat Gerd Kaiser gezeigt:[72] Die Realität des mittelalterlichen Herrschaftsaufbaus ist bis in die Mitte des 12. Jahrhunderts entsprechend der Streulage des Grundbesitzes und entsprechend der mannigfachen personenbezogenen Bindungen durch eine verwirrende Vielfalt von Herrschafts- und Abhängigkeitsverhältnissen gekennzeichnet. Grundherrenrechte, Dienstherrenrechte, Vogteirechte u. a. überschneiden sich. Seit der Mitte des 12. Jahrhunderts bemühen sich besonders mächtige Grundherren um Abrundung ihres Streubesitzes und um Ausschluß jeder anderen Herrschaftsgewalt aus ihrem Gebiet. Der Territorialisierungsprozeß beginnt. Er richtet sich sowohl gegen königliche Rechte, die meist in der Gerichtsherrschaft bestehen, als auch gegen Sonderrechte adliger Standesgenossen. Dies führt zu Konflikten, die durch Kauf, Erbschaft, Heirat und zunehmend durch rücksichtslose Gewaltanwendung entschieden werden. Der Teil des Adels, der sich gegen die Gewalt nicht wehren kann, erfährt die Anhäufung von Rechten, Gütern, Geld in den Händen der mächtigeren Standesgenossen als Verletzung des ständischen Normgefüges. Der Aufruhr im Reich, von dem die Chronisten berichten, ist nicht erst eine Folge des Machtvakuums nach dem Tode Heinrichs VI., vielmehr bietet sich der Tod des Kaisers als leichte Erklärungsmöglichkeit für die nicht ganz durchaubaren Begleitumstände eines längst ablaufenden gesellschaftlichen Umwandlungsprozesses an. – Auch die Reichssprüche Walthers sind Reaktionen auf ihn. Wenn er davon redet, daß Ehre und Besitz einander oft Abbruch tun, so ist damit die Gefährdung des adligen Selbstverständnisses durch die materiellen Interessen der Mächtigsten unter den Adligen gemeint. Denn das Selbstverständnis des Adels, sein Ehrbegriff, wird zerstört, wenn ›triuwe‹, der zentrale Begriff mittelalterlicher Herrschaft, der die gegenseitige Verpflichtung von Herrschendem und Beherrschtem zum Ausdruck bringt, der Herrschaft überhaupt erst sanktioniert und der für den mittelalterlichen Personenverbandsstaat seit germanischer Zeit grundlegend ist, sich in sein Gegenteil, die untriuwe, in Verrat also, verkehrt, weil der Stärkere sich in aller Offenheit mit Gewalt unrechtmäßig durchsetzt. Abgewendet werden kann dieser Vorgang, der den Adel seiner eigenen Ideologie beraubt, nach Walthers Auffassung nur durch königliche Gewalt. Denn Friede und Recht zu sichern, ist, wie wir verfolgt haben, die vornehmste Aufgabe des Herrschers, des ›rex iustus et pacificus‹, der die Verpflichtung, sich ihrer anzunehmen, schon durch seinen Titel betont. Erst wenn durch die Herstellung von Friede und Recht eine Versöhnung von Ehre und Besitz- und Herrschaftsstreben wieder möglich sein wird, d. h. die Mächtigen des Adels davon abgehalten sein werden, die alten Ehrbegriffe ihres Standes zu unterminieren, wird auch ›gotes hulde‹, die Gnade Gottes, auf beidem liegen. Die Heilung des innerweltlichen Risses ist die Voraussetzung eines gottgefälligen Lebens. Walther ruft angesichts der Spannungen in der Welt nicht zur Buße, zur Absage an die Welt, zur Jenseitsgläubigkeit auf. Gottes Gnade, Besitz und Ehre sind im Diesseits in ein Gefäß zu bringen, in einem Herzen zu vereinen, wenn nur der Kaiser die politischen Voraussetzungen dafür schafft. Insofern ist der Spruch ein Appell an die königliche Zentralgewalt, zeigt sich Walther als Anwalt der von den Staufern vertretenen Reichsidee.

Die beiden anderen Reichssprüche weisen mit ihren Forderungen nach Wiederherstellung einer starken königlichen Gerichtsgewalt und ihrer Rückweisung des politischen Machtanspruchs der Kirche in die gleiche gedankliche Richtung.

Der Territorialisierungsprozeß, der Übergang vom Personenverbandsstaat zum institutionellen Flächenstaat, hat weder von den staufischen noch von den welfischen Königen aufgehalten werden können, geschweige denn von einem fahrenden Sänger. Dem Territorialstaat, der Herrschaft versachlichte, ihr größere Effektivität sicherte und auch eine rationellere Abschöpfung der wirtschaftlichen Erträge ermöglichte, gehörte die Zukunft. Aber es wäre töricht, Walther deswegen politisch reaktionär zu nennen. Er hat auf die Gefahren aufmerksam gemacht, die im Zuge des gesellschaftspolitischen Umwandlungsprozesses der christlichen Gesittung des Standes erwuchsen, der die Regenten stellte, einer Gesittung, die sich durchzusetzen gerade erst im Begriffe war und die, wie die Geschichte der Kreuzzüge dokumentiert, vor Rückfällen in die Barbarei nicht geschützt war.

Die Betrachtung literarischer Texte, die an der Vermittlung der neuen Wertvorstellung einer christlichen Regentschaft wesentlich beteiligt waren, kann hier zunächst beendet werden. Es ging im zweiten Teil dieses Kapitels zuallererst darum, die vielfältigen Anteile der mittelalterlichen Literatur an der Entstehung, Durchsetzung, aber auch an der Pervertierung und schließlich Erneuerung dieser Wertvorstellung zu verfolgen, die sich für die europäische Geschichte als von größter Tragweite erwiesen hat und die auch späterhin – wenn auch nicht mit vergleichbarer Intensität – von literarischer Reflexion begleitet worden ist.

Der Mangel an rationaler und politischer Klärung der Kompetenzen zwischen Königtum und Papsttum, die Interessenkonflikte zwischen Königtum und Territorialfürstentümern, schließlich auch die sich in ganz Europa als Regel durchsetzende dynastische Primogenitur, die Erbfolge des ältesten Sohnes, durch die eine offene Königswahl und damit auch der Einfluß der Kirche wegfielen, haben die christlichen Elemente im Selbstverständnis des Herrschers immer wieder verdrängt. Dennoch ist der Gedanke, daß der Herrscher bzw. der Staat einem christlichen Auftrag folgt, bei allen Rückschlägen nie mehr ganz verloren gegangen. Dies gilt auch für die evangelischen Territorialstaaten der neueren Geschichte. Deren absolutistisch regierende Landesherren schränkten zwar die Unabhängigkeit der Kirche ein, indem sie das als ›cura religionis‹ begründete Kirchenregiment übernahmen, ließen sich andererseits aber immer wieder geistlich beraten. Selbst im aufgeklärten Absolutismus Friedrichs II. von Preußen, der den Religionen distanziert gegenüberstand, wirkte das christliche Regentenethos nach, wenn er sich selbst als ›ersten Diener des Staates‹ bezeichnete und verstand. – Im modernen demokratischen Verfassungsstaat sind die Machtträger nur noch Inhaber bestimmter, klar begrenzter Funktionen auf Zeit, hat sich der aus dem Römischen Recht hervorgegangene, durch die Kirche vermittelte Amtsgedanke vollends durchgesetzt. Der magische, sakrale Charakter des Regenten ist endgültig abgeschüttelt, Regenten und Regierte sind als ›Personen‹ nicht mehr unterscheidbar (jedenfalls der Verfassung nach, nicht unbedingt immer im Bewußtsein der Bürger, die häufig – als jubelnde Menge etwa – politische Amtsträger als Personen überhöhen). Geblieben ist – und hierin liegt ein Konsens aller – die Forderung nach moralischer Autorität, die für die Erfüllung gerade der höchsten Staatsämter vorausgesetzt wird.

Freilich reicht nicht nur die Vorstellung von der Verantwortung des christlichen Politikers in die Geschichte des Mittelalters zurück; auch die affektive Wahrnehmung des Gegners als des schlechthin Bösen, des Teufels, der mit allen Mitteln zu vernichten ist, hat im Mittelalter ihre Wurzeln. Der tödliche Haß gegen die Ketzer, die offensive Kreuzzugspolitik gegen die Heiden, später die grausame Missionierung Mittel- und Südamerikas, schließlich die aus Staatsraison mit weltlich-moralischen Begründungen geführten Angriffskriege der Neuzeit sind dafür hinreichende Beispiele. In diesen Kriegen ist die Verantwortung der Regierenden für das politische Wohl des Gegners und die Christenheit insgesamt stets preisgegeben worden. Der mit kollektivem Egoismus verbundene Nationalstaatsgedanke und die ideologische Verhetzung ganzer Völker hat im 19. und 20. Jahrhundert, am stärksten in dem von Hitler und den Nationalsozialisten ausgelösten 2. Weltkrieg, zur gänzlichen Abkehr von der christlich-abendländischen Tradition geführt.

All diese Rückfälle in die Barbarei haben allerdings immer auch politische Gegenkräfte geweckt und – gerade im 20. Jahrhundert – den Versuch motiviert, ein schon in der Frühzeit des christlichen Abendlandes formuliertes Ideal zu verwirklichen. Überstaatliche Organisationen wie der Völkerbund zwischen den beiden Weltkriegen und die Vereinten Nationen nach dem 2. Weltkrieg, um nur sie zu nennen, sind die Antworten, die das europäische Gewissen auf die unter Mißachtung aller moralischen Grenzen geführten Machtkämpfe gegeben hat.

III. KAPITEL: DIE LEBENSFORM DER RITTER UND DIE HÖFISCHE LITERATUR DES MITTELALTERS

Die Lebensform der Ritter

Das Wort Ritter (mhd. ›ritter‹ bzw. ›rîter‹) ist seit dem 11. Jahrhundert bezeugt.[1] Es ist wahrscheinlich eine Neubildung und steht in seinem Anwendungsbereich dem französischen ›chevalier‹ nahe, das in militärischen Zusammenhängen gebraucht wurde und zunächst einfach den dienstbaren Mann zu Pferde, den Reiter, bezeichnete. Ritter wie ›chevalier‹ entsprechen damit dem lateinischen Wort ›miles‹, das in der Antike ganz allgemein den Soldaten oder Krieger bezeichnete (›militare‹ hieß ›Kriegsdienst tun‹), im Mittelalter aber nur noch für den gerüsteten Reiter gebraucht wurde. Damit konnte es auch auf adlige Vasallen angewendet werden, die zum Kriegsdienst verpflichtet waren. Obwohl in den Bezeichnungen ›miles‹, ›chevalier‹, ›ritter‹ immer auch eine Bedeutung mitschwingt, die auf die Dienstbarkeit ihrer Träger hinweist, haftet ihnen nichts Abwertendes an. Im Gegenteil, die moralische Rechtfertigung des Waffendienstes durch die Kirche im Zuge der Gottesfriedensbewegung, schließlich die religiöse Überhöhung des Kriegsdienstes im Rahmen der Kreuzzugsidee (vgl. Kap. II) werteten den Ritterbegriff derartig auf, daß ihn auch adlige Herren als Ehrentitel trugen. Das Wort Ritter war – jedenfalls noch im 12. Jahrhundert – weder eine Bezeichnung für einen bestimmten sozialen Rang noch für einen einheitlichen Berufsstand. Erst seit der Mitte des 13. Jahrhunderts verfestigte sich der Ritterbegriff allmählich zum Standesbegriff und bezeichnete den im wesentlichen aus der Ministerialität hervorgegangenen niederen Adel, während der Hochadel für sich den Begriff ›herre‹ verwendete.

In der Wortgeschichte spiegeln sich gesellschaftliche Vorgänge. Wichtig ist, daß wir, wenn wir im 12. Jahrhundert und in der ersten Hälfte des 13. Jahrhunderts, also in der Blütezeit der höfischen Literatur, von Rittern lesen, nicht an eine homogene Gruppe von Kriegern zu denken haben, die in der Umgebung jedes großen Herrn zu finden war, sondern daß auch diese Herren sich selbst als Ritter, als ›milites Dei‹ verstanden, diesen Begriff also in einem ideologischen, nicht in einem berufs- oder standesspezifischen Sinn auf sich bezogen. Dennoch kam die Mehrzahl derer, die sich als Ritter fühlten, aus den Reihen der Ministerialität, also aus den Reihen derer (ursprünglich Unfreier), die im Dienst großer Herren Hofämter ausübten, zur Verwaltung und zum Kriegsdienst herangezogen wurden. Entlohnt wurden sie (bei bestehender Naturalwirtschaft) durch Lehen, durch Grundbesitz also, der stets Voraussetzung für den Prozeß der Adelsbildung war.

Wer als Adliger anzusehen war, ließ sich weniger an kodifizierten Rechtsbestimmungen, als vor allem an der Art seiner Lebensführung erkennen. Dies ist ein entscheidender Grund dafür, daß sich die kriegerische Ministerialität so sehr um die Ausbildung von Verhaltensnormen bemühte, die denen des Hochadels, der Regenten (vgl. Kap. II), abgesehen waren und deren Einhaltung ihren Status als adliger Ritter verbürgen sollte. Diese Normen wurden an den Höfen der großen (und kleineren) Herren stilisiert, befolgt (oder übertreten) und kontrolliert. Wer sich ihnen unterwarf, konnte als vorbildlicher Ritter gelten, als ebenso vorbildlich wie der Regent selbst. An den Höfen der Herren wurde ritterlich-adlige Lebensführung gesellschaftlich erkennbar und anerkannt.

Der Hof des Königs war nicht unbedingt an einen festen Ort gebunden. Die Herrschaft mittelalterlicher Könige, nicht nur der deutschen, war eine Art Reiseherrschaft; sie zogen durch die Reichsteile, nahmen die Huldigungen der Großen entgegen und hielten mit ihnen Rat, saßen zu Gericht. Nur im Winter blieben sie an einem Ort, möglichst auf ihrem eigenen Hausgut. Ähnlich wie die Könige im Reich hielten es zunächst die Großen in den Herzogtümern und Grafschaften. Aber in diesen kommt es ungefähr seit der Mitte des 12. Jahrhunderts zu den ersten Ansätzen der Residenzbildung, zum Aufbau von Herrschaftsmittelpunkten.[2]

Das Personal der Höfe bestand aus der Familie des jeweiligen Herrn, aus der Hofgeistlichkeit, die nicht nur für gottesdienstliche Handlungen, sondern auch für die Kanzlei und den Schriftverkehr des Hofes verantwortlich war, aus dem Dienstpersonal, vom Truchseß, Kämmerer, Marschall, Schenk bis zum Forst- und Jägermeister, die alle jeweils wieder eigene Bedienstete hatten, aus Rittern, die für den Schutz des Hofes und der Gäste verantwortlich waren, aus Unterhaltungskünstlern u. a., so daß in einem ortsfesten Fürstenhof (etwa dem Wittelsbacher Herzoghof) – ohne die Gäste – insgesamt wahrscheinlich 100 bis 150 Personen lebten.

Das enge Zusammenleben von Kriegern und Klerikern in der Gemeinschaft des Hofes ist für die Formen der ritterlichen Lebensführung nicht ohne Folgen geblieben. Der Klerus hat unablässig versucht (wenn auch nicht überall mit der gleichen Nachdrücklichkeit oder gar mit gleichem Erfolg), christliche Wertvorstellungen zur Geltung zu bringen, sei es durch Kritik an Verhaltensweisen der Krieger, sei es durch Predigt und Erziehung, sei es durch priesterliche Handlungen wie die Schwertleite. – Kritisiert haben Kleriker nicht nur Faulheit, Trunkenheit, Völlerei und Unzucht der ritterlichen Krieger, sondern auch ihre Beutezüge, auf denen sie raubten, plünderten, schändeten.[3] Solche Kritik wirft ein Licht auf die – wie stark auch immer ausgeprägte – Diskrepanz, die zwischen dem uns aus der höfischen Dichtung geläufigen Idealbild des Ritters und der Wirklichkeit bestanden hat. Über direkte erzieherische Maßnahmen war der Einfluß der Kirche auf die höfische Lebensführung, insbesondere der Krieger, sicherlich nicht sehr groß. Denn in die Klosterschulen wurden allenfalls die Kinder des hohen Adels zum Erlernen der lateinischen Grammatik und der Rhetorik geschickt, während die sich aus der Ministerialität rekrutierenden Ritter wohl in der Regel Analphabeten waren. Ihre Erziehung richtete sich unter Anleitung erfahrener älterer Krieger vor allem auf körperliche Übungen, auf Reit- und Waffentechnik. Sofern sie aber auch in höfische Umgangsformen eingeführt wurden – oft dienten junge Adlige an den Höfen als Pagen und Edelknappen –, kam der Einfluß der Kirche immerhin indirekt zur Geltung. Denn die Hoflehre vermittelte Verhaltensnormen, die deutlich von Wertvorstellungen der antiken und christlichen Ethik bestimmt waren, allen voran die ›zuht‹, die Tugend der Selbstdisziplinierung im Umgang mit anderen Menschen. Ganz unmittelbar aber konnte der Klerus durch Beichtgespräche und liturgische Handlungen auf die Ritter wirken. Vor allem die Schwertsegnungen und der zeremonielle Akt der Schwertleite sind als Versuche zu werten, die Krieger an das Christentum zu binden. Die Schwertleite, hervorgegangen aus der alten Tradition der Wehrhaftmachung, die zugleich die Mannbarkeit des Jünglings öffentlich bekundete (noch in der höfischen Dichtung stehen ›ze man werden‹ und ›swert leiten‹ nah beieinander), war immer auch mit einer kirchlichen Feier und priesterlichen Mahnungen verbunden: die Feinde der Kirche zu besiegen, den Glauben zu stärken, die Armen, Witwen und Waisen zu schützen. Spätestens um 1200 waren die kirchlichen Schwertleiten nicht mehr ausschließlich dem hohen Adel vorbehalten, sondern wurden auch dem niederen Adel gewährt, in der

Regel in Gruppen- oder Massenpromotionen. (Im *Nibelungenlied* etwa wird erzählt (30,1), daß vierhundert Knappen [›swertdegene‹] zusammen mit Siegfried zu Rittern eingekleidet werden.) Von der Schwertleite einzelner ist seit dem 13. Jahrhundert schon gar nicht mehr die Rede; es mehren sich nun die Klagen, daß auch Unwürdige die Weihe empfangen.

Der vielfältig greifbare Einfluß der Kirche an den Höfen und Residenzen, der auch in der dort entstehenden Dichtung erkennbar wird, unterstützt die Herausbildung eines Ensembles von Wertvorstellungen und Verhaltensnormen, das man als ritterliches Tugendideal bezeichnen kann, nur mit Einschränkungen aber als ritterliches Tugendsystem.[4] Im wesentlichen handelt es sich um die Übernahme des schon besprochenen Ideals des christlichen Herrschers, das nun auf die verschiedensten alltäglichen Lebensbereiche der Feudalschicht übertragen wird und damit auch ein differenzierteres Erscheinungsbild erhält. Eine Erklärung für diese Übernahme und Erweiterung findet sich bei Hauser:[5] Der ›homo novus‹, in diesem Fall der aus der Ministerialität aufsteigende Ritter, neige stets zur Überkompensation seiner Minderwertigkeitsgefühle und verschärfe die moralischen Voraussetzungen der Privilegien, die er genießt. Der ganze Eifer, mit der sich die höfische Dichtung der ritterlichen Tugendvorstellungen annimmt, ist für Hauser ein Zeichen der Unsicherheit des innerlich noch ungefestigten Rittertums, das aus dem Gefühl der Subalternität heraus den Wert der äußeren Formen übertreibt und den Seelenadel, die edle Gesinnung, mindestens ebenso stark betont wie die adlige Herkunft.

Daß mit dem Adel der Geburt ein Adel der Gesinnung einhergehen müsse, ist allerdings bereits ein Gedanke der antiken Ethik und, auf die mittelalterlichen Ritter bezogen, eine Folge der durch die Kirche betriebenen Christianisierung dieser Kriegergruppe. Deren von ihr inspiriertes und gefördertes Tugendideal, dessen wesentliche Aspekte durch die Betrachtung der höfischen Literatur im folgenden entfaltet und veranschaulicht werden, beruht auf der Verschmelzung antiker, germanischer und christlicher Wertvorstellungen: Kriegerische Kraft und Härte, kriegerisches Ehrgefühl und Treue, kriegerische Ruhmsucht und die Verachtung der Gefahr und des Todes (all dies sind Komponenten der germanisch-heidnischen Gefolgschaftsethik) soll der einzelne Ritter nicht nur (gemäß der aristotelischen und stoischen Ethik) mit Selbstbeherrschung und Maß, mit Zügelung der Emotionen verbinden, sondern zugleich mit christlicher Demut vor Gott und Nächstenliebe den Menschen gegenüber vereinbaren. Die Schonung des besiegten Feindes, das Mitgefühl des Starken mit den Schwachen, den Leidenden, Hilfsbereitschaft und Güte gegenüber den Armen sind Bestimmungen, die nicht nur in der höfischen Dichtung, sondern auch in der geistlichen Didaktik ständig wiederholt werden.

Einen unverwechselbaren Charakter gewinnt das höfische Ritterideal durch die Verbindung der genannten Tugenden mit gesellschaftlichen Umgangsformen, für die der mittelhochdeutsche Begriff ›hövescheit‹ in der Bedeutung von ›höfische Erziehung‹, ›höfisches Wesen‹ benutzt wurde.[6] Er weist hin auf ein in starkem Maß durch Etikette gekennzeichnetes Benehmen, das sich als Selbstbeherrschung, als ›Höflichkeit‹ den Frauen gegenüber äußert, in schöner Kleidung und guten Tischmanieren, in galanten, kenntnisreichen Reden, möglichst auch künstlerischen Interessen, die zur Geselligkeit, zur ›vreude‹ der Hofgesellschaft beitragen, in uneigennützigen, freigiebigen Handlungen. Freigiebigkeit war allerdings in erster Linie eine Pflicht des Fürsten, die den materiellen Rahmen dafür schuf, daß die Hochstimmung und Leutseligkeit der Gesellschaft, der ›hohe muot‹ des ihr angehörenden einzelnen sich entfalten konnte. Wer die Tugenden des Ritters und die Anstandsregeln des Hofes in sich vereinigte, besaß ›êre‹, genoß innerhalb der Hofgesellschaft, also innerhalb eines kleinen elitären Kreises, höchstes Ansehen.

Die Grundlage all dieser im ritterlichen Tugendideal und in den ritterlichen Anstandsformen vereinigten Qualitäten ist die ›zuht‹, die Zügelung der eigenen Triebhaftigkeit. Selbst wenn diese Triebregulierung im höfischen Zusammenleben nur das – vor allem in der höfischen Dichtung seinen Ausdruck findende – Ideal einer Gesellschaft war, das in Wirklichkeit, wenn überhaupt, so nur partiell erfüllt werden konnte, lohnt es doch, den Ursachen für seine Entstehung nachzugehen. Auf die Interessen und die inspirierende Kraft der Kirche dabei ist ausführlich hingewiesen worden. Die christlichen Wertvorstellungen konnten jedoch nur deshalb so wirksam werden, weil sie auf ihnen entgegenkommende sozialgeschichtliche Bedingungen stießen, die vermutlich auch schon die Entstehung des christlichen Regentenethos begünstigt hatten. Solche die Zügelung der Triebhaftigkeit fördernden Bedingungen hat Norbert Elias in der Entstehung gesellschaftlicher Institutionen für die Ausübung körperlicher Gewalt gesehen. Folgt man seinem *Entwurf zu einer Theorie der Zivilisation*,[7] so führt die schrittweise Errichtung von Königs- und Fürstenhöfen zu stabilen Gewaltmonopolen, die den einzelnen vor dem plötzlichen Überfall, vor dem »schockartigen Einbruch der körperlichen Gewalt in sein Leben« zwar weitgehend schützen,[8] ihn selbst zugleich aber zwingen, die eigene Aggressivität gegen andere zurückzudrängen. Die größere Triebungebundenheit der alten Adels- und Kriegerschicht, die dem einzelnen ein relativ uneingeschränktes Ausleben seiner Gefühle (der Freude und des Hasses, der Lust und der Zerknirschung) gestatteten, weicht allmählich einer größere Sicherheit gewährenden allseitigen Dämpfung der Affekte, die mit der Konzentration und Institutionalisierung der Machtverhältnisse einhergeht. Denn der befriedete Raum des Hofes, in dem jeder auf den anderen Rücksicht zu nehmen hat, wenn ein Zusammenleben überhaupt gelingen soll, in dem die Tätigkeiten seiner Mitglieder funktional verteilt sind und in dem einer auch den anderen überwacht, führt zwangsläufig zu einer Kontrollinstanz im Seelenhaushalt des Individuums, zu einer »Selbstzwangapparatur«, wie Elias es nennt,[9] von der die eigenen Triebe überwacht werden. Die Spannungen, die ehemals im Kampf zwischen Mensch und Mensch ausgetragen wurden, muß nun der einzelne in sich selbst bewältigen. »Die friedlicheren Zwänge, die seine Beziehungen zu anderen auf ihn ausüben, bilden sich in ihm ab: es verfestigt sich eine eigentümliche Gewohnheitsapparatur in ihm, ein spezifisches ›Über-Ich‹, das beständig seine Affekte im Sinne des gesellschaftlichen Aufbaus zu regeln, umzuformen oder zu unterdrücken trachtet.«[10]

Die sozialpsychologischen Veränderungen, wie Elias sie beschreibt, sind die Voraussetzung, daß die durch die Kirche vermittelten Wertvorstellungen auf fruchtbaren Boden fallen. Die Mäßigung der eigenen Triebhaftigkeit wird als Verhaltensnorm plausibel und akzeptabel, weil sie nicht nur ideell begründet ist, sondern auch einer gesellschaftlichen Notwendigkeit entspricht – aus der auszubrechen nichtsdestoweniger immer auch gewünscht und versucht wird.

Hier nun kommt die Literatur ins Spiel. Die um 1200 mit den sich etablierenden territorialen Residenzen so überraschend schnell aufblühende höfische Dichtung festigt einerseits das ritterliche Tugendideal und höfische Verhaltensnormen und kommt zugleich andererseits dem Wunsch der Rezipienten nach Befreiung aus dem durch dieses Ideal und diese Normen hervorgerufenen Zwängen entgegen. Dies gelingt, indem sie – wie in der Artusepik – märchenhafte Abenteuer schildert, in denen die Tugenden der Ritter, jedenfalls der als Vorbildfiguren ausgewählten, sich zwar bewähren, aber doch wenigstens in gefahrvoller Freiheit und fern vom Hofe; und indem sie – wie im hohen Minnesang – die durch die gesellschaftlichen Regeln des Hofes erzwungene Selbstbeherrschung des Mannes in der sublimierten Form des Frauendienstes zwar abbildet, aber dabei die Frau so überhöht und als Ideal an Schönheit und Reinheit verklärt, daß dadurch – wenigstens zeitweise – aller Verzicht auf die Erfüllung erotischer Wünsche aufgewogen, ja lohnend erscheint.

Sofern Literatur diese doppelte Funktion erfüllte, wurde sie an den Höfen großzügig gefördert. Dabei wurde auf die Anpassung des Dichters an den Geschmack seines fürstlichen Gönners und des höfischen Publikums (und auf die Nachahmung der aus Frankreich kommenden literarischen Mode) an den kleineren Fürstenhöfen des Laienadels stärker geachtet als etwa am Kaiserhof, der bis ins 12. Jahrhundert hinein der einzige Ort gewesen war, an dem Literatur außerhalb der Klöster entstand. Gerade die weltlichen Fürsten in ihren neuen Residenzen bemühten sich – nach dem Vorbild königlicher Repräsentationsformen – um ihren eigenen Herrschaftsstil und achteten darauf, daß Literatur diesen Herrschaftsstil bestätigte und gleichzeitig die disziplinierte Hofgesellschaft durch Unterhaltung beschwichtigte.

Die Angehörigen der Hofgesellchaft waren in der Regel des Lesens und Schreibens unkundig; deshalb mußte die für sie bestimmte Literatur volkssprachig sein, und sie mußte vorgelesen bzw. vorgesungen werden. Dies erklärt nicht nur das Anwachsen gerade deutschsprachiger Literatur um die Wende zum 13. Jahrhundert, es erklärt in den uns überlieferten Texten auch die vielen (schon aus der an den germanischen Herrensitzen mündlich tradierten Heldendichtung bekannten [vgl. Kap. II]). Elemente der mündlichen Rede: die direkte persönliche Anrede (nun weniger des einzelnen Herrschers als des gesamten Publikums), die Verwendung inhaltlicher Versatzstücke, bestimmter Erzählformeln, rhetorischer Fragen, usw. – Gleichwohl wurden viele der vorgetragenen Texte aufgeschrieben, was um so eher möglich war, je mehr sich an den Höfen ein geregelter, schon aus politischen und wirtschaftlichen Gründen notwendiger und durch die Einrichtung eigener Kanzleien ermöglichter Schriftbetrieb entfaltete.

Vor allem die Epiker bemühten sich um die Aufzeichnung ihrer Texte, schon weil das Auswendiglernen längerer Versdichtungen sie in der Regel wohl überforderte. So muß man davon ausgehen, daß die Epik in Reimpaaren – also die Artusepik (vgl. S. 193 ff.) – abschnittweise vorgelesen wurde (während die Epik in Reimstrophen – die Heldenepik – wahrscheinlich vorgesungen wurde).[11] Natürlich wollten die Epiker von den Gebildeten der Hofgesellschaft auch gelesen werden. Die Fixierung ihrer Texte in der Kostbarkeit eines Buches verlieh diesen eine besondere

Dignität und erhöhte auch das eigene Ansehen, wie es schon die Bedeutung des Vorgetragenen bekräftigte, wenn man sich auf Bücher berufen konnte, denen man seinen Stoff entlehnt hatte. Gleichzeitig sorgte die Aufzeichnung eines Textes auch für seine Verbreitung (Abschriften konnten angefertigt und weitergegeben werden), was wiederum ein besonderes Licht auf die literarische Aktivität eines Hofes in der Vielzahl der nicht nur um politische Herrschaft, sondern auch um kulturellen Glanz konkurrierenden Residenzen warf. Diese Konkurrenz ist ein entscheidender Grund dafür, daß die Dichter an den Höfen großzügig gefördert wurden, nicht nur die in der Regel der Hofgesellschaft angehörenden bzw. ihr gleichgestellten Dichter der großen Versepen und der Minnelyrik, sondern durchaus auch die den Spielleuten sozial vergleichbaren fahrenden Dichter (vgl. Kap. II). – Während die Epiker sich auf Bücher beriefen und nach Möglichkeit aus Büchern vorlasen, traten die Aufzeichnungen bei den Lyrikern und Spruchdichtern zurück. Lieder wurden im geselligen Kreis zuerst gesungen, dann vielleicht auch aufgeschrieben. Bezeichnend dafür ist wohl, daß wir sie fast nur aus späteren, seit Ende des 13. Jahrhunderts entstandenen Sammelhandschriften kennen, was auch den Grad der Authentizität der Texte deutlich mindert.

Trotz des Vorrangs mündlicher Vermittlung von Literatur ist bereits in der höfischen Dichtung um 1200 eine erstaunliche Perfektion in der Beherrschung literarischer Formen zu beobachten. Zu erklären ist dies nur mit der relativ weitgehenden Abhängigkeit der deutschsprachigen Dichter von der französischen Hofdichtung (wie überhaupt insgesamt von der französischen Adelskultur). Von Frankreich waren in den vergangenen Jahrhunderten nicht nur die religiösen Erneuerungsbewegungen und der Kreuzzugsgedanke ausgegangen, Frankreich war spätestens seit dem 12. Jahrhundert auch im europäischen Bildungswesen führend, seine Hofkultur ging der deutschen zeitlich voraus und wurde von dieser nachgeahmt. Bezeichnend dafür ist auch der französische Spracheinfluß in dieser Zeit, in der nicht nur Hunderte von französischen Wörtern aus dem Bereich des höfischen Lebens, sondern sogar Wortbildungsmittel wie das Abstraktsuffix -îe (neuhochdeutsch -ei) oder das Suffix -ieren zur Bildung von schwachen Verben ins Deutsche übernommen wurden.[12] Man mußte, um die französische Literatur zu rezipieren, nicht unbedingt schriftkundig sein. So wie die französische Sprache sich mündlich erlernen ließ, konnten auch französisch sprechende Analphabeten unter den deutschen Dichtern französische Texte verstehen, wenn sie ihnen vorgelesen oder vorgesungen wurden.

Gerade hierin wird man einen Grund für den großen literarischen Einfluß, der von Frankreich ausging, sehen müssen. Voraussetzung war freilich eine entsprechende Mobilität, die eine Berührung mit der französischen Literatur überhaupt ermöglichte. Neben den zahlreichen dynastischen Verbindungen und den diplomatischen Kontakten zwischen Deutschland und Frankreich, den damit verbundenen Reisen, Festen, Versammlungen, dürften dabei die wirtschaftlichen Beziehungen eine wichtige Rolle gespielt haben, die großen Messen in Frankreich (z. B. in Troyes, Provins, Lagny), die von deutschen Kaufleuten besucht wurden, und der Warenaustausch vieler einzelner Gewerbe.[13] Auf den Handelsstraßen reisten auch die Intellektuellen, die zum Studium an französische Schulen und Hochschulen gingen oder von dort zurückkehrten, um anschließend an deutschen Höfen Aufgaben in der Verwaltung zu übernehmen oder der Kirche als Kleriker zu dienen, und auf den Handelsstraßen kam es auch zu Kontakten zwischen Kaufleuten, politischen Gesandten, Studierenden mit Spielleuten und fahrenden Dichtern. Die mündliche sowohl wie die schriftliche Vermittlung französischer Literatur an die deutschen Residenzen, die maßgeblich auch am Handel zwischen beiden Ländern beteiligt waren, war unter diesen Gegebenheiten ganz selbstverständlich.

Am intensivsten vollzog sich die Übernahme der Hofkultur Frankreichs und die Nachahmung der französischen Literatur zwischen 1170 und 1220, in einer Zeitspanne, die man oft als Blütezeit höfischer Dichtung in Deutschland bezeichnet hat, und am deutlichsten wirkte sich der französische Einfluß zunächst im deutschen Westen aus, am Niederrhein, der Heimat Heinrichs von Veldeke, etwas später in Gebieten des Oberrheins, in denen Hartmann von Aue, Gottfried von Straßburg, Friedrich von Hausen und andere dichteten, dann aber auch im deutschen Osten, besonders am Hof der Landgrafen von Thüringen, an dem Wolfram von Eschenbach einige Jahre arbeitete, und am Wiener Hof der Babenberger Herzöge von Österreich, an den Walther von der Vogelweide sich zeitweilig band. Insgesamt kann man erkennen, daß der französische Einfluß im Osten abnahm; die alten Stoffe und Formen germanischer Heldenepik blieben dort am längsten lebendig, wenn sie zum Teil auch von der französischen ›Mode‹ überdeckt wurden.

Von den in der zweiten Hälfte des 12. Jahrhunderts in Frankreich bekannten epischen Großformen: der ›chanson de geste‹, der Heldenepik, von der sich das schon besprochene deutsche *Rolandslied* des Pfaffen Konrad herleitet (vgl. Kap. II), dem ›roman antique‹, dem antike Stoffe gestaltenden Versroman, auf den etwa das Straßburger Alexanderlied zurückgeht (vgl. ebenfalls Kap. II) und dem der aus dem Französischen übertragene einflußreiche frühhöfische Äneisroman *(Eneid)* Heinrichs von Veldeke zugehört, schließlich dem ›roman courtois‹, dem höfischen Roman, der die ›matière de Bretagne‹, die keltischen Geschichten von König Artus und seiner Tafelrunde, behandelte, waren es diese Artusromane, die das ritterliche Publikum der deutschen Höfe besonders faszinierten. Es ist ein Glücksfall in der mittelalterlichen Literaturgeschichte, daß drei Romane Chrétiens de Troyes, des bedeutendsten französischen Artusepikers, in Deutschland von wirklichen Dichtern aufgegriffen wurden und daß ihre Werke uns erhalten sind: Hartmann von Aue übertrug in seinen Romanen *Erec* und *Iwein* Chrétiens *Erec et Enide* und *Yvain*, und Wolfram von Eschenbach benutzte Chrétiens *Perceval (Conte du Graal)* als Anregung für seinen *Parzival*. Daneben ist es zu Dutzenden weiterer Adaptionen französischer Artusromane gekommen, ohne daß uns aber die französischen Originale bzw. die deutschen Bearbeitungen immer vollständig bekannt sind.

Von den vielen in Frankreich lebendigen lyrischen Gattungen hat vor allem das Liebeslied nach Deutschland gewirkt. Einige Sonderformen, wie z. B. das Tagelied, das Streitgedicht, der Leich, das Kreuzzugslied, haben ebenfalls Resonanz gefunden, aber eine sehr viel geringere; nahezu unbeachtet blieben dagegen die Pastourelle, das Tanzlied, das Klagelied, das politische Lied (dessen Funktion in Deutschland der Spruch übernahm) und dialogische Liedformen. – Die französische Liebeslyrik, die von den deutschen Minnesängern nachgeahmt wurde, war schon in der ersten Hälfte des 12. Jahrhunderts in Südfrankreich lebendig und wurde an den dortigen Höfen von Trobadors gesungen, später auch in Nordfrankreich von Trouvères. Die deutsche Rezeption dieser Lyrik, die das Thema der hohen Minne reflektierte und nach komplizierten formalen Ansprüchen behandelte (vgl. S. 245) setzte erst in der zweiten Hälfte des 12. Jahrhunderts ein, am deutlichsten zuerst in den Liedern Friedrichs von Hausen, von dem dann innerhalb Deutschlands ein großer Einfluß ausging. Auch Heinrich von Morungen und Walther von der Vogelweide, die bedeutendsten deutschsprachigen Minnesänger, waren gute Kenner der französischen Lyrik, die indessen die französischen Vorbilder viel selbständiger als noch Hausen verarbeitet haben. – Aus Frankreich wurden wahrscheinlich auch die Melodien der Lieder übernommen. Da die höfische Lyrik in Deutschland jedoch fast nur ohne Noten aufgezeichnet wurde, ist unser Wissen über die musikalische Seite dieser der höfischen Geselligkeit dienenden Lyrik nur gering.[14]

Warum man an den deutschen Höfen gerade am ›roman courtois‹ und an der Minnekanzone so interessiert war, läßt sich aus den Besonderheiten dieser Gattungen erklären: keine anderen als sie zeigten »ein so genaues Bild von der materiellen Kultur, den zeremoniellen Formen des höfischen Benehmens und den neuen Wertbegriffen der französischen Adelsgesellschaft«,[15] und keine anderen als sie stellten auch so hohe formale Ansprüche, die sich aneignen und ästhetisch genießen zu können das Selbstwertgefühl der ritterlichen Gesellschaft erhöhte und den kulturellen Rang eines Hofes hervorhob. Allerdings sind in den deutschen Bearbeitungen – dies hängt mit dem unterschiedlichen Bildungsstand der in der Regel schriftkundigen französischen und der in der Regel analphabetischen deutschen Hofgesellschaft zusammen – die intellektuellen und spielerischen Momente zugunsten der ideologischen zurückgetreten. Den deutschen Dichtern ging es in erster Linie um Vermittlung des neuen höfischen Gesellschaftsideals.[16] Deswegen häufen sich in den deutschen Bearbeitungen der Artusromane beispielsweise die Beschreibungen der Gegenstände und Vorgänge höfischen Lebens, werden die ritterlichen Helden in ihrer Vorbildlichkeit idealisiert und didaktisch-programmatische Äußerungen in das erzählte Geschehen eingefügt; deswegen stilisieren deutsche Minnelyriker die höfische Dame zum »Inbegriff vollkommener Schönheit und Tugendhaftigkeit«, zur »Repräsentantin höfischer Werte«[17] und fügen ernsthafte Betrachtungen des neuen Minneideals (vgl. S. 241 ff.) in ihre Lieder ein.

Dies alles trägt durchaus Züge des Epigonalen (das in den besten Texten freilich auch durchbrochen werden kann) und weist auf die – oben schon erwähnte – auf Einverständnis zielende Funktionalität dieser Literatur hin, die eine neu entstehende gesellschaftliche Gruppe in ihren sie in die Zucht nehmenden Wertvorstellungen und Verhaltensnormen zu bestärken, ihr gleichzeitig aber auch durch Phantasie freisetzende fiktionale Angebote das über alle Zwänge hinwegführende Gefühl der Ungebundenheit und Freude zu schenken sucht.

Höfische Epik

Die höfische Epik ist wesentlich durch den Artusstoff bestimmt. Volkstümliche Erzählungen, die sich auf einen sagenhaften König Artus beziehen, waren in England lebendig. Wer dieser König Artus gewesen ist, läßt sich nicht mit Sicherheit sagen. In der um 800 entstandenen *Historia Britonum* wird er als britischer Heerführer erwähnt, der im 5. Jahrhundert Schlachten gegen die Sachsen geschlagen habe.[18] Im frühen 12. Jahrhundert greift Geoffrey von Monmouth in seiner *Historia Regum Britanniae* die Erzählungen um Artus auf und stilisiert ihn zum idealen christlichen Herrscher, der in Kriegszeiten sein Volk mit Hilfe der Bretonen gegen die Heiden geschützt und in Friedenszeiten ein prachtvolles, von Freigiebigkeit gekennzeichnetes Hofleben ermöglicht hat. Geoffreys Beschreibungen, die Artus als Identifikationsfigur aufbauen, stehen im Dienst der normannischen Eroberer Englands, die daran interessiert waren, dem französischen Karls- und Wilhelmsmythos eine britische Geschichtsmythologie entgegenzusetzen und die Normannenherrscher als »Erfüller der britischen Geschichte« hinzustellen.[19] Die Verbreitung der *Historia Regum Britanniae* (200 Handschriften, dazu Übersetzungen ins Mittelenglische, ins Walisische, ins Altnordische, ins Altfranzösische) machte die Artusgestalt weithin bekannt. Die wichtigste französische Aneignung der *Historia* Geoffreys ist der 1155 vollendete *Roman de Brut* des Maistre Wace. Dieser läßt König Artus durch entsprechende Erweiterungen hauptsächlich als Repräsentanten höfischer Kultur erscheinen, stellt also seine kriegerischen Taten zurück und bringt mit ihm auch das Bild der Tafelrunde in Verbindung, das freilich aus den mündlichen Erzählungen über Artus schon bekannt gewesen sein dürfte, – und nicht nur aus ihnen. Die Tafelrunde, an der es kein Oben und Unten gibt, ist Sinnbild der grundsätzlichen Gleichheit aller zur Artusgemeinschaft gehörenden Ritter, eine Vorstellung, die ihre Entsprechung im Kreis Karls und seiner Paladine hat und auch in Analogie zur Abendmahlsrunde Jesu gesehen werden kann. – Zum »eigentlich weltliterarischen Ereignis«[20] wurden die Artusgestalt und die sich um sie rankenden Erzählungen dann in den Romanen des Chrétien de Troyes *(Erec et Enide, Cligès, Lancelot, Yvain* und *Perceval).* Mit ihm beginnt eine Stoffgeschichte, die bis in die phantastische Literatur des 19. und 20. Jahrhunderts reicht, bis in die massenhaft verkauften Fantasy-Comics der Gegenwart. Auf welche Quellen Chrétien im einzelnen zurückgegriffen hat, ist nicht bekannt, sicherlich jedoch auch auf die mündliche Erzähltradition. Seine Leistung liegt darin, einzelne Erzählmotive so verklammert und strukturiert zu haben, daß Sinngefüge entstanden, in denen die höfische Gesellschaft die sie existentiell beschäftigenden Probleme des rechten Umgangs mit Gewalt und Sexualität verarbeitet fand. In den deutschen Bearbeitungen Hartmanns von Aue ist diese Problematik dann noch stärker als bei Chrétien akzentuiert worden.

Die Vorstellungswelt, die uns die Artusepik Chrétiens und Hartmanns anbietet, liegt jenseits aller alltäglichen und damit auch politischen Wirklichkeit. Bezog sich die Heldenepik auf reale kriegerische Konflikte, etwa auf die Kreuzzüge, und waren ihre Helden Träger politischer Ämter bzw. erfüllten sie Pflichten, die sich sowohl aus ihren gesellschaftlichen Bindungen als auch aus aktuellen politischen Anlässen ergaben (vgl. Kap. II), so führt der Artusroman in eine Welt, die weder geographisch noch historisch bestimmbar ist. Wer von Nantes in der Bretagne, dem Sitz des König Artus und dem einzigen geographischen Fixpunkt, ausreitet, gerät sofort in eine Landschaft, in der stark typisierte, der Handlung dienende Schauplätze immer wiederkehren: der dichte Wald, die Lichtung, die Quelle, die Burg. Ebenso unklar wie die räumlichen sind die zeitlichen Verhältnisse. Das dargestellte Geschehen steht in keinerlei Beziehung zu irgendwelchen historisch belegbaren Ereignissen. Dennoch läßt es alle Formen höfischer Ausstattung und höfischer Sitte erkennen, allein durch die Beschreibung der Figuren und ihrer Begegnungen und der den Figuren zugehörenden Requisiten. Innerhalb des märchenhaften Rahmens herrscht der Realismus des Details.

Die tragenden Handlungselemente des Artusromans sind die Aventiuren, die nicht etwa bloßen Abenteuern gleichzusetzen sind. Die Aventiure wird von einem Ritter gesucht, der eine Herausforderung bestehen und dabei nicht nur seine ritterlichen Tugenden vervollkommnen, sondern auch sein Ansehen in der Gesellschaft erhöhen will. Dies geschieht im Einzelkampf gegen einen anderen Ritter oder in der Bewältigung von Gefahren, die dem auf sich selbst gestellten Helden begegnen. Schildert die Heldenepik die kriegerische Schlacht und den herausgehobenen einzelnen in der gemeinsam kämpfenden Gruppe von Kriegern, so der Artusroman den Isolierten, der vom Hof auszieht und sich in seiner Verlassenheit zu bewähren hat. Erst bei seiner erfolgreichen Rückkehr erfährt er in der Situation des Festes die Anerkennung seines Kreises. Um Anerkennung muß insbesondere derjenige bemüht sein, der durch einen Verstoß gegen die ungeschriebenenen Gesetze des Hofes sein Ansehen gefährdet oder in der Gesellschaft der Ritter seine Ehre verloren hat. Die Anlässe hierfür sind unterschiedlich und erst bei der Betrachtung der einzelnen Texte zu verfolgen. Sehr häufig steht der Verlust des Ansehens zunächst im Zusammenhang mit der Problematik einer Liebesbeziehung. Insofern ist auch die Liebe, derer der Ritter sich nicht wert fühlt oder vor den Augen seiner Umgebung nicht wert fühlen darf, der Anstoß für seinen Auszug in die Bewährungsproben. Auch dies spiegelt den Wirklichkeitsverlust dieser Literatur. An die Stelle praktisch-politischer Zielsetzungen treten gesellschaftliche Komplikationen von Liebesbeziehungen als Motivationen des Handelns, so wie ja auch die geschilderten Waffentaten nicht politisch-zweckgerichtet sind, sondern gleichsam »kreuz und quer«[21] vollbracht werden, ganz der Reputation der einzelnen Person dienend. Dies zeigt zugleich, wie sehr sich die ritterliche Hofgesellschaft, die diese Literatur rezipierte, mit der Konstituierung ihres Selbstverständnisses beschäftigte und wie gering ihre Möglichkeiten tatsächlich politischer Einflußnahme waren.

Doch auch wenn die unmittelbaren Bezüge zur politischen Wirklichkeit in der Artusepik ausgespart blieben, haben die Sinngefüge, die sie konstruierte, insofern eine geschichtliche Bedeutung erlangt, als sie das Wertbewußtsein einer gesellschaftlichen Gruppierung formen half, das im Verlauf der Jahrhunderte das Verhalten der machttragenden Oberschichten nachhaltig beeinflußte, wenn auch keineswegs ausschließlich bestimmte (vgl. S. 274ff.). Denn die Artusromane – besonders die deutschen – sind bei all ihrer Märchenhaftigkeit auch »Hof- und Ritterspiegel«[22], die tugendhaftes Verhalten demonstrieren und bewerten und damit entschieden auf die Gesittung ihrer Rezipienten einwirken wollen. Dies ist schon daran zu erkennen, daß sie die Helden ›Wege‹ gehen lassen; auf ihnen sind nicht nur Proben zu bestehen, die das Unterhaltungsbedürfnis des Publikums befriedigen, sondern lassen sich auch die ›Suche‹ des Helden nach der eigenen Bestimmung und seine Identitätsfindung vorbildlich wirksam mitgestalten. Der Lernprozeß des Helden, der in der Kette seiner Aventiuren entfaltet wird, soll von Hörern und Lesern des Artusromans nachvollzogen werden und ihnen ihre eigene Aufgabe bewußt machen. Insofern ist der Artusroman – zumal in Deutschland – nicht nur Abenteuerroman, sondern »prinzipiell ›Bildungsroman‹«.[23] Daß er zugleich zum religiösen Roman tendiert, erweist sich nicht nur an Hartmanns ritterlichen Legendendichtungen *(Gregorius; Der arme Heinrich)* oder an Wolframs *Parzival,* sondern immer auch – wie zu zeigen sein wird – an bestimmten Verhaltensweisen und Funktionen einzelner Figuren, wie überhaupt an dem mit christlichen Vorstellungen in Analogie zu setzenden Versuch der Helden, einmal erreichte Zustände zu überwinden und zielgerichtet nach innerer Vervollkommnung im Dienste anderer zu trachten, den Abenteuerweg zur ›via christiana‹ zu gestalten.[24]

Der erste deutsche Artusroman ist der *Erec* Hartmanns von Aue. Über Hartmanns Person ist wenig bekannt. Er hat zwischen 1160 und 1210 im deutschen Südwesten gelebt; wo genau, ist umstritten, da die Herkunftsbezeichnung ›Ôuwe‹ mehrere Deutungen zuläßt;[25] seine Sprache verrät seine Zugehörigkeit zum alemannischen Sprachraum. In seiner Verslegende *Der arme Heinrich* bezeichnet er sich selbst als ›ritter‹, der ›gelêret was‹, und als ›dienstman‹. Damit gehört er jener schon beschriebenen Gruppe von Ministerialen an, die sich am Hofe eines großen Herrn zum Kriegsdienst verdingten. Seine von ihm selbst betonte Gelehrsamkeit (vgl. auch den Prolog seines *Iwein*) – wahrscheinlich hatte er eine Schulbildung und Kenntnisse im Lateinischen, konnte lesen und beherrschte das Französische – hat fraglos die Rezeption Chrétiens bzw. anderer von ihm benutzter französischer Quellen erleichtert. Wolfram von Eschenbach beruft sich später auf Hartmann als Gewährsmann für ›Artusfragen‹, wie überhaupt Hartmanns literarischer Ruhm im Mittelalter wiederholt, besonders von Gottfried von Straßburg, bekundet wird.

Der *Erec* ist kurz nach 1180 entstanden. Er ist in nur einer, vom Original zeitlich weit entfernten Handschrift überliefert (in der zwischen 1502 und 1515 im Auftrag Kaiser Maximilians von Hans Ried angefertigten Ambraser Handschrift, einem späten ›Sammelbecken‹ höfischer Dichtung), und auch dort nicht ganz vollständig, z. B. ohne die Eingangsverse. Man schätzt den vollständigen Text des *Erec* auf etwa 10 350 Verse (10 192 sind überliefert), was schon insofern von Interesse ist, als Chrétiens *Erec* nur knapp 7000 Verse lang ist. Dies weist nicht nur auf Hartmanns Hang zu ausführlichen und belehrenden Beschreibungen hin (die berühmte Beschreibung von Enites Pferd und seinem Sattelzeug nimmt bei Chrétien vierzig, bei Hartmann ca. 500 Verse ein), sondern wirft auch die Quellenfrage auf. Hartmann hat mit ziemlicher Sicherheit auch andere Bearbeitungen des Erec-Stoffes als Chrétiens gekannt, was seinen eigenen Anteil an diesem Roman aber nicht schmälern muß.

Der *Erec* ist nach dem für den Artusroman typischen Prinzip der Doppelung aufgebaut, das nicht nur seine Grobstruktur, sondern auch Teile seiner Feinstruktur bestimmt. Einer ersten Ereigniskette ›problemloser‹ Abenteuer des Helden folgt eine Krise, die eine neue, sich nun auf diese Krise und ihre Bewältigung richtende Ereigniskette auslöst, wobei diese zweite, ›problembezogene‹ Ereigniskette in sich ebenfalls gedoppelt ist, d. h. die zunächst dargestellten Aventiuren und ihre Thematik »in einer Reprise moduliert und sie durch Parallelisierung verdeutlicht und vertieft«.[26] Verdeutlichung durch Gegenüberstellung ist der auf Wirkung zielende Sinn dieses Erzählprinzips.

Der erste Teil des Romans schildert zunächst einen Ausritt, auf dem Erec, ein junger Königssohn und Ritter der Tafelrunde, in Gegenwart der Gemahlin des Königs Artus von einem Zwerg, dem man in Begleitung eines unbekannten Ritters begegnet, beleidigt wird. In seiner ritterlichen Ehre gekränkt, bittet der ungerüstete Erec die Königin um Urlaub und verfolgt die Fremden, um Rache nehmen zu können. Er gerät dabei nach Tulmain, wo ein Sperber als Preis eines Turniers ausgesetzt ist, in dem die Ritter gegeneinander um die Bestätigung der herausragenden Schönheit ihrer Damen kämpfen. Zweimal ist der Sperber bereits von Erecs verfolgtem Widersacher Ŷdêrs gewonnen worden. Nun tritt Erec, nur notdürftig ausgestattet, gegen ihn an, nachdem er die Tochter seines verarmten, aber adligen Wirts, Enite, als seine Dame gewählt hat. Er gewinnt den Sperber und kehrt mit Enite an den Artushof zurück, wo beide voller Freude empfangen werden. Ein großes Hochzeitsfest und die Rückkehr an Erecs heimatlichen Hof beschließen diese erste Aventiurenkette. Sie verwirklicht ein dreiteiliges Erzählschema, das sich bis in die Unterhaltungsliteratur der Gegenwart erhalten hat:[27] Einer Exposition, die einen gewohnten, durch Gleichgewicht gekennzeichneten Zustand darstellt (hier der Ausritt), folgt eine Abweichung vom Gewohnten, eine Störung des Gleichgewichts oder Konfliktauslösung (hier die Verletzung der Ehre Erecs) und die angemessene Reaktion darauf (hier die Wiederherstellung der Ehre durch Kampf), die schließlich wieder in die Ruhelage des Gewohnten zurückführt (hier die Rückkehr an den Artushof, das Hochzeitsfest, die Heimkehr nach Karnant), dessen Qualität nach Bewältigung der Störung um so nachhaltiger wahrgenommen werden kann. Würde der Roman hier abbrechen, zielte er in der Tat auf nicht viel mehr als auf die Unterhaltung durch Abenteuer und die Befriedigung der Rezipienten durch das Happyend der Hochzeit, obwohl Erecs vorbildliche Eigenschaften, die sich besonders in der Behandlung des Aschenputtels Enite erweisen, auch in diesem Teil schon deutlich herausgestellt sind. Doch reichen die Intentionen Chrétiens und besonders Hartmanns weiter. Das Bild des nachahmenswerten Ritters gewinnt seine tieferen

Dimensionen erst, wenn andere als durch Körperkraft und höfische Manieren zu bestehende Bewährungsproben auf ihn zukommen.

Die Übernahme der Herrschaft auf Karnant bildet den Abschluß der ersten und zugleich den Ausgangspunkt der zweiten, bedeutungsvolleren Aventiuren-Kette. Auf Karnant kommt es zu einer Krise, die durch den Rückzug Erecs aus gesellschaftlichen Verpflichtungen entsteht. Mit Enite ganz, d. h. alles Maß verlierend, dem sinnlichen Liebesgenuß hingegeben, versäumt Erec seine Aufgaben als Ritter: er ›verliegt sich‹, überläßt die Gesellschaft sich selbst und schmälert damit deren Freude. Auf Enites Klage über dieses Versagen reagiert er unmittelbar: er bricht vom Hofe auf, um seine Ehre als Ritter wiederherzustellen. Enite, an Erecs gesellschaftlichem Versagen mitschuldig geworden, muß ihn begleiten und erhält von ihm, ohne daß dies explizit begründet würde, Redeverbot bei Androhung der Todesstrafe. Dieses »Erklärungsdefizit«[31] ist ein Kunstgriff, die Neugierde und Aufmerksamkeit des Rezipienten auf das folgende Geschehen zu lenken. Das Zusammenspiel von räumlicher Nähe und Trennung schafft die Spannung, die auszuhalten den Protagonisten die rechte Bewährung ermöglicht und die nachzuempfinden für den Leser voller Reize ist.

Die folgenden acht Aventiuren, die Erec und Enite bestehen, sind in wohlüberlegter Anordnung parallel in zwei Vierergruppen zueinandergefügt: Die erste Aventiure korrespondiert mit der fünften, die zweite mit der sechsten, die dritte mit der siebten und die vierte mit der achten. Die Aventiuren der ersten Vierergruppe dienen dabei jeweils der Wiederherstellung der ritterlichen Ehre Erecs; die thematisch korrespondierenden Aventiuren der zweiten Vierergruppe dagegen fordern von ihm darüber hinaus Verhaltensweisen, die besonders deutlich von christlichen Wertvorstellungen bestimmt sind und das Bild des christlichen Ritters schärfer und tiefer dimensionieren sollen. Während Erec in der ersten Aventiure des zweiten Teils erst drei, dann fünf Räuber in Selbstverteidigung besiegt, wobei die vorausreitende Enite bereits, um ihn zu warnen, ihr Schweigegebot bricht, aus Liebe zu Erec also das Risiko ihrer Bestrafung eingeht, konfrontiert die thematisch korrespondierende fünfte Aventiure Erec mit einer Notwehrsituation, die ihn nicht für Enite und sich selbst, sondern für einen anderen bedrängten Menschen eintreten läßt. Die Hilfeleistung für die von einem Riesen bedrohte Frau Cadocs ist praktizierte Nächstenliebe und beweist, daß Erec seiner sozialen Verpflichtung als Ritter gewachsen ist. – In der zweiten Aventiure des zweiten Teils ist Enite den Nachstellungen des Grafen Galoain ausgesetzt, der die selbstauferlegte Trennung der beiden Gatten für sich ausnutzen will. Enite hält ihn hin mit einer List, berichtet, erneut das Schweigegebot brechend, Erec von den Nachstellungen des Grafen, flieht mit Erec und verhilft ihm, ihn wieder warnend, zum Sieg über die Verfolger. Auch in der Parallelaventiure, der sechsten des zweiten Teils, wird Enite, während Erec nach seinem Kampf mit den Riesen der fünften Aventiure scheintot am Boden liegt, gewaltsam umworben. Ihre Schreie, mit denen sie sich gegen den jede Haltung verlierenden Grafen Oringles zur Wehr setzt, erwecken Erec zum Leben, und voller Schrecken darüber, daß der Totgeglaubte sich erhebt, treten die Leute Oringles' die Flucht an, während dieser selbst von Erec erschlagen wird. Erec, der bislang seine Frau stets für ihr Sprechen bestraft hat, bittet sie nun um Vergebung. Er erkennt endlich, daß ihre Liebe und Treue zu ihm, die sie veranlaßten, sich über sein Gebot hinwegzusetzen, auch von ihm verlangen, sich zu überwinden und sich aus dem Zwang des eigenen Stolzes, der ihn seine Frau und sich selbst in ihr demütigen läßt, zu befreien. Die opferbereite Liebe Enites setzt die von Erec aus Angst vor dem Verlust von Ehre starr festgehaltene Regel, das Gehorsamsgebot, außer Kraft und läßt ihn verstehen, daß die eheliche Gemeinschaft sich nicht nur nach den Kriterien der höfischen Gesellschaft bestimmt, sondern sich erst in der personalen Verantwortung füreinander, in einer christlichen Wertvorstellung also, erfüllt.

Die vierte und achte Aventiure des zweiten Teils haben jeweils Übergangscharakter: Die vierte Aventiure, in der ein Zwischenaufenthalt Erecs und Enites am Artushof geschildert wird, der deutlich macht, daß Erec noch mehr als seine Reputation, nämlich seine Identität finden muß, steht in Entsprechung zur achten: Wieder befindet sich Erec an einem Hof, dieses Mal im Wasserschloß seines Freundes Guivreiz, wo seine Wunden heilen. Aber nun muß sein Selbstverständnis als ein Ritter, der den christlichen Werten der Hilfeleistung für den Bedrängten, der moralischen Zweckgebundenheit des Kämpfens, der Verantwortung für den geliebten Menschen folgt, noch einmal exemplarisch und für die ganze Gesellschaft sichtbar in einer herausgehobenen Bewährungsprobe unter Beweis gestellt werden. Diese Funktion erfüllt die am Schluß der gesamten Aventiurenkette stehende Aventiure ›Joie de la curt‹. Ihre Bezeichnung deutet auf die Möglichkeit des Hofes (hier der Burg Brandigan, an die Erec, Enite und Guivreiz auf dem Weg zum Artushof geraten), Schauplatz freudig erfüllten gesellschaftlichen Lebens zu sein; aber auf Brandigan ist die Verwirklichung dieser Möglichkeit durch einen Bann blockiert. Der Herr des Hofes, der rote Ritter Mabonagrin, hat geschworen, mit seiner Geliebten so lange isoliert von der Gesellschaft zu leben, bis er besiegt worden sei. Die Häupter der von ihm bereits erschlagenen Ritter stecken drohend auf dem Zaun seines Baumgartens, und in seinem Schloß hält er 80 Witwen gefangen. In der Isolation Mabonagrins und seiner Geliebten spiegelt sich das längst überwundene Verhalten Erecs und Enites auf Karnant, wo sie sich in ihrer Liebe von den anderen absonderten. Freilich beweist sich Mabonagrin anders als seinerzeit Erec fortwährend als ritterlicher Kämpfer, indem er alle Herausforderungen annimmt und besteht; doch bleiben seine Taten auf der Stufe des bloßen körperlichen Kraftbeweises, die er nicht überschreiten kann. Hatte Hartmann den Rezipienten des Romans mit Erecs ›Verliegen‹ die Maßlosigkeit der Liebe kritisch vor Augen geführt, so weist er mit Mabonagrins Verhalten kritisch auf die Maßlosigkeit des Kämpfens. Erecs Sieg über Mabonagrin dient daher vornehmlich dazu, die Überlegenheit des aus Verantwortung für andere kämpfenden christlichen Ritters, zu dem Erec sich geläutert hat, deutlich ins Bild zu setzen. Dazu paßt, daß Erec sich auf diese letzte Auseinandersetzung gleichsam aus pädagogischen Gründen einläßt; er weiß schon vor dem Kampf um Mabonagrins Lebensweise und erklärt diesem, daß Ritter in die Welt gehören (»wan bî den liuten ist sô guot«; Vers 9438). Weil er sich selbst zur Hilfsbereitschaft erlöst hat, kann er Mabonagrin aus seinem zwanghaften Verhalten herausführen – und die 80 Witwen aus ihrer Gefangenschaft. Entsprechend ›befreit‹ fühlt sich Mabonagrin nach seiner Niederlage: Als Ritter ist er durch Erec auf ein höheres Niveau geführt worden; nun kann er seinen Hof der Gesellschaft öffnen und die gestörten sozialen Beziehungen in eine harmonische Ordnung bringen. – Vor seiner endgültigen Rückkehr nach Karnant besucht Erec den Artushof, wo ihm seine neu gewonnene Anerkennung als Artusritter öffentlich bestätigt wird. Die 80 schönen Witwen, die sich in seiner Begleitung befinden, führen dem Hof neue Freude zu. Indem sie ihre Witwentracht ablegen und bunte Kleider anziehen, wird der neue Glückszustand sinnfällig, der durch das helfende Eingreifen des Ritters, durch die christliche ›erbermde‹, gewonnen worden ist. In Karnant erhält Erec den Beinamen »der wunderaere« (V. 10045), und der Roman schließt, was gern übergangen wird, mit einem Hinweis auf den ewigen Lohn, den Gott Erec und Enite schließlich schenkt.

Überblickt man den ganzen Roman, so wird deutlich, daß das in ihm erzählte Geschehen sich mit den beiden Werten der Liebe und der Ehre verknüpft. Sowohl Liebe als auch Ehre werden von Erec (und auch Enite) im Verlauf des Romans immer tiefer verstanden, und zwar ganz im Sinn christlicher Wertvorstellungen. Die eheliche Liebe, zunächst vor allem als erotische Macht erfahren, wird im Verständnis der beiden Protagonisten zu einer Verbindung, die in der Isolation von der Gesellschaft nicht gelebt werden kann, im Gegenteil ihre Kraft auf das soziale Verhalten der Partner überträgt. Ritterliche Ehre, von Erec zunächst vornehmlich aus den Verhaltensweisen des Wagemuts und der Kampfestüchtigkeit abgeleitet und unlösbar auch mit dem Rachegedanken verknüpft (Rache zu nehmen für die Beleidigung ist ein zentrales Motiv des ganzen ersten Teils), erwächst ihm schließlich aus seiner kämpferischen Hilfeleistung für andere.

Wie wichtig Hartmann dieses Idealbild des christlichen Ritters gewesen ist, zeigt nicht zuletzt auch seine Erzählweise. Während Chrétien der Darstellung des Lebens am Hofe breiten Raum gewährt, richtet Hartmann seine Aufmerksamkeit intensiv auf seinen Helden, dessen »Psychologie und Moralität«[29] auf diese Weise stark hervortritt. Damit wird zugleich die Identifikation des Hörers/Lesers mit dem Helden erleichtert und kann die vorbildliche Haltung des Ritters, die immer auch – sowohl von Erec als auch vom Erzähler – reflektierend begleitet wird, besonders wirksam vermittelt werden.

Dies führt auf die Funktion des *Erec* in der Kommunikationssituation des Hofes zurück.[30] Die starke Betonung und Überhöhung des christlichen Dienstes am anderen, der dem Helden seinen eigentlichen Wert verleiht und dem Begriff des Ritters tiefere Bedeutung, weist auf ein Bedürfnis hin, das die Hofgesellschaft, die Texte wie den *Erec* rezipierte, offenbar befriedigt sehen wollte: das Bedürfnis nach Anerkennung. Vergegenwärtigt man sich noch einmal die oben schon umrissene soziale Situation insbesondere der Ministerialen, so wird dieses Bedürfnis erklärlich. Das frappierend Neue in ihr liegt darin, daß individueller Dienst und individuelle Leistung zu einer Erhöhung des Standes führen, daß Unfreie in einer Ständegesellschaft, die sich bis dahin als von Gott auch in ihre sozialen Schranken gesetzt sah, diese Schranken überwinden und sich zu Adligen emporarbeiten konnten. Die Dienstleistung, bis ins 12. Jahrhundert sichtbares Zeichen rechtlicher und sozialer Abhängigkeit, wurde in der Gesellschaft des Hofes für den, der sich bewährte, nun zur Voraussetzung des sozialen Aufstiegs. Entsprechend begierig vergewisserte man sich der von literarischen Figuren vorgelebten Verhaltensweisen, denen im Text von den Mächtigen (von Artus und seinem Kreis)

Anerkennung zugesprochen wurde. Der von christlichen Vorstellungen getragene ritterliche Dienst einer Vorbildfigur wie Erec gab dem Dienstgedanken den Wert, den man ihm um der eigenen Achtung und der Begründung des eigenen Aufstiegs willen zusprechen mußte. – Aber nicht nur in seiner christlichen Überhöhung tritt uns der Dienstgedanke im Artusroman gegenüber. Er bestimmt – jedenfalls den *Erec* – auf eine noch viel grundlegendere Weise, indem er stets auch sehr pragmatisch in Wechselbeziehung zu ›Verdienst‹ und ›Lohn‹ gesehen wird. Erec gewinnt im ersten Teil des Romans seinen Ruhm, die schöne Frau, schließlich die Königswürde so schnell und auf einen Schlag, daß dies alles, gemessen an seinen Leistungen, unverdient erscheint. Deswegen muß er so jäh, wie er aufgestiegen ist, auch wieder stürzen. Dies zu veranschaulichen, ist der Sinn der Darstellung totaler ›Dienstvergessenheit‹ in der Form des ›verligens‹ auf Karnant und der darauf folgenden Selbstbestrafung. Der gewonnene Status und »sein seelisches Korrelat, das Liebesglück«,[31] müssen in der Aventiuren-Folge des zweiten Teils von den Liebenden, insbesondere von Erec, erst verdient werden, ehe beides wirklich genossen werden darf. Gerade auch an Enite, deren ›armuot‹ zu Beginn des Romans besonders hervorgehoben wird und die an seinem Ende ›künegîn‹ heißt, wird verdeutlicht, daß der gesellschaftliche Stand nicht mehr unveränderlich, daß eine Standeserhöhung durch das Erbringen von Leistungen denkbar ist.

So führt der Text sehr genau das Interesse der Ministerialität an gesellschaftlicher Mobilität vor Augen. – Auffällig ist, daß demgegenüber die Darstellung von Herrschaft, Machtausübung und Einflußnahme zurücktritt bzw. ambivalent bleibt, obwohl die den Text rezipierenden Ministerialen all diese Möglichkeiten als Belohnung für ihren Dienst in Wirklichkeit anstrebten. König Artus erscheint nicht in der Rolle des Regenten, sondern als Herausgehobener in einer Ritterfamilie, dessen Aufgabe es ist, Gelegenheiten zur Auszeichnung bietenden Aventiure zu schaffen. Erec ist zwar am Ende König von Karnant, der Roman aber handelt von seinen ›Dienstleistungen‹, die seinen Aufstieg zum Herrscher legitimieren. Wo Herrschaft einmal als reine Verfügungsgewalt gezeigt wird, in der Mabonagrinepisode, in der eine tyrannische Herrin ihren Ritter in totale Abhängigkeit zwingt und damit sicherlich auch manchen feudalen Vorstellungen vom wünschenswerten Verhältnis zwischen Dienstherrn und Dienstmannen Ausdruck gibt, wird diese Art von Herrschaft gerade eindeutig kritisiert. Die in der Realität vorhandene und von der Ministerialität schmerzlich empfundene ständische Abstufung von hohem und niederem Adel wird durch das Ideal des die Aventiure suchenden und Zielen christlicher Ethik dienenden Ritters verschleiert und dadurch wenigstens in der Phantasie überbrückt, ebenso wie das Bild der Tafelrunde den realen Konflikt zwischen Königtum und großen Vasallen kompensiert. Deswegen gehen der *Erec* und der Artusroman generell auch nirgendwo auf die politischen Implikationen des Regierens ein; der Artusroman begnügt sich mit der Hervorhebung des gesellschaftlichen Ansehens der Mächtigen oder zur Macht Gelangten und mit dem damit verbundenen gesellschaftlichen Glanz. Das in ihm vorgetragene Ideal des erfolgreichen christlichen Ritters, das Standesschranken gerade überwindet oder zumindest vergessen läßt, erscheint so als ein von der Ministerialität übernommenes und dankbar benutztes Leitbild, durch das die eigenen sozialen Interessen wirkungsvoll angemeldet werden können.

Dieses Leitbild aber geht über die bloße Ethisierung des Waffenhandwerks, wie sie ein großer Teil der Kreuzzugsliteratur betrieben hat (vgl. Kap. II), weit hinaus. Der im Artusroman idealisierte Dienstgedanke, der ein Grundelement christlicher Ethik als soziale Handlungsnorm des adligen Standes zur Geltung bringt, entfaltet im Verlauf der Geschichte des Adels eine maßstabbildende bzw. als Korrektiv wirkende Kraft und zusehends auch eine sich aus ihrer ständischen Gebundenheit lösende Eigenwirkung.

Hartmanns zweiter Artusroman, der *Iwein,* zu Beginn des 13. Jahrhunderts in enger Anlehnung an Chrétiens *Yvain* entstanden und – dies spricht für seine Beliebtheit – bis ins 16. Jahrhundert immer wieder aufgeschrieben (wir kennen 28 teilweise voneinander abweichende, teilweise fragmentarische Handschriften), zeigt manche Entsprechungen zum *Erec,* setzt aber – besonders in der Kritik am anfänglichen Verhalten des Helden, weniger dann bei der Schilderung seiner Bewährungstaten – die Akzente anders. – Es wird zu fragen sein, inwieweit damit – mehr als zwanzig Jahre nach der Entstehung des ersten Romans – auch auf eine veränderte historische Situation reagiert wird.

Auch der *Iwein* ist in seiner Grobstruktur wie der *Erec* zweiteilig gebaut; einer ersten Aventiurenkette, die in einer Scheinharmonie endet, folgen die Krise und eine auf diese Krise antwortende – auf andere Weise als im *Erec,* aber ebenfalls kunstvoll verklammerte – zweite Aventiurenkette, die schließlich in wahrer Harmonie endet.[32] Auch im *Iwein* macht sich der Held einer Verfehlung schuldig, die er am Ende durch ausgleichende Verhaltensweisen abgebüßt hat. Anders als in Hartmanns erstem Roman liegt die Verfehlung des Helden im *Iwein* aber nicht in der egoistischen Maßlosigkeit seines Liebesgenusses, sondern in der Maßlosigkeit seiner kämpferischen Lust, die ihn die mit dem Rittertum verbundenen ethischen Postulate vergessen läßt.

Dies zu veranschaulichen dient der erste Teil des Romans. Iwein, Ritter am Hofe des Königs Artus, ist begierig, das sogenannte Brunnenabenteuer im Wald von Breziljan zu bestehen, an dem der mit ihm verwandte Kalogreant zuvor gecheitert ist. Er reitet aus, provoziert den Wächter des Brunnens, den Landesherrn Askalon, verwundet ihn, verfolgt ihn (»er jaget in âne zuht«, heißt es im Text, V. 1056) und tötet den hilflos Schwerverletzten, statt ihn zu schonen. Hierin liegt ein schwerer Verstoß gegen höfische Verhaltensregeln und gegen die christliche Forderung, ›erbermde‹ zu üben, mit dem Iwein Schuld auf sich lädt. Am Ort des Totschlags, auf der Zugbrücke der Burg Askalons, schlagen die Fallgitter vor und hinter Iwein nieder und schließen ihn ein – ein Bild voller Symbolkraft. Iwein hat den Sinn der Aventiure erniedrigt und ein pervertiertes, in bloßer Kraftprotzerei aufgehendes Rittertum vor Augen geführt. Zu dieser Schuld tritt eine weitere hinzu – das Terminversäumnis. Iwein hat Laudine, die Frau des von ihm erschlagenen Askalon, mit Hilfe der ihm verpflichteten Zofe Lunete für sich gewinnen können und sie geheiratet. Laudine ist auf diese schnelle Ehe eingegangen, weil sie als Landesherrin zur Erhaltung ihrer Herrschaft den Schutz des starken Mannes braucht. Dennoch gewährt sie Iwein, der sich der Überredung Gaweins, das ungebundene Abenteuerleben wieder aufzunehmen, nicht entziehen kann, ein Jahr Urlaub. Doch Iwein vergißt zurückzukehren und verletzt damit die von ihm eingegangene Verpflichtung. Diese Verpflichtung bezieht sich nicht nur auf die Minnebindung an Laudine, sondern enthält auch den politischen Aspekt, kontinuierlich für die Sicherheit ihres (und nun auch seines eigenen) Herrschaftsgebietes sorgen zu müssen. So kann Lunete als Botin Laudines ihm mit guten Gründen den Mangel jeglicher Fähigkeit zur ›triuwe‹ vorwerfen. An diesem Vorwurf zerbricht Iweins Selbstwertgefühl, und er gerät in eine Krise, die den zweiten Teil des Romans, Iweins Bußgang, einleitet.

Das Nebeneinander der beiden Schuldmotive hat die Hartmann-Forschung lange beschäftigt. Man erklärt es heute aus der Stoffgeschichte des Textes. Als Stoffkern liegt dem *Iwein* die mythisch-märchenhafte Erzählung über einen Menschen zugrunde, der, nachdem er eine Wächterfigur besiegt hat, in das Reich der Fee eindringt, ihre Liebe gewinnt, mit ihrer Erlaubnis für begrenzte Zeit und unter der Bedingung der pünktlichen Rückkehr seine alte Welt aufsuchen darf und dafür, daß er eben diese Bedingung nicht einhält, sterben muß. Dieser Mythos, der den tödlichen Ernst der Liebe zur Anschauung bringt, war in dieser Form von der höfischen Gesellschaft nicht zu akzeptieren. Seine Erzählelemente wurden durch Hinzufügungen überdeckt, und die bedeutungstragenden Akzente verschoben sich. Das Terminversäumnis, in der Urfabel von entscheidender Bedeutung, weil es das Versagen des Liebenden sinnfällig macht, blieb als Motiv im Artusroman zwar erhalten, mußte aber hinter dem Motiv des Totschlags zurücktreten, das ursprünglich als Wächtertötung belanglos war. Dem christlich-ritterlichen Ethos, das sich in der höfischen Gesellschaft etablierte, mußte die unritterliche Tötung des Gegners moralisch schwerwiegender erscheinen als der Bruch eines Versprechens. Vor allem aber ließ sich auch der Bußgang des christlichen Ritters viel einsichtiger auf den Totschlag als auf die vergessene Verpflichtung beziehen. Mit dem Bußgang war zugleich das gute Ende des Romans gesichert, denn Reue und tätige Buße führten nach christlich geprägten Vorstellungen ganz zwangsläufig zu Vergebung und Glück.

In der Bußfahrt, den die mit dem Tod des Helden endende Urfabel überhaupt nicht kennt, liegt das eigentlich Neue des Artusromans. Sie vollzieht sich in einzelnen Stationen, den Aventiuren des zweiten Teils, die insofern sämtlich auf das anfänglich barbarische Verhalten des Helden bezogen sind, als sie dessen nach tiefer Reue neu gewonnene christliche Qualitäten vor Augen führen. Denn Iweins Aventiuren, die hier im einzelnen nicht aufgezählt werden sollen, sind nunmehr stets Dienstleistungen für andere, Hilfen für Gefangene und Schutzlose, die er befreit und für deren Rechte er eintritt. Es sind Handlungen der ›erbermde‹, die von seiner Selbstlosigkeit – er verzichtet jedesmal auf Belohnung – und zugleich von seiner wiedergewonnenen ›triuwe‹ zeugen. Ein von ihm befreiter Löwe, der ihn fortan schützend begleitet und ihm den anerkennenden Beinamen ›der Ritter mit dem Löwen‹ einträgt, läßt sich als Symbol eben der Gerechtigkeit, der Treue und der Wachsamkeit verstehen. – Am Ende der Kette der Aventiuren, in denen Iwein sich (wie zuvor Erec) als Protagonist des ritterlichen Dienstgedankens erwiesen und damit auch seine Schuld abgetragen hat, steht die Versöhnung mit Laudine, das Glück des harmonierenden Paares, und die nunmehr ›verdiente‹ Herrschaft über ihrer beider Land.

Ohne Zweifel nimmt die Schuld des Helden in diesem Artusroman Hartmanns noch viel eindeutiger als im *Erec* auf die gesellschaftliche Wirklichkeit des Hofes Bezug. Wie hervorgehoben, liegt Iweins Schuld in der mutwilligen Tötung seines ihm unterlegenen Gegners Askalon, die aufgrund eines veräußerlichten Aventiure-Begriffs und aus ungezügelter Lust am Kampf um seiner selbst willen begangen worden ist. In der Folge dieses gewalttätigen Verhaltens steht Iweins ›unverdienter‹ Gewinn der Herrschaft über Laudines Land (das unterscheidet ihn u. a. auch von Erec, dem lediglich das eigene Erbe vorschnell zugefallen war). Betrachtet man die Wirklichkeit der Höfe um 1200, so war die Usurpation von Besitz durch Gewalt eher die Regel als die Ausnahme. Besitz von Land war die notwendige Voraussetzung für Herrschaft, und die Ministerialität suchte die eigene Erhebung in den Stand der ›nobiles‹ durch gewalttätige Landnahme zu beschleunigen. Daß die Gewaltanwendung trotz aller Vorhaltungen der Kirche (und eben auch der Literaten) und trotz der – von Elias beschriebenen – Verhaltenszwänge am Hofe kaum eingedämmt werden konnte, hängt nicht zuletzt mit der Ausbildung der Ritter zu Kämpfern und mit der aus Frankreich kommenden Mode der Reiterspiele und Turniere zusammen, an die sich auch handfeste materielle Interessen banden.[33]

Was das Turnier von der Schlacht unterschied, waren der angesagte Termin und der abgesteckte Schutzbezirk, in den man sich vor der gegnerischen Partei zurückziehen konnte, ohne verfolgt zu werden. Obwohl diese Einzelkämpfe, von denen in den Dichtungen hauptsächlich die Rede ist, einen stark zeremoniellen Charakter besaßen, mit einer geregelten Abfolge von Kampfphasen,[34] und obwohl es in ihnen um den Ruhm als Ritter und nicht um existentielle Entscheidungen ging (es sei denn im Gerichtskampf), endeten sie jedoch nicht selten mit dem Tod eines der Beteiligten – dies auch noch dann, als es zunehmend als ein Zeichen höfischer Gesinnung angesehen wurde, das Leben des Unterlegenen zu schonen und ihm nur das Versprechen der Unterwerfung abzunehmen (›sicherheit nemen‹). Die höfische Disziplinierung des Kampfes, der Versuch seiner Umwandlung zum Spiel, vermag nicht darüber hinwegzutäuschen, daß hier mit Gewalt ›gespielt‹ wurde. – Das Spiel mit der Gewalt war zugleich ein Spiel um Gewinn. Entweder verlor der Unterlegene seine Ausrüstung oder sogar, wenn vorher vereinbart, einen Teil seines Besitzes. Allein schon dieser materielle Anreiz hat den Spielcharakter der Turniere stets gefährdet, und nicht immer haben die Ritter die Spannung zwischen ihrer Ruhmsucht und Besitzgier auf der einen und der Spielregel auf der anderen Seite aushalten können.

Kein Wunder, daß individuelle oder organisierte Gewalt, in der Zeremonie des Turniers noch gezügelt, aber als Verhaltensweise eingeübt, sich Bahn brach, wenn es um den gesellschaftlichen Aufstieg ging, und daß Ministeriale sich ihren Anteil an Grundbesitz auf kriegerische Weise zu sichern suchten. Dies jedoch stand in Widerspruch zu ihrer für die Standeserhöhung ebenfalls so wichtigen idealen Selbstdeutung als Ritter. Der *Iwein* thematisiert genau diesen Widerspruch zwischen der mit materiellen Vorteilen, d. h. hier mit Herrschaft verbundenen Gewalttätigkeit und dem idealen Selbstverständnis des christlichen Ritters, der Gewalt nur zum Schutz der Schwachen einsetzt. In diesem für einen großen Teil seiner Zuhörer ganz realen Konflikt ist Hartmann mit seinem Roman ein ganz entschiedener Anwalt des idealen christlichen Selbstverständnisses des Ritters. Der *Iwein* ist ein Angriff auf den Mißbrauch einer sich bereits festigenden Reputation der Ritterschaft, eine geradezu dogmatische ›Kritik am Aufstieg um jeden Preis‹,[35] d. h. an einem Aufstieg, der mit der Mißachtung ethischer Postulate erkauft wird. Insofern ist Hartmann zugleich Anwalt christlicher Wertvorstellungen. Aber ebenso war er, weil seine Romane letztlich einer Feudalisierung der Ministerialität durch Ursupation entgegentraten, der hochadligen Herrenschicht, dem Kreis der Auftraggeber, willkommen, die in dem Anspruch der Ministerialen eine Bedrohung für sich selbst erkennen mußten. Daß Hartmann von dieser Ministerialität als Dichter überhaupt akzeptiert wurde, ist nicht nur aus dem über den Alltag hinwegführenden Unterhaltungswert seiner Romane, sondern auch aus der – wenn möglicherweise auch nicht sehr bewußten – Erkenntnis dieser Rezipientenschicht zu erklären, daß die mit der Idealisierung des Ritters einhergehende Verwischung der tatsächlichen Standesabgrenzungen selbst ein realer politischer Faktor ersten Ranges war.

Um das Idealbild des christlichen Ritters aufzubauen, hat Hartmann in seinen beiden Artusromanen auf eine ganze Reihe religiöser Vorstellungen und Motive zurückgegriffen – im *Iwein* mehr noch als im *Erec*. Nicht nur folgen die Helden beider Romane nach ihrer Selbsterkenntnis den christlichen Werten der ›humilitas‹ und ›caritas‹, der Demut und der Wohltätigkeit, und läßt sich ihr Weg durch die jeweils zweite Kette der Aventiuren als eine auf ihre Schuld sich beziehende Bußfahrt begreifen; im *Iwein* ist die Krise des Helden derart kraß gestaltet – er verwahrlost aus Reue zum Tier –, daß man mit Wehrli an eine Hadesfahrt denken kann, aus der die »Heilung eines grundsätzlichen Ungenügens« erwächst.[36] Ganz in der augustinischen Tradition, so ließe sich sagen, schildert Hartmann hier die unmittelbaren Folgen jener in das Leben des sündigen Menschen vertikal einbrechenden Erkenntnis der eigenen Weltverfallenheit, die zugleich den neuen Weg zu christlicher Tugendhaftigkeit eröffnet.

In wie starkem Maße Hartmann religiös orientiert war und theologisch dachte, belegen mehr noch als seine Artusromane seine beiden ›höfischen Legenden‹ *Gregorius* und *Der arme Heinrich.* Sie stehen insofern für ein ganz neues literarisches Genre, als sie Strukturen, Motive und Intentionen der christlichen Legende und die ritterliche Welt des hohen Mittelalters miteinander verknüpfen.

Der *Gregorius,* zwischen 1190 und 1200 geschrieben, geht wie die Artusromane auf französische Vorlagen zurück. Er zeigt partiell Ähnlichkeiten mit einer ebenfalls gegen Ende des Jahrhunderts entstandenen *Vie du pape Grégoire.* Daneben dürfte Hartmann eine andere, uns unbekannte Vorlage benutzt, im übrigen aber auch Eigenes hinzugefügt haben. – Der *Gregorius* ist die Geschichte eines Mannes, der, blutschänderisch von zwei hochadligen Geschwistern gezeugt und nach seiner Geburt ausgesetzt auf dem Meer und von einem Fischer gefunden, in einem auf einer Insel gelegenen Kloster getauft und erzogen wird und dort schließlich erfährt, daß er ein Findelkind ist. Dem Abt, der im Besitz einer Tafel ist, die der Ausgesetzte einst bei sich trug und auf der dessen Herkunft, die Schande der Eltern und die Bitte der Mutter verzeichnet sind, der Sohn möge stellvertretend für die Eltern büßen, gelingt es nicht, den nun aufgeklärten Gregorius davon abzuhalten, ein neues Leben als Ritter zu beginnen und seine Eltern zu suchen. Gregorius gerät nach Aquitanien, wo seine Mutter inzwischen als Herzogin regiert, und befreit durch einen Zweikampf mit einem ebenbürtigen Ritter ihre belagerte Hauptstadt. Mutter und Sohn heiraten, ohne einander zu erkennen. Gregorius bewährt sich durch seine ›milte‹ und seinen Friedenswillen als der ideale Landesherr. Als – durch die von ihm mitgeführte Tafel – die erneute Blutschande aufgedeckt wird, entschließt er sich zur Buße, läßt sich auf einen Felsen im Meer in Beinschellen legen und verbringt dort, nur von dem sich in einer Mulde sammelnden Regenwasser ernährt, siebzehn Jahre. Gottes Gnade erweist sich, als ihn zwei durch einen Traum geleitete römische Geistliche finden, ihn mit dem in einem Fisch gefundenen passenden Schlüssel von seiner Fessel befreien und ihn nach Rom bringen, wo er zum Papst gewählt wird und wo er seiner büßenden Mutter wiederbegegnet. Als Diener Gottes verbringen beide den Rest ihres Lebens.

Auf einen der historischen Päpste, die sich Gregorius nannten, bezieht Hartmanns Dichtung sich nicht. Ihr Erzählstoff steht in der Nähe einer ganzen Reihe antiker und mittelalterlicher Inzestgeschichten, deren bekannteste die Ödipussage ist. Mit ihr berühren sich die Motive der Aussetzung und des Mutter-Sohn-Inzests. Gewisse Parallelen bieten aber auch die Albanus-, die Judas-, die Andreaslegende – auch die Martinian-Legende – sowie (teilweise in Nebensächlichkeiten) die Geschichte Dárábs im *Königsbuch* des Persers Firdousi. Was Hartmann bzw. seinem französischen Vorgänger insbesondere aus dem Erzählgut der Legenden bekannt war, ist nicht zu klären. Deutlich ist jedenfalls, daß der *Gregorius* legendenhafte Züge enthält. Dazu gehören z. B. die Aussetzung des Kindes auf dem Meer, das Nahrungswunder auf dem Felsen, die Traumbotschaft an die zwei Römer, das Finden des Schlüssels im Fischmagen – wie überhaupt Gregorius während seiner Buße das Leben eines Heiligen führt. Andere Motive sind aus dem höfischen Roman bekannt: die Kinderminne, die Ausbildung des Ritters, die Befreiung der Dame. An die Artusromane erinnert auch die Grobstruktur der Erzählung. Ein nach verschiedenen Erzählepisoden vorläufig erreichter Status der Harmonie im Leben des Helden wird durch eine jähe Erkenntnis als Schein entlarvt (hier ist es die Erkenntnis der inzestuösen Mutter-Sohn-Verbindung), und es beginnen die Buße und Bewährung des Helden bis zu einer endgültig erreichten wahren Harmonie. Was in den Artusromanen Hartmanns als bewußte Bußfahrt durch die Kette der Aventiuren und als tatkräftige soziale Leistung eines von christlicher Nächstenliebe erfüllten Ritters erscheint, findet ein Gegenbild im *Gregorius:* Hier verharrt der Held in absoluter Ruhe auf einem einzigen Platz, zieht sich in sich selbst zurück, fällt auch körperlich in sich zusammen, lebt ohne soziale Kontakte ganz seiner mönchischen Kontemplation und wird am Ende mehr in die Welt zurückgezogen, als daß er selbst dorthin strebt, auf einen Platz, der zwar extrem erhöht ist, aber weiterhin die Abgeschiedenheit erlaubt.

Die übermäßige Buße, die Gregorius sich auferlegt, und die übermäßige Gnade, mit der sie schließlich belohnt wird, wirft zwangsläufig die Frage nach seiner vorangegangenen Schuld auf. Diese Frage ist immer wieder kontrovers erörtert worden.[37] Im Inzest der Eltern – und dies ist auch in der zeitgenössischen Moraltheologie so gesehen worden – kann Gregorius' Schuld nicht liegen, wenn zur Schuld immer auch der subjektive Wille des Täters gehört. Auch der Mutter-Sohn-Inzest, der unwissentlich geschieht, stellt zumindest keine subjektive Schuld dar. Andererseits war – weniger in den Augen der Kirche als vielmehr in den Augen der Gesellschaft – ein Inzestkind viel mehr noch als ein uneheliches Kind eine Unperson, es trug den »Stempel der Schande«,[38] hatte teil an der ›infamia‹ der Eltern, war von jeder ständischen Position ausgeschlossen. Das Mönchsgelübde, die neue, geistliche Geburt also, konnte diesen Mangel aufheben – eine Auffassung, die offenbar auch von der Kirche mitgetragen wurde. Man sollte aber zögern zu sagen, Gregorius' Schuld liege in dem Verstoß gegen die sogenannte Oblation, d. h. gegen die Verpflichtung, den Lebensweg des Mönchs zu gehen. Gerade an der Wende des 12. zum 13. Jahrhundert hat man sich theologisch von diesem Oblationsgedanken gelöst.[39] Zu bedenken ist allerdings, daß im Text die Mutter ihren Sohn (auf der Tafel) ausdrücklich gebeten hat, die Schuld der Eltern zu sühnen. Man könnte meinen, Gregorius werde schuldig, weil er mit seiner Entscheidung, Ritter zu werden, eben diese Bitte mißachte.[40] Vergegenwärtigt man sich aber, für wie gleichwertig Hartmann die Lebensformen des Mönchs und des Ritters hält und mit welchem Nachdruck er zudem Gregorius von den Möglichkeiten sprechen läßt (V. 1531 ff.), Gott in rechter Weise auch als Ritter dienen zu können, so verliert auch dieses Argument an Gewicht. – Das Schuldproblem bleibt in der Schwebe, und es erscheint auch nicht sinnvoll, hier weiter nach einer eindeutigen Antwort zu suchen. Viel wichtiger ist die Frage, warum Hartmann den Gregorius-Stoff aufgriff und welche Wirkung er mit dieser Dichtung bei seinem Publikum, der ritterlichen Gesellschaft des Hofes, erzielen wollte. Verdeutlicht man sich noch einmal, daß in den beiden Artusromanen der Entwurf eines Idealbildes der ritterlichen Lebensform jeweils als Antwort auf kritisch gesehene Veräußerlichungen eben dieser Lebensform zu verstehen ist, so lassen sich die Analogien zu diesem antithetischen Verfahren im *Gregorius* sehr wohl erkennen. Freilich ist die Kritik an der höfischen Welt hier viel grundsätzlicher als im *Erec* oder im *Iwein*. Wird im *Erec* ein veräußerlichter Minnebegriff und im *Iwein* ein veräußerlichter Ehrbegriff im Versagen des Helden problematisiert, so setzt der *Gregorius* diese zentralen Begriffe der höfischen Gesellschaft, die ›minne‹ und die ›êre‹, ganz und gar aufs Spiel. Er thematisiert nicht nur die Verfehlungen eines rechten Verständnisses ritterlich-höfischer Liebe und ritterlich-höfischer Ehre, sondern zeigt, daß die mit diesen Begriffen verbundenen Vorstellungen als ideelle Fundamente einer Gesellschaft deren Stabilität nicht garantiert, weil sie wie alle von Menschen gesetzten Wertvorstellungen immer – entsprechend mittelalterlichen theologischen Denkgewohnheiten – von der Macht des Teufels bzw. dem Willen Gottes durchkreuzt werden können. Die Minne schlägt im *Gregorius* um in sündige Lust, in den Inzest der Geschwister, und zerstört damit die sittliche Ordnung der Menschen, spiegelt die Teufelsverfallenheit der Welt. Der aus ritterlichem Ehrgefühl und um der Reputation willen aufgenommene Kampf um die Befreiung der Hauptstadt Aquitaniens wird vom Teufel belohnt mit dem Gewinn der eigenen Mutter. Wenn die Aventiure derart unberechenbare Folgen haben kann, wird damit gleichzeitig auch deren Wert von Hartmann relativiert. Alle jene Vorstellungen, welche die Artusromane und die Imaginationen des sie konsumierenden höfischen Publikums bestimmen, werden in dieser Dichtung als scheinhaft enthüllt. Dem in den Romanen vorgeführten märchenhaft-utopischen Aspekt der Welt steht in ihr – zumindest als ›memento‹ – der tragische gegenüber, die schuldlos-schuldhafte Verstrickung des Menschen in Sünde und Leid. Nicht umsonst werden im *Gregorius* deswegen auch ganz realitätsnahe Szenen des Alltags eingefangen, die dem Publikum die ganz andere Absicht dieser Dichtung zusätzlich bewußt machen sollen. – Auch im *Gregorius* freilich wird ein Ausweg gezeigt. Er ist nicht der einer tätigen Bewährung in der Hilfeleistung für andere, sondern der des kontemplativen Rückzugs in die Einsamkeit. Hartmann scheint hier (mit seinem Vorgänger) an eine dem Adel durchaus geläufige und auch praktizierte Form der Weltentsagung angeknüpft zu haben, an die Buße in der Wildnis.[41] Keineswegs ist diese Dichtung damit eine generelle Absage an die Wertvorstellungen des christlichen Ritters und an die höfische Welt überhaupt, wie einige Deutungen dies nahelegen möchten[42] – dazu ist die Schuldlosigkeit des Helden in allen seinen Verstrickungen denn doch zu offensichtlich; vielmehr versucht sie auf ganz entschiedene Weise, das höfische Publikum in seiner Selbstgewißheit, wohl auch Selbstüberheblichkeit zu verunsichern und ihm des Ritters wie des Landesherrn Abhängigkeit von der Allmacht Gottes vor Augen zu führen, die Frage des weltlichen Ruhms also zu binden an die religiöse Frage nach der Erlösung des Menschen. Insofern deutet der *Gregorius* bereits auf den religiösen Artusroman Wolframs, den *Parzival*, voraus. (Im 20. Jahrhundert wird Thomas Mann in seinem 1951 erschienenen Roman *Der Erwählte* den *Gregorius* parodistisch nutzen, aber trotz allen geistreichen Spiels, u. a. mit theologischen und psychoanalytischen Erklärungen, noch den religiösen Ernst der mittelalterlichen Vorlage respektieren.[43])

Hartmanns zweite ›höfische Legende‹, *Der arme Heinrich*, verfolgt eine ähnliche Wirkungsabsicht wie der *Gregorius*. Eine unmittelbare Vorlage hat sich für sie nicht finden lassen, doch steht sie hinsichtlich ihrer Grundmotive in der Nähe einerseits der Sylvester-Legende und ihrer zahlreichen Fassungen (Aussatz, Aussatzheilung), andererseits der Geschichte von *Amicus und Amelius* und ähnlicher Freundschaftssagen (freiwillige Mitleidstat für den anderen). Möglicherweise hat Hartmann beide Erzählmotive selbst verknüpft, möglicherweise hat er auch – wenn man den Prolog entsprechend deutet – auf eine lateinische Quelle zurückgegriffen. – Der *Arme Heinrich* ist relativ handlungsarm, das ›innere Geschehen‹, in Reflexionen und Gesprächen vergegenwärtigt, überwiegt – mehr noch als im *Gregorius*. Heinrich, von fürstengleicher Stellung, ausgestattet mit allen – vom Erzähler breit entfalteten – Tugenden des höfischen Ritters (›staete‹, ›êre‹, ›zuht‹, ›milte‹, ›rât‹), wird plötzlich vom Aussatz befallen. Aus Salerno, wo er vergeblich Heilung gesucht hat, kehrt er mit der Auskunft zurück, nur das aus freiem Willen gegebene Blut eines reinen Mädchens könne ihm helfen. Verzweifelt verschenkt er seinen Besitz und zieht sich auf den Hof eines armen Meiers zurück, dessen kindliche Tochter nach einigen Jahren des gemeinsamen bäuerlichen Lebens von der Möglichkeit dieser Therapie erfährt. Schlagartig faßt sie den Entschluß, dem geliebten Herrn zu helfen und sich zu opfern, und überwindet schließlich dessen und ihrer Eltern Widerstand. Starrsinnig, fast todessüchtig an ihrem Plan festhaltend, liegt sie endlich in Salerno auf der Opferbank. Beim Anblick ihres schönen nackten Körpers wird Heinrich sich ganz der Tragweite der Entscheidung, die er zu treffen hat, bewußt und weist – dies ist der Wendepunkt der Geschichte – das Opfer zurück. Das Mädchen, dessen »absolute Hingabe ins Leere geht«,[44] antwortet mit verzweifelten Wutausbrüchen. Gott aber nimmt sich beider an, läßt Heinrich gesund werden, erneuert seine Jugend und besänftigt das Mädchen. Beide schließen die Ehe – im Besitz einer neuen, vor Gott gewonnenen Freiheit, die auch den Unterschied des sozialen Ranges aufhebt.

Das Erzählkonzept des *Armen Heinrich* ist dem der anderen Epen Hartmanns durchaus vergleichbar. Der Held wird aus einer ihm gewohnten Ordnung, in der sich »äußerer und innerer Status nicht decken«,[45] herausgestoßen und muß sich handelnd auf eine Weise bewähren, die ihn seiner gesellschaftlichen Position und seiner Gotteskindschaft würdig erweist. Während man bei den Artusepen von einer Schuld der Helden sprechen kann (›verligen‹, Totschlag und Terminversäumnis), fällt dies beim *Gregorius* schon schwerer (der Inzest ist hier nur objektiv eine Schuld, nicht aber subjektiv), vollends unmöglich aber erscheint es beim *Armen*

Heinrich. Wenn von Heinrichs Schuld die Rede sein soll, so liegt sie nicht in einer einzelnen Handlung, sondern in seinem ganzen Leben begründet, dem die religiöse Dimension fehlt. Heinrich selbst bringt dies in seiner Confessio (V. 383–417) deutlich zum Ausdruck. Hartmann stellt hier also nicht einen einzelnen Defekt des Helden heraus,[46] sondern greift die höfische Lebensführung, der Heinrich in vollkommener Weise gefolgt ist, in ihrer Gesamtheit an. Insofern ist diese Dichtung zugleich seine radikalste. Ähnlich wie Erec, Iwein und Gregorius zwingt auch Heinrich ein Anstoß von außen zu Erkenntnis und Umkehr. Werden die Artushelden durch den Vorwurf anderer Figuren auf ihr Fehlverhalten aufmerksam gemacht, so Gregorius und Heinrich auf ihre ›Schuld‹ in viel erschreckenderer Weise. Die Erkenntnis, im Inzest gegen die natürliche und sittliche Ordnung des Lebens verstoßen zu haben, bzw. die Erfahrung, unheilbar krank zu sein, müssen die Helden viel stärker als moralische Vorhaltungen erschüttern. Beide sehen ihr Leben in Frage gestellt, nicht nur ihre Lebensführung. Der Aussatz ist im Mittelalter (wie gegenwärtig Aids) die Krankheit, mit der zugleich die größte soziale Isolation einhergeht. Die – durch das Alte Testament (vgl. 3. Mose 14; 4. Mose 12,13) genährte – Auffassung, diese Krankheit sei als Strafe Gottes anzusehen und als Ausdruck der Sünde der Seele, ist im Mittelalter noch ganz lebendig. Selbst heute, im Zeitalter medizinischer Aufklärung, ist sie nicht vollständig überwunden. – Heinrichs Aussatz ist – auch hier wieder ganz spiegelbildlich – die sichtbare Strafe für seine Weltverfallenheit. Wo Gregorius für seinen Makel in der vollkommenen Isolation büßt, reagiert Heinrich auf den seinen durch eine – ebenfalls asketische – Haltung des Verzichts. Er verschenkt zuerst seinen Besitz an Arme und an Klöster, sagt in der Zurückgezogenheit des bäuerlichen Lebens auf dem Meierhof allem Glanz der Welt ab und verzichtet schließlich auf die Annahme des Opfers, das die Tochter des Meiers mit ihrem Leben zu geben bereit ist. Mit dieser Entscheidung erkennt Heinrich eine Grenze an, die nicht überschritten werden darf. Sie wird gezogen durch die Verantwortung für den anderen Menschen, die Hartmann an keiner anderen Stelle seines Werkes so deutlich als Wertvorstellung zu erkennen gibt wie hier. Mit dem darstellerischen Mittel der Figurenperspektive wird der Entscheidung Heinrichs besonderer Nachdruck verliehen.[47]

Nû er sî alsô schœne sach,
wider sich selben er dô sprach:
»dû hâst ein tumben gedanc,

daz dû sunder sînen danc
gerst ze lebenne einen tac,
wider den niemen niht enmac.
du enweist ouch rehte, waz dû tuost,
sît dû benamen ersterben muost,
daz dû diz lasterlîche leben,
daz dir got hât gegeben,
niht vil willeclîchen treist
unde ouch dar zuo niht enweist,
ob dich des kindes tôt ernert.
swaz dir got hât beschert,
daz lâ allez geschehen.
ich enwil des kindes tôt niht sehen.«
(V. 1241–1256)

Ü: Als er sah, wie schön sie war,
sagte er zu sich:
»Es ist dumm von dir,
ohne die Billigung dessen,
gegen den niemand etwas vermag,
auch nur einen Tag leben zu wollen.
Du weißt wohl nicht recht, was du tust
– denn sterben muß du sowieso einmal –,
daß du dieses schmachvolle Leben,
das Gott dir zugedacht hat,
nicht bereitwillig erträgst,
zumal du doch gar nicht weißt,
ob dich der Tod des Mädchens wirklich rettet.
Alles, was Gott dir auferlegt hat,
das lasse geschehen.
Ich werde nicht zusehen, wie das Kind stirbt.«

Dem Verzicht Heinrichs auf das Opfer des Mädchens, seiner kleinen Braut, wie er sie immer nennt, ist deren Entschluß zum Verzicht auf ihr eigenes Leben vorausgegangen. In ihrem Todesmut und ihrer Jenseitslust ist sie das Gegenbild zu Heinrichs anfänglicher Weltverfallenheit. Auch sie macht sich mit ihrer extremen Haltung einer Verfehlung schuldig – nicht der unreflektierten Hingabe an das Diesseits wie einst Heinrich, sondern der totalen Verwerfung der Welt. Auch hierin liegen Maßlosigkeit und Hochmut. Sie, die von Sünde überhaupt nichts weiß, verfällt mit ihrem eifernden Erwählungsglauben, den sie den Eltern und Heinrich gegenüber in langen Tiraden vertritt, der Hybris, ihr Opferwille ist von Selbstsucht durchtränkt.[48] Heinrichs Entscheidung, ihr Opfer nicht anzunehmen, ist ein Akt der Reinigung und Läuterung seiner Seele, Katharsis, Voraussetzung dafür, daß nicht nur er, sondern auch das Mädchen geheilt wird. Beide verkörpern sie die äußersten Möglichkeiten verfehlten Lebens – pure Diesseitigkeit bzw. weltvergessene Jenseitslust – beide (nicht nur Heinrich) werden nun von Gott durch Christus von ihrem Leiden befreit (V. 1365 ff.). Sie schließen die Ehe, in utopischer Vorwegnahme der Überwindung von Standesgrenzen (ob der *Arme Heinrich* auf diese Weise etwa den durch eine Mesalliance verursachten Abstieg der eigenen Familie oder der seines Dienstherrn verkläre, ist immer wieder diskutiert worden), und wunderbar erneuern sich auch Heinrichs Besitz und seine soziale Stellung. Nicht die Lebensform des Geistlichen, in die Gott den Gregorius führt, steht am Ende des *Armen Heinrich,* sondern die Reintegration des geläuterten Helden in die Welt des Rittertums. Auch in ihr – dies ist die Botschaft dieser Dichtung – läßt sich ein Leben in Gottes Namen führen, ein Leben, das innere Distanz zu allen weltlichen Verlockungen hält und alles Handeln in die Gnade Gottes und in sein Wort eingebunden weiß.

Betrachtet man Hartmanns episches Werk insgesamt, so ist deutlich, daß das höfische Kulturmuster in ihm zwar bejaht, aber durch eine »dezidiert religiöse Fundierung der personalen Verantwortung ergänzt« wird.[49] Nur deswegen können auch – zumal in den Artusromanen – die Gefährdungen der Rittergesellschaft so klar gesehen und so kritisch herausgestellt und nur deswegen auch Wege gezeigt werden, wie ›minne‹ und ›êre‹ als Grundbegriffe höfischen Zusammenlebens mit christlichem Sinn zu erfüllen und als soziale Tugend bzw. als politische Tugend für die ganze Gesellschaft fruchtbar zu machen sind.

Solche Intentionen verbinden sich mit der Darstellung märchenhafter Abenteuer und extremer Schicksalsschläge, in die Hartmann seine Helden geraten läßt. Er führt so die Phantasie seiner Zuhörer- oder Leserschaft aus der Eintönigkeit ihres Alltags heraus, in Träume eigenen Aufstiegs und Erfolgs hinein und beschwichtigt somit zugleich auch die Unlustgefühle, die in der Realität mit der am Hofe notwendigen und geforderten Disziplinierung der eigenen Sexualität und Aggressivität einhergehen. – So leisten Hartmanns Texte beides in einem: Sie kultivieren die Gesellschaft des Hofes und entschädigen sie zugleich für die damit verbundenen Versagungen.

Ein weiterer Roman Chrétiens de Troyes, der in der deutschen Literatur aufgegriffen wurde, ist der nach 1180 begonnene *Perceval (Conte du Graal).* Er bildet insofern eine neue Variante des höfischen Romans, als er in den Artusstoff den ebenfalls zum keltischen Sagenkreis (der ›matière de Bretagne‹) gehörenden Gralsstoff integriert und den Artusroman damit zum religiösen Roman überhöht. Spricht man vom Gralsstoff, so denkt man dabei an Erzählungen nicht nur über die Suche nach dem Gral als lohnendster Aufgabe des mittelalterlichen Ritters, sondern auch an Beschreibungen des Grals selbst als eines religiösen Symbols mit besonders schwer zu umgrenzender Bedeutung und an Vorstellungen von einer Gemeinschaft von Gralshütern. Sowohl der Gral als auch das Geschehen um ihn treten uns dabei keineswegs einheitlich gegenüber. Besonders auffällig sind die Abweichungen von Chrétien in der literarisch bedeutendsten der Bearbeitungen seines Romans, im *Parzival* des Wolfram von Eschenbach, so daß man immer wieder erwogen hat, ob Wolfram – zumal sein Roman sich vom *Perceval* in der Erzählweise und im Stil vollkommen unterscheidet – nicht noch andere Quellen zur Verfügung standen, u. a. möglicherweise die Fassung eines von ihm selbst genannten Dichters namens Kyot, wobei bis heute heftig umstritten ist, ob es diesen Kyot – angeblich ein Provenzale, der auch Zugang zur arabischen Literatur gehabt haben soll – überhaupt gegeben hat bzw. wer er gewesen sein mag.[50]

Wolfram, vermutlich aus dem fränkischen Eschenbach bei Ansbach stammend, gilt als der originellste der deutschen Epiker des hohen Mittelalters. Der Umfang seines Werks (etwa 40 000 Verse sind überliefert) weist darauf hin, daß er als Berufsdichter unter der Gunst fürstlicher Gönner gearbeitet haben muß. Wo dies im einzelnen gewesen ist, bleibt weitgehend ungeklärt (ein Teil des *Parzival* wird wie der *Willehalm* (vgl. S. 167) am Hof des Landgrafen Hermanns I. von Thüringen entstanden sein); ebenso ungeklärt ist die Frage nach der Standeszugehörigkeit Wolframs: Aber ob er nun selbst ritterlicher Ministeriale war oder nicht (das Motiv der Armut spielt, wenn er von sich spricht, eine auffällige Rolle), in jedem Fall war er eingebunden in die schon beschriebene Lebenswelt der höfischen Gesellschaft. Gegenüber gelehrten Dichtern wie Heinrich von Veldeke, Hartmann von Aue und Gottfried von Straßburg, die eine lateinische Schulbildung besaßen, verstand Wolfram sich als Laie und berief sich auf die Kraft der Inspiration. Andererseits enthält gerade der *Parzival* eine Fülle gelehrter Anspielungen. Auch wenn Wolfram wirklich nicht lesen konnte, wie er von sich behauptet (aber wohl eher in polemischer Absicht gegen Dichter wie die eben genannten), so benutzte er doch schriftliche Vorlagen, die ihm natürlich mündlich vermittelt worden sein können.

Trotz des Spottes eines Gottfried von Straßburg, der von einem »vindaere wilder maere, der maere wilderaere« spricht und mit dem Wilderer, obwohl er ihn namentlich nicht nennt, doch wohl Wolfram meint, war dessen *Parzival* (entstanden um 1205–1212) bereits im Mittelalter hoch geschätzt. Es sind fast 90 Handschriften und Fragmente (aus dem Zeitraum bis zum Ende des 15. Jahrhunderts) von ihm überliefert, so viel wie von keinem anderen höfischen Epos. Hinzu kommen etliche Nachdichtungen, die sich mehr oder weniger eng an Wolfram anlehnen. Dabei sind die Ursachen für die Wirkung dieses Werkes nicht eindeutig zu benennen. Offenbar hat besonders der Gralsstoff und der Entwurf einer Gralsgesellschaft die Phantasie der Zeitgenossen und der Nachwelt beschäftigt, so wie andererseits Wolframs Humor und Sprachwitz, der nicht zuletzt auf Entlehnungen aus dem Französischen und auf eigenen ausgefallenen französischen Neubildungen, aber auch auf ungewöhnlichen Vergleichen, Umschreibungen, antithetischen Fügungen, Worthäufungen u. a. m. beruht, stets Vergnügen bereitet haben (das heutige Leser am ehesten aus der gleichermaßen gelehrten wie originellen neuhochdeutschen Übertragung des *Parzival* von Dieter Kühn gewinnen können).[51]

Sind Wolframs Sprache und Erzählweise von Anfang an als ungewöhnlich empfunden worden, so ist der Aufbau des *Parzival* ungewöhnlich und konventionell zugleich. Ungewöhnlich ist er insofern, als der *Parzival* eigentlich ein Doppelroman mit zwei verschiedenen Handlungsträgern, mit Parzival und Gawan, und zwei miteinander verschachtelten Handlungsketten ist. Hierin folgt er dem *Perceval* Chrétiens, der allerdings Fragment geblieben ist. Von Chrétien abweichend, umgibt Wolfram seinen Doppelroman noch mit einem Rahmen, der das Epos mit der Erzählung des Schicksals von Parzivals Vater Gahmuret eröffnet und es mit der Handlung um Feirefiz, den Halbbruder Parzivals, abschließt. Es entsteht auf diese Weise ein Riesenwerk von 25 000 Versen, dessen scheinbar unvereinbare Teile doch – wie zu zeigen sein wird – aufeinander bezogen sind. – Der von Hartmann schon bekannten Struktur der Aventiurenkette, die exemplarische Situationen aneinanderreiht, folgen die Binnenhandlungen um Parzival und Gawan, wobei wir in der Parzivalhandlung auch das aus dem *Erec* und dem *Iwein* bekannte Muster des Doppelwegs des Helden wiederfinden.

Die eigentliche Parzivalhandlung wird (die folgende Einteilung folgt der Ausgabe des *Parzival* von Lachmann) in den Büchern III–VI, IX und XIV–XVI erzählt, wobei sie in den letzten beiden Büchern in den Rahmen, d. h. in die Handlung um Feirefiz einmündet. Der Weg, den Parzival durch viele Stationen zu gehen hat, führt in die vollkommene Ritterschaft der Artuswelt, aber schließlich über diese Artuswelt hinaus in die Welt des Grals, die eine tiefere, religiös begründete Dimension des Rittertums eröffnet – darin dem Idealbild ritterlichen Lebens nicht unähnlich, das aus Hartmanns beiden Legendenromanen ablesbar ist. – Parzival, Sohn der Königin Herzeloyde und des im Orient getöteten Königs Gahmuret, wächst in der Einöde einer Waldsiedlung auf, in die seine Mutter sich zurückgezogen hat, um ihn von allen Einflüssen ritterlicher Erziehung am Hofe zu bewahren. Doch die zufällige Begegnung mit einer Schar von Rittern läßt die Sehnsucht, selbst Ritter zu sein, mit Übermacht in ihm aufbrechen. So wie bei Hartmann Gregorius das Kloster, den Ort der Ruhe, wo er als Findelkind aufwächst, verläßt, nachdem er von seiner ritterlichen Herkunft erfahren hat, so drängt es Parzival, nachdem er durch das Zusammentreffen mit den Rittern seine eigentliche Bestimmung verspürt hat, aus dem Wald hinaus. Fassungslos erfährt die Mutter von seinem Wunsch, gibt ihm aber nach und kleidet den Sohn in altes Sacktuch, in ein Narrenkleid, um ihn nicht als Ritter erscheinen zu lassen, gibt ihm Ratschläge mit auf den Weg und bricht, als er, ohne sich umzusehen, fortreitet, tot zusammen. Damit ist die idyllische, von Wolfram humorvoll geschilderte Ausgangslage, der Zustand des Gewohnten, jäh beendet, und es beginnt, wie auch im Märchen, die Abenteuerfahrt des Helden.

Sie führt zu verschiedenen Begegnungen, denen im Kontext des ganzen Romans bestimmte Bedeutungen zukommen. Zuerst stößt Parzival auf ein Zelt, in dem Jeschute schläft, die Frau des Herzogs Orilus. Da er den Rat seiner Mutter, immer nach der Liebe und dem Ring schöner Frauen zu streben, nicht im übertragenen Sinn versteht, sondern ganz wörtlich nimmt, stürzt er sich auf die Ahnungslose, küßt sie und raubt ihren Ring. Die Folgen seiner gewalttäterischen Torheit – eifersüchtig wird Orilus seine Frau verstoßen und ihn verfolgen – werden ihm erst später bewußt werden. Danach trifft er Sigune, die voller Schmerz ihren kurz zuvor im Zweikampf mit Orilus getöteten Geliebten im Arm hält. Vergeblich bietet er ihr an, den Getöteten zu rächen. Bevor er weiterreitet, erfährt er von ihr, die sich als seine Cousine zu erkennen gibt, seinen richtigen Namen (»Dein Name lautet Par-zi-val,/ und dies bedeutet Durch-das-Tal!«[52]) – zuvor hatte er sich mit den Kosenamen vorgestellt, die seine Mutter ihm gegeben hatte –, lernt auch etwas über seine Herkunft und seine gesellschaftliche Stellung und erhält damit ein erstes Gefühl von Identität. Nun gelangt er in den Artusbereich nach Nantes. Er begegnet dem rot gerüsteten Ritter Ither, der Anspruch auf das Artusreich erhebt, berichtet der Artusgesellschaft davon, die den schönen Jüngling, dessen künftiges Heldentum schon ahnend, verwundert aufnimmt. Voller Skrupel erteilt König Artus ihm die Erlaubnis, gegen Ither zu kämpfen. Er tötet diesen ganz unritterlich mit dem Wurfspieß, mit dem er früher im Wald das Wild erlegt hat, bemächtigt sich seiner Beute, der Rüstung, zieht sie über sein Narrenkleid – noch der Tor im neuen Gewand – und wird nun selbst der ›rote Ritter‹ heißen. Er weiß noch nicht, daß er einen Verwandten seines Vaters erschlagen hat. – Diese ersten drei Stationen auf Parzivals Weg spiegeln seine Unerfahrenheit in den wichtigen Lebensbereichen der Minne und des Rittertums. Er zerstört, ohne es zu wollen, eine Ehe, reagiert ohne Teilnahme auf die Totenklage einer Trauernden, verstößt mörderisch gegen die Regeln des ritterlichen Zweikampfs. Noch ist er – subjektiv schuldlos, objektiv aber sündhaft – verfangen in ›tumpheit‹, die er auch trotz der Belehrungen, die er in der nächsten Begegnung erhält, noch lange nicht abschütteln können wird.

Die nächsten Stationen auf Parzivals Weg liegen bereits auf einer höheren Ebene. Er gelangt zur Burg des Ritters Gurnemanz, der ihn aufnimmt, ihn mit den Regeln ritterlichen Verhaltens vertraut macht und auch an den Waffen ausbildet, das alles in der Hoffnung, ihn zum Schwiegersohn gewinnen zu können. Aber Parzival nimmt hierauf keine Rücksicht; er reitet weiter und befreit, nun schon ganz vorbildlich in seinem Benehmen, in verschiedenen Waffengängen die von einem aufdringlichen Bewerber belagerte Stadt der jungen Königin Condwiramurs, mit der er sich zwischen den Kämpfen vermählt. Doch auch als glücklich verheirateten Landesherrn hält es ihn nicht fest. Er bricht auf und trifft einen von Gram gebeugten alten Fischer, der ihn nach Munsalvaesche, auf die Gralsburg, schickt. Damit ist Parzival gleichsam am höchsten erreichbaren Punkt eines ritterlichen Weges angelangt, den allein Berufene zu finden vermögen. Auf der Gralsburg trifft er Amfortas, den Gralskönig, der kein anderer als jener Fischer ist, der ihn hinaufgeschickt hat. Parzival wird nun Zeuge unerklärlicher Vorgänge. Unter dem Wehklagen der Gesellschaft trägt ein Knappe eine blutende Lanze in den Saal, stellt die Königin vor Amfortas einen nicht näher beschriebenen Gegenstand auf, den Gral, der als ein ›Tischlein-deck-dich‹ alle Anwesenden mit Nahrung und Getränken versorgt. Sich an die Mahnung seines Lehrers Gurnemanz erinnernd, nicht viele Fragen zu stellen (»ir ensult niht vil gefrâgen«, 171,17), die er – wie auch früher die Lehren seiner Mutter – wörtlich nimmt, verzichtet er darauf, sich nach dem Sinn all dieser Rätsel und nach dem Leiden des alten Amfortas zu erkundigen. Am nächsten Morgen verläßt er, sein Gastgeschenk, ein Schwert, in den Händen, das ihm beweist, nicht geträumt zu haben, eine vollkommen verödete Burg. Nur eine Stimme ruft ihm hinterher, daß er, weil er keine Fragen gestellt, seine Ehre verspielt habe. Seine Verfehlung also – das legt Wolfram hier nahe – liegt darin, daß er angesichts der Situation des Leides, die ihm vor Augen geführt worden ist, die Form des höfischen Verhaltens, die er bei Gurnemanz gelernt hat, die Zurückhaltung, über die Äußerung menschlicher Anteilnahme stellt, daß er, der Regel des guten Benehmens verhaftet, nicht wagt, nicht einmal daran denkt, aus Mitgefühl nach dem Kummer des Gralskönigs zu fragen. Die höfische Norm der ›zuht‹ wird hier ausgespielt gegen den christlichen Wert der ›erbermde‹, der Barmherzigkeit. Parzivals bisher höchste Ehre als Ritter, Gast auf der Gralsburg zu sein, wird zu seiner tiefsten Erniedrigung, weil er als Mensch versagt. Doch hat er bis dahin weder verstanden, was die Gralsburg ist, noch warum er seine Ehre verloren haben sollte. Daß jemand ihm dies nachruft, bewirkt noch nicht, daß er begreift, was gemeint ist. Für die richtige Einschätzung seiner eigenen Situation braucht er andere Menschen, die sie ihm bewußt machen, sie ihm schließlich erklären. Solchen Begegnungen mit anderen, die ihn zur Selbstbesinnung führen und die damit einen Neuanfang seines Lebensweges vorbereiten, solcher Einkehr dienen die nächsten Stationen, die Parzival durchläuft.

Nach Verlassen der Burg trifft er zuerst wieder auf Sigune. Sie gibt ihm die Erklärung, daß nur Berufene die Gralsburg finden können, klärt ihn auch auf, daß er über seine Mutter mit der königlichen Gralsfamilie verwandt ist. Damit gibt sie ihm, die ihm als erste auch seinen Namen genannt hatte, ein weiteres Stück seiner Identität. Um so tiefer muß ihn der Fluch treffen, den sie über ihn ausspricht, als sie erfährt, daß er die Mitleidsfrage zu stellen versäumt hat, die Amfortas erlöst hätte. Über eine erneute Begegnung mit Jeschute, der er den noch immer zürnenden Orilus wieder zuführen kann, eine erste Wiedergutmachung seiner unschuldigen Verschuldungen, gelangt er wieder in die Nähe von König Artus. Bevor er dessen Jagdlager erreicht, gesellt sich ihm ein Falke zu, begleitet ihn, der durch eine kalte, verschneite Landschaft reitet, schlägt eine Wildgans; drei Blutstropfen, die in den Schnee fallen, lassen Parzival stillstehen. Gebannt vom Anblick der kontrastierenden Farben, erinnert er sich an Condwiramurs, seine Frau. Artusritter entdecken und verspotten ihn, greifen ihn nacheinander an, ohne ihn, der sich ihrer zweimal erst im letzten

Moment erwehrt, aus seiner Versunkenheit herausreißen zu können. Erst Gawan gelingt dies, weil er ihn voller Einfühlungsvermögen nach der Ursache seines Banns fragt. Die reiche Bildsymbolik dieser märchenhaften Szene kehrt auf denkbar poetische Weise verschiedene Aspekte der inneren Situation Parzivals nach außen: vor allem seine Einsamkeit (mitten im Frühling steht er außerhalb der Gesellschaft in Kälte und Schnee) und seine Ichbezogenheit, die Blut und Tränen verursacht (so wie der Jagdfalke die Wildgans verletzt). Die Bestürzung hierüber gehört zu dem Besinnungsprozeß, den Parzival in diesem Teil des Romans durchläuft. Auch in der Artusrunde, in die Gawan ihn zurückführt, wird er, nachdem die Gralsbotin Kundrie erschienen ist und ihn in aller Öffentlichkeit wegen seiner Herzlosigkeit auf der Gralsburg in einer Schimpftirade verflucht hat, isoliert, wirkt er, wenn auch von den Damen getröstet, wie ein Fremder. Nun reagiert er voller Verbitterung, wehrt sich gegen die Anklagen, die ihn von außen wie von innen anfallen. Er kündigt Gott seinen Dienst auf, verläßt den Artuskreis. Es ist ganz konsequent, daß er an dieser Stelle (für 3 Bücher) aus dem Horizont des Lesers/Hörers gerät und die Gawan-Handlung hier einsetzt. So läßt sich veranschaulichen, daß Parzival auf dem äußersten Tiefpunkt seines Weges angelangt ist, sich in absoluter Verlassenheit und Gottesferne befindet. Auch der Neuanfang – in der schon aus Hartmanns Artusromanen bekannten epischen Struktur der Beginn des zweiten Kursus eines Doppelweges – kann auf diese Weise sinnfällig vor Augen geführt werden. Parzival erscheint erst wieder im 9. Buch, das von seiner Begegnung mit dem frommen Einsiedler Trevrizent erzählt. Zu Beginn dieses Buches trifft er wiederum Sigune, die seine Gedanken auf den Gral zu lenken versucht, erbeutet im Kampf gegen einen Gralsritter ein Gralspferd und begegnet am Karfreitag einem alten barfüßigen Mann, der den Selbst- und Gottvergessenen in seiner Rüstung an die Bedeutung dieses Feiertags erinnert. Dies alles sind Vorbereitungen für die Gespräche mit dem Einsiedler, die als die innere Mitte des Romans anzusehen sind. In einem symbolisch zu verstehenden Akt legt Parzival die Ritterrüstung ab, bevor er Trevrizents geistliche Lehren erhält (so wie er zuvor bei Gurnemanz das Narrenkleid ausgezogen hatte, bevor er dessen ritterliche Unterweisung erhalten hatte). Trevrizent ermahnt ihn zur Demut, nachdem er von seinen Zweifeln gehört hat. Er selbst lebt die Demut vor. Als Bruder Herzeloydes, der Mutter Parzivals, und als Bruder des Gralskönigs Amfortas hat er höchstem Rittertum freiwillig entsagt. Nachhaltig führt er Parzival vor Augen, wo dessen Sünden liegen: Seine Mutter hat er dadurch, daß er sie verließ, in den Tod gestürzt (Parzival erfährt davon erst jetzt durch Trevrizent, hatte er sich doch beim Wegreiten nicht mehr umgesehen); den ihm verwandten Ritter Ither hat er getötet; auf der Gralsburg hat er versäumt, Anteilnahme am Leid des Königs zu zeigen; schließlich hat er sich haßerfüllt von Gott losgesagt. Für Trevrizent sind die ersten beiden Sünden, obwohl sie unbewußt begangen worden sind, die schwerwiegendsten. In ihnen spiegelt sich die Ursünde der ›hôchvart‹, des gottvergessenen Hochmuts,[53] die nur durch Demut und Dienst abgegolten werden kann. Es scheint Trevrizent hier weniger – dies erinnert an Hartmanns *Gregorius* – um die persönliche Verantwortung der einzelnen Person als um die unausweichliche Verstrickung eines jeden Menschen in Sündhaftigkeit zu gehen, die gleichwohl von jedem einzelnen als Schuld anzunehmen und individuell zu büßen ist. Durch Trevrizent erfährt Parzival auch mehr über die Familie des Gralskönigs und seine eigene Stellung in ihr sowie über den Gral selbst und das Gralsrittertum. Der Gral[54] ist ein Edelstein, auf den an jedem Karfreitag eine Taube eine Oblate legt, die all denen, die ihm dienen, paradiesische Erfüllung bringt, die ritterliche Gralsgemeinschaft eine keusch lebende Brüdergemeinde von Büßenden, die niemals aus Angriffslust, sondern nur zur Verteidigung kämpft. Die christlichen Vorstellungen, die hier zum Ausdruck kommen, auch die christliche Symbolik (die Taube ist das Symbol des Heiligen Geistes), sind deutlich; ebenso die Beziehungen, die zwischen der ritterlichen Gralsbruderschaft und einer monastischen Gemeinschaft bestehen. Besondere Bedeutung kommt in den Erzählungen Trevrizents der Stelle zu (hier in der Übertragung von Dieter Kühn wiedergegeben),[55] die von der Gralsberufung handelt:

Ü: Hört nun, wie man es erfährt,
wer zum Gral berufen ist.
Eine Lettern-Inschrift zeigt
ganz außen, an dem Rand des Steins,
mit Namen und mit Herkunft an –
ganz gleich, ob Mädchen oder Junge –
wer den Pfad des Heiles geht.
Man braucht die Schrift nicht wegzukratzen –
sobald man diesen Namen las,
löst er sich im Hinsehn auf.
Die jetzt erwachsne Menschen sind –
als Kinder kamen sie dorthin.
Glückliche Mutter, deren Kind
zum Dienst dorthin berufen wird!

Ob man arm ist oder reich –
alle freuen sie sich gleich,
wenn man sie bittet, ihre Kinder
zu der Gemeinschaft hinzuschicken.
Aus vielen Ländern holt man sie.
Vor der Schande jeder Sünde
sind sie für die Zukunft sicher,
ihr Lohn im Himmel ist sehr reich.
Wenn sie hier ihr Leben lassen,
bringt das Jenseits die Erfüllung.

Bedeutungsvoll ist hieran zunächst der christlich-utopische Gedanke der Universalität der Gralsgemeinschaft, der auf den Schluß des Romans vorausdeutet. Ob männlich oder weiblich, jung oder alt, arm oder reich und aus welchem Land auch immer – jeder kann zu dieser Gemeinschaft berufen werden. Bedeutungsvoll ist ferner insbesondere für den Artusritter Parzival, daß die Gralsgemeinschaft offenbar andere Tugenden fordert als die, denen er in seinem ritterlichen Tatendrang bisher gefolgt ist. Es ist vor allem töricht zu glauben, sich durch ritterlich-kämpferisches Verhalten Gott gefügig machen und Anspruch auf Lohn erheben zu können. Als Parzival dies tut (»Wenn Gott etwas von Kampf versteht,/ so muß er mich dorthin berufen –/ sie werden mich dort schätzen lernen!«), und zwar noch nach der eben zitierten Rede Trevrizents, so antwortet dieser nachsichtig belehrend: »Eure Sanftmut wird Euch dort/ vor Eurem Hochmut schützen müssen.«[56]) Es unterliegt allein dem Willen Gottes, wen er erwählt – das Bild von der Lettern-Inschrift des Steins, die erscheint, ohne daß der Mensch darauf direkten Einfluß nehmen könnte, will genau dies verdeutlichen. Während seines Aufenthalts bei Trevrizent soll Parzival dies verstehen lernen, soll er lernen, daß es dem in Schuld verstrickten Menschen zukommt, sich auch als Ritter von Demut und Erbarmen leiten zu lassen.

Nach den Gesprächen mit Trevrizent setzt Parzival die zweite Hälfte seines Doppelwegs, den er – wie Erec und Iwein – zu gehen hat, um sich dem Ideal ritterlicher Vollkommenheit zu nähern, fort (man könnte auch Argumente dafür finden, daß eigentlich erst hier der zweite Kursus beginnt), wobei dieses Ideal bei Wolfram in höherem Maße als in Hartmanns Artusromanen religiös definiert ist. Bevor im Roman (weitere) Stationen dieses Weges beschrieben werden, tritt erst Gawan wieder in den Vordergrund (Buch 10–13). Parzival erhält – und, denkt man an den Rezeptionsvorgang, mit ihm der Leser/Hörer – gleichsam die Zeit, um all das, was Trevrizent ihm erzählt hat, innerlich zu verarbeiten. Zugleich gelingt es Wolfram mit dieser Komposition, die zentrale Stellung, d. h. genauer: die sinngebende Funktion des 9. Buches noch stärker hervorzuheben. Wenn Parzival im 14. Buch wieder in Erscheinung tritt, so scheint seine Läuterung freilich immer noch nicht ganz abgeschlossen zu sein. So wie er einst unter der Ritterrüstung noch einige Zeit das Narrenkleid trug, so ist er jetzt unter der Idealvorstellung des Gralsritters auch noch der Artusritter, der vor kämpferischen Auseinandersetzungen wenig Skrupel zeigt. Jedoch werden die Kämpfe, die er eingeht, nun versöhnlich enden und ihm damit helfen, den Eintritt in das religiös motivierte Gralsrittertum endgültig zu erreichen. Zunächst begegnet ihm Gawan, der Freund, den er nicht erkennt. Und auch der sieht in seinem Gegenüber nicht Parzival, sondern Gramoflanz, gegen den er zum Kampf gerüstet ist. Nach der Namensnennung wird der noch unentschiedene Kampf abgebrochen, wird Parzival von Gawan in den Artuskreis geführt. Auch ein weiterer Kampf, den Parzival am nächsten Tag für Gawan ohne dessen Wissen gegen Gramoflanz führt, wird gütlich beigelegt. Schließlich stößt Parzival, nachdem er voller Sehnsucht nach Condwiramurs dem Versöhnungsfest des Artuskreises, dem er sich innerlich nicht verbunden fühlt, heimlich entflohen ist, auf einen unbekannten, orientalisch gekleideten Ritter, dem er unterliegt. Zum ersten Mal ist Parzival besiegt, liegt sein Leben in der Hand eines Gegners, ist er auf dessen Gnade, auf dessen ›erbermde‹ angewiesen. Entgegen aller Konvention wirft der Sieger, weil Parzivals Schwert zersprungen ist, das seine fort und nennt seinen Namen, Feirefiz, zuerst (vgl. Abbildung). Der, der sich in dieser Situation so großmütig benimmt und die Haltung des christlichen Ritters in Vollkommenheit repräsentiert, ist – hier liegt das Normdurchbrechende der Szene und das für die zeitgenössischen Hörer/Leser zweifellos Schockierende – ein Heide. Wie im *Willehalm* (vgl. Kap. II) läßt Wolfram auch im *Parzival* den heidnischen und den christlichen Ritter gleichwertig erscheinen. Durch ihre Glaubenshaltung zwar getrennt, sind sie durch ihre ritterlichen und menschlichen Tugenden doch verbunden. Freilich geht Wolfram im *Parzival* noch nicht ganz so weit wie in seinem späteren Werk. Denn stehen sich im *Willehalm* in Christen und Heiden Fremde gegenüber, so erweist sich Feirefiz als naher Verwandter, als Halbbruder Parzivals. So bekennt Wolfram sich zwar schon im *Parzival* zum Ideal einer weltweiten Geltung ritterlicher Wertvorstellungen, aber die Tugenden des Heiden Feirefiz können gleichsam noch durch dessen Blutsverwandtschaft mit Parzival erklärt werden.

Die Begegnung mit Feirefiz verknüpft die Parzival-Handlung

Illustration aus einer Handschrift des 13. Jh.s
zum Parzival des Wolfram von Eschenbach

mit den ersten beiden Büchern des Romans, in denen Wolfram einleitend die Geschichte Gahmurets, des Vaters der beiden Halbbrüder, erzählt. Diese Geschichte der Orientfahrten eines christlichen Königs soll hier nicht nachgezeichnet werden; sie ist im Kontext des *Parzival* u. a. schon deswegen von Bedeutung, weil Wolfram das Zusammenleben von Christen und Heiden bereits hier thematisiert und dabei bemüht ist, den religiösen Gegensatz zu neutralisieren.

Gemeinsam reiten Parzival und Feirefiz, der Christ und der Heide, der Weiße und der dunkelhäutig Gefleckte, am Ende des 15. Buches als Versöhnte, als Brüder, ins Artuslager, wo nun auch Kundrie, die Gralsbotin, wieder erscheint, um Parzivals Berufung zum Gralskönig zu verkünden. Auch diese Szene hat ihren Symbolgehalt: Kundries Kleid ist mit Turteltauben bestickt, in der Zeichensprache des Mittelalters den Vögeln der Unschuld, Reinheit und Friedfertigkeit. Mit Parzivals Gralskönigtum also wird – so deutet sich an – eine Zeit des Friedens anbrechen. Und wenn Parzival den heidnischen Bruder zum Begleiter wählt, bekundet er seine Absicht, dieser Friedensordnung weltweite Geltung zu verschaffen. – Das letzte Buch baut diese Utopie noch aus. Parzival stellt Amfortas die Mitleidsfrage und wird zu dessen Erlöser; das Wiedersehen mit Condwiramurs und seinen Söhnen Kardeiz und Lohengrin führt ihn zurück in die Harmonie der Familie; die Gralsritter erhalten direkt durch die Schrift des Grals die Anweisung, sich nicht mehr länger nach ihrer Herkunft fragen zu lassen, ein Hinweis Wolframs wohl, daß sie als Pflichtgemeinschaft unter Gottes Obhut stehen, in seinem Auftrag handeln und keiner weiteren Legitimation bedürfen.

So erscheint das Gralsrittertum bei Wolfram deutlich vom Artusrittertum abgesetzt und diesem gegenüber aufgewertet. Die Tafelrunde des Königs Artus ist nicht mehr wie in Hartmanns Romanen letztes Ziel, sondern gleichsam Durchgangsstation. Die Gralsritter, elitär von Gott berufen, geben den Hilfeleistungen, zu denen auch die Artusritter aus christlicher Gesinnung verpflichtet sind, eine neue politische Dimension, indem sie als eine »Art Weltpolizei«[57] fungieren, die allen anderen weltlichen Herrschaften übergeordnet ist. – Der Veranschaulichung des Unterschieds von Artus- und Gralsrittertum dienen offensichtlich auch diejenigen Teile des Romans, die dem vorbildlichen Artusritter Gawan gelten. Dessen – hier ebenfalls nicht zu verfolgende – Abenteuer sind gewissermaßen ein Zugeständnis Wolframs an seine Hörer- bzw. Leserschaft, nicht zuletzt wohl auch deswegen, weil Gawan, wo immer er sich engagiert, die Partei eines Fürsten, also des Adels, gegen den das Recht verletzenden und sich zudem mit Städten verbündenden König ergreift, sich das ritterliche Publikum am fürstlichen Hof dadurch also politisch wie moralisch bestätigt fühlen kann. Dennoch relativiert Wolfram durch das Nebeneinander seiner beiden Helden die Bedeutung dieser zeitgeschichtlichen Konfliktstellungen. Im Gegensatz zu Gawan, der sich in politische Auseinandersetzungen einmischt, wird Parzival fast ausschließlich in religiösen Problembezügen gezeigt. Er ist – wie oben schon ausgeführt – der in Sünde verstrickte Mensch, der auf mehrfache Weise schuldig wird (durch das Versäumnis, sich nach der Mutter umzusehen; die Tötung Ithers, seines Verwandten; das Schweigen auf der Gralsburg; die offene Auflehnung gegen Gott) und der sich als Sünder – auch wo er unwissentlich dazu geworden ist – annehmen lernen muß. Dazu bedarf es der christlichen Lehre, die er befolgt und die ihn verändert, ihn schließlich die ritterliche ›hôchvart‹ ablegen und demütig werden läßt; erst danach erfährt er Gottes Gnade. Als Gralskönig wird er einem Rittertum verpflichtet sein, das die Hilfeleistung für andere nicht mehr nur dem einzelnen überläßt, sondern sie gleichsam institutionalisiert. Insofern geht Wolfram einen entschiedenen Schritt weiter als Hartmann, mit dem ihn im übrigen die Kritik am veräußerlichten Selbstverständnis des höfischen Ritters und der Versuch, diesem Selbstverständnis ein maßstabbildendes, von christlichen Wertvorstellungen getragenes Ritterbild entgegenzusetzen, verbindet.

Versteht man den *Parzival,* insbesondere seinen Schluß, als Utopie eines christlich geprägten Rittertums, dann geht Wolfram mit seinem am Beispiel der geistlichen Ritterorden orientierten

Gedanken der organisierten Hilfeleistung weiter als jeder andere seiner dichtenden Zeitgenossen. Seine Andeutungen ritterlichen Verhaltens und ritterlicher Aufgaben in der Welt, die er der Wirklichkeit an den fürstlichen Höfen als Idealbild entgegensetzt, sind im übrigen keineswegs ohne konkrete historische Bezüge. Die geistlichen Ritterorden (der Tempelorden, der Johanniterorden, der Deutsche Orden u. a. m.), auf die Wolfram im *Parzival* direkt durch die Bezeichnung der Gralsritter als Tempelritter anspielt, haben bei all ihren Verstrickungen in die Gewalttätigkeit, in die sie als reinste Verkörperungen der ›militia Christi‹ (vgl. Kap. II) während der Kreuzzüge geraten sind, alle das Programm einer organisierten Hilfeleistung (Krankenpflege, Versorgungsanstalten für den niederen Adel, Schutz der Pilger, Bauten von Wehranlagen usw.) zu verwirklichen versucht. Daß Wolframs sich an diesen ritterlichen Bruderschaften orientierendes Idealbild des christlichen Ritters von seinen adligen Gönnern politisch akzeptiert werden konnte, hat – auch dies muß man sehen – seinen ganz profanen Grund dann wohl auch darin, daß die geistlichen Ritterorden sich letztlich immer als Verbündete des Adels gegen die zentralistische Königsgewalt verstanden haben.

Wie ernst Wolfram die christlichen Verpflichtungen des Ritters, zumal des Regenten, genommen hat und wie enttäuscht er auf die das Ideal nicht einlösende gesellschaftliche Wirklichkeit reagiert hat, zeigt sein nach dem *Parzival* geschriebener, bereits im vorangegangenen Kapitel besprochener *Willehalm*. Hier begnügt er sich nicht mehr mit der Darstellung einer Idealvorstellung, der an den religiösen Orden orientierten Gralsritterschaft, obwohl der damals schockierende Gedanke der gemeinsamen Gotteskindschaft der Christen wie der Helden erst hier voll entfaltet wird; im *Willehalm* hat Wolfram sich von der verklärenden Artus- und Gralswelt gelöst und führt dem ritterlichen Publikum die Verfehlungen des eigenen Standes, das Abgleiten in blinde Gewalttätigkeit mit bitterer Kritik vor Augen.

Die Kritik an den Verhaltensweisen der kriegerischen Ministerialität am Hofe ist bereits dem *Parzival* immanent, wenn man Idealisierungen immer auch als Reaktionen auf eine als problematisch empfundene Wirklichkeit versteht. Weil der *Parzival* die aus Hartmanns Romanen bekannte Artuswelt, die für sich bereits die Wirklichkeit verfremdet, durch den Entwurf der Utopie einer auserwählten Gralsritterschaft noch einmal überhöht und damit relativiert, läßt sich in ihm der weitestgehende Versuch einer christlichen Erziehung des höfischen Publikums durch eine Literatur sehen, die durch die phantasievolle Gestaltung ritterlicher

Abenteuer in einer märchenhaften Welt (und in Wolframs Fall durch einen ausgeprägten, vor nichts haltmachenden Humor, der den Spielcharakter des Erzählens immer bewußt hält) nicht nur unterhalten will, sondern zugleich, indem sie Lebensgewohnheiten und Verhaltensweisen der ritterlichen Wirklichkeit abbildet, auf die Kultivierung und Prägung eben dieser Wirklichkeit abzielt.

Während Hartmann und mehr noch Wolfram mit ihren Romanen der latent stets vorhandenen, durch kämpferische Übungen mühsam disziplinierten Gewalttätigkeit der ritterlichen Ministerialität entgegentreten, stellt sich der etwa zu gleicher Zeit wie Wolframs *Parzival* entstandene *Tristan*-Roman Gottfrieds von Straßburg, neben dem *Parzival* dichterisch das zweite herausragende epische Werk des hohen Mittelalters, der Lebenswirklichkeit der höfischen Gesellschaft in einem anderen Bereich entgegen: der latent stets vorhandenen und nur mühsam disziplinierten Gewalttätigkeit im Bereich der Sexualität. Der Reflexionsgrad, den sowohl Wolfram als auch Gottfried bei ihrer kritischen Sicht auf die höfische Gesellschaft erreichen, setzt bei aller Eingebundenheit beider in diese Gesellschaft innere Distanz zu ihr voraus. Diese ist bei beiden wohl schon biographisch bedingt: Während Wolfram, ein unter fürstlichen Gönnern arbeitender Berufsdichter, wiederholt von seiner Armut gesprochen hat und es mehr als zweifelhaft erscheint, daß er selbst einer Herren- oder Ministerialenfamilie angehörte, war Gottfried Bürger der Stadt Straßburg, was freilich nicht heißt, daß er deswegen von vornherein von der Hofgesellschaft ausgeschlossen war. Gute Gründe sprechen dafür,[58] daß er Kleriker oder ein theologisch und juristisch gebildeter Laie war und als solcher Verbindungen zum bischöflichen Hof besaß, den man sich recht weltlich vorstellen muß. Denn der Bischof war zugleich der feudale Herr der Stadt, übte also ein feudales Herrscheramt aus, war Territorialherr. Außerdem wurden die Pfründen des Hochstifts oder Domkapitels nur an Mitglieder freiherrlicher Familien vergeben und der Bischof bezog seine Ministerialität zum Teil aus dem städtischen Patriziat. Das Spannungsfeld zwischen Hof und Stadt, in dem Gottfried lebte, war die Voraussetzung dafür, daß er zugleich beteiligt und distanziert auf die Gesellschaft des Hofes und ihre Gesittung blicken konnte.

Diese zwiespältige Haltung Gottfrieds spiegelt sich bereits in der Wahl seines Erzählstoffs. Einerseits ist das Geschehen, von dem der dem Kreis der Artus-Sagen zuzurechnende Tristan-Stoff handelt, in der Welt der Regenten und ihrer Höfe angesiedelt, und zumal in Gottfrieds unmittelbarer Vorlage, dem Werk eines Thomas, wahrscheinlich eines Franzosen, der in der Mitte des 12. Jahrhunderts am anglonormannischen Hofe in England wirkte,[59] wird das ›Höfische‹ besonders herausgearbeitet; andererseits thematisiert der Tristan-Stoff eine Liebe, deren Absolutheit gerade alle Regeln der höfischen Lebensform übergeht, ohne daß – wie noch zu zeigen sein wird – die ›hövescheit‹ als Wert damit geleugnet würde. – Interessiert hat den gebildeten, in der antiken Dichtung belesenen Gottfried der Tristan-Stoff möglicherweise auch deswegen, weil die Tristan-Liebe in ihrer die Sinnlichkeit einschließenden Bedingungslosigkeit ihre Entsprechungen im Altertum hat und jedenfalls nicht mit dem (im Zusammenhang mit dem Minnesang noch näher darzustellenden) höfischen Verständnis von Liebe als einer »sozial verpflichteten Dienstliebe«[60] vereinbar ist. Nicht von ungefähr enthält Gottfrieds Roman zahlreiche Anspielungen auf die antike Literatur, und lesen Tristan und Isolde in der Einsamkeit ihres Zusammenseins gemeinsam im Ovid.

Als Bearbeiter des Tristan-Stoffes ist Gottfried nur einer unter vielen. Die Stoffgeschichte, die auch hier nicht verfolgt werden soll,[61] ist außerordentlich kompliziert. An ihrem Beginn steht wahrscheinlich eine keltische Sage, die allmählich mit mancherlei Motiven angereichert und vor allem in Frankreich bearbeitet worden ist. In Deutschland hat es bereits vor Gottfried eine Tristan-Dichtung gegeben, den nach 1170 entstandenen *Tristant* des Eilhart von Oberge, der jedoch auf eine andere Vorlage zurückgriff als Gottfried. Während Gottfrieds Dichtung unvollendet blieb, führt Eilhart die Handlung zu einem Ende – noch dazu zu einem sentimentalen (König Marke bestattet Tristan und Isolde im gemeinsamen Grab, auf dem sich Weinrebe und Rose unlöslich miteinander verschlingen werden); schon aus diesen Gründen ist seine Dichtung bis ins Volksbuch hinein lebendig geblieben. Sie betont die Waffentaten Tristans und stellt als Ursache der Minne Tristans und Isoldes, die als gleichsam pathologischer Zustand begriffen wird, die magische Wirkung des Minnetranks, eines Zaubersafts, heraus. Hierin treten deutlich schwankhafte Züge der frühhöfischen Spielmannsdichtung in Erscheinung. – Bei Gottfried, der den Text Eilharts wohl gekannt hat, aber eine andere Vorlage benutzte, tritt das Erzählelement des Kampfes gerade zurück; vor allem aber erhebt sich seine Darstellung der Minne zwischen Tristan und Isolde hoch über die Veräußerlichungen Eilharts. Die differenzierte Analyse seelischer Vorgänge und der Reichtum an Reflexionen, die Gottfried mit seiner Erzählung verbindet, unterscheiden ihn im übrigen auch von Thomas, seinem eigenen Gewährsmann, dem er hinsichtlich des äußeren Handlungsablaufs ziemlich genau folgt – hierin in seiner Gelehrsamkeit ganz dem Begriff der ›auctoritas‹ verpflichtet, also die Quelle als gültiges Dokument nehmend.

Gottfrieds Roman beginnt mit einer Vorgeschichte, die das Hauptmotiv, die Tristan-Minne, gewissermaßen präludiert. Erzählt wird von Riwalin und Blanscheflur, den Eltern Tristans. Riwalin, ein begüterter junger Ritter, lernt am Hof des mächtigen Königs Marke dessen Schwester Blanscheflur kennen; als er nach einem Kampf gegen Feinde des Königs schwer verwundet wird und den Tod erwartet, vergißt Blanscheflur alle gesellschaftlichen Rücksichten und verbringt mit Riwalin eine Liebesnacht, in der Tristan gezeugt wird. Als der genesene Riwalin zum Kampf gegen Herzog Morgan, der in sein Land eingefallen ist, den Hof Markes verlassen muß, entschließt sich Blanscheflur, zu fliehen und Riwalin zu begleiten. Der verliert im Kampf gegen Herzog Morgan sein Leben, und bevor Blanscheflur aus Kummer stirbt, bringt sie Tristan zur Welt. – Das Bemerkenswerte an dieser Vorgeschichte liegt zum einen darin, daß der persönliche Glücksanspruch höher gestellt wird als die von der höfischen Moral geforderte Distanz, daß Sexualität nicht verdrängt, sondern gelebt wird, und zum anderen in der Initiative Blanscheflurs, die nicht nur zur Liebe entschlossen ist, sondern auch – indem sie ihre Verwandtschaft verläßt – zur Abwendung des Leides, das aus der gesellschaftlichen Ächtung ihrer nicht standesgemäßen Liebe erwachsen müßte.

Nach dieser die Nähe von Liebe und Tod ins Bewußtsein rufenden Exposition beginnt die Darstellung von Tristans Lebensweg. Sein Name weist auf die Trauer (lat. tristis = traurig), die der bei Riwalins Marschall Rual und seiner Frau Aufwachsende als Persönlichkeitsanteil in sich trägt. Rual unterweist sein Pflegekind in allen Künsten, die in der höfischen Gesellschaft geachtet sind. Es lernt nicht nur Fechten und Jagen, sondern – dies wird akzentuiert – auch Lesen und Schreiben, und zudem erhält der Hochbegabte eine Ausbildung in Fremdsprachen und Musik. Eines Tages wird Tristan von norwegischen Kaufleuten, die sich seine Sprachkenntnisse zunutze machen wollen, entführt. Als ihr Schiff in einen Sturm gerät, wird dies als Strafe Gottes verstanden und Tristan ausgesetzt, zufällig – und ohne daß er dies weiß – am Ufer des Landes seines Onkels, des Königs Marke. Von Beginn an verhält sich Tristan nun als Fremdling ganz taktisch: Er erzählt zwei Pilgern, er sei nur vom Wege abgekommen; belügt eine Jagdgesellschaft, indem er sich als Kaufmannssohn ausgibt; erstaunt und bezaubert schließlich die Hofgesellschaft Markes durch musikalische Künste, die man von einem ›Bürgerlichen‹ nicht erwartet. In kurzer Zeit erringt er eine höchst angesehene Position am Hofe. Es stellt sich die Frage, inwieweit hier neue – bürgerliche – Wertvorstellungen ins Spiel kommen. Ein ›Kaufmannssohn‹ macht Karriere unter Adligen – und nicht etwa durch die üblichen Schwertstreiche, sondern aufgrund seiner Intelligenz und künstlerischen Begabung. Aber man muß auch sehen, daß die Leistungen Tristans ganz auf die adlige Gesellschaft bezogen bleiben, ihr gleichsam ›hofieren‹, und daß der Kaufmannssohn in Wahrheit von höchster Abstammung ist. Diese wird durch das Erscheinen Ruals, seines ihn suchenden Pflegevaters, schließlich aufgedeckt. Tristan, der nächste Verwandte König Markes, wird zu dessen potentiellem Erben, läßt sich zögernd zum Ritter schlagen, kehrt in sein Land zurück und besiegt Morgan, den Feind seines Vaters. Dies geschieht auf sehr unhöfische Weise (heimtückisch hat Tristan unter dem Jagdgewand seine Waffe verborgen und überrascht den Herzog), wohl aber im Stil der alltäglichen ritterlichen Wirklichkeit. Nachdem er seine Herrschaftsverhältnisse geordnet hat, überläßt er Rual seinen Besitz als Erblehen und zieht an den Hof Markes zurück.

Ritterliche Wirklichkeit wird wohl auch eingefangen, wenn Gottfried die Feigheit der Barone am Hofe Markes herausstellt, die sich weigern, gegen den riesenhaften Kämpfer Morolt anzutreten, der Markes Land ausbeutet, indem er sich jährlich dreißig Kinder ausliefern läßt. Als Tristan sich bereit erklärt, den Kampf gegen Morolt aufzunehmen, blamiert er nicht nur den alteingesessenen Adel, sondern tritt auch für das Recht ein. Auch gegen Morolt setzt Tristan die höfischen Regeln des ritterlichen Zweikampfes außer Kraft. Er empfängt zunächst die Wunde, die nur Morolts Schwester Isolde wird heilen können, und spaltet dann dem nach einem Ansturm vom Pferd gestürzten Morolt, bevor dieser wieder aufsitzen und sich wehren kann, den Schädel mit einem Schlag, der so stark ist, daß ein Splitter von Tristans Schwert in Morolts Knochen stecken bleibt. Auch hier also ist Tristan nicht der faire, sondern der rücksichtslose Kämpfer, denunziert Gottfried den ritterlichen Kampf zur puren Schlägerei, was um so befremdender gewirkt haben mag, als in ihn zuvor das Pathos der gerechten Sache eingebracht worden war.[62]

Unritterliches Verhalten kennzeichnet auch die folgenden Handlungen Tristans. Er muß, um seine Wunde heilen zu lassen, zu Isolde nach Irland. Als Engländer darf er sich nicht zu erkennen geben, da Isoldes Gatte aus Zorn über den Tod Morolts alle

Engländer verfolgt. So gibt er sich als ausgeraubten Fernhändler und Spielmann aus, ändert seinen Namen in Tantris, wird geheilt und sogar zum Lehrer der jungen Isolde gemacht und kehrt schließlich unter dem Vorwand, er sei verheiratet, nach England zurück. Von dort wird er als Brautwerber Markes wieder nach Irland zurückgeschickt, wobei die Barone, deren Haß er auf sich gezogen hatte, hoffen, er werde von dort nicht zurückkehren. Tristan übertölpelt sie, indem er ihre Begleitung fordert, die sie nicht ablehnen können. Während sie bei dieser Unternehmung »eine aus Angst zitternde Statisterie abgeben«[63] und vor der Küste auf dem Schiff bleiben, geht Tristan wiederum mit List zu Werke, gibt sich als Kaufmann aus, schmeichelt sich beim König durch das Angebot einer Steuerzahlung ein. Zur Berechnung kommt das Glück. In Irland ist gerade ein gefährlicher Drache zu töten. Wer ihn erschlägt, soll die junge Isolde zur Frau erhalten. Tristan erlegt den Drachen, schneidet ihm die Zungen heraus. Während er Kühlung sucht und von dem Giftdunst der Drachenzungen betäubt wird, fällt er einer Intrige zum Opfer. Ein Verehrer Isoldes, ein Truchseß, schlägt dem bereits getöteten Drachen den Kopf ab und eilt an den Hof, um Isolde als Preis entgegenzunehmen. Aber Isoldes Mutter, in Zauberkünsten bewandert, durchschaut den Betrug. Sie ergreift die Initiative und sucht mit ihrer Tochter den Fremden im Moor. Tristan wird als Tantris wiedererkannt. Aber nun gerät er in die größte Gefahr: Die junge Isolde entdeckt, daß in Tristans Schwert jener Splitter fehlt, der ihrem Oheim im Kopf gesteckt hatte. Nun geht ihr auch die Vertauschung der Silben in Tristans Namen auf – Tan-tris ist Tristan. Sie erhebt das Schwert über dem Badenden, um Morolt zu rächen. Doch ihre Mutter greift ein. Beide Frauen erwägen den Vorteil, den Tristan ihnen bringt. Nur durch ihn kann der ungeliebte Truchseß blamiert werden. Als Tristan endlich der Siegespreis zuerkannt wird, bringt er seine Werbung für Marke vor. Sie wird angenommen, und die ältere Isolde gibt ihrer Tochter einen Liebestrank auf die Reise, der ihr Glück mit Marke sichern soll.

Bis zu diesem Punkt der Handlung hat Tristan unter dem Motto der ›staete‹, der Beständigkeit,[64] – wenn auch mit dem Einsatz von Mitteln, die im Artusroman sonst nicht üblich sind – durchaus altruistisch gehandelt: Er hat sein eigenes Land dem Pflegevater überlassen, hat das Land seines Onkels von den erpreßten Abgaben und Irland vom Drachen befreit, schließlich für Marke die Braut geworben. Von nun an – in der zweiten Hälfte des Romans – wird sein Handeln auf eigenes Recht und Glück gerichtet sein und damit schließlich in Leid und (den bei Gottfried nicht mehr gestalteten) Tod führen. Auf der Überfahrt trinken Tristan und Isolde aufgrund eines Versehens der Zofe Brangaene den Minnetrank, der für Marke und Isolde gedacht war. Nach anfänglichen inneren Kämpfen – denn beide wissen, daß ihr Schicksal nun bestimmt ist – geben sie sich einander hin. Das Motiv der magisch-mechanischen Wirkung des Trankes wird von Gottfried dabei soweit wie möglich in den Hintergrund gedrängt; er will die Zwanghaftigkeit der Liebe mit dem Einverständnis der Liebenden in Einklang bringen, ihre persönliche Entscheidung vor Augen führen. Mit dieser Entscheidung, mit der sie wie einst Riwalin und Blanscheflur dem persönlichen Glücksverlangen folgen, verstoßen sie gegen gesellschaftliche Bindungen, die sie eingegangen sind: Isolde gegen das Eheversprechen, das mit der Annahme von Tristans Werbung für Marke gegeben worden ist; Tristan gegen die lehenshafte Bindung, in der er als Markes Werber steht, zugleich gegen die sippenhafte als Markes Neffe. Der Konflikt, in den sie so geraten, wird beider weiteres Leben bestimmen. Um ihn in seiner ganzen Schärfe zu verdeutlichen, hat Gottfried an dieser Stelle einen wichtigen Exkurs eingefügt, in dem er die tiefe Minne Tristans und Isoldes, bei der die leibliche Vereinigung Ausdruck der seelischen ist, gegen die konventionellen Eheverbindungen und gegen das unernste, konsequenzlose Spiel mit Gefühlen, das in der höfischen Gesellschaft Mode ist, absetzt. Das Dilemma, in dem Tristan und Isolde sich befinden, läßt sie im weiteren Verlauf der Handlung Auswege in einer ganzen Kette von Verstellungen und Betrügereien suchen, die dazu dienen, ihnen ihr Doppelleben zu sichern. Brangaene wird Marke in der Hochzeitsnacht als Jungfrau untergeschoben, wodurch Marke, der nichts merkt, weil ihm ›wîp alse wîp‹, d. h. eine Frau wie die andere ist, zugleich sowohl als Person als auch in seiner Rolle als König abgewertet wird. In der Gesellschaft unterhalten sich die Liebenden doppeldeutig und anspielungsreich. Dann werden sie nachts bei einem Zusammentreffen im Obstgarten belauscht, können sich aber herausreden. Eine Falle, die der mißtrauisch gewordene Marke ihnen stellt, können sie umgehen. Weitere Verwicklungen bewegen Tristan, sich zeitweilig zu entfernen, und Isolde, einen falschen Eid abzulegen. Doch schließlich entscheidet sich der innerlich zerrissene Marke, beide von seinem Hofe zu verbannen.

Sie ziehen sich in eine im Wald gelegene Höhle zurück, in die immer wieder zitierte ›Minnegrotte‹. Diese Grotte liegt inmitten einer idyllischen Umgebung, von der keinerlei Gefahren ausgehen, und sie ist bedeutungsvoll ausgestattet: In dem hellen, hohen Gewölbe steht auf grünem Marmor ein kristallenes Bett, das man als symbolhaften Hinweis auf die Reinheit der körperlichen Vereinigung Tristans und Isoldes, die in diesem Bett stattfindet, verstehen muß.[65] Die Reinheit der körperlichen Liebe gründet in der vollkommenen seelischen Übereinstimmung der beiden. Wie weit diese geht und wie stark sie ist, drückt Gottfried dadurch aus, daß er die Liebenden ohne Nahrung auskommen läßt. Allein durch ihre Blicke nähren sie sich. Ganz frei von allen äußeren Zwängen, unter denen sie bisher leiden mußten, müssen sie nicht einmal für ihren Lebensunterhalt sorgen. Unter diesen irrealen Bedingungen, in dieser Kunstwelt, wenden sich auch ihre Beschäftigungen dem Ästhetischen zu. Sie lauschen dem Gesang der Vögel und nehmen ihn als Ersatz für ein höfisches Fest, sie musizieren und singen zusammen, erzählen sich Geschichten aus der Antike über das Unglück sich liebender Paare. Manchmal jagen sie zu ihrem Vergnügen, treiben die Jagd gleichsam als Kunst. – Dies alles freilich sind Beschäftigungen, die auch am Hofe möglich wären. Das Glück der beiden ist an die Vorstellungen von Glück gebunden, die in der höfischen Gesellschaft Gültigkeit besitzen. Obwohl äußerlich in ihrer Einsamkeit vom Hof vollkommen getrennt, bleibt ihre Einbildungskraft von ihm bestimmt. Dies wird ganz deutlich in der folgenden Textpassage, deren Schluß immer wieder diskutiert worden ist:

ouch muote sî daz cleine,
daz s'in der wüeste als eine
und âne liute solten sîn.
nu wes bedorften s'ouch dar în
oder waz solt ieman zuo z'in dar?
si haeten eine gerade schar:
dane was niuwan ein und ein.
haeten s'ieman zuo z'in zwein
an die geraden schar gelesen,
sô waere ir ungerade gewesen
und waeren mit dem ungeraden
sêre überlestet und überladen.
ir zweier geselleschaft
diu was in zwein sô herehaft,
daz der saelige Artûs
nie in dekeinem sînem hûs
sô grôze hôhgezît gewan,
dâ mêre ir lîbe lustes van
und wunne waere enstanden.
man haete in allen landen

dekeine vröude vunden,
die sî zwei zuo den stunden
wolten haben gekouft dar în
umbe ein glesîn vingerlîn.
swaz ieman kunde ertrahten,
ze wunschlebene gahten
in allen landen anderswâ,
daz haeten s'allez bî in dâ.
sine haeten umbe ein bezzer leben
niht eine bône gegeben
wan eine umbe ir êre.
(V. 16847–16877)

Ü: Auch kümmerte es sie wenig, daß sie dort im wilden Wald so einsam und ganz ohne Menschen waren. Und wen hätten sie auch darin gebraucht, oder was hätte sonst irgend jemand bei ihnen gesollt?

Sie waren eine geradzahlige Menge, nur eins und eins. Hätten sie zu sich beiden noch jemand in die geradzahlige Menge aufgenommen, so wäre diese ungerade gewesen, und sie wären mit der Ungeradheit nur allzu beschwert und belästigt gewesen.

Ihre Gesellschaft zu zweien war ihnen beiden so zahlreich, daß der glückhafte König Artus auf keinem seiner Schlösser jemals ein so gelungenes Fest hätte veranstalten können, woraus ihnen größere Lust und Wonne hätte erwachsen können In aller Welt wäre keine Freude zu finden gewesen, die sie beide damals hätten kaufen mögen, auch nicht um einen gläsernen Fingerring.

Was immer sich einer als Wunschleben erdenken und erträumen mochte, das hatten sie alles da. Für ein besseres Leben hätten sie keine Bohne gegeben, außer für ihr höfisches Ansehn.[66]

Gerade dieser letzte Satz zeigt, daß Gottfried mit der Minnegrotten-Episode keine Utopie im Sinne eines Gegenentwurfs zur höfischen Lebensform entfaltet. Allenfalls enthält diese Episode utopische Momente, indem sie Bilder der Freiheit von den disziplinierenden Normen der Feudalität entwirft. Aber noch in der Negation solcher Normen wird die Feudalität als Lebensgrundlage bestätigt. In ihrer idyllischen Abgeschiedenheit sehnen Tristan und Isolde – wie der letzte Satz des Zitats belegt – schließlich die Anerkennung ihres gesellschaftlichen Kreises herbei, ohne den auch auf das vollkommenste Glück ein Schatten fällt. – Auch wenn man die Minnegrotten-Episode nicht als utopischen Entwurf, nicht einmal als Minne-Utopie verstehen kann, so hat sie im Roman doch eine besondere Funktion. Man muß in ihr den ins Bild gesetzten Versuch sehen, den Anspruch auf Subjektivität und Innerlichkeit und deren Legitimität geltend zu machen.[67]

Wenn Tristan und Isolde sich Ehre, höfische Anerkennung wünschen, ist es auch folgerichtig, daß sie an den Hof Markes zurückkehren, nachdem Marke sie, einem weißen Hirch folgend, aufgespürt und sich wieder einmal von ihnen hat täuschen lassen (listig haben sie, als sie seine Jagdgesellschaft sich nähern hörten, das Schwert zwischen sich gelegt und sich unschuldig schlafend gestellt). Aber bald werden sie am Hofe wiederum in ihrer Umarmung überrascht, worauf Tristan flieht. Während seines Herumstreifens trifft er eine andere Isolde, Isolde Weißhand, die ihn in seinen Gefühlen vorübergehend verunsichert. Gottfrieds Roman bricht hier jäh ab, aus welchen Gründen auch immer. Wie die Geschichte hätte zu Ende erzählt werden können, ist aus der Fassung Eilharts (vgl. S. 229) bekannt. In ihr heiratet Tristan Isolde Weißhand, ohne sie jedoch zu berühren. Als er sich in einem Kampf wiederum eine giftige Wunde zuzieht, wird Isolde, die Frau König Markes, seine Geliebte, zur Heilung gerufen. Doch Isolde Weißhand, seine Frau, berichtet Tristan fälschlich, als das Schiff sich nähert, es habe schwarze Segel gesetzt, das verabredete Zeichen für Vergeblichkeit und Tod. Tristan stirbt, und die Geliebte, die ihn tot wiederfindet, stirbt an seiner Seite. Abgesehen von den sentimentalen Verkleidungen, mit denen Eilhart diesen Schluß umgibt, akzentuiert er doch die Idee, daß nur der Tod die dauernde Einheit stiftet, die den Liebenden durch gesellschaftliche Schranken verwehrt blieb. – Es gibt keine Hinweise darauf, in welcher Form Gottfried den Schluß seiner Erzählung gestaltet und kommentiert hätte. Doch zieht man die zahlreichen Vorausdeutungen auf Leid und Tod in Betracht, die der Text enthält (u. a. den Tod Riwalins und Blanscheflurs), so ist kaum zweifelhaft, daß auch Gottfried mit dem Tod der Liebenden geendet hätte.

Überblickt man sein großes Fragment, so stellt sich noch einmal die Frage, was seinen *Tristan* wesentlich von der Tradition der Artusepik abhebt, in der er gleichwohl steht. Sein Held fällt aus der Rolle der bekannten Artusritter insofern, als er anders als diese die Tugend der Selbsbeherrschung nicht im Kampf übt, sondern auf ganz anderem Feld. Während er in Kämpfen, die er ja auch führt, rücksichtslos seinen Vorteil sucht, den Vorteil des Schwächeren, und dabei auch die Regeln der Fairneß außer acht läßt, ist er vollkommen diszipliniert in seinem persönlichen Auftreten am Hof. Als Sprachgewandter, als musizierender Ästhet, als kunstfertig Sich-Verstellender, listig Kalkulierender und diplomatisch Verhandelnder hat er sich ganz in der Hand – bei ausgeprägtem Sinn für die eigene Wirkung. Hier kommt der bürgerliche Teil der Ansichten Gottfrieds zur Geltung, wie er in einem kommentierenden Einschub auch bekundet, daß er Darstellungen von Ritterrüstungen und Hofprunk keine neuen Reize abgewinnen könne, sie daher auch entsprechend vernachlässigt. Dennoch erscheint Tristan ganz an höfischem Leistungsdenken und Karrierewünschen orientiert und unterstellt seine Fähigkeiten immer auch dem Dienst für die höfische Gesellschaft, nur eben auf ungewohnte Weise. So schließt sein Verhalten zwar eine Kritik am Erscheinungsbild des Hofes und am Vorrang des Waffengeklirrs als Selbstzweck ein (nicht umsonst wird die dahinter sich verbergende Feigheit der Barone herausgestellt) und verändert sich auch das Verhältnis des Protagonisten zur Aventiure, die nicht mehr als Mittel der Selbstverwirklichung des Ritters verstanden wird, sondern sehr praktischen politischen Zielen dient; aber so entscheidende Wertvorstellungen der Gesellschaft wie ›staete‹, ›triuwe‹ und ›êre‹, für die Tristan mit seinem Leben eintritt, stellt Gottfried deswegen nicht in Frage.

Ebenso wie die anderen Artushelden verstrickt auch Tristan sich nach einer ersten Ereigniskette tief in Schuld. Sie wird freilich insofern relativiert, als der Minnetrank seine Entscheidungsfreiheit beeinträchtigt, obwohl Gottfried das alte Motiv der magischen Wirkung des Tranks, wie schon erwähnt, dadurch verblassen läßt, daß er Tristan und Isolde die aus ihm erwachsende Liebe innerlich annehmen läßt. So fehlt auch das Schuldbewußtsein des Helden oder gar ein Schuldbekenntnis. Deswegen verläuft die zweite Ereigniskette, in der im traditionellen Artusroman der Held darum bemüht ist, die verlorene Einheit mit der Gesellschaft durch verantwortliches Eintreten für andere wiederherzustellen (oder in der sich ein Parzival sogar über die Artusgesellschaft erhebt und in eine ideell höherstehende Gesellschaft, die Gralsgesellschaft, eintritt), im *Tristan* gegen alle Erwartungen. Tristan versucht gerade nicht, die Übereinstimmung mit der höfischen Gesellschaft wiederherzustellen, sondern verteidigt, indem er sich aus ihr an Orte heimlicher Zweisamkeit mit Isolde, schließlich in die Minnegrotte zurückzieht, seinen durch seine Liebe neugewonnenen persönlichen Innenraum. Die Minne verliert im *Tristan* ihre im Artusroman sonst übliche Integrationsfunktion, sie bindet den Helden nicht mehr in die Gesellschaft ein, wirkt nicht mehr als erzieherischer, die Triebhaftigkeit domestizierender Impuls, sondern zwingt ihn, weil ihre Tiefe und Ausschließlichkeit alle Regeln höfischer Gesittung übersteigt, in die Isolation. In ihr freilich läßt sich auf die Dauer nicht leben. Der für Tristan und Isolde unlösbare Konflikt zwischen persönlichem Glücksverlangen, das ihr Leben erfüllt, und der in der Gesellschaft gegründeten ›êre‹, auf deren Zuspruch sie ebenso angewiesen sind, endet tragisch. Damit sprengt Gottfried das Schema des Artusromans, das die Minne der Protagonisten und deren gesellschaftliche Verantwortung bisher harmonisierend zusammengezwungen hatte, vollends auf. Das gesellschaftsbezogene Utopie-Modell, das der Artusroman in verschiedenen Ausformungen vor Augen stellt (auch da noch und erst recht da, wo seine Idee wie in Wolframs *Parzival* durch den Entwurf einer christlichen Gralsgesellschaft noch einmal überhöht ist), wird im *Tristan* irrelevant. Obwohl er ganz an die Vorstellungswelt der höfischen Gesellschaft gebunden ist, fasziniert Gottfried die Möglichkeit der Befreiung von ihr, ohne daß eine andere Alternative als der Rückzug in die Subjektivität, die intensive Gefühlswelt des einzelnen sichtbar würde. Selbst wenn die Liebe Tristans und Isoldes den Liebenden die Erfahrung eines Glücks beschert, das mit den Glückserfahrungen vergleichbar sein mag, von denen die christliche Mystik spricht[68] – eine christliche Lebensperspektive eröffnet sie nicht. Die Intensität des Gefühls kann künstlerisch vermittelt, von den wenigen ›edelen herzen‹, die im Prolog erwähnt werden, also von denen, die inneren Adel besitzen, nachempfunden werden, aber nicht die Verbindlichkeit eines Ideals gewinnen.

Gottfrieds Distanz zum Artusroman und zu der durch diese Gattung verklärten ritterlich-höfischen Lebensform spiegelt sich nicht zuletzt in seiner Erzählweise. Sein ganzer Text ist von einem Netz von Kommentaren und Reflexionen durchzogen, die sich mehr oder weniger direkt auf das Erzählte beziehen. Sie gelten in bedeutenden Teilen dem Wesen der Minne (vgl. Vers 12187–12357; Vers 16923–17099; Vers 17858–18114) und stehen der geschilderten ›Tristanminne‹ teilweise kontrastiv gegenüber – was die Ambiguität des Werkes zusätzlich verstärkt. Am berühmtesten ist der Literaturexkurs geworden (Vers 4621 ff.), in dem Gottfried u. a. Hartmann von Aue seine Reverenz erweist, um anschließend – ohne daß sein Name direkt genannt würde – scharf gegen Wolfram und dessen ungezügelte Art des Erzählens zu polemisieren – was durchaus verständlich ist, wenn man bedenkt, wie weit entfernt beide Autoren in ihren – schon verdeutlichten – Wirkungsabsichten sind. Dabei ist es für den heutigen Betrachter nicht ohne Reiz zu erkennen, daß der phantasievolle, scheinbar dunkel redende Wolfram im Vergleich beider Dichter gerade der ideologisch Eindeutige ist, während Gottfried, dessen präzise und artistische Sprachbehandlung seit jeher bewundert worden ist, wegen seiner Vieldeutigkeit besonders deutungsbedürftig erscheint. Denn wenn seine Sprachkunst ein Ziel hat, so ist es das, eben diese Vieldeutigkeit herzustellen. Es ist keineswegs zufällig, daß die beherrschende rhetorische Figur des Textes die Antithese ist, die sich sprachlich in paradoxen Begriffskoppelungen und Oxymora verdichten kann.[69] Das verbale Spiel mit dem Kontrast ist Ausdruck der thematisierten existentiellen Spannungen, die als ›Spannungen‹ am ehesten dadurch bewußt gemacht werden können, daß das Entgegengesetzte, sich eigentlich Ausschließende in der rhetorischen Figur zur Einheit verklammert wird. So lädt Gottfried immer auch durch seine Sprache zur Teilnahme gegensätzlicher, jedenfalls nicht eindeutiger Empfindungen ein. Selbst das einzelne Wort kann bei ihm Mehrdeutigkeit gewinnen. Wenn z. B. im Prolog von den schon zitierten ›edelen herzen‹ die Rede ist (Vers 47), denen der *Tristan* Freude bereiten will, so weist das einfache ›edel‹ in dieser Wortverbindung offensichtlich nicht mehr nur auf die Zugehörigkeit zur Aristokratie, sondern spricht auch den ›inneren Adel‹ der Zuhörer an, zu denen dann durchaus auch Bürgerliche gehören können. Die höfische Zuhörerschaft konnte an dieser Wendung keinen Anstoß nehmen, und zugleich war dem gebildeten Stadtbürgertum mit ihr geschmeichelt.

Bei allen gegenüber der höfischen, insbesondere der ritterlichen Lebensform geäußerten Vorbehalten ist Gottfrieds Werk nicht anti-höfisch; es hält Distanz zur Lebenswelt des Hofes, und es ist geeignet, dem Patriziat der wirtschaftlich an Einfluß gewinnenden Städte, zu denen Straßburg gehörte, das Gefühl der eigenen Nobilität zu vermitteln.

Mit dem neuen patrizischen Publikum, das dem höfischen Roman in den Städten zuwächst, zeichnet sich in der weiteren Entwicklung der höfischen Epik eine Wende ab, ohne daß diese genau zu fixieren wäre. Aber wie schon die beiden größten Künstler unter den höfischen Epikern, Wolfram und Gottfried, den Artusroman, wie gezeigt, auf verschiedene Weise transzendieren, wird nun der tragende gedankliche Anspruch des Artusromans zunehmend brüchig. Zwar gehen die Stoffe nicht verloren, sondern werden im Gegenteil ausgestaltet; doch stehen nun die Unterhaltungsansprüche eines sich verbreiternden und sich differenzierenden Publikums im Vordergrund, das, sofern es dem Stadtadel oder dem patrizischen Bürgertum angehörte, nicht zuletzt durch die Nachahmung höfischer Gepflogenheiten, zu denen der Kunstgenuß gehörte, sein Selbstwertgefühl erhöhen wollte.

Um nur einiges anzudeuten: Gottfrieds *Tristan* wurde um 1235 zunächst von Ulrich von Türheim, der sich an Eilhart anlehnte, fortgesetzt, später, um 1290, von Heinrich von Freiberg umgestaltet und erweitert; aus dem späten 15. Jahrhundert stammt u. a. ein anonymer Prosaroman *Tristant und Isalde,* aus dem 16. Jahrhundert eine Umdichtung von Hans Sachs, der am Schluß vor ›unordentlicher‹ Liebe warnt und der ehelichen Treue das Wort redet. – Besonders viele Bearbeitungen hat der Gralsstoff gefunden. Albrecht (von Scharfenberg) knüpft im *Jüngeren Titurel* (nach 1270) an Wolframs *Titurel*-Fragment und an seinen *Parzival* an, arbeitet eine Geschichte der Gralsfamilie aus und stellt dabei das Geschick Schionatulanders und Sigunes in den Mittelpunkt. Für andere Bearbeiter des Stoffes ist die Figur Gawans und seiner Nachkommen besonders reizvoll. Wirnt von Grafenberg erzählt schon um 1220 in seinem *Wigalois* von Gawans Sohn; Heinrich von dem Türlin in seiner *Crône* um 1220 von Gawan selbst. Kennzeichnend für beide Romane sind ihre Stoffülle und der Verzicht auf die Darstellung einer inneren Reifung der Helden. Diese sind von Beginn ihres Auftretens an vorbildliche Ritter, und sie bleiben es: ihre Abenteuer dienen lediglich der Bestätigung ihrer Eigenschaften. An der Krisenlosigkeit des Helden hält auch der Stricker in seinem *Daniel vom blühenden Tal* (zweites Viertel des 13. Jahrhunderts) fest. Daniel erweist sich in seinen vielen Kämpfen Gawein, Iwein, Parzival als ebenbürtig und bewährt sich auch gegen Riesen und Ungeheuer, nicht ohne dabei – wie Tristan – auch Berechnung und List einzusetzen. Von all diesen und vielen anderen Aventiure-Romanen, die zum großen Teil immer auch an den märchenhaft-phantastischen Motivschatz der Spielmannsepik anknüpfen und vor allem um Kompilationen der verschiedenen Erzählstoffe, nicht aber – ganz im Gegensatz zu Hartmann, Wolfram und Gottfried – um deren gedankliche und religiöse Vertiefung bemüht sind, soll hier nicht die Rede sein. Erwähnt zu werden freilich verdient der sogenannte *Prosa-Lanzelot*, eine im 13. Jahrhundert begonnene Übersetzung der drei letzten Teile eines von verschiedenen französischen Autoren verfaßten *Lanzelot-Gral-Zyklus.*[70] Damit wird der in Frankreich populäre Lanzelot-Stoff, der in Deutschland zuvor nur in einer reduzierten Form durch Ulrich von Zazikhofen behandelt worden war (zwischen 1210 und 1220), nun auch in seiner Breite bekannt. Er stellt den Untergang der Artus-Gesellschaft dar und weist den ritterlichen Helden, die alle im Tod oder im Kloster enden, nur noch den Weg zur Buße und religiösen Umkehr, ist letztlich »eine Zurücknahme der Sinnfindungs-Aufgabe, welcher der klassische Held sich stellte«.[71] – Am Ende des 15. Jahrhunderts steht Ulrich Füetrers *Buch der Abenteuer* (1478–81), in dem mit enzyklopädischer Tendenz noch einmal der gesamte Artus- und Grals-Stoff episodisch vorgeführt und lose miteinander verbunden wird. Der Artusroman, dessen idealisiertes Ritterbild zu Beginn des 13. Jahrhunderts eine ganze Gesellschaftsschicht verklärte und deren Selbstverständnis prägte, ist mit diesem Zyklus endgültig zum bloßen Unterhaltungs- und Bildungsstoff literarisch interessierter Laien geworden.

Höfische Lyrik: Minnesang

Auch die höfische Lyrik, insbesondere der in ihrem Mittelpunkt stehende Minnesang, dient, wie die höfische Epik, im wesentlichen der Sicherung und Idealisierung höfischer Wertvorstellungen und Verhaltensnormen. Wie die Artusepik führt auch der Minnesang dem höfischen Publikum die Sublimierung von Gewalt vor Augen und übt es in die Vorstellung ein, daß trotz Triebverzichts Freude oder Genugtuung entstehen kann. Aber während der Artusroman, jedenfalls in den bedeutenden Gestaltungen Hartmanns und Wolframs, in erster Linie die Sublimierung der kriegerischen Handlung, des mit Waffen ausgetragenen ritterlichen Kampfes im Sinne hat (und die Liebe zwischen Mann und Frau in das Ideal der Mäßigung und christlichen Sinngebung gleichsam miteinbindet), so dient der Minnesang in erster Linie der Sublimierung der sich auf das andere Geschlecht richtenden sexuellen Begierde. Er lebt in seiner rigidesten Form, als ›hoher Minnesang‹, von dem Gedanken, daß gerade auch durch die leidvolle körperliche Entsagung Glück und gesellschaftliche Ehre gewonnen werden können.

Zur Einführung und bevor einzelne Phasen und Varianten des Minnesangs unterschieden werden, ist dessen Thematik in einigen Grundzügen vor Augen zu führen:

Im Minnesang werden Rollenspiele inszeniert (wenn überhaupt, dann nur sehr bedingt persönliche Bekenntnisse abgegeben), die der zuhörenden höfischen Gesellschaft in spielerisch kunstvoller Weise Liebesbeziehungen und erotische Situationen vorführen. Diese Beziehungen und Situationen sind in hohem Maße typisiert; sie greifen (jedenfalls in der Regel) nicht auf bestimmte individuelle Erfahrungen zurück, erlauben aber durchaus, daß ihnen individuelle Erfahrungen zugeordnet werden können. Die häufigste Konstellation ist die des vergeblich um eine Dame werbenden Mannes (Ritters), der trotz aller Abweisungen und Enttäuschungen an der Verehrung für seine ›Herrin‹ festhält und sein Leid als Möglichkeit seiner inneren Vervollkommnung begreift. Beharrlichkeit und Selbstdisziplinierung sind aufeinander bezogen, durch ›triuwe‹ und ›zuht‹ gewinnt der Werbende ›êre‹. Die gesellschaftliche Anerkennung, nicht etwa die Hingabe der Dame ist letzlich der Lohn, den der Dienende erwarten kann. Denn würde seine Sehnsucht erfüllt, verlöre die Dame ihre (mit ihrer Schönheit immer korrespondierende) Tugend, um derentwillen sie angebetet wird. Das für die lehnsrechtlich organisierte Gesellschaft maßgebliche Dienst-Lohn-Verhältnis, das die Lieder immer wieder ansprechen, wird damit jedoch keineswegs außer Kraft gesetzt, sondern nur speziell gewendet: Der Lohn, der dem Dienen folgt – gesellschaftliche Anerkennung –, ist kein materieller, sondern ein ideeller.

Insofern ist die Lage – wie Wehrli formuliert hat – »vielfältig paradox. Die Minne ist aussichtsloser Dienst und verlangt doch, im Sinne der feudalen Ordnung, ihren Lohn; der Liebende verlangt Gegenliebe und darf doch nicht wünschen, die Tugend der Herrin in Frage zu stellen. Der lyrische Dienst vollzieht sich in strengen Konventionen, die der Liebende doch dauernd durchbrechen möchte, um eine direkte Sprache zu reden. Das Lied soll die Gesellschaft erfreuen und kann doch nur traurige Sehnsucht ausdrücken. Je mehr der Dichter die Dame feiert, um so mehr entfernt er sie gerade dadurch von sich, steigert sie zur Idee des Weiblichen, ins Anonyme, ja zum bloßen Vorwand, so daß es letztlich offenbleiben kann, ob sie überhaupt existiert ...«.[72] Alle diese Paradoxien werden in den (oder zumindest vielen) Texten des ›hohen Minnesangs‹ aufgezeigt und reflektiert. Deswegen kann man Minnelyrik als Gedankenlyrik bezeichnen. Ihre bis heute bewunderte Formkunst erwächst aus dem Disput des Sprechenden mit sich selbst, aus der Dialektik der Argumentation und entspricht dem Reflexionsniveau, das der von sich selbst Distanzierte einzunehmen vermag. Auch die Rezipienten der Minnelyrik, deren Verständnis und Genuß Aufmerksamkeit und Kennerschaft verlangen, werden so in eine von Disziplin bestimmte Kommunikationssituation gedrängt.

Der Dienstgedanke, den die Minnelyrik ihrer Zuhörerschaft als Ideal vor Augen stellt, paßt im übrigen ganz zum Selbstverständnis des christlichen Ritters, das der Artusroman als Ideal vermittelt. In beiden Gattungen verbinden sich Dienst und Selbstdisziplin mit christlicher Demutshaltung zu einer Bewährungsethik, für die – worauf schon im Zusammenhang mit den Romanen Hartmanns ausführlich eingegangen worden ist – ein ganz konkretes, sich aus den historischen Bedingungen des Hofes ergebendes Bedürfnis (insbesondere der Ministerialität) vorhanden war.

Als künstlerischer Ausdruck eines Ideals steht der Minnesang ebenso wie die Artusepik in Spannung zur gelebten Wirklichkeit der feudalen Gesellschaft. Während die Artusepik gleichsam ein Gegengewicht zu der unter Adligen üblichen Waffengewalt (etwa den gewalttätigen Landnahmen) aufbaut, entwirft der Minnesang ein Gegenbild zu der Rücksichtslosigkeit und Gewaltanwendung in den zwischenmenschlichen Beziehungen, vor allem im Verhalten der Männer gegenüber Frauen. Gerade Adlige hatten wenig Schwierigkeiten, ihre sexuellen Begierden auszuleben, weil sich Frauen niederen Standes aufgrund sozialer Abhängigkeiten entsprechenden Forderungen nur schwer entziehen konnten. Dagegen setzt der Minnesang an die Stelle sexueller Hemmungslosigkeit die Kontrolle der Affekte und die Sublimierung der Erotik, keineswegs aber – wie noch zu zeigen sein wird – immer auch den asketischen Triebverzicht. Ebenso wie auf die außerehelichen Beziehungen der Geschlechter ist der Minnesang zugleich auch ein Reflex auf die feudale Ehepraxis.[73] Für den Adel hatte die Ehe zuallererst die Funktion, die Erbfolge innerhalb des eigenen Hauses zu sichern und dynastische Politik zu treiben. Persönliche Zuneigung und Liebe haben unter diesen Bedingungen in der Ehe keine entscheidende Rolle gespielt. Aber während der Ehemann in stillschweigend geduldete außereheliche Beziehungen ausweichen und sich Mätressen halten konnte, waren der verheirateten Frau, eben weil mit ihr legitime Erben gezeugt werden sollten, Seitensprünge strikt verboten. Sie hatte tugendhaft schon aus diesen politischen Gründen zu sein, ganz abgesehen davon, daß auch die Kirche, immer an die Verschuldung des Sündenfalls mahnend, besonders die Frau zur Verdrängung ihrer Sexualität anhielt. So wurde der Ehebruch der Frau als Verbrechen geahndet – wie überhaupt die Verfügungsgewalt des Mannes über seine Frau nahezu unbeschränkt war. Diese Gewalt wird übrigens häufig in der höfischen Epik abgebildet: Erec verbietet Enite das Reden und läßt sie Knechtsdienste tun; Orilus quält Jeschute, nachdem er ihr eifersüchtig zu mißtrauen begonnen hat; Ritter (wie Parzival) verlassen ihre Frauen oft jahrelang usw.

Obwohl die Kirche mit dem »feudalen Ehemodell«[74] insofern übereinstimmte, als auch sie die Ehe als Institution betrachtete, die der Fortpflanzung diente (hier einmal außer acht gelassen, daß sie sich von der Ehe auch noch andere Wirkungen wie die der Eindämmung der Triebhaftigkeit versprach), bestand zwischen der feudalen und kirchlichen Ehekonzeption doch eine wesentliche Diskrepanz in einem entscheidenden Punkt: Während in der adligen Gesellschaft Eheschließungen auch über die Köpfe der Betroffenen hinweg vereinbart wurden, häufig genug den freien Willen der Frau mißachtend, forderte die Kirche die entschiedene Zustimmung beider Partner zu ihrer Eheschließung. Das Bekenntnis der Freiwilligkeit, seit dem 12. Jahrhundert immer häufiger von der Kirche verlangt (von Gratian, Petrus Lombardus, Hugo von St. Viktor u. a.) und allmählich durchgesetzt, ist bis heute Bestandteil der kirchlichen Einsegnung der Ehe geblieben.

In der Verurteilung der Ausnutzung der Frau berühren sich die Ansichten der Kirche und die Intentionen der Minnesänger. Indem die Minnelieder ein Gegenbild zur profanen Wirklichkeit des Verhältnisses zwischen Männern und Frauen entwarfen, führten sie dem Publikum Möglichkeiten einer erotischen Kultur und die den Menschen bildenden Wirkungen einer solchen Kultur vor Augen; und sie legten vor allem eine neue Sicht auf die Frau als Person nahe. Daß diese Sichtweise offenbar nicht zurückgewiesen wurde, beruht in erster Linie wohl auf den schon erwähnten sozialen Voraussetzungen der Liedrezeption. Das enge Zusammenleben so zahlreicher Männer und weniger zahlreicher Frauen in den Machtzentren der Höfe bewirkte eine erotisch gespannte Atmosphäre, die das Bedürfnis, über Erotik und Liebe zu kommunizieren, ganz verständlich macht. Gleichzeitig war an eben diesem besonderen Ort des Hofes, wenn in ihm ein für alle erträgliches (und das heißt auch normiertes) Zusammenleben überhaupt möglich sein sollte, die Zügelung der Triebhaftigkeit, auch wenn sie schwer zu verwirklichen war und gegen Gewohnheiten verstieß (bzw. diese allmählich mit Schuldgefühlen belastete), ein unabweisbares Gebot. Der Minnesang kam beidem entgegen: Er ermöglichte das Gespräch über das Verhältnis der Geschlechter und sorgte schon deswegen für eine gewisse Entspannung, und er zeigte, daß und wie es Menschen gelingen kann, Gefühle zu beherrschen und zu sublimieren.

Es entspricht der Gesellschaftsbezogenheit des Minnesangs, der bei aller Anpassung an gewohnte Denkmuster, besonders den Dienstgedanken, dennoch für eine Veränderung der Wertvorstellungen und Verhaltensnormen im Umgang der Geschlechter miteinander plädierte, daß er in aller Öffentlichkeit vorgetragen wurde. Die Minnelieder wurden für das Gemeinschaftserlebnis konzipiert und in der Gemeinschaft rezipiert.[75] Nur vordergründig sprachen sie ja von den persönlichen Erlebnissen und Stimmungen des lyrischen Ichs, in Wahrheit umspielten sie ein kollektiv erfahrenes Problem, das vom Publikum auch als solches verstanden wurde. Deshalb nahm, ganz wörtlich, die ganze Hofgesellschaft an ihm teil. In der Regel wurden die Texte nach Melodien vorgesungen, und zwar einstimmig, solistisch vorgetragen, möglicherweise mit Instrumentalbegleitung (Knieharfe, Fiedel, Flöte, Dudelsack, Scheitholz, Trommel usw.). Auf den Vortrag als Gesang wird von den Minnesängern selbst oft hingewiesen. Allerdings sind die Zeugnisse, die wir von den Melodien besitzen, mehr als lückenhaft und ungenau.[76] Jedenfalls verband sich auf diese Weise mit der meist die Verquickung von Glück und Leid herausstellenden Thematik der Lieder auch das Vergnügen an Musik und Vorführung.

Der distanzierende Spielcharakter des Minnesangs, zu dem sein reflektierender Grundzug ebenso gehört wie die Öffentlichkeit seines Vortrags und seine musikalische Gestaltung, wird vollends deutlich in der Formkunst seiner Texte und in ihrem Reichtum an Variationen. Ein nur kleiner Schatz an Motiven und Begriffen (Dienst – Lohn; Freude – Trauer; Wahnliebe, Liebeskrankheit, Tödlichkeit der Liebe; Schüchternheit; Abwehr der Neider; usw.) wird immer neu geordnet und umspielt. Was bei oberflächlichem Hinsehen monoton erscheinen mag, offenbart bei genauerer Betrachtung eine »stupende Phantasiefülle« und »subtile gedankliche Kombinatorik«.[77] Der ornamentale Einsatz rhetorischer Figuren und Tropen, u. a. auch ironische Brechungen und Mehrdeutigkeiten, sind dafür ebenso kennzeichnend wie der differenzierte Bau der Verse, raffinierte Reimstellungen und Strophenstrukturen (dazu mehr bei der Besprechung einzelner Lieder). Die hohe Sprachkunst des Minnesangs erforderte die Kennerschaft des Publikums, dem diese artistische Lyrik, d. h. auch die Ästhetisierung eigener Anstrengungen, Niederlagen, Anerkennungen – wenn Minnesang denn im übertragenen Sinn immer auch davon redet –, offenbar Vergnügen (›fröide‹) bereitete. – Die Virtuosität der Gestaltung der Minnelieder wirft zugleich auch ein Licht auf das uns heute ungewohnte Kunstverständnis des mittelalterlichen Publikums, zumal des höfischen, dem das Sammeln, Ordnen, Bändigen des Stoffes, die »Adelung des Stofflichen durch Proportion und Maß und Zahl (deren Verhältnis Reflex göttlichen Schöpfertums ist)«[78] ästhetische Vollendung und zugleich eben auch Ausdruck eines ethischen Wertes, der ›mâze‹, war. Dies ist gerade an dieser Stelle hervorzuheben, weil wir seit dem 18. Jahrhundert – gerade wenn wir an Liebeslyrik denken – eher Ausdrucksformen subjektiver Innerlichkeit erwarten. Von derartigen Ausdrucksformen ist jedenfalls der hohe Minnesang noch weit entfernt, was keineswegs heißt, daß im Regelwerk seiner Motive und seinen klanglichen und rhythmischen Formspielen nicht auch subjektives Gefühl sich bricht.

Um die Quellen des Minnesangs ist in der älteren Forschung intensiv gestritten worden – meist in der Absicht, eine monokausale Erklärung zu finden. Heute hat man sich daran gewöhnt, eben weil der Streit zu keiner Klärung geführt hat, verschiedene Quellenbereiche nebeneinander bestehen zu lassen. Zunächst muß man festhalten, daß es bereits um 1100, also mehr als ein halbes Jahrhundert, bevor der deutsche Minnesang um 1170 einsetzt, eine reich ausgebildete provenzalische Trobadorlyrik (prov. ›trobar‹ = finden, dichten; Trobador = Kunstdichter) gegeben hat, deren zentrale Gattung, die Kanzone (aus lat. ›cantio‹ = gesungenes Lied), das thematisierte, was später auch den hohen Minnesang in Deutschland beschäftigte, die Anbetung einer als unerreichbar dargestellten Frau (Herrin) und die Verzichtliebe eines Sängers, der seine erotischen Wünsche zu sublimieren gezwungen ist. Über Nordfrankreich ist diese Lyrik allmählich nach Deutschland gedrungen. Die kulturelle Phasenverschiebung, die schon bei dem in Frankreich ebenfalls früher als in Deutschland entstehenden Artusroman zu beobachten war, macht sich auch hier bemerkbar, wie insgesamt die sozialen und sozialpsychologischen Voraussetzungen dieser literarischen Gattungen, also vor allem die feudale Gesellschaftshierarchie, die Machtballung an einzelnen Höfen, die um Sozialprestige ringende Ministerialität, in Frankreich früher ausgebildet waren. Aber damit ist die Frage nach den Quellen des Minnesangs lediglich zeitlich verschoben. Zu erklären bliebe, wie die Trobadorlyrik zu ihrer hochentwickelten Formkunst kommen konnte. Hierzu gibt es eine Reihe gut begründeter Vermutungen,[79] von denen einige genannt seien: So erscheint es – schon aus geographischen Gründen – plausibel, die provenzalische Minnelyrik im Zusammenhang mit arabischer Liebeslyrik zu sehen, die im 9. und 10. Jahrhundert an den muslimischen Höfen Spaniens vorgetragen wurde und in ihrer Motivik und ihren Ausdrucksmitteln viele Ähnlichkeiten mit dem Minnesang aufweist. – Immer wieder ist auch erwogen worden, inwiefern die im europäischen Hochmittelalter überall gegenwärtige lateinische Tradition die Herkunft des Minnesangs erklärt. Dabei denkt man sowohl an die Lyrik Ovids, bei dem Liebe oft als Dienst für die Geliebte verstanden wird, als vor allem auch an Einflüsse der mittellateinischen Literatur, etwa an Huldigungs- und Freundschaftsgedichte, in denen erotische Motive anklingen; oder mehr noch an die zahlreichen literarisch-erotischen, auch Verse enthaltenden Briefwechsel zwischen gebildeten Geistlichen und adligen Damen oder Nonnen, in denen Zuneigung und der gebotene Abstand zu differenzierten, rhetorisch verkleideten Gefühlsäußerungen führten. – Auch der im 12. Jahrhundert sich ausbreitende Marienkult ist als Inspirationsquelle des Minnesangs angesehen worden, weil nicht nur die zum religiösen Erlebnis sich steigernde Anbetung der Frau in manchen Liedtexten, sondern auch Wortschatz und Motivik vieler Texte Parallelen zur Mariendichtung (vgl. Kap. I) aufweisen.

Inzwischen hat sich eine synkretistische Betrachtungsweise durchgesetzt, die akzeptiert, daß all diese geistigen und literarischen Kräfte auf den Minnesang eingewirkt haben mögen. Neben diesem Konsens gibt es einen weiteren, der darin liegt, daß sich gerade am Minnesang eine ausschließlich literarischen und geistesgeschichtlichen Einflüssen nachspürende historisch-genetische Argumentation als unzulänglich erweist. Ein sozialpsychologischer Deutungsansatz wie der oben (S. 186f.) angeführte von Norbert Elias ist deswegen so hilfreich, weil er nicht nur die für die Ausbildung der Artusepik, sondern auch für die Ausbildung des Minnesangs wesentlichen Voraussetzungen erhellen kann, ohne deswegen die vorhandenen literarischen Einflüsse ausschließen zu müssen.[80]

Die stilisierte, höchst artifizielle Lyrik des Minnesangs (die den Zwang der Verdrängung, aus dem sie – psychologisch gesehen – hervorgeht, gleichsam spielerisch nach außen kehrt) war nur in einer relativ kleinen, sozial elitären Gruppe lebendig. Sie hebt sich ab von einer einfachen, vorliterarischen Lyrik, über die, weil sie kaum aufgezeichnet wurde, fast nichts bekannt ist. Es ist nicht ganz auszuschließen, daß der Minnesang, zumal in seiner frühen Form, im einzelnen auch auf Motive volkstümlicher Liebesgedichte zurückgegriffen hat. Daß es diese volkstümliche Liebeslyrik schon lange gegeben hat, wissen wir aus den althochdeutschen Glossen, die als Äquivalent für ›cantica rustica‹, ›saeculares cantilenae‹, ›psalmi plebeii‹, ›psalmi vulgares‹ das deutsche ›winileod‹ anführen (›wine‹ bezeichnet Geliebten wie Geliebte), oder aus dem Kapitular Karls des Großen vom März 789, das den Nonnen verbietet, ›winileodos‹ zu schreiben oder zu verschicken, also wohl Lieder erotischen Inhalts. Dieses Wort taucht erst Jahrhunderte später als ›wineliedel‹ bei Neidhart (etwa 1180–1240) wieder auf, der damit Lieder meint, zu denen im Volk getanzt wurde. Eine Vorstellung davon, wie diese Lieder ausgesehen haben mögen, vermittelt ein in den *Carmina Burana* (13. Jhdt.) überliefertes deutschsprachiges ›Reigenliedchen‹:

Swaz hie gât umbe, daz sint allez megede,
die wellent ân man allen disen sumer gân.

Ü: Was hier im Kreis geht, sind alles Mädchen,/
die diesen Sommer hindurch ohne Mann sein wollen.[81]

Dies sind Tanzverse, mit denen Mädchen die ihnen zusehenden Burschen neckten und lockten. – Derartige Verse stehen in der Nähe lateinischer Vagantenlieder, die von Fahrenden – vor allem von Studenten und frei lebenden Klerikern – gedichtet und gesungen wurden und unbefangen – teilweise frivol – die Sinnlichkeit der Liebe hervorheben. Damit ist die Vagantenlyrik das »Gegenspiel zu der Spiritualisierung und Entsinnlichung der Liebe im Minnesang«;[82] die nicht überlieferte volkstümliche Liebeslyrik in deutscher Sprache wird Erotisches weniger direkt als die lateinische Lyrik der herumziehenden Studierten geäußert haben, sicher aber ebenfalls deutlich genug vom Minnesang entfernt gewesen sein. – Schwer einzuordnen ist die berühmt gewordene rührende »deutsche Liebesformel«,[83] die sich in der Tegernseer Sammlung lateinisch geschriebener Liebesbriefe aus dem 12. Jahrhundert gefunden hat:

Dû bist mîn, ich bin dîn:
des solt dû gewis sîn.
dû bist beslozzen
in mînem herzen:
verlorn ist daz slüzzelîn:
dû muost immer drinne sîn.

So oder so ähnlich mag volkstümliche Liebeslyrik auch ausgesehen haben.

Im Gegensatz zu den verschollenen ›Volksliedern‹ ist der höfische Minnesang reichhaltig überliefert, so daß sich auch deutliche Phasen seiner Entwicklung unterscheiden lassen. Unter den ca. 40 handschriftlichen Zeugnissen, die kurz vor 1300 einsetzen und bis ins 15. Jahrhundert reichen, sind drei große Sammlungen hervorzuheben: Die kleine Heidelberger Liederhandschrift (A) (um 1300), die Weingartner oder Stuttgarter Liederhandschrift (B) (um 1300) und vor allem die Große Heidelberger Liederhandschrift (auch Manessische Handschrift) (C) (um 1300), in der Dichtungen aus der Zeit von ca. 1150/60 bis ca. 1300 gesammelt worden sind und die, weil sie Lyrik aller Gattungen und unterschiedlichster Verfasser enthält, zu den unersetzlichen Sammlungen des Mittelalters gehört.[84]

Die ältesten deutschsprachigen Minnelyriker begegnen uns im donauländischen Raum – geographisch von Südfrankreich weit entfernt, doch den Südfranzosen einmal ganz nahe: Denn im Jahr 1147 rastete das französische Kreuzheer unter König Ludwig VII. in Regensburg, und in seiner Begleitung befanden sich bekannte Trobadore.[85] Um Regensburg lagen Ländereien eines Herrn Dietmar von Aist und der zweiten Gemahlin Heinrichs von Riedenburg, der das Amt des Burggrafen von Regensburg bekleidete. Und gerade diese Namen sind uns neben dem (aus Österreich stammenden?) ›Kürnberger‹ als die ersten des deutschen Minnesangs bekannt. Ihre Lieder zeigen sich von der provenzalischen Mode keineswegs unberührt, tragen aber auch ganz eigene Züge, die auf eine einheimische Lyrik schließen lassen, von der wir nicht wissen, wie sie ausgesehen hat. Wir hören nur, wie Heinrich von Melk, der Mönch (vgl. den Beginn von Kap. I), auf den losen Lebenswandel der Ritter und auf die ›trûtliet‹, die Liebeslieder, die sie singen, schimpft:

> Wenn sich irgendwo Ritter versammeln, dann reden sie hin und her, wie dieser oder jener mit so mancher geschlafen habe. Sie können den Mund nicht halten über ihre Laster, und Ruhm ist für sie nur Weiberruhm.[86]

Aber so reden die donauländischen Minnelyriker in ihren Gedichten eben nicht. Die unter dem Namen ›Dietmar von Eist‹ überlieferte »Falkenstrophe« lautet:

Ez stount ein frouwe alleine
und warte uber heide
und warte ir liebes,
so gesach si valken fliegen.
›sô wol dir, valke, daz du bist!
du fliugest swar dir liep ist:
du erkiusest dir in dem walde
einen bóum der dir gevalle.
alsô hân ouch ich getân:
ich erkôs mir selbe einen man,
den erwélton mîniu ougen.
daz nîdent schœne frouwen.
owê wan lânt si mir mîn liep?
jô'ngerte ich ir dekeiner trûtes niet.‹

Ü: Es stand eine Frau alleine, schaute hin über die Wälder, schaute aus nach ihrem Liebsten. Da sah sie Falken fliegen. O Falke, wie bist du glücklich, fliegst dahin wie der Sinn dir steht, wählst dir im Walde einen Baum, der dir gefalle. Gleichsam habe auch ich getan. Ich habe mir selbst meinen Liebsten gewählt, gewählt mit meinen Augen. Das gönnen mir schöne Frauen nicht. Ach, wann geben sie mir den Liebsten zurück? Begehrt ich doch ihrer keiner den Freund![87]

Wir finden in diesem Text die Motive, die typisch für das Genre der ›Frauenklage‹ sind: die Einsamkeit der liebenden Frau, ihre Ausschau nach dem Geliebten, ihre Sehnsucht, ihre Klage. Eine solche ›Frauenklage‹ ist Rollenlyrik und nicht, wie man früher angenommen hat, die Dichtung einer weiblichen Person. Dagegen sprechen auch alle bekannten sozialen Voraussetzungen. Der Dichter weist der Frau die Rolle der sehnsüchtig Liebenden zu, projiziert seine Wunschvorstellung, so geliebt zu werden (auch dies mag nur ein Spiel der Konvention sein), ins Bild. Er selbst scheint in dieser Projektion so begehrenswert, daß noch andere schöne Frauen sich um ihn bewerben. Und im Vergleichsbild des Falken, den die Liebende erblickt, feiert er zugleich noch seine eigene Freiheit. Von der ritterlichen Protzerei, die Heinrich von Melk beklagt, ist im schönen Schein des Kunstwerks nichts zu finden; aber durch die kunstvolle (die soziale Situation gleichsam auf den Kopf stellende) Verschlüsselung, die Klage der sich verzehrenden Frau, schimmert die selbstbewußte Anspruchshaltung des Herrn, wenn auch nur in der sublimierten Form der Wunschvorstellung, gleichwohl hindurch.

Noch deutlicher wird dies in dem berühmten *Falkenlied* des Kürenbergers:

Ich zôch mir einen valken mêre danne ein jâr.
dô ich in gezamete als ich in wolte hân
und ich im sîn gevidere mit golde wol bewant,
er huop sich ûf vil hôhe und floug in anderiu lant.

Sît sach ich den valken schône fliegen:
er fuorte an sînem fuoze sîdîne riemen,
und was im sîn gevidere alrôt guldîn.
got sende si zesamene die gerne geliep wellen sîn!

Ü: Ich erzog mir einen Falken länger als ein Jahr. Als ich ihn dann gezähmt nach meinem Willen und ihm die Flügel geziert mit goldnen Bändern hatte, da stieg er hoch in die Lüfte und flog in andere Länder.

Seither sah ich den Falken in wundervollem Fluge. Nun trug er an seinem Fuße seidene Fesseln und seine Flügel waren ganz von Gold. Gebe Gott doch die zusammen, die sich herzlich lieben wollen! (MF 8,33)[88]

Auch bei diesem Lied war lange umstritten, ob die beiden Strophen ›Frauenstrophen‹ oder ein sog. ›Wechsel‹ zwischen Mann (Str. 1) und Frau (Str. 2) seien. Inzwischen ist geklärt,[89] daß es sich um zwei ›Frauenstrophen‹ handelt. Denn die Formulierung ›fallen sie in ein ander Land‹ ist aus der Falknersprache bekannt und belegt und weist auf einen Ausbruch des Falken gegen den Willen des Hegenden hin, auf ein Entfliegen also. Damit macht die erste Strophe nur als Frauenstrophe überhaupt einen Sinn, und gleichzeitig muß der Falke im Gedicht nicht mehr als Übermittler einer Botschaft, als Botenvogel, gedeutet werden. Er ist nichts als der Falke, der entflieht; und mit diesem Vorgang identifiziert sich – ohne daß, wie bei Dietmar, reflektierend, ein Vergleich ausgesprochen würde – ein ›Zustand des Gemüts‹ (Hofmannsthal) und geht ganz in ihm auf. Im Bild des gezähmten und an seinem Schmuck zu erkennenden Raubvogels, der in die Freiheit ausgebrochen ist, versteht die klagende Frau den Verlust des Geliebten. – Die Schlußzeile spricht von der Sehnsucht, mit dem Geliebten wieder vereint zu sein; aber diese Sehnsucht wird gleichsam objektiviert. Dadurch daß das persönliche Schicksal verallgemeinert wird, wird es zugleich auch überwunden, verwandelt sich der individuelle Schmerz in die Einsicht, daß zur Liebe die Entsagung gehört, gewinnt die Sprechende die Herrschaft über sich selbst, die Selbstbeherrschung, zurück. Gerade hierdurch – so Wapnewski[90] – werde dieses Gedicht zu einem Akt der sich konstituierenden höfischen Kultur.

Auch hier muß man wohl weitergehen und sich verdeutlichen, wie ambivalent dieses Gedicht aus der Frühzeit des Minnesangs ist. Auch wenn man in der letzten Zeile, wie überhaupt in der Kunst der Falkenzucht, auf die das ganze Lied Bezug nimmt, schon die Zeichen der höfischen Kultur und Selbstdisziplin wahrnimmt, und nicht zuletzt natürlich auch in der formalen Gestaltung des Gedichts, dessen Verfasser sich der Nibelungenstrophe bedient, so ist andererseits noch nichts von der entsagenden Haltung des Ritters, die den nach provenzalischem Vorbild ausgebildeten Minnesang prägt, zu spüren. Vielmehr wird die Rolle der Entsagenden noch allein der Frau zugemutet. Das Falkenlied des Kürenbergers, Rollenlyrik wie die unter Dietmar von Aist überlieferte Falkenstrophe, suggeriert, daß die Frau selbstbeherrscht das Leid zu tragen habe, der Mann dagegen das Weite suchen und seine Freiheit beanspruchen dürfe. Oder anders: Falken und Frauen können vom Mann gezähmt werden, aber weder Falken noch Männer von der Frau:[91]

Wîp unde vederspil, diu werdent lîhte zam:
swer si ze rehte lucket, sô suochent si den man.

Ü: Weiber und Jagdvögel, die werden leicht zahm. Wenn man sie richtig lockt, dann kommen sie zum Mann.

heißt es in einem anderen Lied des Kürenbergers (MF 10,17).

Dieser selbstherrliche Ton verliert sich in dem ›Wechsel‹ des Burggrafen von Regensburg. Zwar wird der Stolz des Ritters verdeckt erkennbar durch die in der 2. Strophe der Frau in den Mund gelegte glückliche Erinnerung an die liebende Vereinigung mit ihm, aber nun spricht doch auch schon der Mann von seiner Entbehrung und äußert Gefühle der Sehnsucht, (wenn auch vielleicht nur, weil er eine fremde Vorgabe nachzuahmen versucht).

Ich lac den winter eine. wol trôste mich ein wîp
für daz mir fröide kunten die bluomen und diu sumerzît.
daz nîdent merkære: dest mîn herze wunt.
ezn heile mir ein frowe mit ir minne, ez enwirdet niemer mê gesunt.

Nu heizent si mich mîden einen ritter: ine mac.
swenn ich dar an gedenke daz ich sô guotlîchen lac
verholne an sînem arme, des tuot mir senede wê.
von im ist ein alse unsanftez scheiden, des mac sich mîn herze wol entstên.

(MF 15, 15 ff.)

Ü: Den Winter lag ich einsam. Es (hatte) mich eine gelehrt nach ihrem Willen mehr Lust als Blumen und Sommerzeit. Das verhindern Aufpasser (merkaere). Davon ist das Herz mir wund. Heilt es mir nicht eine mit ihrer Liebe, so wird es nie gesund.

Jetzt verlangen sie von mir, daß ich nicht mehr zu einem Ritter gehe. Das will ich nicht lassen. Wenn ich daran denke, wie gut es tut, heimlich in seinem Arm zu liegen, schmerzt mich die Sehnsucht. Von ihm wegzugehen, das ist zu hart. Mein Herz kann das auch bleiben lassen.[92]

Deutlicher als bei Dietmar und dem Kürenberger kommt hier die Gesellschaft ins Spiel, die durch Aufpasser (›merkaere‹), die im späteren Minnesang immer wieder in Erscheinung treten werden, die Verwirklichung der sexuellen Wünsche, die auch zuvor schon nur heimlich erfüllt werden konnten, ganz zu verhindern trachten, also regulativ im Sinn der sich neu durchsetzenden Norm des Triebverzichts wirken.

In einer zweiten Phase zwischen 1170 und 1190/1200 verlagert sich das Zentrum des Minnesangs an den Oberrhein. In diesen

Jahren vollendet sich bei einer Reihe von Dichtern, die in mehr oder weniger enger Beziehung zum staufischen Hof Barbarossas und Heinrichs VI. stehen, die Übernahme des romanischen Vorbilds. Zu dieser Gruppe der sog. ›rheinischen Minnesänger‹ gehören u. a. Kaiser Heinrich VI. selbst, dann Friedrich von Hausen, Bligger von Steinach, Ulrich von Gutenberg; auch die vom Oberrhein entfernter lebenden Heinrich von Veldeke, Rudolf von Fenis, Heinrich von Rugge, Albrecht von Johannsdorf, um nur einige Namen zu nennen, werden allgemein zu diesem stark die Franzosen nachahmenden Kreis gezählt. Nachgeahmt werden sowohl Inhalte (das Verständnis der Minne als Dienst; die Verbindung von Minne- und Kreuzzugsthematik) als auch Formen (die Mehrstrophigkeit, die differenzierte Reimtechnik, der romanische Zehn- bzw. Elfsilber, den ins Deutsche zu übertragen sich als schwierig erweist).

Der bedeutendste Dichter des rheinischen Kreises war Friedrich von Hausen, der als Diplomat in kaiserlichen Diensten stand und zahlreiche Kontakte zu französischen Fürstenhöfen unterhielt, also auch unmittelbar mit den dort üblichen literarisch-musikalischen Gesellschaftsspielen vertraut war. Bei ihm heißt es jetzt:

Ich sihe wol daz got wunder kan
von schœne würken ûzer wîbe.
daz ist an ir wol schîn getân:
wan er vergaz niht an ir lîbe.
den kumber den ich von ir lîde,
den wil ich vil gerne hân,
zediu daz ich mit ir belîbe
und al mîn wille sül ergân.
mîn frowe sehe waz si des tuo:
dâ stât dehein scheiden zou.
(MF 49,37. 1. Str.)

Ü: Dies eine ist mir jetzt klar: Gott vermag Wunder zu tun auch in Form einer schönen Frauengestalt. Das ist mir bei ihrem Anblick aufgegangen. Nichts hat er an ihrem Körper vergessen. Der Schmerz, den die Vergeblichkeit meines Verlangens mich empfinden läßt, den will ich gerne erdulden, wenn ich damit erkaufen könnte, daß ich bei ihr bleiben darf und daß mein Wünschen einmal Erfüllung findet. Meine Dame mag sehen, was sie tue! Von Trennung kann nicht die Rede sein.[93]

Charakteristisch in dieser Strophe ist die Überhöhung der Frau (die hier gar als Wunder der Schöpfung Gottes erscheint), die bewundernde Diensthaltung des Mannes, der auf Lohn zwar hofft, ihn aber nicht erwarten darf und der bereit ist, trotz der Vergeblichkeit seiner Wünsche geduldig zu warten, die eigene ›staete‹ unter Beweis zu stellen, – gleichsam als Pflichterfüllung und zur eigenen Veredelung. Darin, daß die Dame sich versagt, die Erfüllung der Liebe ›wân‹ bleibt und der Ritter dies gesittet erträgt, liegt das Wesen ›hoher Minne‹. Gleichzeitig machen diese wenigen Zeilen auch deutlich, wie stark diese Art von Lyrik von Reflexion geprägt ist. Das Erlebnis erscheint wie vorgetäuscht, um daran theoretisch-programmatische Überlegungen anzuknüpfen, die auf die eigene Person bezogen werden.

Wir kennen Friedrich von Hausen auch als Dichter von ›Kreuzliedern‹, die eine eigene Gattung innerhalb des Minnesangs bilden. In ihnen öffnet sich der fiktionale Raum für die tatsächlichen Ereignisse,[94] an denen ein großer Teil der Ritter als Kreuzfahrer beteiligt war. Was das Minnethema und das Kreuzzugsthema verbindet, ist die Klage über das Leid des Abschieds und der Trennung, aber auch die Hoffnung auf eine erfüllte Zukunft. Gedanklich geht es in den Kreuzliedern um die verschiedenen Aspekte und Lösungen eines Konflikts, der sich aus den verschiedenen Treueverhältnissen ergab, in denen der Ritter stand. Einerseits fest in den gesellschaftlichen Zusammenhang des höfischen Lebens eingebunden, zu dem auch der Minnedienst als Ausdruck der Verehrung der Frau gehörte, war er andererseits in seinem Selbstverständnis zur Kreuzfahrt verpflichtet, die als Gottesdienst verstanden wurde (vgl. S. 156f.) und vor der zurückzuschrecken als unehrenhaft galt.

Während Albrecht von Johannsdorf in seinem Kreuzlied »Lâ mich, Minne, vrî.« (MF 94, 25) diese beiden Pflichten harmonisierend zu vereinbaren sucht, indem er die Herrschaft der Minne für die Zeit des Kreuzzugs nur suspendiert, ohne sie doch aus seinen Gedanken zu lassen, oder indem er in der Gebetsstrophe MF 86,25 vor Beginn der Fahrt bereits an die Rückkehr denkt, bei der er die Geliebte in all ihrer Ehre wiederzufinden hofft, andernfalls er lieber umkommen würde, nimmt Hausen den Konflikt weit ernster:

Mîn herze und mîn lîp diu wellent scheiden,
diu mit ein ander varnt nu manige zît.
der lîp wil gerne vehten an die heiden:
sô hât iedoch daz herze erwelt ein wîp
vor al der werlt. daz müet mich iemer sît,
daz si ein ander niene volgent beide.

mir habent diu ougen vil getân ze leide.
got eine müeze scheiden noch den strît.
(MF, 47,9, 1. Str.)

Ü: Nun will mein Herz sich von mir selber trennen, obschon wir beide uns so lange einig waren. Ich selber will zu Felde ziehen gegen die Heiden, das Herz hängt über alles in der Welt an der Geliebten. Es wird mir unerträglich werden, daß sich Herz und Körper künftig nimmermehr vereinen wollen. Wie immer ist es auch hier das Anschaun der Gliebten, das mir Leid bereitet! Nur Gott alleine könnte solche Trennung hindern.[95]

In diesem letzten seiner drei Kreuzlieder wird nicht nur der Zwiespalt, in dem Herz und Leib des Ritters liegen, klar formuliert, sondern auch eine konsequente Entscheidung zugunsten der Kreuzfahrt getroffen. Anders als Hartmann von Aue, auf dessen *Büchlein* sich Hausen möglicherweise bezieht,[96] sieht Hausen im Leib nicht den niederen Teil des Menschen, sondern sein eigentliches Ich, das zum Kampf drängt, das ihn als Ritter bestätigt. Das Herz dagegen, das sich aus seinem Körper hinaus zur Geliebten sehnt, wird in der zweiten Strophe gescholten, daß es ihn daran hindere, ein ›lebendic man‹, ein ›ganzer Mann‹ zu sein. So wird der Dame schließlich eine Absage erteilt, wird sie – in einer Nachtragsstrophe sogar noch beschimpft.

Noch weiter als Hausen geht Hartmann von Aue in seinem berühmten Kreuzlied »Ich war mit iuwern hulden …« (MF 218,5), mit dem er zugleich der ganzen höfischen Theatralik den Rücken kehrt. Dort heißt es – in Str. 3:

Ir minnesingær, iu muoz ofte misselingen:
daz iu den schaden tuot daz ist der wân.
ich wil mich rüemen, ich mac wol von minne singen,
sît mich diu minne hât und ich sî hân.
daz ich dâ wil, seht daz wil alse gerne haben mich:
sô müezt ab ir verliesen under wîlen wânes vil:
ir ringent umbe liep daz iuwer niht enwil:
wan müget ir armen minnen solhe minne als ich?

Ü: Ihr Minnesinger, Euch muß Eure Kunst zumeist mißlingen: Was Euch den Schaden tut, das ist die Träumerei. Ich rühme mich: ich weiß von Minne durchaus zu singen, weil mich die Minne hat und ich sie habe. Was ich begehre, seht, dies Ding begehrt auch mich! Ihr mögt inzwischen manche Hoffnungen zerschellen sehen. Ihr strebt nach einer Liebe, die Euch nicht begehrt (die von Euch nichts wissen will). Wo könntet Ihr armen Gecken denn solche Liebe finden wie ich?[97]

Die Minne, die Hartmann meint, ist die Gottesminne, Minne als ›caritas‹, nicht mehr als ›amor‹. Schon zuvor hatte er in seinem sogenannten »Unmutslied« (MF 216,29) die ›hohe Minne‹ auf andere – sehr weltliche – Weise verabschiedet und zum ersten Mal das Motiv der ›niederen Minne‹ anklingen lassen (das dann bei Walther [s. u.] seine Ausprägung findet):

Ze frowen habe ich einen sin:
als sî mir sint als bin ich in;
wand ich mac baz vertrîben
die zît mit armen wîben.
swar ich kum dâ ist ir vil,
dâ vinde ich die diu mich dâ wil;
diu ist ouch mînes herzen spil:
was touc mir ein ze hôhez zil?
(MF 216,37 ff.)

Ü: Was diese Damen angeht, meine ich: wie sie zu mir sind, so bin ich zu ihnen; denn besser kann ich mir die Zeit vertreiben mit geringen Frauen (armen wîben). Und solche gibt es überall genug; bei ihnen finde ich die, die mich auch will. Die macht mir das Herz froh. Was soll mir überhohes Minnegehren?[98]

Hartmanns Lyrik konstituiert zusammen mit der Lyrik Reinmars und Heinrichs von Morungen die dritte Phase des Minnesangs, die zeitlich von 1190–1210/20 reicht. In dieser Phase verliert sein Erscheinungsbild seine modische Einheitlichkeit, entstehen unverwechselbare Lieder, hinter denen »eine jeweils einmalige überragende dichterische Potenz«[99] steht. Während sich Hartmann, wie schon gezeigt, gegen die Ritualisierung des Minnedienstes auflehnt, zieht Reinmar sich in die Reflexion zurück und ästhetisiert seinen Entsagungskummer, besingt Morungen andererseits die Minne als magische und tödliche Gewalt. Sie alle drei, deren Lieder eine bis dahin nicht bekannte formale Virtuosität erreichen, deuten damit auf je verschiedene Weise auch schon auf die Grenzen dieses Gesellschaftsspiels.

Reinmar (von Hagenau), Hofpoet bei den Babenbergern in Wien, der dort die rheinische Kunst des hohen Minnesangs fest etablierte, gilt unter allen Minnesängern als derjenige, der die paradoxe Situation des Dichters am nachdrücklichsten reflektiert und zum Ausdruck gebracht hat: zur Freude des Hofes von der eigenen Trauer zu singen, die Unnahbarkeit der Dame zu beklagen, die doch nur Dame und anbetenswert ist, weil sie unnahbar bleibt. Denn keiner hat es so gut wie Reinmar verstanden, aus seiner Not ganz bewußt eine Tugend, genauer: eine »artistische Spezialität«[100] zu machen:

Des einen und deheines mê
wil ich ein meister sîn die wîle ich lebe;
daz lop wil ich daz mir bestê
und mir die kunst diu werlt gemeine gebe,
daz niht mannes sîniu leit sò schòne kan getragen.
(MF 163,5 ff.)

Ü: Nur in dem einen und in weiter nichts möcht ich ein Meister heißen all mein Leben lang. Ich will in diesem Ruhme unbestritten sein und alle Welt soll dieser Kunst mich rühmen: daß niemand anders seinen Schmerz so schön zu tragen weiß.[101]

Die schöne Form, in die Reinmar seinen Schmerz ergießt, ist frei von Traditionen der donauländischen Lyrik, aber ebenso frei von der westlichen Tradition des durchgereimten Liedes. Vielmehr entwickelt er die bei Hartmann und Albrecht von Johannsdorf vorgebildete dreigliedrige Strophe, die den aus zwei sog. Stollen bestehenden ›Aufgesang‹ rhythmisch mit dem ›Abgesang‹ kontrastiert. Diese Form kommt einer antithetischen, zumindest analytischen Gedankenführung entgegen, von der Reinmars Lyrik in der Tat beherrscht wird. Ganz unbildlich, ist sie im wesentlichen Reflexion und Selbstgespräch, ein ständiges Hin- und Herwenden der seelischen Regungen des Introvertierten. So bleibt auch die Dame, die da besungen wird, ganz unkonkret und weicht schließlich dem abstrakten Begriff:

Sô wol dir, wîp, wir reine ein nam!
wie sanfte er doch z'erkennen und ze nennen ist!
ez wart nie niht sô lobesam,
swâ duz an rehte güete kêrest, sô du bist.
dîn lop nieman mit rede volenden kan.
swes du mit triuwen phligest, wol im, derst ein saelic man
und mac vil gerne leben.
du gîst al der werlde hôhen muot:
wan maht och mir ein lützel fröiden geben?
(MF 165, 28 ff.)

Ü: O, welch ein wunderbares Wort bist du, Wort ›wîp‹. Welch eine Wohltat ist es, doch dich zu wissen und dich auszusprechen. Nie ward ein Etwas, das man höher seligpreisen könnte, als du es bist, wo immer du das rechte Gute offenlegst, das du (im Wesen) bist. Mit Worten läßt sich deine Herrlichkeit nicht sagen. Wen du von Herzen annimmst, ach, der ist selig und kann gerne leben.

> Durch dich empfangen alle Menschen edle Lebenszuversicht.
> Wann wirst auch mir du eine Spur von Hoffnung geben?[102]

Wer das weibliche Gegenüber so von aller Wirklichkeit loslöst, gibt zu erkennen, daß er nicht die Geliebte, sondern die eigene Haltung feiert. Doch gerade dies ist äußerst gesellschaftbezogen. Denn was Reinmar nicht nur über seinen Kummer, sondern auch über sein Hochgefühl sagt, will immer erzieherisch wirken. An ihm, dem empfindsamen und disziplinierten Minnenden und Künstler, der aus dem Preis der Frau und der Entsagung gleichermaßen seine Lebenszuversicht (›hôhen muot‹) gewinnt, soll die Gesellschaft sich ihr Vorbild nehmen.

Daß dieses Selbstbewußtsein nicht von jedermann akzeptiert werden konnte, sondern auch als anmaßend empfunden wurde, zeigt der (von Bertau[103] treffend kommentierte) Streit zwischen Reinmar und dem jungen Walther, der das Lebensfeindliche in der Lyrik seines Lehrers erkannte und nicht nur dessen Minnebegriff attackierte, gegen den er das ›Glück zweier Herzen‹ (»minne ist zweier herzen wünne«) setzte (Lied 69,1), sondern auch die Gefühlsmanipulation des Älteren persiflierte (in Lied 47,36).

Der eigentliche Antipode Reinmars im künstlerischen Sinn ist Heinrich von Morungen, ein thüringischer Ministeriale im Dienste Dietrichs von Meißen. Während Reinmar in seinen Klagen ganz auf sich selbst bezogen und seine Gedichte in all ihrer Feinsinnigkeit abstrakt bleiben, geht Morungen, obwohl auch er von der Hoffnungslosigkeit des Minnenden spricht, bei der Vorstellung der Geliebten gleichsam aus sich selbst heraus und preist ihre Schönheit und die ihn in ihren Bann ziehende Macht der Minne in immer neuen – auch die Natur einbeziehenden – Bildern. Je intensiver Morungens Minnender sich im Anblick der Dame verliert, desto mehr entrückt sie sich ihm in eine andere Welt. Wie die Sonne erscheint sie ihm, wie der helle Mond, wie der lichte Morgenstern. Natürlich gehören diese Gestirnsvergleiche zum rhetorischen Arsenal des Schönheitspreises, aber ihr Einsatz bezeugt einmal mehr die absolute Unerreichbarkeit der Geliebten, die eben deswegen ›angebetet‹ werden kann, weil sie unerreichbar ist. Gleichzeitig aber geht bei Morungen von der Geliebten eine bezwingende Macht auf den Liebenden aus, bringt ihn um alle Sinne, läßt ihn toben und verstummen (vgl. MF 135,9), ihn vollkommen an sie verfallen. Wie Venus, die Liebesgöttin der Antike, macht sie mit ihm, was sie will, tritt durch die Mauern zu ihm ein, entführt ihn an ihrer weißen Hand hoch über die Zinnen (vgl. MF 138,17). Licht- und Flammenmetaphern umschreiben das erotische Verlangen, das der hohe Minnesang bisher einzudämmen suchte. Die Augen der Geliebten blitzen den ihr Ausgelieferten an und entzünden sein Gemüt (ebd.); wie eine Räuberin, die alle Lande verheert, überfällt sie ihn (MF 130,9); von der Glut seiner Minne wähnt er das Land in Flammen aufgehen (MF 139,19). Wie widerspruchsvoll und unlöslich zugleich sich die den Liebenden über sich selbst erhebende Macht der Minne und ihre ihn fesselnde, als tödliche Bedrohung empfundene und doch beschworene Sinnenhaftigkeit sich gegenseitig durchdringen, findet den vielleicht kühnsten Ausdruck in MF 147,1:

Vil süeziu senftiu tôterinne,
war umbe welt ir tôten mir den lîp,
und i'uch sô herzeclîchen minne,
zewâre, frouwe, gar für elliu wîp?
wênet ir ... ob ir mich tôtet,
daz ich iuch danne niemer mêr beschouwe?
nein, iuwer minne hât mich des ernôtet
daz iuwer sêle ist mîner sêle frouwe.
sol mir hie niht guot geschehen
von iuwerm werden lîbe,
sô muoz mîn sêle iu des verjehen
dasz iuwerr sêle dienet dort als einem reinen wîbe.

Ü: Vielsüße, sanfte Mörderin, warum wollt Ihr mir das Leben nehmen? Wo ich euch so von Herzen liebe, fürwahr, Herrin, wie keine andere Frau? Meint Ihr denn, daß ich Euch, wenn Ihr mich tötet, niemals mehr anschaue? Nein, Eure Minne hat mich so erfüllt, daß Eure Seele meiner Seele Herrin ist. Soll mir hier von Eurem keuschen Leib keine Erfüllung gegeben werden, so muß meine Seele Euch gestehen, daß sie Eurer Seele dort (im Jenseits) dienen wird als einer reinen Frau.

Dies sind in jeder Hinsicht zwanghafte Vorstellungen. Wenn der Minnende sich als Überwältigten ins Bild setzt – in MF 126,8 vergleicht er sich mit Menschen, die von Elfen behext sind – so ist dies eine Projektion zur Abwehr der eigenen Leidenschaftlichkeit. Die eigene Sehnsucht auf eine andere Person zu übertragen, um sich selbst geliebt zu wissen, dies trägt durchaus narzißtische Züge, und in der Tat spielt Morungen in MF 145,1 auf den Narziß-Mythos an:

Mirst gesehen als eime kindelîne,
daz sîn schônez bilde in eime glase gesach
unde greif dar nâch sîn selbes schîne
sô vil biz daz es den spiegel gar zerbrach.

Ü: Mich hat das gleiche Schicksal nun ergriffen wie jenen Knaben, der sein schönes Angesicht in einem Spiegel sah und hingriff nach dem eigenen Scheinbild, so heftig, daß er den Spiegel ganz zerbrach (der ihm das Bild erschaffen hatte)[104]

In dieser Reflexion (d. h. auch Bewußtwerdung) ist zugleich die Scheinwelt des ganzen Minnesangs durchschaut.

So ist es auch nicht überraschend, daß wir von Heinrich von Morungen ein ›Tagelied‹ besitzen, – neben dem Dietmars von Aist (MF 39,18) das einzige, das aus den ersten vierzig Jahren deutscher Minnelyrik überliefert ist. Das ›Tagelied‹, das in späteren Phasen des deutschen Minnesangs häufiger auftaucht, läßt sich als »ungeheimes Gegenbild«[105] zur Gesellschaftskunst des hohen Minnesangs bezeichnen, das dem Bedürfnis nach Darstellung auch der sinnlichen Seite der Liebe entgegenkommt und sie nicht allein als Spiel von Werbung, Annäherung und Versagung besingt. Thema dieses Genres ist die Trennung zweier Liebender nach einer (heimlich) miteinander verbrachten Liebesnacht; zu seinen Strukturelementen gehören der durch bestimmte Signale, häufig durch einen ›Wächter‹ angekündigte Tagesanbruch und die Abschiedsklage, die es, obwohl es auf die Situation der Erfüllung anspielt, doch auch wieder in den allgemeinen resignativen Stimmungsrahmen des Minnesangs einfügt. Weil es aber vom Intimsten spricht und das Intimste mit dem Motiv der heimlichen, ›gestohlenen‹ Liebe verbindet, kann es zugleich – zumal bei denen, die das Ideal höfischer Gesittung aufrichten – Bestürzung auslösen. – Morungen versucht, die Provokation zu mildern, indem er in seinem Tagelied (MF 143,22) die Wirklichkeit der körperlichen Liebe dadurch gleichsam neutralisiert, daß er Mann und Frau im Wechsel aus der Situation des Alleinseins sprechen läßt, zwar zueinander, aber nicht miteinander. Die sinnliche Erfüllung der Liebe erscheint diskret wie ein Traum, an den die Liebenden sich erinnern.

Owê, sol aber mir iemer mê
geliuhten dur die naht
noch wîzer danne ein snê
ir lîp vil wol geslaht?
der trouc diu ougen mîn:
ich wânde, ez solde sîn
des liehten mânen schîn,
dô tagete ez.
›Owê, sol aber er iemer mê
den morgen hie betagen?
als uns diu naht engê,

daz wir niht durfin klagen:
›owê, nu ist ez tac‹,
als er mit klage pflac
do er jungest bî mir lac.
dô tagete ez.‹
Owê, si kuste âne zal
in deme slâfe mich.
dô vielen hin ze tal
ir trêne nider sich,
iedoch getrôste ich sie,
daz si ir weinen lie
und mich alumbevie.
dô tagete ez.
›Owê, daz er sô dicke sich
bî mir ersehen hât!
als er endahte mich,
sô wolte er sunder wât
mîn arme schouwen blôz.
ez was ein wunder grôz
daz in des nie verdrôz.
dô tagete ez.‹

Ü: Ach wird mir denn nie wieder herleuchten durch die Nacht noch weißer als der Schnee ihr wundervoller Leib? Der ließ das Auge mir in Täuschung sich verfangen: ich nahm's für Widerschein von Mondesglanz.
Da ward es Tag. –
Ach, wird ihm denn nie wieder an diesem Ort ein neuer Morgen tagen? Und wird die Nacht uns einmal so zergehn, daß wir nicht klagen müssen: Ach, nun ist der Tag! – wie er es klagte, als er jüngst bei mir lag.
Da ward es Tag. –
Ach wie unendlich oft hat sie im Schlafen mich geküßt. Da fielen dann herab die Tränen hin auf mich. Doch wußt ich ihr den Trost, daß sie das Weinen ließ und sie mich ganz umfing.
Da ward es Tag. –
Ach, daß er sich durch mich so tief bezaubert fand. Da er mich aufgedeckt, da wünscht er ohne Kleid mich Arme bloß zu sehn. Wie wunderbar, daß er nicht müde wurde, mich zu schauen.
Da ward es Tag.[106]

Morungens kunstvolle Verhüllung des gesellschaftlich eigentlich Verbotenen wird von Wolfram, der nicht nur als Epiker, sondern auch als Lyriker, als Dichter von Tageliedern, mit Konventionen bricht, unbekümmert beiseite geschoben (wobei gar nicht zu klären ist, ob seine Tagelieder etwas früher oder später als Morungens Tagelied oder etwa gleichzeitig mit ihm anzusetzen sind).

Sein erstes Tagelied (Wolfram I, KLD) lautet:

Den morgenblic bî wahters sange erkôs
ein frouwe, dâ si tougen
an ir werden friundes arme lac;
dâ von si ... fröiden vil verlôs.
des muosen liehtiu ougen
aver nazzen. sie sprach ›owê tac,
wilde und zam daz fröit sich dîn
und siht dich gerne wan ich eine.
wie sol iz mir ergên!
nu enmac niht langer hie bî mir bestên
mîn friunt: den jaget von mir dîn schîn.‹

Der tac mit kraft al durch diu venster dranc.
vil slôze si besluzzen:
daz half niht: des wart in sorge kunt.
diu friundîn den friunt vast an sich dwanc:
ir ougen diu beguzzen
ir beider wangel. sus sprach zim ir munt
›Zwei herze und einen lîp hân wir:
gar ungescheiden unser triuwe
mit einander vert.
der grôzen liebe der bin ich gar verhert,
wan sô du kumest und ich zuo dir.‹

Der trûric man nam urloup balde alsus:
ir liehten vel diu slehten
kômen nâher. sus der tac erschein.
weindiu ougen, süezer frouwen kus:
sus kunden sî dô vlehten
ir munde, ir brüste, ir arme, ir blankiu bein:
swelh schiltaere entwurfe daz
geselleclîchen als si lâgen,
des waere ouch dem genuoc.
ir beider liebe doch vil sorgen truoc.
sî phlâgen minne ân allen haz.

In der Übertragung von Dieter Kühn[107] wird das Versschema der drei-, vier-, fünf- und siebenhebigen Zeilen nachgeformt – auf die Reime wird verzichtet:

Ü: Der Wächter sang, die Frau sah Morgenlicht;
sie lag – das wußte niemand –
in den Armen ihres edlen Freundes.
Sie verlor damit ihr ganzes Glück.

Und klare Augen wurden
wieder naß. Sie sagte: »Ach, du Tag,
es freut sich Wild und Zahm auf dich
und sieht dich gerne – nur nicht ich.
Was soll aus mir bloß werden?
Mein Geliebter kann nicht länger bei mir
bleiben – ihn vertreibt dein Licht!«

Der Tag drang durch die Fenster ein, mit Macht.
Sie schoben Riegel vor –
das nützte nichts. So kam das Leid zu ihnen.
Sie preßte sich an den Geliebten.
Beider Wangen wurden
naß von ihren Tränen. Und sie sprach:
»Wir sind zwei Herzen und ein Leib.
Wir bleiben unzertrennlich –
in der Liebe, in der Treue.
Mein Liebesglück wird ganz zerstört,
wenn du mir fernbleibst, und ich dir.«

Der Mann, sehr traurig, nahm den Abschied so:
sie kamen sich ganz nah
mit heller, glatter Haut. So sah der Tag
Tränen – um so süßer Frauenküsse!
Und sie wurden eins
mit Lippe, Brust, mit Armen, nackten Beinen.
Der beste Maler wäre überfordert,
sollte er umreißen,
wie sie hier vereinigt lagen!
Zwar war ihr Glück von Leid getrübt,
doch liebten sie sich leidenschaftlich.

Hier ist alles anders als bei Morungen: Die Liebessituation wird in ihrer ganzen Gegenwärtigkeit vor Augen geführt; in direkter Rede spricht die Geliebte ihren Geliebten an, der mit einer neuen Umarmung antwortet; der Abschied wird zur erneuten Erfüllung.

Der Reiz, den Tagelieder als Lieder über den Ehebruch in einer Gesellschaft ausüben mußten, die den Ehebruch, jedenfalls den der Frau, hart ächtete (vgl. S. 243), geht auch von Morungens Tagelied aus. Aber Wolframs direkte Vergegenwärtigung der sexuellen Vereinigung mußte wie ein Schlag gegen alle gesellschaftliche Verabredung wirken. Ähnlich wie schließlich im *Parzival* kehrt er dem höfischen Gesellschaftsspiel den Rücken. »Eine Frau, die mich wegen Minnesang liebt, kommt mir schwachsinnig vor«, heißt es im *Parzival* – und eben dort an anderer Stelle:

»Von Minne singt Hinz und Kunz, der sie selbst nie empfand. Ich will davon den Mund halten und das Klagen den Berufsliebhabern überlassen.«[108]

Anders als Wolfram reagierte Walther von der Vogelweide auf den ›hohen Minnesang‹. Mit ihm – der als Spruchdichter ausführlich schon in Kap. II (S. 173ff.) behandelt worden und an dieser Stelle deswegen nur als Minnesänger vorzustellen ist – und mit Wolfram läßt sich eine vierte, zwischen 1190 und 1230 liegende Phase des Minnesangs ansetzen, in der das Ideal der ›hohen Minne‹ angegriffen wird und zerfällt. Walther, über dessen Biographie wenig Gesichertes bekannt ist, kam wahrscheinlich um 1190 aus seiner Tiroler Heimat an den Babenberger Hof nach Wien und wurde dort in die Kunst des Minnesangs eingeführt. Seinen Lehrer Reinmar ahmte er zunächst nach, geriet aber bald in erbitterten Streit mit ihm. In dieser Auseinandersetzung, die hier nicht nachzuvollziehen ist,[109] ging es bereits um die Umwertung des gültigen Minneideals. Während Reinmar sich in der Anbetung der Dame verlor und in MF 158,28 singen konnte: »stirbet si, sô bin ich tôt«, stellte Walther schließlich – Reinmar verhöhnend – die Konstellation auf den Kopf: »stirb ab ich, sô ist sie tôt« (72,31). (Sterbe aber ich [im Sinne von: läßt sie mich sterben], dann ist auch sie tot). Selbstbewußt wird hier ausgesprochen, daß der Ruhm der Dame vergeht, sobald das Lied des Sängers verstummt. Walther mußte den Wiener Hof verlassen und begann als Fahrender herumzuziehen. Statt von der unerreichbaren Schönheit der Damen von Stand sang er vom inneren Adel der Frauen und von der Gegenseitigkeit der Zuneigung: »ich will mîn lop kêren/ an wîp die kunnen danken:/ waz hân ich von den überhêren?« (L 49,22) (Ich will mein Lob an Frauen richten, die danken können: Was habe ich von den Übervornehmen?). Der Begriff ›wîp‹ gewann bei ihm gegenüber ›frouwe‹ an gewicht (»wîp muoz iemer sîn der wîbe hôhste name«, L 48,38), und ›minne‹ verblaßte gegenüber ›herzeliebe‹. Walthers unverwechselbarer Beitrag in der Geschichte des Minnesangs sind seine sog. Mädchenlieder, in denen die Liebe des ritterlichen Mannes erwidert wird – von dem Mädchen aus niederem Stand, das gleichwohl so respektvoll behandelt wird, wie es der Dame zukommt; das nicht genommen, sondern um das geworben wird. Exemplarisch für diese Lieder der ›niederen‹ oder ›ebenen‹ Minne soll hier nicht das bekannte »Under der linden« (L 39,11), sondern das nicht minder bedeutsame »Nemt, frowe, disen kranz« (L 74,20) stehen – und zwar in der Strophenfolge, wie sie nach Wapnewski[110] als gültig anzusehen ist:

›Nemt, frowe, disen kranz:‹
alsô sprach ich zeiner wol getânen maget:
›so zieret ir den tanz,
mit den schœnen bluomen, als irs ûffe traget.
het ich vil edele gesteine,
daz müest ûf iuwer houbet,
obe ir mirs geloubet.
sêt mîne triuwe, daz ichz meine.‹

Si nam daz ich ir bôt,
einem kinde vil gelîch daz êre hât.
ir wangen wurden rôt,
same diu rôse, dâ si bî der liljen stât.
do erschampten sich ir liehten ougen:
dô neic si mir vil schône.
daz wart mir ze lône:
wirt mirs iht mêr, daz, trage ich tougen.

›Ir sît sô wol getân,
daz ich iu mîn schapel gerne geben wil,
so ichz aller beste hân.
wîzer unde rôter bluomen weiz ich vil:
die stênt sô verre in jener heide.
dâ si schône entspringent
und die vogele singent,
dâ suln wir si brechen beide.‹

Mich dûhte daz mir nie
lieber wurde, danne mir ze muote was.
die bluomen vielen ie
von dem boume bî uns nider an daz gras.
seht, dô muost ich von fröiden lachen.
do ich sô wünneclîche
was in troume rîche,
dô taget ez und muos ich wachen.

Mir ist von ir geschehen,
daz ich disen sumer allen meiden muoz
vast under d'ougen sehen:
lîhte wirt mir mîniu: so ist mir sorgen buoz.
waz obe si gêt an disem tanze?
frowe, dur iuwer güete
rucket ûf die hüete.
owê gesæhe ichs under kranze!

Ü: Nehmt, Gräfin, diesen Kranz! so sagte ich zu einem schönen Mädchen. Dann schmückt Ihr diesen Tanz mit den schönen Blumen in Eurem Haar. Hätte ich Gold und Edelgestein, sie müßten auf Euer Haupt! Seht meinen Eid, es ist ganz wahr! –

> Sie nahm, was ich ihr bot, ganz wie ein Mädchen edler Sitte. Sie wurde rot, wie Rose neben Lilie steht. Beschämt schlug sie die Augen nieder, doch dankte sie und neigte ihren Kopf. Das war mein Lohn. Schenkt sie mir mehr, ich will es für mich behalten. –
>
> Ihr seid so schön, daß *ich* Euch meinen Kranz hingeben muß, den schönsten, den ich hab. Ich weiß, wo viele rote Blumen stehn. Sie stehen fern auf jener Heide. Dort, wo sie blühn und wo die Vögel singen, dort wollen wir sie brechen. –
>
> Mir schien, ich war nie seliger als da. Und immer fielen Blüten herab vom Baum zu uns ins Gras. Ja, seht, da mußte ich lachen vor lauter Glück, als ich so wunderbar beschenkt mich fand im Traum. Da kam der Tag und weckte mich. –
>
> Nun hat sie mich dahin gebracht, daß ich in diesem Sommer allen Mädchen fest ins Auge sehen muß. Vielleicht finde ich sie wieder, dann bin ich aller Sorgen frei. Wie, wenn sie hier in diesem Reigentanz darunter wäre? Meine Damen, bitte rückt die Hüte etwas aus der Stirn. Ach, wenn ich sie doch fänge unterm Blumenkranz![111]

In dieser Anordnung wirken die Strophen ganz ›folgerichtig‹.[112] Zunächst bietet der Ritter dem jungen Mädchen, der ›höflich‹ als Dame angeredeten ›maget‹ einen Kranz von Blumen. Als Attribut des Mädchens ist der Kranz Zeichen jungfräulicher Reinheit, und der ihn Schenkende bezeugt der Jungfrau damit seine Achtung. Daß dieses Geschenk eine durchaus übliche Form der Werbung war, finden wir beispielsweise in vielen Gedichten Neidharts belegt. In Str. 2 nimmt die Umworbene das Geschenk an – mit mädchenhafter Schüchternheit (»einem kinde vil gelîch«). Dann antwortet sie in einer ›Frauenstrophe‹ (Str. 3), daß auch sie einen Kranz verschenken möchte (»mîn schapel«) – draußen in der Natur, auf der Heide. Konkrete und übertragene Bedeutung gehen hier ineinander über. Denn dem Mann den Kranz schenken, weist sinnbildlich auf die Liebeshingabe und den Verlust der Jungfräulichkeit, wie das Blumenbrechen sinnbildlich für die Defloration des Mädchens steht. Daß der Symbolgehalt dieser Motive offengelegen haben muß, entnehmen wir späteren Volksliedsammlungen[113] – man denke auch an Goethes »Heideröslein«. Dort, auf der Heide (Str. 4), als sich das höchste Glück erfüllen will, erfolgt der Umschlag – das ganze Erlebnis erweist sich als geträumt: Der Träumende wird von seinem eigenen Lachen geweckt. Als Wachender (Str. 5) sucht der Dichter nun den ganzen Sommer lang nach der Geliebten, die er im Traum gesehen hat. – Dieser inhaltlich widerspruchslose Aufbau des Gedichts entspricht auch der so häufigen formalen Dreigliedrigkeit des mittelalterlichen Liedes: Der Traumanrede des Ritters und der Traumhandlung (1. Stollen) folgt die Traumrede des Mädchens und die Traumhandlung auf der Heide (2. Stollen) und danach die Darstellung der aktuellen Gegenwart des Erwachten (Abgesang). Der Reiz des Gedichts liegt nicht zuletzt darin, daß sich das offene Liebesbekenntnis des Mädchens schließlich als nur geträumt erweist. Auch mit solch einer Pointe läßt sich das in Str. 2 gegebene Versprechen, diskret zu sein, einlösen. Geht man über diese textimmanente Ebene hinaus, könnte man sagen, Walther habe mit diesem Lied den Bruch mit der höfischen Tradition der Minnelyrik riskiert, sich mit der Traumpointe aber gleichsam den Rückzug offengehalten. Ob er daran gedacht hat, bleibe hier dahingestellt. Wichtig ist die Erkenntnis, daß er mit diesem Text eine ganz andere lyrische Tradition als die an den deutschen Höfen etablierte ins Gespräch gebracht hat.

Das offene Liebesbekenntnis der Frau kannte man bis dahin nur aus den Frauenstrophen des frühen donauländischen Minnesangs, aus den Frauenstrophen eines ›Wechsels‹ – aus Strophen jedenfalls, die rein monologischen Charakter hatten. Ein Frauenmonolog ist auch noch Walthers »Under der linden«, in dem – das freilich ist ganz neuartig – das einfache Mädchen vom Glück erfüllter Liebe spricht – aus der Erinnerung allerdings, die, ähnlich dem Traum in »Nemt, frowe, disen kranz«, die sinnliche Realität des Erlebten in die Distanz rückt und dadurch verschleiert und mildert. Daß ein Dichter die Frau dem Mann ihre Liebe offen gestehen ließ, galt offenbar als ungesittet. Insofern ist Walthers Lied von der Traumliebe ›unerhört‹, nicht nur im Sinn von ›noch nicht gehört‹. Dabei greift er, wie Wapnewski gezeigt hat, lediglich auf die – ihm möglicherweise oder sogar wahrscheinlich über die Vagantenlyrik vermittelte – ältere französische ›Pastourelle‹ zurück, mit der sein Text alle Merkmale gemeinsam hat: die Liebesbegegnung von Mann und Frau ungleichen Standes; den begleitenden erotischen Dialog; den Ort (die freie Natur) und die Jahreszeit (Frühling oder Sommer); die Identität von Erzähler und Liebhaber. Und auch das Traummotiv war dieser Gattung nicht unbekannt. – Aber weniger der Rückgriff auf eine an deutschen Höfen als unpassend empfundene Tradition ist bemerkenswert an diesem Lied als vielmehr Walthers Umgang mit ihr. Denn die ›Pastourellen-Liebe‹ wird von ihm gerade in Frage gestellt. Nicht die Verführung einer ländlichen Schönen durch einen nicht viel Federlesens machenden Ritter ist sein Thema, sondern die Aufhebung des Standesunterschieds zwischen Liebenden, die sich frei einander zuwenden. Insofern benutzt Walther diese Gattung, die eigentlich der einseitigen Ausnutzung der ständischen Ordnung Reiz abgewinnt, ganz unkonventionell und überwindet sie von innen her. In Walthers Liedern der ›ebenen‹ Minne – nicht nur in 74,20 – schwingt immer ein Gedanke mit, den Wapnewski als das Ethos dieses Dichters bezeichnet hat: daß echte Liebe ein Mittel zur Durchbrechung gesellschaftlicher Schranken sei. »Wenn Liebe beide Stände verbindet, ist strengste Isolierung zwischen ihnen unsittlich.«[114] So tritt zur poetischen Substanz dieser Texte Walthers auch eine moralische. Ihre Einheit ist das »Signum seiner Bedeutung«.[115]

Ein völlig wankendes Standesgefüge zeigt in seinen Liedern der letzte der hier zu besprechenden Minnelyriker: Neidhart (aus dem Reuental). Mit ihm beginnt die fünfte, die späte Phase des Minnesangs, und obwohl in ihr noch so bedeutende Namen wie Tannhäuser, Ulrich von Lichtenstein, Burkhart von Hohenfels, Gottfried von Neifen, Ulrich von Winterstetten, Steinmar, Johannes Hadloub und – als Nachzügler aus dem 14./15. Jahrhundert – vor allem (der durch Dieter Kühns Biographie[116] so eindrucksvoll herausgestellte) Oswald von Wolkenstein ihren Platz finden, kann Neidhart unter unserer Fragestellung doch die Schlußfigur dieses Kapitels sein.

Seine Biographie liegt fast völlig im dunkeln. Vor 1230 hat er wohl im bayerischen Raum gedichtet, danach – bis ca. 1240 – in Österreich. Zeitweilig hat er im Dienst der Herzöge von Bayern und Österreich gestanden, zeitweilig ist er wohl – wie Walther – als Fahrender herumgezogen. Die Ortsbezeichnung hinter seinem Namen dürfte allegorisch zu verstehen sein, als Kummer- oder Jammertal. Er gilt inzwischen (nicht zuletzt aufgrund der umfassenden Darstellung Dieter Kühns[117]) als originellster aller Minnelyriker, dem freilich schon immer der Ruhm zugesprochen worden ist, mit seinen Persiflagen dem konventionellen Minnesang den eigentlichen Todesstoß versetzt zu haben, wenn auch nach ihm durchaus noch Minnelyrik alten Stils entstanden ist.

Neidhart schrieb entweder Sommer- oder Winterlieder, die sich formal wie inhaltlich deutlich voneinander unterscheiden, ohne daß eine chronologische Ordnung herzustellen wäre – auch wenn es so scheint, daß er in seiner späteren Zeit die Winterlieder bevorzugt hat.

Die Sommerlieder in ihrer einfachen Bauweise (vier- bis sechszeilige Strophen) sind möglicherweise aus volkstümlichen Tanzstrophen hervorgegangen, wie überhaupt der Tanz auch inhaltlich eine große Rolle in ihnen spielt. Stets beginnen sie mit einem in der Minnelyrik durchaus geläufigen Natureingang: mit wenigen Stichworten wird eine Sommerszenerie entworfen, die auf die allenthalben erwachende Lebensfreude verweist. Dann folgt eine mit Dialogen durchsetzte Erzählung über Bauernmädchen, die zum Tanz aufbrechen wollen, sich putzen, sich mit der Mutter, die sie am liebsten zurückhalten will, zanken und die ihre Wünsche, auch ihre erotischen, unbekümmert aussprechen. Aber nicht mit den Bauernlümmeln wollen sie tanzen, sondern mit Herrn Neidhart, dem Ritter, der als unwiderstehlicher Galan in ihren Gedanken und Gesprächen immer anwesend ist, der auf dem Tanzboden, wenn er zudringlich wird, allerdings auch schon einmal von ihnen verhauen wird. – Es ist deutlich, daß Neidhart in satirischer Absicht mit Umkehrungen arbeitet: das Milieu ist nicht die Welt des Hofes, sondern das Dorf; das Bauernmädchen begehrt den Ritter, statt daß dieser die höhergestellte Dame umwirbt; nicht er spricht (sich aus), sondern die Bauernmädchen unterhalten sich über ihn – er ist es, der zum Gegenstand der Betrachtung wird; statt um Verehrung ohne ›Lohn‹ geht es – mindestens in Gedanken – um sexuelle Annäherung; statt einer anonymen ›huote‹ als Kontrollinstanz der Gesellschaft warnt eine keifende Mutter vor Schwangerschaft. Diese ganze verkehrte Welt (›verkehrte Welt‹ jedenfalls für den höfischen Rezipienten, der genau das Umgekehrte zu hören gewohnt war) wird eingekleidet in die Sprache des Minnesangs: die Bauernmädchen zumal erhalten und geben sich gegenseitig die Attribute der Dame: sie sind ›wolgetân‹, ›stolz‹, ›hochgemuot‹, ›minneclîch‹, sprechen von Minnewunden und -pfeilen, von der Beraubung ihrer Sinne usw.,[118] obwohl ihr Stand und ihr begehrliches Verhalten diese Reden als Anmaßung entlarven bzw. Lügen strafen.

Natürlich gingen alle diese komisch wirkenden Kontraste und Umkehrungen zu Lasten der Bauern, der ›dörper‹, die von einem ritterlichen Publikum gehörig verlacht – und das heißt mit Bergson:[119] durch das Verlachen zugleich bestraft werden konnten. Insofern hat man Neidharts Lieder an den Höfen sicherlich sehr genossen, schon um sich von denen abzugrenzen, die einem – dies galt immerhin für einen Teil des Publikums – so fern gar nicht waren. Denn wenn man sich die soziale Schichtung des 13. Jahrhunderts vor Augen führt,[120] so waren Zinsbauern oder gar Herrenbauern den ›armen Rittern‹ ohne Lehen, die gegen Sold Boten-, Herolds- oder Kriegsdienste taten, oder auch den kleinen Ministerialen, die Hof- und Aufsichtsämter bekleideten, ebenfalls als Krieger eingesetzt wurden und nebenher oft auch Ackerbau und Viehzucht betrieben, wirtschaftlich nicht unbedingt unterlegen. Um so mehr mußten all diese Kriegshandwerker und Aufseher sich ständig ihren ›inneren Wert‹ bescheinigen lassen, und die gegen die Dörper gerichteten Satiren Neidharts boten dazu eine neue und außerdem unterhaltsame Möglichkeit. – Allerdings ist schon länger bezweifelt worden,[121] daß Neidhart in den Sommerliedern wirklich nur auf die Bauern und die dörperliche Lebensführung zielte. Die soziale Prätention der Bauernmädchen, denen zum Tanz und als Freier nur der Ritter gut genug erscheint, könnte auch ein weiteres Maskenspiel Neidharts gewesen sein, mit dem er verdeckt auf die moralischen Schwächen sich gegenseitig ›ausstechender‹ Ritter und auf soziale Fehlentwicklungen innerhalb der Hofgesellschaft hinweisen wollte, die er als ein auf die Gunst eben dieser Gesellschaft angewiesener Liedermacher nicht direkt, sondern nur indirekt, verkleidet in der Darstellung des Gegenmilieus, äußern konnte.

Neidharts Winterlieder sind den Sommerliedern insofern verwandt, als auch sie mit einem Natureingang beginnen, mit einer Klage über den Einbruch des Winters, die vor das ganze Lied gleichsam ein negatives Vorzeichen setzt – eine allgemein gehaltene Minneklage mit den konventionellen Redewendungen des Minnesangs schließt sich meist unmittelbar an; und auch die Winterlieder thematisieren den Tanz, allerdings nicht die Vorbereitungen auf ihn, sondern die Vorgänge in der Tanzstube selbst. Und diese Vorgänge werden wesentlich von den rüpelhaften Bauernburschen bestimmt, unter denen Neidhart, der ›Ritter‹, aus dessen Perspektive erzählt wird – es sei denn, es werden Bauernreden, die sich ausdrücklich gegen ihn richten, wie Zitate eingefügt –, den Part des Gedemütigten erhält – von Lied zu Lied in immer neuen Varianten. Obwohl der Ritter mitten unter den Bauern sich bewegt, ist er doch durch Sprache und Benehmen kontrastreich von ihnen geschieden. Neidharts Ritter (Neidhart als Ritter) versucht seine Exklusivität durch die preziöse Art seines Redens zur Schau zu stellen (Neidhart als Dichter benutzt für die Winterlieder den stolligen Bau der Kanzone, die klassische Form des höfischen Minnesangs); auch seine Zurückhaltung ist ganz ritterlich, – nicht mehr freilich seine Reaktion, sobald es ihm an die Ehre geht: Wenn die Bauern handgreiflich werden, wehrt er sich nicht, sondern droht nur verbal nachträglich im Lied. Eines der bekanntesten Winterlieder (in einer Übertragung Dieter Kühns[122] zitiert) lautet:

Ü: Ach, du liebe Sommerszeit,
ach, ihr Blumen, auch der Klee,

ach, so mancher Spaß, der uns nun fehlen wird:
was den Frohsinn uns verdirbt,
das sind Reif und kalter Schnee –
sieht wahrhaftig anders aus als Rosenrot!
Wenig gleicht sich auch
mein und Amelungens Leid.
Wenn mir etwas schiefgeht, freut er sich, mit Amelreich.
Nur auf meinen Nachteil sind die beiden aus,
er und Eberolf, ein ungestümer Wüterich.

Eberolf und Amelung,
Amelreich und Udelhart
haben einen Bund geschlossen, gegen mich.
Aufgeblasen sprangen sie
mehrfach in die Luft,
als sie prahlten, was sie mir mal antun würden.
Heimlich und ganz offen
haben sies auch ausgeführt!
Wünsche denen, daß es ihnen immer dreckig geht.
Einer unter diesen vieren hat mir derart zugesetzt,
wie das nie so schlimm durch Euch geschah, Herr Engelmar!

Wenn ich wüßte, wem ich bloß
all mein Unglück klagen soll,
das ich durch sie leiden muß, lange schon erlitten habe.
Was sie mir in meinem Alter
angetan an Biestereien,
zählt fast nichts vor dem, was mir der eine jetzt getan!
Ach, nun muß ich wohl
meine Schande eingestehn:
meiner Augenweide griff er an die Musch.
Blöder Hund! Selbst Kaiser Friedrich wäre das zuviel!
Die Unverschämtheit finden edle Frauen niemals schön!

»Herr Neidhart, regt Euch nicht so auf,
es ist doch alles gut gegangen ...
Seine Hand berührte nur die Musch von außen.
Eure Schande wäre unerträglich,
hätt ers richtig angestellt:
mit dem Finger reingeschnellt, wo die Lust beginnt.
Euer großes Leid
legen wir nur günstig aus:
Euer Schaden, Eure Schmach, sie wären allzu groß,
wäre es gelaufen, wie der Wilde sich das dachte.
Ja, war höchste Zeit, daß sie ihm die Faust gezeigt!«

Jei, was war der unverschämt,
daß er sich erdreistete,
dieser Schönen an den kleinen Spalt zu greifen.
Der sich diesen Spaß erlaubte,

er darf nicht mehr lange leben,
deshalb: einen Strick um seinen Hals!
Solchem Spaß hab ich noch nie
derart ungern zugesehen:
warf die Kleider dieser Schönen auf ein Häufchen,
konnte auf sein rüdes Schäkern nicht verzichten.
Nie zuvor geschah mir an der Liebsten solches Leid!

Früher schon erlebten Frauen
(nur durch Zwang und nie aus Neigung!)
was der Lieben, Schönen da durch ihn geschah.
Hätte sie jedoch den Griff gesehen,
(und sie war ja nie sehr schwach!)
hätte er das büßen müssen – wie sie später sagte.
Schneller als ein Bolzenschuß
wär ihm Lust zu Leid geworden.
Immer stärker schwoll dem Bauernkerl der Kamm,
dennoch kam er bei der Edlen nicht ans Ziel.
Diesen Vorfall kläre zwischen uns Herr Knüppelholz.

Hier muß die Schöne gar zur Selbsthilfe greifen, was sie allerdings nur aus halber Überzeugung tut – sie zeigt die Faust lediglich; ihr Gebrauch steht im Irrealis. Ihr sie bewundernder Ritter sieht ihrer Erniedrigung hilflos zu, statt sie in Schutz zu nehmen, läßt sich von der Rede eines Dritten beschwichtigen und droht, wie alle Feiglinge, mit Vergeltung in der Zukunft. Aber nicht nur, daß er nicht eingreift, sondern daß er sich überhaupt unter das Bauernvolk mischt, wo ›handgreifliche‹ Erotik die aller Triebhaftigkeit entkleidete Anbetung der Dame ersetzt, zeigt im wahrsten Sinne des Wortes seinen ›Niedergang‹. So ist das ganze Lied eine bittere Verhöhnung des ritterlichen Standes, nicht etwa nur der dörperlichen Bauern. Daß es das ritterliche Publikum offenbar dennoch genoß (wie die anderen erotischen Lieder Neidharts sicherlich auch), lag an dem alle Selbstbetroffenheit überdeckenden Reiz, der von der im höfischen Umkreis eigentlich verpönten sexuellen Offenheit ausging. Wer Freuds Gedanken über die Entstehung der Zote aus der Verweigerungshaltung der Frau in Anwesenheit Dritter (im Wirtshaus) kennt,[123] kann unschwer Parallelen ziehen. In der ritterlichen Männergesellschaft (zwar nicht des Wirtshauses, aber vielleicht des Hof- und Burggelages) dürfte ein derartiges Lied Neidharts (in einer Umgebung, die formell die höfische Sitte der Distanzierung der Geschlechter aufrechterhielt) wie eine Zote rezipiert worden sein und deren Ersatzfunktion erfüllt haben.

Dies zeigt zugleich, wie weit man in dieser Gesellschaft innerlich vom Ideal höfischer Minne bereits entfernt war. Der Wiener Hof Herzog Friedrichs II. (des Streitbaren) war nicht mehr der Wiener Hof Herzog Leopolds V. und seines Sohnes, an dem Reinmar gesungen hatte und dann auch Walther. Friedrich der Streitbare war ein Herrschertyp, der seine Interessen auf ständigen Kriegszügen mit Gewalt durchsetzte, sich um die Legitimation seines Handelns wenig scherte und auch auf den höfischen Kulturanspruch offenbar nicht viel Wert legte.[124] Insofern büßte an seinem Hof auch der Minnesang seine kultivierende Funktion ein. Der ständige Bedarf an Kriegern förderte zudem die Durchlässigkeit der Standesgrenzen. Neidhart, der Ritter, inmitten von ›Bauernburschen‹ – gerade auch die Winterlieder, nicht nur die Sommerlieder, lassen sich als Anspielung auf die gesellschaftlich dissonanten Zustände am Hof lesen. Will man sie als derartige Anspielung verstehen, muß man zugleich sehen, daß Neidhart einseitige Schuldzuweisungen vermeidet: So wie das Benehmen der Dörper dem höfischen Regelkanon nicht entspricht, auch wenn sie, etwa wenn sie wie die Stutzer eitel geschmückt daherkommen, die Oberfläche des Höfischen imitieren, so hat auch der Ritter seinen ihn adelnden Ehrbegriff längst verloren. Ob mit den Dörpern zugleich auch die emporkommenden Bürger als eine neue, den Adel bedrohende Macht gemeint waren,[125] bleibe dahingestellt. Wichtig ist allein, daß Neidhart die Auflösung der gefügten Ordnung und den Verlust des ritterlichen Ethos ins Bild setzte und damit weit ins späte Mittelalter vorauswies.

Wenn sein Name wie kaum ein anderer Dichtername über Jahrhunderte hinweg bekannt geblieben ist, so lag dies allerdings in erster Linie daran, daß man ihn einseitig als Verfasser erotischer Lieder (in diesem Sinne seine Erwähnung in Heinrich von Freibergs *Tristan*) und als Bauernfeind (so in Wolframs *Willehalm,* in Wernher des Gartenaeres *Meier Helmbrecht* und vor allem in Heinrich Wittenweilers *Ring*) festlegte, was offenbar verbreiteten Bedürfnissen entsprach. – Im 14. Jahrhundert war er bereits selbst zur Schwankfigur geworden, die als Neidhart oder Neidhart Fuchs (seitdem ein am Wiener Hofe Ottos des Fröhlichen singender Otto Fuchs wegen seiner gegen die Bauern gerichteten Attakken den Beinamen Neidhart erhalten hatte) Streiche gegen Bauern verübt oder selbst von ihnen hereingelegt wird (vgl. den bis ins 18. Jahrhundert immer wieder literarisch verarbeiteten *Veilchenschwank*). Neidhart als Dichter, als Figur der eigenen Lieder, als zitierte Figur, als Künstlername anderer Autoren (›Nythart singer‹ wurde schließlich die Bezeichnung für Sänger, die Lieder im Stile Neidharts sangen) und als Schwankfigur bilden jahrhundertelang ein Konglomerat, das von der Vorstellung der Bauernfeindschaft zusammengehalten wird. Neidharts bittere Kritik am eigenen Stand und am Verfall des ritterlichen Ehrbegriffs wurden in dem Maße vergessen, in dem das Rittertum sich selbst überlebte und die Interessen des Bürgertums sich in den Vordergrund schoben.

So durchläuft der Minnesang in Deutschland eine ähnliche Entwicklung wie der Artusroman. Nach der Übernahme eines literarischen Musters aus Frankreich, die aufgrund ähnlicher, nur zeitlich verschobener gesellschaftlicher Voraussetzungen ganz natürlich erscheint, und dem teilweise höchst originellen Umgang mit ihm kommt es auch im Minnesang nach Überhöhungen des Ideals ritterlich-höfischer Liebe (vgl. die Lieder Reinmars und Morungens) zu dessen Relativierung: sei es, daß der Preis, um den es erkauft ist, der Preis der gesellschaftlichen Isolation und der damit verbundenen Sterilität, als unerträglich empfunden wird (wie von Walther), sei es, daß es aufgrund der (zunächst noch regional begründeten) gesellschaftlichen und politischen Realitäten endgültig als nicht einlösbar angesehen wird (wie von Neidhart).

Als gesellschaftliche Macht ist das höfische Rittertum in den Jahrhunderten des späten Mittelalters allmählich untergegangen. Dies hing mit der weiteren Entwicklung des Territorialstaates (zum steuereintreibenden Verwaltungsstaat) und der damit verbundenen politischen und wirtschaftlichen Machtposition der Fürsten zusammen, die es erlaubte, besoldete Kriegsknechte anzuwerben (sie könnten bei Neidhart schon gemeint gewesen sein), und zwar nur für die Zeit, in der man sie benötigte; sie ließen den mit Grundbesitz auf Dauer belehnten Ritter entbehrlich werden und ihn sein Monopol als Krieger verlieren. Schließlich haben neue Kampftechniken und die Entwicklung der Feuerwaffen, die das ritterliche Panzerkleid ebenso zerstören konnten wie ganze Burgen, ein übriges zu seiner Erledigung beigetragen.

Dennoch ist das Prinzip der Ritterlichkeit, das sich an den Höfen des hohen Mittelalters entwickelt hatte, ein erinnerbares Ideal geblieben, das im Lauf der Geschichte in neuen sozialen Zusammenhängen auch immer wieder wirksam geworden ist. Dieses Prinzip, um dies noch einmal zu vergegenwärtigen, ist letztlich aus einer paradoxen Situation hervorgegangen. Einerseits wurden die Ritter an den Höfen durch ausgiebige Übungen zur Kampfbereitschaft erzogen, andererseits standen sie unter dem christlichen Gebot des Gewaltverzichts. Aufheben ließ sich dieser Widerspruch nur in der Definition des ›christlichen Ritters‹, dem der Einsatz der Waffengewalt nach der Lehre Augustins vom ›gerechten Krieg‹ (vgl. dazu Kap. II, S. 159f.) nur in Notwehr und zum Schutz der Schwachen und um des Erhalts des Friedens willen erlaubt war und der zugleich verpflichtet war, dem Angreifer gegenüber Großmut zu üben, sich nicht an ihm zu rächen, sondern ihn zur Einhaltung von Recht und Frieden zu bewegen. Daß diese schon damals unter Christen allgemein akzeptierten Gedanken von der Kirche selbst oft genug, z. B. in den Kreuzzügen (vgl. Kap. II, S. 156f.), aus machtpolitischen Interessen verraten worden sind, spricht nicht gegen Augustins Lehre und hat deren Einfluß nie ganz unterminieren können. Ritterehre besaß im Bewußtsein des hohen Mittelalters derjenige, der seine Kampftüchtigkeit im Sinne Augustins für die gerechte Sache einsetzte und dem Gegner Achtung erwies. Das die Selbstbeherrschung jedes einzelnen erfordernde soziale Zusammenleben in den neuen Macht- und Verwaltungszentren der Höfe konnte durch das Ethos Augustins, dessen Verwirklichung die gleiche selbstbeherrschte Kontrolle der Affekte erforderte, überhöht werden. Soziale Notwendigkeit und christliche Wertvorstellung gingen ineinander auf.

Da nach Wertvorstellungen und moralischen Setzungen jedoch nur gelebt werden kann, wenn ihr Sinn verstanden und akzeptiert wird, lag der öffentliche Diskurs über den Ehrbegriff des Ritters sowohl im Interesse der Fürsten als auch in dem des Klerus, und dieser Diskurs fand nicht zuletzt im Zusammenhang mit der Produktion und Rezeption von Literatur statt. Der sich im Kampf für den bedrängten Nächsten diszipliniert und großmütig einsetzende ideale Ritter (des Artusromans), der seine Demutshaltung überdies im Minnedienst und im Schönheitspreis der Dame übt wie im Minnesang (und seinen Schönheitssinn zugleich in der ästhetischen Betrachtung des Kunstwerks), wurde zum Leitbild einer materiell wie ideell begründeten Verhaltensnorm, die – dies wurde für ihr Weiterwirken entscheidend – nicht nur Theorie blieb, sondern – wenigstens partiell – auch konkret gelebt wurde und nachgeahmt werden konnte.

Nachgewirkt haben die ritterlich-höfischen Verhaltensnormen sowohl in den persönlichen als auch in den öffentlichen Bereichen des Lebens. Flitner[126] hat herausgestellt, daß sie bis ins 20. Jahrhundert hinein ein Orientierungsmaßstab für die private Lebensführung der europäischen Oberschicht geblieben sind, aber auch das Bürgertum beeinflußt haben. In der Tat werden Begriffe wie Gentleman, gentilhuomo, cortegiano, Kavalier in unserem Sprachgebrauch weniger zur Bezeichnung eines gesellschaftlichen Standes verwendet, obwohl er wohl doch konnotiert wird, als vielmehr in der Absicht, auf besondere, ›vorbildliche‹ Qualitäten des Benehmens hinzuweisen. Was alles mit ›Ritterlichkeit‹ heute noch gemeint ist, mag jeder selbst erwägen, jedenfalls aber reicht die Spannweite der Bedeutungen vom mutigen Einsatz für andere bis hin zum Taktgefühl. – Freilich hat es ebenso immer auch Abgleitungen der ritterlichen Lebensführung gegeben, die übrigens dann besonders zutage traten, wenn deren Normen stolz als Ausweis des adligen Standes vorgezeigt wurden. Ein Begriff wie ›Kavalierswesen‹ etwa umreißt z. B. die Unsitte, Auseinandersetzungen eilig als Ehrenhändel zu deklarieren und diese im Duell mit der Waffe auszutragen, auch noch im 19. Jahrhundert, als es in den demokratischen Staaten eine durch Gesetz und Gerichte garantierte Rechtssicherheit gab. Und auch der Korpsgeist, wo immer er lebt, ist ein Teil dieses eingegrenzten, standesbezogenen Verständnisses höfischer Verhaltensnormen, die – im ideellen Sinn – doch längst auf Allgemeingültigkeit zielen. Ein Beispiel für diese Tendenz zur Allgemeingültigkeit einer aus dem Rittertum hergeleiteten Norm ist die Fairneß, die heute in allen gesellschaftlichen Gruppen wenigstens verbal als vorbildliche Verhaltensweise bejaht wird (nicht zuletzt unter dem Einfluß des Sports, der mit dem Turnierwesen viel gemeinsam hat).

Öffentlich haben ritterlich-höfische Verhaltensnormen sowohl im militärischen als auch im politischen Bereich weitergewirkt. Die Offizierskorps der stehenden Heere und der Volksheere der Neuzeit rekrutierten sich lange ausschließlich aus dem Adel, der seine Geltung in ihnen jedenfalls bis zum 1. Weltkrieg behielt und sich an althergebrachten ritterlichen Idealen orientierte, auch wenn er deren christliche Komponenten möglicherweise gar nicht mehr richtig verstand. Sie waren in dem Maße verblaßt, in dem sich der ritterliche Zweikampf zum Kampf vieler gegen viele verwandelt hatte und das Offizierskorps sich auf organisatorische Aufgaben zur Dirigierung der Massen konzentrieren mußte, was freilich immer zugleich auch bedeutete, Plünderungen, Vergewaltigungen, Greueltaten aus Mordlust in den eigenen Reihen möglichst zu verhindern. Der Frage, inwieweit es von den Offizierskorps als Aufgabe empfunden worden ist, eigene Verhaltensnormen bewußt an die Soldaten zu vermitteln und inwieweit die historischen Umstände dies jeweils erlaubten, ist hier nicht nachzugehen. In den Kollektivkämpfen und Materialschlachten der Weltkriege dieses Jahrhunderts hat sich das Ethos der Ritterlichkeit in sein Gegenteil verkehrt und sich im Militär letztlich nur noch individuell im Gewissenskonflikt einzelner – etwa im Widerstand gegen Hitler – verwirklicht. Auch das Plädoyer für reine Verteidigungsstrategien innerhalb der Militärbündnisse der

Nachkriegszeit und der Protest gegen atomare Rüstung war und ist unter Offizieren gegenwärtig eher eine Initiative einzelner, als daß ein ganzer Stand sich der christlichen Wurzeln seines Ethos erinnerte.

IV. KAPITEL: LEBENSFORMEN DES BÜRGERS UND DIE STÄDTISCHE LITERATUR IM SPÄTEN MITTELALTER

Die Stadt im hohen und späten Mittelalter

Am Ende des Mittelalters gab es in Deutschland ungefähr 3000 Städte, d. h. befestigte Siedlungen (in dieser Bedeutung ist das mhd. Wort ›stat‹ stets gebraucht worden),[1] in denen insgesamt etwa anderthalb Millionen Menschen lebten. Von diesen Städten lassen sich nur etwa fünfzehn als Großstadt bezeichnen. Sie hatten mehr als 10 000 Einwohner (Köln war mit rund 50 000 Einwohnern am größten, es folgten Nürnberg, Augsburg, Basel, Wien), während die ebenfalls nur etwa fünfzehn Mittelstädte 2000 bis 10 000 Einwohner zählten. Daneben existierten ungefähr einhundertfünfzig Kleinstädte mit 1000 bis 2000 Einwohnern. Die restlichen 2800 Städte waren Siedlungen, in denen zwischen 100 und 1000 Menschen zusammenlebten. Handel, Handwerk und Landwirtschaft wirkten in fast allen Städten nebeneinander; nur aus den eigentlichen Großstädten war die Landwirtschaft ganz verdrängt.

So unterschiedlich die deutschen Städte ihrer Größe und Bevölkerungsdichte nach waren, so unterschiedlich waren auch ihr Alter und die Bedingungen ihrer Gründung. Der mittelmeerische Raum des Altertums war einst mit Städten übersät: Ihre Zahl ging während der Völkerwanderungszeit jedoch rapide zurück. In Gallien, am Rhein und an der Donau blieben relativ wenige dieser ›civitates‹ übrig, die als Bischofssitze und Verwaltungszentren fungierten und wirtschaftlich völlig vom Umland abhängig waren. Die Welt nördlich des Limes war in germanischer Zeit städtelos. Erst seit das Frankenreich große Räume organisierte, erholten sich nicht nur viele der alten Städte der Romania, sondern es wurden an befestigten und geographisch günstigen Plätzen entlang der Handelswege nun auch im Norden und in der Mitte Europas Städte neu gegründet. Der Anlaß dafür war zunächst überwiegend das Schutzbedürfnis der Kaufleute, die sich vor Plünderungen sichern wollten und auch für den Winter feste Wohnorte suchten. Südlich und westlich des Limes wurden die Kaufmannssiedlungen in die mauerberingten alten Bischofsstädte oder in die zum Teil aus Römerkastellen hervorgegangenen befestigten Plätze integriert; war der Raum durch neu Hinzugekommene, zum Beispiel auch durch die von den Kaufleuten benötigten Handwerker, zu eng geworden, erweiterte man den alten Siedlungskern und errichtete eine befestigte Außenstadt (Vorstadt, Neustadt). Nördlich des Limes boten die durch Erdwall oder Graben, Palisadenverhau oder Mauer befestigten, oft auf Anhöhen gelegenen oder von Wasser umgebenen Herrensitze, die ›burga‹, Schutz. An diese ›burga‹, die während der Normanneneinfälle vom Adel zum Teil als Wehranlagen und als Fluchtburgen für seine bäuerlichen Hintersassen errichtet worden waren, lehnten sich im Laufe der Zeit häufig Kirche und Kloster, Wirtschafts- und Wohngebäude an. Siedelten hier auch Kaufleute (und Handwerker), umgaben sie sich, indem sie sich an die schon befestigten Anlagen anschlossen, zu ihrer Sicherheit mit eigener Mauer oder Palisadenzaun, so daß ihr Siedlungsplatz selber zum ›burgum‹ wurde.[2] Das Wort Bürger leitet sich von dieser Bezeichnung her. In jedem Fall handelt es sich bei der Entstehung der mittelalterlichen Stadt (unter dem Siedlungsaspekt) um ein Zusammenwirken von befestigter Anlage und Handelsplatz, um einen topographischen Dualismus, der noch heute in den Grundrissen unserer Städte erkennbar ist.[3] Auch bei den späteren Neugründungen von Städten, die im 14. und 15. Jahrhundert im Zuge der Territorialpolitik, insbesondere im mitteldeutschen Raum und im Osten, vorgenommen wurden, bleibt der Gesichtspunkt der Sicherung stets von Bedeutung.

Zum Siedlungsakt tritt in der mittelalterlichen Stadtgeschichte stets ein Rechtsakt. All die Städte, die sich durch Siedlungen in oder an den alten Mutterstädten (›civitates‹) oder durch die Anlehnung an Herrensitze oder ›burga‹ bildeten, hatten einen Stadtherrn, den Grundherrn (Bischof, König, Landesherrn), der die Stadt ›gründete‹, die ›gewordene‹ Stadt also gleichsam in eine ›gegründete‹ überführte (im Osten werden im späten Mittelalter Städte auch ohne vorangehenden Siedlungsakt gegründet), ihr ein Stadtrecht gab und zunächst selber die öffentliche Gerichtsbarkeit und die wichtigsten Regalien (Münze, Zoll, Befestigungshoheit) besaß,[4] die er häufig durch einen adligen Vogt und durch Ministeriale verwalten ließ. Zumal in den süddeutschen Städten war die älteste Oberschicht daher zunächst ein Verwaltungs- und Dienstmannen-Patriziat, das sich an lukrativen Ämtern bereicherte. Allmählich, regional unterschiedlich schnell, wurde dieses ältere Patriziat von der erstarkten Kaufmannschaft verdrängt. Die Ursache für den Machtzuwachs der Kaufleute war meist das Ergebnis eines Schwurverbands oder einer Eidgenossenschaft, einer ›coniuratio‹ zwischen ihnen und den Handwerkern (und teilweise auch den alten ›cives‹ der Kernstädte), einer Gemeinschaft also, deren Band nicht der gemeinsame Beruf war (wie bei der Kaufmannsgilde oder der Handwerkerzunft), sondern der gemeinsame Wohnort. In der ›coniuratio‹, aus der sich später die Stadtversammlung entwickelte, rissen die besonders reichen Einwohner, also die Kaufleute, die politische Führung an sich: Es bildete sich ein neues Geld- und Handelspatriziat heraus, welches das alte Dienstmannenpatriziat verdrängte, in politische Konkurrenz zum Stadtherrn trat und eine städtische Selbstverwaltung und Gerichtsbarkeit ausbaute. Dies gelang in den dem König direkt unterstehenden Reichsstädten besser als in Residenz- oder Bischofsstädten, in denen dem Stadtherrn das Regiment erst in oft jahrzehntelangen Auseinandersetzungen abgetrotzt wurde. Fast überall aber war dieser Vorgang am Ende des 13. Jahrhunderts abgeschlossen. Der Zusammenschluß der Städte zu Städtebünden wie der Hanse oder dem Rheinischen Städtebund führte nicht nur zu wirtschaftlicher Prosperität, sondern sicherte in Wechselwirkung mit ihr auch die Machtposition des neuen Patriziats gegenüber den Grundherren.

Zu den Voraussetzungen für die Entfaltung der mittelalterlichen Stadt gehörte neben dem jeweiligen Siedlungsakt der Kaufleute und Handwerker und dem Rechtsakt der Stadtgründung noch ein Vorgang, der von den Historikern als ›Sozialakt‹ bezeichnet wird.[5] Er begann damit, daß der Stadtbewohner vom Stadtherrn das Recht erhielt, sich gegen einen Jahreszins (und unter der Bedingung, daß er sich einem Kirchenheiligen unterstellte) vom ›opus servile‹, d. h. von unbegrenzter Leistung für die Leibherren, freizukaufen. Dadurch gewann er zwar Freiheit für seine Arbeitskraft und seinen Arbeitsertrag, wurde aber als Person noch nicht frei – er war frei und unfrei zugleich. Erst seit dem 12. Jahrhundert gewannen die Stadtbewohner weitere, zu persönlicher Freiheit führende Privilegien unter der Voraussetzung, daß sie eine bestimmte Zeit (mindestens ein Jahr) unbescholten in der Stadt seßhaft waren. (›Stadtluft macht frei nach Jahr und Tag‹, hieß es entsprechend in den Rechtstexten der Gründungsstädte). Diese Freiheit wurde weniger erstritten als gewährt, wenn auch nicht zu übersehen ist, daß sie häufig auf Druck der

›coniuratio‹ zustande kam. Dies war kein einheitlich verlaufender Prozeß; im allgemeinen aber war der Stadtherr an der wirtschaftlichen Initiative der Stadtbewohner interessiert und förderte sie.

So entwickelte sich in der Stadt der für das Mittelalter neue Sozialstatus des freien Bürgers, ein Status zwischen feudalem Adel und der großen Masse der leibeigenen Bauern. Der Angehörige dieses neuen Standes, der Bürger (mhd. ›burgare‹; lat. ›burgensis‹) in der – u. a. auch als ›burgus‹ oder ›burgum‹ bezeichneten – befestigten gewerblichen Niederlassung, war nicht, dies ist immer wieder betont worden, der ›homo politicus‹ der griechischen ›polis‹ oder der römischen ›res publica‹, sondern der wirtschaftlich denkende und handelnde Kaufmann und Gewerbetreibende, der, wie auszuführen sein wird, ein Ethos entwickelte, das an Arbeit, Leistung und Gewinn orientiert war. Dennoch hat dieser neue Stand natürlich politisch gewirkt, nicht zuletzt deshalb, weil er die Lebensformen der alten feudalen Gesellschaft allmählich sprengte, ohne daß der Feudalismus deswegen schon beseitigt worden wäre.

Der aus der ›coniuratio‹, dem Schwurverband bzw. der Eidgenossenschaft, hervorgehende Rechtsstand des Bürgers entwickelte je nach dem Grad seiner Unabhängigkeit vom Stadtherrn Institutionen, die insgesamt auf einen immer weiteren Ausbau bürgerlicher Freiheiten zielten.[6] An vorderster Stelle stand die Einrichtung von Stadtgerichten. Da die Stadtgemeinden sich als Friedensverbände verstanden, wurden Friedensbrecher hart bestraft. In eigene Verwaltung wurde nach Möglichkeit auch das Wehrwesen übernommen. Aus der Umlage der Kosten für den Mauerbau entstand die städtische Steuer. Auch die Marktaufsicht brachten die meisten Gemeinden in ihre eigenen Hände. So besaßen die größeren Städte im 13. und 14. Jahrhundert schließlich den Status der ›juristischen Person‹, d. h., sie waren »im Besitz der vollen Rechts- und Handlungsfähigkeit«.[7] Rechtsträger war die Stadtgemeinde, die Verträge schließen und Bündnisse eingehen konnte. Symbole der mit freiem Recht ausgestatteten Städte wurden das Rathaus und die Stadtglocke sowie das Stadtsiegel zur Beglaubigung der städtischen Urkunden.

Der Charakter der Stadt als Friedensverband darf nicht darüber hinwegtäuschen, daß es innerhalb der Städte im späten Mittelalter zu schweren, zum Teil gewalttätig ausgetragenen Konflikten um die innerstädtische Machtverteilung kam. Gegenüber dem Patriziat der Kaufleute machten die Zünfte der Handwerker ihren Anspruch auf Gleichberechtigung geltend und verlangten in den meisten Fällen die Hälfte der Ratsstellen im Stadtrat, dem

Exekutivorgan der Stadtgemeinde, kämpften zum Teil aber auch um die volle Zunftherrschaft.

Die neuere historische Forschung[8] unterscheidet innerhalb der städtischen Gesellschaft des Spätmittelalters relativ übereinstimmend drei soziale Schichten oder Gruppen, die in sich jeweils durchaus differenziert sind: das Patriziat (Meliorat) bzw. die Oberschicht der Grundeigentümer, der Ministerialien, vor allem der reichen Kaufleute, aber auch einzelner reicher, ihre Erzeugnisse selbst verkaufender Handwerker; die breite Mittelschicht der Handwerker und zumeist auch der ›akademischen‹ Berufe, deren Nähe zum Handwerklichen ausgeprägter war als heute – man denke an den Schul-›meister‹, den Schreiber, den Arzt oder ›phisicus‹ (der z. B. der Zunft der Fleischer zugeordnet wurde);[9] die Unterschicht der Besitzlosen, die aus Zugezogenen, aus Dienstleuten, Gesellen, Tagelöhnern bestand. Zur Unterschicht werden häufig auch die Geistlichen gezählt, die nicht in die bürgerliche Gemeinde aufgenommen wurden, und die Juden, die zum Teil über einen Sonderstatus, zum Teil auch über Besitz verfügten, aber nicht die vollen politischen Rechte des Bürgers erlangten. Man wird – schon aus heuristischen Gründen – an diesem Dreischichtenmodell festhalten können, auch wenn nicht immer deutlich ist, welcher Schicht einzelne Berufe, wie etwa der des Juristen, zuzuordnen sind. Der soziale Rang des einzelnen Bürgers ist schließlich im wesentlichen von seinen Besitzverhältnissen abhängig gewesen, und es ist gerade kennzeichnend für die mittelalterliche Stadt, daß die Grenzen zwischen den sozialen Schichten und Gruppen fluktuierten. Wer seine wirtschaftlichen Verhältnisse verbessern konnte, stieg auch auf der Skala des sozialen Ansehens und des politischen Einflusses nach oben – immerhin waren die berühmten Fugger in Augsburg ehemals Weber; dennoch blieb es schwer, in das Patriziat aufgenommen zu werden. Zwar wurde durch den Beginn einer sozialen Mobilität der mittelalterliche ›ordo‹-Gedanke, der allen Menschen (wie das Schachspiel – dies war der in der Literatur häufig zu findende bildliche Vergleich) ihren vorgezeichneten, festen Platz in der gesellschaftlichen Ordnung und bestimmte Verhaltensregeln zuwies, in der Stadt einerseits unterlaufen; doch sind – hierin liegt eine bemerkenswerte Widersprüchlichkeit – im Mittelalter kaum jemals so starre Reglementierungen entwickelt worden wie in der städtischen Wirklichkeit, vornehmlich in den Zünften. Gerade weil in der Stadt so viele unterschiedliche Gesellschaftsgruppen wie in einem Schmelztiegel zusammenlebten, haben sich vermutlich auch Abgrenzungsbedürfnisse in besonderem Maße verstärkt, zumal gerade durch Gruppenbildungen auch wirtschaftliche Vorteile erzielt und politische Privilegien erobert werden konnten. Daß sich im Laufe der Jahrhunderte dennoch allmählich so etwas wie ein bürgerliches Selbstbewußtsein, eine bürgerliche Identität herausbilden konnte, hat seine wichtigste Ursache in dem alle Gegensätze übergreifenden Versuch, sich in den vom Adel beherrschten Territorialstaaten als eigenständige politische Kraft durchzusetzen.

Auch die Literatur war an diesem langsam und widersprüchlich verlaufenden Prozeß der Identitätsfindung des Bürgers beteiligt. Daß sich gerade in der Stadt ein intensives literarisches Leben entfalten konnte, liegt zunächst schon darin begründet, daß die Schriftlichkeit in ihr eine so große Rolle spielte. Es ist wiederholt darauf hingewiesen worden, in welchem Maß das komplexe Sozialgebilde der Stadt schriftliche Äußerungen erforderlich machte. Sie betrafen sowohl die Gestaltung der inneren Verhältnisse der Stadt als auch die Regelung ihrer nach außen gerichteten Beziehungen und nicht zuletzt auch – dem entstehenden Selbstbewußtsein der Stadtbürger entsprechend – die Stadtgeschichte. Zu den Aufzeichnungen, die sich auf das Leben innerhalb der Stadt bezogen, gehörten u. a. Protokolle und Erlasse der städtischen Behörden; Geschäftsverträge, Schuldscheine, Güterverzeichnisse der Kaufleute; Ordnungen und Statuten, denen sich die Angehörigen einzelner Gruppen, etwa die Handwerker, unterwarfen; selbst Hochzeitsordnungen sind bekannt, die den Ablauf und den Aufwand der Festlichkeiten regelten. Offenbar wurde durch das Zusammenleben so vieler Menschen mit unterschiedlichen Sozialisationserfahrungen auf so engem, ummauertem Raum die ›Vor-Schrift‹[10] geradezu provoziert. Entsprechend wuchs auch die Rechtsliteratur an. Nicht nur entstanden im 13. Jahrhundert schriftliche Fassungen der verschiedenen Stadtrechte (die sich den ersten großen Kodifikationen des Landrechts wie Eike von Repkows *Sachsenspiegel* (1220–1235) oder dem *Deutschenspiegel* (um 1275) oder dem später so genannten *Schwabenspiegel* (um 1275) zur Seite stellten) – auch Schöffensprüche, die als Maßgabe für ähnlich gelagerte Fälle genutzt werden konnten, wurden aufgeschrieben und gesammelt. Dabei löste, wie überhaupt im Kanzlei- und Geschäftsverkehr, die deutsche Sprache zunehmend die lateinische ab, nicht zuletzt deswegen, weil die selbstbewußten städtischen Bürger, die das Latein nur zum geringsten Teil beherrschten, nicht länger auf lateinkundige Helfer angewiesen sein und selbst kontrollieren wollten, was sie unterschrieben.[11] Zu den das öffentliche Leben innerhalb der Stadt regelnden Rechts-

und Polizeiordnungen, Erlassen, Statuten usw. kamen nicht nur die Verträge, die insbesondere Kaufleute mit Geschäftspartnern von außen schlossen, sondern auch die Aufzeichnungen der vom Rat beschlossenen Markt- und Zollrechte, die der Handelspolitik der Stadt und der wirtschaftlichen Unabhängigkeit ihres Gebiets dienen sollten. Um all den Schriftverkehr bewältigen zu können, den der Rat der Stadt und ihr Bürgermeister nach innen und außen und die Bürger in Rechtsgeschäften untereinander pflegten, wurden rechtskundige Stadtschreiber eingestellt, die verpflichtet waren, ihr Amt überparteilich und verschwiegen zu führen, allein zum Wohle der Stadt. Ein Stadtschreiber (›notarius‹; ›secretarius‹; ›syndicus‹) verwaltete das Stadtbuch, das die amtlichen Urkunden der Stadt enthielt, stellte Urkunden aus, führte das Protokoll des Rats und veröffentlichte dessen Beschlüsse, vertrat die Stadt auswärts, z. B. vor Gericht, arrangierte Empfänge und vieles andere mehr.[12] Als Verwalter des städtischen Archivs besaß er zugleich die besten Voraussetzungen, auch die Geschichtsschreibung der Stadt zu übernehmen. Seit der 2. Hälfte des 13. Jahrhunderts entstanden Stadtchroniken. Sie ergänzten die Weltchroniken (vgl. Kap. II, S. 150ff.), die das historische Geschehen in den göttlichen Heilsplan einordneten, und die Landeschroniken, die im Zuge der Ausbildung landesfürstlicher Territorien meist dynastische Herrschaft historisch legitimieren sollten. Die städtischen Chroniken dagegen waren weniger universal orientiert und registrierten vor allem die bedeutsamen lokalen Ereignisse – politische Auseinandersetzungen, Ratsbeschlüsse, wichtige Hochzeiten, beunruhigende Verbrechen u. a. m.; zum Teil enthielten sie politische Mahnungen, die auf die Stärkung des Bürgersinns zielten, zum Teil sehr persönliche Zusätze: Familiengeschichten wurden eingearbeitet, auch schon die Autobiographien einzelner Verfasser.[13] Gerade die Chroniken belegen, wie sehr sich öffentliche und private Angelegenheiten in der Stadt durchdrangen.

Die Vielfalt der hier aufgezählten Formen schriftlicher Äußerungen sind nun freilich kein Indiz dafür, daß sehr viele Stadtbewohner an ihnen teilhatten. Denn die allgemeine Lese- und Schreibfähigkeit war gering und regional auch unterschiedlich verbreitet. Deswegen wurde das, was alle anging (Verordnungen, wichtige Meldungen u. ä.), immer auch durch Ausrufer weitergegeben. In den Großstädten kann man am Ende des Mittelalters allenfalls mit 20% Lesefähigen rechnen,[14] in den kleineren Städten mit einer geringeren Anzahl. Zwar gab es seit dem 14. Jahrhundert niedere städtische Schreibschulen, aber die Lehrergehälter mußten privat aufgebracht werden, wodurch die schulische Ausbildung von Kindern ärmerer Stadtbewohner praktisch verhindert wurde. Die höheren städtischen Lateinschulen, die nur verstreut existierten, waren ein Privileg der begüterten Oberschicht, und die Dom- und Stiftschulen blieben in der Regel dem geistlichen Nachwuchs vorbehalten. Immerhin wuchs mit dem Ausgang des Mittelalters in der städtischen Bevölkerung die Motivation, lesen und schreiben zu lernen, und zwar weniger, weil man Bücher lesen, als vielmehr, weil man am öffentlichen Leben teilnehmen, mit Geschäftspartnern korrespondieren, Nachrichten zur Kenntnis nehmen wollte usw. Dennoch ist gar nicht zu verkennen, daß mit diesem Informationsbedürfnis und dem Interesse für die Schrift auch günstige Voraussetzungen für die Rezeption von Literatur und die Entfaltung literarischer Betätigungen gegeben waren. Zwar war der Umgang mit Büchern zunächst nur auf wenige Bürger beschränkt. Die meisten von ihnen blieben auf das Vorlesen von Texten in größeren oder kleineren Gruppen (Bruderschaften, Freundeskreisen u. ä.) angewiesen. (Selbst der akademische Unterricht bestand weiterhin zum wesentlichen Teil aus der Lesung – der ›Vorlesung‹.) Private Büchersammlungen, die es neben den kirchlichen und klösterlichen Bibliotheken schon gab, konnten sich nur wenige Patrizier oder Akademiker leisten, vereinzelt auch reiche Handwerker, die sich Bücher auch selbst abschrieben. Aber die zunehmende Verbreitung von Schreibwerkstätten, in denen Texte vervielfältigt wurden, weisen doch auf den kommerziell genutzten Anstieg des Bedarfs an Aufzeichnungen und Lektüre. Mit der Ablösung der handschriftlichen Buchproduktion durch Johann Gutenbergs Erfindung des Buchdrucks mit beweglichen Lettern um 1450 und der Ausbreitung dieser ›heiligen Kunst‹ über das ganze deutsche Sprachgebiet durch Gutenbergs Schüler wurde das Buch dann zunehmend zum Gebrauchsgegenstand, auch wenn keineswegs übersehen werden darf, daß die Buchpreise hoch und Bücher noch über das 16. Jahrhundert hinaus für den normal verdienenden Bürger kaum erschwinglich waren. Dessen Bedürfnis nach Unterhaltung und aktueller Information wurde noch lange eher durch Einblattdrucke, Kalenderhefte u. ä. und eben durch das gesprochene Wort befriedigt.

Blickt man auf die in der Stadt des hohen und späten Mittelalters entstandene Literatur, so steht man nichtsdestoweniger vor einem bunten Bild von großer Vielfalt. Die Fülle der literarischen Erscheinungen läßt sich jedoch strukturieren, wenn man auch hier von der Einbettung ihrer Produktion in die Lebensformen der Menschen ausgeht, also die literaturgeschichtliche Beschreibung mit der sozial- und ideologiegeschichtlichen verknüpft. Natürlich ist dabei zugleich die Frage zu verfolgen, inwieweit die weitgehend gruppengebundene Literatur der mittelalterlichen Stadt über die Erfahrungen und Interessen ihrer Träger auch hinausführt und an der neuen Identitätsfindung der Städter beteiligt ist. Diese sind zwar einerseits an ihre Korporationen gebunden, die ihnen soziale Sicherheit und auch Rechtssicherheit gewähren, d. h., daß auch die Stadtbevölkerung, wie die mittelalterliche Gesellschaft überhaupt, aus einem Nach- und Nebeneinander von Gruppen besteht, von denen jede sich – auch in ihren geistigen Äußerungen – in den Formen präsentiert, die für sie ›an-ständig‹, d. h. ihrem Stand gemäß sind;[15] andererseits aber ist die Durchlässigkeit zwischen den Ständen und Gruppen nirgendwo so groß wie in der Stadt, ist sie doch der Ort, an dem alte Ordnungen des feudalistischen Staates gesprengt werden und sich der Rechtsstand des Bürgers entwickelt, der jedem, der die Bürgerrechte erhält, die persönliche Freiheit gewährt und damit auch den Zugang zu allen öffentlichen Ämtern. Freilich wird diese Freiheit erst allmählich erkämpft, über lange Zeiträume hinweg, nicht überall mit gleichem Erfolg und charakteristischerweise nicht von einzelnen, sondern von einem Stand, dem der Zunfthandwerker. So kommt es auch nicht von ungefähr, wenn die Literatur dieses Standes, so sehr sie einerseits dessen starre Reglementierungen abbildet, andererseits doch auch die lebendigste und innovativste ist. Die Literatur der Zunfthandwerker, die sowohl deren Ethos als auch den neu entstehenden Bürgersinn am stärksten zum Ausdruck bringt, wird deswegen im Mittelpunkt der folgenden Ausführungen stehen, während die des Patriziats, die stark an die im wesentlichen schon behandelte höfische Dichtung gebunden ist, zu Beginn eher kursorisch betrachtet werden soll – gleichsam um eine Brücke zum vorangegangenen Kapitel zu schlagen. Zu besprechen ist am Schluß dann auch die in literaturgeschichtlichen Darstellungen immer übergangene Literatur des ›einfachen Volkes‹, das einen Großteil der Stadtbevölkerung ausmachte, also die meist mündlich tradierte (uns aus späteren Sammlungen vage bekannte) Literatur der in die Stadt abgewanderten Bauern, Knechte und Mägde, – weniger um noch einmal auf die in der Stadt existierenden sozialen Spannungen hinzuweisen, als um bewußt zu machen, daß zwischen der ›bürgerlichen‹ Literatur und der sog. ›Volkspoesie‹ (Näheres zu diesem Begriff vgl. S. 363 f.) fließende Grenzen bestehen.

Die Literatur des städtischen Patriziats

Die Zusammensetzung des städtischen Patriziats war äußerst uneinheitlich. Zu ihm gehörten sowohl adlige Grundbesitzer und Ministeriale als auch reiche Kaufleute und im 14. und 15. Jahrhundert manchmal auch wohlhabende Handwerker, wobei der Einfluß dieser Gruppen von Stadt zu Stadt und auch von Zeit zu Zeit unterschiedlich groß war. Städte waren nicht nur Zentren von Handel und Gewerbe, sondern zum Teil auch Residenzen (z. B. Wien, Prag, München, Heidelberg), d. h. Orte fürstlicher Hofhaltung und damit Teil adligen Lebensraumes. Auch wo sie die Reichsunmittelbarkeit besaßen, d. h. keinem Landesherrn, sondern allein dem Reich und seinem König unterstanden, war dieser doch durch einen Grafen oder Verweser in ihnen vertreten. Zwar blieb der Adel, jedenfalls zu seinem größeren Teil, auch im späten Mittelalter auf dem Lande, aber viele Landadlige besaßen Grundeigentum in der Stadt, zumal wenn sie Hof- oder Verwaltungsämter wahrnahmen. So kann man sagen, daß gerade die kulturelle Trägerschicht des Adels seit der zweiten Hälfte des 13. Jahrhunderts zunehmend auf die eine oder andere Weise mit der Stadt verbunden war. Umgekehrt erwarben die städtischen Kaufleute, um ihr Vermögen anzulegen, häufig ländlichen Grundbesitz und damit auch adlige Herrschaftsrechte (Gerichtsbarkeit, vielfältige Arten von Steuern und anderen Leistungen) – ein Prozeß, der durch die zunehmende Verarmung des Landadels im 14. Jahrhundert noch gefördert wurde. So kam es zu vielseitigen Berührungen, die sich auch kulturell auswirkten – sowohl im Alltagsleben (wenn beispielsweise ritterliche Turniere auf dem städtischen Marktplatz stattfanden, andererseits sich reiche Kaufleute wie Ritter kleideten, ein Wappen führten, die Falkenzucht betrieben) als auch im Bereich der Literatur. In die Lesestoffe des Adels drang kaufmännische Gesinnung ein (vgl. die Ausführungen zum *Tristan* in Kap. III) oder die Stadt wurde auch schon zum ›Milieu‹; andererseits orientierten viele kaufmännische Patrizier sich an der Lektüre des Adels, förderten die höfische Literatur als Mäzene, legten aufwendige Sammlungen von ihr an, ahmten sie in eigenen Dichtungen nach. Gerade dies zeigt, wie sehr die Kaufleute sich darum bemühten, gleichberechtigt neben den Adligen zu stehen und Prestige zu erwerben – und dies um so mehr, je stärker gerade der niedere Adel, der am Hof oder in der Gerichtsbarkeit tätig war, sich zu isolieren suchte und zur Kastenbildung neigte, ein Vorgang, der sich als Reaktion auf einen zunehmenden Verlust an Einfluß innerhalb der Gesellschaft erklärt, in der die Macht der territorialen Zentralgewalt, d. h. der fürstlichen Landesherren, einerseits und die wirtschaftliche Bedeutung der Städte und Städtebünde andererseits erstarkten. So kamen sich der Aufstiegswille und der Repräsentationswunsch der kaufmännischen Oberschicht und die Selbststilisierungstendenzen des zu immer größerer Bedeutungslosigkeit absinkenden niederen Adels entgegen: Gefördert wurde in jedem Fall die Traditionspflege, d. h. die Bewahrung und Überlieferung jener Literatur, die »auf dem Höhepunkt feudaler Herrschaft zur Stauferzeit schmückender und repräsentativer Ausweis adliger Existenz war.«[16]

Bedeutendstes Beispiel solcher Traditionspflege ist die umfangreichste Sammlung mittelalterlicher Lyrik, die *Große Heidelberger Liederhandschrift* (so genannt nach dem Aufbewahrungsort), die zu Beginn des 14. Jahrhunderts in Zürich entstand und Texte von 140 Autoren enthält, die zwischen der Mitte des 13. und dem Beginn des 14. Jahrhunderts dichteten. Auftraggeber war eine Gruppe von Patriziern und Adligen (unter ihnen Rüdiger Manesse, nach dem diese Handschrift auch *Manessische Handschrift* genannt wird, und der Konstanzer Bischof Heinrich von Klingenberg), die sich durch dieses aufwendige Unternehmen zugleich auch ihrer eigenen Bedeutung versichern wollten. Die soziale Gemeinsamkeit, die sich durch eine kulturelle Leistung aufbaut, tritt damit an die Stelle einer einst institutionell gesicherten Gemeinsamkeit;[17] das Gruppenbewußtsein stärkt sich im gemeinsamen Engagement für die Literatur. So wie die Schönheit der Handschrift ein Abglanz der Bedeutung der Adligen ist, die sie in Auftrag gegeben haben, weisen auch die in ihr versammelten Texte auf die Besonderheit adliger Existenz; und auch die nach ihrem Rang geordneten Autoren gehören alle dem Adel an oder haben doch an Adelshöfen gedichtet. Die *Manessische Handschrift* ist ein Repräsentationswerk von Vertretern eines Standes, der, gerade innerhalb der Stadt, um seine soziale Gefährdung weiß und ihr durch die Betonung adliger Kultur entgegenzuwirken sucht. – Weniger deutlich als diese und andere Liedersammlungen weisen die später entstandenen großen Sammlungen mittelalterlicher Erzählstoffe auf das städtische Meliorat. Ulrich Fuetrer, der 13 höfische Romane zu einem *Buch der Abenteuer* (1473–1481) kompilierte (vgl. Kap. III), war zwar Städter, arbeitete aber für den Münchner Hof Albrechts IV., und auch der Bozener Hans Ried, der zu Beginn des 16. Jahrhunderts 25 Erzählwerke des 13. Jahrhunderts zusammenstellte (die dafür gewählte Sammelbezeichnung

Ambraser Heldenbuch ist durchaus mißverständlich), schrieb nicht im Auftrag des Stadtadels, sondern Kaiser Maximilians I. In beiden Fällen also unterscheiden sich die Entstehungsbedingungen von denen der *Manessischen Handschrift,* aber auch diese Erzählsammlungen dienen, indem sie so nachdrücklich auf die große Geschichte des abendländischen Rittertums verweisen, der historischen Absicherung bzw. der Stilisierung ihrer Auftraggeber;[18] auch sie belegen den rückwärtsgewandten Blick eines Standes, der dabei war, sich selbst zu überleben.

Wesentliche literarische Innovationen gingen von der späthöfischen Literatur ebensowenig aus wie von der Literatur des Stadtadels bzw. des städtischen Patriziats. Aber die alten Gattungen und Stoffe wurden, um Unterhaltungs- und Repräsentationsbedürfnissen zu entsprechen, oft phantasievoll ausgestaltet.

Über die bloße Weiterführung der alten Artusstoffe soll hier nicht mehr gesagt werden, als im vorangegangenen Kapitel schon angedeutet wurde. Diese Literatur wurde nicht nur weiterhin an den Höfen gepflegt, sondern verbreitete sich als Unterhaltungslektüre auch in der städtischen Oberschicht. Von größerem Interesse sind dagegen im Rahmen der Erzählliteratur einige Versromane, die sich auf die Stellung, die Wertvorstellungen und die Verhaltensweisen eben dieser neuen städtischen Oberschicht, insbesondere des einflußreichen Stands der Kaufleute, mehr noch indirekt als direkt beziehen und sie in die gängigen Handlungsmuster des Abenteuerromans einarbeiten. Rudolf von Ems ist hier zu nennen, vor allem aber Konrad von Würzburg.

Der einem oberrheinischen Adelsgeschlecht entstammende Rudolf von Ems, in Kap. II (S. 152) schon als Verfasser einer *Weltchronik* kurz vorgestellt, schrieb um 1220 im Auftrag eines bischöflichen Ministerialen aus Konstanz einen Roman, dessen Titelfigur ein Kölner Kaufmann ist: *Der gute Gerhard.* Dennoch ist dies kein Kaufmannsroman. Denn die Tugend des guten Gerhard, der seine ganze teure Schiffsladung hergibt, um an der marokkanischen Küste festgehaltene christliche Ritter und die künftige englische Königin auszulösen, ist die noch durch weitere Verzichtleistungen betonte Selbstlosigkeit, die sich ganz in den Dienst des Adels und der überkommenen Feudalordnung stellt – mit einer Einschränkung freilich: Der gute Gerhard erzählt seine Geschichte im Auftrag Gottes dem unbescheidenen Kaiser Otto zur Mahnung. Insofern spiegelt dieser als Fürstenunterweisung gemeinte Text zwar ein gegen die Zentralgewalt gerichtetes Selbstbewußtsein des Stadtadels, hält gleichzeitig aber an der feudalen Rangordnung fest, in der dem Kaufmann, zumal wenn er wie hier als Träger eigentlich ritterlicher Tugenden erscheint, nun ein wichtiger Platz zugebilligt wird.

Das Selbstbewußtsein des niederen Adels zu stärken, ist auch das Anliegen Konrads von Würzburg. Dieser virtuos über sprachliche Ausdrucksmittel verfügende ›Kunst-Handwerker‹, dessen Texte immer auch schon als ›Kunststücke‹ angesehen worden sind,[19] schrieb den größten Teil seines umfangreichen Werks in Basel, wo er Aufträge sowohl des städtischen Patriziats als auch des niederen Landadels erfüllte. Obwohl er in der Stadt lebte, ist diese nicht der Handlungsraum seiner Versromane; wohl aber gehen die Erfahrungen des Städters in sie ein. Sein früher, der Legende nahestehender Roman *Engelhard,* dessen genaue Entstehungszeit ungewiß bleibt, schildert das Treueverhältnis zwischen einem Angehörigen des Hochadels und Engelhard, einem Angehörigen des niederen Landadels, der, nachdem ihm sein höherstehender Freund bei einer Kampfprobe geholfen hat, zu Königswürden aufsteigt, die ihm seinerseits Gelegenheit geben, sich für die empfangene Hilfe zu revanchieren. Diese Geschichte erfüllte offenbar Wunschvorstellungen der Auftraggeber Konrads, die bestehende Standesunterschiede nicht mehr akzeptieren und überspielt sehen wollten. Nur macht eigentlich weniger dieses Interesse am sozialen Ausgleich innerhalb des Adels diesen Roman erwähnenswert als vielmehr das gar nicht hinterfragte Mittel der Täuschung, das den Aufstieg Engelhards ermöglicht (die dafür entscheidende Kampfprobe besteht der Stärkere für den Schwächeren). Diese der Karriere dienende Amoralität scheint den Rezipienten der städtischen Oberschicht jedenfalls nicht anstößig gewesen zu sein.

Eine derartige, den eigenen Vorteil klug erwägende Gesinnung wird deutlicher noch in Konrads späterem Versroman *Partonopier und Meliur,* der in Anlehnung an eine französische Quelle 1277 im Auftrag des Basler Patriziers Peter Schaler geschrieben wurde. Partonopier, ein junger Graf französischer Abstammung, erreicht nach einer Irrfahrt eine menschenleere Stadt, wo er mit Meliur, der Tochter des Kaisers von Konstantinopel, ohne sie zu sehen, eine Liebesnacht verbringt und ihr, nachdem sie ihm erklärt hat, mit welchen Mitteln sie ihn zu sich gelockt hat, verspricht, sich ihr auch künftig nur im Dunkeln zu nähern. Doch dieses Versprechen wird schließlich nicht eingelöst. Aus Angst, vom Teufel genarrt zu werden, leuchtet er die Geliebte an, die ihn nun verstößt. Im Ardenner Wald, wo er sich aus Reue den Tieren zum Fraß anbietet, wird er von der Schwester Meliurs gefunden und gewinnt die Geliebte über verschiedene Turniere und Kämpfe wieder zurück. – Dieser auf das märchenhafte Motiv der Liebe eines Sterblichen zu einem übernatürlichen Wesen (vgl. die Geschichte von Psyche, die Melusinen- und Undinesage) zurückgreifende Aventiurenroman entwirft ein ungewohntes Heldenbild. Einerseits überschreitet Partonopier die Grenzen des Gewohnten auf besonders eindrückliche Weise, indem er zunächst der unwägbaren, eben ganz im dunkeln bleibenden Verlockung folgt, andererseits bewährt er sich nicht nur in der gängigen Manier der Artusritter, im Kampf, sondern auch durch Beobachtung, Anpassung, Beharrlichkeit und Vertrauen auf sein Glück. Solche Verhaltensweisen konnten einem städtisch-patrizischen Publikum durchaus imponieren, zumal Kaufleuten, die selbst – wenn auch auf andere Weise – unwägbare Risiken eingingen und ihre Ziele nicht mit den Mitteln der Gewalt, sondern durch Ausnutzung ihrer Chancen in bestehenden Machtverhältnissen verfolgten. Da sie gleichzeitig ritterliche Lebensgewohnheiten zu imitieren suchten, konnten auch die ritterlichen Züge des Helden dieser Geschichte akzeptiert werden. Interessant ist dabei, daß das ritterliche Verhalten sich nicht mehr von selbst versteht, sondern berechnenden Überlegungen etwa über Taktiken der Kriegsführung Platz macht. Der diesen Roman prägende Rationalismus wird besonders deutlich, wenn Meliur den Zauber, den sie veranstaltet hat, um Partonopier zu gewinnen, als Arrangement gleichsam entmythologisiert. Man kann dies als Versuch werten, sich des Höfischen, indem man das Inszenierte an ihm aufdeckt, ganz zu bemächtigen.[20] Auch dies spräche für das Selbstbewußtsein der Städter – des Auftraggebers, des Dichters und seines Publikums, wie überhaupt die Stadt, in die Partonopier gelangt, als eine Idylle geschildert wird, die von kaufmännischem Wirtschaften und den dadurch ermöglichten Vergnügungen bestimmt ist, an denen die Mächtigen genießend teilhaben.[21] Der Genuß, der die Phantasie der Leser Konrads beschäftigt, wird diesen im Rezeptionsvorgang jedenfalls ästhetisch gewährt: »Süezer klanc«, »gespraechiu zunge«, wohlklingende Reime und eine reiche Schmuckmetaphorik sind die Mittel des Dichters, seinen Lesern über die Form des ›Kunstwerks‹ den Zauber des Höfischen vorzugaukeln.

Einen weiteren die widersprüchliche Lebensform des städtischen Patriziats so vielseitig spiegelnden Text wie Konrads *Partonopier und Meliur* gab es in der Erzählliteratur erst mehr als zwei Jahrhunderte später mit dem von einem unbekannten Autor verfaßten *Fortunatus*. Dazwischen lagen Jahrhunderte der Traditionspflege, bei der sich die Interessen des städtischen Patriziats denen des Hofadels weitgehend anpaßten. Sofern an den Höfen nicht die überlieferten Artusstoffe zur Unterhaltung einfach weitergegeben, bearbeitet und ergänzt wurden, entstanden dort Romane (z. B. Johanns von Würzburg *Wilhelm von Österreich* (1314) oder der *Friedrich von Schwaben* (nach 1314 eines Anonymus), denen es im Rückgriff auf die ›chanson de geste‹ letztlich nur um die Mythologisierung von Dynastien ging. Über die Romane sollte auf einzelne Adelsgeschlechter der besondere Glanz fallen, der deren reale Machtansprüche rechtfertigte. Hierin bildete sich durchaus die Entwicklung des Hofes zur landesherrlichen Zentralgewalt ab, in der sich die unterschiedlichen Aufgaben des Adels institutionalisierten und vererbten. Von daher wird auch verständlich, daß das literarische Modell des Artushofes, das – jedenfalls prinzipiell – die Gleichwertigkeit seiner Mitglieder proklamierte und sich diese ritterlich als einzelne Personen bewähren ließ, allmählich an Bedeutung verlor. Freilich wurde dieses Modell keineswegs vergessen, zumal ritterliches Selbstverständnis sich retrospektiv durchaus weiterhin mit der Vorstellungswelt der Artusepik verband. Immerhin verblaßte sie mehr und mehr in der tatsächlichen Kommunikation der Höfe, verlor ihre Bedeutung als Zeremoniell, sank ab zum bloßen Lesestoff. Insofern ist es auch ganz folgerichtig, daß sich die Erzählliteratur an den Höfen in dieser Zeit in Prosaliteratur verwandelte. In dem Maße, in dem sie aus dem öffentlichen Leben des Hofes verschwand und allein über die Schrift weitergegeben wurde, war der repräsentative Gestus des Verses überflüssig und entfiel zugleich auch dessen wichtige Funktion als Erinnerungsstütze während des mündlichen Vortrags. Die ersten deutschen Prosaromane schrieben zwei Frauen des Hochadels. Gräfin Elisabeth von Nassau-Saarbrükken, die im Zuge des Einflusses der burgundischen Hofkultur auf die deutschen Fürsten ebenfalls Stoffe der französischen ›chanson de geste‹ vermittelte, gilt als Begründerin sogenannter Prosahistorien, in denen die Geschichte des Machterwerbs bedeutender Adelsfamilien beschrieben wurde. Ihr bekanntester Roman wurde der *Huge Scheppel,* der die Geschichte eines Aufsteigers erzählt, der mit Gewalt und Durchsetzungsvermögen die Königswürde an sich reißt. Etwas später, um 1455, übertrug die Herzogin Eleonore von Österreich den Roman *Pontus und Sidonia* aus dem Französischen ins Deutsche, einen Text, der weniger den politischen Aspekt als vielmehr den sozialen des höfischen Zusammenlebens in den Vordergrund stellt. Diese auf französische Vorlagen zurückgehenden Romane fanden auch in städtischer Umgebung großen Anklang. Der *Huge Scheppel* z. B. wurde 1511 in Straßburg in einer ersten gekürzten Druckfassung verlegt, der bis ans

Ende des 18. Jahrhunderts immer weitere folgten. In Bern verfertigte schon vorher der Stadtadelige Thüring von Ringoltingen eine Prosaübersetzung des französischen *Melusine*-Romans (gedruckt 1474); und ein halbes Jahrhundert später, 1527, erschien, ebenfalls aus dem Französischen übertragen, *Die schöne Magelone* des am sächsischen Hof arbeitenden Patriziers Veit Warbeck aus Schwäbisch Gmünd – um nur einige der wichtigsten Beispiele zu nennen.

Neben diesen Prosaromanen entstanden im 15. Jahrhundert Prosaauflösungen älterer deutscher Versromane, des *Tristan* – Romans Eilharts von Oberge zum Beispiel oder des *Wigalois* Wirnts von Grafenberg oder des *Wilhelm von Österreich* Johanns von Würzburg usw. Man hat diese Auflösungen, die alle durch Verkürzungen des Geschehens auf das rein Ereignishafte gekennzeichnet sind und vornehmlich die Neugier des Publikums und sein Spannungsbedürfnis ansprachen, lange als ›Volksbücher‹ bezeichnet, weicht davon inzwischen jedoch ab. Denn dieser Begriff führt wegen seiner Unschärfe nur zu Mißverständnissen, besonders in überlieferungsgeschichtlicher Hinsicht. Er suggeriert die Vorstellung, daß derartige Texte vom Volk in seiner ganzen Breite gelesen worden sind, auch von den Ungebildeten, und daß sie zudem massenhaft verbreitet waren. Von alledem kann keine Rede sein. Zwar erlebten diese Prosaauflösungen z. T. zahlreiche Neuauflagen, dienten ihre Stoffe oder einzelne Motive allmählich auch der Unterhaltung der weniger Gebildeten, aber sie waren zunächst Literatur des Adels und des reichen Stadtbürgertums. Auffällig ist an diesen Texten allerdings insgesamt – auch dies ein Indiz dafür, daß sie bereits als Leseliteratur konzipiert wurden –, daß die für das höfische Epos charakteristische Reflexion der je aktuellen Kommunikationssituation sich verändert. Der Appell des Erzählers an das Publikum, das ›Wir‹, das beide in der Kommunikationssituation zusammenschließt, macht bereits dem unpersönlichen ›Man‹ bzw. dem ›gütigen Leser‹ Platz. Die Kommunikationspartner haben sich als identifizierbare Personen aus den Augen verloren.[22] Dies ist zweifellos ein deutlicher Hinweis darauf, daß der Rezeptionsvorgang anonym geworden ist und diese Texte sich auch eine weitere – bürgerliche – Leserschaft potentiell erschließen – wie überhaupt die Prosa den Lesegewohnheiten der (relativ wenigen lesefähigen) Bürger insofern entgegenkommt, als die schriftliche Alltagskommunikation, an der sie, wie oben dargestellt, vielfältig teilhaben, sich in der Form der Prosa vollzieht.

Für die Selbstvergewisserung des städtischen Patriziats, der wir nachgehen, dürften zu Beginn des 16. Jahrhunderts zwei Prosaromane besonders bedeutsam gewesen sein. Conrad Hainsdörffers gekürzte Druckfassung des *Huge Scheppel (Hug Schapler),* vor allem aber der erstmals 1509 erschienene (aber wohl schon vor 1500 entstandene) *Fortunatus* eines nicht identifizierbaren Augsburger oder Nürnberger Verfassers. Die in *Hug Schapler* erzählte Geschichte des Aufstiegs eines Ritters unstandesgemäßer Herkunft zum französischen König mußte auf das städtische Patriziat, zumal auf die reichen Bürger, wie die »Dechiffrierung eines Mythos« wirken,[23] des Mythos von der Idealität des Rittertums und der materiellen Sicherheit der Ritter. Allein die Möglichkeit eines solchen Aufstiegs mußte faszinieren; entscheidend kam hinzu, daß der Protagonist ritterlicher Qualitäten durchaus entbehrt. Zwar besitzt er Kraft und Tapferkeit, noch mehr aber das Glück, an dem jeder teilhaben kann. Immer wieder rettet es ihn aus lebensgefährlichen Situationen. Noch dazu widersprechen seine ungehemmte Sexualität und seine ständig wechselnden Liebschaften vollkommen dem überkommenen, auf Triebverzicht beruhenden Minneideal. Und schließlich wird deutlich, daß es der Ehre des Ritters nicht abträglich, sondern eher förderlich ist, wenn er über ausreichende Geldmittel verfügt und sie richtig für seine Karriere einsetzt. Insofern kam dieser Roman den in der Kaufmannschaft verbreiteten Wert- und Wunschvorstellungen sehr nahe und mußte zumindest für diese Leserzielgruppe einen hohen Unterhaltungswert besitzen.

In seiner Bedeutung für das Patriziat, insbesondere für die Schicht der Kaufleute schwerer einzuschätzen ist der *Fortunatus,* den man häufig als den ersten bürgerlichen Prosaroman der deutschen Literatur bezeichnet hat, was kaum gerechtfertigt ist, wenn man dabei an die Bürger in ihrer Gesamtheit denkt. Denn er steht ganz im Zusammenhang der inneren Auseinandersetzungen der Angehörigen der städtischen Oberschicht. Erzählt wird in zwei einander antithetisch gegenüberstehenden Teilen der Aufstieg und Niedergang einer Kaufmannsfamilie. Der erste Teil gilt der Lebensgeschichte des Fortunatus, des Sohnes eines verarmten Bürgers aus Zypern, der auf einer Reise nach Westeuropa in schlechte Gesellschaft gerät, sein Geld verliert, jedoch auf einer Irrfahrt im Wald Fortuna, der ›Jungfrau des Glücks‹, begegnet, die ihm – die Geschichte ist hier ins Märchen umgeschlagen – die Wahl zwischen den Glücksgütern Weisheit, Reichtum, Kraft, Gesundheit, Schönheit, langes Leben läßt. Fortunatus entscheidet sich für den Reichtum und wird mit einem unerschöpflichen Geldbeutel beschenkt. Nach abenteuerlichen Reisen kehrt er nach

Zypern zurück, baut sich in seiner Vaterstadt Famagusta einen Palast, mehrt seinen Reichtum durch kluge Handelsgeschäfte und heiratet in den Adel ein. Auf einer späteren Reise raubt er dem Sultan in Alexandrien ein Wunschhütlein, das ihn unverzüglich an jeden Ort bringt, an dem er zu sein wünscht. Als hochangesehener Kaufmann beschließt er sein Leben und vermacht Goldsäkkel und Wunschhütlein seinen beiden Söhnen. Der zweite Teil, der sich der Geschichte der Söhne widmet, berichtet vom Verlust dieser Güter. Der ältere Sohn gibt sich dem bloßen Genuß hin und verbrennt schließlich sein Hütlein aus Überdruß; der jüngere, der sich wegen seines hochmütigen Wesens und seines protzigen Auftretens überall Feinde macht, wird beraubt und ermordet. – Dieser Roman, dessen zahlreiche novellistische Episoden hier nicht wiederzugeben sind, verarbeitet eine Fülle zeitgeschichtlicher Erfahrungen gerade aus dem Lebensraum der städtischen Oberschicht. Was ihn so reizvoll macht und auch eine so kontroverse Diskussion über ihn ausgelöst hat,[24] ist ein Erzählkonzept, das auf Eindeutigkeit in der Bewertung der dargestellten Verhaltensweisen im Sinne einer Weisheitslehre verzichtet und statt dessen gerade Handlungsalternativen vorführt, die keine exemplarische Geltung beanspruchen. Lesende Kaufleute konnten hier einerseits bestätigt finden, daß Fleiß und Anpassung, Neugier und Klugheit Voraussetzungen des gesellschaftlichen Aufstiegs sind, wenn dieser auch durch die Mißgunst anderer leicht verhindert werden kann. Andererseits bot der Text die Gelegenheit, die eigene Praxis des Rechnens, Wucherns, Handelns zu vergessen und tagträumend am Glück des Fortunatus teilzunehmen, der Reichtum und Mobilität durch die ihm geschenkten Zaubermittel erreicht und damit von den Zwängen ökonomischer Zweckrationalität gerade entbunden wird. Doch auch die gesellschaftliche Vereinsamung des Auserwählten mußte so in den Blick kommen, die Entfremdung des Bürgerlichen von seinesgleichen (eine Bedingung, die Fortunatus zu erfüllen hat, liegt darin, daß niemand die Quelle seines Reichtums erfahren darf). Auch anders noch wird dem Leser die Kehrseite des Glücks verdeutlicht. Der Reichtum – dies zeigt vor allem der zweite Teil des Romans – führt, wenn man ihn nicht mit Weisheit verwendet, auf die eine oder andere Weise in den Untergang. Dies weiß schon Fortunatus selbst, wenn er im Nachhinein erklärt, es wäre besser gewesen, Weisheit statt Reichtum zu wählen, und sich für den Rest seines Lebens bemüht, beide zu vereinbaren und Bescheidenheit zu üben. Dies liest sich wie eine Zurückweisung kaufmännischer Überheblichkeit und kaufmännischen Machtanspruchs zugunsten einer gesellschaftlichen Harmonie der Stände innerhalb der städtischen Oberschicht. Der Epilog freilich, der Fortuna aus dem Land gewiesen wissen will und damit die Glücksbesessenheit der Menschen radikal verwirft, läßt auch hierauf noch einmal einen Schatten fallen. Die in ständischen Bindungen verankerten Sicherheiten scheinen allesamt fragwürdig zu sein. Der Roman stellt die Gesellschaftsformation der Oberschicht insgesamt zur Diskussion, und gerade in dieser ›Offenheit‹ dürfte die Ursache seiner nachhaltigen Wirkung liegen.

Von dem Versuch der Kaufleute, sich in der städtischen Oberschicht zu etablieren, sich den Lebensgewohnheiten des Adels anzupassen, sich in dessen kulturelle Tradition hineinzuversetzen, sie einerseits zu übernehmen, gleichzeitig aber auch eigene Vorstellungen und Erfahrungen in sie einzubringen, läßt sich aus den in der spätmittelalterlichen Stadt entstandenen lyrischen Texten weniger ablesen. Der einzige Minnelyriker, der nach Neidhart aus dem Kreis der vielen Begabungen (vgl. Kap. III) herausragt, der im 15. Jahrhundert dichtende Oswald von Wolkenstein, hat mit dem kulturellen Leben der Stadt kaum etwas zu tun und gehört nicht in den Zusammenhang dieses Kapitels. Freilich sind einige für sein umfangreiches lyrisches Werk charakteristische Tendenzen auch in manchen – schon viel früheren – Texten städtischer Minnesänger angelegt: der spielerische, teilweise manierierte Umgang mit den Traditionsmustern (etwa bei dem Zürcher Patrizier Johannes Hadloub) oder die direkte Benennung erotischen Spiels (z. B. bei dem vermutlich bürgerlichen Steinmar) – beides Möglichkeiten der Distanzierung von der Überlieferung und der gesellschaftlichen Funktion des hohen Minnesangs. Diese Distanzierungen sind deswegen nicht überraschend, weil Minnesang in der Stadt an sich schon ein Paradox ist.[25] Am stärksten ist dies wohl von Konrad von Würzburg (vgl. S. 290) empfunden worden. Die meisten seiner zahlreichen Minnelieder sind in Wahrheit recht allgemeinverbindliche, bezeichnenderweise auch reich mit Sentenzen versehene Reflexionen über die Minne, ohne daß der Dichter überhaupt versucht, sich in die Rolle des Werbenden und Leidenden zu begeben, was zugleich darauf schließen läßt, daß sein Publikum ein derartiges Rollenspiel nicht mitgetragen hätte. – Während die Minnelyrik in der spätmittelalterlichen Stadt also eher aus bildungsbürgerlichen und didaktischen Interessen erwuchs, entstanden Trink- und Gesellschaftslieder, Erzähllieder usw. aus aktuellen Anlässen und sind auch nicht mehr so strikt einzelnen Gesellschaftsschichten zuzuweisen. Derartige Texte wurden in – heute noch zahlreich vorhandenen – Liederbüchern gesammelt,[26] die literaturwissenschaftlich bisher noch kaum aufgearbeitet worden sind.

Eine besondere Rolle im literarischen Leben der mittelalterlichen Stadt, besonders auch im Patriziat, keineswegs aber nur in ihm, spielten lehrhafte Dichtungen. Solche Dichtungen, die uns im Zusammenhang mit der Literatur der Kirche (in Kap. I) und im Zusammenhang mit der an Regenten gerichteten bzw. von ihnen handelnden Literatur (in Kap. II) schon in verschiedenen Formen begegnet sind (z. B. in der Bibelepik, im dogmatischen Lehrgedicht, in der politischen Spruchdichtung), hatten auch die höfische Literatur des hohen Mittelalters begleitet – als Ritterlehren, Hoflehren, Minnelehren – und nahmen im Übergang zum Spätmittelalter und während des späten Mittelalters an Zahl immer weiter zu, wobei ihre Thematik sich allmählich weniger gezielt auf die Probleme der Gesittung des Adels als vielmehr zunehmend auf allgemeine Lebensprobleme und ständeübergreifende Fragen der Moral richtete. Dabei waren die Formen der Lehrdichtung vielfältig. Besonders häufig stößt man auf das längere oder kürzere Lehrgedicht in Reimpaarversen (›Reimreden‹), auf den gesungenen Spruch, die pointierte sprichwortartige Formulierung, die Fabel, was nicht ausschließt, daß Lehrhaftes auch in anderen als diesen eigens dafür üblichen Genres und Formen weitergegeben wurde, z. B. in den Prologen und Epilogen der großen Artusepen. Mittelalterliche Dichtung war insgesamt stets erzieherischen Aufgaben verpflichtet, von dem Wunsch getragen (und insofern den ›Lehrsatz‹ des Horaz »aut prodesse volunt aut delectare poetae, aut simul et iucunda et idonea dicere vitae« [*Ars poetica,* 333 ff.] ganz erfüllend), Hörern bzw. Lesern nicht nur Freude zu bereiten, sondern sie auch als Personen zu ›bilden‹, sei es unter dem Aspekt des Glaubens oder des rechten Umgangs mit der Macht oder des ritterlichen Verhaltens. Daß sich dieser starke Impuls auch speziellere didaktische Ausdrucksmöglichkeiten suchte, kann daher nicht verwundern.

Die umfangreichste und einflußreichste Hof- und Ritterlehre des hohen Mittelalters enthielt das in deutscher Sprache in den Jahren 1215/16 verfaßte, aus fast 15000 Versen bestehende Lehrgedicht *Der Welsche Gast* von Thomasin von Zerklaere, einem italienischen Geistlichen aus Friaul. Dieses an die adlige Hofgesellschaft gerichtete Werk, das sich – ähnlich wie die Spruchdichtung Walthers (vgl. Kap. II) – in die politische Auseinandersetzung zwischen Kaisertum und Papsttum einmischte und, mit deutlichen Seitenhieben auf Walther, das Papsttum in Schutz nahm, mahnte den deutschen Adel im Predigtstil zur Einhaltung der von

Gott gesetzten Ordnung aller Dinge und propagierte die dafür nötigen Tugenden, in deren Zentrum die ›staete‹ (Beständigkeit) stand. Thomasins Sinn für die Vorschrift war so ausgeprägt, daß er im ersten Teil seiner Schrift detailliert ausgeführte Anstandsregeln für Jugendliche am Hofe entwarf – bis hin zu den Anweisungen, beim Essen nicht zu sprechen, die Beine nicht übereinanderzuschlagen usw.[27] – Zur gleichen Zeit wie Thomasin schrieb der ›Windsbecke‹ (ein Adliger, wohl aus Windsbach in Franken) ein Lehrgespräch zwischen Vater und Sohn. Hier wurden dem Jüngeren die Pflichten des Ritters und die höfischen Umgangsformen erklärt, bis der Sohn – in einem zweiten Teil, der möglicherweise von einem anderen Verfasser stammt – den Spieß umdreht und seinem Vater dessen weltliche Gesinnungen vorwirft, wonach sich beide fortan der Betreuung der Armen widmen. – Eine andere Form als Lehrgedicht und Lehrgespräch, nämlich den pointierten Reimpaarspruch, wählte Freidank, ein Fahrender mit lateinischen und theologischen Kenntnissen, in seiner um 1230 entstandenen Spruchsammlung, die unter dem Titel *Bescheidenheit* (im Sinne von Klugheit, Urteilsfähigkeit) Berühmtheit erlangte und bis ins 16. Jahrhundert hineinwirkte (im übrigen auch heute für die Spruch- und Sprichwörterforschung als Quelle von größtem Wert ist). Auch diese Lehrdichtung, die in unsystematischer Weise Betrachtungen über Tugenden und Laster der Menschen zusammenträgt und dabei entschieden über den Adelsstand hinausgreift, war von christlichen Wertvorstellungen getragen und forderte zur Erkenntnis der Sündenverfallenheit und der Umkehr auf.

Derartige Lehrdichtungen des hohen Mittelalters, aber auch die im wesentlichen höfisch orientierten, immer wieder auch religiöse Themen anschlagenden oder häufig auch zu politischen Auseinandersetzungen Stellung nehmenden strophischen Spruchdichtungen eines Herger, Spervogel, Reinmar von Zweter, Bruder Wernher, dann eines Marner und eines Frauenlob (Heinrich von Meißen), die für die Meistersinger zu Autoritäten wurden (vgl. S. 318f.), und anderer mehr – unter ihnen auch die unter dem Namen *Seifried Helblinc* stehende Sammlung von fünfzehn Lehrgedichten eines unbekannten Verfassers – bildeten eine (noch im 15. Jahrhundert unter besonderer Betonung politischer Aspekte von Muskatblüt und Michael Beheim fortgesetzte) Tradition, auf die sich die im Umkreis der Stadt entstehende und sich an die städtische Oberschicht richtende Lehrdichtung beziehen konnte. Daß Lehrdichtungen, zumal solche, die erzieherische Fragen und Fragen der Lebensführung und auch das Problem der ständischen Abgrenzungen behandelten, gerade in der städtischen Oberschicht auf Resonanz stießen, ist aus den Lebensbedingungen dieser Schicht relativ leicht zu erklären. Das konkurrierende Nebeneinander so vieler Gruppen in ihr und ihre permanente politische Auseinandersetzung mit dem erstarkenden Stand der Zunftbürger erzeugten das Bedürfnis nach Orientierung, Anweisung, Bestätigung und Abgrenzung. Nur drei Beispiele seien hier hervorgehoben: Das erste ist ein Lehrgedicht mit dem Titel *Der Jüngling* – vor 1250 von einem Konrad von Haslau aus Österreich geschrieben, der selbst kein Ritter war, sondern im *Seifried Helblinc* als ›Meister‹ bezeichnet wird; er könnte als Erzieher junger städtischer Adliger gewirkt haben. Im Vergleich zu den höfischen Verhaltenslehren lassen sich hier deutliche Unterschiede beobachten.[28] Es fehlen sowohl Ausführungen zum Waffenhandwerk, zum Turnierwesen als auch zum erzieherischen Wert des Minnedienstes. Statt dessen liegen die Akzente auf Hinweisen zur Körperpflege, auf der Warnung vor Wirtshäusern und Spiel, auf der Mahnung, bescheiden zu leben, mit dem eigenen Reichtum sparsam umzugehen, sich gesittet in der Kirche zu benehmen. Derartige Anweisungen weisen entschieden eher auf bürgerliche als auf höfische Ansichten. – Besonders einflußreich – nicht nur in Deutschland – wurden die verschiedenen Übersetzungen der spätlateinischen, spätestens im 4. Jahrhundert n. Chr. entstandenen *Disticha Catonis,* einer Reihe in Distichen gefaßter Lebensregeln. Die deutsche Übersetzung aus der Mitte des 13. Jahrhunderts wurde im 14. und 15. Jahrhundert immer wieder abgeschrieben und überarbeitet; es entstanden auch neue Übersetzungen (bis ins 19. Jahrhundert hinein) – ein Beleg dafür, daß es sich hier um eine Art Schulbuch für die höhere Gesellschaft gehandelt hat, das im übrigen auch für den Lateinunterricht genutzt wurde und das bezeichnenderweise schon im 16. Jahrhundert auch parodiert worden ist. Daß der sogenannte *Deutsche Cato* so einflußreich werden konnte, liegt an der Allgemeingültigkeit seiner Aussagen, die sich gerade auch die städtische Oberschicht zunutze machen konnte. Die Ratschläge, die hier ohne religiöse Überhöhung zu Glück und Unglück, Ehe und Freundschaft, zur Sittlichkeit, zum Verhalten in der Gemeinschaft, zur Todesfurcht usw. gegeben wurden, sind von Wertvorstellungen getragen (vom Maßhalten, von der Bedachtsamkeit, der Zurückhaltung und Geduld, der Zuverlässigkeit u. ä.), die man als ›gemäßigten Stoizismus‹[29] bezeichnen kann. – Von Interesse ist schließlich auch der von Johannes Rothe, einem bürgerlichen Geistlichen und langjährigen Stadtschreiber von Eisenach, um 1415 geschriebene *Ritterspiegel*. Dieses Lehrbuch des Rittertums, dessen Rolle im von Gott gesetzten sozialen Ordnungsgefüge akzeptiert wird, ist aus der bürgerlichen Sorge um eine gesellschaftliche Gruppe verfaßt, deren Ethos verblaßte. Deswegen dominieren auch die Mahnungen an den Adel, sich tugendhaft zu verhalten und zumal auf das Raubrittertum zu verzichten (›Spiegel‹ haben in der mittelalterlichen Literatur immer die Funktion, die Leser zur Selbsterkenntnis zu führen, nicht etwa nur die, ein Abbild der Wirklichkeit herzustellen).[30] Bedeutsam an diesem bürgerlichen Ritterspiegel ist vor allem, daß die gesellschaftliche Stellung des Ritters nur aufgrund seiner moralischen Qualifikationen gerechtfertigt erscheint, während umgekehrt tugendhafte und bewährte Städter zwar nicht selber Ritter werden, ihnen zum allgemeinen Nutzen jedoch schützend zur Seite stehen können. Was den Ritter auch einmal auszeichnete, die Waffenübung, spielt bei Rothe keine Rolle mehr. Die Anstandsregeln, die auch von Bürgerlichen geteilt werden können, zeichnen den wahren Adel aus. Einmal mehr erweist sich hier, wie fließend die Grenzen des Selbstverständnisses der in den Städten herrschenden Gruppen der Oberschicht sind.

Neben den Ritter-, Hof- und Verhaltenslehren standen im hohen und späten Mittelalter die verschiedenen Formen von Minnelehren. Dabei bezog sich die Reflexion über das Verhältnis der beiden Geschlechter zueinander auf einen speziellen, aber zentralen Aspekt des allgemeinen ritterlichen Verhaltens. Theoretische Erörterungen über das Wesen der Minne hatten den Minnesang von Anfang an begleitet. Die erste deutschsprachige Minnelehre war ein kleiner um 1180 geschriebener Verstraktat, *Der heimliche Bote,* der möglicherweise von dem ebenfalls um 1180 entstandenen, später berühmt gewordenen lateinischen Traktat *De amore* des französischen Hofkaplans Andreas Capellanus beeinflußt wurde. In seinem ersten Teil (der zweite Teil ist eine Anstandslehre für Adlige) wird einer Dame abgeraten, die Werbung von Männern zu beachten, die sich ihres Erfolgs bei den Frauen rühmen und nicht diskret, nicht heimlich minnen können. – Zur gleichen Zeit schrieb der junge Hartmann von Aue sein sogenanntes *Büchlein (Die Klage),* ein Lehrgedicht über die hohe Minne in der Form eines Streitgesprächs: Körper und Herz überhäufen sich mit Vorwürfen, bis das Herz den nur auf Genuß (›gemach‹) hin orientierten Körper zur ›arbeit‹, zum Minnedienst, also zum Sich-Bemühen um die Gunst der Dame überredet. Nur wer so liebe, handle auch gottgefällig. Minne erhält in Hartmanns Schrift den erzieherischen, den Mann disziplinierenden

Wert, über den im vorangegangenen Kapitel ausführlich gesprochen worden ist. – Dialoge und Streitgespräche mit ähnlicher Thematik finden sich in der Mitte und zweiten Hälfte des 13. Jahrhunderts dann in der *Frauenehre* des Stricker oder in Ulrichs von Lichtenstein *Frauendienst,* einem Text, in dem schon die Entartung der höfischen Gesinnung beklagt wird. In der um 1300 entstandenen *Der Minne Lehre* des Johann von Konstanz, der wohl dem Zürcher Manesse-Kreis (vgl. S. 288) angehörte, wird die Geschichte einer langen Werbung bis zur Vereinigung des Paares erzählt, wobei zahlreiche Ratschläge für Liebende, auch Warnungen und allgemeine Lebensregeln eingeflochten werden. Dieser Text gilt als erstes Beispiel einer ›Minnerede‹, eine Textsortenbezeichnung für all die vielen im späten Mittelalter verfaßten, z. T. allegorisch eingekleideten Reflexionen über den Wert der Frau, das Wesen und den Vollzug der Minne, über Sinnlichkeit und Enthaltsamkeit u. a. m. Eine Spielart der Minnerede ist die große Minneallegorie, die nicht nur einzelnen Personen eine besondere Bedeutung unterlegt, sondern auch den Orten, dem erzählten Geschehen insgesamt. Die umfangreichste und komplexeste war die um 1340 verfaßte *Minneburg* eines Anonymus, die bei weitem einflußreichste und verbreitetste das ebenfalls um die Mitte des 14. Jahrhunderts geschriebene Gedicht *Die Jagd* des Pfälzers Hadamar von Laber. Hier wird die Werbung um eine Dame, anknüpfend an eine seit Ovid bekannte Metapher, ins Bild der Jagd gebracht. Der Werbende verfolgt mit seinen Hunden, die in ihrer Mehrzahl die Bezeichnungen menschlicher Eigenschaften als Namen tragen (Lust, Froide, Wunne, Trost, Triuwe, Staete, Harre usw.), ein edles Wild. Der Leithund Herze reißt sich los, wird vom gejagten Wild verwundet. Nach weiteren Mißerfolgen, das Wild zu erlegen, bleibt der Jäger auf seiner Suche allein mit Harre (der Geduld), nachdem er gezögert hat, den Hund Ende einzusetzen. Läßt man die allegorischen Einkleidungen beiseite, so steht der höfische Grundgedanke vor Augen: Wem die Dame das Herz verwundet, der läßt ihre Ehre unangetastet, zügelt seine Brutalität, gibt sich mit dem Harren auf Gegenliebe zufrieden. Der Reiz des Textes liegt nicht in diesem seit dem 12. Jahrhundert ständig wiederholten Gedanken, sondern in der Form seiner Äußerung; und diese Form, die Allegorie, weist auch auf den inzwischen erreichten Grad seiner Erschöpfung, zugleich auf den Verlust seiner gesellschaftlichen Relevanz. Nachdem die Spielelemente des Minnesangs ihre Bindung an die gesellschaftliche Wirklichkeit des Hofes verloren haben, »sind sie gleichsam freigesetzt für ein Eigenleben; sie bekommen die Möglichkeit, im

Rahmen der literarischen Fiktion ihre eigene Wirklichkeit zu gewinnen. Maze, Triuwe, Staete, Zuht sind nun keine an Gesellschaft gebundenen Regeln mehr, sondern können sich zu ›Subjekten‹ emanzipieren.«[31] Als allegorische Figuren fungieren sie als Orientierung für eine soziale Gruppe, die ihre ideologischen Grundlagen um so theatralischer und dekorativer zur Schau stellen muß, je mehr diese durch den Wandel der gesellschaftlichen Machtverhältnisse und Lebensbedingungen in Frage gestellt werden.

All die genannten Ritter-, Verhaltens- und Minnelehren waren mehr oder weniger eindeutig an den Rezipientenkreis des Hofes bzw. des städtischen Patriziats gebunden. Vom 14. Jahrhundert an begann sich der Adressatenkreis zu öffnen: Es entstanden Lehrdichtungen, die ständeübergreifend auf ein breiteres Publikum zielten und entsprechend Lebensfragen von allgemeingültiger Bedeutung behandelten, dabei zum Teil auch auffällig stark auf christliche Wertvorstellungen, auf Inhalte der christlichen Dogmatik (vgl. Kap. I) zurückgriffen. Von diesen allgemeinen Lebenslehren seien hier exemplarisch der *Renner* des Hugo von Trimberg, die Reimreden des Teichner und Ulrich Boners Fabelsammlung *Der Edelstein* hervorgehoben.

Der *Renner* (der Titel weist auf ein Pferd, auf dem der Dichter querfeldein reitet) wurde im Jahre 1300 beendet; in 72 Handschriften überliefert, war er die verbreitetste Lehrdichtung des ganzen Mittelalters und mit fast 25 000 Versen zugleich die umfangreichste. Ihr Verfasser war über vier Jahrzehnte hinweg Schulmeister am Stift St. Gangolf bei Bamberg. Die Bindungen dieses belesenen Bürgers an die Geistlichkeit der Bischofsstadt sind unverkennbar. Denn wie eine große Moralpredigt ist seine Dichtung nach den sieben Todsünden Hochmut (›superbia‹), Geiz/Habsucht (›avaritia‹), Überfluß (›luxuria‹), Wut/Zorn (›ira‹), Völlerei (›gula‹), Neid (›invidia‹) und Müßiggang/Faulheit (›acedia‹) gegliedert (Zorn und Neid in einem Abschnitt zusammengefaßt). Diese Sünden werden an den verschiedenen Ständen (der Geistlichkeit, den Rittern, den Bauern) und an bürgerlichen Berufsgruppen exemplifiziert, wobei die Habgier im Mittelpunkt steht, ohne daß dabei aber die Kaufleute übermäßig angegriffen würden. Vielmehr richtet sich Hugos Kritik vor allem gegen Geistliche, obwohl und weil er gerade deren Stand besondere Ehrerbietung entgegenbringt. Für die Veranschaulichung greift er auf reichhaltiges Quellenmaterial zurück, vor allem auf die biblischen Erzählungen des Alten Testaments und auf Texte der Kirchenväter. Ausweg aus all den menschlichen Verstrickungen sind die Gnadenmittel der christlichen Dogmatik: Reue, Beichte und Buße. Dieses so stark von theologischen Gedankengängen geprägte Werk trägt dennoch unübersehbare bürgerliche Züge. Zwar gelingt es seinem Verfasser nicht, die menschlichen Verfehlungen aus den realen Lebensbedingungen seiner Gegenwart zu entfalten (dies ist bei seiner Bindung an die abstrakte Morallehre der Kirche auch gar nicht zu erwarten), aber es ist zum einen bezeichnend, daß Wertvorstellungen wie Ehre, Treue, Maß, Freigiebigkeit gleichsam ihre christliche Entschiedenheit und auch ihr ritterliches Pathos verlieren und zu Ehrbarkeit, Zuverlässigkeit, Behaglichkeit sichernder Ausgewogenheit, den eigenen Möglichkeiten entsprechender Fürsorge popularisiert werden, und zum anderen, welch große Bedeutung der Glaube an die Erziehbarkeit des Menschen durch Einsicht erhält. Insofern verwundert es auch nicht, daß der *Renner* noch für die Aufklärer des 18. Jahrhunderts Aktualität besaß – Gottsched, Lessing, Herder kannten und schätzten ihn.

Entschiedener als Hugo von Trimberg zielte der Teichner mit seinen zwischen 1350 und 1365 entstandenen Reimreden auf ein breites Publikum. Er lebte in Wien, war wohl ein Bürgerlicher und hatte wie der Dichter des *Renner* Beziehungen zu klerikalen Kreisen, genauer: zu laienmissionierenden Bruderschaften bzw. Orden, die angesichts häretischer Strömungen das Sozialleben Wiens im 14. Jahrhundert zu beeinflussen suchten[32] und dabei nicht etwa nur die exklusive Schicht der Adligen, Reichen und Gebildeten meinten, sondern auch die Zunfthandwerker, die Knechte und Mägde, bis hinab zu den Asozialen, also die gesamte städtische Öffentlichkeit. Es überrascht daher nicht, wenn die Reimreden des Teichner, gesprochene, unstrophische Reimpaarfolgen, kunstlos und gradsinnig auf die direkte Belehrung und Beeinflussung der Hörer zielen und dafür auf stilistische Mittel und den Formelvorrat der (in Kap. I behandelten) breitenwirksamen Volkspredigt zurückgreifen.[33] Inhaltlich ging es dem Teichner, ähnlich wie Hugo von Trimberg, zuallererst um Sittenpredigt und Ständekritik. Er gibt in ständigen Wiederholungen den Adligen Anweisungen zu richtigem Verhalten bis zur Kindererziehung, ergreift Partei für sie gegen die Emanzipation der Bauern, beklagt andererseits aber deren Ausbeutung durch die Ritter; er erinnert die Geistlichen an ihre seelsorgerlichen Aufgaben; er mahnt die Handwerker zu rechter Haushaltung und tadelt ihre Unredlichkeiten. Eine Vorliebe für einen einzelnen Stand wird dabei kaum erkennbar (die sich darin spiegelnde Unabhängigkeit des Teichner ist schon immer hervorgehoben worden). Daß in seinen Reimreden ein umfangreicher Laster- und Tugendkatalog ausgebreitet wird[34], blieb im Rahmen der Konvention und diente dem schon erwähnten Bedürfnis aller Stadtbürger, sich der rechten, d. h. ihnen jeweils zukommenden Verhaltensweisen zu vergewissern. Wie bei Hugo von Trimberg werden auch beim Teichner der Hochmut und die Habgier besonders angeprangert. Daß diese Laster nicht nur in den Lehrdichtungen insgesamt, sondern auch und vor allem in den in der Stadt gehaltenen Predigten (vgl. die Ausführungen von Berthold von Regensburg in Kap. I, S. 46ff.) ein so großes Gewicht erhielten, bedarf einer Erklärung (die schon Huizinga gegeben hat).[35] Hochmut ist, theologisch gesehen, der Abfall des Menschen von Gott und die Quelle aller weiteren Sünden. Sie ist zugleich eine im mittelalterlichen Feudalismus verwurzelte Sünde, zumindest eine ständig wirksame Versuchung, weil in ihm Besitz im wesentlichen noch unbeweglich ist und die Macht der Herrschenden weniger an ihrem Reichtum erkennbar wird als an den persönlichen Abhängigkeiten, die sie sich schaffen. Das Machtgefühl äußert sich, indem solche Abhängigkeiten zur Schau gestellt werden: Der Mächtige umgibt sich mit seinem Gefolge, läßt sich kniefällig huldigen, erweist feierliche Ehrerbietungen usw. Diese ›Erhabenheit‹ ist eine Triebfeder aristokratischen Lebens im Mittelalter und ist zugleich immer der Gefahr des Mißbrauchs solcher Abhängigkeiten, der Gefahr des Hochmuts ausgesetzt, der die eigenen Bindungen und Verpflichtungen nicht wahrhaben will. – Mit der Entwicklung des Geldverkehrs verändern sich auch die Möglichkeiten, die eigene Macht zu zeigen. Der Habsucht, als der Voraussetzung für die Anhäufung beweglicher Schätze und ihrer Verschwendung zur Befriedigung von Begierden, fehlt der theologische Aspekt des Hochmuts – sie ist eine rein materielle Sünde. Ihr können im späten Mittelalter nun aber etwa auch die Kaufleute frönen, denen gesellschaftliche Macht noch nicht oder erst eingeschränkt zukommt. Aus adliger Sichtweise kann die Habgier daher noch verwerflicher sein als der Hochmut, insofern sie eher als dieser die in der Stadt um die Macht konkurrierenden Kaufleute kennzeichnet (eine Sichtweise übrigens, die mehr noch bei Hugo von Trimberg als beim Teichner zu erkennen ist). – Das eigentlich Neue der Reimreden des Teichner liegt nicht in der Wiederholung der Mißbilligung dieser und anderer Laster oder des Lobs so unterschiedlicher Tugenden wie Mitleid, Gehorsam, Einfalt, Demut, Keuschheit, Armut, Einhaltung des ›ordo‹, um nur einige wichtige zu nennen, sondern in der Art und Weise ihrer Vermittlung, in der Schmucklosigkeit seiner Rede. Gerade hierin mag man den

Ernst seiner Absichten erkennen. Während es in der Lehrdichtung des Mittelalters allgemein üblich war, das Gemeinte mit Hilfe von Beispielerzählungen, zunehmend auch mit Hilfe von Personenallegorien, Fabelmotiven, auch Streitdialogen so zu veranschaulichen, daß die kunstfertige Darbietungsform als solche die Aufmerksamkeit auf sich ziehen mußte (man denke an den Meistergesang – vgl. S. 316ff.) und so unter Umständen auch die Unterweisung verstellen konnte, nutzt der Teichner poetische Einkleidungsformen nur, soweit sie seinen Wirkungsabsichten unmittelbar zugute kommen. Der Gesichtspunkt der Brauchbarkeit schiebt sich entschieden vor ästhetische Erwägungen. Man erkennt dies beispielsweise daran, daß die verwendeten Beispiele nicht interpretierend in ihre Einzelzüge auseinandergelegt, sondern zu bloßen Vergleichszwecken verkürzt, zur bloßen Funktion in einer Argumentationskette werden; daß Allegorien nicht detailliert entfaltet, sondern verstümmelt werden, nur um eine Lektion wirkungsvoll zu eröffnen: daß Streitgespräche nicht durchgeführt, sondern schnell abgebrochen und in die direkte Darlegung übergeleitet werden, so daß Argument und Gegenargument sich nicht die Waage halten können usw. Diese »rücksichtslose Zweckverwendung«[36] aller literarischen Konventionen um der direkten Wirkung willen hat viele der dichtenden – und ebenfalls an die Predigt vor Massenansammlungen gewohnten – Zeitgenossen des Teichner offenbar so beeindruckt, daß die Form seiner Reimrede immer wieder nachgeahmt wurde und zum Typus wurde (zur ›Teichnerrede‹ oder einfach zum ›Teichner‹).

Während Autoren wie Hugo von Trimberg und der Teichner die verschiedensten Möglichkeiten bildlicher Einkleidung für ihre Absichten nutzen, wenn auch auf unterschiedliche Weise, konzentrierten sich andere Moraldidaktiker auf den Gebrauch nur einzelner solcher Möglichkeiten und trugen so dazu bei, bestimmte Tropen zu Genres oder Gattungen auszubauen bzw., falls sich auf literaturgeschichtliche Traditionen zurückgreifen ließ, ihren genrehaften Charakter ins Gedächtnis zu rufen. Auch auf diese Weise konnte man das Publikum zielbewußt auf den Sinn des Gesagten lenken. Die ausgeformte Allegorie ist uns im Zusammenhang der Minnelehren bereits begegnet. Auf die antike Tradition der Fabel besann sich Ulrich Boner, Angehöriger eines Berner Ratsgeschlechts und Dominikaner, der um die Mitte des 14. Jahrhunderts im Rückgriff auf lateinische Vorlagen seine Fabelsammlung *Der Edelstein* herausgab. Zuvor waren in der Lehrdichtung des Mittelalters und nicht nur in ihr immer auch schon Fabelmotive benutzt worden, die dann umgehend gedeutet wurden – noch der Stricker, der erste wirkliche deutsche Fabelerzähler, wie de Boor ihn nennt,[37] behandelte die Fabel im 13. Jahrhundert vornehmlich als ›bîspel‹ (als ›Bei-Erzählung‹), d. h.: er legte besonderen Wert auf ihre Deutung. Für Boner ist die Bildhälfte, der erzählerische Teil der Fabel, das Reden und Handeln der Tiere, von ebensolcher Bedeutung wie die Sachhälfte, die Lehre; er vertraut wie die antiken Autoren der ›äsopischen‹ Fabel viel stärker der unmittelbaren Kraft der Anschauung, der Fähigkeit des Lesers, den im Bild enthaltenen Sinn unmittelbar verstehen zu können. Die 25. (dem Märchen entnommene) Fabel seiner Sammlung erzählt von den Fröschen, die ohne Not nach einem König schreien. Schließlich schickt Jupiter ihnen den Storch, der sie alle verschlingt. Ohne Boner damit zum Wegbereiter bürgerlicher Freiheit stilisieren zu wollen, obwohl sich bei ihm – worauf Wehrli hingewiesen hat[38] – das Lob der Freiheit häufiger wiederholt (›wer her mag sin, der si niht knecht!‹), ist hier doch etwas von dem Unabhängigkeitswillen der Städter zu spüren, auf den wir, auch wenn er sich zum Teil seltsam paradox zu erkennen gibt, bei der Betrachtung der Literatur der städtischen Mittelschicht viel häufiger stoßen werden.

Sieht man auf die skizzierte Entwicklung der Literatur der städtischen Oberschicht im späten Mittelalter zurück, insbesondere auch auf die Lehrdichtungen, so ist man der Spannung, die zwischen den sich in der Literatur widerspiegelnden sozialen Bewegungen ihrer Träger und der Konventionalität ihres Denkens besteht, fast überall gewärtig. Obwohl die gesellschaftliche Oberschicht sich in der Stadt unruhig neu formiert und insbesondere die reichen Kaufleute politische Ansprüche geltend machen, sind doch die überkommenen Vorstellungen von der festen Gliederung der Gesellschaft in einzelne Stände, von denen jedem seine von Gott gegebene Aufgabe zukommt, nicht überwunden. Die in der Literatur so häufig anzutreffende Ständekritik ist der beste Beleg für die Wirksamkeit dieses ›ordo‹-Gedankens, für die Statik des Gesellschaftsbildes. Kritik wird an der Verletzung der einem Stand zukommenden Verhaltensweisen geübt. Insofern ist es prinzipiell richtig zu sagen, daß die Literatur der Oberschicht – gerade die Lehrdichtung – weniger die gesellschaftliche Veränderung anstrebt als vielmehr die sittliche Durchdringung der gottgegebenen, aber stets von der Sünde der Menschen bedrohten Verhältnisse. Die Tugend der Barmherzigkeit wird gefordert, aber nicht der soziale Ausgleich und die gerechte Verteilung der Güter. Dieses konservative Denken, das die gesellschaftliche Gliederung sein läßt, wie sie ist, findet literarisch den wohl deutlichsten Ausdruck in den Schachallegorien (die bekannteste deutschsprachige ist das Schachbuch Konrads von Ammenhausen aus dem Jahre 1337), in denen die hierarchisch geordneten Schachfiguren als Vertreter der Stände bzw. Berufsgruppen fungieren und sich nach festen Regeln geordnet bewegen. Daß jedoch überhaupt solche Allegorien verfaßt wurden, weist darauf hin, wie sehr die geordnete Gesellschaft bereits wankte. Die Schachallegorie ist das Gegenbild einer »Gesellschaft in der ›Krise‹«, ein »Modell der Ordnung in einer unordentlich gewordenen Welt.«[39]

Natürlich ist das Empfinden für gesellschaftliche Veränderungsprozesse nicht auf die Stadt beschränkt gewesen, auch wenn die soziale Mobilität, d. h. der Versuch vieler einzelner, einen neuen ›Stand‹ einzunehmen, um so deutlicher werden kann, je enger der Raum ist, in dem sie wirksam wird. Aber das literarische Werk, das die Gefährdung des ›ordo‹ am stärksten verurteilt und zugleich die soziale Mobilität als Problem am deutlichsten ins Bild gesetzt hat, der *Meier Helmbrecht* des Wernher der Gartenaere, gehört gerade nicht in den Umkreis der Stadt – es ist geschrieben aus der Perspektive des Landadligen, der sowohl die Verfehlungen des Bauernstandes als auch die des höfischen Rittertums angreift. Über den Verfasser ist nichts Näheres bekannt; von Wolfram und Neidhart wußte er; sein Dialekt weist ihn in den bayerisch-österreichischen Raum; der Text ist bereits in der zweiten Hälfte des 13. Jahrhunderts geschrieben, zwischen 1250 und 1280. Im Mittelpunkt dieser Verserzählung, die zur Hälfte aus Dialogen zwischen Vater und Sohn besteht und durchaus Berührungen mit der Lehrdichtung zeigt, steht ein junger Bauer, Helmbrecht, der entgegen den Vorhaltungen seines Vaters seinen Stand verlassen und Ritter werden will. Er verstößt damit sowohl gegen das vierte Gebot als auch gegen die soziale Ordnung. Die Gesellschaft der Raubritter, in der er auf einer Ritterburg avanciert und in die er auch seine Schwester als ›Räuberbraut‹ hineinschleppt, wird schließlich gerichtet, er selbst geblendet und verstümmelt. Als Krüppel und ›verlorener Sohn‹ kehrt er zum Vater zurück, wird aber von ihm zurückgestoßen, empörte Bauern, die er geschädigt hatte, hängen ihn auf. Anders als in der biblischen Parabel gilt hier das unerbittliche Gesetz der Gerechtigkeit, nicht die Gnade. Nicht nur der dünkelhafte, ›hoffärtige‹ Bauer findet bei Wernher seinen gerechten Lohn, auch die heruntergekommenen, wegelagernden Raubritter werden bestraft und getötet. Dem stellt Wernher im Dialog zwischen Vater und Sohn das Bild echten Rittertums entgegen und vor allem, hierin Hartmann von

Aue folgend, das Bild des würdevollen Bauern, der seinen Stand selbstbewußt als Fundament der Gesellschaft versteht.

Die Verwirrung der Ständeordnung und die Klage darüber sind ein übergreifendes Thema der geistlichen Literatur und der Literatur des Adels im späten Mittelalter – in der Literatur der städtischen Zunfthandwerker tritt neben die Unterwerfung unter diese Ordnung auch das – nicht ganz freie – Gelächter über sie.

Die Literatur der Zunftbürger

Der ›ordo‹-Gedanke, »das geheiligte Schema von den untereinander abgestuften Ständen«,[40] ist auch von der breiten Schicht der in der mittelalterlichen Stadt arbeitenden Handwerker nicht in Frage gestellt worden. Die Handwerker (zu ihnen zählen nach mittelalterlicher Auffassung etwa auch die Ärzte und Apotheker, die Schreiber und Amtsleute, die Stadtwächter und Wirte, also alle, die körperlich bzw. mit den Händen arbeiten) haben gegen die feudale Ordnung nicht etwa rebelliert, sondern vielmehr mit den verschiedensten Mitteln versucht, sich in ihr zu etablieren und, nachdem dies gelungen war, als ein neuer Stand Anteile der politischen Macht zu übernehmen (was während des 14. und 15. Jahrhunderts in teilweise blutigen Auseinandersetzungen mit dem Patriziat auch geschah). Sie haben die mittelalterliche Hierarchie, die den Adel, die Geistlichkeit und die Bauern (den Wehrstand, Lehrstand und Nährstand) zueinander ins Verhältnis setzte, erweitert. Obwohl sich mit dem Eintritt der Städter in das politische Leben die hierarchische Ordnung der Gesellschaft also differenziert, bleibt doch die Vorstellung von ihr als einem (statischen) Gehäuse unberührt. Trotz zunehmender Gruppenbildungen und auch interner Abstufungen gerade am Ausgang des Mittelalters versteht die Gesellschaft sich nicht als ›mobil‹, sondern als ›feststehend‹,[41] was aber die vielen, zum Teil kämpferischen Versuche insbesondere der verschiedenen Gruppen der Handwerker, in der gesellschaftlichen Hierarchie, ja selbst innerhalb des eigenen Standes eine einflußreichere Stellung erlangen, keineswegs ausschließt.

Diese Versuche wurden in der Regel nicht von einzelnen, sondern gemeinschaftlich unternommen. Wie im frühen und hohen wurde auch im späten Mittelalter genossenschaftlich gedacht. Nicht nur der Adel organisierte sich beispielsweise in Ritterorden oder Ritterbünden, gerade auch die Bürger entfalteten sich als einzelne Personen in Korporationen – in Gilden, Zünften, Bruderschaften u. ä., über die sie sich zugleich auch ›politisch‹ definierten. In Vereinen, Parteien lebt dieses genossenschaftliche Denken bis heute fort, obwohl aus ihm das brüderliche und schwesterliche Zusammenleben, das dem einzelnen durch die Praxis der kollektiven Selbsthilfe in unterschiedlichsten Lebenssituationen einst Sicherheit gab, inzwischen – weitgehend – verschwunden ist, ihre Mitglieder sich kaum noch persönlich kennen und nur mehr zu bestimmten Zwecken zusammentreffen.

Die städtische Öffentlichkeit des Mittelalters bestand aus einem Nach- und Nebeneinander von Ständen und Gruppen, die sich als solche auch äußerlich unverwechselbar zu erkennen gaben, zum Beispiel durch ihre Kleidung. Sich standesgemäß oder ›an-ständig‹ zu kleiden, hieß eben, der Ordnung seines Standes zu folgen, das anzuziehen, was diesem Stand zukam. Dabei gab es sogar eine Farbordnung, die jedem Stand bestimmte Farben zusprach, z. T. auch einzelnen Berufsgruppen (man vgl. noch heute etwa die schwarze Kleidung der Schornsteinfeger oder die blaue der Monteure, die grüne der Förster) und die Gesellschaft so insgesamt als einen differenzierten ›Farbkörper‹ erscheinen ließ.[42] Auch heute noch spricht man ja von der ›Kleiderordnung‹, wenn man bestimmte Machtverhältnisse bezeichnen will. Ferner folgten viele Gruppen bei alltäglichen Verrichtungen, z. B. beim gegenseitigen Besuch, beim Essen, beim Musizieren, ganz bestimmten Ritualen,[43] mit einer Konsequenz, die durchaus etwas Zwanghaftes in sich trug. Auch der Sinn für Form in den Künsten, für die Anhäufung von Einzelheiten um der Vollständigkeit des Bildes willen, in der Literatur besonders auch für das rhetorische Spiel und für klangliche und rhythmische Ausschmückungen hat mit dem gesellschaftlichen Bedürfnis nach Abgrenzung und Unverwechselbarkeit zu tun. Die in wirtschaftlicher, politischer, sozialer und auch künstlerischer Hinsicht bedeutendsten genossenschaftlichen Vereinigungen der mittelalterlichen Stadt waren die Zünfte der Handwerker, die in ihrer Gesamtheit den Stand der Zunfthandwerker bzw. der Zunftbürger bildeten. Zünfte entstanden nach dem Vorbild der alten Eidgenossenschaften der Kaufleute, der Kaufmannsgilden, seit dem 12. Jahrhundert. Der in süddeutschen Städten für diese ›fraternitates‹ der Handwerker nachweisbare Begriff ›zunft‹ konkurrierte zunächst mit Bezeichnungen wie ›bruderschaft‹, ›gilde‹ (in Norddeutschland nicht nur für die Kaufleute, sondern auch für die Handwerkerverbände üblich), ›einunge‹, ›innunge‹ (noch heute im Begriff der Handwerkerinnung erhalten) und ›zeche‹ (ebenfalls heute noch Bestandteil von Komposita) und setzte sich erst im 14. Jahrhundert allgemein durch. Der Begriff ist schon im Althochdeutschen bekannt (ahd. ›zunft‹ = Übereinkommen, Ordnung) und etymologisch mit dem ahd. Verb ›zeman‹ = ziemen und dem ahd. Adjektiv ›zimilih‹ = ziemlich – im Sinn von ›was sich ziemt‹ – verwandt. Diese Bedeutungen weisen auf den ethischen Aspekt dieser Vereinigungen, der uns näher beschäftigen wird. – Die Zahl der Zünfte, die jeweils ein Handwerk vertraten, war in den verschiedenen Städten und zu verschiedenen Zeitpunkten unterschiedlich hoch. In einer großen Stadt wie Köln gab es am Ende des 14. Jahrhunderts 42 verschiedene Zünfte, in Wien sogar nahezu hundert.[44] Mitglieder einer Zunft waren ausschließlich die (seit dem 14. Jahrhundert aufgrund eines Befähigungsnachweises, eines ›Meisterstücks‹, ernannten) Meister, nicht also die Gesellen und Lehrlinge, was – nachdem die Gesellen sich in der Mitte des 14. Jahrhunderts zu organisieren begannen – Anlaß vieler Konflikte wurde. Konflikte aber gab es auch zwischen den Zünften untereinander. So solidarisch sie sich im allgemeinen gegenüber dem Patriziat verhielten, so sehr stritten sie untereinander um Vorherrschaft und politischen Einfluß in der Stadt. Manche Zünfte konnten wirtschaftlich so mächtig werden, daß sie sogar Patrizier absorbierten.[45]

Daß es überhaupt zur Bildung von Zünften kam, hat zunächst wirtschaftliche Ursachen. Die Gründung von Städten bewirkte einen regen Warenaustausch zwischen Stadt und Umland: Die Bauern konnten in der Stadt Lebensmittel, sofern sie im Überschuß vorhanden und die Grundherren beliefert waren, mit Gewinn verkaufen und sich dafür mit handwerklichen Produkten versorgen. Da die Städter sich um die Erzeugung von Nahrungsmitteln nicht zu kümmern brauchten und die Handwerker sich ganz auf ihre eigene Arbeit konzentrieren konnten, bestand in den einzelnen Gewerben stets die Gefahr der Überproduktion. Um ihr zu begegnen, wurde durch stadtherrliche Marktordnungen seit der Mitte des 12. Jahrhunderts der sogenannte ›Zunftzwang‹ eingeführt, aufgrund dessen Handwerksmeister nur zugelassen wurden, wenn sie der genossenschaftlichen Vereinigung ihres Handwerks beitraten. Auf diese Weise sollte Konkurrenz ausgeschaltet, und es sollte gesichert werden, daß die einzelnen Produkte nur durch die Angehörigen des jeweiligen Handwerks selbst hergestellt wurden. Innerhalb dieser Vereinigungen, der Zünfte, wurde geregelt, wieviel Gesellen ein Meister einstellen und wieviel Waren er innerhalb eines bestimmten Zeitraums produzieren durfte. Um dem Eigennutz weiter entgegenzusteuern, wurde auch die maximale Arbeitszeit festgelegt, wurden die Rohstoffe für ein ganzes Gewerbe durch ausgewählte Vertrauensleute eingekauft u. a. m. Die Aufsicht über die Qualität der Ausfuhrwaren sollte andererseits die Sorgfalt des Handwerkers gewährleisten und den festen Kundenstamm der Zünfte erhalten.

All diese und weitere Einschränkungen eines freien und konkurrenzbetonten Wirtschaftens entsprachen im Grunde einer im ›ordo‹-Gedanken verankerten Genügsamkeit. Das Wirtschaften war keine freie Wildbahn,[46] sondern Teil der gottgewollten Ordnung, in der das Streben nach materiellem Gewinn kein Selbstzweck sein konnte. Viel wichtiger erschien den Zunftbürgern der Sicherheitsraum, den ihnen die Zunftordnungen schufen und den sie mit einem Ethos füllten. Wie dieses Ethos, das dazu berechtigt, von einer ›Lebensform‹ der Zunftbürger zu sprechen, sich geäußert hat, ist zum einen an einer Reihe selbstauferlegter, auf soziale Dienste gerichteter Aufgaben der Zunftangehörigen ablesbar, zum anderen an einer neu sich durchsetzenden, mit bestimmten Verhaltensweisen verknüpften Arbeitsauffassung.

Nach einem Wort Rankes glich die Zunft einer ›künstlichen Familie‹. Zu ihr gehörten nicht nur die Meister eines Handwerks, sondern auch ihre Frauen, ihre Kinder, die Witwen verstorbener Zunftgenossen. Wie andere Lebensgemeinschaften des Mittelalters auch, wie etwa das Kloster (vgl. Kap. I), wie die Sippe und Gefolgschaft (vgl. Kap. II), wie die an einem Hof versammelte Runde der Ritter (vgl. Kap. III), bewahrte auch die Zunft den einzelnen vor Isolierung, gab ihm Schutz durch die Solidarität der Gleichgesinnten und Gleichbetroffenen.[47] Man besprach Arbeits- und Alltagsprobleme zusammen, feierte gemeinschaftlich und sorgte füreinander. Gerade dieser letztere, materielle Aspekt wurde – auch hierin äußert sich der Wunsch nach Sicherheit – durch verschiedene Einrichtungen gleichsam institutionalisiert. Die Zunft besaß Armen- und Krankenkassen, teilweise Rentenkassen für die Alten, Sterbe- bzw. Begräbniskassen. Zugleich waren die Zunftbürger unter Umständen auch Mitglieder beispielsweise von Gebetsbruderschaften zugunsten Verstorbener oder von Elendsbruderschaften, die für die sozialen Randgruppen sorgten. Das eindrucksvollste Beispiel kooperativer Selbsthilfe ist das von den Zünften gemeinsam bzw. von der ganzen Bürgerschaft einer Stadt errichtete Spital, eine Weiterentwicklung des klösterlichen Gästehauses, des ›hospitiums‹ (›hospes‹ = der Fremde, der Gast), in dem vom königlichen Boten bis zum Bettler jeder nach den vorhandenen Möglichkeiten versorgt wurde. Die Bürgerspitäler waren nicht nur Altenheime, sondern widmeten sich auch der Krankenpflege und der Armenfürsorge. Jedes Spital hatte seine Kapelle, in der sich alle, die es konnten, mehrmals täglich zum Gebet einfanden. Dies weist auf die christliche Grundlage dieser Einrichtungen, in denen der Mensch als Person wahrgenommen und angesprochen und – wenn möglich – durch Aufgaben, die immer anderen Notleidenden galten, in die Tagesordnung eingebunden wurde. Bis heute meinen wir diese ›caritas‹, wenn wir im Gegensatz zum Krankenhaus, dem Ort der Leistungsmedizin, an dem der Patient eher anonym bleibt, vom Hospital sprechen.

Der Gedanke der sozialen Gleichheit und der Verpflichtung füreinander sollte sich nach dem Willen der Zunfthandwerker nicht nur in existentiellen Notlagen bewähren, sondern auch den alltäglichen Umgang miteinander bestimmen. Die Zünfte haben deshalb stets erzieherischen, normativen Einfluß auf das Verhalten ihrer Mitglieder zu nehmen versucht und darüber befunden, was ›zünftig‹ war und was nicht. Dabei erhielt die ›Ehrlichkeit‹ (begrifflich eine Verinnerlichung der – eher zu den Herrschenden passenden – ›Ehre‹) einen zentralen Stellenwert. Genossenschaftlichkeit konnte sich nur verwirklichen, wenn man ›ehrlich‹ voreinander war und sich nicht gegenseitig verleumdete oder sich verstellte. Ehrlichkeit war gleichsam die Gegenleistung, die jeder dem anderen um der Geborgenheit in der Gruppe willen schuldig war. Daß ehrliches Verhalten in den Zunftordnungen ausdrücklich verlangt wurde, mag darauf hinweisen, daß es schwerfiel, ihm immer und überall nachzukommen. Überhaupt ist der Zwang, den die Zunfthandwerker sich selbst auferlegten, unübersehbar. Regelmäßig fanden Zunftversammlungen statt, an denen teilzunehmen Pflicht war. Unpünktlichkeit war verpönt, vorzeitiges Weggehen wurde bestraft, Beleidigungen waren verboten. In solchen Versammlungen, den ›Morgensprachen‹, wurden strenge Vorschriften ausgearbeitet. Um etwa die Sauberkeit zu gewährleisten, wurde bestimmt, wie oft gebadet werden mußte – Gesellen und Lehrlinge erhielten in manchen Zünften Badegelder. Anzügliches Reden Frauen gegenüber war verboten usw. Wer gegen solche Reglementierungen verstieß, wurde nach ebenfalls gemeinsam verabschiedeten Bußbestimmungen bestraft. – Die meisten der geforderten Verhaltensweisen kamen unmittelbar auch der Arbeit zugute. Wenn man bedenkt, daß die Arbeit noch in die Lebenszusammenhänge des Hauses eingebettet war – die Werkstatt war (ausgenommen einige wenige sehr geräuschvolle und schmutzige Gewerbe, die auf Plätzen oder Hütten an oder vor der Stadtmauer ausgeübt wurden) Teil des Handwerkerhauses, der Meister und seine Familie lebten mit Gesellen und Lehrlingen zusammen, der Sinn der Arbeit und ihr Ablauf war allen verständlich, und alle hatten das fertige Produkt am Ende vor Augen –, so leuchtet dies ohne weiteres ein. Die Ehrlichkeit als eine Lebensmaxime schlug sich auch in der ehrlichen Arbeit nieder, in der Güte des Werkstücks; Ordnung, auch Pünktlichkeit waren gefordert, wenn gemeinschaftlich an einem Stück gearbeitet wurde; Sauberkeit diente der Gesundheit aller Beteiligten; das Vermeiden ›unanständiger‹ Reden ermöglichte die ungezwungene Bewegung der im Haushalt arbeitenden, z. B. auch die Gesellen und Lehrlinge beköstigenden, Frauen. Welche Mühe die Einhaltung all dieser Regeln gekostet hat, mag man daran erkennen, daß sie noch heute als Erziehungsideale propagiert werden, obwohl die Lebenszusammenhänge, denen sie entstammen, zerbrochen sind bzw. sich entschieden verändert haben. Je mehr man sich an diesen Verhaltensregeln (an Ordnung, Pünktlichkeit, Sauberkeit u. ä.) abgearbeitet hat, desto tiefer haben sie sich offenbar über Generationen hinweg eingeprägt. Vielleicht wirkt das Wissen um ihre historische Herkunft ihrer (noch heute gerade in ›bürgerlichen‹ Kreisen üblichen) – fatalen – Verabsolutierung entgegen; mit den christlichen Wertvorstellungen des Abendlands, die in der karitativen Praxis gerade der Zünfte sehr lebendig war, haben sie nichts zu tun: es waren und bleiben ›Sekundärtugenden‹.

Die für das Mittelalter ungewohnte, neue Einstellung der Zunfthandwerker gegenüber der Arbeit bestimmt ihre Lebensform vielleicht am stärksten. Schwere körperliche Arbeit hatten zuvor fast ausschließlich die Bauern geleistet. Ausgebeutet von ihren Grundherren, die hohe Abgaben von ihnen erzwangen, mit mangelhaften Geräten arbeitend, war ihr Leben die reine Schinderei. Zur Zeit der Germanen war die Herrenschicht der reichen Bauern nur zeitweilig an der Landarbeit beteiligt, konnte sich jedoch jederzeit von ihr lösen, wenn kriegerische Ziele verfolgt wurden. Jedenfalls galt es nicht als Schande, auf Arbeit zu verzichten. Ganz rigoros abgelehnt wurde körperliche Arbeit vom Adel des hohen Mittelalters. Sie war unter der Würde des Ritters; sprach er von Arbeit, so meinte er sein Schildesamt und die damit verbundenen Verrichtungen. Lediglich die Benediktiner haben der körperlichen Arbeit im Mittelalter einen sittlichen Wert verliehen, über den in Kap. I ausführlich gesprochen worden ist. Sie war nicht nur notwendig für die Selbstversorgung der Mönche, sondern förderte auch ihre Askese und verhalf außerdem zu der Möglichkeit, Notleidenden zu helfen. Als ›Dienst‹ am Nächsten und an der Schöpfung Gottes im Sinne Luthers (vgl. ebenfalls Kap. I) haben sie Arbeit noch nicht verstanden, geschweige denn etwa als die zentrale – vom Gottesgedanken gerade wegführende bzw. ihn pervertierende – Sinngebung des ganzen Lebens. Inwieweit die Zunfthandwerker der Städte von der benediktinischen Arbeitsauffassung beeinflußt worden sind, ist nicht eindeutig zu beantworten.

Es läßt sich nicht übersehen, daß ihr Leben wie das aller Menschen des Mittelalters religiös geprägt war. Gerade in der Stadt kamen sie mit unterschiedlichsten religiösen Strömungen in Berührung, unter anderem auch mit den Armutsbewegungen und den Bettelmönchen, von denen die Bedeutung der Arbeit nun gerade nicht betont wurde. Bedeutsamer für die Zunfthandwerker, weil ihren eigenen genossenschaftlichen Lebensgewohnheiten entsprechender, waren die vielen Laienorden und religiösen Bruderschaften, deren Mitglieder gewerblich tätig waren, aber nur, um sich – jedenfalls zeitweilig – in der Gruppe versammeln und religiösen Betrachtungen hingeben zu können. Diese Praxis erinnert von fern an den Wechsel von Gebet und Arbeit, der in den der Benediktinerregel folgenden Klöstern gelebt wurde. Auf diese Weise mag die klösterliche Arbeitsauffassung auch in die Zünfte hineingetragen worden sein. Folgten die Zunfthandwerker ihr, so sahen sie ihre Tätigkeit als ein ›ministerium‹ an, das nicht nur ihren Unterhalt, sondern auch die Besinnung auf das Heil der Seele und zugleich die Hilfe für die Bedürftigen ermöglichte. So erklären sich möglicherweise auch Bekundungen von Zünften, nicht eigennützig handeln, sondern dem Wohl der ganzen Stadt dienen zu wollen.[48] Solche – auf Luthers Berufsauffassung (vgl. Kap. I) vorausdeutende – Absichten verwirklichten sich am sichtbarsten in der Qualität der Arbeitsleistung. Ein Werkstück so gut wie möglich herzustellen, konnte zu einer Art Gottesdienst werden. Zum Lob Gottes zu arbeiten (›ad maiorem dei gloriam‹ war eine gebräuchliche und ernstgemeinte Aufschrift nicht nur auf Kirchenglocken) und zum Nutzen der Menschen – darin konnten Zunftmeister ihre Verpflichtung sehen. ›Ein gutes Werk tun‹ hat so seinen mehrfachen Sinn.

Die religiöse Begründung des Arbeitsethos der Zunfthandwerker sollte allerdings nicht darüber hinwegsehen lassen, daß es auch andere Gründe dafür gab, gute Arbeit zu leisten. Die von den Zünften durchgeführten strengen Qualitätskontrollen der zum Verkauf von außerhalb bestimmten Waren weisen darauf hin, daß Redlichkeit und Fleiß offenbar auch erzwungen werden mußten, bevor sie zur Gewohnheit werden konnten, daß Tugenden, die zu erfüllen die einen sich innerlich gedrängt fühlten, für andere nur eine auferlegte Pflicht blieben oder aus Zweckmäßigkeit verfolgt wurden. Dies erinnert noch einmal daran, daß die Zünfte zuallererst wirtschaftliche Zusammenschlüsse waren. Ihr genossenschaftlicher Charakter konnte zwar wegen bestehender Affinitäten zur Lebenspraxis religiöser Vereinigungen eine fruchtbare Grundlage für ein aus religiösen bzw. christlichen Überzeugungen erwachsendes Arbeitsethos sein, aber für die Arbeitsleistung der Zunfthandwerker war auch ein so profaner Grund wie die Sicherung ihrer Absatzmärkte wesentlich. Das Motiv des wirtschaftlichen Interesses sollte jedenfalls nicht zu gering veranschlagt werden. Die vielen detaillierten Bestimmungen der Zunftordnungen lassen eine sachliche, nüchtern kalkulierende Einstellung erkennen, die nicht zuletzt in den Auseinandersetzungen um politischen Einfluß in der Stadt weiter gestärkt wurde. Im übrigen sprechen die vielen von Handwerkern gemachten technischen Erfindungen, mit Hilfe derer die Handarbeit erleichtert oder ersetzt wurde (u. a. das Pedal für den Trittwebstuhl, die hydraulische Säge, der gegliederte Dreschflegel, die Schleifmaschine für Edelsteine, der Kran, vor allem aber die Wassermühle), eine Sprache für sich.[49] Sie zeugen von genauer Beobachtung der Wirklichkeit und dem Willen, sie sich verfügbar zu machen. Auch hierdurch läßt sich die These stützen, nach der die Handwerker ihre Arbeitsleistung nicht nur als Möglichkeit der Emanzipation vom Knechtsdienst, sondern auch als Möglichkeit ihres bürgerlichen Aufstiegs begriffen haben. Aber dies schloß keinesfalls aus, die Arbeit auf Gott hin, d. h. im christlichen Sinn auf den Nächsten, den Mitmenschen hin zu orientieren. Wo der eigene Besitz zum Maß aller Dinge, d. h. wo auf eine übergreifende Begründung der Arbeit verzichtet wurde, lag schon die Keimzelle einer wirtschaftlichen Entwicklung, die aus dem Mittelalter hinausführte.

So bietet der Stand der Zunfthandwerker ein in sich durchaus widersprüchliches Bild. Der sich in der eindrucksvollen Arbeitsleistung dieser Menschen niederschlagende Selbstbehauptungs- und Durchsetzungswille bleibt dem ›ordo‹-Gedanken des Mittelalters verpflichtet und bindet sich zusätzlich durch ein strenges Regelwerk von Bestimmungen, die einerseits das genossenschaftliche Zusammenleben stützen und zu Sozialdiensten führen, in denen sich christliche Wertvorstellungen verwirklichen, die andererseits das Alltagsleben aber auch mit erheblichem Zwang belegen und, verbunden mit nicht uneigennützigen Abgrenzungsbedürfnissen, eine – sehr unchristliche – Engstirnigkeit und Rigorosität des Urteils (bzw. Vorurteils) fördern. Die in den Zünften lebendige Literatur hat die Widersprüchlichkeit der Lebensform dieses Standes deutlich zum Ausdruck gebracht und dabei auch kräftig in seine Ideologiebildung eingegriffen.

Der unmittelbarste literarische Ausdruck zunfthandwerklicher Gewohnheiten und Ansichten war der Meistergesang. Der Begriff weist auf den sozialen Ort dieser Literatur. Meistergesänge bzw. Meisterlieder sind die Produkte meisterlicher Kunstanstrengung innerhalb von Meistersingergesellschaften.[50] Derartige Gesellschaften, die seit 1450 nachgewiesen werden können, waren aus den religiösen Bruderschaften, also aus bürgerlichen Laiengruppen hervorgegangen, deren Mitglieder den Gottesdienst durch kunstvollen Gesang bereichern wollten. Es entstanden die ›Singschulen‹ bzw. ›Meistersingerschulen‹, in denen der Handwerkerstand zumindest stark dominierte. Dies geht schon daraus hervor, daß sie entsprechend den bei den Handwerkern üblichen Formen streng hierarchisch organisiert waren.[51] Dahinter steht die Auffassung, daß die Kunst des Meistergesangs wie ein Handwerk nach festen Regeln in stufenweiser Abfolge gelernt werden könne und daß gewissenhafte Übung zu immer solideren Leistungen führe. Es gab Schüler, die mit dem Kennenlernen der Kunstregeln beschäftigt waren, und Schulfreunde, die sie bereits kannten; Singer, die einige wenige Melodien vortragen konnten, und Dichter, die zu schon bekannten Melodien neue Texte produzieren und vortragen konnten; und schließlich die Meister, die in der Lage waren, einen neuen ›Ton‹, d. h. eine neue Strophenform und Melodie, zu erfinden. Wer auf diesen Rangstufen höher steigen wollte, wurde geprüft: Aus dem Kreis der Meister wurden die Merker gestellt, eine Jury, die bei derartigen Prüfungen oder bei Wettsingen die Fehler ›vermerkte‹ und anhand von Schulordnungen oder Tabulaturen Entscheidungen traf bzw. Preise vergab (als höchsten Preis die ›Krone‹, als zweiten den ›Kranz‹). Solche Tabulaturen enthielten die für die inhaltlichen und formalen Anforderungen des Vortrags maßgeblichen Regeln. Wichtig war nicht nur, vorgegebene Töne (Strophen- und Melodieformen) älterer Meister korrekt zu verwenden, sondern ebenso, christliche Meinungen zu vertreten und – nach der Reformation – die Lutherbibel richtig zu zitieren. Wer sich daran nicht hielt, hatte ›versungen‹. Man sollte die Freude an einem solchen Schulbetrieb nicht nur belächeln (oder sich nicht nur davon abgestoßen fühlen), sondern bedenken, daß hier der energische Versuch gemacht wurde, sich mehr oder weniger autodidaktisch Wissen und Bildung zu erarbeiten. Natürlich waren die Handwerker dabei auf Vorbilder angewiesen, und es verwundert nicht, daß sie – zumal in ihren Anfängen – sowohl auf die Literatur der Kirche, d. h. auf religiöses und theologisches Bildungsgut, als auch auf die Literatur der gesellschaftlichen Oberschichten, und hier gerade auch auf die lehrhafte Dichtung, zurückgriffen.

Im Mittelpunkt ihrer Bemühungen stand das Lied. Es wurde ohne Instrumentalbegleitung gesungen – auch musikalisch hielten die Meistersinger an der Tradition, an der hochmittelalterlichen Einstimmigkeit der Sangspruchdichtung fest. Strukturell maßgeblich war die aus dem Minnesang bekannte dreiteilige (stollige) Strophe (zwei Stollen im Aufgesang, ein Stollen im Abgesang); diese Strophe wurde zu teilweise langen ›Gebänden‹ oder ›Gesätzen‹ aneinandergereiht (das sog. Bar-Prinzip), wobei nur vorgeschrieben war, daß ihre Anzahl ungerade blieb. In sich waren die Strophen nach festen, teilweise komplizierten (seit den Meistersingern mit Buchstaben gekennzeichneten) Reimschemata gegliedert, und für die einzelnen Verse waren bestimmte Silbenzahlen vorgeschrieben, die zu harten Tonbeugungen führen konnten, – zum Beispiel in den häufig zitierten achtsilbigen jambischen Versen von Hans Sachs:[52]

Nach dem solt du vom tisch auffstehn,
dein Hend waschén und wider gehn
an dein gewerb und arbeyt schwer.
So sprichet Háns Sachs, Schumachér.

Die ›Ordentlichkeit‹, von der hier auch inhaltlich die Rede ist, ist charakteristisch für den ganzen Meistergesang. Ein formales Regelsystem bewußt (›ehrgeizig‹) einzuhalten, hat die Handwerkerdichter, die ›Kunsthandwerker‹, offensichtlich fasziniert, konnten sie doch auch hier die ›Ehrlichkeit‹ ihrer Arbeitshaltung vor sich selbst beweisen und sich darin bestärken. Dazu paßt, daß es ihnen weniger auf Originalität ankam als vielmehr auf die korrekte Verwendung bereits vorhandener Muster (in seinen etwa 4000 Meisterliedern hat Hans Sachs 275 Töne verwendet, aber nur 13 Töne selbst erfunden).[53]

In einer neueren Untersuchung zum Meistergesang[54] ist gezeigt worden, wie die Machart der Meisterlieder in Relation zur handwerklichen Produktionsweise stand. In ihrer täglichen Arbeit waren – verallgemeinernd gesprochen – Handwerker damit beschäftigt, Werkstoffe nach Maß (nach Augenmaß oder nach genauen Messungen) herzurichten. Ihre im Umgang mit den Werkstoffen entstandenen, Proportionen beachtenden Sehgewohnheiten gingen – mehr oder weniger bewußt – auch in ihre künstlerischen Beschäftigungen ein. Nicht nur war der Rhythmus der Meisterlieder stark durch quantitative Gesichtspunkte bestimmt, auch die Stoffe, die in den Texten bewältigt wurden, gerieten durch Reduktion und die Betonung bloßer Geschehenszusammenhänge in einfach proportionierte Abmessungen. Dieses gleichsam geometrische Sehen, das sich in den Meisterliedern niederschlägt, findet im übrigen in der bildenden Kunst der Zunftbürger seine Entsprechungen. Es gibt Skizzenbücher von Zeichnern, in denen figürliche Skizzen mit geometrischen Formen, mit Kreisen, Rechtecken, Dreiecken, in Beziehung gesetzt werden. Ein im 16. Jahrhundert beliebtes Hilfsmittel für perspektivisches Zeichnen, das Gitternetz, hat Dürer auf einem Holzschnitt (›Unterweisung der Messung‹) festgehalten (vgl. Abbildung).[55]

Der Zeichner unterteilt die Zeichenfläche in einzelne Netzquadrate, die dazu dienen, den Gegenstand, den er abbilden will, ins rechte Maß zu bringen.

Obwohl der funktionale Zusammenhang zwischen den aus beruflicher Tätigkeit resultierenden Sehgewohnheiten und den künstlerischen Produkten der Handwerkerdichter auffällig ist, läßt sich nicht sagen, daß sie vornehmlich ihre eigene Lebenswirklichkeit abgebildet hätten. Vielmehr ist es gerade charakteristisch, daß sie rückgreifend Stoffe und Formen übernommen haben, die in ganz anderen sozialen Kontexten entstanden waren. Aber sie haben diese Stoffe und Formen für ihre Zwecke ›hergerichtet‹, sie sich ›angemessen‹.

Die von älteren ›Meistern‹ übernommenen Töne wurden mit deren Namen und einem charakterisierenden Attribut bezeichnet (z. B. Frauenlobs ›Langer Ton‹, Regenbogens ›Grauer Ton‹). Wolfram, Walther, Reinmar, Klingsor, Ofterdingen, der Marner,

Frauenlob, Regenbogen, der Kanzler, Poppe, Stolle, Mügeln waren die zwölf ›Meister‹, die besonders geschätzt wurden; ihre Töne wurden teilweise schon vor der Gründung der eigentlichen Singschulen von einzelnen in der Stadt dichtenden Meistern nachgeahmt. Dabei traten inhaltlich die höfischen Aspekte zugunsten der religiösen und moralischen, die auch von den Zunftbürgern akzeptiert werden konnten, zurück. Die von Nestler von Speyer angefertigte sog. *Kolmarer Handschrift* aus der Mitte des 15. Jahrhunderts, neben der Manessischen Handschrift die zweite große Liederhandschrift des Mittelalters, vereinigt über 900 Texte und Melodien solcher vormeistersingerlichen Liederdichter. Unter ihnen ragen Muskatblüt, Michael Beheim und Jörg Schiller heraus, die alle in der ersten Hälfte und um die Mitte des 15. Jahrhunderts gedichtet haben. Besonders Schiller ist ziemlich direkt auf stadtspezifische Themen eingegangen und hat in der Tradition der Ständekritik den Wucher von Kaufleuten und die Trunksucht und Lüsternheit von Geistlichen angegriffen.

Von den eigentlichen, in Singschulen organisierten Meistersingern müssen die beiden Nürnberger Hans Folz und Hans Sachs als die bedeutendsten und einflußreichsten gelten: Folz, Barbier und Wundarzt, war 1459 nach Nürnberg gezogen und erreichte dort, daß nicht nur die Töne der alten Meister benutzt, sondern auch neue erfunden werden durften. Er war an Theologie interessiert, setzte sich entschieden für eine theologische Laienbildung ein und polemisierte gegen die Anmaßung grober Klötze (›roher pauren‹), ohne entsprechende Kenntnisse über die Heilige Schrift sinnieren zu wollen.[56] Seine eigene in seinen Meisterliedern vorgeführte allegorische Bibelexegese war dabei ganz konventionell und keineswegs gegen die kirchliche Lehrmeinung gerichtet. Dennoch gab die Tatsache, daß in Meisterliedern theologische Fragen aufgeworfen wurden, für die Kirche genügend Anlaß zur Beunruhigung. Denn die Zunfthandwerker begannen auf diese Weise, das kirchliche Monopol der Bibelauslegung zu unterlaufen. Noch galt das Verbot der Bibellektüre für Laien. Wenn nun von Handwerksmeistern Bibelexegese praktiziert wurde und wenn die Merker der Singschulen dabei anhand ihrer selbstverfertigten Tabulaturen entschieden, was richtig und was falsch war, so lag darin für die Kirche eine ihre Autorität untergrabende Tendenz. Insofern ist auch der Meistergesang eines Hans Folz eines der vorreformatorischen Indizien für die allmähliche Lösung der Laien aus den Bindungen an die kirchlichen Institutionen (vgl. dazu Kap. I).

Der bis heute prominenteste Meistersinger war Hans Sachs, ein

Nürnberger Schuhmachermeister, der ein vielseitiges, noch immer nicht voll ausgeschöpftes Werk hinterließ. Seine mehr als 6000 Dichtungen, die zwischen dem zweiten Jahrzehnt des 16. Jahrhunderts und seinem Todesjahr 1576 entstanden, umfassen nicht nur Meisterlieder und Reimpaargedichte, sondern auch Flugschriften und Dialoge, Fastnachtspiele und Dramen. Die Vielzahl der von ihm verwendeten Formen – gerade übrigens der literarischen Kleinformen – entspricht nicht zuletzt dem Wunsch, möglichst viele Rezipienten bei unterschiedlichsten Anlässen zu erreichen. Der Buchdruck, der seine Werke (bis auf die Meisterlieder, die traditionsgemäß als Eigentum der Meistersingergesellschaften betrachtet und privat gesammelt wurden) weit verbreitete, hat diesen Wunsch wirkungsvoll unterstützt, und Sachs war sich (seine vielen Leseranreden bezeugen dies) dieser Wirkung voll bewußt. Daß es bei dieser Massenproduktion von Texten nicht ohne Trivialitäten abging, ist – ganz zu Recht – immer wieder konstatiert worden; aber man muß zugleich die Mühe respektieren, mit der ein einzelner versucht hat, als ›Poet der Moralität‹[57] den eigenen Stand, d. h. ein breites, literarisch weitgehend noch ungebildetes Publikum, mit ästhetischen Mitteln zu unterhalten und erzieherisch zu beeinflussen (»Gott zu ehre, zu aufferbawung guter sitten und tugent und zu außreutung der laster«)[58] – im übrigen immer mit dem Ehrgeiz, gute künstlerische Arbeit dabei zu leisten, auch wenn Vereinfachungen um der Breitenwirkung willen notwendig erschienen. – In den Meisterliedern, um die es hier zunächst geht (und die in dieser Darstellung neben den Fastnachtspielen exemplarisch für das Gesamtwerk von Sachs stehen), lassen sich dabei durchaus didaktische Schwerpunkte erkennen. Auch er hat sich in ihnen wie Folz um den Schriftsinn der Bibel bemüht, allerdings ohne dabei das Reflexionsniveau seines Vorgängers zu erreichen oder dies auch nur zu wollen. Im Gegenteil – er wies theologische Spitzfindigkeiten zurück und betonte die Notwendigkeit der Bibellektüre als Quelle des Glaubens. Ein überzeugter Anhänger Luthers, machte er den Meistersang in Nürnberg zum Sprachrohr der Reformation. Teile der Bibelübersetzung Luthers wurden dort in Meisterliedform umgesetzt, und zusammen mit seinen Flugschriften und Dialogen[59] leisteten diese Bearbeitungen, die das Ohr der Angehörigen der Singschule erreichten, ihren Beitrag zum Aufbau und zur Stärkung einer reformatorischen Öffentlichkeit in der Stadt. – Eine entscheidende thematische Bedeutung – nicht nur in den Meisterliedern, aber eben auch dort – haben bei Sachs ferner seine Gedanken zum handwerklichen Arbeitsethos.

Zu arbeit ich den menschen klug[60]
Beschuff, wie den vogel zum flug

spricht Gott bei ihm – ähnlich wie im Alten Testament (Hiob 5,7). Der Mensch definiert sich über seine Arbeit, erhält aus ihr, mit der er sich die Natur unterwirft, sein Selbstbewußtsein.

Dacht: Nichts ist so hoch inn dem lufft,
Noch so tieff in des meeres grufft,
Noch inn der erst in staynes wand,
Das nicht durch die menschlichen handt
Mit arbeyt wird zu wegen bracht.[61]

Dies paßt zum Erfindungsgeist der Handwerker, von dem schon die Rede war. Immer wieder weist Sachs darauf hin, wie wichtig es sei, ›gute Arbeit‹ zu leisten, als ob er dem Verlust einer Norm nachtrauert, die einst für Handwerker gegolten hat.

In der Tat – in der Sachs-Forschung ist dies ausführlich besprochen worden[62] – waren die Arbeitsbedingungen der Handwerker in der Mitte des 16. Jahrhunderts nur noch entfernt mit denen des 14. und 15. Jahrhunderts vergleichbar. Die weitgehend noch bedürfnisbezogene Arbeit in diesen früheren Zeiträumen mit den durch die Zünfte organisierten patriarchalisch strukturierten Arbeitsverhältnissen (nach Marx dem ›gemütlichen Knechtschaftsverhältnis‹) war bereits der nach dem Kosten-Nutzen-Prinzip am Tauschwert orientierten Arbeit gewichen, d. h. einer Produktion von Waren allein unter dem Gesichtspunkt des durch sie möglichen Geldgewinns. Entsprechend weniger wurde das einzelne Produkt ›verantwortet‹ – und entsprechend veränderten sich auch die Beziehungen der Handwerker untereinander. Die Konkurrenz, die von den Zünften ehemals gerade eingedämmt werden sollte, bestimmte zunehmend auch die Lebensform der Handwerker gerade übrigens in Nürnberg, wo die Zunftbildungen von einem mächtigen vorwiegend patrizischen Rat immer wieder angegriffen bzw. zerschlagen wurden, wenn auch nicht immer mit Erfolg; auch das Verhältnis von Meistern und Gesellen wurde unpersönlicher oder löste sich ganz auf, wenn Gesellen in größeren Betrieben nur noch als ›Stückwerker‹ oder Lohnarbeiter arbeitsteilige Aufgaben verrichteten. Die – von Sachs befürwortete – Aufhebung des ›blauen Montags‹, der von den Gesellen meist nicht als Feiertag, sondern vielmehr als Gelegenheit genutzt worden war, durch zusätzliche Arbeit die Einstandskosten für den erwarteten Meisterstatus finanzieren zu können, trug dazu bei, die Gesellen lohnabhängig zu halten und ihnen den Aufstieg zu erschweren. Wenn Sachs das traditionelle Arbeitsethos der Handwerker beschwor, so war dies ein moralischer Appell, dem zu folgen – jedenfalls in manchen Handwerken (nicht alle sind über den gleichen Kamm zu scheren) – aufgrund des ökonomischen Prozesses nur schwer möglich war. Auch die (in der benediktinischen und lutherischen Tradition stehenden) häufigen Hinweise auf die reinigende Wirkung der Arbeit – auf ihren asketischen Aspekt also (»Also ein Christ nach arbeit ringt,/ Darmit er seinen Adam dempfft ...«)[63] – wirken unter diesen Umständen, vor allem aber angesichts der Massenarmut und Massenarbeitslosigkeit im 16. Jahrhundert (je nach dem Standpunkt, in den man sich hineinversetzt) mindestens anachronistisch und aus einer Rückzugsposition heraus geschrieben. Dabei waren Sachs soziale Probleme durchaus gegenwärtig. Gerade in der Stadt waren sie augenfällig. Während des ganzen Mittelalters haben Arme und Bettler die Städte und Klöster ›heimgesucht‹. Cluny ernährte zeitweilig 17 000 Arme, und vor den Stadttoren, in den Gassen und Kirchen scharten sie sich oft zu großen Gruppen zusammen.[64] Das Betteln war gesellschaftlich allgemein akzeptiert, bot die Armut doch die Möglichkeit für die christliche Liebestat, d. h. konnte sich die katholische Werkfrömmigkeit doch gerade an den Bettlern beweisen. Diese Einstellung änderte sich nicht nur, weil die Reformatoren in der Werkfrömmigkeit die Sünde der Selbstgerechtigkeit sahen (was nicht hieß, daß sie die ›guten Werke‹, wenn sie aus rechtem Glauben getan wurden, ablehnten), sondern weil die Massenarmut für die Bürger so bedrohliche Formen annahm – Straßburg soll im Jahr 1530 13 500 Bettler gehabt haben, Basel sogar 40 000[65] –, daß sie sich nur noch mit dem Bettelverbot zu wehren wußten. Danach – dies gilt auch für Nürnberg – sollte nur noch betteln dürfen, wen der Rat der Stadt aufgrund körperlicher Gebrechlichkeit für arbeitsunfähig erklärte und wer das Bettelzeichen erhielt. Es paßt ins Bild, wenn Hans Sachs in dieser Situation vehement gegen den Müßiggang polemisierte und sich gegen alle die wendete, die sich ihr Brot nicht selbst erarbeiteten und auf Kosten der Allgemeinheit lebten. So lange er dabei den Adel und die Geistlichkeit angriff, blieb er im Rahmen der konventionellen Ständekritik; aber er ließ auch die Armen nicht ungeschoren und moralisierte, ohne die Notlage der Betroffenen zu berücksichtigen. Insofern zeigt sich das zünftlerische Denken hier von seiner engstirnigen Kehrseite. Zugleich besann er sich aber auch wieder auf die überkommene Fürsorgepflicht für die Armen und sah in ihr – Luthers Theologie beiseite schiebend – eine Art ›heilskräftiger Investitionsanlage‹:[66]

Dein almusn du anlegen solt ...
Dein almusen wird für dich streiten ...
Gott reichlich dein gutthat.[67]

Auch hier also wurde eine altbewährte Maxime des Handelns zur Lösung einer neuen, schwierigen Situation empfohlen, der sie allein nicht mehr gewachsen sein konnte. Ökonomischen Problemen begegnete Sachs mit moralischen Argumenten, statt einzugestehen, daß er, wie der Handwerkerstand insgesamt, überfordert war. – Indem er sich für die Fürsorgepflicht einsetzte (und sei es um der individuellen Heilserwartung willen), appellierte er allerdings zugleich immer auch an den Bürgersinn der Städter. In diesem häufig – auch in anderen Zusammenhängen – vorgetragenen Appell liegt vielleicht der am ehesten in die Zukunft weisende Gedanke seiner Lieddichtungen. Immer wieder ist die Rede vom ›gemeinen nutz‹, der aus der Einmütigkeit der Bürger erwachse. Natürlich ist das Ideal der Ständeharmonie, das hinter der von Sachs sehr ausgiebig vorgetragenen Ständekritik steht, nichts Neues – es ist dem mittelalterlichen ›ordo‹-Gedanken gleichsam immanent. Aber es fällt schon auf, wie entschieden es von Sachs auf die Stadt, genauer: auf Nürnberg, bezogen worden ist. Neben der Stadtschelte steht der Lobspruch auf die Stadt. Zwei zusammengehörende, schwer zugängliche Meisterlieder aus dem Jahr 1527, »Jn dem Neuen thon hans sachsen der lieblich draum« und »auffschlus des draums«,[68] lassen besonders gut erkennen, wie Sachs hierbei verfahren ist. In einer Allegorie und ihrer Ausdeutung entwickelt er die – durchaus utopische – Vorstellung von der Stadt, die als ein Gebäude inmitten einer fast leeren Landschaft, als ›Werk‹ des Menschen, gesehen wird (vgl. Abbildung S. 324), als ein geschlossenes Gemeinwesen, das sich gegen Feinde und Neider zu wehren vermag und in dem Weisheit, Gerechtigkeit, Wahrheit und Stärke regieren, um den äußeren wie inneren Frieden zu sichern. Ein »Lobspruch der statt Nürnberg« hat diese beiden Meisterlieder drei Jahre später ergänzt. Die Stadt erscheint hier als ein Raum kontrollierter menschlicher Tätigkeiten; auch hier ist die Arbeit das Kriterium des Wohlstands – sie ist zugleich aber auch das Kriterium der städtischen Einheit, die einem Organismus gleicht, der nur durch das uneigennützige Zusammenspiel aller Bürger funktioniert (freilich auch durch das ordentliche Regiment des stets ebenfalls den ›gemeinen nutz‹ betonenden Rates – mit dieser Reverenz versuchte Sachs beim Rat der Stadt, der ihm wegen unbotmäßiger Verse zeitweilig ein Publikationsverbot erteilt hatte, wieder Wohlwollen zu finden). Selbst

Nürnberg in den Reichswäldern
1516, Erhard Etzlaub zugeschrieben

wenn man einräumt, daß Sachs die aktuellen Probleme Nürnbergs auch hier einfach überspielt,[69] enthält dieses frühe Idealbild doch einen vorausweisenden, auf die Gleichheit der Bürger zielenden politischen Aspekt – auch wenn diese Gleichheit zunächst nur über den Gedanken der gemeinschaftlichen Arbeit in und an der Stadt definiert ist, die für alle in ihr Wohnenden das eine ›Gehäuse‹ abgibt. Schon zehn Jahre später freilich war dieser Optimismus verflogen – zunehmend verzweifelte Sachs an der egoistischen Gewinnsucht (am ›eygnen nutz‹) seiner Mitbürger.

So lassen seine Liedtexte die schwierige Situation erkennen, in der sich der Handwerkerstand (nicht nur in Nürnberg) im 16. Jahrhundert befand. Indem sie so nachdrücklich die Lebensform und Moral der Zünfte beschwören, weisen sie auf deren sich aus verändernden ökonomischen Bedingungen ergebende Krise hin, die in Nürnberg durch die – freilich immer wieder unterlaufenen – Zunftverbote des Rats nur verschärft wurde. Auch durch die Art seiner eigenen Lebensführung, durch seinen ungeheuren Fleiß und seine Gründlichkeit, hat Sachs Zeugnis ablegen und dieser Krise entgegenwirken wollen; vielleicht hat er gar nicht bemerkt, wie sehr er dabei in seiner bis ins kleinste rationalisierten Arbeitshaltung, die keine Leere der Zeit entstehen lassen wollte und die den Umfang seines schriftstellerischen Werks erst ermöglicht hat (peinlich genau hat er auch Buch über seine Dichtungen geführt), selbst schon den Zwängen, gegen die er sich so wehrte, unterworfen war – vielleicht aber ist es auch ungerechtfertigt, ihm diesen Zwangscharakter seiner Arbeit zu unterstellen.

In den handwerklichen Lebenszusammenhang gehören auch die Fastnachtspiele, die wir seit ca. 1430 aufgezeichnet finden. Die Spiele, die wir kennen, stammen zum größten Teil aus Nürnberg, aber sie wurden auch in anderen Städten – vor allem Süddeutschlands – gespielt, allerdings etwa auch in Lübeck. Ihr Name verweist auf die Fastnacht und die Fastnachtsbräuche, also auf die Zeit der Ausgelassenheit vor der von der Kirche geforderten vorösterlichen Fastenzeit. (Der ebenfalls überlieferte Begriff ›Fasnacht‹ wird heute überwiegend als eine die tatsächliche Aussprache des Begriffs wiedergebende Schreibweise angesehen und nicht mehr, wie lange üblich, mit ›faseln‹ im Sinne von ›Unfug reden‹ in Verbindung gebracht.)[70] Für die Kirche war die Fastnacht ein Teil der traditionellen Festordnung und hatte darin ihre bestimmte didaktische Funktion. Durch die Fasnacht sollte allen Beteiligten deutlich werden, wie sehr sie der Sündentilgung und Erlösung bedürftig waren. Indem sie – in dieser strikt begrenzten Zeitspanne dem Tanz, dem Suff, der Völlerei, den sexuellen Annäherungen, den Darstellungen der Triebhaftigkeit nicht widersprach, auch den Maskierungen nicht, die das Lasterhafte überdimensional verzerrten, hoffte sie, daß sich als Reaktionen Widerwille und Bußfertigkeit einstellten. Daß diese Rechnung aufging, darf wohl bezweifelt werden. Aber die Kirche ist auf diese Weise den seit je lebendigen heidnischen Frühlingsfeiern und Fruchtbarkeitsbeschwörungen, deren Reste sich regional heute noch finden, sehr geschickt begegnet.

Während sie den Exzeß der Sinnlichkeit einmal im Jahr akzeptierte und sich nutzbar zu machen suchte, sah das Stadtregiment, zumal das der Stadt Nürnberg, dem Treiben weniger gelassen zu. Vorbehalte richteten sich vor allem gegen den Tanz, für den nicht nur die Fastnacht, sondern auch andere kirchliche und Familienfeste genügend Anlässe gaben. In Nürnberg waren schon früh Dauer und Modalitäten des Tanzes festgeschrieben und galt das nächtliche Tanzverbot, das nur zur Fastnacht gelockert wurde. Der Tanz, der im späten Mittelalter häufig Formen der Raserei annahm (einzelne tanzten bis zur Bewußtlosigkeit oder bis zum Tod, manche tanzten, sich gegenseitig ansteckend, von Ort zu

Ort), ließ offenbar eine kollektive Kraft in Erscheinung treten, die – gerade weil sie von Gesellen, von Knechten und Mägden gezeigt wurde – auf die Regierenden höchst beunruhigend wirken mußte, besonders auf die vom Nützlichkeitsdenken bestimmten und an der Steuerung der Affekte so interessierten Städter (– die in Kap. III dargestellten Gedanken von Elias lassen sich auf die Situation der Stadt durchaus übertragen). Andere – ständig geltende – Verbote richteten sich gegen illegale Prostitution und nächtliches Herumtreiben, gegen Ehebruchsdelikte u. a. m. Derartige Disziplinierungsversuche hatten nur begrenzten Erfolg und wurden stets unterlaufen – und zwar besonders während der Fastnacht. Ihr gegenüber war das Verhalten des Nürnberger Rats höchst ambivalent. Zum Beispiel galt (übrigens nicht nur in Nürnberg) lange Zeit das keineswegs eingehaltene Verbot, Masken zu tragen, ein Verbot, das unter dem Vorwand erlassen wurde (man denke an gegenwärtige Parallelen), nur auf diese Weise Raufbolde identifizieren zu können. Andererseits erhielten einzelne Handwerke, z. B. die Metzger, Sonderrechte und durften Maskenumzüge (das Schembartlaufen) veranstalten, an denen möglicherweise auch Patrizier teilgenommen haben. Die Fastnachtspiele waren unter dem Vorbehalt erlaubt, daß sie ›zuchtig‹ und ›zimlich‹ blieben, offenbar doch, weil befürchtet wurde, daß Zoten und Anspielungen bei den Zuschauern sexuelle Wünsche freisetzen könnten, die möglichst unterdrückt bleiben sollten. Der systemstabilisierende Funktionszusammenhang zwischen Keuschheit und Gehorsam ist von den Stadtoberen immer gesehen worden und ebenso natürlich, daß gestaute Triebkräfte zu sozial verwertbaren Leistungen sublimiert werden können.[71] Die Fastnachtspieler reagierten darauf mit entsprechenden Pro- und Epilogen, in denen sie sich mehr oder weniger zum Schein für etwaige Entgleisungen entschuldigten, womit sie in Wirklichkeit jedoch das ›Unanständige‹, das in den Stücken selbst thematisiert wurde, erst recht noch einmal ins Bewußtsein hoben. Natürlich fanden die Fastnachtspiele wie der Mummenschanz überhaupt ihr Publikum in der ganzen Stadt, so daß man von einem »einheitsstiftenden Vergnügen« sprechen mag.[72] Andererseits ist nicht zu übersehen, daß die Träger der Spiele Handwerker waren, jedenfalls nicht der Oberschicht angehörten. Schon die ständigen Gängelungen durch den von Patriziern dominierten Rat weisen darauf hin, daß es sich eher um eine schichtenspezifische statt schichtenübergreifende Unterhaltung handelte. Aufführungsorte der Spiele waren – jedenfalls bis tief ins 15. Jahrhundert – vornehmlich die Wirtsstuben. Die »Spielrotte«[73] drang ein, stellte eine Spielfläche her und zog nach dem Spiel zum nächsten Gasthaus weiter. Während des Spiels bestand unmittelbarer Kontakt zum Publikum, das durch Zwischenrufe, Gelächter, Beifall ins Spielgeschehen eingreifen oder die Spieler anfeuern konnte. Es ist gerade wichtig, diese soziale Identität von Spielern und Publikum wahrzunehmen, wenn man das rebellische Potential, das mit dieser Praxis verbunden war, richtig einschätzen und die Befürchtungen des Stadtregiments verstehen will.

Die Fastnachtspiele waren keineswegs ›kunstlos‹, nur weil sie während des Fastnachttreibens zur Aufführung kamen. Immer wieder ist auf ihren Sprachwitz und Pointenreichtum hingewiesen worden, und auch ihre Strukturen haben viel Aufmerksamkeit auf sich gezogen.[74] Typisch für die frühen Spiele ist die revueartige Aneinanderreihung von Äußerungen verschiedener Figuren zu dem Anlaß oder Zwischenfall, um den es gerade geht und der von allen besprochen wird, wobei einer den anderen in seinen Urteilen (in Schimpftiraden z. B.) gern überbietet. Im späten 15. Jahrhundert kommt es häufiger als zuvor auch schon zu Wechselrede und Streitgespräch als Vorstufen dramatisch geformter Handlungsspiele, die dann – wie später die Spiele von Hans Sachs – auch schon einen eher literarischen Charakter haben und vom konkreten Anlaß gelöst rezipiert werden konnten.

Die Thematik der Fastnachtspiele, ihre ideologischen Implikationen und ihre Wirkung sind erst neuerdings eingehender und genügend kritisch reflektiert worden.[75] Sie läßt sich nicht auf einen einzigen Nenner bringen und hat sich vom frühen 15. bis zum späten 16. Jahrhundert auch gewandelt. Betrachtet man die uns fast alle anonym überlieferten Spiele aus der Zeit vor und um die Mitte des 15. Jahrhunderts, die zum Teil mit dem Namen des Nürnberger Büchsenmachers Hans Rosenplüt in Verbindung gebracht werden, obwohl er als Autor nur für einen einzigen Text sicher belegt ist, so fällt auf, daß der sexuelle Tabu-Bereich die zentrale Rolle spielt. Es geht dabei um einige wenige, ständig wiederholte und breit ausgewalzte Vorstellungen: die Männer rühmen sich ihrer Potenz (bzw. die Frauen leiden unter der Potenz ihrer Männer); die Frauen geben sich lüstern und bieten sich selbst an, oder sie werden von den Männern verbal erniedrigt und als sexuell verfügbar hingestellt. Damit diese das offenbar vorwiegend männliche Publikum faszinierenden Vorstellungen überhaupt zur Entfaltung kommen können, werden einfache Rahmenhandlungen konstruiert. Sehr beliebt ist die Gerichtsverhandlung, in der eheliche und voreheliche Angelegenheiten erörtert werden. Im *Lustigen Gerichtsspiel*[76] wird ein junger Mann, der ein Mädchen geschwängert hat, von dessen Vater angeklagt; er verweist zu seiner Verteidigung auf seine große sexuelle Potenz und beeindruckt damit den Richter derartig, daß der ihn nur mit einer Mindeststrafe in Form einer Natural-Abgabe belegt. Das hereingelegte Mädchen wird gedemütigt und (vom Publikum) ausgelacht. – Die männliche Potenz kann noch wirkungsvoller zur Geltung gebracht werden, wenn sie von der Frau bezeugt wird. In *All nacht achtzehen malen*[77] verklagt eine Ehefrau ihren Mann vor Gericht, weil er sexuell unersättlich sei. Nun denken sich die neun Schöffen, sich gegen den Herausgehobenen neidisch solidarisierend, allerlei Strafen aus und geben dabei auch sadistische Neigungen zu erkennen. Diese Vorschläge reichen vom Entzug von Eiern und Fleisch über Sitzbäder im kalten Wasser bis zur mechanischen Erektionsbremse mit Hilfe eines Gewichts und zur Dreiviertel-Kastration. Entsetzt hierüber und über die Drohung ihres Mannes, künftig andere Frauen zu beschlafen, zieht die Ehefrau ihre Klage zurück und erklärt sich (wohl auch hier unter dem Hohngelächter des Publikums) sogar dazu bereit, ihrem Mann doppelt so häufig wie bisher willfährig zu sein. Daß Frauen sich selbst für den sexuellen Akt anbieten, ist die harmlosere Variante eines anderen Musters. In *Der wittwen und tochter vasnacht*[78] können die beiden im Titel bezeichneten Frauen, die nach Liebhabern ›geitig‹ sind, sich nicht einigen, welcher der Vortritt gebührt, und bringen ihre Sache vor die Ratsherren, indem sie sich verbal und gestisch vor den Richtern (und Zuschauern) zu überbieten suchen (was mit Sicherheit auch deswegen effektvoll war, weil die Frauenfiguren stets von Männern gespielt wurden – was zugleich zeigt, daß das restriktive Normensystem in Wirklichkeit also auch in der Fastnacht sehr wohl funktionierte). Es gibt freilich auch Spiele, in denen die Frauen nicht nur lose reden oder sich Männern hingeben (und die Zuschauer damit erregen), sondern in denen sie dafür zugleich erniedrigt und bestraft werden. Der Meister dieser Variante ist der fromme Hans Folz, der schon als Verfasser von Meisterliedern vorgestellt worden ist und der u. a. auch die Jungfrau Maria besungen hat. Bei ihm begegnet uns noch einmal jenes in Kap. I ausführlich behandelte Zusammenwirken von religiöser Überhöhung der Frau und Frauenfeindlichkeit. Die Frau erscheint in seinen Fastnachtspielen als von Natur aus verdorben und entspricht ganz dem Typus des ›übel wîp‹. Sie lockt Liebhaber an, um sie anschließend auszurauben; sie prügelt ihren Ehemann und macht ihn zum Narren im Haus. So lenkt sie den Haß der Zuschauer auf sich, die mit der Gewißheit entlassen werden, daß die männliche Herrschaft gleichsam Ordnungspflicht sei. Ganz offen tritt die Folzsche Frauenverachtung in der *Bauernheirat*[79] zutage: Hier wird die Braut, deren Ehetauglichkeit festgestellt werden soll, von Männern taxiert, die nicht nur in obszöner Weise ihren Körper beschreiben, sondern auch über ihre wüsten sexuellen Abenteuer mit ihr berichten. Dies bleibt im gewissen Sinn noch im Rahmen der Konvention (und rekurriert im übrigen auf die ländliche Sitte, die Fruchtbarkeit der Braut vor der Ehe zu erproben). Aber Folz setzt noch eine Pointe darauf. Die Braut stellt ihrem künftigen Mann die Bedingung, sie nie zu schlagen – andernfalls werde sie ihn bei den Haaren nehmen und alle Stiegen mit ihm einwerfen. Vor dieser Androhung brachialer Gewalt schreckt der Bräutigam zurück und verzichtet auf die Ehe. In einer Selbstbeschreibung führt die Braut dem Publikum noch einmal vor Augen, was ihm damit entgangen ist: ihre Augen sind dicht besetzt mit Pickeln, ihre Nase voller Pusteln, ihr Mund ist schwarz wie ein dreckiger Hintern, die Brüste sind wie Glockenschwengel usw.[80] Die Infamie des Textes besteht darin, daß die Frau nicht nur als Hure erscheint, sondern als potentielle »teufflin«, die noch dazu mit ihrer Forderung, nicht geschlagen zu werden, das männliche Züchtigungsrecht in Frage stellt.[81]

Es ist also gewiß nicht damit getan, auf die witzigen Sprachspiele und Doppelsinnigkeiten, auf die komischen Pointen und Übertreibungen der Fastnachtspiele hinzuweisen – das Lachen über sie geht zu Lasten der Frauen und, wie wir noch sehen werden, auch anderer sozial Schwacher in der Gesellschaft der Städter. Es ist ein Lachen, das immer wieder auch ins Verlachen umschlägt und damit bei aller mit dem Fastnachttrubel verbundenen Unbeschwertheit immer wieder auch dessen – von Bergson[82] so deutlich herausgearbeitete – Straffunktion mitübernimmt, die sich darin erfüllt, die Verhaltensweisen dessen zu mißbilligen, der von der geltenden gesellschaftlichen Norm abweicht, zwar gerade deswegen reizvoll wirkt und Wunschvorstellungen auf sich zieht, aber vor allem auch die Angst vor der Normverletzung hervorruft. Ungehemmtes Ausleben der Sexualität und männliche Potenzprotzerei wirkten faszinierend auf all diejenigen, die durch die Arbeitsverhältnisse (14 Stunden täglich zu arbeiten, und zwar sorgfältig, war normal), durch die feste soziale Einbindung in das Regelsystem von Familie und Zunft (bzw. ›Gesellschaft‹), durch die Anordnungen und Kontrollen des Stadtregiments streng diszipliniert leben mußten; aber gleichzeitig wurden die Protagonisten, die dieses von der Norm abweichende Verhalten in den Spielen vorführten oder auch nur von ihm redeten, eben auch verspottet und – wie gezeigt – mit Kastration bedroht.

So schützte sich eine Gemeinschaft vor dem, was sie tief beunruhigte. In den Spott hineingezogen wurde auch der andere ›Abweichler‹, der Schwächling und betrogene Ehemann, der Hahnrei, weil er gegen die Norm verstieß, einen ordentlichen, auf der Konkurrenzfähigkeit des Mannes sich gründenden Haushalt zu führen. Die sexuelle Begehrlichkeit der Frauen in den Spielen wurde in einer Gesellschaft, die durch das Zusammenleben so vieler Menschen auf so engem Raum wie dem der Stadt auch auf weibliche Zurückhaltung angewiesen war, aufgeregt wahrgenommen, aber zugleich eben auch abgewehrt, z. B. dadurch, daß man die Frauen ins Leere laufen ließ oder den Reiz ihres Körpers durch komisch wirkende Entstellungen ins Abstoßende umschlagen ließ oder sie gar, wenn das Verlachen nicht genügte, mit Worten schändete. Daß die städtischen Fastnachtspiele mit ihrem Figureninventar so oft ins bäuerliche Milieu auswichen, paßt in diesen psychischen Zusammenhang von Suche und Abwehr des reizvoll vom Gewohnten Abweichenden[83] genau hinein. Der Bauer war einerseits der vom Regelsystem der Stadt ganz Unabhängige, auf dessen ›Freiheit‹ (von städtischen Zwängen) sich insofern auch Sehnsüchte richteten; er war andererseits der vollkommen Unterdrückte, in dem die Angehörigen der städtischen Mittel- und Unterschicht (vgl. S. 364ff.) ihre eigene Unterdrükkung, wenn auch in der Brechung des anderen Milieus wiedererkennen konnten. Zudem aber bot die Figur des Bauern die Möglichkeit, sich immer auch distanzieren, sich, indem man das fremde Milieu zeigte, einreden zu können, selbst ganz anders zu sein.

Daß mit dem Verlachen der von gesellschaftlichen Regeln abweichenden Verhaltensweisen gerade die Sicherung des Normierten einhergeht oder sogar beabsichtigt wird, läßt sich auch an den in der Mitte des 16. Jahrhunderts verfaßten Fastnachtspielen von Hans Sachs erkennen. Nur fehlt bei ihm das Aufrührerische, das der Darstellung des abweichenden Verhaltens immanent sein kann, wenn dieses Verhalten auf so starke Bedürfnisse und Wünsche der Betrachter bzw. Mitspieler trifft, daß sie nur mühsam zu disziplinieren sind. Die Obszönität der Fastnachtspiele des 15. Jahrhunderts, die phantasievoll ins Extreme ausschlagenden Ausschweifungen, die in ihnen zur Sprache gebracht werden, erscheinen bei Sachs zurückgenommen, d. h. einerseits in den privaten Bereich einzelner Ehepartner verlegt, andererseits durch moralisierende Erwägungen entschärft. Die Gründe dafür mögen in der vorangeschrittenen öffentlichen ›Ordnung‹ und in den Kontrollinstanzen der Stadt Nürnberg und damit auch in veränderten Aufführungsbedingungen zu suchen sein; sie sind ganz sicher auch in den literarischen Zielsetzungen ihres Verfassers zu finden, der die Fastnachtspiele als Mittel seiner didaktischen Bemühungen nutzte, sie aus der Bindung an Mummenschanz und Fastnachtsfreude löste, sie zu kleinen, durchstrukturierten Handlungsspielen ausarbeitete (›Vorläufern‹ der deutschen Komödie) und ihnen auf diese Weise zu literarischer Autonomie verhalf. 85 seiner 200 Stücke hat Sachs ausdrücklich als Fastnachtspiele bezeichnet, obwohl viele von ihnen mit der Situation der Fastnacht, also mit dem Über-die-Stränge-Schlagen angestauter, weil unausgelebter Triebhaftigkeit überhaupt nichts zu tun haben. Darf man zu den Fastnachtspielen des 15. Jahrhunderts verallgemeinernd sagen, daß ihre obszönen Darstellungen eher der Lust am Ausbruch aus den gewohnten und gesellschaftlich geforderten Verhaltensweisen entspringen als dem didaktischen Prinzip, durch Übertreibungen des Negativen abschreckend zu wirken und das Publikum an die Einhaltung gültiger Normen zu mahnen, so ist dieses Prinzip der ›negativen Didaxe‹ bei Hans Sachs zweifellos maßgeblich. Es hat eine alte, aus der Spätantike kommende – besonders in der Predigtliteratur wirksame – kirchliche Tradition, die der belesene Sachs sicher kannte. Durch die Beschreibung der menschlichen Laster bzw. durch die Gleichsetzung der Menschen mit Narren (vgl. auch unten die Ausführungen zum Schwankroman und zur Narrenliteratur) soll sich der Rezipient über den Weg der innerlichen Distanzierung vom Dargestellten von selbst zu einem gottgefälligen bzw. moralischen Leben entschließen.

Die bei Sachs immer wiederkehrenden Verfehlungen sind vor allem mangelnder Arbeitseinsatz, von dem auch in seinen Meisterliedern so oft gesprochen wird, und Ehezwistigkeiten, die aus der Mißachtung geschlechtsspezifischer Rollenzuweisungen und aus sexueller Verführbarkeit, aus Trunksucht und Spiel herrühren. Zu welchen – komisch wirkenden – Konsequenzen etwa die Faulheit des Mannes führt, der seiner Frau die Geschäfte überläßt, die eigentlich ihm obliegen, und der selbst die eigentlich der Frau zukommende Hausarbeit verrichtet, der also – ›törichterweise‹ – die überkommenen Rollenzuweisungen auf den Kopf stellt, zeigt eines der bekanntesten Spiele von Sachs, *Das Kelberbrüten* (1551). Die Einhaltung der Geschlechterrollen – immer wieder exemplifiziert am ehelichen Zusammenleben – ist für Sachs von zentraler Bedeutung. Dabei wird nicht nur das Versagen des Mannes angeprangert, sondern ebenso das der Frau; kündigt sie, die aus männlicher Sichtweise in der Ehe vor allem zu Treue, Sparsamkeit, Bescheidenheit und Freundlichkeit verpflichtet ist, den ehelichen

Gehorsam auf (man lese dazu das vielschichtige Spiel *Der kremer korb* von 1554),[84] so ist der Ehemann daran immerhin nicht unschuldig. Die aus den frühen Fastnachtspielen bekannte Herabwürdigung der Frau weicht bei Sachs der Auffassung, daß die Ehepartner für ihre Ehe gemeinsam verantwortlich sind, was freilich nicht so weit führt, daß der Frau deswegen Gleichberechtigung zugesprochen würde. Am – wenn auch zuweilen verspielten – Herrschaftsanspruch des Mannes wird prinzipiell festgehalten. Die gegenseitige Verantwortung, die hier gemeint ist, bezieht sich auch nicht, wie bei Luther (vgl. Kap. I), auf die Personen und ihre verletzbare Liebe, sondern viel oberflächlicher auf die Institution der Ehe als der Voraussetzung für eine funktionierende Wirtschaft im Haus und im Handwerksbetrieb. Um ihren Erhalt zu sichern, müssen die Eheleute sich arrangieren, darin liegt das Interesse des Moralisten Sachs und auf diesem Niveau seine Argumentation.

Wie im Fastnachtspiel des 15. Jahrhunderts sind auch bei Sachs viele der Akteure Bauern, und auch bei Sachs heißt dies nicht, daß nur sie gemeint wären. Sie sind es auch, aber eigentlich und vornehmlich zielt Sachs auch mit diesen Figuren auf seinen eigenen Stand, der sich einerseits dadurch, daß er nicht direkt attakkiert wird, nicht betroffen fühlen muß, andererseits aber die auch ihm stets drohenden Gefährdungen oder seine tatsächlichen Verhaltensweisen hinter der Maske und im Zerrbild der Bauern wiedererkennen soll. Sich um die Moralität der eigenen sozialen Gruppe zu sorgen und die Angehörigen dieser Gruppe – und zwar durchaus um des Wohls aller Bürger willen – zu mahnen, ist geradezu ein Charakteristikum dieses Handwerkerdichters. Er bezieht sich dabei auf den kleinen Kreis der arbeitenden Familie, in der die in der Lebensform der Zunfthandwerker ausgebildeten Tugenden verwirklicht und die Affekte diszipliniert werden sollen. Insofern sind die Fastnachtspiele von Sachs Gegenstücke zu den explosiven, die menschliche Triebhaftigkeit zunächst freisetzenden, diese durch das Verlachen der ihr Ausgelieferten freilich auch wieder zurücknehmenden Spiele des frühen 15. Jahrhunderts. Die frühen Spiele ließen eher eine geschlechtsspezifische Solidarität ›der Männer‹ entstehen, während bei Sachs eher die schichtspezifischen Normen des Handwerkerstandes bewußt werden sollten. Was all diese zeitlich auseinanderliegenden Stücke jedoch letztlich verbindet, ist die in ihnen erkennbare Neigung zur deutlichen Abgrenzung der Figuren voneinander und, damit zusammenhängend, die Neigung zur Ausgrenzung derer, die als Repräsentanten des Fehlverhaltens oder anderer Minderwertigkeiten fungieren. Die Wirkung, die sich als Folge der Rezeption solcher Texte einstellen mußte, lag nicht allein darin, daß die Abneigung gegen die vorgeführten Laster, sondern auch gegen deren Träger bestärkt wurde und gleichzeitig also auch das ›Wir‹-Gefühl der Rezipienten, die durch Hohngelächter, Haßgefühle und Aggressionswünsche die Ausgegrenzten von sich abwehrten und sich mit diesen Reaktionen auch solidarisierten. Ein solcher Wirkungsmechanismus mag durch die Gewöhnung der damaligen Betrachter und Leser an genossenschaftliches Denken, d. h. an die Übereinstimmung jedes einzelnen mit den Verhaltensweisen und Anschauungen der Mitglieder seiner eigenen Gruppe, noch gefördert worden sein. Diese Gebundenheit der Perspektive hat zwangsläufig den Horizont verengt – was keineswegs nur die Handwerker betraf. Das enge Zusammenleben der vielen Gruppen mit unterschiedlichen Interessen und Ansprüchen im umschlossenen Raum der Stadt hat auch zu sehr deutlichen Auswirkungen dieser ›Engstirnigkeit‹ geführt und läßt den paradoxen Zusammenhang von Moralität und Bösartigkeit erkennen (wie es umgekehrt natürlich gerade auch die Chance zur Überwindung des gruppenspezifischen Denkens in sich barg [etwa in der Literatur der Humanisten]).

Zu den Auswirkungen der Horizontverengung der Städter gehört der Judenhaß, den nicht etwa nur die Kirche schürte. Juden waren seit den Kreuzzügen immer wieder verfolgt und getötet worden; sie standen teilweise unter dem mit hohen Abgaben erkauften Schutz des Königs, waren deswegen jedoch keineswegs sicher. Am Ende des 13. Jahrhunderts setzten Pogrome ein, die alle Juden für angebliche Frevel einzelner haftbar machten. Dabei wurden zum Teil ihre Wohnviertel in den Städten zerstört, sie selbst aufs Land vertrieben, viele wurden umgebracht – in Nürnberg wurden 1359 über 500 Juden verbrannt.[85] So begann im 14. Jahrhundert ihr Exodus aus Deutschland, vornehmlich nach Osteuropa (wo sich im Jiddischen wesentliche Elemente der mittelhochdeutschen Sprache erhalten sollten). Der Haß auf die Juden wurzelte in unterschiedlichen, sich überlagernden Motiven. Der religiös begründete Haß, der sich in der Antike zunächst gegen den Ausschließlichkeitsanspruch des im Alten Testament bezeugten Gottes richtete und im Mittelalter gegen den Anspruch der Juden, das auserwählte Volk zu sein, hat ohne Zweifel eine besondere Rolle gespielt, und die christliche Kirche hat durch einzelne ihrer Prediger die Bevölkerung, insbesondere die der Städte, nach Möglichkeit gegen die Juden aufgebracht, diese zumindest in die Isolierung getrieben, etwa dadurch, daß sie Zwangspredigten zu ihrer Bekehrung veranstaltete. – Ein anderer Grund, daß Juden den Haß insbesondere der weniger wohlhabenden Bürger auf sich zogen, war ein wirtschaftlicher. Da das kanonische Verbot, Zinsen zu nehmen, für Juden nicht galt, gerieten viele von ihnen, zumal Kaufleute und Händler, in die Rolle der Geldverleiher und zogen zwangsläufig Aggressionen auf sich, wenn sie ihr Geld zurückverlangten und – zum Teil äußerst hohe – Zinsen einklagten. Dies änderte sich auch nicht, als die Kirche schrittweise auch Christen das Zinsnehmen erlaubte; vielmehr konnte die Aggressivität sich jetzt noch gezielter entladen, weil die Geldnehmer nun eher auch andere Möglichkeiten der Kreditaufnahme fanden. – Schließlich hat in den Städten auch deren sich verändernde Topographie für zusätzliche Spannungen zwischen Christen und Juden gesorgt. Die Wohnviertel der Juden, einst an den Rändern der Stadt gelegen, rückten wegen der durch den Bevölkerungszuwachs bedingten Erweiterung der Städte unversehens in deren Zentren, wo sie als störend empfunden wurden. All diese Ursachen des Unwillens – der primitive rassistische Grund der Judenfeindschaft kommt erst später zum Tragen – schufen eine Stimmungslage der Gewaltbereitschaft, die sich immer häufiger Anlässe suchte, sich zu entladen: angebliche Hostienschändungen oder Brunnenvergiftungen führten zu Judenmorden, zum Abriß von Synagogen, zu Vertreibungen.

Sowohl die bildende Kunst als auch die Literatur ist an der Verunglimpfung der Juden beteiligt gewesen. In der geistlichen Malerei ist das Vorurteil gegen die Juden ebenso präsent wie in den Passionsspielen. Von Hans Folz gibt es Fastnachtspiele, die offene Judenhetze betreiben.[86] Das schlimmste Beispiel seiner drei antijüdischen Spiele ist *Ein spil von dem herzogen von Burgland* (um 1490). Hier werden Juden, die sich gegen die Vorherrschaft der Christen wenden, nicht nur der Vergiftung und des rituellen Kindermordes bezichtigt, sondern von Narren, die sich als ›Stimme des Volkes‹ präsentieren und sich sadistische Strafen für sie ausdenken, in die Enge getrieben. Auch das Bild der Sau, an deren Zitzen die Juden säugen sollen, wird in diesem Stück breit ausgemalt. Diese Perfidie, die gerade die, denen Schweinefleisch verboten ist, tief treffen mußte, war keine Erfindung von Hans Folz, sondern beschäftigte die Phantasie von Christen, seit Hrabanus Maurus in seinem Buch *De universo* im 9. Jahrhundert das Schwein, das im Mittelalter zwei Kardinalsünden, gula und luxuria (Völlerei und Ausschweifung) symbolisierte, mit den Juden in Verbindung gebracht hatte. Das Bild der Judensau hatte verheerende Folgen: Plastiken formten es nach, es erschien auf Malereien, in Handschriften und Büchern, wurde im *Sachsenspiegel* und im *Schwabenspiegel* aufgegriffen, von Luther in seinem schlimmen Pamphlet *Von den Juden und ihren Lügen* (1543) benutzt und lebte sprachlich – in tausendjähriger Tradition – weiter bis in unsere jüngste verbrecherische Vergangenheit.

Meistersang und Fastnachtspiel wirkten einflußreich in einem vielfachen dialektischen Zusammenhang von Arbeits- und Leistungsethos, Organisationswillen, Unterdrückung, hervorbrechender, sich Ersatzwege – und sei es den des Sadismus – suchender Triebhaftigkeit, streng geforderter und auch mit der Erniedrigung anderer verfolgter Moralität – ein Zusammenhang, der noch heute in den erhaltenen mittelalterlichen Stadtanlagen mit ihren schmalen Fachwerkhäusern, engen Gassen, Schutzwällen u. a. sinnfällig wird. Dieser und der ebenfalls angedeutete Zusammenhang von Gelächter hervorrufender Komik und deswegen besonders wirksamer Einprägung gesellschaftlicher Normen begegnet uns auch in den im Bürgertum der Städte lebendigen Erzählgattungen und hier insbesondere in den Maeren und Schwänken (bzw. Schwankromanen).

Der Begriff ›Maere‹ (mhd. ›daz maere‹ = Kunde, Botschaft, Bericht, Erzählung), heute noch – aus Luthers Kirchenlied – in der aus dem Plural entstandenen femininen Form ›die Mär‹ bekannt, wird neuerdings in der Mediävistik als Bezeichnung für kürzere (bis zum Ende des 15. Jahrhunderts stets in Reimpaarversen abgefaßte) Erzählungen unterschiedlicher Thematik verwendet. Wie andere literarische Formen auch (mit Ausnahme des Fastnachtspiels) ist das Maere eine Gattung, die nicht genuin der Stadt zugehört, sondern vom Hof übernommen und dann den literarischen Bedürfnissen der Städter angepaßt worden ist. Dem kam die kurze, flexible Erzählform entgegen.[87] Zugleich war die Kürze der Maeren eine Voraussetzung für ihre große Verbreitung. Sie konnten leicht abgeschrieben und später relativ preisgünstig gedruckt und vertrieben werden.

Während das Maere im 13. Jahrhundert noch fast ausschließlich den Adel unterhalten hat, ist es im 14. Jahrhundert zunehmend vom städtischen Patriziat adaptiert worden, um sich schließlich im 15. Jahrhundert im gesamten städtischen Bürgertum auszubreiten. Entsprechend ändern sich die in den Maeren entfalteten Problemstellungen, obwohl thematisch von Beginn an die Beziehungen zwischen den Geschlechtern, insbesondere die Beziehungen zwischen Eheleuten, dominieren, woraus sich – wie im folgenden erkennbar werden wird – etliche Berührungen mit den Fastnachtspielen ergeben. Ebenso auffällig ist bereits im 13. Jahrhundert das Gewicht schwankhafter und komischer, auf das Lachen als Wirkung zielender Textmerkmale, mit Hilfe derer belehrend-didaktische Intentionen, die ebensowenig zu verkennen sind, gerade verstärkt werden können. Auf welche Weise dies geschieht, wird an einigen – durch die Sammlungen Fischers und Cramers[88] leicht zugänglichen – Texten zu verfolgen sein.[89]

Bereits die Maeren des Stricker, des schon in anderem Zusammenhang erwähnten, in Österreich nach 1230 wirkenden Berufsliteraten, der als frühester Vertreter dieser Gattung angesehen wird, tragen Züge schwankhafter Komik. *Die drei Wünsche* z. B. erzählen von einem armen Mann, der sich mit seiner Stellung im Ständegefüge nicht abfinden kann und von einem Engel schließlich drei freie Wünsche zugesprochen bekommt. Voreilig verspielt seine eitle Frau die erste Chance, indem sie sich ein teures Kleid herbeiwünscht. Aus Wut darüber wünscht ihr der Mann das Kleid in den Bauch und muß nun den dritten Wunsch damit vertun, sie von diesem Kleid und ihren Leibschmerzen wieder zu befreien. All dies geschieht unter dem höhnischen Gelächter der Öffentlichkeit, bis er vor Ärger schließlich stirbt. Die Lehre ist deutlich: Schadenfroh wird hier die Dummheit dessen verlacht, der sich anmaßt, den gottgewollten ›ordo‹ anzutasten.

Um die sträfliche Verletzung des ›ordo‹ geht es beim Stricker auch, wenn die Frau – gegen das Gebot der Unterwerfung unter den Ehemann – ihren Mann zum Hahnrei macht. Die sexuelle Untreue der Frau wird dabei nicht als Ausdruck einer gestörten Liebesbeziehung gewertet, sondern als Verstoß gegen Verhaltensnormen, die dem Partner strikt einzuhaltende Rollen zuweisen. Noch deutlicher wird der Rollenverstoß der Frau, wenn sie das Gewaltmonopol des Mannes an sich reißt, also körperlich Widerstand leistet oder sogar zuschlägt. Wohin dies schließlich führen kann, zeigt das Maere *Der betrogene Ehemann*. Hier hat eine Frau die Identität ihres Mannes bereits so weit zerstört, daß er sich, weil er versprochen hat, ihr alles, was sie sagt, zu glauben, für todgeweiht erklären und schließlich lebendig begraben läßt. Seine Schreie aus dem Sarg werden überhört. Obwohl hier offensichtlich das schon im Zusammenhang mit dem Fastnachtspiel besprochene Motiv des ›übel wîp‹ zum Tragen kommt, darf man dem Stricker deswegen nicht etwa eine prinzipielle Frauenfeindlichkeit unterstellen. Denn gerade auch die Männer können bei ihm ihre Rollen verfehlen. Nicht nur, daß sie sich unterwerfen lassen; ebenso falsch handeln sie, wenn sie ihr Gewaltmonopol mißbrauchen. Dann ist es nur gerecht, wenn sie anschließend gedemütigt werden. In *Der Gevatterin Rat* erzählt der Stricker von einem Bauern, der seine Frau so lange prügelt und mißhandelt, bis ihm – auf Rat der Gevatterin – ihr Tod vorgetäuscht wird (an ihrer Stelle wird ein bemalter Holzpflock begraben); indes wird die für tot Gehaltene dem bald wieder heiratslustigen Ehemann erneut als Braut zugeführt – und er wird den Spott der Leute darüber, daß er so hereingelegt worden ist, fortan nicht wieder los.

Mit derartigen Erzählungen präludierte der Stricker eine Thematik, die in späterer Zeit vom Bürgertum begierig aufgegriffen und angereichert wurde. Während der Stricker im wesentlichen an der Stabilität der überkommenen gesellschaftlichen Ordnung interessiert war – die oft unwahrscheinlichen Begebenheiten seiner Maeren weisen darauf hin, daß er nicht etwa ›realistische‹ Milieuschilderungen, sondern mit Hilfe von Verknappung und Überzeichnung ›Beispiele‹ geben wollte – waren die im Bürgertum entstandenen Maeren in ihrer Moral oft weniger eindeutig, spiegelten Identitätsprobleme eines sich erst formierenden Standes und fingen vielleicht gerade deswegen auch mehr von den realen Lebensbedingungen des städtischen Zusammenlebens ein. Daß das Interesse an den Beziehungen zwischen den Ehepartnern im spätmittelalterlichen Bürgertum stark zunahm, liegt vor allem daran, daß die Ehe als Institution in der Stadt eine neue Bedeutung erhielt. Hatte sie, wie in Kapitel III im Zusammenhang mit dem höfischen Minnesang ausgeführt, als soziale Institution in der feudalen Gesellschaft vor allem die Funktion, die Erbfolge innerhalb eines ›Hauses‹ zu sichern und ergaben sich daraus bestimmte Rollenzuweisungen (vgl. oben S. 243f.), so wurde sie im Bürgertum gleichsam zur Voraussetzung der arbeitsteiligen Gesellschaft. Nicht von ungefähr sprechen wir – in Erinnerung daran – noch heute von der Familie als der ›Keimzelle‹ der ›bürgerlichen‹ Ordnung. Im Sozialgebilde des bürgerlichen ›Hauses‹, das zugleich als Arbeitsplatz diente und Lehrlinge und Gesellen, in reicheren Familien auch das Gesinde versorgte und z. T. beherbergte, übernahm die Frau neue, unentbehrliche Aufgaben des Haushaltens, die weit über die in der feudalen Gesellschaft an sie gerichteten Erwartungen, Kinder zu gebären und sie aufzuziehen und als Dame gewissen Repräsentationsverpflichtungen nachzukommen, hinausgingen. Auf diese Weise stärkte sich auch gegenüber dem Mann ihre Position, und in den vielen in den Maeren greifbaren Unterwerfungsappellen an sie schlagen sich nicht nur die Ängste der Männer vor allen von den ›bürgerlichen‹ Gewohnheiten abweichenden Verhaltensweisen ihrer Frauen nieder, sondern auch die Ängste der Männer vor dem Verlust der eigenen Macht. Der weibliche Ehebruch wird so gefürchtet und die Ehebrecherinnen werden verteufelt, weil mit dem Seitensprung der Frau der Zusammenbruch des ganzen Hauses, des Hauses auch als einer wirtschaftlichen Einheit, erwartet werden muß. Deswegen sind übrigens auch Ehescheidungen in der Stadt äußerst selten gewesen. – Bis in den modernen bürgerlichen Boulevardschwank hat sich dieses Motiv in seinen verschiedenen Spielarten erhalten. Der Hahnrei wird verlacht (und damit vom Publikum bestraft), weil der sexuell Betrogene zugleich den Verdacht auf sich lädt, auch sein Haus nicht zusammenhalten zu können (damit schließlich auch nicht kreditwürdig zu sein); und umgekehrt kehren die ehebrechenden Männer reumütig, den öffentlichen Skandal fürchtend, in die Arme ihrer Gattinnen zurück; denn wer seine Kräfte außer Haus vergeudet, gerät leicht auch in den Verdacht des Geldverschwenders (und verliert damit ebenfalls seinen Kredit). Solche Konstellationen, die im modernen Lachtheater längst schematisch verfestigt sind,[90] gewinnen in den bürgerlichen Maeren des späten Mittelalters ihre ersten Konturen.

Ein komplexes und mehrfach – kontrovers – interpretiertes Beispiel ist das um 1300 entstandene Maere *Die zwei Kaufleute* oder *Die Treueprobe*[91] eines Ruprecht von Würzburg. Die Handlung spielt im patrizischen Milieu und führt zunächst die glückliche Ehe der Kinder zweier Kaufmannsfamilien aus Verdun vor. Auf einer Geschäftsreise wettet Bertram, der Ehemann, während eines Gesprächs über die Ehe sein ganzes Vermögen darauf, daß seine Frau ihm während seiner Abwesenheit treu bleiben werde. Sein Gastgeber Hogier, mit dem er die Wette abgeschlossen hat, bricht auf, um Bertrams Frau Irmengard zu verführen. Dabei setzt er nicht etwa seinen Charme ein, sondern Geschenke und Geld. Als er schließlich tausend Mark für eine Liebesnacht bietet, vertraut Irmengard sich ihren Verwandten an. Diese raten ihr, ja fordern sie geradezu auf, das Geld zu nehmen. In ihrem Gewissenskonflikt läßt Gott, der ihre Treue kennt, sie auf den Einfall kommen, sich von ihrer Magd im Bett vertreten zu lassen. Die Täuschung gelingt; Hogier schneidet als Beweisstück für seinen Erfolg der vermeintlichen Irmengard den kleinen Finger ab. Als diese jedoch am Ende, als der Ausgang der Wette in Verdun öffentlich bestimmt werden soll, ihre unversehrten Hände vorweisen kann, ist er erwiesenermaßen der Hereingefallene, und Bertram erhält sein gesamtes Vermögen.

Der Konflikt, um den es in diesem Maere geht, nämlich welche Mittel, Geld zu verdienen, noch akzeptabel sind und wo die Grenze zur Verwerflichkeit überschritten wird, hat sicherlich gerade ein wohlhabendes patrizisches Publikum interessiert. Das

Problem, das dieses Maere in den Vordergrund stellt, ob nämlich die Treue der Ehefrau ein so hoher ideeller Wert zu sein habe, daß um seinetwillen das Angebot, zu mehr Geld zu kommen, verworfen werden müsse, ist auf ein kaufmännisches, patrizisches Publikum, das um seine gesellschaftliche Identität und Anerkennung rang, und dies gerade mit den Mitteln des Gelderwerbs, direkt zugeschnitten. Die Antwort, die das Maere gibt, ist nicht gerade eindeutig. Weder ermuntert es zur Untreue, noch lehnt es das Besitzstreben ab. Von einer Verherrlichung der Treue im Sinne des Ideals einer Liebesbeziehung zwischen den Ehepartnern kann allerdings nicht die Rede sein. In diesem verabsolutierten Sinn wird die Treue durch das Verhalten Irmengards eher diskreditiert. Denn weder lehnt sie das Angebot Hogiers entschieden ab noch verbittet sie sich die Vorschläge und Drohungen ihrer Verwandten. Ein derartiges Selbstbewußtsein wird ihr nicht zugeschrieben. Vielmehr begleitet und stützt das Maere das neu sich ausbildende Rollenverständnis der Frau in der sozialen Einheit des städtischen Hauses, und davon ist auch das Verständnis von Treue berührt. Treue besitzt in diesem sozialen Rahmen auch ein materielles Element und kann sich auch darin beweisen, den Besitzstand des Hauses zu vermehren.[92] Auch auf diese Weise läßt sich der Bindung an den Mann und an das Haus Ausdruck verleihen und die Verpflichtung erfüllen, in Abwesenheit des Mannes für das Haus zu sorgen. Nicht umsonst wird daher in diesem Maere so positiv über das Geld geredet und gedacht. Nicht nur ist das Profitstreben Bertrams und sein hoher Einsatz bei der Wette mit Hogier unanstößig und bleiben auch die Verwandten der Ehepartner, die so ausdrücklich am Geld interessiert sind, ungescholten. Irmengard selbst will das Geld für ihr Haus sichern und erhält dafür die Hilfe Gottes, der sie auf den Einfall kommen läßt, auf welche Weise sie Hogier hereinlegen kann. Die Treue der Frau, ihr richtiges, sich den Gesetzen des Hauses unterwerfendes Verhalten erweist sich in dieser Positiv-Didaxe also darin, daß es ihr gelingt, ihre sexuelle Reinheit und den familiären Nutzen miteinander zu vereinbaren. So zu handeln, wie diese Ehefrau es tut, erscheint in diesem Text gottgefällig.

Der Aspekt des rechten Haushaltens beherrscht, mehr oder weniger direkt, auch die um die Ehethematik kreisenden Maeren des 14. und 15. Jahrhunderts, die nun auch immer stärker von der Schicht der Zunftbürger getragen werden. Was für das Haus des Kaufmanns und Patriziers gilt, das gilt auch, fast stärker noch, für das des Handwerkers. Auch hier ist die Frau, wie zu Beginn dieses Abschnitts schon gezeigt, vollkommen in den Funktionszusammenhang des Wirtschaftens und damit der Existenzsicherung eingespannt. Um so größer sind die Befürchtungen der Männer, ihre Frauen könnten ausfallen und ihre Aufgaben nicht mehr erfüllen. Solche Befürchtungen schlagen sich – wie bereits erwähnt – in all den Maeren nieder, die sich mit der Schilderung der Verfehlungen von Frauen beschäftigen, also dem Konzept der Negativ-Didaxe folgen; nur ist zu beobachten, daß die Strafen, die man sich, gleichsam zur Warnung und Abschreckung, dafür ausdenkt, nun immer gröber werden.

In dieser Hinsicht noch relativ harmlos ist das von einem unbekannten Verfasser stammende Maere vom *Bürger im Harnisch,* das im Milieu des wohlhabenden Bürgertums spielt. Hier verfällt die Ehefrau dem Laster der Überheblichkeit und hält sich zwei Mägde, die sich nur um sie kümmern sollen. Als sie ihnen unter dem Vorwand, sich zu fürchten, befiehlt, sie von der Kirche abzuholen, greift der Ehemann, der nicht einmal sein Frühstück gemacht bekommt, zu einer Rüstung, eilt mit Geschrei und Waffengeklirr in die Kirche und ›rettet‹ seine Frau, die daraufhin zum Gespött der ganzen Stadt wird. Die Straffunktion des Lachens ist hier ganz deutlich. Lächerlich macht sich und zum Außenseiter, wer in der Stadt als Bürgerin die Attitüde des Adels imitiert. – Handgreiflich-brutale Form nimmt die Disziplinierung der aus der Ordnung ausscherenden Frau im Maere *Die gezähmte Widerspenstige* aus dem 14. Jahrhundert an. Die aufsässige Ehefrau wird von ihrem Mann gezwungen, unter Pferdegeschirr zu laufen, und dabei so lange geschlagen und mit Sporen verletzt, bis sie ewige Unterwerfung schwört. – Der Ungehorsam der Frau aber manifestiert sich in den Maeren des späten Mittelalters vor allem in ihrer Untreue, in ihrer Bereitschaft zu sexuellen Seitensprüngen. Im (ohne Verfasser überlieferten) Maere vom *Kerbelkraut,* um nur eines zu nennen, treibt die Frau Ehebruch vor den Augen ihres Mannes, dem sie gleichwohl einredet, er täusche sich und solle nicht so viel sinnverdrehendes Kerbelkraut essen. Der Verworfenheit der Frau steht die Verunsicherung ihres Mannes gegenüber, der nicht wahrhaben will, was er sieht. Die Nähe derartiger Maeren über den Ehebruch zu manchen Fastnachtspielen ist offensichtlich und auch nicht verwunderlich, sind die Autoren, die sich in diesen Genres hervortun, z. T. doch identisch (Rosenplüt und Folz etwa). Auf die Erregung, die von solchen Texten ausging, und die Abwehrhaltung, die sie bestärkten, ist im Zusammenhang mit dem Fastnachtspiel bereits ausführlich eingegangen worden, so daß hier nur Ergänzungen zu geben sind. Noch nicht begegnet ist uns der Name Hans Kaufringer, der um 1400 in

Landsberg gelebt hat und von dem eine kleine Sammlung von 13 Maeren überliefert ist, in denen das Ehebruchsthema überwiegt. Eines davon, das Maere vom *Schädlein* (oder *Der feige Ehemann*), ist insofern eine Variante, als der Ehebruch der Frau hier gleichsam von ihrem Mann provoziert wird, der einen Adligen, der sie verfolgt, in sein Haus locken läßt, um ihn zu stellen. Hinter einem Faß versteckt und vom Messer des Verführers eingeschüchtert, beobachtet er, wie dieser seine Frau vergewaltigt. Ohne einzugreifen, läßt er ihn sich entfernen und antwortet auf die Vorwürfe seiner Frau, daß ihre kleine Pein (ihr ›Schädlein‹) weniger schlimm sei als sein Schaden, sein möglicher Tod bei einer Auseinandersetzung. Weniger die Frau, die sich auf das listige Vorhaben ihres Mannes immerhin einläßt, als vielmehr dieser selbst wird hier zum Gegenstand eines merkwürdig gebrochenen Spottes. Gemessen an den ritterlichen Vorstellungen von Ehre, ist das Verhalten des Adligen so schändlich wie das des bürgerlichen Ehemannes verächtlich, der sich versteckt, statt den Einsatz seines Lebens zur Verteidigung seiner Frau zu riskieren. Unter bürgerlichen Wertvorstellungen aber erscheint dessen Abwägung von Schaden und Nutzen nach expliziter Ansicht des Autors als durchaus vernünftig; kritisiert wird von ihm lediglich, daß der Ehemann sich überhaupt auf das Abenteuer eingelassen hat, statt von vornherein Vorsicht walten zu lassen. Gerade dieses Maere veranschaulicht das in der Stadt bestehende und um 1400 keineswegs geklärte Nebeneinander des adligen und des bürgerlichen Normensystems. Der Bürger, der sich am Ende so vorsichtig abwägend verhält und seiner Frau gegenüber geradezu schamlos ökonomisch argumentiert, richtet sich zunächst doch, wenn er den adligen Konkurrenten aus dem Felde schlagen will, nach dem ritterlichen Männlichkeitsideal; daß er diesem Ideal nicht gerecht werden kann, weil er zur Gewaltanwendung nicht in der Lage ist, hat er mit dem adligen Nebenbuhler insofern gemeinsam, als dieser alle Regeln ritterlichen Anstands vergißt. So erscheint das ritterliche Ideal hoffnungslos überlebt und bestimmt in gewisser Weise doch immer noch das Männlichkeitsbewußtsein des Bürgers.

Um die gebrochene Ehre des Bürgers und um die Angst, ein Ideal männlichen Verhaltens nicht erfüllen zu können, geht es auch in den Ehebruchsgeschichten, in denen dem bürgerlichen Ehemann die Schmach von Nebenbuhlern zugefügt wird, die sozial unter ihm stehen oder die er aus anderen Gründen verachtet. Dabei lassen sich Aggressionen nicht nur auf die Frau richten, zumal wenn von ihr, weil sie ihren Mann nicht genügend respektiert oder weil sie sich von ihrer Triebhaftigkeit leiten läßt, die Initiative zum Ehebruch ausgeht, und wird nicht nur der Ehemann wegen seines Ungenügens bestraft (u. a. durch das Lachen Dritter – der Leser oder Hörer, die sich über seine Hahnreischaft und Dummheit lustig machen); es kommt hinzu, daß solche Geschichten zugleich auch noch Sündenböcke präsentieren, die an der Störung des Gleichgewichts bürgerlicher Verhältnisse schuld sind. Als Sündenbock erscheint in gewisser Weise schon der Ritter, der dem Anspruch der Ritterlichkeit nicht gerecht wird, wie in dem erwähnten Maere Kaufringers; erst recht aber ist es der Knecht, der die Grenzen des Anstands, die ihm im Haus des Bürgers und in der Stadt gezogen sind, überschreitet. In dem Maere *Der Knecht im Garten*[93] des uns schon bekannten Hans Rosenplüt (vgl. S. 327) wirbt ein Knecht um seine Herrin mit so schönen Worten, daß sie sich ihm unter der Bedingung, ihr gehorsam zu sein und nie etwas zu verraten, schließlich hingibt. Ihren Mann hat sie derweil in ihrer eigenen Kleidung in den Garten geschickt, damit er eben diesen Knecht, der sie – wie sie verrät – bedränge und sie dort treffen wolle, überführen könne. Nachdem sie mit ihrem Liebhaber geschlafen hat, zwingt sie auch diesem eine ungewohnte Rolle auf. Er muß im Garten seinen als Frau verkleideten Herrn unter dem Vorwand verprügeln, er habe »sie« nur in den Garten gelockt, um zu beweisen, daß Frauen verführbar seien. Er werde dem Hausherrn von ihrer beabsichtigten Untreue erzählen. – Dieses Maere setzt alle Figuren ins falsche Licht. Die Frau erscheint dem im falschen Kostüm verprügelten Ehemann am Ende als die Untadelige, die sie nicht ist; der Ehemann leugnet seine eigene Identität und ist – betrogen und gezüchtigt – der doppelt Hereingelegte; der Knecht muß, nachdem er einmal die ihm gesellschaftlich angemessene Rolle verletzt hat, zur Strafe noch einmal eine ihm nicht zukommende – nun ungewollte – Rolle spielen und erscheint so doppelt unzuverlässig. Zwar erweist sich die Ehefrau als die abgebrüht Listige, doch den Anstoß zu all der Verwirrung und Lüge gibt der Knecht, der den Anstand verletzt hat. Gerade weil er am Ende, wie auch die Ehefrau, ungestraft bleibt und sich die auf ihn richtenden Aggressionen der Leser/Hörer in der Phantasie nicht abführen lassen, erscheint er, wenn wir die Wirkung eines solchen Textes mitbedenken, neben der Frau als die gefährdete, weil ungestillten Haß auf sich lenkende Figur.

Die Funktion des Sündenbocks übernimmt bei Rosenplüt vor allem der Pfaffe. Die Darstellung der Verächtlichkeit insbesondere des niederen Klerus, der seinem moralischen Anspruch nicht gerecht wird bzw. das geistliche Amt zur Erpressung (auch der Liebesgunst) mißbraucht, hat eine lange Tradition (vgl. schon Kap. I); dieser Antiklerikalismus verschärft sich seit dem Ende des 14. Jahrhunderts und im 15. Jahrhundert, in dem Rosenplüt schreibt, zunehmend und findet einen seiner Höhepunkte in dem bekannten Maere *Die drei Mönche zu Kolmar* eines sich Niemand nennenden Verfassers: Hier nutzen drei Angehörigen verschiedener Orden (sie sind eben alle gleich) die Beichte, um einer Frau ein Stelldichein abzupressen; doch diese zahlt ihnen für ihr bloßes Ansinnen schrecklich heim und läßt sie sich nacheinander in einem Kessel mit siedendem Wasser verstecken, das sie verbrüht. Rosenplüt, der in einem seiner Texte einen geilen Pfaffen kastrieren und dessen Hoden einer betrügerischen Ehefrau zur Mahnung an die Wand und ihrer Magd um den Hals hängen läßt *(Die Wolfsgrube),* nimmt schließlich sogar den Würzburger Domprobst ins Visier (*Der Bildschnitzer von Würzburg;* die Verfasserschaft ist nicht ganz gesichert): Bezeichnenderweise wird dieser Würdenträger ›entblößt‹; nackt muß er sich zwischen den Figuren eines Bildhauers, dessen Frau er verführen will, verstecken, wird prompt entdeckt und anschließend erpreßt.

Das gängige Ehebruchsschema variiert und überschreitet am häufigsten der uns ebenfalls schon bekannte Hans Folz aus Nürnberg. Sein Interesse an politischen Fragen läßt ihn in seinen Maeren vor allem Probleme der Abgrenzung der Stände und der damit verbundenen sozialen Identität aufwerfen (am brisantesten in *Die drei listigen Frauen*). Was ihn mit Rosenplüt und anderen verbindet, ist die Lust an der Diffamierung. Müssen bei Rosenplüt Frauen, Knechte und Pfaffen als Sündenböcke herhalten, so bei Folz neben den Frauen vor allem die Juden. *Der falsche Messias* und vor allem *Die Wahrsagebeeren* sind Verunglimpfungen von ausgemachter Perfidie, über deren Ursachen und Wirkungen bereits im Zusammenhang mit den Fastnachtspielen von Hans Folz gesprochen worden ist.

Unter all den anderen Maerendichtern des späten 15. und des 16. Jahrhunderts ist wiederum auch Hans Sachs zu nennen – und zwar allein schon aufgrund der Quantität seiner erzählenden Reimpaardichtungen (ca. 1500 sind überliefert), die der Tradition der Maeren zum Teil eng verbunden sind. Die Derbheit so vieler Maeren des 15. Jahrhunderts jedoch, in denen das Zotige sich als Unterhaltungseffekt verselbständigt und diese Lust an der Erniedrigung gesellschaftlich Schwächerer so deutlich erkennbar ist, wird bei Sachs zugunsten einer eher maßvoll-reflektierten Verdeutlichung menschlicher Schwächen und einer mahnend moralisierenden, oft kleinlichen Betrachtungsweise zurückgenommen. Insofern gilt auch für Sachs als Verfasser von Maeren das, was über ihn als Verfasser von Meisterliedern und Fastnachtspielen schon oben ausgeführt wurde.

Sachs war einer der letzten Autoren, die sich für Maeren- und Schwankdichtungen noch der traditionellen Versform bedienten. Allgemein hatte sich im 16. Jahrhundert inzwischen die Prosaform durchgesetzt – nicht zuletzt ein Zeichen für den Anstieg der Produktion solcher Erzählungen. Auf deren Beliebtheit weist zugleich ihre Zusammenbindung zu ganzen Erzählsammlungen hin, für die Boccaccios *Decamerone,* das 1472 erstmals ins Deutsche übersetzt wurde, ein Vorbild gab. Johann Paulis ca. 700 Erzählungen vereinende Sammlung *Schimpf und Ernst* (1522) ist hier zu nennen oder Jörg Wickrams kürzeres *Rollwagenbüchlein* (1555), Michael Lindeners *Katzipori* (1558), vor allem auch Hans Wilhelm Kirchhofs auf über 2000 Erzählungen angewachsener, zwischen 1563 und 1603 in sieben Bänden erschienener *Wendunmut.* Was diese verbreiteten Sammlungen für die Vermittlung bürgerlicher Wertvorstellungen und Verhaltensnormen geleistet haben, bleibt weitgehend noch auszuwerten.

Formal tragen die Maeren von Beginn an die Merkmale des Schwankhaften (die Begriffe ›Maere‹ und ›Schwankmaere‹ werden durchaus synonym verwendet). Die Vorliebe für das Schwankhafte ist sicherlich nicht – wie lange Zeit üblich – einfach aus der Freude an der komischen Situation als solcher zu erklären. Untersuchungen zu den Formtypen des Schwanks[94] haben verdeutlicht, daß die im Schwank sich (als Figuren oder Figurengruppen) Gegenüberstehenden stets die Kennzeichen der ›Dummen‹ bzw. der ›Verständigen‹ tragen, so daß das durch die Texte ausgelöste Lachen, wenn der Listige sich gegenüber dem ›Dummen‹ durch eine Handlung überraschend in Vorteil setzt oder der ›Dumme‹ sich durch die Verkennung der Realität selbst weiter schädigt, immer in der Nähe des Verlachens steht, mit dem Aggressionen gegen den Unterlegenen abgeführt werden können. Daß die Maerentexte auf diese Weise Wirkungen im Spannungsfeld sozialer Auseinandersetzung ausübten, dürfte vom Publikum sehr wohl empfunden worden sein – und erklärt dann wohl auch am plausibelsten ihre Popularität gerade in der von scharfen sozialen Gegensätzen geprägten Stadt des späten Mittelalters und der frühen Neuzeit. Wichtig zu erkennen ist jedenfalls, daß das Schwankmaere nicht zuletzt von der Schadenfreude über die Niederlage und den Schmerz des anderen, zugleich vom Vergnügen am Schädigen lebt oder von der ›Freude am Bösen‹.[95] Das Lachen, das diese Literatur provoziert, ist nicht wirklich befreiend, sondern tief durchsetzt mit Boshaftigkeit und Häme. Insofern fügt es sich in die Reihe der sich in der Literatur der Städter abbildenden und auch Wirkung hervorrufenden Widersprüchlichkeiten, von denen schon die Rede war. Die Befriedigung über den Erfolgreichen ist zugleich Befriedigung an der Erniedrigung seines Gegenspielers. Das Selbstbewußtsein, das diese Literatur spiegelt, erwächst aus dem Triumph über Schwächere.

Neben dem schwankhaften Märe kannte das Mittelalter auch die größere Form des Schwankromans. Gemeinsam mit dem Märe ist ihm der Bezug auf die alltägliche Wirklichkeit, und zwar gerade auf deren traditionell nicht darstellungswürdige Aspekte, auf Mühsal und Arbeit, gezielter auf rohe Verhaltensweisen, verächtliche Gesinnungen, auf das Häßliche, Unreine, auch Obszöne, auf leibliche Vorgänge und Verrichtungen. Was den Schwankroman vom Märe abhebt, ist zunächst seine Struktur. Er reiht gleichsam einzelne Mären bzw. Handlungsepisoden aneinander und verbindet sie – anders als die bloßen Schwanksammlungen – durch den gleichbleibenden Helden. Allerdings bleibt die Verknüpfung des erzählten Geschehens meist relativ locker in dem Sinn, daß nicht jede der Episoden, die der Held durchläuft, unersetzlich für das übergeordnete Handlungskonzept wäre. Im übrigen aber bricht der Roman die das einzelne Märe zumeist, wenn auch nicht immer bestimmende pure Gegensätzlichkeit von klugen und dummen, bewundernswerten und verächtlichen, richtigen und falschen Verhaltensweisen und die damit zusammenhängende Sicherheit der Orientierung für den Rezipienten auf. Die Helden der mittelalterlichen Schwankromane handeln oft so verblüffend unangepaßt, unterlaufen gültige Normen, brechen Tabus, daß diese Texte ein gehöriges Maß an Verunsicherung ausgelöst haben dürften.

Als erster deutschsprachiger Schwankroman des Mittelalters gilt der zwischen 1220 und 1250 geschriebene *Pfaffe Amis* des Stricker, der Episoden aus dem Leben eines Geistlichen zu einer Schwankkette verbindet, indem er seinen Helden sich nach dem Muster des Artusromans auf eine Aventiure-Fahrt begeben läßt. Nur liest sich der Text wie eine Umkehrung eben dieses Musters. Der Held ist das Gegenteil eines Ritters – er hat nichts anderes im Sinn, als alle, die ihm begegnen, betrügerisch zu übertölpeln. Geschädigt wird von ihm zunächst nicht nur der Vertreter des eigenen geistlichen Standes, ein Bischof, der wegen seiner Habgier nichts Besseres verdient, sondern auch ein seine Pflichten als Lehnsherr vergessender Regent; geschädigt werden dann ferner wundergläubige Bauern, die von der Lehre des Christentums nichts verstanden haben, gewalttätige, ihre Aufgaben verfehlende Ritter, schließlich auch bürgerliche Händler, die, statt gerecht zu tauschen, betrügerisch nur ihren Vorteil suchen. Man könnte hiernach an eine Ständesatire denken, in der im Interesse der Wiederherstellung einer intakten Gesellschaftsordnung jedem Stand typische Verfehlungen vorgehalten werden. Das Irritierende aber liegt in den Verhaltensweisen des Pfaffen Amis. Er ist ein ›negativer Held‹, der die Überlegenheit seines Verstands rücksichtslos zum Schaden seiner Mitmenschen ausnutzt und – nur gerissener – die Mittel einsetzt, mit denen er selbst übervorteilt werden soll. Indem der Stricker seinen Helden nicht als Gegenbild, sondern als Teil der verdorbenen Gesellschaft auftreten läßt, wird das Böse dieser Welt (der ›mundus perversus‹) besonders hervorgehoben. Gerade weil spürbar wird, daß der Held an den Defekten der Welt teilhat, verschärft sich die Ständesatire zur ›divina satyra‹, zur Satire auf die gesamte Weltordnung. Damit weist dieser Schwankroman aus der Mitte des 13. Jahrhunderts auf die Auflösung eines verbindlichen, für alle gültigen Wertesystems hin, auf eine zerfallende Gesellschaft, in der nur Egoismus und ›Täuschung‹ gelten. Sein Schluß (Amis stirbt – zwar nicht reich an Ehre, aber an Vergnügen – als ein äußerst freigiebiger Klosterabt) zeigt nur scheinbar einen versöhnlichen Ausweg; in Wahrheit ist er von hintergründiger Ironie: Denn er führt zurück in die Mehrdeutigkeit des Anfangs, wo die von Amis praktizierte ›milte‹, die Tugend der Freigiebigkeit, zugleich auch als die Sünde der verschwenderischen, maßlosen Wirtschaft, der grenzenlosen Verausgabung, verstanden werden konnte.[96]

Mit der Gestaltung des ›negativen Helden‹ griff der Stricker auf ein Motiv zurück, das schon im 12. Jahrhundert in der lateinischen und französischen Schwankdichtung und im deutschsprachigen Tierepos verwendet worden war. Möglicherweise kannte er den *Reinhart Fuchs* eines Heinrich (bekannt unter dem Namen Heinrich der Glîchezâre), vermutlich eines Klerikers aus dem Elsaß, der in den letzten Jahrzehnten des 12. Jahrhunderts französische Versschwänke zusammengefaßt und bearbeitet hatte, die einige Jahrzehnte später dann auch in Frankreich Grundlage für einen Schwankzyklus, den *Roman de Renart,* wurden. In Heinrichs Dichtung erscheint der Fuchs in seiner Auseinandersetzung mit anderen Tieren, zumal dem Wolf und dem kranken Löwen, dem König Vrevel, als Inbegriff der Bösartigkeit, als Vergewaltiger, Lügner, Schmeichler, Mörder. Daß die Gesellschaft der den Löwen als Hofstaat umgebenden Tiere sich aus Eitelkeit, Dummheit, Furcht und Schwäche nicht gegen den Fuchs und seine Machenschaften zu schützen weiß, am wenigsten der kranke König selbst, der als Getäuschter seine Getreuen verrät, den Heuchler zu höchsten Ehren erhebt und dafür mit dem Leben büßen muß, macht die Brüchigkeit dieser höfischen Gesellschaft sinnfällig. Sie erliegt demjenigen, der ihre Schwäche nicht nur erkennt, sondern sie auch zu seinem Vorteil ausnutzt. Gerade in dieser Doppelfunktion ist der ›negative Held‹ – hier noch keineswegs zum Lachen reizend – nicht nur selbst abschreckendes Beispiel eines alle Sittlichkeit mißachtenden Verhaltens, sondern unverzichtbar auch für die Entlarvung der sich ihm und seiner ›Verführung‹ unterwerfenden Gesellschaft. Anders als beim Stricker, der den Verfall des ganzen ›ordo‹ beklagt, richtet sich Heinrichs Satire allerdings viel gezielter gegen den Mißbrauch der Macht im Umkreis des Regenten – dies aber bereits zu einer Zeit, in der die territorialen Machtzentren sich erst festigten und die Ausbildung höfischer Verhaltensweisen (vgl. Kap. III) noch längst nicht abgeschlossen war.

Heinrichs Dichtung, die an satirischer Schärfe ihresgleichen sucht, dürfte deswegen – wie etwa auch das 1148 vollendete mittellateinische Tierepos *Ysengrimus* des Nivardus aus Gent, eine Satire auf das entartete Ordensleben – nicht umsonst auf das seit der äsopischen Fabel bekannte Mittel der Tarnung politisch brisanter Kritik durch Tierfiguren zurückgegriffen haben. Die Transposition einer politischen oder moralischen Thematik ins Tierreich entschärfte deren Ernst, stellte eine für die Attackierten akzeptable Unverbindlichkeit her und besaß durch die Eröffnung einer ungewohnten Vorstellungswelt auch einen unterhaltenden Reiz. Zugleich aber sind durch die Tierfiguren – ganz im Sinne der Satiriker – vermutlich auch erhebliche Beunruhigungen erzeugt worden. Auch wenn sich das Tierepos literarisch aus der Tradition der Antike speist, ist seine Wirkung doch auch von den Einstellungen abhängig, die mittelalterliche Rezipienten dem Tier gegenüber besaßen. Die engen Beziehungen zwischen Mensch und Tier, selbst noch in der Stadt, sind im Mittelalter überall gegenwärtig und schlagen sich in der mittelalterlichen Kultur überall deutlich nieder (man denke an Sprichwörter, an die Buchornamente, Plastiken, das Wappenwesen usw.),[94] und auch die aus der Religionsgeschichte bekannten und auch in der Bibel wirksamen Vorstellungen vom Tier dürften im Mittelalter noch lebendiger gewesen sein als heute. Nach biblischer Auffassung ist das Tier zwar einerseits Bruder des Menschen in der Schöpfungsordnung, andererseits aber gerade das ganz andere, das nicht-menschliche Wesen, das deswegen auch geeignet ist, das Dämonische – eben auch in den verwerflichen Verhaltensweisen des Menschen – zu symbolisieren. Sowohl die Tierdämonen an den Westwerken der Kirchen, die – Dämon gegen Dämon – das gefürchtete Andringen der Teufel abwehren sollten, als auch die menschlichen Gestalten mit Tierfratzen in der bildenden Kunst, die den ›vertierten‹ Menschen zeigen, sind dafür beredte Beispiele.

In der viel späteren niederdeutschen Form des Fuchsstoffes, dem 1498 erschienenen *Reynke de Vos* eines Lübecker Franziskaners, die dann (nach der Übertragung durch Gottsched) Goethe als Vorlage für seinen *Reineke Fuchs* diente, sind die abgründige Bosheit der Tiere, zumal des Fuchses, und die satirische Schärfe erheblich verblaßt. Dies liegt einerseits an der Anhäufung der Tierfiguren und an der Ausweitung der Handlung, die von der provozierenden Zielsetzung der Gesellschaftskritik eher ablenken, andererseits zugleich auch an der Annäherung des Benehmens der Tiere an das der Menschen, so daß es schwieriger wird zu verstehen, warum die Tiermaske überhaupt noch notwendig ist. Der die Maskierung aus Selbstschutz verlangende Unwille über die Willkür und den Machtmißbrauch der Herrschenden ist einer tiefen Resignation gegenüber der Möglichkeit eines auf Moral gegründeten gesellschaftlichen Lebens gewichen; aber immerhin können auch hier die Tierfiguren noch darauf verweisen, wie nahe menschliche und ›nicht-menschliche‹ Ordnungen des Zusammenlebens beieinanderliegen.

Der ›negative Held‹, der voller Freude über die von ihm Geschädigten triumphiert und dem Rezipienten dabei die Verderbtheit der Welt und den Zusammenbruch eines sich an moralische Maßstäbe haltenden Lebens vor Augen hält, ihm zugleich aber auch ermöglicht – wenn auch nur in der Phantasie –, sich eigene geheime Wünsche nach Vergeltung an Zwang ausübenden Personen zu erfüllen oder sich über gesellschaftliche Regeln hinwegzusetzen, ist im Schwankroman des späten Mittelalters und des 16. Jahrhunderts zu einer feststehenden, wenn auch im einzelnen immer wieder anders, mit unterschiedlichen Intentionen gestalteten und in unterschiedlichen Umgebungen handelnden Figur geworden. Direkt an den *Pfaffen Amîs* des Stricker knüpften im späten 15. Jahrhundert die *Geschichte des Pfaffen vom Kalenberg* Philipp Frankfurters und kurz nach der Jahrhundertwende Hermann Botes *Ulenspiegel* an. Im späten 15. Jahrhundert wurde auch der *Neidhart Fuchs* eines unbekannten Verfassers gedruckt (vgl. Kap. III). Im 16. Jahrhundert erschienen dann u. a. Wolfgang Büttners

Klaus Narr (1572), Bartholomäus Krügers *Hans Clawert* (1578) und auch – seine Zuordnung zum Schwankroman ist besonders wegen des Einsatzes seiner später auch als Schildbürger bekannt gewordenen Akteure für den ›gemeinen nutzen‹ problematisch – *Das Lalebuch* (1597) eines Anonymus.

Der populärste dieser Schwankromane ist noch heute – nicht zuletzt aufgrund seiner vielen Adaptionen und der durch sie verursachten und weitergetragenen Mißverständnisse – Botes *Ulenspiegel*. Die Figur Ulenspiegels (Till Eulenspiegels) ist im Laufe der Jahrhunderte zu einem fröhlichen Narren umgedeutet worden, der mit Bürgern und Bauern seine harmlosen Scherze treibt. Aber der Schalk, wie Ulenspiegel in Botes Text selbst genannt wird (u. a. in Historie 84), erweist sich für die ihm Ausgelieferten als alles andere als harmlos – wie übrigens das Wort ›Schalk‹ bis ins 18. Jahrhundert hinein den Übeltäter, sogar den Unmenschen bezeichnete. Botes Ulenspiegel, der Protagonist von nahezu hundert Schwankerzählungen (›Historien‹) ist in verschiedener Hinsicht ein gesellschaftlicher Außenseiter: Er hat keinen festen Wohnsitz, sondern ist ständig unterwegs; er geht keiner geregelten Arbeit nach, sondern nutzt sich bietende Gelegenheiten, um sein Auskommen zu finden; entsprechend lebt und kleidet er sich nicht ›standesgemäß‹, sondern wechselt seine Rollen, ›verkleidet‹ sich. Nicht den Alltag liebt er, sondern das Ungewohnte, das Abenteuerliche. Freilich haben die Abenteuer Ulenspiegels nichts mit denen der Artusritter gemein. Sie dienen nicht wie diese der gesellschaftlichen Anerkennung, sondern bestätigen umgekehrt gerade die Vereinzelung – eben des ›negativen Helden‹ – in der Gesellschaft. So steht Ulenspiegels vom Herumtreiben, Gelegenheitsarbeit, Betrug, Gaukelei, vom Wahrsagen und Wunderheilen bestimmte Lebensführung in der Nähe der Lebensführung des Vagabunden. Waren Bettler und Landstreicher – wie schon erwähnt – bis ins späte Mittelalter hinein allgemein geduldet, wenn auch – zumal in den Städten, wo ihre Zahl unüberschaubar werden konnte – gefürchtet, so setzte im 16. Jahrhundert der Prozeß ihrer Kriminalisierung ein.[98] In Polizeiordnungen wurde der Müßiggang mit Strafen bedroht, und Müßiggänger konnten zur Arbeit gezwungen oder auch aus Stadt und Land verwiesen werden. Inwieweit solche Verordnungen sich als wirkungsvoll erwiesen haben, ist hier nicht zu erörtern; immerhin aber ist das Vagabundieren, das Herumziehen der Ausgestoßenen auch von solchen Abwehrmaßnahmen der Städte bzw. der Landesherren her zu erklären. Wenn Ulenspiegel als dieser Gruppe zugehörig gezeigt und als Müßiggänger und Herumtreiber, als jemand, der schalkhaft, d. h. bösartig an der Gesellschaft handelt, entsprechend diffamiert wird, so äußern sich darin durchaus die Vorbehalte und Abneigungen des hohen städtischen Verwaltungsbeamten Bote, der Zollschreiber Braunschweigs, zeitweilig wohl auch Landrichter war und sich in verschiedenen Schriften[99] gegen die ›unehrlichen Leute‹, übrigens auch gegen aufständische Handwerkerzünfte gewandt hat, weil ihm das Gemeinwohl der Stadt nur durch die Einhaltung der gottgewollten Ordnung der Stände und ihren wechselseitigen Dienst füreinander gewährleistet zu sein schien. – Der äußeren Lebensführung seines ›negativen Helden‹ werden von Bote entsprechende Einstellungen und Verhaltensweisen zugeordnet. So haltlos wie Ulenspiegel sich in der Welt bewegt, so haltlos ist auch seine Moral. Gesellschaftliche Normen befolgt er ebensowenig wie er soziale Verpflichtungen einhält. Deswegen ist er unberechenbar für seine Umgebung und ›enttäuscht‹[100] immer wieder deren Erwartungen.

Schon als Täufling ›mit allen Wassern gewaschen‹ (vgl. Historie 1), demontiert er als Heranwachsender zunächst die Gemeinschaft seines Dorfes – nicht nur dadurch, daß er den Bauern durch obszöne Gesten seine Verachtung zeigt, sondern vor allem dadurch, daß er sie gegeneinander aufhetzt. In der 4. Historie beispielsweise überlistet er sie, ihre linken Schuhe auszuziehen; als 120 Schuhe übereinanderliegen, beginnt die Rauferei: Der Wunsch, das private Eigentum zurückzubekommen, ist stärker als das Gebot der Rücksichtnahme aufeinander und führt vor Augen, wie brüchig die Verhaltensregeln der Dorfgemeinschaft eigentlich sind. – Auf die Entlarvung des Gemeinsinns als eines Scheins, hinter dem der Eigennutz lauert, zielen auch Ulenspiegels Provokationen der Stadtbewohner. In den Städten, insbesondere Nord- und Nordostdeutschlands, in denen er während seines Herumstreifens auftaucht, reibt er sich vor allem an den Handwerksmeistern als den Angehörigen der Gruppe, die – wie oben ausführlich dargestellt – das genossenschaftliche Zusammenleben einst intensiv entwickelt hat, dem Ideal ihrer Lebensform aber inzwischen nicht mehr gerecht wird. Als Schalk, der egoistisch nur den eigenen Interessen folgt, treibt Ulenspiegel gerade mit den Regelungen der Zünfte sein Spiel und entlockt dabei den Zunftbürgern Reaktionen, die erkennen lassen, daß auch sie nur noch ihren persönlichen Vorteil suchen. Dabei paßt er sich der Zunftordnung und den Handwerksmeistern zunächst vollkommen an, um dann deren Schwächen gleichsam von innen her als an ihrem Handeln Beteiligter für sich auszunutzen.

In der bekannten 19. Historie, um ein Beispiel zu geben, verdingt Ulenspiegel sich bei einem Braunschweiger Bäckermeister als Knecht. Als der Bäcker auf die Frage Ulenspiegels, was er denn backen solle, gereizt antwortet: »Eulen und Meerkatzen«, nimmt dieser das wörtlich und bäckt statt Wecken und Semmeln lauter Eulen und Meerkatzen. Daraufhin wirft der erzürnte Bäkker ihn mitsamt all den Teigwaren auf die Straße, wo Ulenspiegel das Backwerk mit großem Gewinn verkauft. Verdrossen eilt der Bäcker herbei, um wenigstens seine Unkosten einzuklagen, doch Ulenspiegel ist mit dem Geld längst verschwunden. – Diese Schwankerzählung, die exemplarisch für viele andere steht, verdeutlicht zunächst die gestörte Beziehung zwischen Meister und Knecht. Zwar besitzt die Zunftordnung als Organisationsform handwerklicher Arbeit noch Gültigkeit (Meister und Knecht wohnen zusammen, der hierarchische Abstand zwischen beiden ist gewahrt, die Art der Produkte und ihre Fertigungsmethoden sind festgelegt, so daß der Meister annehmen darf, daß Ulenspiegel, der sich als Bäckersknecht ausgegeben hat, darüber Bescheid weiß), als Lebensform aber ist sie zusammengebrochen. Der Meister vergißt seinem Knecht gegenüber seine ehemals vornehmste Aufgabe, die Fürsorgepflicht. Er unterläßt es, ihn in seine neue Umgebung einzuweisen, behandelt ihn unfreundlich und ironisch, benutzt ihn lediglich als Lohnarbeiter. Insofern ist Ulenspiegels Reaktion ganz konsequent. Auch er vergißt, was in der intakten Lebensgemeinschaft der Zunft stets als Pflicht der Gesellen und Lehrlinge galt: Solidarität mit dem Meister zu üben. Statt dessen legt er den Meister herein und übervorteilt ihn. Dabei greift er auf eine Taktik zurück, für die er als Figur berühmt geworden ist: Er nimmt Aussagen seiner Kontrahenten wörtlich – ein Verhalten, das, ebenfalls, Anpassung vortäuscht, aber Unbotmäßigkeit beabsichtigt. Das unbedacht Dahergesagte wird im buchstäblichen Sinn verstanden (»Eulen und Meerkatzen«), aber nicht so, wie es gemeint ist (in unserem Beispiel als Verspottung der törichten Frage). Zwar versteht Ulenspiegel das Gemeinte, schon aus der Situation heraus, in der geredet wird, aber er will es nicht verstehen und ist gedeckt durch die Bedeutung, die das Gesagte in anderen Redesituationen auch haben kann. Der Hereingelegte aber muß nachträglich erkennen, wohin es führt, wenn anders geredet als gedacht wird – von Bote sicherlich als warnender Hinweis gemeint, daß die Lockerung der Identifikation mit gültigen Normen nur Schaden einbringt. – Auch in anderer Hinsicht ist diese 19. Historie aufschlußreich. In den Zunftordnungen war festgelegt, welche Produkte ein Meister herstellen durfte, welche Verfahren er dabei anzuwenden hatte und welchen Preis er schließlich nehmen durfte. Deswegen kann sich der Bäcker, obwohl er insgeheim vielleicht wirklich schon an gebackene Eulen und Meerkatzen denkt, auch nicht vorstellen, daß Ulenspiegel etwas anderes als Wecken und Semmeln backen könnte. Ulenspiegel führt ihm vor, daß man ›auf dem Markt‹ gerade mit derart ausgefallenem Backwerk ein gutes Geschäft machen kann; und genau daran, am Gewinn, ist der Bäckermeister entgegen aller die Konkurrenz verbietender Übereinkunft im Grunde interessiert – sonst würde ihn Ulenspiegels Erfolg nicht so verdrießen. Sicherheit bietende Zunftvorschrift und erwachende Profitsucht kollidieren, Ulenspiegel fungiert gleichsam als der Versucher des Zunfthandwerkers. Daß Bote dies so meint, belegt sein ganzes Erzählkonzept: Denn das von Ulenspiegel befolgte Tauschwertprinzip, das, unter Mißachtung aller aus ethischen Gründen durchgesetzten Reglementierungen, allein am Profit orientiert ist, ist eben mit ›Täuschung‹, mit Hinterhältigkeit verbunden. Ulenspiegel, der aus Eigennutz überall nur Unfrieden stiftende und menschliche Verletzungen bewirkende ›negative Held‹, stellt in einer Gesellschaft, die auf ihn ›hereinfällt‹, die desolaten Zustände her, die in der Konsequenz der Auflösung der genossenschaftlichen Eigentumsordnung liegen, Zustände, vor denen Bote, weil sie das für ihn in der ständischen Ordnung verankerte Allgemeinwohl zerstörten, zu warnen versuchte. Daß diese Warnung aus dem *Ulenspiegel* herausgelesen worden ist, dürfte allerdings zu bezweifeln sein. Der Erfolg dieses Buches und seine Rezeptionsgeschichte weisen darauf hin, daß seine vielen Leser sich weniger an Ulenspiegels Skrupellosigkeit gestört als über seine Unabhängigkeit und Schläue gefreut haben.

In der Nähe des Schalks steht der Narr und ist doch ein ganz anderer. Ihr Außenseitertum verbindet sie. Aber während der Schalk – die heute noch bekannte, zur Gegenwehr ermutigende Redewendung ›jemandem den Schalk austreiben‹ weist darauf hin – aktiv und bösartig auf seine Umgebung einwirkt und seine ›Opfer‹ häufig dem allgemeinen schadenfrohen Gelächter aussetzt, ist der Narr umgekehrt leicht selbst das ›Opfer‹, derjenige, der durch sein Aussehen und Verhalten das Gelächter der Gesellschaft auf sich zieht: ›Mach keinen Narren aus dir‹ ist eine der dagegenhaltenden geläufigen Redewendungen. Die literarische Tradition der Narrenfigur reicht bis in biblische Zeiten zurück und basiert auf der alten Gewohnheit, sich über Menschen, die körperlich mißgestaltet oder geistig nicht normal waren, einerseits zu amüsieren (womöglich – worauf noch heute die ›Irrenwitze‹ hinweisen – um auf diese Weise eigene Ängste abzuwehren), in ihnen zugleich aber auch übernatürliche, ihnen Weisheit gebende Kräfte wirksam zu sehen und sie deswegen zu respektieren. Gerade für diese ehrfurchtsvolle Haltung geistig und körperlich Behinderten gegenüber finden sich genügend, hier nicht auszubreitende Belege sowohl im Alten Testament als auch in der antiken Literatur. Im Neuen Testament, im 1. Korintherbrief des Paulus, wird das dichte Beieinander von Torheit und Weisheit dann direkt thematisiert und kann sich von daher auch als literarisches Motiv entfalten. Die Grundlage dieses Motivs ist der Narr, dem die Einfalt gleichsam von Natur mitgegeben ist, nicht der Narr, der den Schwachsinn nur simuliert, um sich, wie Gaukler oder Hofnarren, ganz bewußt des dem Narren entgegengebrachten geheimen Respekts und der damit verbundenen Freiheit zu vergewissern und auch des Einflusses bei den Mächtigen. Wer von diesen Narren, die ihr Narrentum nur vortäuschen, den Bogen überspannte, geriet leicht in die Rolle des Schalksnarren (eben des bösartigen Narren) oder des Schalks, aus dessen Familie auch Ulenspiegel stammt, und mußte damit rechnen, daß sich die Stimmung gegen ihn kehrte. In der städtischen Literatur um 1500 aber ist nicht nur das simulierte Narrentum in der Ausprägung des Schalks gegenwärtig, sondern auch das wirkliche. Freilich erscheint es hier nicht in der Personifikation eines einzelnen ›negativen Helden‹, sondern gleichsam als eine überall anzutreffende, allgemeinmenschliche Qualität, die jeden Menschen als Narren erscheinen läßt.

Das berühmteste und einflußreichste Zeugnis spätmittelalterlicher Narrenliteratur ist Sebastian Brants *Narrenschiff*, das 1494 in Basel erschien. Der Elsässer Brant war, als er es schrieb, Dozent in Basel und gleichzeitig Lektor der dortigen Drucker. Vielleicht hat er deswegen die Möglichkeiten des Buchdrucks optimal ausnutzen können. Jedem Kapitel seines Textes steht ein (zum größeren Teil übrigens von Dürer stammender) das Verständnis sichernder Holzschnitt voran, wodurch die Publikumswirksamkeit zweifellos gefördert worden ist. Das Titelblatt nutzt die seit der Antike bekannte Schiffsallegorie und zeigt ein Schiff, das, vollgeladen mit Narren, nach Narragonien aufbricht. Darunter steht für den Leser:

Nit meyn/ uns narren syn alleyn
Wir hant noch brüder groß/ und kleyn
Inn allen landen über al
ond end/ ist unser narren zal.

Jeder also soll sich getroffen fühlen. In 112 Kapiteln reiht Brant jeweils von einem anderen Narren repräsentierte menschliche Defizienzen aneinander, dabei nicht mehr der aus früheren Ständesatiren gewohnten ständisch-hierarchischen Ordnung folgend und das Fehlverhalten einzelner Standesvertreter angreifend, sondern willkürlich verfahrend, eben auf die in allen Ständen in gleicher Weise verbreitete allgemeine Torheit hinweisend. Dabei werden sowohl die sieben Todsünden angesprochen oder die Verstöße gegen die zehn Gebote als auch ein ganz banaler Utilitarismus, der Müßiggang der Studenten, die Abhängigkeit von wechselnden Moden usw. – All diese Narren nun lassen Weisheit zwar vermissen, sind aber prinzipiell doch in der Lage, weise zu werden – wenn sie nur in den Spiegel sehen, den Brant ihnen und ausdrücklich auch sich selbst mit seinem Buch vorhält, und sich selbst als die Narren, die dort abgebildet sind, erkennnen:

> Den narren spiegel ich diß nenn
> In dem ein yeder narr sich kenn
> Wer yeder sy wurt er bericht
> Wert recht in narren spiegel sicht ...
> Dann wer sich für ein narren acht
> Der ist bald zu eym wisen gmacht (V. 32 ff., 41 f.)

Die aus der Konfrontation mit den eigenen Schwächen resultierende Selbsterkenntnis also ist der Ausweg, den Brant seinen Lesern empfiehlt. Wohin dieser Weg führt, ergibt sich nicht einfach aus der Umkehrung der Torheiten, ist doch eigentlich alles menschliche Verhalten Torheit vor Gott (vgl. Kap. 107), sondern bleibt der Einsicht und Verantwortlichkeit des einzelnen überlassen. Andererseits ist aufgrund der Bewertungen der einzelnen Narrheiten nicht zu verkennen, woran Brant sich und seine Leser orientiert. Die Verwirrung der Menschen ist moralisch begründet und entspringt dem Verlust religiöser Bindung und christlicher Wertvorstellungen. So ist der Weise eben doch nicht allein der sich selbst Erkennende, sondern zugleich auch der Gottesfürchtige, der freilich – dies weist voraus auf die Reformation – eigenverantwortlich entscheiden muß, ob er die christliche Heilszusage annehmen und in der Nachfolge Christi und damit im übrigen ›gemeinnützig‹ handeln will oder nicht. So erneuert sich letztlich die alte Vorstellung des ›weisen Narren‹, nur daß sie sich nicht mehr auf einzelne Gezeichnete, sondern auf alle Menschen bezieht, die als Sünder allesamt gezeichnet sind (eben als Narren), die aber alle, wenn sie es nur selbst wollen (dies ist entscheidend), durch Reflexion zu weisen Sündern werden können.

Die Wirkung des *Narrenschiffs* war zumindest unter den Gebildeten Europas immens, wenn dieser Text auch nie so populär wurde wie der *Ulenspiegel*, auf dessen Helden sich Wunschvorstellungen (der Auflehnung) projizieren ließen, die Bote eigentlich gerade hatte eindämmen wollen. *Das Narrenschiff* wurde neu- und nachgedruckt, vor allem aber in die verschiedensten europäischen Sprachen (auch ins Lateinische) übersetzt; es war Bezugspunkt für Predigten (etwa die des Straßburgers Geiler von Kaysersberg), es wurde nachgeahmt und weitergedichtet, u. a. von dem Franziskanermönch Thomas Murner (vgl. seine *Narrenbeschwörung* [1509–12] und seine *Schelmenzunft* [1512]), der allerdings nicht auf die Selbsterkenntnis des Menschen baut, sondern – insofern war er ganz reaktionär – auf die Austreibung des überall gegenwärtigen Narrentums mit der Gewalt des Exorzisten. Als solcher profilierte er sich dann auch noch später in seinem Pamphlet *Von dem großen Lutherischen Narren ...* (1522), mit dem er den ›aufgeblasenen Popanz‹ Luther und seine Anhänger zu erledigen versuchte.

Die bedeutendste Weiterführung der Narrensatire und ihre eigentliche Vollendung ist das *Lob der Torheit* des Erasmus von Rotterdam (vgl. Kap. V) (1509 in lateinischer Sprache unter dem Titel *Mōrias enkōmion seu laus stultitiae* geschrieben, 1511 erschienen, 1534 von Sebastian Franck übersetzt), ein Text, der bei der Diskussion des dialektischen Verhältnisses von Torheit und Weisheit anknüpft und zwei Grundgedanken ausbreitet. Einerseits liege in der Torheit die wahre Weisheit – nur der Tor habe überhaupt die Kraft zu leben, denn wer kein Tor sei, müsse angesichts der vielen Fehler der Menschen verzweifeln; nur die alles Denken und Tun durchdringende Torheit mache, wie an vielen Beispielen belegt wird, die Menschen glücklich. Andererseits sei die eingebildete Weisheit die wahre Torheit – auch hierfür gibt der Text zahlreiche Beispiele, von der dem Menschen unwürdigen Wundergläubigkeit und Heilssüchtigkeit bis zum politischen Machtdenken der Fürsten und Päpste. All dies kommt freilich aus dem Mund der eine Lobrede auf sich selbst haltenden Frau Stultitia (der personifizierten Torheit), wodurch sämtliche Gedanken ironisch relativiert werden. Gerade dies aber – will man diese vorgeschobene Figur nicht nur als das seit der Antike bekannte künstlerische Mittel verstehen, Spott und Kritik von vornherein zu entschärfen – wirft ein Licht auf die unbegreifliche Komplexität des Menschen, dessen widersprüchliches Wesen zu erfassen sich der Humanist – vergeblich – bemüht.

Fragt man nach dem Grund, warum in der zweiten Hälfte des

15. und im beginnenden 16. Jahrhundert die Vorliebe sowohl der städtischen Autoren als auch des städtischen Publikums für literarische Figuren zunimmt, die das Stigma des Außenseiters tragen, seien sie nun als (einzelne) Schalknarren oder als (in Massen auftretende) Narren oder in anderer Form als ›negative Helden‹ konzipiert, die den gültigen gesellschaftlichen Normen nicht nur nicht entsprechen, sondern sich ihnen sogar widersetzen, so wird in neueren Arbeiten zur spätmittelalterlichen Literatur häufig auf die Identitätskrise des mittelständischen Bürgertums hingewiesen. In der Tat hat die allmähliche Aushöhlung der Zunftordnungen, die durch profitorientiertes, gegen alle gemeinnützigen Vereinbarungen verstoßendes Wirtschaften vieler Zunftangehöriger sowie durch die zahlreichen Konflikte zwischen Meistern und aufständischen Gesellen verursacht war, zu der verbreiteten und begründeten Befürchtung geführt, daß damit auch die Wertvorstellungen, die in der Lebensform der Zunfthandwerker ausgebildet worden waren, zumal die der sorgfältigen und fleißigen Arbeit um der Sicherung der ganzen Gruppe willen verloren gehen könnten. So erklären sich die Mahnungen, den ›ordo‹, in dem auch das Bürgertum seinen Platz gewonnen hatte, nicht zu verletzen und den Gedanken der Gemeinnützigkeit zu erhalten. Der die Gemeinnützigkeit bösartig oder töricht vergessende ›negative Held‹ war als Symbolfigur entworfen, die moralisch an den Pranger gestellt werden konnte. Daß sie gleichzeitig so faszinierte, und zwar in anderer Weise als beabsichtigt, und nicht nur das Publikum, sondern uneingestanden wahrscheinlich auch die konservativ denkenden Autoren selbst, hat unterschiedliche Ursachen: Der Bösartige konnte insgeheim Bewunderung auf sich ziehen, weil er mit seiner List, seinem Einfallsreichtum und vor allem mit seiner Unabhängigkeit Qualitäten besaß, mit Hilfe deren Festgefügtes (z. B. das kirchliche Gebot) und qualvoll als Druck Empfundenes (z. B. die politische Macht des Adels und der reichen Kaufmannschaft) respektlos unterlaufen werden konnte, und weil seine Skrupellosigkeit im Umgang mit anderen schon als die Bedingung begriffen wurde, mit der die wirtschaftliche und politische Zukunft zu gewinnen war; was zu sein man selbst sich innerlich sträubte, ließ sich auf einen Schalk wie Ulenspiegel als Wunschvorstellung projizieren. Genau dieses Unvermögen, überkommene und in ihrer Bedeutung auch akzeptierte Wertvorstellungen und neue eigene Bedürfnisse und Interessen miteinander vereinbaren zu können, hat zu den Irritationen und Unsicherheiten geführt, die es erlaubten, in den Narrenfiguren, die egoistisch handeln und sich vorwerfen lassen müssen, darüber ihre

›Weisheit‹ zu verlieren, die eigenen Ab- und Zerrbilder zu erkennen, in ihnen gleichsam die eigene Zwiespältigkeit und Schwäche zu verlachen.

Die meisten dieser und andere, zuvor schon besprochene Tendenzen der spätmittelalterlichen städtischen Literatur verdichten sich in dem wohl repräsentativsten Werk der ganzen Epoche, das bereits um 1400 entstand, im *Ring* des Heinrich Wittenwiler. Über den Verfasser ist lange gestritten worden. Inzwischen gilt es als sicher, daß er Magister und Bürger von Konstanz war und dort spätestens seit 1387 als Jurist arbeitete. Seine fast 10 000 Verse umfassende Dichtung vermischt in teils belehrender, teils parodistischer Absicht ausführliche, in unterschiedliche Richtungen zielende Handlungsanweisungen mit Szenen derbster, oft ins Groteske umschlagender Komik auf so irritierende Weise, daß der Versuch, sie einer der bekannten und besprochenen Gattungen zuzuweisen, sich eher verbietet.

Erzählt wird in einem ersten Teil die Brautwerbung des überheblichen Bauernburschen Bertschi Triefnas aus Lappenhausen um das Trampel Mätzli Rüerenzumpf, wobei die einleitenden Verse, mit denen die Hauptfiguren eingeführt werden, das von Wittenwiler verwandte Verfahren, Belustigungen zu erzielen, bereits überdeutlich erkennen lassen. Immer wieder stellt er Mißverhältnisse her zwischen den Anstrengungen der Bauerntölpel, den Formen höfischer Gesittung gerecht zu werden, und den ihnen offensichtlich dafür fehlenden Voraussetzungen:

In dem tal ze Grausen
ein dorf, hiess Lappenhausen,
was gelegen wunnecleich,
an holtz und wasser überreich.
dar in vil esler pauren
sassen ane trauren.
under den ein junger was;
der hiess Bertschi Triefnas –
ein degen säuberleich und stoltz.
sam er gedraiet wär aus holtz
an dem feirtag gieng er umb;
er wär schlecht oder krumb,
er wär nahent oder verr,
der muost im sprechen junkherr.
was schol man euch nu mer sagen?
also wol kond er sich betragen,
daz die alten und die jungen
frawen sere nach im drungen.
doch was eineu sunderbar

in sinem hertzen, daz ist war.
die hiess Mätzli Rüerenzumph.
sei was von adel lam und krumph,
ir zen, ir händel sam ein brand
ir mündel rot sam mersand.
sam ein mäuszagel was ir zopf.
an ir kelen hieng ein kropf,
der ir für den bauch gie.
lieben gsellen, höret, wie
ir der rugg was überschossen –
man hiet ein gloggen drüber gossen.
die füessli waren dik und brait
also, daz ir kain wind laid
getuon moht mit vellen,
wolt sei sich widerstellen.
ir wängel rosenlecht sam äschen,
ir prüstel klein sam smirtäschen;
die augen lauchten sam der nebel,
der atem smacht ir als der swebel.
so stuond ir das gewändel gstrichen,
sam ir die sele wär entwichen.
sei kond also schon geparen,
sam sei wär von drien jaren.
(V. 16–57)

Ü: In dem Tal zu Grausen lag in herrlicher Umgebung ein Dorf namens Lappenhausen*, überreich an Holz und Wasser. Dort lebten viele eselhafte** Bauern voll fröhlicher Zufriedenheit. Einer von ihnen war der junge Bertschi Triefnas – ein hübscher, hochgemuter Held. Wie aus Holz gedrechselt spazierte er an Feiertagen herum; ob schief oder gerade, ob aus der Gegend oder von weit her [kommend]: jeder mußte ihn mit ›Junker‹ anreden. Was kann ich euch noch mehr erzählen? Er verstand es, so fein aufzutreten, daß alte und junge Frauen sich geradezu um ihn rissen. Aber eine hatte einen ganz besonderen Platz in seinem Herzen, wie ich euch versichern kann; das war die Mätzli Rüerenzumph. Die war von edlem Wesen: lahm und krumm. Ihre Zähne und Hände waren schwarz wie Kohle, ihr Mündchen [dagegen] ›rot‹ wie Sand. Ihr Zopf sah aus wie ein Mäuseschwanz. An ihrer Kehle hing ein Kropf, der ihr bis auf den Bauch reichte. Liebe Freunde, laßt euch berichten, wie bucklig ihr Rücken war – man hätte eine Glocke darüber gießen können. Ihre Füße waren dick und breit, so daß kein Wind sie umwerfen konnte, wenn sie sich entgegenstemmte. Ihre Bäckchen waren ›rosig‹ wie Asche, ihre Brüstlein zierlich

*›Lappen, Laffen‹ = Narren.
**Worspiel ›esler – edler‹.

> wie Lederbeutel. Ihre Augen ›leuchteten‹ wie Nebel, ihr Atem roch nach Schwefel. Ihr Kleid saß so gut, als wenn sie schon tot gewesen wäre. Sie hatte das reife Betragen eines dreijährigen Kindes.[101]

Bertschi bemüht sich zunächst vergeblich, sich in einem ›Turnier‹ hervorzutun, das er mit seinen über sich selbst stolpernden bzw. sich zu Tode stürzenden Kumpanen gegen Neidhart, den Bauernfeind, führt und verliert. Danach versucht er, sich Mätzli zu nähern, besingt sie zunächst in schrecklichen Tönen, um sie anschließend aber, nachdem sie zu heulen angefangen hat, zu verprügeln, wird schließlich von einer Kuh vertrieben und stürzt nach einem erneuten Annäherungsversuch vom Speicher durch den Kamin. Mätzli wird daraufhin von ihrem Vater auf dem Dachboden eingesperrt, sehr sinnfällig also in eine schwer erreichbare Höhe plaziert, und Bertschi bleibt nichts anders übrig, als zum Mittel des Minnebriefs zu greifen, den er sich als Analphabet von dem schriftkundigen Henritze schreiben lassen muß. Dieser Brief wird mit einem Stein durchs Dachfenster geworfen und verletzt Mätzli so schwer am Kopf, daß der Arzt eingreifen muß, der, nachdem er sie verbunden hat, die Gelegenheit nutzt, sie zu verführen. Ausführlich wird danach dargelegt, mit welchen quacksalberischen Mitteln sich die Deflcration verschleiern läßt. – Im Gegensatz zu diesem das Normengefüge und die Metaphorik der höfischen Minne parodierenden und gleichzeitig die Anmaßung der Bauern verspottenden ersten Teil, der Motive und Strukturen des Schwanks verwendet und mit Obszönitäten gespickt ist, die allein schon in der Namensgebung erkennbar sind, steht der zunächst das Lehrhafte betonende zweite Teil, in dem die Familien Bertschis und Mätzlis zusammenkommen, um eine Ehedebatte auszutragen. Dabei geht es um die Frage, ob der Ehestand dem Ledigsein vorzuziehen sei. Bei aller kunstvollen Anordnung der Argumente, die Wittenwiler hier vornimmt, vergißt er freilich auch hier nicht die komischen Unterhaltungseffekte: Die Redner machen sich durch ihre Mimik und Gestik lächerlich, sie keifen und kläffen, ersticken in Hustenanfällen usw., was auch hier auf sie selbst zurückfällt. Der Debatte folgen Belehrungen des Bräutigams über Religion (vorgetragen von ›Lastersack‹), Gesundheit, Tugend und Haushaltsführung (vorgetragen von ›Saichinkrug‹). Da Wittenwiler diese sich deutlich an ein bürgerliches Publikum richtenden Belehrungen im Gegensatz zu den Formen höfischen Benehmens, die im ersten Teil parodiert werden, jedoch ernstzunehmen scheint (die Absichtserklärungen des

Prologs bestätigen dies), wirkt die allen durch die Namen der Vortragenden erzielte Komik hier eher aufgesetzt. Dies ändert sich, sobald die während der Lehrvorträge stagnierende Handlung mit der Schilderung des Hochzeitsfestes wieder in Fluß gerät. Erneut bricht hier Wittenwilers Lust an komischen Kontrasten und grotesken Übertreibungen hervor: z. B. bestehen die Hochzeitsgeschenke der aus den Nachbardörfern herbeieilenden Gäste aus kranken Tieren und aus lauter altem Kram, der nicht mehr zu gebrauchen ist; artet das Hochzeitsmahl zu einem ungeheuren Freß- und Saufgelage aus, bei dem man den Tod des an einer Gräte erstickenden Farindwand laut bejubelt und seine Leiche auf den Abfall wirft; bringt der Tanz, ein wüstes Springen, bei dem die Mädchen sich an Schamlosigkeiten überbieten, die Stimmung auf den Siedepunkt, bis sie in Streit umschlägt. – Der dritte Teil der Erzählung schildert den aus einer Prügelei während der Hochzeitsfeier hervorgehenden Kampf der Lappenhausener mit den Nissingern. Vorbereitet durch Ratsversammlungen beider Seiten, eine Kriegserklärung der Lappenhausener und die Suche nach Verbündeten, kulminiert die Auseinandersetzung in einer überdimensionierten Schlacht, an der Riesen, Hexen und Zwerge und schließlich auch Helden der höfischen Literatur, Gawan, Lanzelot, Tristan, teilnehmen. Nur die Städte halten sich – ein deutlicher Hinweis – aus dem Kampfgeschehen heraus. Nach einem apokalyptischen Gemetzel, das fast allen Beteiligten den Tod bringt und die Dörfer völlig zerstört, zieht sich der überlebende Bertschi, der Welt entsagend, als Einsiedler in den Wald zurück.

So grauenerregend Wittenwiler einerseits die Schlacht bis ins Detail vergegenwärtigt (etwa wenn er fast sadistisch die bis zur Nase herunterhängenden Augen eines Verletzten hervorhebt), so trocken gibt er andererseits seine Distanz zu erkennen: Nicht nur flicht er lehrhafte Bemerkungen über Kriegsbauten und über das Belagerungswesen in die Darstellung des fürchterlichen Geschehens ein, mit schöner Regelmäßigkeit wird auch der Pegelstand der ständig steigenden Blutströme angegeben – und damit die Wirkung des Schwarzen Humors erzielt.[102]

Das widersprüchliche Ineinandergreifen von moralischer oder auch ganz praktischer Belehrung, von Obszönitäten und allen möglichen Formen der Komik, das der *Ring* präsentiert (der Titel weist auf lat. ›orbis‹ und signalisiert die Absicht, die Welt von verschiedenen Ansichten her abzubilden), wird durch die roten und grünen Farblinien, mit denen Wittenwiler seinen Text versah und mit denen er, wie er im Prolog sagt, lehrhafte und komische Partien unterscheiden wollte, nicht etwa zugunsten platter Eindeutigkeiten aufgelöst. Vielmehr werden die Farbmarkierungen selbst in das poetische Spiel einbezogen und sorgen für allerhand Doppel- und Hintersinn, etwa wenn der parodistische Minnebrief Bertschis mit Rot, der Farbe der Ernsthaftigkeit, gekennzeichnet wird oder das Schlußgebet des Autors mit Grün, der Farbe der Komik. Auf diese Weise wird auch dem Leser die sichere Orientierung versagt, deren allgemeinen Verlust diese Dichtung ins Bild setzt.

Der in sich als widersprüchlich empfundene Text hat in der Mediävistik zu mannigfachen Deutungen geführt, wobei die Frage, ob und inwieweit der *Ring* als Narrensatire zu verstehen sei, lange im Mittelpunkt stand. Neuere Forschungen[103] haben dagegen die Aufmerksamkeit mehr auf seine historischen Entstehungsbedingungen gelenkt und von ihnen her seine Intentionalität zu erschließen gesucht. Zum historischen Hintergrund des *Ring* gehören die Appenzeller Kriege, die sich aus Streitigkeiten zwischen dem Abt von St. Gallen und seinen leibeigenen Bauern entwickelten. Diese Bauern, die sich mit anderen revoltierenden Vertretern ihres Standes verbündeten und zeitweilig auch mit dem schwäbischen Städtebund koalierten, erzielten dabei große – allerdings nur kurzfristige – militärische und politische Erfolge. Nur die Reichsstadt Konstanz wahrte ihnen gegenüber Distanz und alte Rechtsstandpunkte. Keineswegs sind die im *Ring* des Konstanzers Wittenwiler agierenden und spöttisch attackierten Bauernfiguren deswegen als die realen Bauern dieser Auseinandersetzungen anzusehen; aber die Appenzeller Kriege könnten für Wittenwiler gleichsam die Veranlassung gewesen sein, die literarische Tradition der Darstellung des Bauern als des dumm-stolzen ›dörpers‹, die Wernher der Gartenaere (mit der Figur des jungen Helmbrecht) und Neidhart aufgebaut hatten, aufzugreifen. Der direktere historische Anlaß für Wittenwilers Text sind wohl die politischen Spannungen innerhalb der Stadt Konstanz selbst gewesen. Dort hatten seit 1370/71 die Zünfte den Zugang zum Rat der Stadt gewonnen, ohne aber offenbar ihrer neuen Rolle, zu der auch repräsentative Aufgaben gehörten, gerecht zu werden. Möglicherweise also läßt sich der *Ring* des konservativ denkenden Wittenwilers als Versuch verstehen, auf seine Standesgenossen mahnend einzuwirken – sowohl dadurch, daß er sie in moralischen, politischen und praktischen Fragen (insbesondere im Mittelteil) direkt belehrte, als auch dadurch, daß er ihnen den Zerrspiegel der lächerlichen dörperlichen Aufschneider vorhielt. Andererseits greift der *Ring* über einen derart unmittelbaren Zweck hinaus. Gerade wenn man die Bauern so versteht, wie sie von Wittenwiler gemeint sind, als uneigentliche Figuren, die verächtliche Verhaltensweisen veranschaulichen, bleibt der Adressatenkreis nicht aufs Lokale beschränkt.

> Er ist ein gpaur in meinem muot,
> der unrecht lept und läppich tuot ...,

heißt es im Prolog. In der »gpauren gschrai« konnte jeder sich wiederfinden. Der Zusammenbruch des ›ordo‹ und die damit verbundene Desorientierung und Verstörung der Menschen war, wie wir gesehen haben, ein Signum der ganzen Epoche und ein Thema ihrer Literatur; nur hat keine Dichtung es so bildkräftig zum Ausdruck gebracht wie der *Ring* und hat auch kein Text ein so großes Potential, die Verstörungen der Leser noch zu vermehren, in sich getragen. Die ›Bauern‹ verrenken sich im *Ring* zu grotesken psychischen, mentalen und körperlichen Haltungen und provozieren am Ende den Untergang ihrer ganzen Welt und der ganzen Welt des Feudalismus. Sie provozieren damit zugleich das Gelächter ihrer Betrachter, denen vor Grauen gleichwohl die Haare zu Berge gestanden haben müssen. Dennoch ließ Wittenwiler – auch hier vermied er die Eindeutigkeit – seinen städtischen Rezipienten (sofern es sie überhaupt gegeben hat, denn der Text ist in nur einer einzigen Handschrift überliefert, und sofern sie überhaupt in der Lage waren, seine Anspielungen und seine Ironie zu verstehen) die Möglichkeit offen, das apokalyptische Bild des Untergangs von sich fernzuhalten. Denn einzig die Städte verweigern sich in seiner Dichtung dem Kampf und sichern auf diese Weise ihr Überleben. So erscheinen sie, unter der Voraussetzung, daß ihre Bürger vernünftig handeln, als die einzigen Hoffnungsträger in einer zusammenbrechenden Welt.

Wittenwilers *Ring* faßt wie in einem Brennspiegel zusammen, was einen großen Teil der spätmittelalterlichen Literatur, zumal die der Zunftbürger, thematisch so gegenläufig bestimmt hat: die Angst vor dem Verlust an Sicherheit aufgrund der Verletzung der Standesgrenzen und der an sie gebundenen Normen, darüber hinausgehend die Angst vor dem Zusammenbruch des gesamten gesellschaftlichen Gefüges, gleichzeitig die Wahrnehmung des Selbstbehauptungs- und Durchsetzungswillens derer, die sich – angestrengt – neue Positionen zu erkämpfen suchen und dafür Belehrung wünschen, ohne doch die Ratgeber zu finden, die ihre Situation treffen, das täppische Über-die-Stränge-Schlagen, das die Desorientierung begleitet, die höhnische Verspottung des Scheiterns der Selbstbehauptungsversuche, aber auch den Glauben an die Zukunftsbedeutung der Stadt. Noch viel weniger als die späteren, um 1500 entstandenen Dichtungen konnte der *Ring* dafür schon eine Identifikationsfigur bereitstellen, die in die Zukunft weisende Wertvorstellungen positiv auf sich vereinigte. Auch Wittenwiler bewegte sich im Muster der ›Negativ-Didaxe‹. Der vereinsamte Bertschi, der sich nach dem durch ihn mitverschuldeten Zusammenbruch allen gesellschaftlichen Lebens in sich selbst zurückzieht, und der alle gesellschaftliche Ordnung bösartig angreifende Schalk Ulenspiegel sind zwei verschiedene Spielarten des ›negativen Helden‹, in denen sich die gleiche, noch vergebliche Suche nach bürgerlicher Identität in einer Umgebung abbildet, die so vielen städtischen Autoren als unauflösbar widersprüchlich, als vollkommen ›närrisch‹ erschien.

Literarisches Leben in der Unterschicht der Stadtbevölkerung

Der Blick auf die Literatur der mittelalterlichen Stadt wäre unvollständig, wenn nicht auch auf das literarische Leben in der städtischen Unterschicht wenigstens hingewiesen würde. Einen genaueren Eindruck von ihm zu gewinnen, ist deswegen so schwierig, weil die Angehörigen des ›einfachen Volkes‹ in der Regel Analphabeten waren, die ihre Lieder, Sprüche, Erzählstoffe mündlich weitergaben. Obwohl z. B. einzelne der im Volk gesungenen Liedtexte schon im 15. und 16. Jahrhundert von bürgerlichen Literaturliebhabern aufgeschrieben worden sind, werden unsere Vorstellungen von der Literatur der mittelalterlichen Unterschicht im allgemeinen doch von den viel späteren Sammlungen des 18. und 19. Jahrhunderts geprägt, besonders von den Volksliedsammlungen Herders, Arnims und Brentanos und den Märchen- und Sagensammlungen der Brüder Grimm. So wenig diese Sammlungen, wo sie auf mündlich Tradiertes zurückgreifen, den Textzustand etwa des 15. und 16. Jahrhunderts reproduzieren können, so sehr sind sie zugleich von den Auswahlkriterien und dem Stilisierungswillen ihrer Herausgeber bestimmt. Zumal die Romantiker haben die Literatur des einfachen Volkes überhöht und in der ›Volkspoesie‹ die ursprünglichen, natürlichen, die empfindungsvollen, phantasiereichen Äußerungen des Volkes erkennen wollen. ›Volkspoesie‹ oder – von den Romantikern synonym gebraucht – ›Naturpoesie‹ führte nach ihrer Anschauung in die glücklichen Zeiten der deutschen Vergangenheit, lebte ein stilles, gleichsam pflanzenhaftes Dasein und vermittelte Kraftströme an die hohe Literatur.[104] Über die Gründe dieser Anschauung wird an späterer Stelle zu reden sein. Hier ist von Bedeutung, daß die sozialen Bedingungen des Volkes, die Herder, der die Begriffe Volksdichtung, Volkspoesie, Volkslied zum ersten Mal gebrauchte, immerhin noch mitgedacht hatte, von den Romantikern immer weiter aus dem Bewußtsein gedrängt wurden. Daß die literarischen Äußerungen gerade der unteren, meist im Elend lebenden Schichten in besonderem Maße ›natürlich‹ sein und darüber hinaus auch noch als Elixier für die oberen Schichten und ihre literarischen Produktionen dienen sollten, ist bereits von aufklärerischen Zeitgenossen der Romantiker für verlogen gehalten worden.[105] Es ist daher nur angemessen, wenn heute gerade die sozialen Bezüge der sogenannten Volkspoesie herausgearbeitet werden. Wenn im folgenden dieser problematische, aber allenthalben übliche Begriff und seine Nachbarbegriffe Volkslied, Volksmärchen, Volkssage verwendet werden, so im Sinne einer Literatur, die sich – unabhängig davon, wer einmal die einzelnen Verfasser der Texte waren – vornehmlich Angehörige der Unterschicht mündlich ›mitgeteilt‹ (›mit anderen geteilt‹) haben, einer Literatur also, die sich in sozialen Akten verwirklichte und sich an den kollektiven Überzeugungen von Gruppen und deren Geschmack orientierte.[106] Nichtsdestoweniger stehen wir dabei weiterhin vor dem Dilemma, daß unsere Kenntnis dieser Literatur – selbst wenn wir uns die sozialen Verhältnisse ihrer Trägerschicht, soweit dies möglich ist, vergegenwärtigen – stets von der Sichtweise und den Intentionen ihrer Sammler beeinflußt ist.

Als Trägerschaft der Volkslieder, Volksmärchen, Volkssagen gilt gemeinhin die Landbevölkerung. So richtig dies ist, so richtig ist andererseits, daß Lieder oder Erzählstoffe der Landbevölkerung auch in die Stadt getragen wurden – ebenso wie umgekehrt auch populäre Lieder und Erzählstoffe der Städter auf dem Land aufgegriffen wurden. Dieser Austausch ist durch die hohe Bevölkerungsfluktuation zwischen Land und Stadt begünstigt worden, die zugleich die Ursache für etliche thematische und motivliche Überschneidungen in den Texten ist. So wie beispielsweise Wittenwilers *Ring,* von dem zuletzt die Rede war, ohne Kenntnis bäuerlicher Verhältnisse gar nicht denkbar wäre, auch wenn in ihm die Bauernfiguren in satirischer Absicht verzerrt worden sind, so verarbeiten umgekehrt Volksmärchen, insbesondere Schwankmärchen, die der Literatur des einfachen Volkes zugeordnet werden, auch Motive zunftbürgerlicher Märendichtung.

Daß die ummauerte Stadt gegen das Land hin doch immer offen war, hat verschiedene Ursachen. Über den lebhaften Warenverkehr zwischen Bauern und Städtern ist bereits gesprochen worden (vgl. o. S. 310f.): Die Städter brauchten die Nahrungsmittelgüter des Landes, die Bauern die Produkte des Handwerks, das sich zunehmend in den Städten konzentrierte und sich dort weiterentwickelte. Ebenso wichtig aber ist, daß die Städte seit dem 12. Jahrhundert ständig auf Arbeitskräfte angewiesen waren, auf Lohnarbeiter (z. B. im Rahmen städtebaulicher Projekte – man denke nur an die vielen Kirchen und Kathedralen), auf Knechte in den handwerklichen Betrieben, auf Mägde und Dienstboten in den Haushalten, auf Träger, Packer u. a. m. Diese Arbeitskräfte kamen zum größten Teil vom Land, angezogen auch von der Erwartung, daß die Stadt ihnen Schutz gewähren würde. Im 15. Jahrhundert war der Zustrom armer Landbewohner – gefördert durch Agrarkrisen – teilweise so stark, daß viele Städte ihn durch Bürgeraufnahmegelder zu drosseln suchten; wo dies nicht wirkte, wuchsen die Armensiedlungen in den Vorstädten und die Zahl der Bettler, die u. a. auf Friedhöfen und in Kirchen kampierten.

Im allgemeinen lag der Anteil der Angehörigen der Unterschicht an der Bevölkerung der Städte des späten Mittelalters bei mindestens einem Drittel, konnte in Ausnahmefällen, wie z. B. am Ende des 15. Jahrhunderts in Augsburg, aber auch auf zwei Drittel anwachsen.[107] Dabei muß man freilich berücksichtigen, daß die Unterschicht aus verschiedenen Gruppen bestand und in sich ebenfalls hierarchisch strukturiert war. An der Spitze standen die abhängig Berufstätigen, die Knechte, die sich, sofern sie in handwerklichen Betrieben arbeiteten, in Gesellen-Verbänden zusammenschlossen, die ähnliche Funktionen übernahmen wie die Zünfte (der Terminus ›Geselle‹ verdrängt erst im 15. Jahrhundert den älteren Begriff ›Knecht‹). Es folgten – dem Einkommen nach – die in Haushalten arbeitenden Mägde, Dienstboten und andere festangestellte Lohnarbeiter; auch die sog. ›Unehrlichen‹, z. B. die Totengräber, Henker, Schinder, die Spielleute, lassen sich hier einordnen. Die niedrigsten Löhne erhielten Arbeiter und Tagelöhner ohne festen Arbeitsplatz und ohne gleichartige Berufstätigkeit. An unterster Stelle standen schließlich die Almosenempfänger, die Bettler, die unverschuldet ins Unglück Geratenen, viele alleinstehende Frauen und Kranke. Da nach christlicher Überzeugung die Armut gottgefälliger als der Reichtum war und die unverschuldet Armen nach kanonischem Recht Anspruch auf die Hilfe der Vermögenden besaßen, die sich als Gegenleistung auf diese Weise auch die Gebete und Fürbitten der Almosenempfänger zu erkaufen hoffen, sind in den mittelalterlichen Städten auch außerhalb der Zünfte zum Teil erstaunliche Sozialleistungen erbracht worden. (Ein Zeugnis dafür ist die von den Fuggern gestiftete und auch noch heute nahezu kostenfreie Wohnsiedlung für unverschuldet Arme in Augsburg, die sog. Fuggerei). Dennoch muß man sich vor Augen halten, daß ein großer Teil der städtischen Bevölkerung am Rande oder unterhalb des Existenzminimums lebte, zumal wenn Mißernten, Hungersnöte, Inflationen oder auch Seuchen die Situation verschärften. Die Furcht vor Hunger, Nässe, Kälte, Krankheit und Tod ist in der Stadt überall und jederzeit gegenwärtig gewesen.

Das dichte Zusammenleben so vieler – eben auch aus dem Land hinzuströmender – und sich in den unterschiedlichsten sozialen Lebenslagen befindender Menschen auf so engem Raum wie dem der Stadt hat Berührungen aller Art unausweichlich gemacht. Die rigiden Abgrenzungsversuche der einzelnen Stände voneinander sind nur eine Reaktion darauf. Insofern ist es – wenn man von der städtischen Literatur spricht – leicht erklärlich, daß einerseits in Gruppen der Unterschicht literarische Stoffe des gehobenen Bürgertums und der Zunftbürger bekannt wurden, zum Teil in äußersten Verkürzungen, und andererseits im gehobenen Bürgertum die in der Unterschicht gängigen literarischen Unterhaltungsstoffe – dafür haben nicht zuletzt die in den bürgerlichen Haushalten und Handwerksbetrieben arbeitenden ›Leute vom Lande‹ gesorgt. Gerade aber wenn man sich der fließenden Grenzen zwischen den städtischen Bevölkerungsgruppen bewußt ist und auf den Austausch literarischer Anregungen achtet, sollte man sich auch der Themen und Motive und der strukturellen und sprachlichen Vermittlungsformen vergewissern, die sich in der literarischen Kommunikation der Landbevölkerung und der städtischen Unterschichten als etwas Eigenes ausgeprägt haben. Und dies ist nur möglich, wenn man sich die sozialen Voraussetzungen, unter denen diese ›einfachen‹ Menschen gelebt haben, und die daraus erwachsenden psychischen Dispositionen vergegenwärtigt – an erster Stelle ihre Armut, die ständige Existenz- und Zukunftsängste hervorrief, aber auch Wunschvorstellungen, die um Besitz, Glück und auch Macht kreisten; die äußerst harte, den Körper frühzeitig verschleißende Arbeit mit unzulänglichen Werkzeugen, die gerade auf dem Land – aber nicht nur dort – nur denen das Recht auf Gemeinschaft gab, die sich in die kollektive Ordnung einfügten und zum gemeinsamen Überleben beitrugen,[108] Außenseitern dagegen keinen Raum ließ; das Risiko der städtischen Existenz, das diejenigen auf sich nahmen, die sich aus feudalen Herrschaftsverhältnissen zu emanzipieren suchten, aber nichtsdestoweniger zu neuer Unterwerfung und Anpassung genötigt waren.

Betrachtet man zunächst die sprachlichen und strukturellen Vermittlungsformen der in den Unterschichten gesungenen Lieder oder erzählten Geschichten, so lassen sich typische Merkmale mündlich tradierter Literatur erkennen: die Einfachheit und Anschaulichkeit der Bilder und Vorgänge (wozu auch die Übertragung psychischer Prozesse auf die Ebene konkreter, sichtbarer Vorstellungen gehört); die übersichtliche Gliederung, gefördert durch die Einsträngigkeit der Handlung und deutliche Phaseneinteilungen (wobei die Zwei- und Dreiteiligkeit bevorzugt werden); der Schematismus, der sich sprachlich u. a. in der Verwendung fester Formeln, stereotyper Beiwörter, stets wiederkehrender, einfacher Satzbaumuster, parataktischer Satzverknüpfung und strukturell in der klaren Opposition von Figuren (z. B. der Gut-Böse-Konstellation) oder in der Wiederholung vergleichbarer Handlungselemente niederschlägt. All diese Merkmale dienen im wesentlichen der Stützung des Gedächtnisses, auf die Vor- und Weitertragende angewiesen sind. Das schließt jedoch nicht aus, daß neben diese Elemente der Festigung oder Bindung immer auch solche der Auflockerung treten.[109] Zu ihnen, die einerseits dem Versagen der Erinnerung, andererseits aber auch der Lust an Variationen entspringen und die damit – in negativer Formulierung – das sog. Zersingen und Zersagen bzw. – in positiver Formulierung – das Umsingen, die ständige, schöpferische Weiterentwicklung des mündlich Tradierten fördern, gehören vornehmlich assoziativ-lose, zum Teil sprunghafte Verknüpfungen von Bildern (oder Bildelementen), Motiven, Episoden und die direkte Rede und der Dialog, in die persönliche Akzentsetzungen und Bewertungen der jeweiligen Sprecher leichter eingehen können als narrative Zusammenhänge.

Im Volkslied, in dem sich all diese bindenden und lockernden formalen Merkmale mündlich tradierter Literatur deutlich erkennen lassen, sind daneben weitere stilistische Besonderheiten ausgebildet worden: Füllwörter, Doppelwörter, Einschübe, Verkleinerungsformen u. a. m. waren erforderlich, um die Texte den Melodien besser anzupassen; die Deckung von Sinn- und Zeilenabschluß, die Verwendung gängiger Reimpaare (Herz : Schmerz z. B.) oder der Refrain unterstützten zusätzlich die Einprägsamkeit. Gerade der Refrain macht bewußt, daß Volkslieder – wenigstens zum Teil – gemeinschaftlich gesungen wurden; mindestens den Refrain konnte jeder dem Vorsänger nachsingen. Die Anlässe für gemeinschaftliches, aber natürlich immer auch individuelles Singen, durch die zugleich auch die Thematik der Lieder bestimmt worden ist, waren mannigfacher Art: Geburtstage, Hochzeiten, Totenwachen; religiöse Feiertage; die gemeinsame Wanderschaft und die gemeinsame Arbeit; die berufsständische Feier, der Tanz, das Trinkgelage; der bevorstehende Abschied, die gemeinsame Klage usw. Diese Anlässe, an die sich auch Genrebezeichnungen des Volksliedes knüpfen,[110] haben einerseits zur Entwicklung sehr schichtenspezifischer Motive geführt, weisen andererseits aber auch darauf hin, wie viele Berührungspunkte es zwischen der gesungenen Lyrik der einzelnen Bevölkerungsgruppen und -schichten gegeben hat. Nicht umsonst enthalten von Bürgern oder Geistlichen angefertigte Liederhandschriften des späten Mittelalters (z. B. das zwischen 1450 und 1460 entstandene *Lochheimer Liederbuch* oder das Liederbuch der Augsburger Nonne Klara Hätzlerin von 1471) häufig neben Minne- oder Meisterliedern auch Volkslieder, was auf deren schichtenübergreifende Popularität schließen läßt. Wie vielseitig die Thematik dieser populären Lieder war, erweist am eindrucksvollsten die in der Mitte des 16. Jahrhunderts mehrfach aufgelegte Sammlung *Frische Teutsche Liedlein* des Amberger Arztes Georg Forster, die u. a. Liebes- und Scherzlieder, Balladen, satirische, didaktische und politische Lieder mit Melodien enthält. Aufgrund solcher und ähnlicher, immer auch die Lieddichtung des mittleren und hohen Bürgertums einbeziehender Sammlungen, die im 17. Jahrhundert fortgesetzt wurden (man vgl. das *Liederbuch* des Paul von der Aelst [1602], das *Venus-Gaertlein: Oder Viel Schoene außerlesene Weltliche Lieder, allen zuechtigen Jungfrawen und Jungen-Gesellen zu Ehren* von 1656) und im 18. und 19. Jahrhundert in die berühmt gewordenen Sammlungen Herders (*Alte Volkslieder* [1774]; *Volkslieder* [1778/79], Arnims und Brentanos (*Des Knaben Wunderhorn* [1806/08] und Uhlands (*Alte hoch- und niederdeutsche Volkslieder* [1844/45]) mündeten, läßt sich nicht nur erweisen, daß die im Volk gesungenen und offenbar sehr beliebten Lieder häufig auch von der Kunstlyrik beeinflußt worden sind, sondern es wird auch deutlich, wie viele Anregungen von der ›Volkspoesie‹ auf die bürgerliche Kunstlyrik und die geistliche Lieddichtung ausgegangen sind (etwa bei Dach, Fleming, Gerhardt, bei Bürger, Hölty, Goethe, Eichendorff, Mörike, Heine, Weerth).

Will man aus der Vielfalt der Themen und Motive des Volkslieds einige wenige exemplarisch hervorheben, so ist, mit dem Blick zunächst auf die kleineren lyrischen Gebilde, auffallend, welche Bedeutung das Thema der unerfüllten Liebe hat. In ungezählten Varianten werden Situationen des Abschieds, der Trennung, des Verlusts, der Sehnsucht besungen. In Herders *Volksliedern* findet man eines der noch heute bekanntesten Gedichte dieser Art:[111]

Wenn ich ein Vöglein wär,
Und auch zwey Flüglein hätt',
Flög ich zu dir;
Weil es aber nicht kann seyn,
Bleib ich allhier.

Bin ich gleich weit von dir,
Bin ich doch im Schlaf bey dir,
Und red' mit dir:
Wenn ich erwachen thu,
Bin ich allein.

Es vergeht keine Stund' in der Nacht,
Da mein Herze nicht erwacht,
Und an dich gedenkt,
Daß du mir viel tausendmal
Dein Herz geschenkt.

Die Sehnsucht führt in den Tagtraum, der um so rührender wirkt, als die Unmöglichkeit seiner Erfüllung kontrastiv mitformuliert wird. Nur im nächtlichen Traum vermag der eine den anderen herbeizuholen und ist beim Erwachen doch wieder allein – das geträumte ersetzt das gelebte Glück; im Schlaf erwacht das Herz und vergegenwärtigt das Verlorene. Durch die einfachen Vorstellungen, die dieses Gedicht evoziert, und durch die Schlichtheit seiner Diktion konnte es all denen zugänglich werden, die sich in einer ähnlichen Situation wie die (oder der) Sprechende befanden, konnte es ›Allgemeingültigkeit‹ gewinnen, zum Volkslied werden. Aber dies setzt auch voraus, daß die Empfänglichkeit für die Klage der Vereinsamten verbreitet war.

In welchem Maße Vereinsamung durch die soziale Situation vieler Angehöriger gerade der städtischen Unterschicht entstand, ist den vorausgeschickten sozialgeschichtlichen Hinweisen bereits zu entnehmen. Die meisten in der Stadt arbeitenden Dienstboten und Lohnabhängigen lebten von ihren Familien getrennt, ohne doch in die bürgerlichen Genossenschaften oder in die Gesellen-Verbände integriert zu werden. Die Atmosphäre der Lieblosigkeit, die sie umgab, macht verständlich, daß Lieder, in denen die Sehnsucht nach der ländlichen Heimat und nach dem Elternhaus artikuliert wird, von ihnen besonders gern adaptiert wurden. Und wenn in den populären Liedtexten so häufig das vereinsamte, Trost suchende Mädchen spricht und seiner Sehnsucht nach

Liebe und Treue Ausdruck gibt (oder über die Untreue des Geliebten klagt), so stehen auch dahinter soziale Erfahrungen. Der Kontakt zu den Söhnen der Bürger konnte aus Standesgründen nicht von Dauer sein, und die Männer aus der eigenen sozialen Schicht waren meist nicht stadtansässig, sondern lebten an wechselnden Arbeitsplätzen, waren Fuhrleute, Soldaten usw.

Diese Situation und die aus ihr entstehende emotionale Bedürftigkeit blieb bis ins 19. Jahrhundert hinein nahezu unverändert. Deswegen blieb auch das Sehnsuchtsmotiv in den populären Liedern ungemindert aktuell, nur daß der inzwischen entstandene literarische Markt und die für ihn arbeitenden Autoren[112] kommerziell reagierten und die in den alten Volksliedern zur Sprache kommenden Gefühle durch den Einsatz verschiedener Reizmittel wirkungsvoll zu übersteigern suchten, sie damit zugleich aber entkräfteten und entwerteten. Bei Emanuel Geibel liest sich in der Mitte des 19. Jahrhunderts das zitierte Volkslied ganz anders:[113]

Viel tausend, tausend Küsse gib,
Süß Liebchen, mir beim Scheiden!
Viel tausend Küsse, süßes Lieb,
Geb' ich zurück mit Freuden.

Was ist die Welt doch gar ohn' End'
Mit ihren Bergen und Meeren,
Daß sie zwei treue Herzen trennt,
Die gut beisammen wären!

Ich wollt', ich wär' ein Vögelein,
Da flög' ich hoch im Winde
Alle Nacht, alle Nacht im Mondenschein
Zu meinem blonden Kinde.

Und fänd' ich sie betrübt zum Tod,
Da wollt' ich mit ihr klagen;
Doch fänd' ich mein Röslein frisch und rot,
Wie wollt' ich jauchzen und schlagen!

Wie wollt' ich mit dem süßen Schall
Die stille Nacht durchklingen!
Im Busch, im Busch die Nachtigall
Sollte nicht besser singen.

O tausend, tausend Küsse gib,
Süß Liebchen, mir beim Scheiden!
Viel tausend Küsse, süßes Lieb,
Geb' ich zurück mit Freuden.

Hier wird mit Übertreibungen, Wiederholungen, Motivhäufungen, mit affektierten Reizwörtern und Sentenzen gearbeitet, geht schließlich über dem zum Selbstzweck verkommenen Arrangement der poetischen Effekte auch der Realitätsgehalt und die logische Stimmigkeit der Bilder und der Aussage verloren. – Ganz ähnlich – freilich seine verbalen und rhetorischen Mittel entschieden reduzierend und gleichzeitig die Sentimentalisierung noch planmäßiger betreibend – verfährt später der Schlager. Auch seine zentralen Vorstellungen kreisen um die verlorene bzw. ersehnte Liebe, um die Wärme und Geborgenheit, die mit ihr verbunden ist, und um den Ort der Lebensfülle, als der sowohl die Heimat wie etwa auch die immer wieder beschworene Südseeinsel erscheinen kann, die als Ort der Abgeschiedenheit die Partner zugleich auch aneinander bindet.[114]

Neben den kleineren lyrischen Gebilden des Volkslieds stehen größere balladeske Formen erzählenden Charakters, von Sängern auf Jahrmarktfesten oder ähnlichen Vergnügungen vorgetragen, aber sicher von den Zuhörern zum Teil mit- oder nachgesungen. Auch in diesen Volksballaden hat das Thema des durch unglückliche Umstände beeinträchtigten Verhältnisses der Geschlechter ein besonderes Gewicht, darüber hinausgehend auch das der Gefährdung familiärer Bindungen überhaupt. Dabei überwiegen sensationelle Motive, die ein breiteres Publikum emotional anzusprechen vermögen: die Liebe zwischen Menschen ungleichen Standes, die an einem unerbittlichen Vater scheiternde Werbung, die Eifersucht auf den Nebenbuhler und der Racheakt, die Entführung eines Familienangehörigen und sein Wiederauffinden, die unerwartete Heimkehr des lange abwesenden Ehemannes usw. Dies sind Konfliktstellungen bzw. Probleme, die von Menschen, die zumeist aus Not zur Mobilität gezwungen waren, besonders gut nachempfunden werden konnten.

Immer wieder aufgegriffen wurde z. B. das Thema des Unglücks eines von einem sozial höhergestellten Mann verführten und verlassenen einfachen Mädchens, ob es sich bei den Männern nun um Ritter, Bürgersöhne oder einfach um ›Jäger‹ handelte (man vgl. z. B. »Der Ritter und die Magd«, »Die Nonne«, »Schuld«, »Die schweren Brombeeren«.)[115] Diese Gedichte verzichten dabei fast immer auf eine ausgesprochene Schuldzuweisung, sind vielmehr Ausdruck der Klage des Mädchens. Dies gilt selbst für Texte, in denen die Konsequenz zugespitzt und das verführte Mädchen zur Kindesmörderin wird (z. B. in »Unerschöpfliche Gnade«).[116] Erst der Bänkelsang des 19. Jahrhunderts spricht, wenn er diese bis dahin ihre Aktualität bewahrende Konfliktlage aufgreift und zumal das Verbrechen des Kindesmords um sensationeller Effekte willen grausig ausgestaltet (vgl. z. B.

»Das zerschnittene Kind«),[117] eindeutige Wertungen aus. Sie richten sich nicht etwa gegen die wohlsituierten Verführer, sondern in rigoroser Weise gegen die Mädchen bzw. die Kindesmörderinnen, deren seelische Qual und soziale Zwangslage völlig übergangen werden – ein Zeichen weniger für die Selbsteinschätzung der Angehörigen der Unterschicht als vielmehr ein Hinweis darauf, daß die von ihnen rezipierten Texte inzwischen zunehmend marktgerecht von Bürgerlichen angefertigt wurden und zugleich den Interessen der staatlichen Zensur entsprachen, der sich in der Mitte des 19. Jahrhunderts auch die Bänkelsänger zu unterwerfen hatten.[118] Die Not der ins Unglück geratenen Mädchen haben seit dem 18. Jahrhundert nur Dichtungen einiger weniger bürgerlicher Autoren (von Goethe und Wagner bis Wedekind und Brecht) ins Bewußtsein gerufen.

Die ›einfachen Leute‹ auf dem Land und in den Städten sangen nicht nur Lieder – natürlich auch ganz andere als die hier für einige schichtenspezifische Themen als Beispiele erwähnten –, sie erzählten sich auch Geschichten. Aus den späteren Sammlungen der Brüder Grimm (*Kinder- und Hausmärchen* [KHM], 1812/15; *Deutsche Sagen,* 1816/18) sind uns vor allem ›Märchen‹ und ›Sagen‹ bekannt. Es sind Erzählungen, die – in unterschiedlicher Gewichtung – jene schon genannten formalen Merkmale mündlich tradierter Literatur tragen, sich unabhängig davon jedoch mehr oder weniger deutlich in ihrer Haltung zur Wirklichkeit voneinander unterscheiden. Ohne auf Abgrenzungsversuche näher einzugehen,[119] läßt sich feststellen, daß die Märchen dahin tendieren, Menschen in ihrer Stärke zu zeigen, sie über die Begrenzungen des Alltäglichen hinauszuführen und ihnen dabei – dies gilt zumindest für die sog. Zaubermärchen – auch die Hilfe transzendenter Mächte zukommen zu lassen, während die Sagen – zumindest die ungezählten sog. Dämonensagen – eher die Gefährdung und Ohnmacht des Menschen gerade angesichts unverstandener, übernatürlicher Mächte herausstellen und allenfalls Maßregeln empfehlen, wie ihnen, um sich zu retten, zu begegnen sei.

Die Volksmärchen, die heute – nicht zuletzt aufgrund des Titels der populären Grimmschen Sammlung und der von der ursprünglichen Ausgabe abweichenden pädagogisierenden Bearbeitungen Wilhelm Grimms – meist als Literatur für Kinder mißverstanden werden, sind zunächst nichts weniger als das. Von der Märchenforschung ist längst nachgewiesen worden,[120] daß als Trägerschaft des europäischen Volksmärchens, also nicht nur des deutschen, im wesentlichen die soziale Unterschicht anzusehen ist. Dies schließt nicht aus, daß zahlreiche Märchenerzählungen oder Märchenmotive von der bürgerlichen bzw. auch schon von der höfischen Literatur aufgegriffen und verarbeitet worden sind und später etwa die sog. Kunstmärchen angeregt haben – wie umgekehrt Erzählungen der bürgerlichen Ober- und Mittelschicht von der städtischen Unterschicht adaptiert und den eigenen Bedürfnissen angepaßt wurden. Allein schon die Quellenbelege der Brüder Grimm, die nicht nur auf die mündliche Tradition, sondern auch auf Erzählsammlungen des Mittelalters (z. B. die *Gesta Romanorum*), des 16. Jahrhunderts (z. B. Straparolas *Le piacevoli notti*) und des 17. Jahrhunderts (z. B. Basiles *Pentamerone;* Perraults *Contes de fées*) hinweisen, lassen erkennen, wie fließend die Grenzen hier sind.

Dennoch ist auffällig, wie stark insbesondere in den vielen sog. Schwankmärchen, aber durchaus auch in den Zaubermärchen, als deren bezeichnendstes Unterscheidungsmerkmal das unbefangene Nebeneinander ›diesseitiger‹ und ›jenseitiger‹ Gestalten – ihre Eindimensionalität[121] anzusehen ist, von den Lebensbedingungen und den daraus erwachsenden Wunschvorstellungen gerade der einfachen und armen Leute geprägt sind. Das Volksmärchen stellt als Figuren zumeist wandernde Handwerksburschen, Knechte, Hirtenjungen, Mägde, Dienstmädchen, Findelkinder u. a. in den Mittelpunkt (einige wenige unter vielen Beispielen sind KHM 83, *Hans im Glück;* KHM 162, *Der kluge Knecht;* KHM 60, *Die zwei Brüder;* KHM 77, *Das kluge Gretel;* KHM 21, *Aschenputtel;* KHM 51, *Fundevogel*).[122] Armut und Not spielen eine entscheidende Rolle (man vgl. nur KHM 15, *Hänsel und Gretel*). Brot ist so kostbar, daß das Augenlicht dafür geopfert wird (KHM 107, *Die beiden Wanderer*), und an Essen und Trinken binden sich immer wieder Wunschvorstellungen. Hans Dumm z. B. (KHM, Anhang 8) geht nichts über eine Schüssel voll Kartoffeln, und wenn das schöne, fleißige Mädchen in *Frau Holle* (KHM 24) jeden Tag Gesottenes und Gebratenes bekommt, so ist dies eine außergewöhnliche Vergünstigung. Zu den Wunschvorstellungen im Märchen gehört auch die von ausgleichender Gerechtigkeit. Der Meisterdieb (in KHM 192) korrigiert soziale Mißstände, der Soldat (in KHM 100, *Des Teufels rußiger Bruder*) heizt in der Hölle seinem ehemaligen Vorgesetzten besonders gut ein, ein anderer rächt sich am König, der ihn betrogen hat (in KHM 116, *Das blaue Licht*). Derartige Märchen üben deutliche Sozialkritik, die ihren Höhepunkt in KHM 44 (Der Gevatter Tod) findet, wo der arme Mann den lieben Gott als Gevatter ausschlägt: »›... du gibst dem Reichen und lässest den Armen hungern.‹« – eine Stelle, die W. Grimm später gegenüber der ursprünglichen Fassung durch einen

Zusatz zu mildern versucht hat. Der so häufig betonten sozialen Ungleichheit wird immer wieder dadurch begegnet, daß die Mächtigen ihrer Macht entkleidet werden, sie an die Helden einfacher Herkunft abgeben müssen. Ausgeklammert bleibt dann dabei, wie die am Ende zu Grafen- oder Königswürden aufgestiegenen Knechte, Mägde und Wandersleute mit der neu erworbenen Macht umgehen und wie sie ihren gewonnenen Reichtum verwalten – ein Indiz dafür, daß mit dem allgegenwärtigen Motiv des sozialen Aufstiegs lediglich diffus bleibende Wunschvorstellungen formuliert und befriedigt wurden. Gleichwohl bilden die Volksmärchen verschlüsselt auch gesellschaftliche Verkehrsformen ab, wenn beispielsweise – was in den Erzählungen selbst kritisch bewertet wird – die Könige sich mit Vehemenz, mit immer neuen Bedingungen, Bosheiten, Prüfungsaufgaben gegen den Aufstieg der sozial schwachen Protagonisten zur Wehr setzen (man vgl. nur etwa KHM 20, *Das tapfere Schneiderlein*) oder wenn diese sozial schwachen Märchenhelden – wie eben das tapfere Schneiderlein – das wichtigste Mittel, das ihnen Stärke verleiht, ihre Klugheit bzw. ihre List, erfolgreich einzusetzen vermögen. Allerdings wird der Erfolg zumeist auch Helfern verdankt, die – nicht selten als Boten transzendenter Mächte – unterschiedliche Gestalt annehmen können, am häufigsten (vgl. etwa KHM 57, *Der goldene Vogel,* oder KHM Anhang 5, *Der gestiefelte Kater*) die von Tieren (– in den modernen, kommerziellen Märchen der Reihenromane, in denen so oft arme Waisen, Aschenputtelgestalten, durch Eheschließungen sozial aufsteigen, übernimmt dann ausschließlich das Schicksal oder der Zufall diese Funktion).[123]

Wie sehr das Volksmärchen dem Horizont seiner Trägerschaft verhaftet bleibt, erweist sich – wofür Röhrich zahlreiche Belege gefunden hat[124] – gerade auch da, wo der Ort des erzählten Geschehens am weitesten von der Realität der Märchenerzähler und -hörer entfernt ist, wo der Hof des Königs imaginiert wird, an den sich die meisten Wunsch- und Glücksvorstellungen binden. So können Könige wie reiche Bauern ihr Vieh zählen oder ihre Äpfel (KHM 57, *Der goldene Vogel*) oder sich wie arme Bauern von Suppen ernähren (wie in KHM 65, *Allerleirauh*); Flachs kann in der königlichen Kammer liegen (KHM 14, *Die drei Spinnerinnen*) oder der Kuhstall unmittelbar neben dem Palast mit seinen goldenen Stühlen, Tischen und Kronleuchtern (KHM 14, *Von dem Fischer und syner Fru*). Die Königstochter bekommt derjenige versprochen, der die Hasen des Königs hüten kann (KHM 165, *Der Vogel Greif*), und wenn Mädchen von Königssöhnen geheiratet werden, müssen sie arbeitsam sein, nähen und spinnen können (möglichst allerdings goldene Fäden wie in KHM 55, *Rumpelstilzchen*) bzw. umgekehrt: Wer als Königstochter zu stolz für diese Arbeiten ist, wird bestraft (vgl. KHM 52, *König Drosselbart*).

Es ist auffällig, daß im Volksmärchen, obwohl sich in ihm – schon mit der ständigen Wiederholung des entsprechenden Schlußmotivs – ein kollektiver Wunsch nach Teilhabe an Reichtum und Macht ausdrückt, doch selten einmal ein Kollektiv handelnd auftritt (wie z. B. in KHM 71, *Sechse kommen durch die ganze Welt* oder in KHM 27, *Die Bremer Stadtmusikanten*). Fast ausschließlich wird vielmehr alles Handeln auf die einzelne Figur bezogen, die als ›Held‹ im Mittelpunkt steht, wird das von vielen Gewünschte paradoxerweise nur dem einzelnen, dem Auserwählten zugesprochen (eine Einstellung, die bis heute in den – staatlich aus durchsichtigen Gründen geduldeten – Lotterien und anderen Glücksspielen wirksam ist, in denen nur der Hauptgewinn, der große Gewinn des einzelnen wirklich zählt).[125] Mit dieser Projektion kollektiver Wünsche auf individuelle Schicksale geht notwendigerweise der Vorrang der Gestaltung von Individualproblemen einher, während Gruppenprobleme verdrängt werden. Familiäre Konflikte verschiedenster Art, von der Kinderlosigkeit bis zur Aussetzung von Kindern aus Not oder Lieblosigkeit, vom Leiden einzelner unter der Bosheit einer Stiefmutter oder der Gewalt eines Vaters bis zum Streit zwischen Geschwistern u. a. m., sind Anlässe für Trennung, Glückssuche, Abenteuer. Natürlich sind damit beispielsweise auch Reifungsvorgänge verbunden, aber man ignoriert die sozialgeschichtlichen Voraussetzungen des Volksmärchens, wenn man die Märchenhandlungen deswegen – wie es häufig geschieht – ausschließlich unter entwicklungspsychologischen, tiefenpsychologischen oder psychoanalytischen Aspekten deutet.[126] Zwar sind, gerade wenn man stärker als auf die relativ stereotypen Märchenausgänge auf die Anfangssituationen und ihre Konfliktstellungen und auf die Bewältigungshandlungen achtet, die Märchentexte auch psychologisch relevant. Aber gerade die Bewältigungshandlungen haben immer auch deutlich soziale Implikationen. Wenn die Märchenhelden ausziehen, um ihr Glück zu suchen, so bildet sich hierin die durch Mangelsituationen erzwungene Mobilität gerade innerhalb der Unterschicht ab; wenn schier unlösbare, von sozial überlegenen Figuren auferlegte Anforderungen zu bewältigen und Bewährungsproben zu absolvieren sind, so erkennt man dabei sehr schichtenspezifische Handlungsmuster; nämlich Geduld, Opferbereitschaft (vgl. KHM 9, *Die zwölf Brüder*) und erzwungenem Gehorsam (vgl. KHM 3, *Marienkind*) zu zeigen, Pflichten und Dienstarbeiten zu erfüllen, sich zu erniedrigen (vgl. KHM 89, *Die Gänsemagd*), auf die Hilfe anderer zu warten (vgl. KHM 21, *Aschenputtel*), freilich andererseits auch, zumal wenn Männer im Mittelpunkt stehen, die Stärkeren durch List zu übervorteilen und beherzt zuzugreifen (vgl. KHM 4, *Märchen von einem, der auszog, das Fürchten zu lernen*); und wenn am Ende materieller Wohlstand oder wenigstens Sicherheit errungen ist, so kommen darin – wie schon gesagt – die Wünsche gerade der Bedürftigen zum Ausdruck. Dabei geht mit dem materiellen Gewinn oft auch der seelische einher. Die Befreiungen von der Hexe, aus der Dornenhecke oder aus der Tiergestalt sind zugleich psychische Befreiungen; die Unbeschwertheit eines Hans im Glück ist auch eine seelische; der gewonnene Reichtum ist oft auch Ausdruck einer abgeschlossenen Entwicklung. Insofern kann man – wenigstens partiell – die dargestellte Wirklichkeit des Märchens als Veräußerung innerer Zustände begreifen. Nur ist darüber nicht zu vergessen, daß die gewählten Bilder und Motive sowie der Verlauf der Handlungen Lebensbedingungen und Wunschvorstellungen spiegeln, die nur vom Blick der Sozialgeschichte her treffend zu erklären sind. Dies gilt ganz sicher auch für die vom Märchen vermittelten Verhaltensnormen. Wenn Mitleid und Hilfe wichtige Triebfedern des Handelns sind[127] und stets belohnt, Hochmut und Habgier dagegen fast stets bestraft werden (besonders deutlich wird diese Opposition in KHM 24, *Frau Holle*), so werden hier Orientierungen gegeben, die nicht allein von den allgemeingültigen Wertvorstellungen des Christentums getragen werden, sondern zugleich auch, zumal wenn Selbstsucht und Gewalt den sozial Mächtigen zugeschrieben wird, von den sozialen Erfahrungen gerade der armen Bevölkerung. Wie nachdrücklich deren Bedürfnis nach ausgleichender Gerechtigkeit sich Geltung verschafft, läßt sich im übrigen auch an Märchenerzählungen erkennen, die selbst unmoralische Verhaltensweisen des Helden nicht hinterfragen, wenn damit nur dessen Erfolg über den Widersacher gewährleistet ist.

In vielen Märchen, zumal in den Zaubermärchen, wird der Erfolg des Helden und der in der Regel glückliche Ausgang des Geschehens von Ereignissen begleitet, die uns auf das letztlich magische Weltbild[128] stoßen, denen die Erzählungen verhaftet sind, auch wenn christliche Wertvorstellungen es überlagern oder sich ihm anpassen. Nicht nur wird der Märchenheld durch den ›Zufall‹ bzw. durch im rechten Augenblick erscheinende und geeignete Helfer geführt, die alles ihm Widerstrebende zu seinem Glück ›fügen‹, er selbst übt häufig genug magische Handlungen aus oder akzeptiert sie, wenn sie sich mit anderen Figuren verbinden, als vollkommen selbstverständlich. Das Märchen kennt beispielsweise nicht nur die Berührungsmagie und die zu ihr gehörende Pars-pro-toto-Magie, die mit der Vorstellung verbunden ist, daß, wer einen Teil des Ganzen habe, auch über das Ganze verfüge (vgl. KHM 29, *Der Teufel mit den drei goldenen Haaren,* oder KHM 89, *Die Gänsemagd,* wo drei Blutstropfen der Mutter Kraft und Schutz geben), sondern auch viele wirksame Formen magisch-sympathetischer Beziehungen, die etwa in der Wiederbelebung durch das Zusammenlegen der Knochen zum Ausdruck kommen (KHM 47, *Von dem Machandelboom*) oder aber in dem wechselseitigen Bezug von Mensch und Pflanzen (vgl. die Rosenbäumchen in KHM 161, *Schneeweißchen und Rosenrot*) oder vor allem in der überall anzutreffenden ungestörten Verständigung zwischen Menschen und Tieren; das Märchen kennt den (bereits auf Negativfiguren gelegten) magischen Kannibalismus, an den sich ursprünglich der Glaube bindet, sich die Lebenskraft des Opfers einzuverleiben (KHM 15, *Hänsel und Gretel;* KHM 51, *Fundevogel*), oder die Erlösung durch das Töten einer Verwandlungsgestalt, in die oft ein Helfer verzaubert worden ist (KHM 57, *Der goldene Vogel*); es kennt Zaubermittel, etwa den Schlafzauber (KHM 50, *Dornröschen*) oder die Musik (KHM 56, *Der Liebste Roland*); es kennt schließlich die Zauberformel (KHM 19, *Von dem Fischer un syner Fru;* KHM 36, *Tischchendeckdich, Goldesel und Knüppel aus dem Sack;* KHM 53, *Sneewittchen*), deren Wortlaut gewahrt bleiben muß, wenn sie wirken soll.

Mindestens ebenso stark wie die Volksmärchen sind die Volkssagen der von magischen Vorstellungen bestimmten Wirklichkeitsauffassung verhaftet. Beide Gattungen stehen allein schon deswegen in geistiger Nachbarschaft, weil ihr Figureninventar – jedenfalls wo es um jenseitige Gestalten geht – sich zum Teil überschneidet. Riesen, Zwerge, weiterlebende Tote, dazu dämonische Wesen aus der christlichen Mythologie wie Teufel und Hexen, kennen beide – wobei der Dämonenkatalog der Sage weitaus reichhaltiger ist als der des Märchens.[129] Die bekannte Formulierung der Brüder Grimm, daß das Märchen ›poetischer‹, die Sage ›historischer‹ sei, betont die Nähe der beiden Gattungen durch den komparatistischen Vergleich, weist freilich zugleich auch auf den bedeutsamen Unterschied hin. Er liegt in der Darstellung des Umgangs mit dem Überwirklichen. Während das Märchen die Personifikationen des Dämonischen bewußt zu Figuren einer Phantasiewelt umgewandelt hat, die alles Schreckhafte verloren haben, und seine Aufmerksamkeit auf den menschlichen Helden richtet, der sie entweder besiegt oder aber mit ihrer Hilfe zum Ziel seiner Wünsche kommt, spiegelt die Sage die Angst vor der Herrschaft der übernatürlichen Mächte, zeigt nicht den Helden, sondern den gefährdeten und verlorenen Menschen, der sich mit Hilfe von Erfahrungen zu schützen sucht. Im Erfahrungsaustausch derer, die sich unterworfen fühlen, liegt auch – bis heute – die soziale Funktion der Sage; sie ist ›historischer‹, weil sie unmittelbarer und unreflektierter als das Märchen den Gemütszustand derer, die sie weitergeben und anhören, vergegenwärtigt. Es ist ganz bezeichnend, daß der Volksmund derartige Erzählungen ›Wahrheiten‹ nannte, was auf den Wirklichkeitsanspruch des Erzählten hinweist (der Begriff ›Sage‹ ist erst eine Erfindung der Grimms und stellt im Gegensatz zur Legende (aus lat. ›legendum‹ = das zu Lesende) nur die mündliche Überlieferung des Erzählten heraus). ›Wahrheiten‹ – oder eben, mit dem heute üblichen Terminus, ›Sagen‹ – basieren auf Erlebtem und wollen Wissen weitergeben.[130] Von dieser Absicht her erklärt sich auch ihre Nähe zur Alltagsprosa, zur Form des Berichts und der meist zu findende Hinweis auf Ort und die Zeit des Geschehens.

Vergleicht man die Wirklichkeitsauffassung von Märchen und Sage, so denkt man dabei in erster Linie (und häufig auch uneingestanden) an die Dämonensagen. Dabei waren und sind die Anlässe zur Sagenbildung und die Inhalte der Sagen durchaus vielfältig und unterschiedlich. In der Volkskunde stellt man heute im Rahmen von Typologisierungsversuchen neben die Dämonensagen, die von Erlebnissen mit übernatürlichen Erscheinungen berichten, die aitiologischen Sagen, die Objekte der Natur zu erklären versuchen, und die historischen Sagen, die auf erinnerte, als bedeutsam empfundene Ereignisse zurückgehen – ohne daß dabei klare Abgrenzungen immer möglich sind.[131] Auch die aitiologischen und historischen Sagen aber spiegeln, ähnlich den Dämonsagen, eine Haltung zur Welt, die vom Gefühl der Ohnmacht bestimmt ist. Aitiologische Sagen (griech. ›aition‹ = Ursprung) entstehen, wo Erkenntnis gewünscht wird, aber – entweder aufgrund des noch nicht entwickelten Stands naturwissenschaftlicher Erklärungen oder aufgrund fehlenden naturwissenschaftlichen Verständnisses – an ihre Grenzen stößt: Felsformationen beispielsweise sieht man so als die Fußstapfen von Riesen oder – heutzutage – atmosphärische Lichtreflexe als ›fliegende Untertassen‹, als Raumschiffe von Außerirdischen; historische Sagen sind in der Regel auf Persönlichkeiten fixiert, und zwar nicht allein auf solche, an die sich Hoffnungen haben binden lassen, sondern gerade auch auf solche, die durch Zwangsausübung und Ausbeutung Leid verursacht haben – in beiden Fällen handelt es sich um Belege für den Blick aus der Position der Hilflosigkeit heraus; Dämonensagen verlängern ihn nur auf den Bereich des Übernatürlichen.

Damit ist zugleich die Frage der Trägerschaft der Volkssage berührt. Man kann schon aufgrund der in ihr gegebenen Lokalisierungen und der Figuren, von denen berichtet wird, aber eben auch aufgrund der erwähnten Perspektive aus Positionen unterschiedlich begründeter Ohnmacht davon ausgehen, daß sie vornehmlich im bäuerlichen und im urbanen Milieu der armen Leute und der Kleinbürger weitergegeben worden ist, auch wenn damit keineswegs ausgeschlossen wird, daß auch andere Bevölkerungsschichten einzelne Sagen und Sagengruppen aufgegriffen haben – von literarischen Adaptionen einmal ganz abgesehen. Auch wenn es richtig ist, daß das in der Sage zum Ausdruck kommende vorwissenschaftliche, von Aberglauben und Determinismus dominierte Weltbild nicht nur das Bewußtsein der Ungebildeten bestimmte, so ist andererseits kaum zu bestreiten, daß der Mangel an Informationen aller Art und an Entscheidungsbefugnissen, unter dem gerade die Angehörigen der Unterschicht zu leiden hatten, dieses Weltbild und die mit ihm verbundene Sagenbildung begünstigte.

Am deutlichsten ausgeprägt erscheint es mit den es begleitenden Ängsten in den vielen Dämonensagen, die zugleich auch am besten die unterschiedlichen Versuche der Angstbewältigung erkennen lassen. Diejenigen, die sich Dämonensagen erzählten, fühlten sich von numinosen Kräften umgeben, gegen die es die eigene Existenz abzusichern galt. Schon die Konkretisierung dieser Kräfte zu dämonischen Wesen und darüber hinausgehend deren Anthropomorphisierung läßt sich dabei als Bewältigungsversuch ansehen. Wer das Numinose (das begrifflich und bildlich nicht zu fassende Transzendente) zu benennen unternahm, es in menschenähnlichen Wesen greifbar werden ließ und von ruhelosen Toten, Werwölfen, von Alp, Drud und Mahrt, vom Wilden Jäger, der weißen Frau, von Zwergen, Kobolden, Klabautermännern, Alraunen, von Riesen, dem Teufel, von Hexen und Zauberern erzählte, tat bereits den ersten Schritt, der von ihnen ausgehenden Bedrohung Herr zu werden, dem allgegenwärtigen Gefühl des Ausgeliefertseins entgegenzutreten. Sehr viele Sagen geben darüber hinaus entweder unausgesprochene oder aber deutlich erklärte Handlungsanweisungen, wie mit den dämonischen Gestalten[132] umzugehen sei, nachdem man ihnen, häufig aufgrund der Übertretung eines Tabus oder einer gesellschaftlichen

Norm oder eines anderen schuldhaften Versagens, begegnet ist. In Sagen und Geisterumzügen (von der Wilden Jagd, der Wütenden Jagd, vom Nachtvolk) beispielsweise, in denen nach dem Volksglauben zu bestimmten Jahreszeiten die Toten durch die Lüfte ziehen, werden diejenigen mitgerissen, die sich – gegen alle Empfehlungen oder Regeln der Gemeinschaft – nachts an Orten aufgehalten haben, die als besonders gefährlich gelten. Berichtet wird dann von Menschen, die auf diese Totenzüge getroffen sind und die sich entweder in den Graben oder zur Seite geworfen haben und mit dem Schrecken davongekommen sind oder aber verschwunden oder verletzt worden sind, weil sie geistesgegenwärtig zu reagieren versäumt haben. In Sagen von Wassermännern oder -nixen steigen die Dämonen dagegen aus der Tiefe. Auch hier gilt: Wer ihnen nicht aus dem Wege geht oder keine probaten Abwehrmittel gegen sie kennt (kratzende Katzen etwa), ist verloren. Auch wenn man es bei diesen kurzen Hinweisen beläßt, wird doch klar, welche Verhaltensweisen die Dämonensagen vor allem einüben: die des Ausweichens und Gehorsams; Gegenwehr empfiehlt sich nur, wenn umgekehrt der Dämon gewaltsam – zumal durch den Einsatz magischer Mittel – verschreckt werden kann. Die in den Dämonensagen ständig zum Ausdruck kommende Furcht vor dem Eingriff jenseitiger Mächte und das Bemühen der sich Fürchtenden um Abgrenzung und Sicherung vermittelt sehr anschaulich einen Eindruck davon, wie beherrschend das Gefühl des Ausgeliefertseins unter denen gewesen sein muß, die sich diese Sagen erzählten. Daß dies auch Angehörige höherer Schichten sein konnten, so wie etwa auch Adlige (z. B. in einzelnen Frevelsagen) von Dämonen bestraft werden, sagt auch hier wieder nichts gegen ihre generelle Verbreitung in der Unterschicht (schon das in den meisten Sagen gewählte Personal ist dafür ein Beleg) und gegen ihre besondere Wirksamkeit gerade in ihr.

Viele Sagen haben die Angst vor Repressionen noch insofern verstärkt, als sie den Zugriff der Dämonen auf den Menschen als Folge moralischen Fehlverhaltens deuteten. Besonders gut ist dies bei einem nicht geringen Teil der mittelalterlichen Hexen- und Teufelssagen zu erkennen, von denen Warnungen ausgingen, die – wie deutlich oder undeutlich dies auch durchschaut worden sein mag – ganz im Interesse der Kirche lagen (und unter Umständen auch in dem der an ihr sich orientierenden politischen Instanzen, z. B. auch der Stadtverwaltungen).

Der Glaube an dämonische weibliche Wesen, die sich auf Hekken oder Zäunen aufhielten und im Althochdeutschen mit dem Wort ›hagzissa‹, im Mittelhochdeutschen mit ›hecse‹ bezeichnet wurden (vgl. ahd. ›hag‹ = Einhegung; mhd. ›hac‹ = Dorngesträuch, Gebüsch), ist altgermanisch. Seit dem 12. Jahrhundert verbreitete sich die Vorstellung von der Hexe als der Teufelsbuhlerin, wurde dieser Dämon also in Zusammenhänge der christlichen Mythologie integriert. Manche der uns überlieferten Hexensagen bewahren die ältesten heidnischen Vorstellungen insofern, als sie von hexenden, d. h. von schädlichen magischen Einfluß auf Menschen und Tiere nehmenden Frauen berichten, der mit dem einen oder anderen Gegenzauber beantwortet werden kann (vgl. z. B. *Das verhexte Haar, Die bestrafte Hexe, Hexe melkt aus Besenstiel*).[133] Andererseits vergegenwärtigen viele Hexensagen, in denen Frauen magischer Praktiken überführt und sofort getötet, meist verbrannt werden (vgl. *Hexe ist ewig verloren, Hexenwetter*; besonders aufschlußreich auch *Die Wetterhexe*),[134] die Wirksamkeit kirchlicher Indoktrination auch im Volksglauben; kirchliche Ideologie hat in den kollektiven Hexenwahn (vgl. Kap. I) nicht zuletzt auch wegen solcher im Volk verbreiteten ›Wahrheiten‹ umschlagen können.

Ähnlich deutlich verurteilen die Teufelssagen das Fehlverhalten von Menschen, das sich hier allerdings nicht nur auf den Frevel der Zauberei erstreckt, d. h. auf den Eingriff in die gottgegebene, natürliche Ordnung der Dinge, sondern auch auf weniger gewichtige Vergehen, die das von der Kirche für den Alltag durchgesetzte Regelsystem moralischen Verhaltens störten, z. B. auf Vergnügungen beim Tanz außerhalb der dafür erlaubten Anlässe, auf das Glücksspiel an Sonntagen, auf Sakramentsentweihungen, sogar auf die bloße Unaufmerksamkeit beim Gottesdienst – freilich auch auf Meineid, Untreue, Selbstmord u. a. Der Teufel erscheint in solchen Sagen als Dämon, der derartiges Fehlverhalten bestraft, und er nimmt dabei verschiedene – z. T. auf Vorstellungen der Antike zurückgehende (auch das ahd. ›tiufal‹, mhd. ›tiufel‹ ist eine direkte Ableitung aus dem griech. ›diabolos‹, ebenso wie übrigens engl. ›devil‹ oder frz. ›diable‹) – Gestalten an: die des Gehörnten und der Bocksfigur beispielsweise, die auf den von der Kirche umgedeuteten antiken Gott Pan verweist bzw. auf den von den Gnostikern als ›gefallenen‹ Engel betrachteten Luzifer, oder auch die des Jägers oder maskierten Tänzers, der Menschen aus ihren Vergnügungen herausreißt und sie verschleppt (›Hol dich der Teufel‹ ist noch heute eine umgangssprachliche Redewendung); oder er fährt unsichtbar in Menschen hinein, dämonisiert und isoliert sie damit von den anderen (›Den Teufel im Leibe haben‹ erinnert als Redewendung ebenfalls noch heute an diese naiv geglaubte Teufelsbesessenheit). In vielen Sagen (z. B. *Der*

Teufel holt die Braut, Der Teufel als Tänzer)[135] nimmt der Teufel dabei eine völlig unanfechtbare Position ein – ob als Strafinstrument Gottes oder als sein Gegenspieler bleibe dahingestellt; in anderen Sagen jedoch erscheint auch Gegenwehr möglich, freilich nur mit Hilfe von teufelaustreibenden Priestern und Mönchen und mit Hilfe magischer Rituale, derer sich die bannenden und beschwörenden Geistlichen – nicht immer erfolgreich – bedienen (vgl. etwa neben dem folgenden Beispiel *Teufel wird in einen Bullen gebannt, Besessenenheilung, Teufelsaustreibung mißlingt*).[136] Die nach wie vor übliche Redewendung vom ›Teufel austreiben‹ verweist auf diesen magischen Exorzismus, den höchste Würdenträger der katholischen Kirche immer noch gutheißen.[137]

Teufel in Kanne gebannt.

Im schwarzen Rößle zu Biberach befindet sich der Teufel in der großen Kanne im Tischeck. Dort hinein hat ihn nämlich der Kapuziner geschworen. Da war einst ein Wirt, der ein großer Unflat gewesen und auch allen Frommen zum Spott gesagt hatte, ihn dürfe der Teufel holen, wenn es welchen gebe. Kaum war's gesagt, als ein Jäger zur Türe hereintrat und den Wirt mit ganz absonderlichen Augen ansah. Die Magd, welche ihn die Stiege hinaufgehen sah, bemerkte, daß der Jäger Bocksfüß habe und lief zu den Kapuzinern. Der Malefizpater kam eilig daher gelaufen und wußte den Teufel noch rechtzeitig zu bannen, denn schon hatte er den Wirt am Schopf. Der Pater ließ den Wirt in einen Zuber voll Weihwasser setzen, aus dem ihn der Teufel vergebens am Schopf herauszuziehen sich bemühte. Inzwischen beschwor der Malefizpater den Teufel und trieb ihn so in die Enge, daß er sich schließlich in des Wirts zinnerne Maßkanne zurückzog. Diese stellte man in das Tischeck, und bis auf diesen Tag sitzt der Leibhaftige in ihr gefangen. (Schwaben)

Gerade der Teufel wird allerdings – nicht nur in den geistlichen Spielen (vgl. Kap. I), sondern auch in den Volkssagen des späten Mittelalters – zunehmend auch zur lächerlichen Figur, ist dann, wie übrigens auch im Märchen, im Kräftevergleich mit den Menschen der geprellte Teufel (man vgl. etwa KHM 189, *Der Bauer und der Teufel,* mit der Sage *Die geteilte Ernte*),[138] auch der geprügelte – später schließlich der verlachte des Kasperletheaters. Wenn man gerade diesen ›dummen Teufel‹, der ebenfalls in unser Sprachbewußtsein eingedrungen ist, als Ausdruck der inneren Distanzierung der Menschen von den geistigen Machtansprüchen der ein mythologisches Weltbild vermittelnden Kirche wertet, sollte man darüber freilich nicht vergessen, daß das Motiv des unterlegenen Teufels auch in der kirchlichen Tradition selbst auftaucht, etwa wenn bereits die Kirchenväter die Erlösungstat Christi als Niederlage des Teufels hinstellen[139] und damit – auch dies entspricht schließlich einem kollektiven Bedürfnis – auf die Ohnmacht und die Besiegbarkeit des Bösen hinweisen.

Zu den Teufelssagen des späten Mittelalters und der frühen Neuzeit gehört auch die in der Literaturgeschichte besonders wirksam gewordene Gruppe der Sagen von den Teufelsbündnern, die ihre Seele dem Teufel verpfänden, um während ihres Lebens zu Besitz, zu Macht, später auch zu Wissen und Erkenntnis zu gelangen. Diese Sagen gehen auf ältere Teufelsbündner-Legenden zurück,[140] in denen – wie in der Theophilus-Legende – der reuige Sünder schließlich durch das Eingreifen der Jungfrau Maria gerettet wird. Erst im späten Mittelalter vollzieht sich der Umschwung vom erlösten zum verdammten Sünder. Die zu Lebzeiten über die Kräfte des Dämons verfügenden Teufelsbündner werden von nun an am Ende ihres irdischen Daseins in die Hölle geholt. Das Motiv, aus dem heraus Menschen ›sich dem Teufel verschreiben‹, war in der Sage zunächst nur der Wunsch nach materiellem Besitz. Geld, das der Not ein Ende macht, war das Begehren der Bedürftigen, das uns auch schon im Volksmärchen begegnet ist, nur daß die Sage es höchst aufschlußreich mit dem Bewußtsein verbindet, damit etwas ganz und gar Unerlaubtes zu verlangen, das allein mit der Höllenstrafe geahndet werden kann – auch dies noch einmal ein deutlicher Beleg für den häufig so repressiven Charakter dieser Erzählungen. Die bekanntesten Teufelsbündnersagen sind die um Dr. Faust geworden, auf die auch das Volksbuch vom Doktor Faust zurückgriff, die 1587 von Spies herausgegebene *Historia von Dr. Johann Fausten, dem weitbeschreyten Zauberer und Schwarzkünstler.* Die etwas früheren Faustsagen, die sich um die historische Figur, den zwischen 1480 und 1540 lebenden Georg Faust, gruppieren, stellen noch nicht wie das Volksbuch, den Wissens- und Erfahrungsdrang warnend als das Teuflische heraus, sondern viel traditioneller die Zauberkunststücke des Scharlatans und dessen gottlos geführtes, abenteuerliches Leben und schreckliches Ende.[141] Gleichwohl übt die Zauberei, die als Sünde wahrgenommen und verurteilt wird, doch eine starke Faszination aus, und nicht umsonst wird von immer neuen und unwahrscheinlichen Kunststücken Fausts berichtet. Der Drang nach Befreiung aus der Bindung des Menschen an seinen Schöpfer und der gottgewollten Ordnung der Dinge, der durch die Zauberei naiv ins Bild gesetzt wird, ist zwar Teufels Werk, aber vermittelt mit den versuchten Eingriffen in die Natur doch zugleich etwas vom Aufbegehren gegen die als Schicksal erfahrenen, vorgegebenen Ordnungen und von der Bewunderung derer, die eigene, neue Wege zu gehen bereit sind.

Es ist durchaus bezeichnend, daß sich in der Vorstellungswelt der Sage nicht nur die Schutzversuche vor den Dämonen, sondern auch der besonders bei den Teufelsbündnersagen erkennbare Drang nach Befreiung und die Suche nach neuen Handlungsfeldern mit der Praxis der Magie verbinden und nicht mit der Rationalität sich emanzipierender und dabei ihren eigenen Kräften vertrauender Menschen. Gerade darin hebt sich die in der Landbevölkerung und in der Unterschicht der Städte populäre Literatur in auffälliger Weise von der in der bürgerlichen Mittelschicht gelesenen Literatur ab, in der – im Zusammenhang der anderen, ausführlich dargestellten Lebensbedingungen ihrer Rezipienten – weitaus stärker Verhaltensweisen zur Geltung kommen, die auf der Kraft des Verstandes und der eigenen Geschicklichkeit der Protagonisten gründen – man denke nur an die besprochenen Schwänke und Schwankromane. Damit wird jedoch, um es zu wiederholen, keiner starren schichtspezifischen Trennung der Literaturen das Wort geredet; gerade in den Städten hat das enge Zusammenleben der Menschen den geistigen Austausch gefördert, und die vielen Schwankmärchen, um nur ein Beispiel zu nennen, erweisen deutlich, daß der listige, mutige und erfolgreiche Einsatz des Verstandes in allen Bevölkerungsschichten für Vergnügen sorgte.

Das Neben- oder auch Durcheinander eher dem Mythos verhafteter und eher den Wissenschaften verpflichteter Interpretationsmuster für die Wirklichkeit findet sich im übrigen bis heute im Bewußtsein breiter Bevölkerungsschichten – und es ist keineswegs auf die Unterschicht beschränkt, auch wenn in ihr die Empfänglichkeit für mythische Wirklichkeitsdeutungen aufgrund reduzierter Berührungen mit wissenschaftlicher Reflexion ausgeprägter erscheint. Auch gegenwärtig kommt es im Bereich der Literatur nicht nur zu immer neuen Sagenbildungen; gerade die massenhaft konsumierte Trivialliteratur (die Horrorliteratur insbesondere und die trivialen Ausprägungen der Science Fiction) verbreitet unter Ausnutzung mancher Motive der ›Volkspoesie‹ ein aller empirischen Erfahrung weitgehend entbehrendes Weltbild.[142] Daß die ›Gegenwärtigkeit des Mythos‹ nicht nur eine literarische Erscheinung ist, sondern die scheinbar und gleichsam offiziell ausschließlich von Rationalität bestimmten Industriegesellschaften insgesamt begleitet, ist in den Sozialwissenschaften und in der Philosophie ausgiebig erörtert[143] und auch in diesem Band (in Kap. I) am Beispiel des Verhältnisses von Magie und Technik bereits angesprochen worden.

In sehr vielen Lied- und Erzähltexten, die im einfachen Volk des späten Mittelalters und der frühen Neuzeit im Umlauf waren, stößt man auf eine Wunschvorstellung, die in ganz verschiedenen Ausprägungen wiederkehrt: Ob es sich um das Gefühl der Beengung, um den Schmerz der Einsamkeit und um die Sehnsucht nach Vereinigung mit dem geliebten Menschen handelt wie im Lied oder um Träume von Reichtum und Macht, von sozialem Aufstieg und ausgleichender Gerechtigkeit wie im Märchen oder um Versuche der Überwindung von Angst vor dämonischen Kräften und um Maßnahmen zu ihrer Abwehr wie in der Sage – immer kommt in diesen Vorstellungen das Bedürfnis nach Befreiung zum Ausdruck, auch wenn es nur selten unmittelbar artikuliert wird. Es macht dabei die Paradoxie der ›Volkspoesie‹ aus, daß der Wunsch nach Befreiung in ihr fast immer nur mit Mitteln erfüllbar erscheint, die gerade auf die Abhängigkeit des Menschen verweisen, ob es sich dabei nun ganz allgemein um das eingreifende Schicksal oder das Glück handelt, das den einzelnen begünstigt, oder sehr viel konkreter um Helfer mit übernatürlichen Fähigkeiten oder um Kräfte, die mit den Mitteln der Magie herbeigerufen und benutzt werden. Nur der Listige, der den nötigen Mut besitzt, List auch anzuwenden, verläßt sich auf sich selbst; aber er gehört, wie gesagt, eher zu den literarischen Erfindungen der bürgerlichen Mittelschicht. So ist in der ›Volkspoesie‹ die Wunschvorstellung nach Befreiung bezeichnenderweise eng mit der Wunschvorstellung nach Erlösung verbunden. Erlösungsvorstellungen begegnen uns partiell und zeitweilig durchaus auch in der Literatur der bürgerlichen Mittel- und Oberschicht, man denke nur an die Marienlegenden und an die Marienlyrik (vgl. Kap. I) und an die alle Schichten ergreifende religiöse Predigt (vgl. ebd.). Doch läßt sich verallgemeinernd sagen, daß das gedankliche Spiel mit den Möglichkeiten der Distanzierung von kirchlichen und gesellschaftlichen Autoritäten, und das heißt zugleich eben auch mit den Möglichkeiten des Verzichts auf von außen herangetragene Hilfe, gerade in der bürgerlichen Mittelschicht beginnt – mit der Darstellung des ›negativen Helden‹ zum Beispiel, der zwar moralisch abgewertet wird, dessen Unabhängigkeit aber nichtsdestoweniger fasziniert.

*

Überschaut man die städtische Literatur des späten Mittelalters in ihrer Gesamtheit, so treten bei aller Vielfalt der literarischen Erscheinungen und bei all den komplexen Wechselbeziehungen zwischen den Lebensformen, den Wertvorstellungen und der Literatur der Stadtbewohner doch einige Tendenzen deutlich hervor, die zum Schluß noch einmal hervorgehoben seien: Die politischen Unruhen, die durch den Zerfall der auf dem Gleichgewicht von Kirche und Reich beruhenden Machtordnung des hohen Mittelalters und durch das Gegeneinander der Interessen partikularer fürstlicher Gewalten in den Territorien entstanden, haben ebenso wie die gerade in den wirtschaftlich erstarkenden Städten spürbaren sozialen Bewegungen und Umschichtungen das konservative Festhalten an der sozialen Ordnung klar voneinander abgehobener Stände zunächst begünstigt. Die Kirche hat das Ihre dazu getan, diese soziale Ordnung, die zugleich auch moralische Orientierung gab, zu stützen. In der Literatur haben sich diese konservativen Neigungen immer wieder in der Betonung des ›ordo‹-Gedankens geäußert, und zwar nicht allein in der Literatur der Patrizier, die sich mit der Mentalität der ihren alten oder neuen Besitz Wahrenden und um gesellschaftliches Ansehen Ringenden an den höfischen Verhaltensnormen des hohen Mittelalters orientierten, sondern durchaus auch in der Literatur der sich sozial fest etablierenden Zunfthandwerker, insbesondere in deren zum Teil stark durch die Kirche bzw. religiös beeinflußten Lehrdichtungen und im Meistergesang. Derartige Texte vermittelten gleicherweise durch ihren didaktischen Gehalt wie durch die Sorgfalt ihrer Form zudem auch etwas von dem handwerklichen Arbeitsethos, das als der eigentlich in die Zukunft wirkende Impuls anzusehen ist, der von der mittelalterlichen Stadt ausgegangen ist. Dieses Arbeitsethos, das sich im Zusammenhang der städtischen Wirtschaftsbedingungen und unter dem Einfluß der schon in Kap. I ausführlich dargestellten monastischen Arbeitshaltung, später auch der Berufsauffassung Luthers ausbildete und den aus ökonomischen Gründen notwendigen Leistungswillen durch christliche Wertvorstellungen überhöhte, indem es ihn als Ausdruck der persönlichen Bewährung vor Gott verstand, hat – durch den Calvinismus auf andere, später zu erörternde Weise noch bestärkt – weit bis in die moderne industrielle Gesellschaft hinein das Selbstwertgefühl einer immer größeren Anzahl von Menschen wesentlich bestimmt. Daneben wurden in der Literatur der Zunftbürger spätestens seit dem 15. Jahrhundert aber auch ganz andere, ebenfalls mit dem Prozeß ihres sozialen Aufstiegs und mit dem Erfolg ihres Wirtschaftens verknüpfte Verhaltensweisen wirksam. Der erfinderischen Initiative, dem Durchsetzungswillen und einer an purer Effektivität ausgerichteten Rationalität entsprechen literarische Gestalten, die, wie nicht wenige der Protagonisten der Maeren und Schwankromane, derartige Einstellungen wenigstens zum Teil verkörpern, allerdings deshalb doch keineswegs zu Vorbildfiguren werden, und wenn, dann nur in einer sehr verschlüsselten Weise. In dem Versuch, dem Unabhängigkeitsgefühl und dem erfolgreichen Einsatz des scharfen Verstands Ausdruck zu verleihen, und in der Angst, damit gewohnte und allgemein akzeptierte moralische Werte und Normen zu verletzen, trat der innere Zwiespalt ans Licht, der die Zunftbürger mindestens seit dem 15. Jahrhundert beherrschte. Die Bewunderung derer, die sich aus der Enge der ständischen Reglementierungen herauswagen, und das Bestreben, sie durch Verspottung oder Verurteilung oder durch den direkten, an das Gemeinwohl erinnernden Appell zurückzurufen, gehen in den Texten ineinander über. Die Befreiungswünsche bleiben gleichsam ohne Ziel und Erfüllung und können deshalb, wovon die Rede war, gelegentlich auch in einen engstirnigen Haß auf schwächere gesellschaftliche Gruppen umschlagen, denen die Schuld an der eigenen Unzufriedenheit angelastet wird. Insofern verweist die Literatur der Zunftbürger zunehmend auf eine Haltung, die auch bei der Erforschung der wirtschaftlichen Lebensbedingungen des bürgerlichen Mittelstandes erkannt worden ist. Leo Kofler hat in seiner Darstellung der Geschichte der bürgerlichen Gesellschaft sehr nachdrücklich herausgestellt, daß das Handelsbürgertum der spätmittelalterlichen Städte gerade in der Übergangsphase zur arbeitsteiligen, manufakturellen Gesellschaft, in der dann die Durchsichtigkeit der ökonomischen Verhältnisse für den einzelnen verlorenging und verläßliche Gruppenbindungen zerbrachen, zwar schon die Freiheit des Individuums entdeckte, gleichwohl aber noch an der Erhaltung der bestehenden gesellschaftlichen Strukturen interessiert war und den Feudalismus, der gute Absatzmärkte eröffnete, allenfalls zurückzudrängen suchte. An dieser Haltung hat auch die Reformation zunächst nichts geändert. Ihre theologische Radikalität stand der Anerkennung der überkommenen Obrigkit nicht im Wege.[144] In der Literatur der gesellschaftlichen Unterschicht konnten sich Wünsche nach individueller Unabhängigkeit nur scheinbar ungebundener als im mittleren Bürgertum entfalten. Zwar »fabeln« viele Volksmärchen im Sinne Ernst Blochs über die »gegebenen Stränge« und üben »die Kunst ein, sich nicht imponieren zu lassen«,[145] doch wie sehr Märchen und andere ›Volkspoesie‹ andererseits in Determinationsvorstellungen befangen blieben, ist oben deutlich vor Augen geführt worden. – So stoßen wir sowohl im Leben der spätmittelalterlichen Stadt als auch in ihrer Literatur am Ende fast allenthalben auf einen starken, sich seiner selbst jedoch unsicher bleibenden individuellen Entfaltungsdrang und auf eine innere Unruhe, die sich nicht zuletzt in der Vielzahl der literarischen Themen, Motive und Formen manifestiert; der Entwurf neuer, sich auch auf das soziale Leben richtender Zielvorstellungen ist vornehmlich dem kleinen Kreis der Humanisten zu verdanken, mit dem auch ein neues Kapitel deutscher Literaturgeschichte beginnt.

ANMERKUNGEN

Einleitung

1 Vgl. allein zum Mittelalter insbesondere: Karl BERTAU, Deutsche Literatur im europäischen Mittelalter, 2 Bde., München, 1972 und 1973; Winfried FREY, Walter RAITZ, Dieter SEITZ u. a. (Hg.), Einführung in die deutsche Literatur des 12. bis 16. Jahrhunderts, 3 Bde., Opladen, 1981 ff.; Dieter KARTSCHOKE, Geschichte der deutschen Literatur im frühen Mittelalter, München, 1990; Joachim BUMKE, Geschichte der deutschen Literatur im hohen Mittelalter, München, 1990; Thomas CRAMER, Geschichte der deutschen Literatur im späten Mittelalter, München, 1990; Joachim HEINZLE (Hg.), Geschichte der deutschen Literatur von den Anfängen bis zum Beginn der Neuzeit, Frankfurt/M., 1984 ff. (Band I, 1: Wolfgang HAUBRICHS, Von den Anfängen zum hohen Mittelalter, Die Anfänge: Versuche volkssprachiger Schriftlichkeit im frühen Mittelalter [700–1050/60], 1988; Band I, 2: Gisela VOLLMANN-PROFE, Wiederbeginn volkssprachiger Schriftlichkeit [1050/60–1160/70], 1986; Band II, 2: Joachim HEINZLE, Vom hohen zum späten Mittelalter. Wandlungen und Neuansätze im 13. Jahrhundert [1220/30–1280/90], 1984).

2 Vgl. die zusammenfassende Übersicht von Sabine JÖCKEL, Die ›histoire des mentalités‹: Baustein einer historisch-soziologischen Literaturwissenschaft. In: Romanistische Zeitschrift für Literaturgeschichte, Jg. 11, 1987. Vgl. auch die kritischen Erwägungen von: Ursula PETERS, Literaturgeschichte als Mentalitätsgeschichte? In: Germanistik – Forschungsstand und Perspektiven. Vorträge des Deutschen Germanistentages 1984, hg. v. Georg STÖTZEL, Bd. 2, Berlin, New York, 1985; Jan-Dirk MÜLLER, Aporien und Perspektiven einer Sozialgeschichte mittelalterlicher Literatur. Zu einigen neueren Forschungsansätzen. In: Albrecht SCHÖNE (Hg.), Kontroversen, alte und neue. Akten des VII. Internationalen Germanisten-Kongresses Göttingen 1985, Tübingen, 1986; Hans-Jürgen BACHORSKI, Ein Durchgraben zu den Wurzeln hin ... In: Jürgen FÖRSTER, Eva NEULAND, Gerhard RUPP (Hg.), Wozu noch Germanistik? Stuttgart, 1989.

3 Hans Robert JAUSS, Alterität und Modernität der mittelalterlichen Literatur. Gesammelte Aufsätze 1956–1976, München, 1977, S. 9–47.

4 Dazu vgl. Klaus R. SCHERPE, ›Beziehung‹ und nicht ›Ableitung‹. Methodische Überlegungen zu einer Literaturgeschichte im sozialen Zusammenhang (am Beispiel der Nachkriegsliteratur). In: Das Argument 25, 1983.

5 Gerade unter didaktischen Gesichtspunkten ist die gewählte Fragestellung von besonderer Bedeutung. Vgl. Anm. 11.

6 Zur Einführung in den komplexen Stand der Diskussion über Wertvorstellungen und Verhaltensnormen vgl.: Willi OELMÜLLER (Hg.), Materialien zur Normendiskussion, 3 Bände, (Bd. 1: Transzendentalphilosophische Normenbegründungen. Bd. 2: Normenbegründung – Normendurchbrechung. Bd. 3: Normen und Geschichte) Paderborn, 1978. Vgl. ferner: Helmut KLAGES, Peter KMIECIAK (Hg.), Wertwandel und gesellschaftlicher Wandel, Frankfurt/M., New York, (2. Aufl.) 1981.

7 Vgl. Willi OELMÜLLER, Zur Rekonstruktion unserer historisch vorgegebenen Handlungsbedingungen. In: DERS. (Hg.), Wozu noch Geschichte?, München, 1977.

8 Zur Geschichte dieses Begriffs vgl. Arno BORST, Lebensformen im Mittelalter, Frankfurt/M., Berlin, 1979, insbes. S. 9 ff., S. 27 ff., S. 339 ff.

9 Wilhelm FLITNER, Europäische Gesittung. Ursprung und Aufbau abendländischer Lebensformen, Zürich, Stuttgart, 1961 (hiernach zitiert) (2. Auflage unter dem Titel: Die Geschichte der abendländischen Lebensformen, München, 1967; jetzt in: Gesammelte Schriften 7, Paderborn, 1990.)

10 Vgl. gegenwärtig insbesondere Jürgen HABERMAS, Theorie des kommunikativen Handelns, 2 Bde., Frankfurt/M., 1981. DERS., Der philosophische Diskurs der Moderne. Zwölf Vorlesungen, Frankfurt/M., 1988.

11 Insofern läßt sich diese Literaturgeschichte auch als eine ›Didaktische Literaturgeschichte‹ ansehen. Zur Begründung vgl. Peter NUSSER, Überlegungen zu einer didaktisch begründeten Literaturgeschichtsschreibung (erscheint in: Festschrift für Detlev C. Kochan, 1992).

12 Vgl. insbesondere Helmut BRACKERT, Literarischer Kanon und Kanon-Revision. In: Helmut BRACKERT, Walter RAITZ (Hg.), Reform des Literaturunterrichts. Eine Zwischenbilanz, Frankfurt/M., 1974.

Kapitel I

Abkürzungen:

RGG = Die Religion in Geschichte und Gegenwart, I–VI, hg. v. Kurt GALLING, Tübingen, 1957ff.

RL = Reallexikon der deutschen Literaturgeschichte, begründet v. Paul MERKER und Wolfgang STAMMLER, hg. von Werner KOHLSCHMIDT und Wolfgang MOHR, Klaus KANZOG und Achim MASSER, Berlin, New York, ²1958–1984.

1 Vgl. Helmut DE BOOR, Die deutsche Literatur von Karl dem Großen bis zum Beginn der höfischen Dichtung. 770–1170 (Helmut DE BOOR, Richard NEWALD, Geschichte der deutschen Literatur von den Anfängen bis zur Gegenwart, Bd. 1), München, ³1957, S. 182.

2 Dies geschieht in Anlehnung an Wilhelm FLITNER, (Einl., Anm. 9).

3 Erich WENIGER, Bildungswesen, in: RGG, I, S. 1284.

4 Vgl. K. G. KUHN, Askese, in: RGG, I, S. 643.

5 Wilhelm FLITNER (Einl., Anm. 9), S. 166.

6 Aus: HAUBRICHS (Einl., Anm. 1), S. 202.

7 Aus: RGG, III, S. 1674.

8 Vgl. Arnold HAUSER, Sozialgeschichte der Kunst aund Literatur, München, [1953], ungekürzte Sonderausgabe 1967, S. 176.

9 Vgl. Adolf BACH, Geschichte der deutschen Sprache, Heidelberg, ⁷1961, S. 115f.

10 Text aus: Wilhelm BRAUNE, Althochdeutsches Lesebuch, Halle, ⁶1911, S. 40.

11 Vgl. Ernst Robert CURTIUS, Europäische Literatur und lateinisches Mittelalter, Bern, ²1954, S. 493.

12 Vgl. F. H. KETTLER, Taufe, in: RGG, VI, S. 637ff.

13 Vgl. Manfred GEIER, Die magische Kraft der Poesie. Zur Geschichte, Struktur und Funktion des Zauberspruchs, in: DVjs, 56. Jg., 1982, H. 3, S. 377ff.

14 Text aus: Hans Jürgen KOCH, Mittelalter I (Die deutsche Literatur. Ein Abriß in Text und Darstellung, hg. v. Otto F. BEST, Hans-Jürgen SCHMITT), Stuttgart, 1976, S. 41.

15 Vgl. DE BOOR (Anm. 1), S. 27.

16 Text aus: KOCH (Anm. 14), S. 42.

17 Helmut DE BOOR (Anm. 1), S. 94.

18 Vgl. Haubrichs (Einl., Anm. 1), S. 414. – Vgl. dort auch (S. 412 f.) die Ausführungen zu den magischen Praktiken der Kirche.

19 Haubrichs (Einl., Anm. 1), S. 415.

20 Kartschoke (Einl., Anm. 1), S. 120 f.

21 Vgl. Claude Lévi-Strauss, Mythos und Bedeutung, Frankfurt/M., 1980, S. 25.

22 Zum Wandel naturwissenschaftlichen Denkens in der Gegenwart vgl. Ilya Prigogine, Isabelle Stengers, Dialog mit der Natur, München, ^{6}1990.

23 Vgl. Lévi-Strauss (Anm. 21), S. 29.

24 Vgl. Claude Lévi-Strauss, Das wilde Denken, Frankfurt/M., 1981, S. 25.

25 Vgl. Lévi-Strauss (Anm. 24), S. 29.

26 Max Horkheimer, Theodor W. Adorno, Dialektik der Aufklärung. Philosophische Fragmente, Amsterdam, 1947. Vgl. dazu Jürgen Habermas, Die Verschlingung von Mythos und Aufklärung. Bemerkungen zur ›Dialektik der Aufklärung‹ – nach einer erneuten Lektüre, in: Karl Heinz Bohrer, Mythos und Moderne, Frankfurt/M., 1983.

27 Vgl. insbesondere die Gesammelten Aufsätze: Rudolf Bultmann, Glauben und Verstehen I (1933), Tübingen ^{2}1954; II, 1952; III, 1962. Ders., Jesus Christus und die Mythologie, Hamburg 1964.

28 Vgl. de Boor (Anm. 1), S. 61.

29 Text und Übertragung aus: Koch (Anm. 14), S. 50 ff.

30 Zur Struktur und zur Zahlensymbolik des *Heliand* vgl. Max Wehrli, Geschichte der deutschen Literatur vom frühen Mittelalter bis zum Ende des 16. Jahrhunderts, Stuttgart, 1980, S. 74 ff.

31 de Boor (Anm. 1), S. 83.

32 Wehrli (Anm. 30), S. 83.

33 Vgl. Karl Bertau, Deutsche Literatur im europäischen Mittelalter, München, 1972, S. 58.

34 Text und Übertragung aus: Koch (Anm. 14), S. 56.

35 Vgl. Otto Weber, Grundlagen der Dogmatik, Bd. I, Moers, ^{2}1959, S. 419.

36 Vgl. de Boor (Anm. 1), S. 35 und 38.

37 Vgl. A. R. Hulst, Hoheslied, in: RGG, III, S. 428.

38 de Boor (Anm. 1), S. 121.

39 de Boor (Anm. 1), S. 53.

40 Text aus: Koch (Anm. 14), S. 49.

41 Bertau (Anm. 33), S. 69.

42 Vgl. dazu Wehrli (Anm. 30), S. 140.

43 Gustav Ehrismann, Geschichte der deutschen Literatur bis zum Ausgang des Mittelalters. München, 1918.

44 Text und Übertragung aus: Helmut de Boor, Mittelalter. Texte und Zeugnisse. Bd. I, 1, München, 1965, S. 3 f. (in der Reihe: Die deutsche Literatur. Texte und Zeugnisse, hg. von Walther Killy).

45 de Boor (Anm. 1), S. 147.

46 Erich Auerbach, Figura, in: Ders., Gesammelte Aufsätze zur Romanischen Philologie, Bern, 1967.

47 Max Wehrli, Literatur im deutschen Mittelalter. Eine poetologische Einführung, Stuttgart, 1984, S. 344.

48 Auerbach (Anm. 46), S. 7[illegible].

49 Vgl. Kartschoke (Einl., Anm. 1), S. 51.

50 Text und Übertragung aus: Wehrli (Anm. 30), S. 150.

51 Auerbach (Anm. 46), S. 81.

52 Auerbach (Anm. 46), S. 68.

53 Johan Huizinga, Herbst des Mittelalters [1941] Stuttgart, ^{7}1953.

54 Huizinga (Anm. 53), S. 159.

55 Huizinga (Anm. 53), S. 217.

56 Hauser (Anm. 8), S. 190.

57 Hauser (Anm. 8), S. 189.
58 Vgl. J. Klein, Universalienstreit des MA, in: RGG, VI, S. 1152.
59 Vgl. Karl Löwith, Weltgeschichte und Heilsgeschehen, Stuttgart, 1953.
60 Wehrli (Anm. 30), S. 161.
61 Werner Röcke (Hg.), Berthold von Regensburg, Vier Predigten. Mittelhochdeutsch/Neuhochdeutsch, Stuttgart, 1983; Nachwort, S. 240.
62 Text und Übertragung aus: Röcke (Anm. 61), S. 12–15.
63 Vgl. Peter Nusser, Trivialliteratur, Stuttgart, 1991 (Abschnitt 4 und 5.3).
64 Abbildung und Erklärung aus: Johann Evans (Hg.), Blüte des Mittelalters, München, Zürich, 1966/1980, S. 140.
65 Huizinga (Anm. 53), S. 232).
66 Philippe Ariès, Geschichte des Todes, München, 1980.
67 Huizinga (Anm. 53), S. 146.
68 Text aus: de Boor (Anm. 44), S. 489 (›Der Welt Lohn‹).
69 Huizinga (Anm. 53), S. 146.
70 Jean Delumeau, Angst im Abendland. Die Geschichte der kollektiven Ängste in Europa des 14.–18. Jahrhunderts. Reinbek, 1985.
71 Helmut de Boor, Die deutsche Literatur im späten Mittelalter. Zerfall und Neubeginn. Erster Teil 1250–1350 (de Boor, Newald [Kap. I, Anm. 1] Bd. III, 1), München, 1962, S. 14.
72 Alfons Brinkmann, Liturgische und volkstümliche Formen im geistlichen Spiel des deutschen Mittelalters, Münster, 1932 (= Forschungen zur deutschen Sprache und Dichtung, Heft 3).
73 Vgl. Erich Auerbach, Mimesis. Dargestellte Wirklichkeit in der abendländischen Literatur, Bern, München, ³1964, S. 153.
74 Text und Übertragung aus: Rudolf Meier (Hg.), Das Innsbrucker Osterspiel/ Das Osterspiel von Muri. Mittelhochdeutsch/Neuhochdeutsch, Stuttgart, 1974.
75 Auerbach (Anm. 73), S. 153.
76 Auerbach (Anm. 73), S. 152f.
77 Vgl. dazu auch Wehrli (Anm. 30), S. 581.
78 Vgl. zum Wandel der Funktion des Teufels Luis Schuldes, Die Teufelsszenen im deutschen geistlichen Drama des Mittelalters, Göppinger Arbeiten zur Germanistik 116, (Diss. München) Göppingen, 1974.
79 Henning Brinkmann, Diesseitsstimmung im Mittelalter, in: DVjs, 1924, S. 740.
80 Vgl. Claudia Honegger (Hg.), Die Hexen der Neuzeit. Studien zur Sozialgeschichte eines kulturellen Deutungsmusters, Frankfurt/M., 1978, S. 56.
81 Vgl. de Boor (Anm. 1), S. 210.
82 Text aus: de Boor (Anm. 44), S. 410.
83 Aus: Hans Weigert, Geschichte der deutschen Kunst, Bd. 1, Frankfurt/M., 1963, S. 109.
84 Aus: Wilhelm Müseler, Deutsche Kunst im Wandel der Zeiten, Berlin, 1950, S. 94 und 106.
85 Text aus: Helmut de Boor, a.a.O. (Anm. 44), S. 451; Übertragung aus: Georg Hofmann, Deutsche mystische Schriften, Düsseldorf, 1966, S. 273.
86 Vgl. Alois M. Haas, Sermo mysticus. Studien zur Theologie und Sprache der deutschen Mystik, Freiburg/Schweiz, 1979, S. 24f.
87 Vgl. Haas (Anm. 86), S. 106.
88 Vgl. Haas (Anm. 86), S. 83.
89 ebd.
90 Zitiert nach Haas (Anm. 86), S. 92.
91 Angeführt bei Wehrli (Anm. 30), S. 658.
92 Vgl. Haas (Anm. 86), S. 193.
93 Zitiert nach Wilhelm Weischedel, Philosophische Hintertreppe, München, 1973, S. 103.
94 Wehrli (Anm. 30), S. 646.

95 Vgl. WEHRLI (Anm. 30), S. 656.
96 Waltraud-Ingeborg GEPPERT, Kirchenlied, in: RL, I, S. 842.
97 Hans Robert JAUSS, Ästhetische Erfahrung und literarische Hermeneutik, Frankfurt/M., ²1984, S. 173 f.
98 JAUSS (Anm. 97), S. 186.
99 JAUSS (Anm. 97), S. 233.
100 Vgl. Ingrid AICHINGER, Selbstbiographie, in: RL, III S. 812.
101 Dieser Begriff ist von JAUSS übernommen (Anm. 97), S. 243.
102 August LANGEN, Der Wortschatz des deutschen Pietismus, Tübingen, ²1968.
103 Vgl. dazu insbesondere Ilse SCHAARSCHMIDT, Der Bedeutungswandel der Worte ›bilden‹ und ›Bildung‹ in der Literaturepoche von Gottsched bis Herder, in: Kleine pädagogische Texte, 33, 1965.
104 Vgl. G. DOHMEN, Bildung und Schule, Weinheim 1964, S. 71.
105 ebd.
106 Vgl. HONEGGER (Anm. 80), S. 70 f.
107 HORKHEIMER, ADORNO (Anm. 20), S. 133.
108 Vgl. HONEGGER (Anm. 80), S. 33 f. Dort auch mehr zum Strukturwandel des Hexenbildes.
109 HONEGGER (Anm. 80), S. 70.
110 HONEGGER (Anm. 80), S. 71.
111 Jakob SPRENGER, Heinrich INSTITORIS, Der Hexenhammer (hg. von J. W. R. SCHMIDT), Darmstadt, 1980.
112 Aus: HONEGGER (Anm. 80), S. 81.
113 Hierzu und zum Folgenden vgl. HONEGGER (Anm. 80), S. 88.
114 HONEGGER (Anm. 80), S. 86.
115 Vgl. hierzu und zum Folgenden Werner JENTSCH, Hartmut JETTER, Manfred KIESSIG, Horst ROLLER (Hg.), Evangelischer Erwachsenenkatechismus, Gütersloh, 1975, S. 424 ff., und Gerhard EBELING, Luther (II. Theologie), in: RGG, IV, S. 495.
116 Vgl. EBELING (Anm. 115), S. 505.
117 Noch im Jahr 1900 weist die ›Allgemeine Deutsche Biographie‹ aus, daß über die Hälfte der ›berühmten‹ Männer aller Berufsarten dem Pfarrhaus entstammen. Vgl. FLITNER (Einl., Anm. 9), S. 157 f.
118 Vgl. FLITNER (Einl., Anm. 9), S. 154 f. und S. 183 f.
119 Vgl. dazu Philippe ARIÈS, Die unauflösliche Ehe, in: Philipp ARIÈS, André BÉJIN (Hg.), Die Masken des Begehrens und die Metamorphosen der Sinnlichkeit. Zur Geschichte der Sexualität im Abendland, Frankfurt/M., 1984, S. 180 ff.
120 Max WEBER, Die protestantische Ethik und der Geist des Kapitalismus, in: DERS., Gesammelte Aufsätze zur Religionssoziologie, Bd. 1, Tübingen, ²1934.
121 Frans VAN DER VEN, Sozialgeschichte der Arbeit, Bd. 2, München, 1971, S. 224
122 Anton WOHLFAHRT, Leistung und Ethos. Überlegungen zu Entstehung und Kritik der industriellen Gesellschaft, Paderborn, 1984, S. 54 f.
123 Vgl. W. BIENERT, Arbeit (III. Theologisch), in: RGG, I, 544, und allgemein WOHLFAHRT (Anm. 122), S 55 ff.
124 Vgl. Peter NUSSER, Luthers sprachliche Leistung als Bibelübersetzer im Deutschunterricht der Sekundarstufe II, in: Blätter für den Deutschlehrer, 1974, H. 1, S. 7.
125 Zu diesen Angaben vgl. Hans-Gert ROLOFF, Reformationsliteratur, in: RL, III, S. 366, und WEHRLI (Anm. 30), S. 998.
126 Eine Ausnahme bilden seine im Jahr 1530 nach dem Vorbild Äsops geschriebenen Fabeln, die er als Mittel der Belehrung verstand.
127 Vgl. ROLOFF (Anm. 125), S. 389.
128 W. MAURER, Reformation, in: RGG, V, S. 873.
129 Zur Zusammenstellung solcher Wirkungen vgl. JENTSCH u. a. (Anm. 115), S. 960 ff.

Kapitel II

1 Zu den folgenden Ausführungen vgl. u. a. Walter SCHLESINGER, Herrschaft und Gefolgschaft in der germanisch-deutschen Verfassungsgeschichte, in: Historische Zeitschrift 176/1953; Karl BOSL, Staat, Gesellschaft, Wirtschaft im deutschen Mittelalter, in: Bruno GEBHARDT (Hg.), Handbuch der deutschen Geschichte, Bd. I, Stuttgart, 91973.
2 BOSL (Anm. 1), S. 704.
3 Vgl. BOSL (Anm. 1), S. 701.
4 BOSL (Anm. 1), S. 737f.
5 Ewald ERB, Geschichte der deutschen Literatur von den Anfängen bis 1160 (Geschichte der deutschen Literatur von den Anfängen bis zur Gegenwart, hg. von Klaus GYSI, Kurt BÖTTCHER, Günter ALBRECHT, Paul G. KROHN) (Band I, 1), Berlin (DDR), 1976, S. 122.
6 Vgl. zur ›oral poetry‹ HAUBRICHS (Einl., Anm. 1), S. 81ff., und KARTSCHOKE (Einl., Anm. 1), S. 37ff.
7 Vgl. ERB (Anm. 5), S. 127f.
8 Text und Übertragung aus Hans Jürgen KOCH (Kap. 1, Anm. 14), S. 96ff. Abb. aus: Gero VON WILPERT, Deutsche Literatur in Bildern, Stuttgart, 1957, S. 5.
9 Etwa von ERB (Anm. 5), S. 171, und von WEHRLI (Kap. I, Anm. 30), S. 39.
10 WEHRLI (Kap. I, Anm. 30), S. 31.
11 WEHRLI (Kap. I, Anm. 30), S. 29.
12 WEHRLI (Kap. I, Anm. 30), S. 35.
13 WEHRLI (Kap. I, Anm. 30), S. 38.
14 Vgl. Arnold HAUSER, Sozialgeschichte der Kunst und Literatur, (Kap. I, Anm. 8), S. 172.
15 Helmut DE BOOR, Die höfische Literatur. Vorbereitung, Blüte, Ausklang. 1170–1250 (DE BOOR, NEWALD [Kap. I, Anm. 1]) München, 1953, S. 159.
16 Vgl. dazu Peter WAPNEWSKI, Rüdigers Schild. Zur 37. Aventiure des Nibelungenliedes, in: Euphorion, 1960, S. 380–410.
17 BERTAU (Kap. I, Anm. 33), S. 17.
18 DE BOOR (Anm. 15), S. 165.
19 Vgl. dazu Ulrich MÜLLER, Das Nachleben der mittelalterlichen Stoffe, in: Volker MERTENS, Ulrich MÜLLER (Hg.), Epische Stoffe des Mittelalters, Stuttgart, 1984.
20 Vgl. dazu Helmut BRACKERT, Nibelungenlied und Nationalgedanke. Zur Geschichte einer deutschen Ideologie, in: Ursula HENNIG, Herbert KOLB (Hg.), Mediaevalia litteraria. Festschrift für Helmut de Boor zum 80. Geburtstag, München, 1971.
21 BRACKERT (Anm. 20), S. 346.
22 Vgl. MÜLLER (Anm. 19), S. 433.
23 Vgl. BRACKERT (Anm. 20), S. 350f.
24 BRACKERT (Anm. 20), S. 356.
25 Vgl. dazu die von Helmut BRACKERT entworfene Unterrichtseinheit und Textsammlung ›Heldische Treue, heldische Tapferkeit, heldisches Schicksal. Die Rezeptionsgeschichte des Nibelungenliedes im Deutschunterricht‹, in: DERS. u. a. (Hg.), Mittelalterliche Texte im Deutschunterricht, Band 1, München, 1973.
26 BRACKERT (Anm. 20), S. 75.
27 Vgl. FLITNER (Einl., Anm. 9), S. 205f.
28 FLITNER (Einl., Anm. 9), S. 212.
29 Vgl. grundlegend dazu Wilhelm BERGES, Die Fürstenspiegel des hohen und späten Mittelalters, Stuttgart, 1938 (unveränderter Nachdruck 1952).
30 Zitiert nach Joachim BUMKE, Höfische Kultur, 2 Bde., München, 1986, Bd. 2, S. 384.
31 Vgl. Peter BLOCH, Bildnis im Mittelalter. Herrscherbild – Grabbild – Stifterbild,

in: Bilder vom Menschen in der Kunst des Abendlandes, hg. von den Staatlichen Museen Preußischer Kulturbesitz, Berlin, 1980, S. 107.
32 BLOCH (Anm. 31), S. 110.
33 Text und Übertragung aus: Ewald ERB (Anm. 5), S. 346f.
34 Vgl. WEHRLI (Kap. I, Anm. 30), S. 93.
35 André JOLLES, Einfache Formen, Halle, ²1956, S. 31.
36 Ulrich WYSS, Legenden, in: MERTENS, MÜLLER (Anm. 19), S. 57f.
37 Vgl. dazu Rudolf SCHENDA, Volk ohne Buch. Studien zur Sozialgeschichte der populären Lesestoffe 1770–1910, Frankfurt/M., 1970.
38 Max WEHRLI (Kap. I, Anm. 30), S. 180.
39 Text und Übertragung aus: Eberhard NELLMANN, Das Annolied, Stuttgart, ²1979.
40 Vgl. hierzu BERTAU (Kap. I, Anm. 33), S. 316ff. und S. 337f.
41 Vgl. dazu Norbert H. OTT, Chronistik, Geschichtsepik, Historische Dichtung, in: MERTENS, MÜLLER (Anm. 19), S. 194f., und grundsätzlich Horst WENZEL, Höfische Geschichte. Literarische Tradition und Gegenwartsdeutung in den volkssprachigen Chroniken des hohen und späten Mittelalters, Bern, Frankfurt/M., Las Vegas, 1980.
42 DE BOOR (Anm. 15), S. 234.
43 Dazu BERTAU (Kap. I, Anm. 33), S. 461.
44 AUERBACH (Kap. I, Anm. 73), S. 100.
45 DE BOOR (Anm. 15), S. 241.
46 FLITNER (Einl., Anm. 9), S. 251.
47 Vgl. BUMKE (Anm. 30), Bd. 2, S. 403f.
48 Vgl. dazu BERTAU (Kap. I, Anm. 33), S. 310f. Grundlegend zur Kreuzzugsdichtung ist das Buch von Friedrich-Wilhelm WENTZLAFF-EGGEBERT, Kreuzzugsdichtung des Mittelalters, Berlin, 1960.
49 Zitiert nach Carl WESLE (Hg.), Das Rolandslied des Pfaffen Konrad. Zweite Auflage besorgt von Peter WAPNEWSKI, Tübingen, 1967 (Altdeutsche Textbibliothek, Nr. 69).
50 Vgl. BERTAU (Kap. I, Anm. 33), S. 469.
51 Übertragung von BERTAU (Kap. I, Anm. 33), S. 466.
52 Hierzu ausführlich ERB, a.a.O. (Anm. 5), S. 750f.
53 Wie etwa ERB (Anm. 5).
54 Hierzu auch FLITNER (Einl., Anm. 9), S. 244f.
55 Werner RÖCKE, Höfische und unhöfische Minne- und Abenteuerromane, in: MERTENS, MÜLLER (Anm. 19), S. 395f.
56 RÖCKE (Anm. 19), S. 400.
57 Alois WOLF, Kampfschilderungen in Wolframs »Willehalm«, in: Wolfram-Studien, hg. von Werner SCHRÖDER, III, Berlin, 1975.
58 Text und Übertragung aus: BERTAU (Kap. I, Anm. 33), S. 1165.
59 Vgl. BERTAU (Kap. I, Anm. 33), S. 1166.
60 BERTAU (Kap. I, Anm. 33), S. 1155.
61 Text und Übertragung aus: Dieter KÜHN, Der Parzival des Wolfram von Eschenbach, Frankfurt/M., 1986, S. 355f.
62 BERTAU (Kap. I, Anm. 33), S. 1154.
63 Vgl. Roswitha WISNIEWSKI, Kreuzzugsdichtung. Idealität in der Wirklichkeit, Darmstadt, 1984, S. 107.
64 Zu diesem Spruch vgl. Joachim BUMKE, Walther von der Vogelweide. Die krone ist elter danne der künec Philippes si, in: Walther HINCK (Hg.), Geschichte im Gedicht. Texte und Interpretation, Frankfurt/M., 1978, S. 19ff.
65 Vgl. WISNIEWSKI (Anm. 63), S. 117.
66 Vgl. hierzu und zum Folgenden auch WISNIEWSKI (Anm. 63), S. 119ff.
67 WEHRLI (Kap. I, Anm. 30), S. 387.
68 Text und Übertragung aus: Paul STAPF, Walther von der Vogelweide, Sprüche, Lieder, Der Leich, Berlin und Darmstadt, 1967, S. 88f.

69 Aus Gero v. WILPERT, Deutsche Literatur in Bildern, Stuttgart, 1957, S. 21.
70 Text und Übertragung aus: Peter WAPNEWSKI, Walther von der Vogelweide, Gedichte. Mittelhochdeutscher Text und Übertragung, Frankfurt/M., 1986 (zuerst 1962), S. 124 f.
71 Vgl. Rudolf ZITZMANN, Der Ordo-Gedanke des mittelalterlichen Weltbildes und Walthers Sprüche im ersten Reichston, in: DVjs 25, 1951; Gustav EHRISMANN, Grundlagen des ritterlichen Tugendsystems, in: ZfdA 56, 1919.
72 Gert KAISER, Die Reichssprüche Walthers von der Vogelweide, in: Der Deutschunterricht, Jg. 28, 1976, H. 2.

Kapitel III

1 Zur Wortgeschichte vgl. BUMKE (Kap. II, Anm. 30), S. 64 ff.
2 Vgl. hierzu BUMKE (Kap. II, Anm. 30), S. 75 f.
3 Vgl. den Brief von Petrus von Blois an den Archediakon Johannes, zit. bei BUMKE (Kap. II, Anm. 30), S. 431.
4 BUMKE (Kap. II, Anm. 30), S. 416. Der Begriff ›Tugendsystem‹ stammt von Gustav EHRISMANN und ist von Ernst Robert CURTIUS zurückgewiesen worden. Zum Folgenden vgl. neben BUMKE u. a. auch HAUSER (Kap. I, Anm. 8), S. 215 ff., und FLITNER (Einl., Anm. 9), S. 259.
5 HAUSER (Kap. I, Anm. 8), S. 214.
6 BUMKE (Kap. II, Anm. 30), S. 425 f.
7 Norbert ELIAS, Über den Prozeß der Zivilisation. Soziogenetische und psychogenetische Untersuchungen. Erster Band: Wandlungen des Verhaltens in den weltlichen Oberschichten des Abendlandes. Zweiter Band: Wandlungen der Gesellschaft. Entwurf zu einer Theorie der Zivilisation, Frankfurt/M., [8]1981.
8 ELIAS (Anm. 7), Bd. II, S. 321.
9 ELIAS (Anm. 7), S. 319.
10 ELIAS (Anm. 7), S. 330.
11 Näheres dazu bei BUMKE (Kap. II, Anm. 30), S. 721 f.
12 Vgl. dazu u. a. Peter VON POLENZ, Geschichte der deutschen Sprache, Berlin, New York, 1972, S. 53 ff.
13 Dazu BUMKE (Kap. II, Anm. 30), S. 83 ff.
14 Hierzu vgl. Günther SCHWEIKLE, Minnesang, Stuttgart, 1989, Kap. II, und die dort verzeichnete Literatur.
15 BUMKE (Kap. II, Anm. 30), S. 134.
16 Die Tendenzen der deutschen Bearbeitungen sind bei BUMKE (Kap. II, Anm. 30), S. 133 ff., übersichtlich zusammengefaßt.
17 BUMKE (Kap. II, Anm. 30), S. 135.
18 Zur Quellenlage Genaueres bei Volker MERTENS, Artus. In: Volker MERTENS, Ulrich MÜLLER (Hg.), Epische Stoffe des Mittelalters, Stuttgart, 1984, S. 290 ff.
19 MERTENS (Anm. 18), S. 292.
20 MERTENS (Anm. 18), S. 295.
21 AUERBACH (Kap. I, Anm. 73), S. 137.
22 WEHRLI (Kap. I, Anm. 30), S. 276 f.
23 WEHRLI (Kap. I, Anm. 30), S. 274.
24 Vgl. dazu WEHRLI (Kap. I, Anm. 30), S. 278 f.
25 Zur Herkunftsbezeichnung ›Ouwe‹, zur Datierung der Werke Hartmanns und zur Quellenlage vgl. Peter WAPNEWSKI, Hartmann von Aue, Stuttgart, [7]1979.

26 WAPNEWSKI (Anm. 25), S. 45.
27 Vgl. Peter NUSSER, Entwurf einer Theorie der Unterhaltungsliteratur. In: Sprache im technischen Zeitalter 81, 1982, S. 34ff.
28 Christoph CORMEAU, Wilhelm STÖRMER, Hartmann von Aue. Leben – Werk – Wirkung, München, 1985, S. 183.
29 BERTAU (Kap. I, Anm. 33), S. 566.
30 Zu diesem Begriff vgl. Gert KAISER, Textauslegung und gesellschaftliche Selbstdeutung. Aspekte einer sozialgeschichtlichen Interpretation von Hartmanns Artusepen, Frankfurt/M., 1973.
31 KAISER (Anm. 30), S. 88. Vgl. Kaiser auch zum Folgenden.
32 WAPNEWSKI (Anm. 25), S. 70ff. Dort auch weiterführende Hinweise auf die breite Diskussion über die Gesamtkomposition des ›Iwein‹.
33 BUMKE (Kap. II, Anm. 30), S. 342ff., bes. S. 350.
34 Vgl. BUMKE (Kap. II, Anm. 30), S. 228.
35 KAISER (Anm. 30), S. 120.
36 WEHRLI (Kap. I, Anm. 30), S. 288. Wehrli weist hier auch die ästhetischen Züge des Wiedererwachens Iweins hin.
37 Vgl. die Zusammenfassung bei CORMEAU, STÖRMER (Anm. 28), S. 138ff.
38 CORMEAU, STÖRMER (Anm. 28), S. 120.
39 Vgl. CORMEAU, STÖRMER (Anm. 28), S. 119.
40 WAPNEWSKI (Anm. 25), S. 98.
41 Vgl. dazu Volker MERTENS, Gregorius Eremita. Eine Lebensform des Adels bei Hartmann von Aue in ihrer Problematik und ihrer Wandlung in der Rezeption, München, 1978.
42 Vgl. zu diesen Deutungsmodellen CORMEAU, STÖRMER (Anm. 28), S. 138ff.
43 Vgl. hierzu zusammenfassend Hermann KURZKE, Thomas Mann. Epoche – Werk – Wirkung, München, 1985, S. 283ff.
44 CORMEAU, STÖRMER (Anm. 28), S. 136.
45 WAPNEWSKI (Anm. 25), S. 115.
46 ebd.
47 Vgl. dazu auch CORMEAU, STÖRMER (Anm. 28), S. 157. Der folgende Text und die Übertragung aus: Hermann HENNE, Hartmann von Aue, Der arme Heinrich. Mittelhochdeutscher Text und Übertragung, Frankfurt/M., 1985.
48 Vgl. WAPNEWSKI (Anm. 25), S. 118.
49 CORMEAU, STÖRMER (Anm. 28), S. 158.
50 Zur Forschungslage über die Quellenfrage insgesamt und zur Überlieferung vgl. Joachim BUMKE, Wolfram von Eschenbach, Stuttgart, [5]1981, S. 51ff., S. 61ff., S. 87ff.
51 Dieter KÜHN, Der Parzival des Wolfram von Eschenbach, Frankfurt/M., 1986.
52 Nach der Übersetzung von KÜHN (Anm. 51), S. 516, nach der auch im folgenden zitiert wird.
53 Zur Sündenthematik im ›Parzival‹ vgl. zusammenfassend BUMKE (Anm. 50), S. 74–79.
54 Zum Vergleich der Gralsdarstellung bei Chrétien und Wolfram sowie zur Forschung über die Gralsvorstellungen überhaupt vgl. zusammenfassend BUMKE (Anm. 50), S. 79–85.
55 KÜHN (Anm. 51), S. 737.
56 KÜHN (Anm. 51), S. 738.
57 BUMKE (Anm. 50), S. 69.
58 Vgl. Gottfried WEBER, Werner HOFFMANN, Gottfried von Straßburg, Stuttgart, [5]1981, S. 4ff.; BERTAU (Kap. I, Anm. 33), S. 962ff.
59 Vgl. Peter K. STEIN, Tristan. In: Volker MERTENS, Ulrich MÜLLER (Hg.) (Anm. 18), S. 368.
60 WEHRLI (Kap. I, Anm. 30), S. 267.
61 Vgl. ausführlich WEBER, HOFFMANN (Anm. 58), S. 31ff

62 Vgl. Dieter SEITZ, Gottfried von Straßburg: Tristan. In: FREY, RAITZ, SEITZ (Einl., Anm. 1), Bd. 1: Adel und Hof – 12./13. Jahrhundert, Opladen, 1985, S. 233 f.
63 SEITZ (Anm. 62), S. 235.
64 Vgl. BERTAU (Kap. I, Anm. 33), S. 946.
65 Ob an dieser Stelle weitere allegorische Deutungen theologischen Inhalts sinnvoll sind, ist in der Tristan-Forschung umstritten. Vgl. dazu Rainer GRUENTER, »Das wunneclîche tal«. In: Euphorion 55, 1961.
66 Übertragung von BERTAU (Kap. I, Anm. 33), S. 954.
67 Vgl. SEITZ (Anm. 62), S. 258.
68 Vgl. dazu Alois M. HAAS, Todesbilder im Mittelalter, Darmstadt, 1989, Kap. VII.
69 Vgl. hierzu Rüdiger KROHN, Gottfried von Straßburg, Tristan (Band 3: Kommentar), Stuttgart, [2]1981, S. 255 ff.
70 Vgl. dazu eingehender MERTENS (Anm. 18), S. 327 ff.
71 MERTENS (Anm. 18), S. 332.
72 WEHRLI (Kap. I, Anm. 30), S. 350.
73 Vgl. dazu ausführlicher BUMKE (Kap. II, Anm. 30), S. 534 ff.
74 BUMKE (Kap. II, Anm. 30), S. 544.
75 Vgl. BUMKE (Kap. II, Anm. 30), S. 751 ff., und Günther SCHWEIKLE (Anm. 14), S. 216.
76 Vgl. hierzu ausführlicher BUMKE (Kap. II, Anm. 30), S. 779 ff., und SCHWEIKLE (Anm. 14), S. 42 ff.
77 SCHWEIKLE (Anm. 14), S. 215.
78 Peter WAPNEWSKI, Deutsche Literatur des Mittelalters. Ein Abriß, Göttingen, 1960, S. 79.
79 Vgl. SCHWEIKLE (Anm. 14), S. 71 ff.
80 Vgl. auch Erich KÖHLER, Vergleichende soziologische Betrachtungen zum romanischen und zum deutschen Minnesang. In: Der Berliner Germanistentag 1968, Heidelberg, 1970; Joachim BUMKE, Ministerialität und Ritterdichtung. Umrisse der Forschung, München, 1976: Gert KAISER, Jan-Dirk MÜLLER (Hg.), Höfische Literatur. Hofgesellschaft. Höfische Lebensformen um 1200, Düsseldorf, 1986; Ulrich MÜLLER (Hg.), Minne ist ein swaerez spil, Göppingen, 1986.
81 Zitiert bei WEHRLI (Kap. I, Anm. 30), S. 330.
82 DE BOOR (Kap. II, Anm. 15), S. 224.
83 WEHRLI (Kap. I, Anm. 30), S. 345.
84 Vgl. ausführlich zur Überlieferung der mittelhochdeutschen Minnelyrik und zur Geschichte der Textkritik SCHWEIKLE (Anm. 14), S. 1–33.
85 Vgl. BERTAU (Kap. I, Anm., 33), S. 364.
86 Zitiert aus BERTAU, ebd.
87 Übertragung von BERTAU (Kap. I, Anm. 33), S. 366.
88 ebd.
89 Vgl. Peter WAPNEWSKI, Des Kürenbergers Falkenlied. In: DERS., Waz ist minne. Studien zur Mittelhochdeutschen Lyrik, München, [2]1979, S. 23–46 (zuerst: Euphorion 53, 1959).
90 WAPNEWSKI (Anm. 89), S. 38.
91 Vgl. BERTAU (Kap. I, Anm. 33), S. 366.
92 Übertragung von BERTAU (Kap. I, Anm. 33), S. 369.
93 Übertragung von BERTAU (Kap. I, Anm. 33), S. 544.
94 Vgl. SCHWEIKLE (Anm., 14), S. 142.
95 Übertragung von BERTAU (Kap. I, Anm. 33), S. 674.
96 Vgl. DE BOOR (Kap. II, Anm. 15), S. 259.
97 Übertragung von BERTAU (Kap. I, Anm. 33), S. 684 f.
98 Übertragung von BERTAU (Kap. I, Anm. 33), S. 675.
99 SCHWEIKLE (Anm. 14), S. 86.
100 BERTAU (Kap. I, Anm. 33), S. 703.

101 Übertragung von Bertau, ebd.
102 Übertragung von Bertau (Kap. I, Anm. 33), S. 704.
103 Bertau (Kap. I, Anm. 33), S. 749 ff.
104 Übertragung von Bertau (Kap. I, Anm. 33), S. 706
105 Bertau (Kap. I, Anm. 33), S. 756.
106 Übertragung von Bertau, ebd.
107 Übertragung von Kühn (Anm. 51), S. 60 f.
108 Vgl. Bertau (Kap. I, Anm. 33), S. 759.
109 Vgl. dazu u. a. Wapnewski, Was ist minne (Anm. 89), S. 74 ff.
110 Wapnewski (Anm. 89), S. 109 ff.
111 Übertragung von Bertau (Kap. I, Anm. 33), S. 754.
112 Vgl. hierzu und zum folgenden Wapnewski (Anm. 89), S. 109 ff.
113 Belege bei Wapnewski (Anm. 89), S. 116 ff.
114 Wapnewski (Anm. 89), S. 153.
115 ebd.
116 Dieter Kühn, Ich Wolkenstein. Eine Biographie, Frankfurt/M., 1980.
117 Dieter Kühn, Neidhart aus dem Reuental, Frankfurt/M., 1988.
118 Ausführlicher de Boor (Kap. II, Anm. 15), S. 362.
119 Henri Bergson, Das Lachen. Ein Essay über die Bedeutung des Komischen, (1899), Zürich, 1972.
120 Vgl. Bertau (Kap. I, Anm. 33), S. 1030 f.
121 Bertau (Kap. I, Anm. 33), S. 1038; Walter Raitz, Minnesang im späteren 13. Jahrhundert. In: Frey, Raitz, Seitz (Einl., Anm. 1), Band 2: Patriziat und Landesherrschaft – 13.–15. Jahrhundert, Opladen, 1982, S. 12.
122 Kühn, (Anm. 117), S 511 f.
123 Sigmund Freud, Der Witz und seine Beziehung zum Unbewußten, (1940), Frankfurt/M., 1958, S. 78 ff.
124 Vgl. Raitz (Anm. 121), S. 18.
125 Dieter Kühn, Liederbuch für Neidhart, Frankfurt/M., S. 39.
126 Flitner (Einl., Anm. 9), S. 253 ff.

Kapitel IV

1 Vgl. ›Stadt‹ in: Deutsches Wörterbuch von Jakob Grimm und Wilhelm Grimm, Leipzig, 1919.
2 Karl Bosl (Kap. II, Anm. 1), S. 811.
3 Vgl. z. B. die Abbildungen zur Entwicklung der mittelalterlichen Stadt in Westermanns Atlas zur Weltgeschichte, hg. v. Hans-Erich Stier u. a., Braunschweig, 1956, S. 78 f.
4 Vgl. Bosl (Kap. II, Anm. 1), S. 811.
5 ebd.
6 Vgl. zum Folgenden Bosl (Kap. II, Anm. 1), S. 814 ff.
7 Hans Planitz, Die deutsche Stadt im Mittelalter. Von der Römerzeit bis zu den Zunftkämpfen, Graz, Köln [2]1965, S. 259. Zur Selbstverwaltung und Autonomie der Stadt und zu ihren Behörden vgl. ebd., S. 297 ff.
8 Vgl. Erich Maschke, Die Unterschichten der mittelalterlichen Städte Deutschlands. In: Carl Haase, Die Stadt des Mittelalters, Bd. 3. Darmstadt, 1973. Philippe Dollinger, Die deutschen Städte im Mittelalter. Die sozialen Gruppierungen. In: Heinz Stoob (Hg.), Altständisches Bürgertum, Bd. 2, Darmstadt, 1978.

9 Otto BORST, Alltagsleben im Mittelalter, Frankfurt/M., 1983, S. 359.
10 Vgl. Thomas CRAMER (Einl., Anm. 1), S. 240.
11 Vgl. dazu Herbert KOLB, Die nationalen Sprachleistungen der Zeit. Die Rolle der Stadt und neue literarische Formen. In: Propyläen Geschichte der Literatur, Bd. 3, Berlin, 1988, S. 183 f.
12 KOLB (Anm. 11), S. 185.
13 Vgl. CRAMER (Einl., Anm. 1), S. 154 ff.
14 Vgl. Alfred Clemens BAUMGÄRTNER (Hg.), Lesen. Ein Handbuch, Hamburg, 1973.
15 Vgl. BORST (Anm. 9), S. 454.
16 CRAMER (Einl., Anm. 1), S. 21.
17 CRAMER (Einl., Anm. 1), S. 23.
18 CRAMER (Einl., Anm. 1), S. 94.
19 Vgl. ausdrücklich Dieter SEITZ, Konrad von Würzburg. In: FREY, RAITZ, SEITZ (Einl., Anm. 1), Bd. 2 (Kap. III, Anm. 121), S. 137.
20 Vgl. WEHRLI (Kap. I, Anm. 30), S. 492.
21 Vgl. dazu SEITZ (Einl., Anm. 1), Bd. 2 (Kap. III, Anm. 121), S. 141.
22 Vgl. dazu Jan Dirk MÜLLER, Volksbuch/Prosaroman im 15./16. Jahrhundert – Perspektiven der Forschung. In: IASL, 1. Sonderheft, 1985, S. 57.
23 Irmela VON DER LÜHE, Die Anfänge des Prosaromans: ›Hug Schapler‹ und ›Fortunatus‹. In: FREY, RAITZ, SEITZ (Einl., Anm. 1), Bd. 3: Bürgertum und Fürstenstaat – 15./16. Jahrhundert, Opladen, 1981, S. 76.
24 Vgl. dazu kritisch MÜLLER (Anm. 22), insbes. S. 86 ff., 108 ff.
25 Vgl. Thomas CRAMER, Minnesang in der Stadt. Überlegungen zur Lyrik Konrads von Würzburg. In: J. BUMKE, Th. CRAMER, G. KAISER, H. WENZEL (Hg.), Literatur, Publikum, Historischer Kontext, Bern, Frankfurt/M., Las Vegas, 1977, S. 91. Vgl. Cramer auch zum Folgenden.
26 Vgl. die Aufzählung bei CRAMER (Einl., Anm. 1), S. 313 ff.
27 Vgl. dazu ausführlicher Winfried FREY, Ständelehre und Ständekritik. In: FREY, RAITZ, SEITZ (Einl., Anm. 1), Bd. 2 (Kap. III, Anm. 121), S. 191 ff.
28 Vgl. DE BOOR (Kap. I, Anm. 71), S. 392.
29 DE BOOR (Kap. I, Anm. 71), S. 387.
30 Vgl. dazu Bruno BOESCH, Lehrhafte Literatur. Lehre in der Dichtung und Lehrdichtung im deutschen Mittelalter, Berlin, 1977, S. 74.
31 Thomas CRAMER, Allegorie und Zeitgeschichte. Thesen zur Begründung des Interesses an der Allegorie im Spätmittelalter. In: Walter HAUG (Hg.), Formen und Funktionen der Allegorie, Stuttgart, 1979, S. 273.
32 Vgl. hierzu und zum Folgenden die grundlegende Studie von Eberhard LÄMMERT, Reimsprecherkunst im Spätmittelalter. Eine Untersuchung der Teichnerreden, Stuttgart, 1970.
33 Vgl. dazu LÄMMERT (Anm. 32), S. 264 ff.
34 Im Überblick bei LÄMMERT (Anm. 32), S. 214 f.
35 Johan HUIZINGA (Kap. I, Anm. 53), S. 23 ff.
36 LÄMMERT (Anm. 32), S. 219.
37 Helmut DE BOOR, Über Fabel und Bíspel (1966). In: Peter HASUBEK (Hg.), Fabelforschung, Darmstadt, 1983, S. 228.
38 WEHRLI (Kap. I, Anm. 30), S. 721 f.
39 CRAMER (Einl., Anm. 1), S. 106.
40 BORST (Anm. 9), S. 55.
41 BORST (Anm. 9), S. 62.
42 Vgl. Heide NIXDORF, Heidi MÜLLER, Weiße Westen – Rote Roben. Von den Farbordnungen des Mittelalters zum individuellen Farbgeschmack, Berlin, 1983.
43 Vgl. BORST (Anm. 9), S. 69 ff.
44 Vgl. PLANITZ (Anm. 7), S. 292.
45 Vgl. DOLLINGER (Anm. 8), S. 295.

46 BORST (Anm. 9), S. 224.
47 BORST (Anm. 9), S. 227.
48 Vgl. FLITNER (Einl., Anm. 9), S. 298.
49 Vgl. BORST (Anm. 9), S. 377 ff. Jean GIMPEL, Die industrielle Revolution des Mittelalters, Zürich, München, 1980.
50 Zur Begrifflichkeit vgl. Frieder SCHANZE, Meisterliche Liedkunst zwischen Heinrich von Mügeln und Hans Sachs, 2 Bände, München, Zürich, 1983, Bd. 1, S. 6 ff.
51 Vgl. hierzu Joachim BOECKH, Günter ALBRECHT, Kurt BÖTTCHER, Klaus GYSI, Paul G. KROHN, Geschichte der deutschen Literatur von 1480 bis 1600 (Kap. II, Anm. 5) (Bd. 4), Berlin (DDR), 1983, S. 51 f.
52 Zitiert nach WEHRLI (Kap. I, Anm. 30), S. 1061.
53 Vgl. CRAMER (Einl., Anm. 1), S. 32.
54 Hartmut KUGLER, Handwerk und Meistergesang. Ambrosius Metzgers Metamorphosen-Dichtung und die Nürnberger Singschule im frühen 17. Jahrhundert, Göttingen 1977.
55 Dürers ›Unterweisung der Messung‹. Aus: KUGLER (Anm. 54). S. 123.
56 Vgl. mit Belegen Maria E. MÜLLER, Bürgerliche Emanzipation und protestantische Ethik. Zu den gesellschaftlichen und literarischen Voraussetzungen von Sachs' reformatorischem Engagement. In: Thomas CRAMER, Erika KARTSCHOKE (Hg.), Hans Sachs – Studien zur frühbürgerlichen Literatur im 16. Jahrhundert (Beiträge zur älteren deutschen Literaturgeschichte, Band 3), Bern, Frankfurt/M., Las Vegas, 1978, S. 24.
57 Maria E. MÜLLER, Der Poet der Moralität. Untersuchungen zu Hans Sachs, Bern, Frankfurt/M., New York, 1985.
58 Adalbert VON KELLER, Edmund GOETZE (Hg.), Hans Sachs, 25 Bände, Tübingen 1870–1908 (Neudruck: Stuttgart 1964).
59 Jürgen SCHUTTE, Was ist vns freyhait nutz/ wenn wir ir nicht brauchen durffen. Zur Interpretation der Prosadialoge. In: CRAMER, KARTSCHOKE (Anm. 56).
60 KELLER, GOETZE (Anm. 58), Bd. 11, S. 399.
61 KELLER, GOETZE (Anm. 58), Bd. 3, S. 480.
62 Vgl. besonders die genannte Arbeit von M. E. MÜLLER (Anm. 57).
63 KELLER, GOETZE (Anm. 58), Bd. 1, S. 378.
64 Vgl. BORST (Anm. 9), S. 481 f.
65 Vgl. ebd.
66 Vgl. MÜLLER (Anm. 57), S. 148 ff.
67 KELLER, GOETZE (Anm. 58), Bd. 19, S. 121.
68 Hartmut KUGLER, Die Stadt im Wald. Zur Stadtbeschreibung bei Hans Sachs. In: CRAMER, KARTSCHOKE (Anm. 56), S. 85 ff.
69 Vgl. dazu MÜLLER (Anm. 57), S. 148 ff.
70 Vgl. dazu Rüdiger KROHN, Der unanständige Bürger. Untersuchungen zum Obszönen in den Nürnberger Fastnachtsspielen des 15. Jahrhunderts, Kronberg, 1974, S. 64 ff.
71 Vgl. dazu KROHN (Anm. 70), S. 240 f.
72 CRAMER (Anm. 10), S. 343.
73 Hagen BASTIAN, Mummenschanz. Sinneslust und Gefühlsbeherrschung im Fastnachtsspiel des 15. Jahrhunderts, Frankfurt/M., 1983, S. 13.
74 Vgl. z. B. Eckehard CATHOLY, Fastnachtspiel, Stuttgart, 1966. Kritisch dazu: BASTIAN (Anm. 73).
75 Vgl. hierzu und zum Folgenden BASTIAN (Anm. 73), der in Kap. III auch eine eingehende und umsichtige Besprechung der Forschungslage vornimmt.
76 Dieter WUTTKE (Hg.), Fastnachtspiele des 15. und 16. Jahrhunderts, Stuttgart, ²1978, Nr. 4.
77 Adalbert VON KELLER (Hg.), Fastnachtspiele aus dem 15. Jahrhundert, Teil 1–3 und Nachlese, Stuttgart, 1853 und 1858 (Nachdruck Darmstadt 1965 f.), Nr., 29.
78 KELLER (Anm. 77), Nr. 97.

79 WUTTKE (Anm. 76), Nr. 7.
80 Vgl. die Verse 148 ff.; zu diesem Spiel auch Erika KARTSCHOKE, Fastnachtspiel. In: FREY, RAITZ, SEITZ (Einl., Anm. 1), Bd. 3 (Anm. 23), S. 124 ff.; dagegen BASTIAN (Anm. 73), S. 103 f.
81 Vgl. dazu BASTIAN (Anm. 73), S. 104.
82 Henri BERGSON, Das Lachen (Le rire, 1899), Zürich, 1972.
83 Vgl. NUSSER (Kap. III, Anm. 27).
84 Vgl. dazu Erika KARTSCHOKE, Christiane REINS, Nächstenliebe – Gattenliebe – Eigenliebe. Bürgerlicher Alltag in den Fastnachtspielen des Hans Sachs. In: CRAMER, KARTSCHOKE (Anm. 56).
85 Vgl. Winfried FREY, Antijüdische Tendenzen in einem Fastnachtspiel des Hans Folz. In: Wirkendes Wort 1982, H. 1, S. 10.
86 Vgl. zu ihnen FREY (Anm. 85).
87 CRAMER (Anm. 10), S. 276.
88 Hanns FISCHER, Schwankerzählungen des deutschen Mittelalters, ²1968 (auch 1973 unter dem Titel ›Pfaffen, Bauern und Vaganten‹); Th. CRAMER (Hg.), Maerendichtung, 2 Bände, München, 1979.
89 Gerade wenn man auf den Zusammenhang von Komik und Didaxe achtet, erscheint im übrigen der Versuch einer typisierenden Einteilung der Maeren in schwankhafte, höfisch-galante und moralisch-exemplarische, wie Fischer ihn vorgenommen hat, als eher irreführend. Zur Kritik dieser Typologie vgl. u. a. Wolfgang DITTMANN, Märendichtung. In: FREY, RAITZ, SEITZ (Einl., Anm. 1), Bd. 2, (Kap. III, Anm. 121), S. 160 ff.
90 Vgl. dazu Volker KLOTZ, Bürgerliches Lachtheater. Komödie, Posse, Schwank, Operette, München, 1980.
91 Vgl. dazu DITTMANN (Anm. 89), S. 173 f., und Winfried FREY, Tradition und bürgerliches Selbstverständnis. Zu Ruprechts von Würzburg Märe ›Von zwei Kaufleuten‹. In: Literatur in der Schule II, hg. von Helmut BRACKERT u. a., München, 1976, S. 93 ff.
92 DITTMANN (Anm. 89), S. 175 f.
93 Text bei Hanns FISCHER, Die deutsche Maerendichtung des 15. Jahrhunderts, München, 1966. Übertragung bei FISCHER (Anm. 88), S. 165 ff.
94 Hermann BAUSINGER, Bemerkungen zum Schwank und seinen Formtypen. In: Fabula 9, 1967.
95 Werner RÖCKE, Die Freude am Bösen. Studien zu einer Poetik des deutschen Schwankromans im Spätmittelalter, München, 1987.
96 Vgl. dazu RÖCKE (Anm. 95), S. 51 ff.
97 WEHRLI (Kap. I, Anm. 30), S. 204 f.
98 Vgl. dazu RÖCKE (Anm. 95), S. 219 f.
99 Vgl. dazu Werner RÖCKE, Der Schwankroman des Spätmittelalters: Hermann Botes ›Ulenspiegel‹. In: FREY, RAITZ, SEITZ (Anm. 19), Bd. 3 (Anm. 23), S. 97 ff.
100 Vgl. RÖCKE (Anm. 95), S. 217.
101 Text und Übertragung aus: Rüdiger BRANDT, Deutsche Literatur des Mittelalters (Arbeitstexte für den Unterricht), Stuttgart, 1982, S. 145 f.
102 Vgl. Peter NUSSER, Zur Phänomenologie des Schwarzen Humors. In: DERS. (Hg.), Schwarzer Humor (Arbeitstexte für den Unterricht), Stuttgart, 1989.
103 Zu nennen ist hier vor allem Christa Maria PUCHTA-MÄHL, »Wan es ze ring umb uns beschait«. Studien zur Narrenterminologie, zum Gattungsproblem und zur Adressatenschicht in Heinrich Wittenwilers ›Ring‹, Heidelberg, 1986.
104 Vgl. dazu Hermann BAUSINGER, Formen der ›Volkspoesie‹, Berlin, 1968, Kap. I.
105 Vgl. BAUSINGER (Anm. 104), S. 17.
106 Vgl. Petr G. BOGATYREV, Roman JAKOBSON, Die Folklore als eine besondere Form des Schaffens. In: Donum Natalicium Schrijnen, Nijmegen-Utrecht, 1929.
107 Vgl. hierzu und zum Folgenden MASCHKE (Anm. 8), S. 368 ff.
108 Vgl. BORST (Anm. 9), S. 344 f.

109 Vgl. zu diesen Begriffen Max LÜTHI, Ahistorische Stile. In: Wolf-Hartmut FRIEDRICH, Walther KILLY (Hg.), Literatur (Das Fischer Lexikon), Bd. 2/1, Frankfurt/M., 1965, S. 8 ff.

110 Hierzu und zu Typologisierungsversuchen vgl. Lutz RÖHRICH, Volkslied. In: Diether Krywalski (Hg.), Handlexikon zur Literaturwissenschaft, München, 1974.

111 Johann G. HERDER, Volkslieder, hg. von Heinz Rölleke, Stuttgart, 1975, S. 36.

112 Vgl. Helmuth KIESEL, Paul MÜNCH, Gesellschaft und Literatur im 18. Jahrhundert. Voraussetzungen und Entstehung des literarischen Markts in Deutschland, München, 1977.

113 ›Lieder als Intermezzo‹ XXVIII. Emanuel Geibels Werke, hg. von Wolfgang STAMMLER, Bd. I, Leipzig, Wien, o. J. (1918), S. 47.

114 Vgl. Walther KILLY, Gedanken über neue deutsche Schlagertexte. In: Neue Rundschau 1971.

115 Alle Texte in: ›Des Knaben Wunderhorn. Alte deutsche Lieder‹, gesammelt von Ludwig Achim VON ARNIM und Clemens BRENTANO, hg. von Hans-Günther THALHEIM, 3 Bde., Berlin, 1966.

116 Vgl. ebd.

117 In: Leander PETZOLD, Die freudlose Muse, Stuttgart, 1978, S. 118 ff.

118 Vgl. Leander PETZOLD, Bänkelsang, Stuttgart, 1974, S. 21 ff.

119 Vgl. bspw. Lutz RÖHRICH, Märchen und Wirklichkeit, Wiesbaden, [3]1974, Kap. II.

120 Vgl. RÖHRICH (Anm. 119), insbes. S. 207 ff.

121 Zu den Wesensmerkmalen des Volksmärchens allgemein: Max LÜTHI, Das europäische Volksmärchen. Form und Wesen (zuerst 1947), München, [4]1974.

122 Man vgl. etwa die Zusammenstellung von Friedrich Karl WAECHTER: Brüder Grimm, Der kluge Knecht. 22 Märchen von armen und reichen Leuten, Reinbek, 1972.

123 Vgl. z. B. Hermann BAUSINGER, Zur Struktur der Reihenromane. In: Wirkendes Wort, 1955/56; Peter NUSSER, Romane für die Unterschicht Groschenhefte und ihre Leser, Stuttgart, [5]1981.

124 Vgl. RÖHRICH (Anm. 119), S. 200 ff.

125 Vgl. Hermann BAUSINGER, Möglichkeiten des Märchens in der Gegenwart. In: H. KUHN, K. SCHIER (Hg.), Märchen, Mythos, Dichtung. Festschrift zum 90. Geburtstag Friedrich von der Leyens, München, 1963.

126 Vgl. den Überblick über verschiedene Methoden der Märchenforschung bei Helmut BRACKERT (Hg.), Und wenn sie nicht gestorben sind ... Perspektiven auf das Märchen, Frankfurt/M., 1980.

127 Vgl. RÖHRICH (Anm. 119), S. 240.

128 Vgl. RÖHRICH (Anm. 119), S. 63 ff.

129 Vgl. RÖHRICH (Anm. 119), S. 17.

130 Nicht von ungefähr hat man die Nähe von Sage und Sachbuch bemerkt. Vgl. Werner PSAAR, Manfred KLEIN, Sage und Sachbuch, Paderborn, München, Wien, Zürich, 1980.

131 Vgl. Hermann BAUSINGER (Anm. 104), S. 163 ff.

132 Gerade die dämonischen Gestalten können Hinweise auf das Alter einzelner Sagen geben. Vgl. dazu Lutz RÖHRICH, Sage, Stuttgart, 1966.

133 Leander PETZOLDT (Hg.), Deutsche Volkssagen, München, [2]1978, Nr. 27, 29 a, 39.

134 PETZOLDT (Anm. 133), Nr. 25, 41, 43.

135 PETZOLDT (Anm. 133), Nr. 468, 470.

136 PETZOLDT (Anm. 133), Nr. 477, 479, 480.

137 So will die Italienische Bischofskonferenz eine Pastoralkommission zur Ausbildung kirchlicher Exorzisten einrichten (vgl. ›Civilta Cattolica‹ vom November 1991). ›Teufel in Kanne gebannt‹ bei PETZOLDT (Anm. 133), Nr. 481.

138 PETZOLDT (Anm. 133), Nr. 461.
139 Vgl. Lutz RÖHRICH, Teufelsmärchen und Teufelssagen. In: DERS., Sage und Märchen. Erzählforschung heute, Freiburg, Basel, Wien, 1976, S. 264.
140 RÖHRICH (Anm. 139), S. 258 f.
141 PETZOLDT (Anm. 133), Nr. 61 a–d.
142 Vgl. NUSSER (Kap. I, Anm. 63), S. 101 ff.
143 Vgl. u. a. Leszek KOLAKOWSKI, Die Gegenwärtigkeit des Mythos, München, [2]1974; Roland BARTHES, Mythen des Alltags, Frankfurt/M., 1974; Hans BLUMENBERG, Arbeit am Mythos, Frankfurt/M., 1979; Karl Heinz BOHRER (Hg.), Mythos und Moderne, Frankfurt/M., 1983.
144 Leo KOFLER, Zur Geschichte der bürgerlichen Gesellschaft, Darmstadt/Neuwied, [7]1979, S. 73 f. und 141 ff.
145 Ernst BLOCH, Das Prinzip Hoffnung (1959), 3 Bde., Frankfurt/M., 1973.

REGISTER